복음주의자의 시각으로 보는
한국의 기독교 역사

한국 기독교사 2
-2007년까지

김명구 지음

연세대학교 대학출판문화원

머리말

이 책은 2018년 6월에 발간한 『한국기독교사 1』을 이은 두 번째 책이다. 제1권이 선교 초기부터 일제 강점기까지, 기독교의 복음과 교회가 어떻게 자리 잡고 어떤 역할을 했는지 보려 했다면, 제2권은 대한민국의 역사와 기독교 복음과의 상관성을 보려했다. 제1권의 주제가 개인구원이었다면, 제2권은 국가구원이 주제이다.

이 책의 주제를 위해 한국 정치사와의 관계 속에서 기독교의 복음이 어떤 역할을 했는지 보려 했다. 신학을 통해 역사를 보려 하지 않았고, 역사를 통해 신학을 찾으려 했다. 한계는 있었지만, 신학적 틀을 가지고 역사 해석을 제한하려 하지 않았다. 따라서 교회 내부에 머물러 기술하지 않으려 했다. 그 결과 기독교의 복음이 근대 대한민국과 한국인을 만드는 데 비교할 수 없는 공헌을 남겼고 한국 현대사에도 지울 수 없는 영향을 끼쳤다는 것을 확인할 수 있었다. 따라서 한국 기독교사를 모르면 역사를 올바로 밝혀낼 수 없다는 필자의 주장은 정당했다.

2000년대까지 기술한 기독교 역사서는 많지 않지만, 대표적으로 류대영과 박용규의 저작들을 들 수 있다. 류대영이 2009년에 쓴 『한국 근현대사와 기독교』는 기독교와 한국 근현대사의 접점을 찾으면서 기술했다. 한국 기독교사의 지평을 넓히는 바람직한 시도이다. 그 방법론은 독특했고 그 눈은 예리했다. 한국교회 신학의 보수성과 그 성향을 비판하면서 기독교회의 역사를 판독하려 했다. 그러나, 그의 견해에 귀를 기울일 필요가 있다고 보지만, 한국교회에 대한 근원적 이해와 깊은 성찰은 찾기 어려웠다. 박용규는 2018년에 이르러 『한국기독교사』 3권을 내놓았고 통사(通史)를 마무리했다. 교회에 대한 강한 애정을 바탕으로 했고, 여러 자료들을 섭렵했다. 그러나 그의 기술은, 장로교회 내부에 집중되어 아쉬움이 남는다.

밝힌 대로 필자는 19세기 영미복음주의 신학아래 있다. 따라서 구령(救靈)의 문제를 기독교 복음의 근원이요 귀결로 본다. 절대자가 역사의 진행을 주관한다고 믿고, 역사가 삶의 자리를 통해 시위한다는 것도 믿는다. 그렇지만, 복음주의에 대한 일부 학자들의 정의와 규정, 역사 판독과 해석과는 거리가 있다. 복음주의의 지평이 그렇게 좁지 않고 땅을 의롭게 해야 한다는 사명 의식도 약하지 않다고 보기 때문이다.

한국 복음주의는 한국을 구원해야 한다는 인식도 강하고 기독교적 의를 구하는 일도 강하게 연계되어 있다. 구령과 "그 나라와 의"가 치밀하게 연결되어 있다고 본다. 영적 영역과 역사의 문제이 일방적으로 분리되지 않았다고 믿는다. 땅을 디디고 살아가야 하는 교회와 인간의 역할, 복음과의 상관성이 한국 역사에 애초부터 새겨져 있는 것이다. 한국교회와 기독교가 땅을 의롭게 하는 사명을 외면하지 않았다고 필자는 믿는다.

개인구원의 영역과 하나님의 나라, 기독교적 의(義)를 구하는 일은 연계되어 있다. 그것은 역사에 발을 딛고 사는 인간으로서, 그리고 기독교인으로서의 사명이기도 하다. 필자가 확인한 것은, 한국 교회와 기독교는 복음주의 전통 아래서 시작되었고 자유민주주의를 정의의 문제로 보았다. 그것은 대한민국의 헌법적 정체성이지만 한국 기독교의 국가구원관의 하나이기도 하다. 한국 기독교가 공산주의를 반대하고 공정한 경제 분배를 외쳤던 이유도 여기에 있다.

한편, 필자가 가장 고민하고 궁금했던 것은, 촛불을 통해 저항하고, 태극기를 흔들며 시위를 한 사건이다. 그 중심에 기독교인들이 있었기 때문이다. 이 현상의 근원적 문제와 역사적 연계성을 알고 싶었다. 이 책을 읽다 보면 그것을 발견할 수 있을 것이다.

역사 기술의 전개나 해석의 뿌리, 곧 역사방법론, 교회의 역할과 국가적 사명감, 교회와 한국이 한 운명체요 공동체라는 의식은 스승 민경배 선생님으로부터 비롯되었다. 그렇지만 능력의 부족을 절감했고 정확한 관찰과 분석에 한계가 있다. 여전히 표현과 구성도 미진하다. 완전한 역사서란 본래 없다는 가르침에 위로를 받을 수밖에 없다. 후일 보완할 기회가 주어지길 기대하는 한편, 누군가 더 나은 역사서를 만들기도 고대한다. 이 책이 조그마한 디딤돌이 되기를 소망하는 것이다.

이 책은, 한국복음주의 영성협회의 프로젝트의 일환이다. 이사장이신 이규학 감독님께서 영적 · 물적 지원을 아끼지 않으셨다. 이 분이 아니셨다면, 복음주의를 주제로 한 필자의 책들은 저술되지 못했을 것이다. 아울러 성원을 보내주신 감리교회의 윤보한 감독회장님께도 감사드린다. 연세대학교 이승만연구원은 편안한 집필 환경을 제공했다. 날카로운 지적과 신앙적 격려를 아끼지 않으신 하관철 목사님, 학문적 지평을 확장시켜 주신, 함재봉 박사를 비롯한 '종로목요서평'의 운영위원들, 여러 배려를 아끼지 않으신 서울YMCA의 김인복 이사장과 이사님들, 이석하 회장님과 조규태 회장님, 월남시민문화연구소 홍진원 박사님에게도 감사한다. 적극적으로 토론에 참여해 준 김정회, 김석수, 김일환, 구성수 박사를 비롯한 제자들에게도 고마움을 표한다. 오영섭 박사님과 출판을 해주신 연세대학교 대학출판문화원, 이 책을 담당해주신 김성수 팀장님에게도 감사드린다. 끝으로, 계속된 집필에도 인내하며 격려해준 아내 경선과 사랑하는 아이들에게도 사랑과 고마움을 표하지 않을 수 없다.

2020년 8월, 서울YMCA 월남시민문화연구소에서

정우(丁于) 김명구

차례

II. 기독교와 광복(光復) / 137

III. 한국기독교와 제3공화국 / 241

V. 1980년대의 기독교 - 한국구원의 지향성과 영향력의 상실 / 433

I.
해방과 기독교

제1편

새로운 시대와 기독교의 역할
- 국가구원의식의 전면 등장

제 1 장

해방과 독립 대한민국의 시작 - 이데올로기의 치열한 대립

1. 해방 정국

독립만세! 독립만세!
천둥인 듯 산천이 다 울린다.
지동인 듯 땅덩이가 흔들린다.
이것이 꿈인가? 생시라도 꿈만 같다.

아이도 뛰며 만세! 어른도 뛰며 만세!
개 짖는 소리 닭 우는 소리까지
만세 만세

산천도 빛이 나고 초목도 빛이 나고
해까지도 새 빛이 난 듯 유난히 명랑하다.
이러한 큰 경사 생의에 처음이라

마음 속속드리 기뿜이 가득한데
눈에서는 눈물이 쏟아진다.
억제하랴하니 더욱 더욱 쏟아진다.

천대 학대 속에 마음과 몸이 함께 늙어
조만한 슲은 일엔 한방울 않나도록
눈물이 말럿더니 눈물에 보가 있어
오랫 동안 막혓다가 갑작이 터젓는가?

(중략)

어제까지 두 손목에 매어있든 쇠사슬이
가뭇없이 없어졌다 요술인듯 신긔하다.
오래 묶여 야윈 손목 가볍게 높이 치어들고
우리 님 하늘 우에 기시거든 쇠사슬 없어진 것 굽어보소서.

(중략)

국민의무(國民義務) 다하라고 분부하신 님의 말씀
해와 같고 달과 같이 내 앞길을 빛여준다.
아름답은 님으 일음 더 거룩히는 못할 질라도
님을 찾어가 보입는 날 꾸중이나 듯지 않고저[1)]

---

1) 碧初, "눈물 섞인 노래", 『解放記念詩集』(한성: 중앙문화협회편, 1945), p.9.

벽초 홍명희는 갑자기 찾아온 해방 소식에 이런 시를 남겼다. 그의 노래처럼, 누구나 해방의 기쁨을 억누르지 못했고 그 감격을 억제하지 못했다. 해방된 설렘에 민족적 활기가 넘쳐났고 새로운 기대와 사명감이 하늘을 찌르는 듯했다. 이념의 구별이 없었고 "조선 민족 된 자 그 누구도 환호 열광치 아니할 자 없었다."[2]

그렇게 빨리 일본이 패망할 줄 몰랐다. 해방은 갑자기 안겨진 "하나님의 선물"이었다.[3] 포츠담 선언(Potsdam Declaration)을 무조건 따르겠다는 일본 천황 미치노미야 히로히토(迪宮裕仁)의 항복 선언이 흘러나왔는데도, 사람들은 일본의 식민지에서 벗어났다는 것을 한동안 믿지 못했다. 그러나 해방은 와있었고 거리에는 태극기가 물결치기 시작했다. "조선 독립만세", "축 해방", "우리 정권 수립" 등, 현수막들이 수없이 걸렸고 '만세'를 외치는 소리가 그간의 사무침을 풀기라도 하는 듯 온 땅을 덮었다.

일제의 가혹한 통치, 박해, 핍절, 한국을 짓밟았던 불의한 것들이 모두 사라질 것이라는 기대가 한꺼번에 왔다. 모두가 새로운 희망을 기대했고 원하는 나라를 건설하게 되었다는 기쁨이 가득했다. 모든 자유가 보장되고 모든 것이 순조로우리라는 것을 의심하지 않았다.

풀어야 할 과제들이 갑자기 몰려들었다. 일본을 대체해야 할 지도력이 당장 절실했다. 어떤 체제를 선택하고 실현해 나갈 것인가 하는 문제도 곧바로 등장했다. 이를 주도하려고 각 정파들이 급조되었다. 선점의 경쟁

---

2) 김종범 · 김동운, 『해방 전후의 조선 진상』 현대사 자료집 1(서울: 돌베개, 1984), p.15.

3) 한국 천주교회의 좌장인 노기남 주교도 해방을 "연합군의 선물"인 동시에 "성모의 선물"이라고 여겼다.

과 대립, 갈등은 치열했다. 그러나 한국의 의지와 상관없이 정치체제는 결정되어 있었다. 스스로의 힘으로 해방을 맞이한 것이 아니어서 카이로 선언(Cairo Declaration)과 포츠담선언을 따라야 했다. 38도선을 경계로 미군과 소련군이 진주했고 신탁통치를 받아야 했다. 한국의 동의와 상관 없는 결정이었지만 이를 거부할 수 없었다.

미국이 요구하는 민주주의 체제는 일본도 경험하지 못한 것이었다. 이를 실현시키고 운영해 나가야 하는 문제는 남한의 주요한 과제가 되었다. 당연히 기독교계가 지목될 수밖에 없었다. 한국의 근대교육을 선점했고 민족 지도자들을 많이 확보하고 있었기 때문이다. 민족운동의 주체로도 각인되어 있었다. 미국 유학자(留學者)도 가장 많이 확보하고 있어 우월한 입장이었다. 게다가 한국교회와 미국교회와의 친밀성은 미국과의 관계를 뒷받침하기에 충분했다.

그렇지만 기독교계가 모든 것을 주도하지는 못했다. 민족운동 혹은 독립운동에 적지 않은 공헌을 했던 대종교계나 천도교계, 1920년대부터 뿌리를 내려온 공산사회주의계도 적지 않은 영향력을 갖고 있었기 때문이다. 여기에 충칭(重慶)정부를 포함해서 해외에서 독립운동을 하던 조직과 인물들의 영향력도 있었다.

일제 강점기부터 각 그룹간의 치열한 갈등과 대립이 있었다. 각 정파의 이념이나 지향점도 같지 않았다. 민족운동을 주도하던 민족주의계가 자연스럽게 정치 정당이나 정파로 전환했고 지하로 숨어들었던 공산주의계도 뛰쳐나와 활동을 개시했다. 수많은 신생 정당들이 만들어졌고 해외에서 독립운동을 하던 그룹들이 귀국을 서둘렀다.[4] 협력이나 양보는 기대

4) 1945년 9월 12일 하지가 정치 및 사회문화단체 대표들을 부민관에 초청했을 때, 정치단체는 33개였고, 사회문화단체는 18개였다. 이 날 하지가 정당대표들과 정례

하기가 어려웠고 갖가지 주장들이 난무했다. 특히 민족주의계와 공산주의계의 간극은 확연했다. 주도권을 잡기 위한 전횡(專横)과 농단, 타협과 갈등이 반복되어 나타났고 폭력과 암살도 일어났다.

일제에 의해 왜곡되었던 일들을 바로잡는 것도 만만치 않았다. 특히 황국신민화 정책에 자유로울 수 없던 민족주의자들에 대한 불신이 부풀어졌다. 국내에 있던 것 자체가 문제가 되고 빌미가 되었다. 능동적이고 자발적으로 뛰어든 사람도 있지만 극히 소수이고 대부분은 강압 때문이었다. 지하로 숨어들었던 공산주의계와 다른 입장이었다. 그러나 이에 대한 이해와 동의를 얻기가 쉽지 않았다. 이를 핑계로 공산주의계는 민족주의자들을 친일로 몰아세웠고, 그로 인해 갈등과 대립은 더 크게 나타났다.

교회도 예외가 아니었다. 교회 생존을 위해 기회가 올 때까지 드러내지 않으려는 의도라 해도 그것은 핑계가 되었다. 극악한 체제 속에서 견디기 위해 어쩔 수 없었다 해도 이해를 얻지 못했다. 흠이 없는 인물이 거의 없었음에도 깊은 상처들을 서로 들추어냈고 불명예를 씌었다. 서로에 대한 비난과 비판은 도를 넘었고 교회가 분열되는 것도 괘념치 않았다.

깨끗한 제거와 엄격한 단절로 역사의 문제가 해결되지 않는다. 일순간에 모든 것이 제거될 수도 없다. 여러 과정과 시간의 거리를 지나야 하는 일이었음에도 서로에 대한 지적은 예리했고 비난의 소리는 높았다. 교회의 재건이나 독립 국가 건설이 결코 순탄치 않았던 이유이다.

회견을 갖겠다고 말했는데, 바로 다음 달까지 등록을 마친 정치단체는 205개에 이르렀다.

2. 민족주의계와 공산사회주의계의 대립

1945년 8월에 접어들면서 조선총독부는 일본인들의 안전한 귀환을 목적으로 송진우와 여운형 등과 접촉했다.[5] 이에 여운형은 발 빠르게 송진우 측과 협상을 시도했다. 그러나 송진우는 김구의 충칭(重慶) 임시정부를 기다려야 한다며 이를 거절했다.[6]

1945년 8월 16일 계동 휘문중학교에서 여운형은 '조선건국준비위원회' 수반의 자격으로 연설했다. 치안 유지권과 행정권을 이양을 받았으며, 자신의 다섯 가지 요구사항을 총독부가 받아들였다고 소리를 높였다. 좌우 그룹과 해외정치그룹이 하나가 되어 나라를 세우자는 주장도 했다.[7] 그 주도권을 자신이 잡겠다는 의도였다.

조선건국준비위원회는 여운형 주도로 결성된 건국동맹의 연장이었다.[8] 여운형은 "노동자들의 경제적인 해방"을 정강으로 내세웠다. 민족주의계를 향해서는 친일세력이고 비민주주의적 반동세력이라고 비난했

---

5) 정무총감 엔도 류사쿠(遠藤柳作)를 내세운 것으로 알려져 있는데, 1957년 엔도는 그런 일이 없었다고 밝힌 바 있다. 그러나 그의 진술에는 적지 않은 모순이 있어 신뢰하기 어렵다.

6) 최하영, "정무총감, 한인 과장 호출하다", 『월간중앙』, 1968년 8월호. 여운형은 정백을 통해 "일본이 곧 패망하니 국내외 혁명단체를 당라해 독립정부를 수립하자"고 송진우에게 제안했다.

7) 「매일신문」, 1945년 8월 17일자.

8) 1944년 8월 10일에 만들어진 건국동맹은 사회주의와 민족주의의 연합체를 꿈꾸었다. "각인 각파를 대동단결하여 거국일치로 일본제국주의제세력을 구축하고 조선민족의 자유와 독립을 회복할 일, 반추축(反樞軸) 제국과 협력하여 대일 연합전선을 형성하고 조선의 완전한 독립을 저해하는 일체 반동세력을 박멸할 일, 건설부면에 있어 일체 시위를 민주주의적 원칙에 의거하고 특히 노농대중의 해방에 치중한다"라는 세 가지 강령을 내세웠다.

다.[9] 그것은 영미식 민주주의에 대한 투쟁선포와 다름없었다. 그러나 좌우합작은 실패한 모델이다. 상해임시정부가 이를 지향했으나 실패했고, 신간회도 그 꿈을 이루지 못했다.

건준도 예외가 없이 실패의 길을 걸었다. 배경과 이념이 달랐기 때문에 격한 갈등으로 이어졌다. 결국 안재홍을 비롯한 민족주의계가 탈퇴를 했고[10] 그 빈자리는 박헌영의 조선공산당계가 차지했다.[11] 박헌영은 '전국인민대표자대회'를 개최했고[12] 건준의 이름을 '조선인민공화국'(朝鮮人民共和國, 人共)으로 바꿨다. 그만큼 그의 영향력이 컸다는 것과 여운형의 꿈이 사라졌다는 것을 말한다.[13]

여운형은 좌우합작을 사명으로 여겼지만, 박헌영은 여운형의 명망을 이용하려 했을 뿐이다.[14] 여운형 자신은 공산당과 일정한 거리를 두려고 애를 썼지만[15] 이미 박헌영의 일원으로 치부되었다. 조봉암조차도 "공산

---

9) 「해방일보」, 1945년 12월 9일자.

10) 건준의 1차 조직 간부 7명의 구성을 보면 해방 직전까지 국내에서 독립운동을 준비해온 여운형의 건국동맹(建國同盟)에서 2명(여운형, 최근우), 신간회계 3명(안재홍, 이규갑, 권태석), 장안파 공산계 2명(정백, 조동우)이다. 건준 1차 조직에는 함상훈(咸尙勳), 김준연(金俊淵), 김약수(金若水) 등 이후에 한민당에 참여하는 인사들도 일시적으로 참여했다.

11) 김충렬, "해방정국에서의 건국준비위원회의 정치적 의미", 『한국동북아논총』 37집, 2005년, pp.289-290.

12) 1945년 9월 6일에 개최했다.

13) 9월 14일 인공은 이승만을 주석으로 하고 부주석에 여운형, 국무총리 허헌, 내무부장 김구, 외교부장 김규식 등의 조각(組閣)을 발표했다. 이승만이나 충칭 정부를 대표한 사람들을 제외하고 민족주의계는 명단에 없었다. 중앙위원도 여운형계는 4명밖에 없었고 대부분 박헌영계가 요직을 차지했다.

14) 이정식, 『대한민국의 기원』(서울: 일조각, 2006), pp.330-331 참조.

15) *Foreign Relations of the United States(FRUS)*, 1946, vol, 8, p.678. 미군정도 여운형이 일정부분 박헌영이나 공산당계와 거리를 두려했다고 판단했다.

주의자들의 정치 구락부"[16]라고 비판할 정도로 인공(人共)은 남로당(남조선노동당)의 외곽조직으로 전락했다.[17]

여운형은 한국 장로교의 헌법을 만들었던 선교사 클락(Charles A. Clark)의 조사(助事)였고 YMCA의 일원이었다. 승동교회 전도사요 열정적 교인이었으며 기독교 사상가였다. 그런데도 공산당과 합작을 꾀했다. 복음의 영적 영역을 무시하고 인간 평등의 이데올로기로 제한했기 때문이다. 기독교의 복음을 민족 지상(民族至上)을 위한 도구로 여긴 것도 그렇게 된 이유이다.

한편 종로구 안국동 윤보선의 자택에서 YMCA 출신의 민족주의계가 중심이 되어 한국민주당(한민당)을 발족하기로 했다.[18] 허정, 장덕수, 장택상, 백남훈, 윤보선 등 주도자들은 대개 기청(畿淸)과 호남이 뿌리였고,[19] 관계가 절친했다. 민립대학 건립을 위해 함께 일한 경험도 있었다. 공산사회주의계의 독주를 그냥 내버려 둘 수 없다는 생각도 같았다. 이승

16) 조봉암, "박헌영동무에게", 「조선일보」, 1946년 5월 7일자.

17) 이정식, 『대한민국의 기원』(서울: 일조각, 2006), p.331.

18) 1945년 9월 4일이었다. 한민당이 만들어질 때, 동아일보 사장 송진우의 이름이 빠져 있었다. 그는 충칭(重慶)임시정부의 귀국 전에는 정당을 만들지 말자는 입장이었다. 그러나 김병로와 백관수, 나용균 등이 설득했다. 결국 송진우도 건국준비위원회의 '인민공화국'선포에 대항해야 한다는 데에 의견을 같이했고, 주변의 설득에 따라 수석 총무직을 수락했다. 동아일보 1971년 11월 30일자 ; 허정, 『내일을 위한 증언』(서울: 샘터, 1979), pp.101-102.

19) 이런 이유로 한민당은 창당 초기부터 전라도 당이라는 비판을 받았다. 실제로 한민당의 주요 인사는 전북 고창(또는 부안) 출신의 김성수, 김병로, 금산의 임영신, 유진산, 전남 담양 출신 송진우, 백관수, 백남훈, 전남 영암 출신의 김준연, 전북 고창 출신의 이철승이 있었다. 그리고 충청남도 출신의 윤보선, 윤치영, 충남 천안 출신의 조병옥, 서울 출신의 원세훈, 이기붕, 김도연이 있었다. 기호지역이외에는 장덕수가 황해남도 해주 출신이었고 이활과 이연이 경북 영천, 허정과 김약수는 부산출신이었다.

만과 김구를 추대해야 한다는 의견도 다르지 않았다.

초기 한민당, 곧 송진우가 수석 총무직을 맡았을 때[20] 사회복음주의자들과 기독교사회주의자들이 적지 않게 가담했다.[21] 여기에 원세훈이나 김약수와 같은 사회주의자들도 가세했다.[22] 그러나 이들은 공산주의에 대해서는 단호한 태도를 보였다. 한민당이 격렬하게 건국준비위원회나 '조선인민공화국'(인공)을 타도하자고 외친 이유이다.[23]

3. 미군정의 시작과 그 혼란 - 공산 좌익계의 책동

하지(John R. Hodge)와 미 제24군단은 1945년 9월 9일 서울에 들어왔다. 민족주의계와 공산사회주의계의 대립이 첨예하던 때였다. 미군은 세부 계획을 수립하지 못한 채, 한국에 대해 무지에 가까운 상태로 입국했다. 이들도 일본이 갑작스럽게 항복을 선언할지 몰랐다.[24] 미 정부가 한국 통치에 관한 기본지침을 작성해서 최종 승인한 것이 10월 13일이었고[25] 맥아더 사령부에 하달된 것이 그로부터 4일 뒤인 것을 보면, 혼란은

---

20) 여기에서 '초기'라 함은 송진우 암살 이전을 말한다. 송진우 이후, 사회주의자들이나 기독교 사회주의자들이 한민당을 이탈했다.

21) 김명구, 『한국기독교사』 1(서울: 예영커뮤니케이션, 2018), pp.458-469 참조.

22) 김약수는 일제 강점기에 조선공산당 간부를 역임한 바 있다.

23) 9월 7일, 김성수, 송진우, 서상일 등 동아일보사 계열의 인사들은 국민대회준비위원회를 조직하고 중경 임시정부 환영을 계획했다. 또한 같은 9월 7일 이인, 조병옥 등이 결성한 충칭(重慶) 임시정부 및 연합군 환영준비위원회를 조직했다. 이들은 곧 9월 8일 국민대회준비위원회로 통합하고 대한민국 임시정부 환영 준비를 계획하는 한편 한민당의 측면지원조직으로 활동했다.

24) 정용욱, 『해방전후 미군의 대한정책』(서울: 서울대학교출판부, 2003), pp.125-131.

예견되어 있었다. 인천에 상륙할 때 지닌 지침서는 “어떠한 정치집단에 대해서도 특혜의 인상을 주어서는 안 된다”는 “미육군민정요람(美陸軍民政要覽)”뿐이었다.[26]

하지는 정치에 관심이 없던 야전군 사령관이었고 한국을 몰랐다. 24군단 수뇌부도 한국에 무지했다. 수하들도 대부분 전투 군인들이었고 군정 요원은 소수였다.[27] 한국을 아는 행정가들도 없었다.[28] 군단 내부에 한국의 사정을 알고 한국어를 할 줄 아는 사람은 윌리엄스(George Zur Williams) 소령 정도였다. 그는 공주 영명학교를 세웠던 프랑크 윌리엄스 선교사(Frank Earl Cranton)의 아들이었다.[29] 그러나 윌리엄스도 한국어를 할 줄 안다는 것 하나로 특채되었을 뿐이다.[30] 공주(公州)에서 태어나 어린 시절을 보냈지만, 한국을 떠난 지 오래되어 그 실상을 잘 알지 못했다.[31]

---

25) *Foreign Relations of the United States(FRUS)*, 1945 vol. 6, pp.1073-1091 참조.

26) 이 요람에는 “정치의식이 아무리 건전하다고 하더라도 조직화된 민간정치 그룹을 군정부의 정책결정에 참여시켜서는 안된다”고 못박고 있었다. 또한 민간 정치그룹과 접촉할 때 지극히 신중해야 한다고 강조되어 있었다. “비화 미군정 3년” 2, 「동아일보」, 1982년 4월 2일자.

27) 윤덕영, “1945년 한국민주당 초기 조직의 성격과 그한 미군정 활용”, 역사연구회, 『역사와 현실』 80, 2011년 6월, p.271.

28) H. H. Underwood, *Tragedy and Faith in Korea*, (New York: Friendship Press, 1951), p.20.

29) 동아일보에 따르면, 1945년 9월 2일 미24군단 정보참모부 소속의 리드 대위가 이끄는 1개 소대 병력이 선견군사(先遣軍使)로 인천에 상륙했다고 한다. 이때 이들을 실제로 인도한 인물은 재한선교사 경험이 있는 휘테이커 준위였다. “비화 미군정 3년” 1, 「동아일보」, 1982년 4월 1일자.

30) “애치슨, 이승만 싫어해 귀국 막았다”, 「중앙일보」, 2011년 8월 15일자.

31) “미국은 왜 이승만을 서울로 데려왔나”, 「동아일보」, 1988년 8월 11일자. 윌리엄스가 쌍발비행기를 타고 대전, 광주, 대구, 부산 등을 돌며 민정시찰을 나선 것은

그때 미국무부와 미군정이 생각해 냈던 것이, 강제 추방되었던 재한선교사들과 한국에서 태어났거나 한국 경험이 있던 선교사 2세들이었다. 이들 이외에 "이 조용한 아침의 나라를" 아는 미국인들이 드물었다.[32] 필연적으로 미국은 이들 재한선교사들이나 그 2세들을 활용해야 했다.[33]

하지는 재한선교사 출신들을 보내 달라고 국무부에 요청했다.[34] 그러나, 미국 정부가 서둘렀음에도 불구하고, 선교사나 그 2세들이 한국에 오고 미군정에 편입되기까지 시간이 걸렸다. 언더우드 2세(Horace H. Underwood, 원한경)는 10월 26일에 가서야 입국할 수 있었고 연희전문 교수였던 남감리교회 피셔(James E. Fisher)는 1946년 1월이 되어서야 입국할 수 있었다. 군정청 특별정치 고문의 자격으로 아펜젤러(Henry D. Appenzeller)와 번스(Arthur C. Bunce), 킨니(Robert Kinney) 등, 일본이 추방했던 선교사들도 1946년 2월 11일 이후가 되어야 한국에 들어왔다. 1946년 4월에 YMCA와 연희전문에서 활동했던 빌링스(Bliss W. Billings)가 들어왔고, 감리교선교회를 대표해서 벡커(Arthur L. Becker)가 들어왔다. 개성에서 활동하다 강제 추방되었던 감리교 선교사 윔스(Clarence N. Weems)[35]의 둘째 아들 클라렌스 윔스(Clarence N. Weems Jr.)대위와 노블(William A. Noble)의 아들 헤럴드 노블(Harold Noble)도 이 무

한국 상륙 후 2-3주가 지난 뒤의 일이다.

32) Harry S. Truman, 박관숙 역, 『트루만 회고록』(서울: 한림출판사, 1971), p.379.

33) 허명섭, "미군정기 재한 선교사와 한국교회", 『한국교회사학회』 제16집, 2005, p.174.

34) 안종철, "미국 북장로교 선교사들의 활동과 한미관계, 1931-1948"(서울대학교 박사학위논문, 2008), pp.222-227.

35) 윔스 선교사는 송도고등보통학교 교장과 개성지방 감리사 등으로 23년간, 원산에서 7년간 활동했다. 1930년에는 남 감리회 조선연회 대표자로서 남, 북 감리회 통합에 기여했다.

렵에 들어왔다.[36] 이런 상황에서 한국 사회의 혼란은 예고되어 있었다. 특별히 공산 좌익계의 책동은 도를 넘고 있었다.

공산 좌익계는 언론을 장악하려 했다. 1945년 9월 8일에 조선인민보가 창간되었고, 조선공산당 기관지인 해방일보가 9월 19일에 창간되었다. 이어서 독립신문, 대한독립신문, 중앙신문이 차례로 창간되었다. 해방 직후부터 대한민국 수립까지 창간되거나 복간된, 50여 개의 신문 중에 민족주의계의 입장을 대변했던 신문은 조선일보와 동아일보, 경향신문 정도였다. 이들 신문도 연말이나 해를 넘겨서야 발간할 수 있었다.[37] 해방 원년의 언론계는 공산 좌익계가 독점했다 해도 과언이 아니다.

해방일보는 창간사를 통해, 신문이 "선전 선동뿐만 아니라 조직자의 역할을 하는 것"이라고 피력했다.[38] "정치 목적을 달성하기 위한 가장 강력하고도 효과적인 대중조직의 수단"이라고 주장한 레닌의 언론관에 충실했던 것이다.[39] 실제로 공산 좌익계는 언론을 이용해 집요한 선동과 왜곡된 선전을 마다하지 않았다. 자신들의 입장을 적극적으로 대변했고 극렬한 논조로 미군정을 비방했다. 사사건건 반대를 획책하고 미군이 떠나야 한다고 선동했다.[40] 해방의 단꿈에서 깨어나지 못한 국민들을 좌경

---

36) 이외에 1946년까지 입국한 대표적 선교사들은 북장로교의 존 비거(John D. Bigger), 덱스터 루츠(Dexter N. Lutz), 윌리엄 커어(William Kerr)였고 남장로교의 로버트 윌슨(Robert M. Wilson), 북감리교 출신 프랭크 윌리엄스(Frank E. C. Williams)와 헨리 D. 아펜젤러(Henry D. Appenzeller) 등이었다.

37) 조선일보는 11월 23일, 동아일보는 12월 1일에 가서야 복간되었다. 가톨릭 서울교구 경향신문은 1946년 10월에 창간되었다.

38) 「해방일보」, 1945년 9월 19일자, 창간호.

39) 한국언론보도인클럽 편, 『신문사설로 엮은 역사의 증언』 제3집(1945-1961)(서울: 언론보도인클럽출판부, 1988), p.75.

40) 독립신보는 1947년 3월 18일 사설을 통해, 일명 '4.3 사건'을 "제주도의 궐기"로

으로 의식화시키려 했고, 해방의 흥분이 채 가시지 않았던 한국 사회를 왜곡시키려 했다.

1945년 10월 13일, 윌리엄스 소령은 기자회견을 했다. 그 자리에 참석한 좌익계 기자들과 신문을 가리켜 "무책임한 무리들"이라는 비난이 나왔다. "무책임한 급진적 종이 조작들"이라는 비판도 했다. 매일신보가 공산당에 운영되고 있다는 것도 폭로했다. 왜곡된 보도에 흥분을 감추지 못했던 그는 민족주의계를 향해 신문사를 창간해 달라고[41] 소리를 높였다. 해방된 후 1년 가까이, 미군정은 뜻하는 대로 질서를 잡지 못했고 원하는 대로 통치하지 못했다. 한국 사회도 혼돈의 시간을 보내야 했다.[42]

규정했다. 여기에 자세한 내막에 대해 기술하지 않고, 일방적으로 "민주운동사에 한 개의 커다란 역사적 분수령을 획할 것"이라는 입장을 내보냈다.

41) "XXIV Corps Journal", 1945월 10월 13일자 ; 브루스 커밍스, 김자동 옮김, 『한국전쟁의 기원』(서울: 일월서각), p.256에서 참조.

42) 언론을 통한 공산좌익계의 선전과 선동은 적지 않은 결과를 가져왔다. 1946년 7월, 서울 거주자 8,476명을 대상으로 시행한 "미래 한국 정부의 형태와 구조" 여론조사에서 약 70%가 사회주의를 선택했던 것이다. RG407 Box,2074 "Type and Structure of a Future Korean Government"; 신복룡 편, 『한국분단사 자료집』 6 (서울: 원주문화사, 1993) 참조.

제 2 장

기독교와 대한민국의 독립 - 한국구원의 배경

1. 카이로선언 - 한국 독립의 문(門)

1943년 11월 22일, 연합국의 승리가 굳혀지고 있던 때에 카이로의 고급 주택가 메나(Mena)에 미국 대통령 루즈벨트(Franklin D. Roosevelt), 영국 수상 처칠(Winston Leonard Spencer Churchill), 그리고 중국 총통 장제스(蔣介石)가 모였다. 이들은 미 육군참모총장 마셜(Alfred Marshall)과 영국 육군 참모총장 브루크(Alan Brooke), 중국 육군참모총장 지위를 갖고 있던 스틸웰(Joseph Stilwell)을 비롯해 각국 육해공군 참모총장, 100명 가까운 군 장성들과 함께 카이로에 왔다. 특별히 장제스는 부인 쑹메이링(宋美齡)을 대동하고 이 회의에 참석했다.[43] 스탈린(Iosif Vissarionovich Stalin, Ио́сиф Виссарио́нович Ста́лин)을 빼고 연합국 최고의 지휘부가 모두 모인 것이다.[44]

43) 이때 스탈린은 참석하지 않았다. 대신 외교담당 당 제1위원인 비신스키(Andrej Yanuar'evič Vyšinskij)를 보냈다.

5박 6일간의 회담을 통해 전후 일본 처리 문제를 위한 기본적인 지침, 곧 '카이로선언'이 발표되었다. 선언문에는 일본이 1차 세계 대전 후 불법적으로 침탈한 영토를 반환할 것과 "한국민(韓國民)이 노예적인 상태에 놓여있음을 상기하면서, 한국을 적절한 절차 아래 자유롭고 독립적인 국가로 만들 것을 굳게 다짐 한다"는 내용이 담겨 있었다.[45] "적절한 절차(in due course)"라는 모호한 조건이 있었지만, 연합국들은 한국의 독립을 공식적으로 보장했다.

한국의 독립이 공식적으로 선언된 것에 장제스의 제안과 역할이 있었던 것이 사실이다.[46] 그렇지만 미국이 카이로회담을 주도하고 있었고, 따라서 루즈벨트가 적극적으로 수용하지 않으면 불가능했다.[47] 여기에 영국의 반대가 그리 강하지 않았고 소련의 묵시적 동의도 있었다. 묘했던 것은 다른 아시아 국가들에 대해서는 적극적 언급이 없었고 오직 한국의 독립만을 약속했다는 것이다.[48] 여기에는 추방된 재한선교사를 비롯한 미국 기독교계의 적지 않은 역할이 있었다.

---

44) 정일화, 『대한민국 독립의 문, 카이로선언』(서울: 선한약속, 2010), p.440.

45) 원문은 다음과 같다. "The aforesaid three great powers, mindful of the enslavement of the people of Korea, are determined that **in due course Korea shall become free and independent.**"

46) 호춘혜 지음, 신승하 옮김, 『중국안의 한국독립운동』(서울: 단국대학교출판부, 1978), p.263.

47) 장제스는 이 만찬회동을 준비하면서 중국의 영토 회복과 한국의 독립을 포함한 4가지 항목을 만들어 미국에 전달했다. 이때 중국의 공식 의견이 아니라 장제스의 개인 의견이라는 점과 루즈벨트의 결정을 위한 참고와 연구용이라는 점을 분명히 했다. "Memorandum by the Chinese Government", Cairo, November 24, 1943, *FRUS: The Conference at Cairo and Teheran*, 1943, p.387.

48) 박태균, "미국의 관점에서 본 한국의 8.15", 『軍史』 제96호, 2015년 9월, p.5.

2. 카이로선언의 진행 과정

카이로에 도착한 다음 날인 11월 23일 저녁, 루즈벨트는 머물고 있던 숙소에서 장제스와 3시간 동안 별도의 만찬 회담했다. 동석자는 루즈벨트의 최측근이요 열정적 감리교인 홉킨스(Harry L. Hopkins), 장제스의 부인 쑹메이링과 비서장 왕충후이(王寵惠)였다.[49] 이 자리에서 루즈벨트가 먼저, 미국과 중국이 한국, 인도차이나, 태국의 장차 지위에 대한 공동의 이해를 가져야 한다는 말을 꺼냈다. 이에 장제스는 팽호도와 만주, 타이완 등 일본에 빼앗긴 중국의 영토가 되돌려져야 한다고 주장했다. 아울러 한국을 독립시켜야 하고, 인도차이나가 독립을 획득하도록 두 나라가 함께 노력해야 하며, 태국도 독립된 지위를 회복해야 한다는 의견을 냈다.[50]

그런데 루즈벨트는 장제스가 '한국 독립' 주장을 하는 것에 의구심을 드러냈다. 중국이 한국에 대한 정치적 영향력을 다시 가지려고 하는 것이 아닌가 하는 의심을 했다. 군사적으로 점령하지는 않을까 하는 염려도 했다.[51] "당신은 만주를 가질 수 있소. 팽호도를 가질 수 있고 대만을

---

49) 정병준, "카이로회담의 한국문제 논의와 카이로선언 한국조항의 작성 과정", 『역사비평』 107호, 2014년 5월, p.311. 미국측 공식 기록에 따르면 루즈벨트의 아들 엘리엇 루즈벨트(Elliott Roosevelt) 대령이 손님으로 참석한 것으로 되어 있고, 왕충후이의 이름은 나와 있지 않다. "Editorial Note", *FRUS: Conferences at Cairo and Teheran*, 1943, pp.322-323.

50) "Roosevelt-Ching Dinner Meeting, November 23, 1943, 8 p.m, Roosevelt's Villa", *FRUS, The Conference at Cairo and Teheran*, 1943, p.325. 그때 중국도 미국의 신탁통치 제안에는 찬성하는 입장을 표명했었다.

51) 루즈벨트는 장제스와의 만찬회담 다음날, 자신이 묵고 있던 빌라에서 처칠과 가진 오전 회담에서 자신의 이런 염려를 토로했다. "Meeting of the Combined Chiefs

가질 수 있지만 한국은 가질 수 없소. 한국은 일본에서 분리해서 국제적 감독 기간을 거친 후 독립이 주어져야만 하오. 당신은 한국은 가질 수 없소"라는 기록은 그래서 남겨졌다.[52)]

중국으로부터의 완전한 독립은 개화시대 이래 한국의 오랜 염원이었다. 루즈벨트는 이 문제를 확실히 짚었다. 물론 루즈벨트의 이 같은 주장은 전후 세계 전략에 대한 구상에서 비롯되었다고도 볼 수 있다. 그렇지만 장제스와의 회담에서 미국은 한국이 중국의 정치적 영향권에 속하지 않는, 완전한 독립 국가가 되어야 한다는 것을 확실히 했다. 일정 기간의 신탁통치를 전제로 하고 있었지만, 이미 루즈벨트는 한국 독립에 대한 구상을 중국에 전달한 바 있었다.

1943년 3월 27일 워싱턴 백악관에서 열린 회담에서 루즈벨트는 영국 외상 이든(Anthony Eden)과 전후 만추리아(만주), 한국, 타이완, 인도차이나에 관한 논의를 했다. 여기에서 미국과 중국을 포함한 1-2개국의 나라가 참가하는 연합국이 한국을 신탁통치 하자고 제안했다.[53)] 신탁통치를 거친다는 조건이었지만, 한국을 완전히 독립시킨다는 생각을 하고 있었던 것이다.[54)]

---

of Staff with Roosevelt and Churchill", November 24, 1943, 11 a.m, Roosevelt's Villa, *FRUS: The Conference at Cairo and Teheran*, 1943, p.334.

52) Xiaoyuan Liu, "Sino-American Diplomacy over Korea during World War II" *The Journal of American-East Asian Relations*, Summer 1992, vol.1, no.2, p.227. 정병준, op.cit., p.316에서 재인용.

53) "Memorandum of Conversation by the Secretary of State", March 27, 1943, *FRUS, 1943, The British Commonwealth, Eastern Europe, the Far East*, 1943, vol. III, pp.36-37. 정병준, op.cit., p.314에서 재인용.

54) 김학준, 『북한의 역사-강대국 권력 정치 아래서의 한반도 분할과 소련의 북한 군정 개시:1863년~1946년 1월』 제1권(서울: 서울대학교출판부, 2008), pp.534-535.

영국과의 회담이 끝난 후 루즈벨트는 국무차관 섬너 웰즈(Sumner Welles)를 통해 중국 외무장관 쑹쯔벤(宋子文)에게 자신의 의중을 전달했다. 이때 웰즈는 "한국은 잠정적이고 국제적인 신탁통치 아래 하나의 독립 국가가 되어야 한다"는 분명한 입장을 전했다.[55] 1941년 미국이 처칠과 맺은 대서양헌장(Atlantic Charter)의 제3항을 상기시킨 것이다.[56] 중국은 1943년 9월에 가서야 루즈벨트의 구상에 동의를 표명했다.[57] 따라서 카이로에서 있은 장제스의 한국 독립 제안은 루즈벨트의 의도 아래에 나왔다고 볼 수 있다.

장제스와의 회담을 마친 루즈벨트는 홉킨스에게 카이로회담의 선언 초안을 작성하게 했다. 홉킨스는 "가능한 가장 빠른 시기에" 한국이 자유와 독립의 국가 될 것을 결의한다는 내용으로 정리했다.[58] 그가 작성한 초안은 루즈벨트의 검토를 거치면서 "적절한 시기"(at the proper moment)라는 외교적 표현으로 수정되어 중국에 전달되었다. "적절한 시기"라는 문

---

55) Ibid., p.535.

56) 대서양조약 제3항은 "모든 국민이 그 속에서 영위할 정부 형태를 선택할 권리를 존중한다. 또 양국은 강압적으로 빼앗겼던 주권과 자치 정부를 인민들이 다시 찾기를 원한다"이다.

57) United States, Department of State, *Foreign Relations of the United States, 1943: China*(Washington, D.C: United States Government Printing Office, 1957), pp.135, 845 ; 김학준, Ibids., pp.535-536.

58) "America Draft of the Communique with Amendments by the President's Special Assistant(Hopkins)", *FRUS: The Conference at Cairo and Teheran*, 1943, pp.401-402 ; 정병준, op.cit., p.331. 홉킨스가 처음 작성한 초안은 다음과 같다. "We are mindful of the treacherous enslavement of the people of Korea by Japan, and are determined that that Country, at the earliest possible moment after the downfall of Japan, shall become a free and independent Country."

구는 영국과의 논쟁을 거치면서, "적절한 절차 아래(in due course) 한국의 자유와 독립이 결정될 것이다"라는 표현으로 바뀌었다.[59] 그리고 스탈린의 동의를 거쳐 확정되었다. 비록 신탁통치라는 조건을 걸었지만, 한국 독립의 문이 열리게 된 것이다.

3. 카이로선언의 기독교적 배경

3.1 재한선교사들과 해리스(Frederick B. Harris)의 역할

카이로선언문은 한국의 식민 상황을 "노예 상태"(enslavement)"로 규정했다.[60] 그런데 "노예"라는 표현은 한국을 강점한 일본인들이 사용한 것이었고, 영미계 기자들이나 재한 선교사들이 한국의 상황을 서구 사회에 고발할 때 사용했던 표현이다.

1904년 런던 데일리 메일(Daily Mail) 극동 특파원으로 러일전쟁 종군기자였던 프레드릭 멕켄지(Frederick A. McKenzie)는 "노예들은 건강하다. 조선인들은 건강하다. 그러므로 조선인들은 노예들이다"라는 논리를 내세운 일본인 교사들을 고발한 바 있다.[61] 그의 지적처럼, 일본은 한국

---

59) 영어 원본을 보면 다음과 같다. "The aforesaid three Great Powers, mindful of enslavement of the people of Korea, are determined the in due course Korea shall become free and independent."

60) 영국도 합리적으로 식민지를 운영했다고 볼 수 없었다.

61) Frederick A. McKenzie, *Korea's Fight for Freedom*(London : Fleming H. Revell Co., 1920), pp.197-198. 맥켄지는 한국의 취재를 통해 얻게 된 자료를 토대로 『한국의 비극』(The Tragedy of Korea)(1908)을 저술했다. 이후 일제 강점기 아래의

인들을 노예처럼 부렸다. 카이로선언에서 사용한 "노예"라는 표현은 이를 염두에 둔 것이라 볼 수 있다[62].

전술한 대로, 19세기의 국제사회로부터 일본은 아시아에서 유일하게 문명국으로 인정받았다. 한국을 강점하면서 일본은 한국을 보호해서 문명국으로 이끌겠다고 약속했다.[63] 그런데 실상은 한국을 노예국과 같이, 한국인들을 노예처럼 여기고 부렸다. 이에 재한선교사들은 한국인들이 일본의 노예로 살기보다는 차라리 죽는 것이 낫다는 생각에 저항하는 것이라며 이를 고발했다.[64]

미 국무성의 권고로 수백 명의 선교사와 가족들이 1940년 11월 16일 인천항을 떠났다.[65] 일본이 진주만을 공습한 이후인 1942년 6월까지 600

한국에 대한 자료를 수집해 일본의 잔학하나 통치와 3.1운동의 실상에 대해 저술한 『한국의 독립운동』(Korea's Fight for Freedom)(1920)을 발표했다.

62) 국사편찬위원회 편, 『한국현대사 사료총서 2: 주한미군사』 1, Chapter II, "일본 항복 이전의 조선: 교육". 국사편찬위원회 한국사데이터베이스(http://db.history.go.kr/item/level.do?levelId=husa_001r).

63) 김명구, 『한국기독교사』1, pp.242-250 참조.

64) "More Light from Korea", *The Literary Digest*, 1919년 5월 31일자. 1903년 내한해 17년간 활동한 미국 북장로회 평양선교지회에 소속되어있던 화이팅(Harry C. Whiting)은 3.1운동을 무자비하게 탄압한 일본과 일본의 기만적인 식민통치의 실상을 미국 사회에 고발했다. 1921년 말까지 그의 기록은 총 266회에 달했다. 그 결과로 아이오아주의 워털루장로회는 특별위원장 맥카트넷(John R. MaCartnet)의 이름으로 고통당하는 한국의 기독교인과 한국인을 위한 특별 결의문을 채택하기도 했다.

65) 이때 마리포사호를 타고 인천항을 떠난 선교사들과 가족들의 수는 모두 189명이다. 조선총독부 사정국, "영미인의 철수 상황 및 그 영향", 『제79회 제국의회 설명자료』, 1941년 12월, p.445 ; 김승태, "1930·40년대 일제의 선교사에 대한 정책과 선교사의 철수·송환에 대한 소고", 『한국기독교역사연구소소식』 제75호, 2006년 7월, p.52.

여 명이 넘는 선교사들과 가족들이 한국을 떠나야 했다.[66] 끝까지 남으려 했던 37명의 선교사들은 가택에 연금되거나 수용소에 억류되어 있다가 연합국의 민간인 억류자 교환의 형식으로 추방되었다.

선교사들이 떠난 이후, 한국에 남을 수 있었던 서양인은 이탈리아 정부의 비호를 받고 있던 가톨릭 신부들과 프랑스 비시 정부에서 임명했던 프랑스 영사, 중국 난징의 일본 괴뢰 정부에서 파견한 중국 영사[67], 그리고 러시아 영사 알렉산더 폴리안스키(Alexander S. Poliansky)정도였다.[68]

1942년 3월 6일, 워싱턴의 백악관 근처에 있는, 파운드리감리교회(Foundry Methodist Church)의 담임목사 해리스(Frederick B. Harris)는 대통령 루즈벨트와 육군장관 스팀슨(Henry L. Stimson)에게 한국 독립을 간곡히 요청하는 편지를 보냈다.[69] 이승만이 조직한 한미협회(The Korean-American Council)의 초대 이사장이기도 했던 그는 차기 미국 상원의원 원목(院牧)에 임명될 정도로[70] 적지 않은 영향력을 갖고 있었

---

66) Charles A. Sauer, "The Situation in Korea", May, 1941 ; "A Year of Withdrawal", Sept.—Oct., 1941 *Korea Mission Field*, p.115 ; Harry A. Rhodes and Archibald Campbell, *History of the Korea mission, Presbyterian churdh in the U.S.A.* Vol. II. 1935-1959, New York; Commission on Ecumencial Mission and Relations, The United Presbyterian Church in the U.S.A, 1965, pp.22-23 ; 김승태, Ibids., pp.55-56.

67) XXIV Corps G-2 Periodic Report, No. 14, 24 September 1945, p.3. 국사편찬위원회 편, 『한국현대사 사료총서 2: 주한미군사』 1, Chapter II, "일본 항복 이전의 조선: 재조선 외국인들의 활동"에서 재인용.

68) Loc.cit. 알렉산더 폴리안스키는 해방 당시에도 서울 주재 소련 영사로 있었다. 그는 소련과 평양의 소련군부의 지시를 남한 공산주의자들에게 전달하는 역할을 했다.

69) 1942년 3월 6일자. Frederick Brown Harris가 Franklin D. Roosevelt에게 보내는 편지 ; 유지윤, "프레데릭 B. 해리스의 한국 관련 활동", 한국교회사학회. 현대기독교역사연구회 외 공동주관 '제136차 한국교회사학회 정기학술대회' 논문집, 2018년 3월, p.200.

다.[71] 한국 독립에 적극적 지지를 보내고 있던 그는 특별히 추방된 재한 감리교 선교사 쇼우(William E. Shaw)로부터 한국 상황에 대해 구체적인 정보를 듣고 루즈벨트에게 편지를 보냈던 것이다.[72]

추방된 재한선교사들 중에는 헐버트(Homer B. Hulbert)나 애비슨(Oliver R. Avison)과 같이, 이승만의 주도 아래 만들어져 있던 한미협회나 기독교인친한회(Christian Friend of Korea) 등에 들어가서 활동하는 인물들도 있었다. 그렇지만 수백에 이르는 대부분의 재한선교사들은 미국 각 지역의 교회들을 방문하며 한국 상황을 알렸다. 일본이 한국교회를 핍박하고 있음을 고발했고 한국이 자유와 독립을 누릴 수 있기를 간절히 염원했다. 이들의 지역 교회(local church) 활동은 반일 여론을 형성하는 데에 적지 않은 영향을 끼쳤다.

1907년 평양 영적대각성운동의 중심에 있었던 무어(John Z. Moor)는[73] 1940년 일본에 의해 추방되었다.[74] 미국으로 돌아오자 곧 바로 기독교인친한회에 입회한 그는, 1943년 11월 19일에 대통령 루즈벨트에게 편지를 보냈다. 편지에서 그는 재한선교사 게일(Jame S. Gale)이 시어도

---

70) 해리스 목사는 1942년 10월 10일에 미국 상원의 원목으로 임명되었다.

71) 일본의 진주만 공습 이후인 1941년 12월 24일 파운드리 감리교회에서 워싱턴 지역교회들의 연합 성탄예배 때에 루즈벨트 대통령 부부와 윈스턴 처칠이 함께 참석했다. 이때 해리스가 대표 설교를 했을 정도로 그 영향력은 컸다. 특별히 대통령 내외뿐만 아니라 부통령, 대법원장, 상하원 의장, 감리교회 감독 등과도 친밀한 관계를 가지고 있어 정계와 교계에서의 그의 영향력은 매우 컸다. 유지윤, Ibid., p.196.

72) 국사편찬위원회 편, 『대한민국임시정부자료집』 20(과천: 국사편찬위원회, 2007), 1942년 3월 1일, 한인자유대회회의록 ; 유지윤, Ibid., p.200.

73) 김명구, 『한국기독교사』1, pp.308-309 참조.

74) 무어는 37년간 평양을 중심으로 선교활동을 했고, 손정도 등 평양 감리교 지도자들의 스승이었다.

어 루즈벨트(Theodore Roosevelt)에게 "1905년에 미국이 일본으로 하여금 대한제국을 점유하도록 도운 것이 커다란 잘못이었다"고 지적했을 때[75], 시어도어가 "일본의 한국 점유를 도운 것이 정말 잘못이었느냐"하며 후회했었음을 상기시켰다. 그리고 "지금이야 말로 역사적 잘못을 바로 잡을 적기"라며 대통령을 설득했다.[76]

1907년 이래 한국교회는 미국교회의 자랑이었다. 추방된 선교사들은 일본의 교회 핍박을 설파하며 적극적으로 활동했다. 이로 인해 미국 지역 교회와 정계는 한국의 독립문제에 적극적인 관심을 두게 되었다. 여기에 진주만 공습으로 인한 반일 감정이 합해졌다. 미국 교회는 지역 여론에 영향을 끼쳤고, 이승만 등의 '한미협회'와 '기독교인친한회'의 적극적 로비 활동이 더해졌다.[77] 그것은 미국 의회를 비롯한 미국 정가의 구체적 관심으로 이어졌다. 공화당출신 상원의원 토비(Chales W. Tobey)는 미 국무성에 대한민국 임시정부에 대한 정책과 한국 임시정부 승인문제를 들고 나왔고,[78] 워싱턴 주 출신 하원의원 커피(John M. Coffee)도 1943년 2월 27일, 일본의 잔악한 폭정을 규탄하면서 한국의 독립을 촉구하고 나섰다.[79] 이외에도 여러 명의 의원들이 지역 여론을 등에 업고 한국의 독립

---

75) Ibids., pp.242-244 참조.

76) Michael, C. Sandusky, *America's Parallel*,(Alexandria, VA, 1983), p.91. 유영익, 『건국 대통령 이승만』(서울: 일조각, 2015), p.62에서 재인용. 무어선교사가 루즈벨트 대통령에게 보낸 편지의 내용은 유영익의 책, p.343, 각주 149에 있다.

77) 고정휴, 『이승만과 한국독립운동』(서울: 연세대학교출판부, 2004), pp.426-441 참조.

78) "임시정부 승인을 촉구하는 토비 상원의원의 서신", 1942년 5월 4일자, 국사편찬위원회 편, 『대한민국 임시정부자료집』 20, p.155.

79) Appendix to the Congressional Record, 72th Congress 2nd Session, 1942, pp.A1817-1819, pp.1977-1878 ; 홍선표, "한국독립운동을 도운 미국인", 독립기념관 한국독립운동사연구소, 『한국독립운동사연구』 43집, 2012년 12월, p.230.

을 요청하고 나섰다.

1942년 2월 23일 루즈벨트는 라디오 연설을 통해 발표한 대서양헌장의 원칙에 따라 한국의 독립문제가 해결될 것이라는 미국 정부의 입장을 전한바 있다.[80] 미국 대통령은 한국 독립을 요청하는 정계를 향해, 이를 거듭 확인해야 했다.[81]

3.2 루즈벨트의 신앙관

루즈벨트와 처칠은 1941년 8월 14일 '대서양헌장'(Atlantic Charter)에 서명했다. 내용은 전후(戰後)의 안정된 세계질서를 지향하고 있었다. 그런데 헌장 제3항은 침략당한 국민의 주권과 자치권의 회복, 곧 민족자결권에 관한 내용을 담았다.[82] 루즈벨트가 이것을 처음 제안했을 때 처칠은 소극적이었다. 영국의 수많은 식민지를 염두에 두었기 때문이다. 그런 이유로 민족자결권조항이 독일 점령 하의 유럽국가에만 적용되어야 한다는 의견을 내놓았다.[83] 그러나 미국이 전쟁을 이끌고 있던 상황에서 미국 대통령의 강한 주장을 막을 수 없었다.

루즈벨트는 "모든 국민은 스스로 자기 정부를 선택할 권리"가 있다고

---

80) 홍선표, Ibid., p.227.

81) '한미협회'나 '기독교인친한회', 미 의원들의 한국독립의 요청과 적극적인 질문에 미 국무성은 한국 임시정부 승인문제에 대해서는 난색을 표했다.

82) 원문의 내용은 다음과 같다. "they respect the right of all peoples to choose the form of government under which they will live; and they wish to see sovereign rights and self government restored to those who have been forcibly deprived of them."

83) 안소영, "태평양전쟁기 미국의 전후 대일 대한정책 및 점령통치 구상: 이중적 대립축과 그 전환", 『한국정치외교사논총』 31집 2호, 2010년, p.171.

주장했다. 민족자결주의를 표방했던 윌슨(Woodrow Wilson)의 주장을 따르는 것이기도 했다. 윌슨이 이를 발표했을 때 유럽 국가들은 이를 외면한 바 있었다.[84] 그러나 윌슨 때의 미국이 아니었다. 연합국들은 미국의 주장을 거절할 수 없었다.

루즈벨트는 한국이 하나의 독립된 국가로 존립할 수 있는, 당장의 능력이 부족하다고 보았다.[85] 그렇지만 근대 민주적 정부를 운영할 수 있는 잠재 능력은 있다고 보았다. 그가 신탁통치라는 "수습"(apprenticeship) 과정이 필요하다고 주장했던 이유이다. 여기에 필리핀을 "민주주의 교육과 훈련"을 시켜 "자치 정부"를 이끌게 했다는 미국의 자부심도 있었다.[86]

프랭클린 루즈벨트는 민주당 출신의 대통령이었고 부인도 감리교인이었다. 최측근인 홉킨스도 열정적 감리교인으로 사회복음주의 신학을 신봉한 인물이었다.[87] 모든 인간과 모든 국가는 신부적(神賦的) 공평한 권리가 있다는 신학 아래, 루즈벨트와 홉킨스는 정책을 만들어내고 실천하려 했던 것이다.[88]

장제스의 한국 독립 제안, 이승만 등 재미 독립운동가들의 열정, 추방

---

84) 김명구, 『한국기독교사』1, pp.354-359 참조.

85) Samuel Roseman ed., *The Public Paper and Address of Franklin D. Roosevelt*, (New York, N.Y.: Harper & Brothers, 1950), p.476.

86) 김학준, 『북한의 역사-강대국 권력 정치 아래서의 한반도 분할과 소련의 북한 군정 개시:1863년~1946년 1월』 제1권, p.539.

87) 정일화, 『대한민국 독립의 문 카이로선언』(서울: 선한약속, 2010), p.507. 1908년 이후 미국 북감리교회는 개인의 구원과 아울러 사회공동체의 구원을 모두 강조하는 '사회복음주의'(Social Gospel)를 표지로 채택하고 있었다.

88) 루즈벨트는 식민지 확장의 이론이었던 우승열패(優勝劣敗)의 사회진화론이나 문명국가론을 극복했다고 볼 수 있다. 사회진화론이나 문명국가론에서는 힘의 차이와 상관없이 모든 국가와 모든 인간이 공평한 권리를 가지고 있다는 생각이 없었고, 동등한 능력을 가지고 있다는 생각 자체가 없다.

된 재한선교사들의 한국 독립을 위한 활동, 진주만공격으로 유일하게 공격했던 일본에 대한 적개심 등이 미국교회를 자극했다. 이것이 루즈벨트의 정치사상과 맞물렸고 시대적 요청이 되었다. 카이로선언으로 이어졌고 한국 독립의 문은 비로소 열리게 되었다.

제 3 장

기독교 민족주의계의 활동과 국가구원관 - 그 조건

일제 강점기로 들어서면서, '국권 회복'에 대한 외침은 사라졌고 그 자리를 '독립'이 대신했다. 이를 위해 '민족'이라는 표현이 사용되었다. 한국이라는 국가가 사라지면서 공개적이고 노골적으로 '국가'라는 표현을 사용할 수 없었기 때문이다.

일본의 식민지 아래에서, 한국인들의 절대 명제는 '독립'이었다. 3.1운동 이후, 이에 대한 방식과 방법론이 나뉘지만, 한국교회와 기독교인들에게도 '독립'은 반드시 이루어야 할 민족적 목표요 사명이었다.[89] 그런데 해방이 되면서, 한국의 명제는 근대독립국가의 건설이 되었다. '국가건설'이 한국의 주제가 되었고, '민족'에서 '국가'로 그 지향점이 바뀌었다. 기독교계도 예외가 아니었다. 이런 시대적 요청에 따라, 근대 이데올로기로 여겼던 기독교 복음은 자연스럽게 국가건설 이데올로기로 전환되었다.

---

89) 김명구, 『한국기독교사』1, p.414.

한국의 의지와 상관없이 한반도가 남과 북으로 갈리었다. 필연적으로 남북 모두에게 독립 국가를 이룩할 방법, 운영 방식, 새로운 정치체제를 어떻게 실현하고 완성해 나가느냐 하는 과제가 주어졌다. '민족'이 아니라 '국가'가 중심 개념이 되면서 치열한 갈등과 더립이 전개되었다. 이러한 시대 상황에서, 김재준은 건국과 기독교의 관계를 다음과 같이 설명했다.

> 첫째 민족 백년의 운명은 그 가진 신관(神觀)여하가 결정한다고 하지 않는가. 신궁, 신사를 불사르며 허무의 원한(怨恨)을 품은 것이 패전 일인의 심경이었다면 소위 신건국(新建國)을 운우(云謂)하면서 전철(前轍)을 밟을 필요가 무엇인가
>
> 둘째 그리스도교는 새 사람을 제공한다. 건국을 하려면 정치이론, 경제이론, 그리고 그 이론에 칙(則)한 실천이 있어야 하며 물자와 기술이 서로 어울려 생활이 건전하여야 하겠다고 한다. 그러나 이 모든 것이 근본은 무엇보다도 인물이다. … 인물의 중점은 그의 도덕적 인격에 있는 것이다.
>
> 셋째 그리스도교는 '새 나라'를 제공한다. … 법으로만 다스리는 나라는 '민면이무치(民免而無恥)'라고 법망에만 걸리지 않으면 아무런 일을 해도 부끄러운 줄 모르는 백성이 되어 버린다. 도덕으로 다스려진 나라는 법이 없어도 양심의 법을 따라 양민으로의 생활을 지키어 간다.[90]

김재준은 신생(新生) 한국이 근대 정치와 경제, 물질문명을 이룰 수 있는 인간의식과 실천 의지, 준법과 도덕성을 갖추어야 한다고 주장했다. 기독교의 신관과 인간관, 사회관이 아니고서는 근대 국가건설을 이룰 수

---

90) 김재준, "건국과 기독교", 「새사람」 1945년, 장공 김재준목사 기념사업회, 『김재준 전집』 1(오산: 한신대학출판부, 1992), pp.155-157

없다고 피력했다. 기독교만이 정의로운 국가를 건설할 수 있다고 확신한 것이다.

윤치호나 이승만 등이 기독교만이 한국을 구원해 낼 수 있다는 논리와 신념을 표한 이후, 그리고 기독교가 미국을 번성하게 했다고 주장한 이후, 한국기독교 내부에서는 기독교가 민족을 구원할 수 있다는 의식을 갖고 있었다. 그리고, 한국 구원을 이루기 위해, 교회를 확장하고 미국과 같은 자유민주주의 체제를 지향해야 한다고 믿었다. 기독교가 근대윤리와 질서, 근대정신을 제공한다고 확신했고 미국식 민주주의가 이를 굳게 할 것이라 기대했다. 그것이 한국을 구원하는 것이고, 독립된 한국은 그래야 한다고 믿었다. 이런 의식은 자연스럽게 '기독교 국가건설론'으로 이어졌다. 기독교 세계관 아래 펼쳐지는 근대 독립국가 건설을 염원한 것이다. 기독교 이데올로기는 근대 국가건설 의식으로 연결되었고, 자연스럽게 구국(救國)의 이데올로기가 되었다. 교회와 기독교 민족주의계 간의 국가구원관의 차이는 있었지만, 양자 모두 이에 대한 이견이 없었다. 이러한 의식은 제1공화국과 제2공화국 주도자들의 정치철학이 되었고, 1970년대의 '민주화 회복 운동'과 '민족 복음화 운동'으로 연결되었다.

전술한 대로, 한국기독교는 학교와 병원을 접촉점으로 해서 선교를 확장해 나갔다. 그런 이유로 근대교육을 선점했고 자연스럽게 근대 이데올로기를 파급시켰다. 인간의 권리 의식과 존엄 의식이 한국의 근대의식으로 자리하기 시작했고 민주주의가 한국을 살리는 당연한 사상이 되었다. 노비(奴婢)문서를 태웠으며 노블리스 오블리제를 실천하는 사례가 늘어갔다. 애국도 실천했다.[91] 근대 국가를 담당할 사회적 주제들을 도출해냈고 근대 문화의 선구자들도 길러냈다.[92] '2.8 독립선언이나 3.1운동에 나타났던 '정의'와 '평등', '자유' 개념은 이런 바탕 아래 나타난 것이다.

한국의 기독교인들은 민주주의를 정치적 영역에서 그치지 않고 경제적 영역까지 확대시켰다. 1930년대 '경제민주주의'라는 용어는 그래서 나왔다. 사회복음주의자나 기독교사회주의자들이 많았던 것도 기독교가 공정을 추구한다는 믿음을 주었기 때문이다. 민주주의에 대한 의식과 지식을 가진 지도력을 확보할 수 있었기 때문에 기독교 지식인들은 민족 지도자로 각인되었다. 미국 유학자(留學者) 출신들과 이들이 갖고 있던 민주주의 의식도 미국과의 관계에 유리하게 작용했다. '기독교', '민주주의', '미국'을 연결하는 카데고리는 그렇게 확정되어 있었다.

1. 미군정과의 관계

1945년 9월 9일, 미군이 서울에 입성했을 때, 미국 가톨릭교회에서 큰 영향력을 갖고 있던 뉴욕 교구의 스펠만(Francis J. Spellman) 대주교가 함께 왔다. 종군 신부 중 최고의 위치에 있었던 그는 루즈벨트의 특사로 교황청을 방문한 바 있었다.[93] 또한 이승만과도 각별한 관계로 한국에 대해 나름의 이해를 갖고 있었다.

명동성당을 찾은 스펠만은 노기남과 함께 미사를 집전했다. 이 미사에 다수의 미군 천주교 신자들이 참석했고 열렬한 신자로 알려진, 군정장관에 임명되는 아놀드(Archibold V. Arnold) 소장도 있었다. 노기남은 미군

91) 김명구, 『한국기독교사』1, p.211.

92) Ibid., p.128.

93) 『경향잡지』, 1946년 8월호, p.10.

환영식을 베풀었고 제2차 세계대전에서 희생된 모든 미군의 영령을 위한 미사도 집전했다.[94]

노기남은 하지 등 미군정 수뇌부들을 수시로 파티나 모임에 초대했다.[95] 미군정 장교들도 노기남을 자신들의 파티에 초청하거나 그에게 고해 성사를 하는 등 친밀한 관계를 맺었다.[96] 그런 신뢰 속에서 하지의 정치 고문 나이스터 준장은 노기남에게 한국 정치를 이끌 지도자들을 추천해 줄 것을 부탁했다.[97] 천주교로서는 좋은 기회일 수 있었다.

노기남은 천주교 평신도 지도자였던, 동성중학교 교장 장면 등과 상의했다. 이들은 첫 번째 인사로 이승만, 다음으로 임시정부 요인들, 국내 인사로 송진우, 김성수, 김병로, 장덕수 등 수십 명을 추천했다.[98] 임정 인물들과 송진우나 김성수 등 몇몇을 빼놓고는 모두 기독교 민족주의계 인사들이었다. 이승만을 수뇌로 여겼던 동지회 · 흥업구락부 등 기호지역 기독교 그룹과 안창호계인 흥사단 · 수양동우회, 곧 서북 출신의 기독교 민족운동 그룹이었던 것이다.[99]

---

94) 『경향잡지』, 1946년 10월호, p.34. 노기남은 상해 임시정부의 요인들이 귀국했을 때에 성대한 환영회를 거행했는데, 이것은 장제스의 정치고문인 난징(南京)의 위빈(于斌)주교와 김구주석과의 친교관계가 한 원인이 되었다.

95) 노기남, 『당신의 뜻대로』(서울: 휘문출판사,1979), p.187.

96) Ibids, 184-185. 노기남은 미군정의 도움으로 1946년 일제말기 정간 당했던 『경향잡지』를 복간할 수 있었고, 좌익 활동의 본거지였던 정판사((精版社)를 미군정에 교섭 · 접수하여 경향신문을 발행할 수 있었다.

97) 「가톨릭신문」, 2020년 3월 8일자.

98) 노기남, 『명동성당』(서울: 중앙일보사, 1984), pp.138-139 ; "秘錄 韓國外交〈4〉: 건국前夜③", 「경향신문」, 1975년 1월 20일자.

99) 한국 천주교의 대표적 평신도 지도자였던 조종국, 박병래, 장발 등을 한민당 발기대회에 참가시키고 40여 명의 평신도 지도자들을 입당시킨 것, 이승만이 초대 유엔 대사로 장면을 임명하고 로마 교황청이 대한민국을 가장 먼저 국가로 인정한

노기남이 개신교 인물들을 추천해야 했던 이유 중 하나는 천주교 내부에 영어에 능통한 인물이 장면을 포함해 수 명에 불과했기 때문이다.[100] 그렇지만 개신교계가 어느 집단과 비교하지 못할 정도의, 근대 의식과 지도력을 확보하고 있었던 것이 가장 큰 이유였다. 영어를 구사할 줄 아는 미국 유학(留學) 출신자들이 적지 않았을 뿐만 아니라, 미국과 연계되어 있었기 때문에 서구 민주주의 정체와 근대 이데올로기도 이해하고 습득하고 있었다. 미션스쿨의 역할이 그만큼 컸다.

일본도 한국기독교계의 사회적 지도력을 인정하고 있었다. 근대 학문의 수준은 높았고 민족의식은 가득했다.[101] YMCA나 미션스쿨, 교회학교 등을 통해 각인된 민주주의 의식은 3.1운동을 비롯한 국내와 해외 독립운동의 이론이 되었을 뿐만 아니라 한국 근대 지식사회의 지향점이 되어 있었다. 해방 직후, 선천 경찰서장이 선천의 교계 지도자들을 찾아와 사회 질서 유지와 관리의 책임을 부탁했던 것이나[102], 신의주의 일본 관리들이 한경직 등에게 치안책임을 맡긴 것도 모두 이런 이유였다.[103]

미군정은 1945년 9월 11일에 일본 총독 아베 노부유키(阿部信行)를 파면하고 15일에는 정무총감 엔도(遠藤類作)와 총독부 국장들을 일시에 해임 시켰다. 그리고 16일에는 일본인 경찰관들을 전원 면직시키고 한국인 경찰관 채용계획을 발표했다. 같은 날 서울시장을 비롯한 서울시 일본인 직원 전원을 해임 시켰다. 따라서 군정 업무를 볼 수 있는 인원 자체가

것 등에서도 건국과정에서의 가톨릭의 영향력을 알려 준다.

100) 개신교가 미국에 집중했다면 한국 천주교는 프랑스나 독일 등 유럽에 집중했다.

101) 日本 大藏省管理局, 『日本人の海外活動に關する歷史的調査』, 通卷 第4册, 朝鮮篇 第三分册, 1947, pp.75-76 ; 김승태, op.cit., p.50.

102) 강신명, "좌우익의 싸움", 『姜信明信仰著作集』 II(서울: 기독교문사, 1987), p.585.

103) 김명구, 『소죽 강신명 목사』(광주: 서울장신대학교출판부, 2009), p.134.

절대적으로 부족하게 되었고 전투병력 중에서 차출해서 군정 업무를 보아야 하는 상황이 되었다.[104)]

하지는 10월 15일 김성수를 비롯해 조만식, 여운형, 송진우, 전용순 목사, 김동원 목사, 이용설 세브란스 의전 교수, 오영수, 김용무 변호사, 강병순, 윤기익 목사를 미군정장관 고문으로 위촉했다. 군정장관 비서장과 민정장관 보좌관에 이교선을 임명했고 윤보선, 이매리, 양주삼 목사 등을 중앙행정기관의 고문, 김광현 목사, 정기원, 김정기 등을 지방행정기관의 고문에 임명했다. 또한 정일형 목사를 비롯해 이묘묵, 길원봉, 오천석 등을 실무진으로 채용했다. 몇몇을 빼고 모두 기독교 민족주의계 인물들이었다.[105)]

1945년 12월부터 다음 해 8월에 이르기까지 군정청에 임명된 장 · 차관급 고위관료와 실무진 60% 이상이 미국 유학 출신의 기독교인들이었다.[106)] 군정 각 부처의 초대 한국인 국장 13명 가운데 7명이 기독교인이었고, 전원이 미국 유학출신자들이었다. 초대 차장 9명 중 4명이 기독교 신자였고 초대 처장 6명 중 2명이 서북계 홍사단 인물들이었다.[107)] 실무자들도 다르지 않았다. 1946년 12월 7일 발표된 '남조선 과도입법의원'

---

104) 군정 초기에는 포병대위가 군정 문교담당 책임을 맡기도 했다. "비화 미군정 3년" 6, 「동아일보」, 1982년 4월 12일자.

105) 김명구, 『해위 윤보선-생애와 사상』(서울: 고려대학교출판부, 2011), pp.136-137.

106) 김수자, "미군정기 통치기구와 관료임용정책-중앙행정기구 개편과 행정관료의 사회적 배경을 중심으로", 『한국근현대사연구』 제5집, 1996년 여름, pp.259-261. 인사행정처장 정일형은 감리교 목사였고, 문교부장 유억겸은 연희전문 교수였다. 연희전문 교수였고 YMCA 이사였던 조병옥은 경무부장이었고 숭실전문의 이훈구는 농무부장에 임명되었다.

107) 1947년 11월 현재 홍사단 국내 단원의 수는 141명이었다. 이중 약 43명이 미군정의 실무 공직자로 재직했다.

90명 중 21명(23%)도 그랬다. 기독교인의 인구가 남북한 합해 5%가 되지 않던 때였다.

2. 기독교 민족주의 정파(政派)

해방 직후, 교회 목회자들 일부는 각종 강연, 설교 또는 글을 통해 정부 수립 방식을 주장했고 각종 정당을 결성하기도 했다. 신학적 신념이 모두 같지는 않았지만, 한국을 구원하겠다는 의식은 다르지 않았다.

북한의 경우, 1945년 9월 초에 신의주의 장르교회 목회자 윤하영과 한경직이 '기독교사회민주당'을 창당했다. 1945년 11월 초부터 장로교 목사 김화식, 김관주, 3.1운동 33인 중 한 사람으로 신사참배에 끝까지 저항했던 감리교 목회자 신석구, 송정극, 이피득 등이 '기독교자유당' 창당을 계획했다. 장로 조만식이 주도했던 '조선민주당'도 있었다. 이들 정당은 모두 민주주의 정부 수립과 기독교 이데올로기에 의한 사회개량을 내걸었다. 목사 강양욱만이 '기독교연맹'을 설립하며 노골적으로 김일성과 공산주의를 지지하고 나섰다.[108] 강양욱 이외에, 기독교는 애초부터 소련 공산정권의 제거 대상이었다.

남한의 경우, 감리교와 장로교 목회자들, YMCA 지도자, 평신도 지도자들이 주축이 되었던 사회민주당을 비롯해 고려청년당, 신한민족당이 창당되었다. 여기에 김규식의 좌우 합작운동을 지지했던 '조선기독교청년연합회', 좌익계 조직으로 김창준이 이끈 '기독교민주동맹'이 활동을 개시

108) 김명구, "한민당과 기독교", 서울신학대학교 현대기독교역사연구소 엮음, 『해방공간과 기독교』 I(서울: 도서출판 선인, 2017), pp.201-202.

했다. 그러나 남한 대부분의 교회들은 교회와 목회자들이 정치문제에 직접 개입하는 것을 반기지 않았다. 국가건설의 의무감을 가졌지만 정치영역에 직접 나서는 것을 원하지 않았던 것이다.[109] 따라서 기독교 정당들은 교회와 교인들의 지지를 얻지 못했다. 그 세력이나 영향력은 미미했고 얼마 되지 않아 해체되거나 다른 정파에 흡수되었다.[110]

한국교회와 밀접한 관계가 있거나 추구했던 이념을 공유했던 정당과 정파는 한민당과 홍사단계였다. 양 그룹 내부의 기독교인들은 거의 미션스쿨 출신들이었고, 민주주의와 근대 이데올로기에 대한 깊은 이해와 지식을 습득하고 있었다. 반공에 대한 의식도 다르지 않았다.

묘했던 것은, 친미적 성격이 강하고 미국식 민주주의를 지향했지만, 양 그룹 모두 자본주의 시장경제를 추구하던 미국의 것을 일방적으로 따르지 않았다는 것이다. 그것은 1920년대 이래, 공평한 경제적 분배를 민주주의 의식과 기독교적 정의로 보았기 때문이다.[111] 그러나 두 그룹 모두 공산주의에 대해서는 매몰찬 입장이었고 영적 영역에서 해석했다.

---

109) 중간파나 좌익 정당들도 교회로부터 냉소와 외면을 받았다.

110) 「자유신문」, 1945년 12월 15일자 ; 김권정, "해방 후 기독교세력의 동향과 대한민국 건국운동", 『성결교회와 신학』 제31호, 2014년 봄, p.66. 사회민주당은 박용희, 강준표, 박용래 등이 고려청년당은 김관식, 양주삼, 백영엽, 백낙준, 윤하영, 최홍종, 구자옥, 김동원, 조만식, 이용설 등이 신한민족당은 오윤선, 정인과, 오화영, 계병호, 백남훈 등이 주도했다. '조선기독교청년회연합회'는 엄요섭, 이강훈, 강원용, 김영주 등이 주도했다.

111) 한민당은 기독교 유토피아를 부르짖었던 장덕수나 사회복음주의 신학 아래 있던 조병옥 등에 의해 경제민주주의를 채택한 반면 홍사단은 이대위에 의해 기독교 사회주의 방식에 따른 경제 분배 정책을 제안했다. 경제정책의 사상적 근원은 달랐으나 표면적 차이는 크게 없었다.

민주주의와 반공, 공정한 경제 분배 정의가 기독교 민족주의계가 내걸었던 국가구원의 지향점이었다. 물론, 교회가 추구하는 개인구원의 영역을 목표로 삼지는 않았다. 이들의 정강이나 정책은 한국교회 역사에 내재해 있던 구국(救國)의 지향점과 크게 다르지 않았다.

3. 한민당의 기독교성 - 계보와 정치 이데올로기

3.1 그 계보

한민당은 송진우를 지도자로 하던 동아일보계, YMCA 출신의 홍업구락부계, 도산 안창호를 지도자로 했던 홍사단계 일부, 일부 천도교 계열의 민족주의자들, 몇몇의 사회주의자들이 함께 하며 만들어졌다.[112] 수석 총무 송진우를 비롯한 한민당 발기인들은 장차 귀국할 이승만을 당수로, 충칭정부의 김구를 부당수로 추대했다. 그리고 서재필, 이시영, 문창범, 권동진, 오세창을 당 영수(領袖) 그룹으로 추천했다.

이승만이나 김구 등의 귀국이 이루어지기 이전이었다. 따라서 수석 총무가 된 송진우가 한민당을 이끌었다. 그런데 동아일보계 뿐만 아니라 월남 이상재와 이승만, 윤치호의 영향 아래 있었던 YMCA계도 주도적인 역할을 했다.[113] 그것은 YMCA계 내부에 미션스쿨 출신들이 많았고 미국을 비롯한 서구의 유학자들이 많았기 때문이다. 그런 이유로 미군정은 한

112) 윤덕영, "1945년 한국민주당 초기 조직의 성격과 즈한미군정 활용", 『역사와 현실』 80, 2011년 6월, p.256.

113) 김명구, "한민당과 기독교", op.cit., pp.213.

민당에 "영어에 능통하고 민주정치이론에 밝은 인사들"과[114] "교양 있고 전문지식을 가진 사람들"이 많다고 평가했다.[115] 미군정이 한민당을 동맹 세력으로 여겼던 이유이기도 하다.[116]

한편, 기독교인이 아니더라도, 한민당 내부에는 이승만이나 YMCA로부터 영향을 받은 사람들이 적지 않았다. 이승만이 프린스턴(Princeton University)에서 박사학위를 받은 후 귀국해서 서울YMCA 학감으로 일할 때, 많은 청년이 그에게 몰렸다. 일본 외무성의 정보담당 경찰을 지내고 후일 간도 총영사관 경찰부장을 지낸 쓰보에 센지(坪江汕二)는 이승만의 영향을 받은 인물들에 대해 다음과 같이 열거한 바 있다.

> 이상재, 김정식, 최상호, 조만식, 송진우, 이광수, 장덕수, 안재홍, 백남훈, 정노식, 왕종경, 계이식, 임병일, 정세윤, 정규현, 최린, 정필운, 오필은, 오상은, 한동찬, 신익희, 전영택, 이인, 김동인, 이인직, 주요한, 김찬영, 김영기, 나경석, 차경환, 장영환, 김필레, 윤백남, 이기동, 조용은 등[117]

한민당을 주도하는 인물들 거의 모두가 이승만으로부터 상당한 영향을 받았다는 것이다. 구자옥, 유억겸, 김준연 등은 YMCA의 홍업구락부계였고 장택상과 장덕수 등은 윤치호가 이끌고 있던 YMCA의 또 다른 비밀조직인 청구구락부계였다. 홍종연, 현동완, 김영섭, 이관구, 조정환, 이춘호,

---

114) Sung Soo Kim, "Letter to General Dwight D. Eisenhower", 1946년 5월 16일자.

115) U.S Department of State. *Foreign Relations of the United States, Diplomatic papers 1945*, Vol. VI, (Washington D.C.: United States Government Printing Office, 1945), p.1062.

116) 윤덕영, op.cit., p.271.

117) 坪江汕二, 『朝鮮民族獨立運動秘史』(東京: 日刊勞動通信社, 1959), pp.221-222.

최현배, 최두선 등도 흥업구락부계에 속해 있었고 백관수, 윈세훈, 백남훈, 김도연, 허정, 조병옥 등은 YMCA 간사와 고사, 이사 등을 역임했다. 윤보선과 윤치영도 청구구락부를 주도했던 윤치호의 일족이었다. 두 사람도 이승만을 지도자로 믿고 있었고 월남 이상재를 정신적 스승으로 여기고 있었다.[118)]

겹치기는 하지만, 안창호계 출신들도 가담하고 있다. 곧 백낙준, 김종덕, 김윤경, 이묘묵, 김동원, 김성업, 김병연, 오봉림, 이용설, 이대위, 이영학, 이훈구, 한승인, 오정수, 신윤국 등이다. 이들은 한민당 결성초기에 가담하거나 적극적으로 협력했다.[119)]

3.2 한민당의 정책과 정치 이데올로기 - 사회복음 전통의 확장

송진우가 이끄는 한민당은 "완전한 자주 독립국가 건설", "민주주의 정체의 수립", "근로계급의 복리를 증진할 사회정책의 실시", "민족문화의 앙양", "국제 헌장에 의한 세계 평화의 확보"를 5대 강령으로 선언했다.[120)] 그러나 미국식의, 일방적인 자본주의 경제 체제를 따르지는 않았다. 세 번째 강령을 살펴보면 다음과 같다.

> 셋째 강령은, 근로계급의 복리를 증진할 사회정책의 실시다. 민주주의는 경제에도 적용되지 않으면 안된다. 부자익부(富者益富)하고 빈자익빈

---

118) 김명구, "한민당과 기독교", op.cit., pp.213-214.

119) 박태균, "해방 직후 한국민주당 구성원의 성격과 조직개편", 『國史館論叢』 제58집, 1994년, p.97.

120) 咸尙勳, "韓國民主黨의 政見", 『大潮』 1권 2호, 1946년 7월호, pp.22-23.

(貧者益貧)하며 부자는 정권을 농락하여 자기 계급의 이익만을 추구하기에 여념이 없는 자본주의 경제제도는 시정되지 않으면 안된다. 그러므로 토지는 농민에게 균분(均分)해 주어야 하며 대기업은 국유 혹은 국영으로 하며 근로계급에는 생활의 안정과 경제적 균점의 기회를 부여하지 않으면 안된다. 교육·보건의 기회균등은 이것을 실행치 않으면 안된다.[121]

원칙상 사유재산제도를 인정하지만 대기업이나 대자본의 토지 소유를 금해야 한다는 주장이었다.[122] "민주주의는 경제에도 적용되지 않으면 안된다"며[123] 그 폭을 경제 영역까지 확장한 것이다. 이른바 "경제민주주의"를 선포한 것으로, 장덕수나 조병옥 등 YMCA계 인물들에 의해 설정된 것이었다.[124] "대자본, 대지주에 통제정책을 써서 근로계급의 생활을 보장"[125]하겠다는 발상은, 이상재 이래 형성되어 있던, YMCA계의 신학적 이상이었다.[126]

사회복음주의 아래 있었던 YMCA계는 공정한 경제 분배를 주장했다. 이들은 근로 대중의 생활이 안정되어야 온전한 민주주의를 이룩할 수 있다고 믿고 있었다. 한민당 내부에 지주 출신들이 적지 않았음도 수석 총무 송진우는 이를 적극 받아들였다. 민주주의 체제의 국가를 건설하기

121) Ibid., p.23.

122) 함상훈, "我黨의 主義政策", 『開闢』 제8권 1호, 1946년 1월, p.52.

123) 「동아일보」, 1945년 12월 23일자 ; 송진우, "전민족의 균등한 발전", 『革進』 創刊號, 1946년 1월, p.15.

124) 김명구, "한국의 경제민주화의 역사적 기원-기독교사적 접근", 2018년 5월 2일, 서울 프레스센터 19층에서 개최된 해위민주주의연구원 학술대회의 주제 '한국 경제민주화의 현재와 미래'에서 발표된 논문 참조.

125) 함상훈, "我黨의 主義政策", op.cit., p.53.

126) 김명구, 『한국기독교사』1, pp.461-469 참조.

위해 그 지평을 넓힌 것이다.[127)]

그러나 한민당은 지주와 친일의 집단이라는 의도적 공격을 받았다.[128)] 친일문제에 흠이 없던 송진우가 주도했지만, 박헌영 등은 한민당 주역들이 일제에 굴복했거나 협력했다며 물고 늘어졌다. 좌익계 신문들도 적극 가세하고 나섰다. 친일로 분류될 수 있는 인사들은 14%에 불과했고 박헌영의 조선공산당계보다도 적었음에도 그렇게 낙인찍으려 했다.[129)]

폭력적인 저항을 마다하지 않았던 공산주의계의 항일성이 분명하게 보이는 것이 사실이다. 그렇지만 일제 강점기와 해방의 정국에서, 사상의 선명성을 내세웠을 뿐 이들이 민족의 보존을 위해 한 일은 없다. 민족주의계는 공산주의자들처럼 지하로 들어가서 활동할 수 있는 그룹이 아니다. 반감을 드러내고 직접적으로 저항하지는 않았지만 일본의 통치와 그 이념, 그 방식을 지지한 적이 없다. 다만 때가 올 때까지 견디며 때를 기다렸을 뿐이다.[130)] 일제 강점기 아래에서 살아남으려면, 신념을 감추어야 했다.[131)]

1945년 12월 송진우가 암살되고 2년이 지나 장덕수가 암살되면서 한민당의 초기 설립의 이념과 정체성, 구성원이 변했다. 그렇지만 자유민주주의로 불리는 영미 민주주의 의식과 경제민주주의는 제2공화국 때의 구파와 1970년대 윤보선의 정치 여정 속에서 계속 이어졌다. 그리고 1987년에 새로 개정된 헌법 119조 2항에 새겨졌다. YMCA계의 이상이 헌법에 자리한 것이다.

---

127) Loc.cit. 송진우의 경제민주주의 채택으로 인해 원세훈 등 사회주의자들도 한민당에 적극 가담할 수 있었다.

128) 이런 이유로 정치적 부담을 느낀 이승만은 한민당과 일정한 거리를 두었다.

129) 윤덕영, op.cit., p.259.

130) 이런 이유로 윤치호는 이상재가 해외로 망명을 권유했을 때 이를 거절했다.

131) 김명구, 『한국기독교사』1, p.537.

4. 흥사단의 기독교성 - 계보와 이데올로기

4.1 그 계보

미국은 조선의 재건과 질서 있는 정치를 실시코자 근일 중에 상륙하겠습니다. 이를 실시하는 것은 민주국가인 미국입니다. 조선이 재건되느냐 못 되느냐, 또는 빨리 되느냐 더디 되느냐는 것은 오로지 조선국민의 행동 여하에 달렸습니다. 이때에 경솔하고 무분별한 행동은 의미 없이 인명을 읽고 국토를 어지럽히고 독립을 더디게 할 것입니다.

-재조선(在朝鮮) 미국육군사령관 육군중장 존 R 하지-[132)]

1945년 9월 1일 오키나와를 출발한 미 공군 B24기 한 대가 부산에 3만 5천 장의 전단을 뿌리고, 서울로 날아와 7만 장의 전단을 뿌렸다. 내용은 영문과 한글로 되어있었고 뒤에는 일본어로 번역되어 있었다. 당시 서울에는 소련군이 곧 진주한다는 소문이 돌고 있었다.

미군의 진주가 임박했음이 알려졌을 때, 콜롬비아대학(Columbia University) 출신의 한승인, 오천석, 조병옥 등 미국 유학 출신들은 이훈구를 회장으로 해서 1945년 9월 4일에 한미협회를 발족했다.[133)] 다음 날에는, 미군들에게 한국의 사정을 알려야 한다는 생각에 백낙준, 이묘묵, 하경덕과 감리교 목사 류형기[134)] 등을 중심으로 영자지 코리아타임스(The

132) "비화 미군정 3년" 2, 「동아일보」, 1982년 4월 2일자.

133) 동아일보는 1946년 9월 4일, 종로 YMCA에서 한미협회 창립 1주년 기념식이 열리게 됨을 알렸다. 「동아일보」, 1946년 9월 3일자.

134) 하경덕은 하버드대학에서 박사학위를 받은 후, 귀국을 해서 YMCA의 사회조사위원회 총무를 거쳐 1931년 연희전문학교 교수로 재임했다. 감리교 총리원 교육국

Korea Times)를 발행했다.[135] 이들은 예일대학(Yale University)이나 하버드대학(Harvard University) 등 미국 박사학위 소지자들로 김영희 한 사람을 제외하고 홍사단 단원이었다.[136]

한미협회 임원들은 9월 27일 하지 중장을 찾아가 환영 메시지를 전하며 자신들의 존재감을 알렸다.[137] 영어에 능통하고 미국을 잘 아는 한국인들이 있다는 사실에 하지는 고무되었을 것이다. 더구나 그 한국 사람들은 미국 명문대학 출신이었다.

한편, 미군정 초기 한국 전문가로 알려져 있던 윌리엄스 소령과 홍사단계는 밀접할 수밖에 없었다. 백낙준과 같이 이미 어려서부터 친분을 맺은 인물들도 있었고 아버지 프랭크 윌리엄스(Frank E. Williams)와 관련 있는 인물들도 있었다. 특히 보스턴대학(Boston University) 박사학위를 갖고 있던 이묘묵과 콜롬비아대학 박사학위 소지자로 알려져 있던 조병옥은 프랭크가 세운 공주 영명학교 출신이다.[138] 감리교 총리원 교육국에 근무했던 류형기도 재한선교사들과 절친한 관계에 있었다.[139] 홍사단계가 미군정에 중용되었던 이유이다. 더구나 프랭크 윌리엄스가 하지의 요

총무였던 류형기는 정춘수가 감리교 혁신교단을 만들고 총리원 기구를 개편할 때, 이에 반대했다는 이유로 목사직을 파면 당했다. 해방 당시 그는 동대문부인병원 회계과장으로 있었다.

135) 「매일신보」, 1945년 9월 3일자. 코리아타임즈 창간호에는 "Welcome Heroes of Liberation!"과 "연합국 환영사"가 실려 있다.

136) 장규식, "미군정하 홍사단 계열 지식인의 냉전 인식과 국가건설 구상", 『한국사상사학』 38집, 2011년 8월, p.254. 일제 강점기 미국 유학생 48%가 홍사단에 가입하고 있었다.

137) Loc.cit.

138) 조병옥은 1909년 영명학교 보통과 2회 졸업생이다. 영명100년사 편찬위원회, 『영명100년사』(공주:영명중.고등학교, 2007), pp.94-96.

139) 각 교파의 재한선교부는 대부분 교회와 병원, 학교를 함께 운영했다.

청으로 농업 및 산업 방면의 고문으로 임명되어 입국하게 되면서 그 입지는 더욱 확대되었다.[140] 미군정에 참여한 홍사단계 중 개신교 신학교나 미션스쿨 출신 일부를 발췌해 보면 다음과 같다.[141]

성명	군정청 직위	출신지	학력
정일형	인사행정처장, 중앙물가행정처장	평남	광성고보, 연희전문, 드루대 박사
장리욱	국립 서울대 총장	평남	숭실중, 콜럼비아대
조병옥	경무부장	충남	공주 영명, 숭실중, 콜럼비아대 석사
오천석	문교부 차장, 부장	평남	배재학당, 아오야마학원, 콜럼비아대 박사
오정수	상무부장	평남	경신학교, M.I.T.
이대위	노동부장	평북	신성중, 북경대, 예일대, 콜럼비아대 석사
이용설	보건후생부장	평남	숭실중, 세브란스의전, 노스웨스턴대
오익은	중앙식량행정처 차장	평북	신성중, 양정고보, 듀북대
박창준	중앙물가행정처 총무국장	평북	신성중, 숭실전문, 미네소타주립대 석사
우태호	공보부 차장	평남	숭실중, 오글틉대 석사
한병선	중앙식량행정처	평북	대성중, 미국유학
황희찬	운수부 차장	평북	신성중, 뉴욕대 석사
이묘묵	하지중장 비서겸 통역관	평남	광성고보, 연희전문, 보스턴대 박사
최능진	경무부 수사국장	평남	숭실중, 남경 금릉대 중학부, 스프링필드대
안맥결	경무부 공안국 여자경찰과 간부	평남	숭의여중

140) "행정.교학.산업 3방면에 美人선교사 고문 원한경.윌리엄.커트 3씨 초빙", 「자유신문」, 1945년 10월 15일자 ; "나도 만세를 부르고 싶소, 다시 조선 온 禹利岩목사의 감격", 「자유신문」, 1945년 11월 15일자 ; 김동선, "미군정기 미국선교사 2세와 한국정치세력의 형성-윌리엄스(George Zur Williams)와 윔스(Clarence N. Weems Jr.)를 중심으로", 『한국민족운동사연구』 제91호, 2017년 6월, p.214.

141) 장규식, op.cit., pp.250-253에서 재인용.

양한나	서울여자경찰서장	경남	동래 일신여학교, 이화여전
박영호	공보부 총무국장	평남	광성고보, 남경 진수학교
황애덕	문교부 성인교육과장	평남	이화여전, 도쿄여의전, 콜럼비아대 석사
전영택	문교부 편수관	평남	대성중, 아오야마학원, 퍼시픽신학교
황인식	충남도지사	충남	공주 영명학교, 숭실중, 콜럼비아대
윤하영	충북도지사	평북	평양신학교, 프린스턴 신학교
백영엽	강원도청 인사행정처장	평북	의주 양실중, 남경 금릉신학교
하경덕	과도입법의원	전북	전주 신흥, 숭실중, 하버드대 박사

위 도표에서 알 수 있듯이 미션스쿨 출신인 이들은 대부분 미국 유학 경험자들이었다.[142] 영어 구사력과 실력이 뛰어났기 때문에 미군정으로서도 흥사단계를 적극적으로 영입했고 중용할 수밖에 없었다.

4.2 흥사단의 이데올로기

4.2.1 정치 이데올로기

미국에 본부를 두고 있던 흥사단은 1946년 9월 28일 종로 YMCA회관에서 제1차 국내대회를 개최하며 그 본부를 서울로 이전할 것을 결정했다. 여기에서 행동강령, 단무 쇄신안 등을 채택했고 "국민 교화운동"을 전개하겠다고 결의했다.[143] 청신한 인물들을 모아 도산 안창호의 유업을 이을

142) 흥사단 110명의 회원 가운데 적어도 34명이 미국 유학자이다.

143) 이사부장 송종익은 흥사단이 "정치단체가 아니오 순 애국적 교양훈련운동 단체"라고 강조했지만, 개인자격으로 정치 활동을 하는 것은 허용했다.

것이라는 다짐도 했다. 이 날 홍사단은 다음과 같은 선언을 했다.[144)]

1. 민족적 초 위기의 현실을 통절히 인식하자.
2. 민족 갱생 운동의 핵심세력을 수립하자.
3. 민족 자아의 발견과 해방을 앙창하자.
4. 민주주의적 정치훈련을 강화하자.

홍사단이 서북 기독교 민족주의계라는 것과 안창호의 사상, 곧 민족개량과 실력양성을 주요 목표로 하고 있음을 확인한 것이다.[145)]

홍사단은 일본이 한국인을 노예로 만들었다고 보았다. "명령을 좋아하고 복종을 미덕으로 생각"하게 했으며, 획일적인 규제로 통제했다고 판단했다. 이런 "일제의 잔재"를 극복하기 위해 민주주의 교양과 훈련이 필요하다고 믿었다.[146)] 영미식 민주주의를 자신들의 정치 이데올로기로 확인한 것이다.

덧붙여, 공산주의에 대해 강한 거부감도 표시했다. 특히 조병옥은, 공산주의계가 법과 질서를 존중하지 않고, 사리와 판단력이 박약한 청소년층과 천진 무지한 노동자, 농민을 선동하고 모략을 동원해, 파괴와 살상을 일삼는 집단으로 보았다. 일당독재와 계급독재로 민주주의를 말살하

---

144) "홍사단을 국내로 이전 국민교화운동에 매진", 「동아일보」, 1946년 10월 18일자.

145) 김명구, 『월남 이상재의 기독교사회운동과 사상』(서울: 도서출판 시민문화, 2003), pp.205-213 참조. 해방 공간에서의 홍사단계는 민주주의를 내세웠으나 한민당이 내걸었던 "민족실력양성"과 같은 슬로건은 없었다.

146) 오천석, "민주주의교육의 건설", 국제문화공회, 1947, 『오천석 교육사상 문집』 1 (서울: 광명출판사, 1975), pp.15-20.

고 국민을 지배하고 있다는 주장도 했다. 민주주의 세계를 건설하려면 공산주의 세계를 깨뜨려야 한다고 믿었다. 공산주의와 어떠한 타협이나 합작이 있을 수 없었다.[147] 여기에 그치지 않고 공산주의계를 향해 "사탄의 진영"이라며 소리를 쳤다.[148] 군정청 경무부장이 되었던 그는 이런 의식 아래 공산주의 활동을 막고 제거하려 했다.

감리교 목사로 감리교 중앙신학교 교수와 학장을 역임했던 정일형도 공산주의에 대해 날 선 비판을 했다. 군정청 문교부장 오천석 또한 파시즘과 같은 전체주의라며 반공을 강조했다.[149] 장로교 목사로 군정장관 행정 고문이 되었던 김동원도 반공 자유주의의 땅이 될 수 있도록 북한을 통일시켜야 한다고 주장했다.[150] 물론 홍사단 내부에 안창호의 대공주의(大公主義)를 초계급적 민족주의로 해석해 좌우합작을 주장하는 소리도 있었다.[151] 그렇지만 소수에 불과했고 큰 영향을 끼치지 못했다. 홍사단계의 주류는 자유민주주의와 반공을 최우선의 가치로 내세웠고 근대 독립국가 건설의 근간으로 삼으려 했다.[152]

---

147) 조병옥, 『民族運命의 岐路』(서울: 남조선과도정부 경무부 경찰공보실, 1948), pp.5-45.

148) Ibid., p.7.

149) 정일형, "사회발달의 제요소: 민주주의기본원칙론", 『東光』, 1947년 5월호, pp.13-16 ; 오천석, opc.cit., p.11.

150) 장규식, op.cit., p.266.

151) 최능진, 김봉준, 오기영 같은 이들을 말한다. 후일 이러한 이유에서 마산사태가 났을 때 이승만은 민주당 신파 내부에 공산주의자들이 있다고 진단하였다.

152) 홍사단 내부에 김봉준, 최능진 등은 좌우합작과 남북협상을 통해 통일국가를 만들어야 하다고 주장하며 냉전적 반공주의에 대해서는 반대를 표했다. 그러나 이들의 이러한 주장은 크게 영향력을 갖고 있지 않았다.

4.2.2 경제이데올로기 - 기독교사회주의 이상의 한계

홍사단의 경제정책은, 학생 YMCA 출신인 이대위를 중심으로 한, 기독교사회주의자들에 의해 주도되었다. 경제의 공평한 분배 정의를 내세웠고 토지 문제에 있어서도 유상몰수 유상분배를 주장했다. 이를 위해 지주들의 상공업 전환을 주선하려 했다.[153] "개개인의 자유와 권리를 보장하며 문화생활을 누릴 수 있는 자유,"[154] 모든 국민이 "인간다운 생활을 영위할 수 있는 확실한 권리 체계"[155]를 주장했다. 이들도 일방적인 자본주의 시장경제를 거절했다.

이대위는 사회주의에서 기독교의 이상을 찾을 수 있다고 주장한 바 있다.[156] 사회주의의 기독교화를 꿈꾸었고, 사회주의와의 연대를 통해서 기독교의 이상을 이룰 수 있다고 믿었다.[157]이를 위해 노동자의 사회적 복리를 지향하고, 정치적 훈련을 도모해야 한다는 주장도 했다.[158] 그에게 동조했던, YMCA 교육가로 알려졌던 김창제는 기독교가 '민중 종교'로 거듭나야 한다는 주장까지 했다.[159]

---

153) 장규식, op.cit., p.276.

154) Duck Soo Chang, *British Methods of Industrial Peace*, (New York: Columbia University Press, 1936), pp.14-15. 심지연, "우익정당의 정치체제 구상과 실현과정", 『아시아문화』 제3호, 1987년, p.130에서 재인용.

155) 白菱, "東亞日報社長 宋鎭禹氏 面影", 『彗星』 1931년 3월, p.111. 심지연, "우익정당의 정치체제 구상과 실현과정", p.130에서 재인용.

156) 이대위, "社會革命의 예수", 『청년』 1928년 6월호, p.17.

157) 이대위, "社會主義와 基督教의 歸着点 이 엇더한가?", op.cit., pp.8-11.

158) 김명구, 『한국기독교사』1, pp.460-461.

159) 김창제, "民衆의 宗教", 『청년』 1926년 2월호, pp.12-14.

이대위의 이상은 미군정 노동부장 초기까지 계속되었다. 노동조합을 근간으로 하는 노동정책을 주장했고 노동자의 단결권과 평화적 단체교섭권을 보장해야 한다고 역설했다.[160] 고용주와 고용인 대표가 서로 협의에 도달할 수 있어야 한다고 소리를 높였고,[161] 이를 위해 노동자의 경제적 자주성, 사회적 복리, 정치적 훈련을 해야 한다고 주장했다.[162] 노동자 보호입법을 통해 사용자를 일정하게 제한해야 한다고 피력했고, 경제 독점으로 대중들이 침해를 받으면 국가가 나서야 한다고 믿었다.[163]

경성전기 총무부장이 되었던 오기영도 "인민 전체의 평등한 복리를 보장하는 자유"를 주장했고 그것이 진정한 자유라고 외쳤다.[164] 자본주의 경제 독점으로 인해 인간이 억압받을 수 있다고 비판했다. 국가가 적절하게 통제하면 국민의 도덕적 자유가 가능하다고 믿었다.[165] 농민과 노동자, 일반 대중을 사회적 약자로 보았고, 국가가 이들의 복리를 우선시해야 한다고 주장했다.

그러나 이상과 현실 사이에 적지 않은 거리가 있었다. 특별히 북한이 전력과 석탄 등을 끊으면서 혼란이 빚어졌다. 일본의 자본과 기술이 한국을 떠나면서 공산품 70% 이상의 생산이 감축되었다. 생활필수품의 수급이 제대로 이루어지지 않으면서 물가가 폭등했다.[166] 농민들은 쌀값을

160) 1946년 7월 23일 공포된 군정 법령 97호 "노동문제에 관한 공공정책" 참조.

161) 「경향신문」, 1946년 11월 2일자.

162) 이대위, "민주주의 노동정책", 『東光』 41, 1947년 8월. pp.23-24.

163) 장규식, op.cit., p.261.

164) 오기영, "민족의 指向을 찾자", 「경향신문」, 1947년 1월 1일자.

165) 오기영, "五原則과 八原則", 『신천지』 1946년 9월, p.19. 오기영은 경성전기 총무부장 시절, 7천여명에 이르는 전 직원을 회사자금으로 생명보험에 가입시켰다.

166) 박진희, "미군정 노동정책의 전개과정과 성격변화" 『梨大史苑』 제29집, 1996년, p.122.

올렸고 노동자들은 동맹파업을 일으켰다.[167] 상인들은 거침없이 사재기를 했고 실업은 대폭 증가되었다. 이것이 빌미가 되어, "조선노동조합 전국평의회(전평)" 의 선동에 의해, 노동쟁의가 급속히 증가했다.[168] 홍사단계가 기대했던 조국애(祖國愛)는 보이지 않았고 민족공동체라는 의식도 나타나지 않았다.[169] 자본가 못지않게 농민이나 노동자, 일반 대중들도 치열하게 개별적 태도를 취했다.

그런 상황이 계속되자, 군정청의 홍사단의 일원들은 강력한 국가주의적 통제를 주장했다. 이대위가 전평을 불법 집단으로 선언했던 것도 이런 이유이다.[170] 노동자들이 정치적 자유를 가져야 한다는 주장을 접었고, 오히려 물리적 압력을 행사했다. 단체교섭으로 노동쟁의를 해결할 수 있다고 장담한 바 있었지만,[171] 경성방직 등의 노동쟁의를 강하게 비판했다. 파업이 범죄가 된다며 일체 임금 지불을 하지 말라고 사업주에게 명령하기도 했다.[172] 군정 정책에 반하는 노동운동을 강하게 억제했던 것이다.

일본이 차지했던 빈자리가 쉽게 대체되지 않았다. 38선으로 남북으로 갈리어져 정상적인 물류의 공급도 이루어지지 않았다. 이 틈을 타고 공산주의계는 극렬하게 선동했다. 기독교사회주의의 이상을 외쳤지만 이대위 등은 경제적 불평등이라는 현실을 해결하지 못했다. 그것을 빙자한 공산주의계의 의도적 공세도 막지 못했다.

---

167) 장규식, op.cit., p.272.

168) 전평 결성대회에서 박헌영은 마오쩌둥, 김일성과 함께 명예의장으로 추대되었다. 이후 전평은 공산당을 지지하는 가장 강력한 전국조직이 되었다.

169) 「동아일보」, 1946년 11월 20일자.

170) 「조선일보」, 「동아일보」, 1947년 6월 8일자.

171) 「동아일보」, 1946년 11월 20일자.

172) 「동아일보」, 1947년 1월 11일자.

제 4 장

한국교회의 의식

1. 기독교 국가 건설의 표방

이승만, 김구, 김규식이 돌아왔을 때[173], 한국교회도 이들을 영수(領袖)라 칭했다. 세 사람 모두에게 신뢰를 보냈고 큰 기대를 가졌다. 난제들을 해결할 뿐만 아니라 기독교 복음 아래 펼쳐지는, 기독교 세계관의 나라를 만들 것이라 믿었다. 이에 부응하듯 세 사람 모두 '기독교 입국(立國)'을 외쳤다.

1945년 11월 28일, 서울 정동감리교회에서 김관식 목사를 비롯해 장로교의 함태영, 김영주, 김춘배, 감리교 강태희, 김영섭, 심명섭 목사 등이 주도하는 '전조선기독교대회'(일명: 남부대회)가 열렸다. 이때 '임시정부영수환영대회(臨時政府領袖歡迎大會)'가 함께 있었다.[174] 이승만, 김규

---

173) 이승만은 1945년 10월 16일, 김구는 김규식과 함께 11월 23일에 서울에 도착했다.

174) 1945년 11월 9일 독촉중앙협회에서 영수들의 환영회가 결정되었다. 「중앙신문」, 1945년 11월 10일자.

식, 김구는 기독교 복음의 바탕 아래 새로운 국가를 만들어야 한다고 피력했고 교회의 적극적인 동참을 요청했다.[175]

이승만은 다음과 같은 내용의 메시지를 전했다.

> 여러분은 과거 40년간에 일본 학정 아래에서 사람이 감당하지 못 할 감옥생활과 신사참배문제 등 온갖 압박을 당했다. 그런데도 신앙을 간직했고 아직도 이렇게 모인 것을 보니 예수의 능력이 실로 크심을 알겠다. (중략) 이제 우리는 새로운 국가를 건설할 것인데, "기초 없는 집을 세우지 말자", 곧 만세 반석 되시는 그리스도 위에 이 나라를 세우자. 건설은 먼저 땅을 찾아야 하고 땅을 찾으려면 먼저 하나가 되어야 한다. 하나가 되어야 세계를 향해 큰소리칠 수 있다. 우리는 반만년의 긴 역사를 가진 민족이다. 우리가 하나가 되기만 하면, 어떤 나라도 업신여기지 못하는 강한 나라가 될 것이다.[176]

이승만은 일제의 가혹한 핍박 속에서 한국교회를 지켜낸 것에 대한 고마움을 토로했다. 그리고 복음의 기초 위에 나라를 세우면 어떤 누구도

---

175) 김구와 김규식은 이 자리에 참석했고, 이승만은 메시지만 보냈다.

176) 필자 역. 이승만, "하나이 되자", 『활천』 229호, 1946년, p.4. 원문은 다음과 같다: 여러분은 과거 40년간에 일본의 학정 하에서 사람이 당치 못할 감옥생활과 신사참배문제 등 가진 압박(壓迫)을 당하였지만 신앙을 유지하여가다가 아직도 이러케 모인 것을 보니 예수의 능력이 실노 크심을 알겟다. (중략) 이제 우리는 신국가 건설을 할 터인데 "기초 없는 집을 세우지 말자", 곳 만세 반석 되시는 그리스도 우에 이 나라를 세우자. 건설은 먼저 땅을 차저야 하고 땅을 찾으려면 먼저 하나이 되여야 한다. 하나이 되여야 세계를 향하야 큰소리칠 수 있다. 우리는 반만년의 긴 역사를 가진 민족이다. 우리가 하나만 되고 보면 어떤 나라든지 업심역이지 못하는 강한 나라가 되리라.

업신여기지 못할 강한 나라가 될 것이라 주장했다. 이를 위해 교회와 민족 모두가 하나가 되어야 한다고 외쳤다.

김규식은 언더우드(Horace G. Underwood)의 양자로 알려져 있었고 새문안교회의 일원이었다. 독립운동을 위해 험난한 세월을 보냈던 그는 충칭(重慶)임시정부 부주석의 신분으로 돌아왔다. 그는 다음과 같이 연설을 했다.

> 우리 운동은 제2단계에 들어섰다. 다른 나라가 침범할 수 없는 불가침의 강국을 세우려면, 우리의 힘으로 될 것이 아니라, 곧 하나님의 힘이어야 한다. 그런 까닭에 우리는 한 손으로는 하나님을 붙잡고, 다른 한 손으로는 우리 서로서로 맞잡고 나가자. 그리하려면 우리는 먼저 자기 자신을 이겨야 한다. 우리가 우리를 극복하지 못하였기 때문에 남에게 정복을 당했던 것이다. (중략) 우리가 잘하면 미군정도 소련 군정도 곧 없어질 것이다. (중략) 우리 그리스도라는 반석 위에 하나님의 나라를 세우자. 책임은 교회에 있다. 우리 기독교는 이승만 박사와 김주석과 나였다. 삼천만 민족을 정치적으로나 교화적으로 지도해야 할 책임이 기독교회에 있는 것이다.[177)]

---

177) 필자 역. 김규식, "자기를 정복하자", Ibids., pp.4-5. 원문은 다음과 같다: 우리 운동은 제2단계에 드러섰는데 다른 나라가 불가침의 강국을 세우려면 우리의 힘으로 될 것이 아니라 곳 하나님의 힘으로야 한다. 그런 고로 우리는 한손으로는 하나님을 붓잡고 한손으로는 우리 서로서로가 맛 붓잡고 나가자. 그리하자면 우리는 먼저 자기를 이기여야 한다. 우리가 우리를 정복하지 못하였기 때문에 남에게 정복을 당하엿든 것이다. ... 우리가 잘하면 미군정도 쏘군정도 명일로 없어지리라. (중략) 우리는 그리스도라는 반석우에 하나님의 나라를 세우자 책임은 교회에 있다. 우리 기독교는 이승만 박사와 김주석과 나였다. 삼천만 민족을 정치적으로나 교화(教化)적으로나 바로 지도할 책임이 기독교회에 있다.

김규식도 하나님이 역사의 주관자임을 회중들 앞에서 확인했고, 그 힘이 개입되어야 강한 나라를 세울 수 있다고 고백했다. 이를 위해 개인의 욕심을 극복하고, 한국교회가 일치단결해 새로운 나라의 건설을 이끌자고 호소했다. 한국교회와 기독교에 그런 지도력과 사명감이 있다는 것이었다.[178)]

충칭임시정부를 이끌며 격렬하게 독립투쟁을 선도했던 김구는, 안악사건으로 서대문 감옥에 수감되어 있을 때, 자신의 어머니가 면회 올 때마다 "너는 성서를 떠나지 말라. 가족은 네 곁에 있어 못 위로할지라도 예수님은 너를 떠나지 않으리라"고 했다는 일화를 소개했다. 그리고 다음과 같은 내용의 연설을 했다.

> 그리스도의 정병들이 내 뒤에 있고 하나님이 내 위에 계시니 내 담대히 이 자리에 서노라. (중략) 희망을 가질 수 있는 것은 어떤 나라든지 업신여기지 못하고 침략하지 못하는 강한 나라를 세우고자 합니다. 여기에 2대 방책이 있으니, 즉 건국과 건설을 동시에 하는 것입니다. 교화(敎化)가 있는 나라는 아름다운 나라요 강한 나라입니다. "경찰서 열을 세우지 말고 교회 하나를 세웁시다. (중략) 우리가 어떻게 하면 망하지 않는 강한 나라를 세울 수 있을까? 곧 성서 위에 세워야 합니다. 그렇게 해서 우리는 하나님의 국민이 되어 서로 잘 살아야 합니다.[179)]

---

178) 김규식은 1945년 11월 25일, 귀국한 지 이틀이 되는 날에, 새문안교회에 가서 인사할 때에 교파구분 없이 일치해서 나라를 세우는 일에 앞장서자고 호소한 바 있다. 장시화 편, 『建國訓話』(漢城: 敬天愛人社, 檀紀4278), pp.30-31.

179) 필자 역. 김구, "강한 나라를 세우자", 『활천』 229호, p.3. 원문은 다음과 같다: 그리스도의 정병들이 내 뒤에 있고 하나님이 내우에 게시니 내 담대히 이 자리에

김구는 성서적 바탕 아래 새로운 나라를 세우자고 역설했다. 한국교회가 성서에 바탕을 두고 있다는 것과 기독교회가 국민들을 이끌고 교화시켜야 독립된 강한 나라를 세울 수 있다며 이렇게 주장했다. 한국교회가 가진 지도력과 사명을 확인한 것이다.

세 사람 모두 기독교 복음 위에 세워지는 강한 독립국가 건설을 외쳤다. 한국교회가 선도해서 국민을 이끌어야 한다는 호소도 같았다. 기독교 세계관을 가져야 강한 독립 국가를 건설할 수 있다는 주장도 다르지 않았다. 기독교만이 한국을 구원할 수 있다고 피력한 것이다.

2. 한국교회와 세 영수(領袖)의 신학적 특성

2.1 김구 - 민족지상의 기독교

1948년 4월 19일, 김구가 남북협상을 위해 경교장을 나서려 할 때, 월남한 황해도민들, 강원용이 이끄는 청년단체, 김구가 출석하고 있던 남대문교회 교인들, 서북청년단원들, 백낙준의 부인인 YWCA의 최이권과 이화여자대학의 최이순[180] 등 수 백 명이 결사적으로 이를 막았다. '안악사

서노라. … 희망을 가지는 것은 어떤 나라든지 업심녁이지 못하고 침략하지 못하는 강한 나라를 세우고 저합니다. 여기에는 2대 방책이 있으니 즉 건국과 건설을 동시에 함이다. 교화(教化)가 있는 나라는 아름다운 나라이요 강한 나라이다. "경찰서 열을 세우지 말고 교회하나를 세우라. (중략) 우리는 어떠케 하며 망하지 않는 강한 나라를 세울가? 곳 성서 우에 세워야 한다. 그리하야 우리는 하나님의 국민이 되어 서로 잘살자.

180) 최이순은 백낙준의 처제이다.

건'으로 김구와 같이 옥고를 치렀던 목사 도인권도 공산주의자와의 협상이 불가하다며 말렸다.181) 그런데도 김구는 이를 뿌리치고 평양으로 향했다.

1946년까지만 해도 김구는 김일성을 살해하려 했다.182) 통일된 독립국가를 해친다고 보았기 때문이다. 그러나 북한은 이미 20만의 인민군을 창설한 상태였다. 막대한 규모의 군대를 갖고 있다는 것은 필연적으로 남침으로 연결된다는 것을 의미했다. 이를 막고 싶었고 남북협상을 통해 해결하려 했다.183) 김일성과 공산주의자들을 민족 내부로 끌어들이려 했고 그것이 가능하리라 믿었다. 손양원을 격찬했던 것도 이러한 의식의 발로였다.184) 북한으로 떠나기 전, 김구는 기자와의 인터뷰에서 다음과 같이 피력했다.

> 남북회담은 성공되리라고 그다지 큰 기대를 갖는 것이 아니다. 단지 통사정하려는데 지나지 못한다는 것, 자신이 이번 북행했다가 만일 돌아오지 못하는 경우가 있다 하드라도 내가 통일독립을 위해서 끝까지 싸웠다는 것을 삼천만 동포에게 전하기 바란다.
>
> (중략)
>
> 과거 미소양국의 힘으로써 조선 문제가 해결되지 못하였기 때문에 조상

---

181) "남북의 대화", 「동아일보」, 1971년 10월 4일자.

182) 박명림, 『한국전쟁의 발발과 기원』 II:기원과 원인(서울: 나남,1996), p.149.

183) 「조선일보」, 1948년 4월 6일자.

184) 「서울신문」, 1949년 4월 17일자. 김구는 1949년 3월 26일, 안중근 의사 기념일에 손양원 목사를 경교장으로 초청하여 "공산당을 진정으로 이긴 사람은 손양원 목사이다", "그 신앙이 위대하다"며 격찬했다.

이 같고 피부가 같고 언어와 피가 같은 우리 민족끼리 서로 앉어서 같은 조선 정신을 가지고 서로 이야기나 하여 보자는 것이 진의(眞意)이며, 앞으로 얼마 남지 않은 생(生)을 깨끗이 조국통일 독립에 바치려는 것이 금차 이북행의 목적이다.[185]

김구는 민족적 접근을 시도했다. 이를 위해 공산주의의 잔혹성을 애써 모른척했다. 그렇지만 어떤 방법으로도 북한 정권의 사상적 투쟁심과 패권적 이기심을 막을 수는 없었다.

김구와 김규식은 김일성과 회담을 가졌다.[186] 그러나 서울로 돌아온 뒤인, 1948년 7월 19일 남북협상을 포기하겠다는 성명을 발표했다. 이미 남한만의 단독선거가 치러진 이유도 있었지만, 북한이 제2차 남북협상의 약속을 깼기 때문이다. 기대와 달리, 김일성은 남로당을 비롯한 공산 단체들을 남한의 대표라고 칭하며 남북협상을 가졌다. 그리고 인민공화국을 선포하고 국기까지 바꾸는 등 북한만의 단독정부를 선언했다.[187]

김구에게 하나님은 "대한(大韓)"의 수호자이고 이 땅의 거민은 그것을

---

185) "김구씨 이제야 진정 피력", 「경향신문」, 1948년 4월 17일자.

186) 4월 19일 저녁 6시부터 평양시 모란봉 극장에서는 연석회의가 시작되었다. 김규식은 몸이 아파서 오전 회의에는 참석하지 못했다가 이튿날부터 참석했다. 김구·김규식, 김일성·김두봉 간의 '4김 회담'은 4월 29일과 30일에 두 차례 열렸다. 김구의 요청에 따라서 5월 3일에 김구와 김일성 두 사람의 회담이 성사되었다. 이 회담은 5시간 동안 계속되었는데, 김구는 북한에 억류된 한독당원들의 석방 문제, 조만식과의 면담 허용, 전력 문제를 요구한 것으로 알려졌다.

187) "본연의 자태로 도라간 양김씨", 「경향신문」, 1948년 7월 20일자. 북한은 1948년 6월 2일부터 제2차 남북제정당사회단체지도자협의회를 개최하면서 남한의 총선거 규탄, 북쪽만의 선거에 의한 조선최고인민회의 창설, 인민공화국 수립을 선포했다.

위한 “천국 백성”이되어야 했다. 그래야 한반도는 “지상천국”이 될 수 있었다.[188] 기독교인은 “이 땅의 천국을 건설하는 천국 백성”이 되어야 했다.[189] 한국인은 하나의 조상, 하나의 조국, 하나의 국토, 하나의 운명을 가졌다고 보았다[190] 이런 구조 아래, 백성들은 민족을 위해 개인의 희생을 감내해야 했다. ‘나’ 혹은 개인의 권리보다는 ‘독립 국가’와 ‘민족’을 우선으로 해야 하는 구조였다. 민족적 과제를 수행해야 할 애국적 국민을 요구했고 기독교와 기독교회에게도 그런 사명을 요청했다. 자신은 이 일을 이루기 위한 ‘한 알의 밀알’이라 피력했다.[191]기독교를 외쳤지만 그의 내면에는 민족이 우선이었고 구원, 은총 등 구령(救靈)의 영역에 대한 고민은 없었다. 따라서 기독교 복음이 강조하는 단독자성도 엿보이지 않았다. 그에게 기독교의 복음은 민족을 위한 도구였을 뿐이다.

2.2 김규식 - 국가구원의 지향

1946년 10월 4일 김규식은 여운형과 ‘합작 7원칙’에 합의했다. 그때 두 사람은 토지를 유조건(有條件) 몰수해서 무상(無償)으로 농민들에게 분배하자는데 의견을 같이했고 함께 남북 좌우합작의 정부를 수립하자고 약속했다.[192] 이런 이유로 한국 사회 일부에서 김규식을 사회주의자로

---

188) 김구, “地上天國을 建設하자”, 장시화 편, 『建國訓話』, pp.14-16.

189) 김구, “磐石 우에 새 나라를 세우겠다”, 백범김구선생전집편찬위원회 편, 『白凡金九全集』 제8권(서울: 대한매일신보사, 1999), pp.666-668.

190) 김구의 아들 김신에 의하면, 김일성과의 남북협상을 결심했을 때 김구는 “빨갱이들도 피와 뼈를 같이 한 우리의 동포, 동족끼리 마주앉아 최후의 결정을 봐야겠다”고 피력했다. “남북의 대화”, 「동아일보」, 1971년 10월 4일자.

191) Loc.cit.

치부했지만, 미군정은 기독교인으로 민주주의를 신봉하는 인물이지 사회주의자는 아니라고 보았다.[193] 그러나 남북합작 주장이나 토지의 무상분배 제안은 한국교회의 의구심을 자아내는 일이었다.

김규식은 6살 때 언더우드(Horace G. Underwood)의 고아원 학교에 맡겨진 이후[194], 기독교 복음의 역할과 사명을 익혔다. 탁월한 영어 실력으로 선교사들의 총애와 기대를 한 몸에 받았고, 새문안교회의 일원으로 그 명성이 자자했다. 1910년 새문안교회가 종로구 신문로 1가에 새 예배당을 지을 때 건축위원회를 대표해 예배당 증서와 열쇠를 증정할 정도로 교회 내의 위치는 확고했다.[195] 제1회 학생 YMCA 사경회 때에는 강사로 참여하기도 했다.[196] 장로교 처음 총회를 시작할 때 영문 보고서를 만들었고, 한국 곳곳에 교회가 세워진 것에 대한 감사와 감격을 주저 없이 고백했다. 언더우드의 도움으로 미국 로노크대학(Roanoke College)에 입학했고 2등으로 졸업할 정도로 그 명석함이 남달랐다.[197] 1904년 한국으로 돌아와 YMCA 교사와 이사로 일하며 언더우드 곁을 지켰다.[198]

1913년 김규식은 일본의 요시찰 인물로 감시를 받는 것에 지쳐 상하이

---

192) 「동아일보」, 1946년 10월 8일자, 10월 9일자. 이에 대해 한민당은 강하게 반발했다.

193) September 28, 1945, "Korea and the provision government", 국가보훈처 편, 『재미한인자료 : OSS(Office of Strategic Service)』(서울: 국가보훈처, 2005), p.279.

194) 김명구, 『한국기독교사』1, p.112.

195) *Korea Mission Field*, Vol. VI, 1910년 7월, pp.168-169.

196) 김명구, op.cit., p.300.

197) 김규식은 1912년 9월 1일 평양에서 제1회 조선야소교 장로회 총회가 열렸을 때, 영문으로 총회 설립 보고서를 작성했다. *Korea Mission Field*, Vol. VIII, 1912년 11월, pp.323-325 참조.

198) 박사학위를 받고 귀국한 이승만과 YMCA 학당을 운영해 나가기도 했다.

로 떠났다. 그리고 32년 동안 독립운동의 길로 나섰다.[199] 1919년 한국의 '자결권'을 얻기 위해 베르사이유에서 열린 파리 강화회담에 갔고 돌아와서는 임시정부 외무부장이 되었다. 1921년 모스크바에서 '극동피압박민족회의'가 열렸을 때는 한국대표단을 이끌었고, 여운형 등과 함께 5인의 주석단에 피선되기도 했다.[200]

김규식은 독립운동을 위해 모진 세월을 보내야 했다. "하루에도 몇 번씩 변성명을" 해야 했고 중국인 행세도 해야 했다. 집안도 돌볼 수 없었고 예배를 볼 수 없었으며 성경책도 가질 수 없었다.[201] 그 어려움을 "혁명운동"을 하고 있다는 자부심 아래 견뎠다.[202] 그런데 그런 그의 고백은, 복음의 구령의식이 약화 되었다는 것을 의미한다. 한국을 구원해야 한다는 구국(救國)의식은 강화되었겠지만, '역사 주관자에 대한 절대적 의뢰 의식이나 단독자로서 하나님을 만난다는 의식이 약해졌을 것이다. 인간의 죄성과 그에 대한 고민, '구원', '은총' 의식은 영적 영역에서 다루어지는 것이고 그것은 교회 공동체를 통해 다져지고 확장되는 것이다.

1946년 2월까지만 하더라도 미 국무부는 연합국인 소련과의 협력과 협조를 정책으로 삼았다.[203] 이런 기조 아래, 소련과의 적극적인 협상을 추진하려 했고, 좌우합작의 중간정책을 시도하려 했다.[204] 그런 이유로

---

199) 이정식, 『김규식의 생애』(서울: 신구문화사, 1974), p.43.

200) 김명구, op.cit., p.358, pp.397-398.

201) 장시화 편, 『建國訓話』, p.30.

202) Loc.cit., 참조.

203) 트루먼 독트린 이후 미국은 소련과의 협력관계를 청산하고 냉전에 기초한 정책을 수립해 나가기 시작했다.

204) "Proposed Message to General of the Army Douglas MacArthur Drafted in the Department of State", 1946. 2. 18, *FRUS, Vol. VIII*, pp.645-646.

미군정에 이승만과 김구를 일시적으로 은퇴시키고 향후 소련과 적극적으로 협상할 것을 지시했다.205) 이에 따라 미군정은 김규식이나 미국에 와 있던 서재필을 전면에 내세워 자신들의 정책을 실행시키려 했다.206) 그러나 한국교회는 좌우합작을 원하지 않았다. 김규식 등을 선호하지 않았던 이유이다.207)

2.3 이승만 - 개인구원과 국가구원 의식의 합치

이승만이 귀국했을 때, 정쟁(政爭)이 잠시 멈추었다. 각 정파는 숨을 죽였고 이승만의 움직임에 촉각을 집중했다. 대부분은 그가 건국과 통일정부 수립이라는 민족의 여망을 이룰 수 있다고 보았다. 민족주의계 정파들이 그를 영수로 추대하고 있었고 좌익계도 이승만을 인정하고 있었다.208) 신익희 등 상해 임시정부계도 이승만 이외에 적임자가 없다고 보았다. 한국 천주교회까지도 이승만을 선택했고 박헌영의 인공(人共)까지

---

205) "Policy for Korea," Attached Paper in Memorandum by the Assistant Secretary of State for Occupied Areas(Hilldring) to the Operations Division, War Department, Washington(1946.6.6), *FRUS, 1946, Vol. VIII*, pp.698-699.

206) 이 과정에서 1946년 8월 정치고문단 소속의 윔스(Clarence N. Weems. Jr.)소령이 하지의 비공식적인 지시에 따라 펜실베이니아로 서재필을 방문해 그의 귀국 의사를 타진했다. 남감리교회 선교사 클라렌스 윔스(Clarence N. Weems)의 아들 윔스 주니어는 미국무부 정책에 따라 좌우합작운동이나 과도입법위원회에 깊숙이 개입 했다. 충칭임시정부와 친밀한 관계를 갖고 있던 그는 개인적으로는 김구보다 김규식을 더 좋아했다. 정용욱, "자료해설: 미군정의 임정 관계 보고서", 『역사비평』 22호, 1993년 가을, pp.366-367.

207) 김규식은 좌우합작 문제에 적극 나선 것이 이승만의 요청 때문이었다고 밝히고 있다.

208) "비화 미군정 3년", 「동아일보」, 1982년 4월 26일자.

도 그를 주석으로 추대했다. 미군정이 미 국무부에 이승만의 조속한 귀국을 종용했던 이유이다.[209]

한국교회도 이승만을 선택했다.[210] 이승만이 남한의 단독정부를 주장했을 때도 불가피하다며 지지를 보냈다. 이승만을 강력히 지지하고 후원했던, 이규갑과 배은희[211]가 감리교 유지위원장[212]과 남부 장로교회 총회장이 되었기 때문만은 아니다.[213] 이승만이 한국교회의 신학을 공유했기 때문이다.

서울 정동감리교회에서 남부대회가 열렸을 때 이승만은 "40년간에 일본 학정 하에서 사람이 당치 못 할 감옥생활과 신사참배문제"를 거론했

---

209) 1946년 7월 조선여론협회에서 서울 인구 6,716명을 대상으로 여론 조사를 했을 때, 이승만은 1,961명(29%)으로 김구나 김규식, 여운형 보다 약 3배에 가까운 지지를 받았다. 「동아일보」, 1946년 7월 23일자.

210) 1946년 3월 28일에 발족한 조선기독교청년회는 김규식을 지지하며 공개적으로 좌우합작운동과 남북협상을 공개적으로 지지했다. 기독교사회주의자로 3.1운동 33인 중의 하나였다가 공산주의로 전향하게 된, 김창준이 이끈 '기독교민주동맹'은 김일성을 지지했다. 그러나 독립촉성기독교중앙협의회 등 우익에 속하는 거의 모든 기독교 단체들은 이승만을 지지했다. 김홍수, "대한민국 건국과 기독학생.청년운동", 박명수.안교성.김권정 외 엮음, 『대한민국 건국과 기독교』(서울: 북코리아, 2014), p.225, p.236.

211) 전주 서문교회 담임자였던 배은희는 1936년 예배당 건축문제에 대한 이견으로 교회를 사임했다. 그는 이승만의 정치 이데올로기의 하나로 불리는, "일민주의"라는 용어를 만들어냈다.

212) 이규갑은 1946년 4월 5일 조선감리회 유지위원회 위원장으로 선출되었다. 배은희는 1945년 6월 15일에 있은 남부 지역 장로교 총회의 대회장을 맡았다. 이때 부대회장은 함태영이었다.

213) 감리교회 경우, 강태희 등을 중심으로 한 목회자들은 교권을 장악한 이규갑의 지도 노선에 반발해 복홍파를 결성하며 갈등했다.

다. 그리고 온갖 압박(壓迫) 속에서도 한국교회가 교회와 신앙을 지킨 것에 남다른 경의를 표했다.[214] 그것은 그가 일본의 영적 핍박이 얼마나 극심했고 한국교회의 영적 굴욕과 고통이 어떠했는지, 공감했다는 것을 말해 준다. 김구나 김규식과 다른 이해였다.

이승만은 미션스쿨 배재학당을 나왔고, 이곳을 통해 기독교 이데올로기를 익혔다. 이를 독립의 근거로 삼았고, 이를 바탕으로 반(反) 근대 체제에 저항했다. 그러나 회심 체험의 과정을 겪었다. 그 과정에서 역사의 주재자에게 자신의 구원문제와 한국의 구원을 동시에 간청한 바 있다.[215] 이후, 이승만에게 기독교는 구령의 유일한 창구인 동시에 구국(救國)의 창구요 이데올로기가 되었다. 한국인들의 교화(教化)를 위한 구도자이기도 했다. 특별히 개인구원의 영역과 구국의 영역을 날카롭게 나누지 않았던, 남한의 교회들과 다르지 않았던 것이다.

한편, 1947년 3월 '트루먼 독트린'(Truman Doctrine)이 선언되기 이전, 이승만도 독립 국가와 통일 정부 수립을 원했다. 그런 이유에서 미국이 추진하고 있던 좌우합작 정책을 받아들이려 했다. 그래서 박헌영과 접촉하기도 했다.[216] 그러나 유신론과 유물론으로 그 입장과 신념이 갈라져 있었기 때문에 두 사람이 함께 하는 것은 애초부터 불가능했다. 이승만은 기독교 건설론을 들고 나왔지만 박헌영은 공산국가를 지향했다. 이승만은 무신론의 이데올로기에서 벗어나지 않는 한 함께 할 수 없다고 일관되게 주장했고,[217] 박헌영도 기독교회의 제거를 공공연히 외치고 있었

---

214) 이승만, "하나이 되자", 『활천』 229호, 1946년, p.4.

215) 김명구, 『한국기독교회사』1, pp.217-219.

216) 양동안, 『대한민국건국사-해방 3년의 정치사』(서울: 현음사, 2001), pp.143-145.

217) 리승만, "공산당의 당 부당", 『태평양잡지』 제31호, 1923년 3월 참조.

다.[218] 이승만의 이와 같은 반공관도 당시 한국교회의 지향점과 다르지 않았다.

3. 한국기독교계의 반공의식

3.1 기독교계의 공산주의 인식

기독교는 애초부터 유물론을 받아들일 수 없다. 구령(救靈)의 문제를 근본으로 했던 한국교회는 더욱 그러했다. 이런 신학적 이유 이외에도, 한국기독교는 역사적 경험을 했기 때문에 공산주의를 경원할 수밖에 없었다. 1920년대와 1930년대에 공산주의를 경험한 이후, 한국기독교는 공산주의를 더욱 깊이 혐오했다. 반기독교운동에 시달렸고 만주를 선교하던 목사들이 공산 비적들에게 죽임을 당한 것이다. 신간회에 속해 있던 기독교 민족주의자들도 공산당의 선동과 모략에 적지 않은 배신을 당했었다.[219]

1946년 10월에 조직된 기독교청년전국연합회는 처음에는 좌우합작을 지지했다가 곧 바로 "공산당 타도"를 외쳤고[220] 종교감리교회 담임자인 김희운도 반탁과 함께 공산주의 배격을 주장했다.[221] 대한수도원 원장인

---

218) 梁又正, "개전하면 포옹 동진-공산주의자의 맹성을 촉진", 『이승만대통령 독립노선의 승리』(서울: 獨立精神普及會, 1948), p.109.

219) 김명구, op.cit., pp.442-457.

220) 윤판석, "한국기독교청년운동사", 『천성을 듣는 사람』(서울: 보이스사, 1977), p.239.

221) Ibids., pp.253-254.

유재헌도 공산주의자들을 향해 "사탄의 세력을 이 땅에서 축출"해야 한다고 외쳤고 기독교인만이 이 일을 할 수 있다고 주장했다. 월남한 장로교 목사로 성도교회 초대 담임자가 되는 황은균도 "유물주의 폭력 혁명"으로부터 나라를 구해야 한다고 주장했다. 공산주의자들을 향해서는 "칼 맑스의 우상숭배자"이고 레닌주의 불한당"이라고 강하게 비난했다.[222)]

서울YMCA도 공산주의에 대한 반대 입장을 분명히 했다. "순교자적 정열을 가지고 전 세계 인류를 상대로 과함하고 가열한 사상전"을 전개하자며 독려하기도 했다.[223)] YMCA 연합회 간사 김형도도 기독교인이 올바른 선택을 하도록 해야 한다고 외쳤다.[224)] 총무 김치묵도 기득교 청년들이 "한데 뭉치여 천국 건설"을 위해 유물주의자들과 싸워야 한다고 소리를 높였다.[225)]

소련으로부터 교회의 안녕을 보장받으려고 친소적(親蘇的) 행동을 보였던 천주교회도 1947년 이후부터 북한 공산정권이 독일인 신부를 총살시키고, 천주교회와 수도원들을 강탈하고, 수녀들을 감옥에 감금하고 강제 노동시키고, 학생들에게 배교를 강요하고, 반기독교운동을 펼친다는 내용을 고발하기 시작했다.[226)] 이러한 폭로와 고발에, 한국사회는 북한 정권 아래에서 교회가 생존할 수 없다는 것을 확인할 수 있었다.

---

222) 황은균은 "무신론자의 마수에서 동포를" 건지며, "그리스도의 복음 위에 건국하여 3천리를 자유의 복음으로 복지"가 되게 해야 한다는 주장도 했다. 황은균, "삼팔선과기독교청년", 『復興』 8호, 1948년 3월, p.24.

223) "전국 청년신앙동지들께 檄함-우리들의 鬪爭對象," 『기독교청년』 창간호(서울: 조선기독교청년연합회, 1948. 10), p.6.

224) 김형도, "기독교의세계관", Ibid., p.24.

225) 김치묵, "YMCA 운동의 전망", Ibds, p.29-30.

226) 「경향신문」, 1948년 1월 28일자, 1월 30일자, 1949년 5월 25일, 6월 18일, 7월 12일, 『경향잡지』 1947년 2월호, p.29.

해방 후, 북한에서는 교회가 반탁운동을 한다는 이유로 소련은 기독교인들을 체포, 투옥, 시베리아로 유배를 보냈다.[227] 마을마다 농민조합을 만들어 개신교회를 정면에서 공격했다. 그 사실이 남한 교회로 전해졌고, 월남한 교인들은 이를 확인해 주었다.[228]

한편, 1948년 9월 28일 기독교사회민주당을 이끌고 있던 한경직은 소련과 공산주의자들이 자치위원회와 언론을 장악했다며 공산주의의 행태를 고발하는 편지를 미군정에 보냈다. 월남한 후에는 공산주의자들이 "이중인격을 가지라(거짓말 하라)", "다른 계급은 모조리 숙청하라(강털 강도를 감행하라)", "무자비한 투쟁을 하라(테러, 살인, 방화, 무엇이나 좋다)"고 선동한다며 북한지역에서 겪은 일들을 고발했다.[229] 덧붙여, 기독교와 공산주의가 양립할 수 없다는 것, 공산주의는 종교를 부정하고 교회를 타도의 대상으로 삼는다는 것, 기독교의 복음을 왜곡하고 결국 이 땅에서 기독교를 박멸하려고 한다고 소리를 높였다.[230] 그에게 공산주의는 "괴물"이요, "묵시록에 있는 붉은 용"이었다.[231] 사탄의 세력이었고 배격하고 제거해야 할 영적 실체로 인식되었다. 그의 반공의식은 자신이 생존하며 겪어온 경험에 그치지 않았고 한국교회가 반드시 각인해야 할 신념이 되었다. 남한 교회들은 한경직 등 월남한 기독교인들이 겪은 공산주의 경험에 동조했고, 따라서 반공의식은 더 뚜렷해졌다.

---

227) 대전 YMCA 총무를 역임했던 김영필(金永弼)의 어린 동생 김영봉(金永鳳)도 그런 이유로 시베리아로 끌려갔다.

228) 한경직, "건국과 기독교", 『한경직목사 설교전집』 1(서울: 한경직목사기념사업회, 2009), p.107.

229) Loc.cit.

230) 한경직, "기독교와 공산주의", 『한경직목사 설교전집』1, pp.94-95.

231) Ibid., p.90, p.99.

교회는 신앙의 자유와 관용이 허용되는 공간이어야 인간이 살 수 있다고 믿어왔다. 그러나 북한 공산주의는 그 공간을 파괴했고 복음전파의 자유를 전혀 허락하지 않았다. 한국교회가 반공을 더욱 가속화한 이유이다.

3.2 천주교회와 공산주의

한국 천주교는 소련군으로부터 북한지역 천주교회의 안녕을 기대했다. 그런 이유에서 미소공동위원회를 위해 서울에 입성한 소련군들을 환영했다. "신자들과 학생, 수녀, 신부들"에게 환영을 지시했고 프랑스 대사관에 투숙 예정인 소련 장군들을 예방하겠다는 요청도 했다.[232]

1945년 회령 본당 주임신부 비트마로 파렌코프(Witmarus Farrenkopf, 朴偉明) 신부는 8월 21일 체포되어 소련군에게 죽임을 당했다. 9월 2일에는 만주의 팔로군이 연길교구의 수도원을 접수하며 엥엘마르 첼너(Engelmar Zellner) 수사를 사살했다. 다음 해 5월에는 유 실바시오 신부가 살해당했다. 5월 20일에는 팔로군 "길동(吉東)보안사령부에서 연길교구 내에 쁘레헬(Brehel) 주교를 비롯하여 독일인 신부 십구 명과 수사 십칠 명과 서서(瑞西, 스위스) 수녀 십오 명을 연길보안 제일단(第一團) 감옥에 감금"하고 강제 노동을 시켰다. 이 과정에서 수감되었던 보니파시오 쾨스틀러(Boniface Köstler, 高世恩) 신부가 사망했다.[233]

그때 북한에는 약 5만 명 이상의 천주교인들이 있었다. 그런 이유로 한국 천주교회는 최소한 일제 강점기만큼의 종고적 자유를 기대했다. 북한지역의 천주교회가 의도적으로 정교분리를 선포했던 것도, 공산정권과

---

232) 노기남, 『나의 회상록』(서울: 가톨릭출판사, 1969), p.308.

233) 「경향신문」, 1948년 1월 28일자, 1월 30일자.

의 갈등을 피하기 위해서였다. 북한 정권을 자극하지 않으면 최소한 교회를 유지할 수는 있을 것이라 기대했던 것이다. 이런 기대감은 다음의 글에서도 엿볼 수 있다.

> 월전 서울에서 발간되는 어느 신문에 소련군이 북선(北鮮) 천주교회를 폐쇄하였다는 소식으로 … (중략) … 일부 교우들을 불안케 한 모양이나 이는 신빙할만한 소식이 되지 못하나니… (중략) …또 지금 소련군이나 북선 인민위원회라도 종교를 압박하야 자기 원수를 필요업시 더 만들 게제가 아닌 연고이다. 북선 모든 교회 토지가 모두 몰수된 것은 사실이나 각지 교회는 별반 이상 업시 평온히 지낸다는 소식이 얼마 전 본사에 드러왔다.[234]

천주교 연길교구가 중국 공산군으로부터의 박해를 당하고, 1946년 3월에 함경남도 덕원수도원의 토지가 몰수된 직후에도 한국 천주교는 북한의 교회들과 북한에서의 활동이나 그 기대를 포기하려 하지 않았던 것이다. 1946년 5월 6일, 미소공동위원회가 무기 휴회를 선언하는 등 실패로 끝났을 때, 소련에 대한 실망감을 드러냈지만 적대시하지는 않았다.[235]

1947년 1월부터 '반종교운동'을 일으킨 북한 정권은 함남의 덕원 수도원이 생산한 포도주를 밀주라고 했고 1948년 11월에 독일인 다고베르트 엥크(Dagobert Enk, 엄광호) 신부를 체포했다. 1949년 4월에는 불온 삐라를 인쇄했다며 독일인 루드비히 피셔(Ludwig Karl Fischer) 수사를 체

---

234) 『경향잡지』 1946년 9월호, pp.28-29. 보니파시오 쾨스틀러 신부는 1947년 3월 25일에 영양실조로 사망했다. "역사 한 페이지: 해방과 함께 찾아온 시련", 『분도』 통권 제25호, 2014년 봄, p.43.

235) 「동아일보」, 1946년 5월 10일자.

포했다.[236] 덕원 수도원과 신학교를 김일성대학 농과대학으로 징발했을 뿐 아니라 한국인 수사들을 검거했다. 덕원신학교 학생들도 강제 해산시켰다.[237] 원산 교구장과 신부들도 민족반역자로 몰아 체포했다. 원산 천주교 성당을 극장으로, 원산 수녀원을 인민군 병원, 사택은 내무서로 징발해 사용했다.[238] 1949년 5월까지 북한 정권은 모든 신부들을 체포했고 평양으로 압송했다.[239]

월남한 교인들은 공산정권이 함남 덕원뿐만 아니라 원산, 고원, 신고산, 영흥, 평양 등의 모든 천주교회와 학교들을 몰수하고 있다는 소식을 전하고 고발했다. 북한이 교회를 완전히 말살하려 한다는 내용이 선명하게 드러났을 때, 공산주의에 대한 혐오와 분노를 드러내기 시작했다.

1947년부터 한국 가톨릭교회의 공세적 비판이 시작되었다. 공산주의와의 투쟁을 선언했고 이를 '가톨릭과 악마와의 전쟁'이라 명명했다.[240] 『경향잡지』는 공산정권의 탄압을 낱낱이 고발했고,[241] 경향신문은 팔로군들이 연길의 교회를 전멸시킨 사건을 비로소 알렸다.[242] 제헌국회의원 선거에서는, 공산당이 "가진 모략, 가진 거짓말, 가진 수단을 다 써가며 민심을 교란"시킨다고 알렸다. 공산주의 후보에 대항하는 연합전선의 구

---

236) "덕원의 순교자들(8)-다고베르트 엥크 신부", 「가톨릭평화신문」, 2013년 7월 21일자 ; "덕원의 순교자들(10)-루드비히 피셔 수사" 「가톨릭평화신문」, 2013년 8월 5일자.

237) 「경향신문」, 1949년 5월 25일자.

238) 「경향신문」, 1949년 7월 12일자.

239) 「경향신문」, 1949년 6월 18일자.

240) 함경도천주교회사 간행사업회, 『함경도천주교회사 자료집』 제3집: 한국어 자료집(서울: 한국교회사연구소, 1989), pp.135-136.

241) 『경향잡지』 1947년 2월호, p.29.

242) 「경향신문」, 1948년 1월 29일자.

축도 독려했다.[243] 교황청이 "모든 공산주의 이론에 추호(秋毫)라도 공명(共鳴)하는 자는 파문"될 것이라 한 것과 [244] 성직 취임 때 의무적으로 반공산주의 선서를 하도록 했다는 사실도 알렸다.[245] 천주교회가 세계의 공산화를 막는 장벽이요 방파제라는 다짐도 했다.[246] 1950년 4월에는 대한천주교 주교 일동의 이름으로 "공산주의야 말로 인민의 아편"이라는 선언도 했다. 장로교 목사인 김양선에게 가톨릭에서 보존하고 있던 천주교회 역사 자료를 제공했고 남산 신궁 자리에 기독교 박물관을 개관할 수 있도록 협조했다. 감리교 총회에 참석해 축사를 했고, "힘을 합하여 유물 공산주의 투쟁에 앞장설 것을" 약속했다.[247] 공산주의 타도에 개신교회와 한 목소리를 낸 것이다.

---

243) 『경향잡지』 1948년 5월호, pp.68-69.

244) 「경향신문」, 1949년 7월 15일자. 로마 교황청의 이러한 격한 반응은 헝가리의 민첸티(Jozsef Mindszenty) 주교가 공산 정권으로부터 체포되어 재판을 받게 되던 상황에서 나왔다.

245) 「경향신문」, 1948년 3월 6일자.

246) 조광, 『한국천주교 200년』(서울: 햇빛출판사, 1989), p.90.

247) 노기남, 『당신의 뜻대로: 나의 인생관』(서울: 휘문출판사, 1978), pp.187-190.

제2편

교회의 재건과 복구
- 남한 교회로의 귀결

제 1 장

정치 직접 참여에 대한 거부

1. 북한의 교회 - 소련과 북한정권의 거부

8월 15일 정오 조금 지나 일제가 항복했다는 방송이 보도되자 만주 관동군의 가족들을 인솔하고 선천에 와 있던 일군(日軍) 장교는 "천황이 항복했으니 할 수 없다"고 하면서 당장 기가 죽고 말았다. 일본인 경찰서장은 시내 기관장들과 교회 책임자들을 개별 방문, 해방을 축하하고 지난날의 잘못을 사과했으며 한국의 앞날에 영광이 있기를 바란다는 인사를 하고 돌아갔다.[1)]

선천의 목회자였던 강신명은 이렇게 회상했다. 그런데 일본이 교회 지도자들을 찾고, 그 이후를 부탁했던 사건은 선천에만 있었던 것이 아니다. 해방 직후, 북한지역 일본의 관리들은 개신교 목회자들을 찾아와 사회

---

1) 강신명, "좌우익 싸움", 『강신명신앙저작집』 II(서울: 기독교문사, 1987), p.585.

질서 유지와 관리의 책임을 부탁했다. 국가 부재의 상황에서 교회만이 의존할 수 있는 유일의 조직이고 지역사회를 이끌 수 있는 사람은 교회의 지도자들밖에 없다고 판단한 것이다. 실제 기독교인들과 교회는 해방 정국에서 지역사회를 이끌고 있었다.

신의주의 일본의 관리들도 한경직 등에게 치안책임을 부탁했다. 이때 목회자들은 기독교가 새로운 국가건설을 주도할 수 있을 것이라는 희망에 들떴다. 그런 기대 아래 한경직과 윤하영 등은 도쿄의 연합군사령부에 편지를 보냈다. 편지에는 미군을 "평화와 자유의 십자군"이라는 칭송과 "전쟁이 끝났을 때에 모든 사람들이 미군이 곧 들어오리라고 생각했고, 열렬히 기다렸다"는 내용이 담겨 있었다. 아울러 신의주와 평안북도의 정황, 소련군의 활동 등도 자세히 전했다.[2] 공산당이 언론을 장악했고 적색 단체들이 개인소유의 공장과 농토를 강탈해 나가고 있던 상황도 구체적으로 고발했다.[3] 소련의 횡포를 막으려 했고 미국과 같은 정치체제를 기대했던 것이다.

해방 초기만 하더라도 기독교 지도자들은 소련을 크게 걱정하지 않았다. 신탁통치를 한시적으로 보았기 때문이다. 이들은 기독교 국가를 세우기 위해 정당들을 조직하며 적극적으로 정치에 나섰다. 1945년 9월 초에 신의주 제일교회와 제이교회 윤하영과 한경직이 중심이 되어 기독교사회민주당을 조직했고 11월 3일에는 조만식 중심의 조선민주당이 창당되었다.[4] 11월 초 정주에서는 장로교의 김화식, 이유택, 김관주 등과 감리교

---

2) Ha Young Youn and Kyungchik Han to the HQ of Allied Forces (Sept. 26, 1945), National Archives and Record Administration, RG 59, 1. 1. 4. Box 3816. 미국무부 문서번호 740.00119 Control (Korea)/10-145.

3) 1945년 9월 26일자 편지이다.

4) 조선민주당에 참여한 사람들은 대개 신간회에 참여했던 사람들이었다.

회의 신석구, 송정근 등이 통일된 기독교 국가를 내세우며 기독교자유당을 창당했다.[5)]

북한의 목회자들이 정치에 나선 것에는 몇 가지 이유가 있었다. 그것은 먼저, 북한을 선도할 조직이 없었다는 것, 둘째, "새 나라의 정신적 기초가 반드시 기독교여야 한다"[6)]는 신념, 셋째, 공산당 조직이 급속하게 확대되어가는 상황에 대한 우려 때문이었다. 그러나 소련 정권의 탄압으로 그 뜻을 이루지 못했다. 이미 소련은 친소정부를 세우려고 계획했고, 이를 위해 스탈린은 1945년 9월 20일 조선 주둔 소련군 사령관 치스차코프(Ivan Mikhailovich Chistyakov)에게 명령을 내린 바 있었다.[7)] 처음부터 기독교의 정치적 영향력을 방관하지 않았던 것이다.

1945년 11월 16일 평안북도 용암포(龍巖浦)에서 열린 기독교사회민주당 지방대회에서, 평북 자치대 용암포의 대표는 폐교 조치 된 수산기술학교 복구를 촉구했다. 그리고 공산당 용암포 대장 이종흡(李宗洽)의 만행을 규탄했다. 학생들은 만세를 외쳤고 '학원의 자유'를 부르짖었다. 소련군들은 곧바로 총격을 가했다. 이로 인해 평안교회의 장로가 현장에서 사살되었고 12명의 학생과 시민들이 총상을 입었다.

격분한 신의주시의 6개 남녀 중학생들은 11월 23일 상오 9시 학교 강당에 모여 '공산당 타도'를 외쳤다. 시인민위원회를 습격했고 공산당원들

---

5) 북한연구소 편, 『북한민주통일운동사: 평안남도편』(서울: 북한연구소, 1990), p.415. 신석구는 일명 '기독교 민주당 비밀결사사건'으로 1949년 4월 19일 북한 중앙정치보위부에 검거되어 "반동비밀결사"를 이끌었다는 죄목으로 사형언도를 받았다가 독립운동공훈이 참작되어 징역 10년 언도를 받았다.

6) 한경직, "건국과 기독교", 『한경직목사 설교전집』 1, p.106 ; 김홍수, 『해방 후 북한 교회사』(서울: 다산글방, 1992), p.288.

7) 이정식, 『대한민국의 기원』(서울: 일조각, 2006), pp.178-195.

로부터 사죄를 받아냈다. 이에 소련군대는 무자비하게 진압을 했다. 그 바람에 학생 23명이 피살되었다. 중경상자가 700여 명에 이르렀고 검거·투옥된 학생과 시민은 2,000여 명에 달했다. 기독교사회민주당 간부들이 체포되었고 평북의 교회들은 노골적인 핍박을 받게 되었다.[8)]

한편, 평양의 교회들은 1946년 북조선임시인민위원회가 주최하는, 평양역 앞에서의 3.1절 기념식 참가를 거부했다. 그리고 장대현교회에서 독자적으로 기념 예배를 강행했다. 공산정권이 3.1운동을 볼셰비키 혁명의 결과로 만들려고 했기 때문이다.[9)]

소련과 북한공산주의자들은 1919년 3.1운동을 1917년의 볼셰비키 혁명의 결과라고 주장했다. 33명이 아니라 노동자와 농민이 주도했다는 주장도 했다. 이에 불복하면 많은 불이익이 있을 것이라는 경고도 했다.[10)] 기독교계로서는 이를 받아들일 수 없었다. 기독교계가 주도했다는 역사성을 포기할 수 없었기 때문이다. 여기에 그치지 않고, 교회들은 주일 성수를 이유로, 북조선 인민위원회 선거에 불참 의사를 공개적으로 표명했다. 공산정권으로서도 기독교와 같이 할 수 없다는 것을 다시 확인했다. 그들에게 기독교는 "건국의 비협력자"요 "친미파"였으며 적대 세력이었던 것이다.[11)]

긴 시간이 지나지 않아 기독교는 모든 지도력을 상실했다. 조선기독교도연맹'에 참여해서 공산주의를 찬양하고 변절을 선언하지 않으면 생존

---

8) 김명구, "광복전후 종교계의 역할과 대한민국", 2015년 4월 23일, 해의학술연구원. 정치외교학회 공동 학술대회 발표논문.

9) 북한연구소 편, 『북한민주통일운동사: 평안남도편』, p 387 ; 김양선, 『한국기독교해방십년사』(서울: 대한예수교장로회총회 종교교육부, 1956), pp.63-64.

10) Intelligence Summary Northern Korea #8 (March 20, 1945), p.3.

11) 이덕주, 『신석구-민족의 독립을 위해 십자가를 지다』(서울: 신앙과지성사, 2012), pp.281-282.

하지 못했다. 목회자들과 기독교 정당들은 '반동결사체'라며 모진 핍박을 받았다. 전향하지 않은 목회자들은 처형당해야 했다. 다수의 목회자와 교인들은 월남해야 했다.[12) 소련군과 공산정권은 기독교의 정치적 영향력을 그렇게 지웠다.

2. 남한의 교회 - 한국교회의 거부

여운형이 건국준비위원회를 만들 때, 적은 수이지만 목회자들도 참여했다. 이밖에도 목회자들 일부는 정치단체에 참가했고 정치 활동에도 나섰다.[13) 대한독립촉성국민회 창당에 참여했던 배은희는[14) 장로교회 총회장의 자격으로 신탁통치 반대 운동에 적극 활동했다. 남한의 단독정부 수립 주장에도 적극적인 지지를 보냈다. 해방 당시 둔전장로교회에서 목회하던 함태영도 배은희와 입장을 같이하며 정치 전면에 나섰다. 수표교 감리교회 담임자였던 이규갑도 이승만을 돕겠다고 나섰다.

---

12) 기독교사회민주당 거점인 신의주에서는 용암포지부 위원장 장원봉이 공산당원에게 폭행당하고 장로 한 사람이 피살되었으며 교회건물과 당 간부의 주택들이 파손되었다. 소련군정은 계엄령을 선포하고 당 지도부 검거에 나섰다. 결국 이 사건을 계기로 한경직과 윤하영 등 기독교 지도자들이 월남을 하게 되었다.

13) 박명수, "해방 후 건국준비위원회와 기독교의 역할", 『성결교회와 신학』 31권, 2014년 봄 참조. 박명수의 연구에 따르면, 감리교회의 이규갑과 양주삼도 여기에 참가했고, 장로교회의 배은희, 대구 폭동을 일으켰던 최문식, 장로교 농촌운동의 주도자였던 유재기, 북한지역의 기독교 영수인 조만식도 여기에 참가했다. 이외에 한경직, 이용설 등도 여기에 참여했다.

14) 전주 서문교회 담임자였던 배은희는 1936년 예배당 건축문제에 대한 이견으로 교회를 사임했다. 그는 이승만의 정치 이데올로기의 하나로 불리는, "일민주의"라는 용어를 만들어냈다.

장로교 경기노회장과 순천노회장을 역임했고 신사참배를 거부해 투옥된 바 있던 박용희도 정당에 참가해 활발하게 정치 활동을 했다. 목포 양동교회 담임목사로 목포지역 제헌의원에 당선된 이남규, 제주도의 조남수, 청주제일교회 담임자로 1946년 충북 노회장이 되는 구연직, 강원도의 김우종 등 적지 않은 목사들이 정치에 나섰다.[15] 대전, 대구, 부산, 순천, 보성 등에서도 목회자들이 나섰다. 이들은 이승만이 1946년 4월, 이른바 '남선순행'(南鮮巡行)에 나설 때 이를 도왔다. 대부분 이승만을 지지했지만 김구나 김규식을 지지하는 사람도 있었다.

정치에 참여한 한국 목회자 중에는, 복음주의적 세계관의 나라를 건설하려는 그룹이 있었다. 김우종, 이남규 등과 같이 기독교 사회주의나 사회복음주의의 신학적 소신 아래 접근하려는 사람들도 있었다. 신석구 등과 같이 개인구원과 국가구원을 같은 높이에서 보려는 목사들도 있었다. 각기 그 의도가 달랐지만, 이들은 기독교가 한국구원의 방편이라는 공통된 생각을 갖고 있었다.[16]

이들 목회자들과 교회 지도자들이 주축이 되어 사회민주당, 고려청년당, 신한민족당이 창당되었다. 그렇지만 이들은 개인 자격으로 정치에 참여해야 했다.[17] 1907년 이후, 한국교회가 비정치화의 전통에 각인되어 있었기 때문이다. 남한의 교회들도, 국가건설에 기독교적 사명을 내세웠지만, 목회자가 정치에 직접 나서는 것에 긍정적이지 않았다. 기독교 남

15) 『해방 후 한국정치와 기독교인』, 서울신학대학교 현대기독교역사연구소, '종교개혁 500주년 기념 특별 심포지엄' 논문집 참조.

16) 교회와 함께 정치문제에 깊이 간여한 인물은 송창근, 김재준, 한경직이었다. 이들은 구국(救國)의 명분으로, 교회를 이끌고 정치 문제에 뛰어 들었다.

17) 한민당에 참여했거나 건국준비위원회에 참여한 인물들도 있었지만 모두 개인자격이었다.

부대회 초대 대회장이었던 김관식은 다음과 같은 문제를 제기했다.

> 교회는 정치와 정부가 가는 일에 너무 깊이 참여하는 것은 위험하다는 것을 인식하고 있으며, 교회의 첫째 임무는 영적인 재무장을 북돋는 것이라는 사실을 알고 있다. 교회는 이 의무를 열심히 행할 태세를 갖추고 있다. (중략) 모든 이들에게, 그리스도에게로 많은 영혼을 인도하려는 복음전도를 시작함으로써 해방의 선물에 대해 하나님께 감사를 표하려는 좀 더 굳은 결의가 있다.[18]

기독교 건국론을 외치고 기독교 지도자를 국가의 수장으로 세워야 한다고 주장했음에도, 정작 김관식은 정치에 직접 뛰어든 목회자들을 향해 이런 비판을 했다. 교회 존재의 첫 번째 목적은 구원의 성취이고, 목회자의 존재 이유는 그것을 북돋는 것에 있다고 믿었다. 이것은 한국교회 일반의 생각이기도 했다. 한국교회는 교회의 재건과 훼손된 신앙의 회복을 가장 큰 과제로 삼고 있었다.

이승만은 한국교회가 정치참여에 소극적인 것에 문제를 제기한 바 있다.[19] 비정치화 전통 아래 있거나 그렇지 않거나, 한국교회 일반은 교회나 목회자가 정치에 직접 뛰어드는 것에 대해서 부정적이었기 때문이다. 기독교국가 건설론을 내세우며 정치 일선에 뛰어든 목회자들이 긴장을

18) Kwan Sik Kim, "The Christian in Korea", *International Review of Missions*(April, 1974), 김응교 역, 『해방 후 기독교회사』(서울: 다산글방, 1992), p.308. 장금현, "해방 정국에서 김창근 목사와 충남과 대전지역 정치", 『해방 후 한국정치와 기독교인』, 서울신학대학교 현대기독교역사연구소, '종교개혁 500주년 기념 특별 심포지엄' 논문집, p.199에서 재인용.

19) 「자유신문」, 1945년 11월 20일자.

해야 했던 것도 이러한 이유이다.[20] 1948년 대한민국이 국가 공인을 받은 이후, 교회로 돌아간 목회자들은 정치에 뛰어들지 못했다. 한국교회가 그것을 거절했기 때문이다. 계속 정치를 하려면 목회 활동을 접어야 했다.

---

20) 함태영이나 이남규 등도 목회자인 자신들이 정치에 직접 나서는 것에 대해 일정 부분 두려움을 갖고 있었다.

제 2 장

북한교회 재건의 실패

1. 장로교회의 재건

해방 이틀 후, 평양 장로교회 목회자들은 '평양성 도당회'를 개최했다. 여기에서, 8월 22일을 기점으로 일제히 교회 문을 열기로 결정했다. 그리고 9월 4일부터 3일간 부흥회와 평양임시 노회를 열어 신사참배의 죄과도 사죄하기로 했다. 신사참배 처리문제가 교단 재건의 가장 우선의 일이었기 때문이다. 그러나, 1개월간을 근신 기간으로 정했지만, 신사참배 문제는 그렇게 쉽게 지나가지 않았다. 이것을 배교행위로 보던 사람들의 강한 문제 제기 때문이었다.

주기철을 비롯해 50여 명은 순교했지만 평양 감옥에 있던 20여 명은 해방이 되면서 출옥했다. 곧 목사 이기선과 채정민, 전도사 김린희와 최덕지 등 일명 '출옥성도'로 불리는 사람들이었다. 이들은 장로교회가 신사참배를 공식적으로 허용했다며 강하게 문제를 제기했다. 출옥성도들은 평양 산정현교회에 모여 토론을 거친 뒤[21], 1945년 9월 20일 장로교 재건

원칙을 다음과 같이 발표했다.

1. 교회의 지도자(목사 및 장로)들은 모두 신사에 참배하였으니 권징의 길을 취하여 통회정화한 후 교역에 나아갈 것.
2. 권징은 자책 혹은 자숙의 방법으로 하되 목사는 최소한 2개월간 휴직하고 통회 자복할 것.
3. 목사와 장로의 휴직 중에는 집사나 혹은 평신도가 예배를 인도할 것.
4. 교회 재건의 기본 원칙을 전한(全韓) 각 노회 또는 지교회에 전달하여 일제히 이것을 실행케 할 것.
5. 교역자 양성을 위한 신학교를 복구 재건할 것.[22]

오직 신앙을 지킨다는 일념에 죽음에 이를 만큼의 공포를 겪은 이들의 태도는 그만큼 예리했고 당당했다. 호교론적 이유에서 일본의 강압을 피하지 못했을 것이라는 이해심은 전혀 없었다. 자신들 이외에 모든 교역자들이 신사참배를 했다는 전제 아래, 이들은 무조건의 참회를 요구했다.[23] 그러나, 상대에 대한 기세등등한 정죄 의식은 있었지만, 과거 김인서나 이필주에게서 나타난 것과 같은 내면 문제에 대한 깊은 이해와 성찰은 보이지 않았다.[24]

---

21) 논의 과정에서 한상동과 이기선 등은 장로교를 다시 개혁하자는 입장이었고, 김린희와 최덕지 등은 새로운 교회를 재건하자는 입장을 갖고 있었다.

22) 김양선, 『한국기독교해방십년사』, pp.45.

23) 한국기독교역사연구소 북한교회사집필위원회, 『북한교회사』(서울: 한국기독교역사연구소, 1996), p.355.

24) 3.1운동으로 감옥에 갇혔던 김인서와 이필주 같은 사람은 하나님의 음성을 들었고, 이를 계기로 적개심이 풀렸다고 고백한 바 있다. 김명구, 『한국기독교사』1,

자숙과 회개의 모임은 11월 14일부터 선천 월곡동교회에서 열린 '평북 6노회 교역자 퇴수회'와 '신사참배 통회자복 금식기도 수양대회'로 이어졌다. 북한 전역에서 200여 명의 교역자가 참석했고 장로교 모임이었는데도 불구하고, 감리교와 성결교회 목회자 일부도 참석했다. 이 자리에서 만주 봉천신학교의 박형룡이 출옥성도들의 주장을 대변하고 나섰다. 목회자들과 한국교회를 매섭게 질책한 그는 교역자들이 최소 2개월간 자리에서 물러나야 한다고 소리를 높였다.

박형룡의 공박에 총회장 홍택기가 반발했다. "옥중에서 고생한 사람이나 교회를 지키기 위하여 고생한 사람이나 그 고생은 마찬가지"였다고 응대했다. "교회를 버리고 해외로 도피 생활을 했거나 혹은 은퇴 생활을 한 사람의 수고보다는 교회를 등에 지고 일제의 강제에 할 수 없이 굴한 사람의 수고가 더 높이 평가되어야 한다"[25]는 항변도 했다. 호교론적 입장이 무시되었다는 주장이다. 한국 땅을 떠날 수 있어 모진 핍박을 피할 수 있었던 박형룡과 같은 인물에 대한 비판이기도 했다. 그때 그는 거기에 그치지 않고, "신사참배 회개의 문제는 각인이 하나님과의 직접 관계에서 해결된 성질의 것"이라며 못을 박았다. 신경질적인 반응이었지만 그의 말에는 반박 못 할 정연한 논리와 신학이 있었다.[26] 그러나 신앙의 문제는 논리와 신학만으로 설명되는 것은 아니다.

신앙적 정조를 지킨 사람들이 제기한 주장은 순수하고 고매했다. 한국교회의 양심으로 기록되었다. 그러나 열정과 일방적 주장만으로 문제가 해결되는 것은 아니다. 의도하지는 않았겠지만, 박형룡과 이기선 등의

---

pp.416-417, 424-425 참조.

25) 김양선, 『한국기독교해방십년사』, p.45.

26) 민경배, 『한국기독교회사』(서울: 연세대학교 대학출판문화원, 2017 증보판), p.548.

주장은 보호되어야 할 공교회의 권위를 약화시켰고 장로교회 분열의 한 원인으로 이어졌다. 역사의 이중구조가 여기에도 있었다.

'평북 6노회 교역자 퇴수회'는 신사참배 문제의 해결과 교회 재건을 위해서 새로운 기구가 필요하다는 데 의견을 모았다. 그 결과 1945년 12월 1일에 장대현교회에서 '이북오도연합노회'가 조직되었다. 남북이 분단된 상황이었기 때문이다. 여기에서 평양 신암교회의 김진수가 회장, 장대현교회의 김화식이 부회장으로 선출되었다.

북한의 연합노회는 ① 잠정적인 총회의 대행, ② 교단의 규칙은 총회가 재건될 때까지 존속, ③ 전국 교회는 과거의 죄를 자복하고 교역자들은 두 달 동안 근신, ④ 신학교를 연합 노회 관할 아래에서 경영, ⑤ 전국을 통해 독립기념 전도와 전도 교화 운동을 대대적으로 전개할 것 등을 결의했다.[27]

그러나 연합노회의 결정을 '출옥성도'들은 따르지 않았다. 교역자들의 2개월간의 휴직이 근신으로 완화되었고, 자신들에게 주도적 역할이 주어지지 않은 것이 한 이유가 되었다. 이기선 등은 1946년부터 자신들을 지지하는 평북 지방의 30여 교회를 모아서 일명 '재건교회'를 창설했다.[28] 그리고 기성교회들과 전연 내왕하지 않았다. 신앙의 정조를 지킨 이들에 의해, 장로교회의 분열이 처음 시작되었다.[29]

신사참배 해결 이후, 그 아래 교회가 재건되어야 한다고 주장했지만 애초부터 북한지역에서의 재건은 이루질 수 없었다. 공산정권이 교회를 말살했기 때문이다. 장로교회의 재건은 남한으로 옮겨 진행될 수밖에 없었다.

---

27) 김양선, op.cit., pp.47-48.

28) 재건교회는 '장로회 독로회'로 발전했다.

29) 김명구, 『소죽 강신명목사』(광주: 서울장신대학교출판부, 2009), p.132.

2. 감리교회의 재건

북한지역 감리교회 재건의 첫 움직임은 해방 직후부터 시작되었다. 영적대각성운동의 시발점, 곧 1942년 신사참배의 순교자인 목사 강종근과 권사 최인규가 활동했던 철원과 원산권이 첫 시작이었다. 북한 공산정권에 의해 순교하게 되는, 장종식의 주도로 철원지방 감리교교역자를 위한 심령부흥회가 열린 것이다.[30] 원산중앙교회의 담임자 이진구도 유재헌을 강사로 해서 부흥회를 열었다. 감리교회는 역사 주권자의 개입이 절실히 요구될 때마다 해오던 방식을 택한 것이다.

북한의 감리교회는 부흥회를 통해 역사 진행자께 해방에 대한 감사를 드렸다. 신사참배의 문제, 동방 요배의 문제, 한국감리교회의 일본 전향문제 등도 함께 회개했다. 누구에게 책임을 돌리지 않았고 치욕의 아픔과 굴욕적 상실감을 함께 토로했다.[31] 이어서 1945년 9월, 40-50명의 감리교 목회자들은 이윤영을 강사로 해서, 평양 신양리 평양중앙교회에 모여 5일간 감리교 교역자 심령부흥회를 열었다. 해방에 대한 감사, 신사참배와 일본으로의 전향문제를 스스로 탓하며 회개하는 자리였다.[32]

북한지역 감리교회의 재건작업은 목회자들의 회개를 자복하는 것과 개교회의 재건을 통해 시작되었다. 부흥회를 통해 교인들을 다시 결집하는 동시에 친일문제에 흠이 없던 목회자들을 청빙해 교회를 재건하려 했다. 그러나 남북이 나누어진 상태였고 감리교회의 조직이 회복되지

30) 이윤영, 『白史 李允榮 回顧錄』(서울: 史草社, 1984), p.105.

31) 윤춘병, 『한국감리교회 부흥운동사』(원주: 기독교대한감리회 전국부흥단, 2001), p.259, 261.

32) 이윤영, op.cit., p.103.

않은 상황이었다. 따라서 교회 재건은 총리원의 지휘와 무관하게 진행되었다.[33]

1946년 10월, 송정근, 신석구, 배덕영, 이피득, 조윤승 등이 담임으로 있던 교회들을 중심으로, 일본의 강압에 의해 해산되었던 감리교회 서부연회가 5년 만에 재건되었다. 평양중앙교회에서 열린, 해방 후 첫 연회에서 평양 남산현교회의 송정근이 연회장, 원산중앙교회의 이진구가 부연회장이 되었다.[34] 모두 친일에 무흠했던 인물들이다. 이 자리에서 다음과 같은 사항들이 결정되었다.

1. 이남교회와 연합하여 총회를 열 때까지 이북교회 단독으로는 총회를 열지 아니한다.
2. 서부연회장은 이남교회와 연합하여 총회를 열고 감독을 선출할 때까지 감독의 직무(교역자 임면권과 목사 안수례, 기타)를 대행한다.
3. 서부연회지역은 이남교회와 합류할 때까지 38선 이북 전(全)지역으로 한다.
4. 일정(日政)시대에 목사직의 정지 · 파면당하였던 교역자는 자신이 원할 때에는 언제든지 복직할 수 있다.
5. 구(舊) 요한학교의 6년 과정(본과 3년, 연구과 3년)을 마친 자에게는 신학교 졸업과 동등으로 취급한다.
6. 협동회원(본처 목사)으로서 왜정(倭政)의 박해에도 굴하지 아니하

33) 연회 차원의 재건이 아니었다. 송정근이 평양 남산현교회에 부임하고, 이진구가 원산중앙교회로 부임하면서 북한지역 감리교회의 재건이 시작된 것이다. 윤춘병, 『8.15 이후 감리교 서부연회 수난사』(서울: 기독교대한감리회 원로목사회, 1987), pp.46-48, 72.

34) 이때 평양 박구리 교회의 이피득이 서기로 선출되었다.

고 목회를 하여 공을 남긴 이에게는 특전을 베풀어 정회원에 허입케 한다.[35]

총리원의 재건이 이루어지지 않았고 분단으로 인해 완전한 재건이 어려웠다. 우선 북한지역만이라도 재건을 서둘러야 한다는 결정은 당연했다. 목회자들이 부족했고 목회자원을 공급받을 수 없었기 때문에 그 대책도 마련되었다. 눈에 띄는 것은 신사참배의 문제를 영적 배교의 문제가 아니라 친일의 범주 안에서 처리했다는 것이다. 사실, 일제에 의해 목사직을 정지당하거나 파면 당했던 교역자들은 친일문제에 무흠했고 대부분 신사참배를 거절했다. 그렇지만 장로교회와 달리 신사참배의 문제를 배교, 곧 영적인 문제로 한정해 다루지는 않았다.[36]

1947년 4월에 평양에서 감리교와 장로교 연합으로 '대부흥운동 40주년 기념 부흥회'가 열렸고 약 2만 명이 참석했다.[37] 시련과 핍절을 견뎌온 한국교회에게 북한의 공산정권이 새로운 핍박의 주체로 나서던 상황이었다. 평양의 교회는 위기가 다시 다가오고 있을 때, 역사의 주재자를 통해 이를 극복하려 했다.[38] 그것은 무섭게 교회를 탄압하기 시작한 공산정권에 대한 저항이었고 일방적으로 억눌릴 수 없다는 항변이기도 했다. 그러나 그런 기대와 저항은 속절없이 일순간에 무너졌다. 공산정권이 인정하

---

35) 윤춘병, 『8.15 이후 감리교 서부연회 수난사』, p.50.

36) 장로교는 신사참배의 문제를 앞세우고 일본으로의 전향이나 친일의 문제를 크게 다루지 않았다. 반면 감리교회는 일본으로 전향문제, 곧 친일의 문제를 보다 심각히 여겼다.

37) Harry A. Rhodes, and Archibald Campbell, *History of The Korean Mission Presbyterian Chutch in the U.S.A.*: VolⅡ, 1935-1959 (First Edition edition), p.94.

38) 김명구, 『소죽 강신명목사』, pp.132-133.

지 않는 교회는 존재가 불가능했기 때문이다. 교회 재건은 남한에서 다시 시작해야 했다.

제 3 장

북한공산정권 기독교관 - 개인구원의 거부, 공산정권의 도구 강요

1946년 2월, 북조선임시인민위원회가 수립되었을 때, 북한은 김일성이 발표한 '20개조 정강'을 통해, "전체 인민에게 언론, 출판, 집회 및 신앙의 자유를 보장할 것"과 신앙의 유무를 불문하고 누구나 "정치 · 경제생활에서 동등한 권리를 보장할 것"을 약속했다.[39] 1946년의 8.15 경축사에서도 김일성은 이를 확인했다.[40] 해를 넘긴 2월, '북조선인민위원회'가 공식으로 수립될 때도 신앙 자유의 보장은 또다시 약속되었다. 이를 믿고 감리교는 서부연회를 개최했고 장로교는 김진수를 회장으로 해서 '오도연합노회'를 결성했다. 성결교회도 1946년 봄 이전에 16-17개의 교회를 재건했고 성공회, 구세군, 침례교도 교회를 재건했다.[41] 그러나 북한 정권은 재건된 교회들을 한꺼번에 폐쇄했다.

북조선인민위원회가 수립되는 1947년 2월부터 기독교 탄압은 노골화

39) 김일성, "20개조 정강", 『김일성 저작집』 2(평양: 조선로동당출판사, 1979), p.347.

40) 김일성, "8.15해방 1주년 평양시경축대회에서 한 보고", Ibid., p.209.

41) 한국기독교역사연구소 북한교회사집필위원회, op.cit., pp.354-375.

되었고 구체화되었다. 엡윗청년회나 기독교청년면려회가 해산되었고 신석구와 김진수를 비롯한 주요 목회자와 지도자들이 검거되었다.[42] 북한의 각 기업소와 기관의 기독교인들이 파면되었고 허락받지 못한 종교집회는 열리지 못했다. 교회 행사도 마음대로 할 수 없었다.[43] 기준에 미달된다며 작은 교회들을 닫게 했고 일요일을 노동일로 정해 교회 출석을 막았다. 수요기도회 참석을 막기 위해 오후 6시 이후 통행금지령을 내리기도 했다.[44]

학교들은 일요일에 각종 행사와 훈육시간을 실시했고 신학교에서는 김일성 초상화를 걸어야 했다. 교수들은 기독교도연맹에 가입해야 했고, 입학하려면 거주지역 기독교도연맹 위원장의 추천서를 첨부해야 했다.[45] 수단과 방법을 가리지 않는 공격에 감리교 서부연회가 폐쇄되었다. 성결교, 침례교, 구세군, 천주교도 예외 없이 교회 문들을 닫아야 했다. 교인들의 토지는 몰수당했고[46] 기독교인들이 운영하는 기업이나 단체, 기독교 기관도 국유화되었다. 헌금과 기증이 금지되어 교회의 재정적 기반도 상실되었다. 반혁명분자로 전락이 되기 때문에 반대와 항의도 할 수 없었

42) 이북오도연합노회의 회장 김진수를 비롯해 김인준, 김철훈, 이유택, 허천기, 김길수 등이 함께 구속되었다. 또한 김화식(장대현교회), 김인준(평양신부교회), 김길수(신암교회), 김철훈(산정현교회), 정일선(산정현교회), 장윤성(황해도), 지형순(기림리교회), 장도신(고정교회), 박경구(황해도 장연교회), 이정심(함경도 청진중앙교회), 이성주(평북정주), 김의근(신리감리교회), 백인숙(산정현)전도사, 유계준(산정현교회), 방계성(산정현교회) 장로 등도 구속되었다.

43) 북한연구소 편, 『북한민주통일운동사: 평안남도편』, p.397.

44) 『활천』 1947년 10월호, p.36.

45) 북한연구소 편, op.cit., p.406.

46) 북한 임시인민위원회는 5정보 이하의 소규모 토지라도 하더라도 직접 농사를 짓지 않으면 모두 몰수하도록 했다. 이주철, "북한의 토지개혁", 『내일을 여는 역사』 1권(서울: 내일을 여는 역사, 2000), p.107.

다. 감리교회의 성화신학교나 이북 5도 연합의 연합노회 직영(直營)으로 운영하고 있던 평양장로교신학교의 목사들은 월남을 해야 했거나 순교를 당해야 했고 아니면 북한 정권의 하수인이 되어야 했다. 북한 정권에 의해 두 학교는 합쳐져, 어용(御用)과 변질로 일관하다가 소멸되었다.[47]

공산주의자들에게 기독교회와 목회자들은 친미파이며 미국의 앞잡이였고 "제국주의자들의 정탐군"이었다. 그리고 "민족반역자"였다. 처음부터 그렇게 정해져 있었다. 김일성은 이렇게 말했다.

> 북조선에서는 종교를 믿는 것을 반대하지 않으며 신앙의 자유를 법적으로 보장하고 있습니다. 종교를 믿는가 안믿는가 하는 것은 자유라는 것을 종교인들에게 똑똑히 인식시켜야 합니다. … 과거 조선에 와있던 외국선교사들은 제국주의자들의 정탐군들이였습니다. 타국을 침략하기 위하여 선교사들을 파견하는 것은 오직 제국주의 국가에서만 있는 일이며 오늘의 민주주의 세계에서는 있을 수 없는 일입니다. 종교인들은 외국선교사들을 숭배하는 그릇된 사상을 없애야 합니다. 이제부터는 종교도 국가와 인민의 리익에 복종 되여야 하며 우리 민족의 리익을 위하는 종교로 되어야 합니다. 그러한 종교만이 조선 사람이 믿을 수 있는 종교로 될 수 있습니다.[48]

김일성은 법적으로 신앙의 자유를 보장하겠다고 말했다. 그러나 북한 정권에 지장을 준다고 판단되면 박해를 가할 수 있고 교회를 폐쇄할 수 있다고 위협했다. "하느님을 믿어도 다른 나라의 하느님을 믿을 것이 아

---

47) 평양노회사 편집위원회, 『平壤老會史』(서울: 대한예수교장로회 평양노회, 1990), p.324.

48) "종교의 자유에 대하여", 「민주조선」, 1946년 10월 10일자.

니라 조선의 하느님을" 믿으라고 소리쳤고, "조국의 번영과 우리 인민의 행복"을 위해서만 존재해야 한다고 주장했다.[49] 선교사들은 제국주의의 정탐꾼이 되었고, 김일성 정권을 지지하지 않거나 이익을 주지 않는 교회는 모두 반민족으로 분류되었다. 기독교는 정권의 안정을 해칠 반동사상이 되었고 기독교회는 반혁명세력과 연계된 집단이 되었다. 목사와 장로들은 북한 정권에 반대하는 '3대 세력' 중 하나로 판단되었다.[50]

김일성의 주장에 따라, 기독교는 숭미(崇美) 사상이요 반(反)국가를 획책하는 종교가 되었다. "국가와 인민의 이익에 복종"하지 않는 종교가 되었고, 반혁명분자가 되었다. 그런 취급을 받지 않으려면 "조국의 자주독립을 위하여 투쟁하는 애국적 종교인"으로 탈바꿈해야 했다.[51] 김일성 정권의 충실한 도구로 거듭나야 살 수 있었다.

한편, 북조선임시인민위원회 탄생 20일 만에 무상몰수 무상분배가 완료되었다. 공산정권에 반대하는 사람들을 일제의 잔재, 봉건사상의 잔재로 몰아세웠고 한 순간에 지주층이 사라졌다. 기독교인들은 악랄한 착취계급으로 전락했다. 당연히 청산해야 할 적폐 대상이 되었고, 교회 말살은 반드시 이루어야 할 정치적 과제가 되었다. 김일성은 다음과 같이 말했다.

> 반동적인 장로, 목사로서 땅을 안가졌던 자가 거의 없고 놀고먹지 않은 자가 없었기 때문에 이들도 우리에게 불평을 품고 있습니다. 특히, 미국

49) 김일성, "민족문화유산을 잘 보존하여야 한다", 『김일성 저작집』 5(평양: 조선로동당출판사, 1979), p.285.

50) 연세대 대학원 북한현대사연구회 편, 『북한현대사-연구와 자료』 1(서울: 공동체, 1989), p.546.

51) 「평양신문」, 1987년 6월 24일자.

> 놈들은 40년 전부터 종교를 통하여 조선 땅에 자기들의 사상적 영향을 퍼뜨리려고 광분하여 왔으며 조선을 침략하기 위한 사회적 지반으로서 반동적 장로, 목사들을 길러내고 비호하는데 힘을 기울였습니다. 이와 관련하여 기독교신자들 가운데는 미국을 무조건 숭배하는 경향이 있으며 반동적 목사들은 우리 인민이 똑똑하여지면 자기들의 목적을 실현하기가 더욱 곤난해지기 때문에 인민들을 계몽하고 정치적으로 각성 시키는 우리 당을 싫어하며 당의 정책을 반대하여 나서고 있습니다.[52]

일제 강점기, 공산주의자들에게 기독교는 "제국주의 수족", "자본주의 주구", "양의 얼굴을 가진 늑대"였고[53] 기독교인은 "자본주의를 옹호하는 아편" 이었다.[54] 교회가 자본주의 사회를 이끈다고 보았고, 따라서 궤멸의 대상이었다.[55] 이들에게 "기독교는 인간의 정신이 만들어낸 산물"에 불과하기 때문에 사라져도 무방했다.[56]

기독교인 상당수가 지주나 자영농, 의사와 학교설립자 등의 중산층 이상의 계층이었다. 공산정권은 이들을 착취자로 매도했다. 종 문서를 태우고 여성을 해방한 사실이나, 소외된 민족을 애모(愛慕)로 대했다는 것을 인정하지 않았다. 김일성 자신도 기독교에 대한 묘한 적개심을 갖고 있었다. 그에게 기독교 신앙은 과학과 진보에 역행하는 것이고 자각적인 것에 불과했다. 미신의 잔재였고 의식적인 투쟁을 방해하는 장애물이었다.

---

52) 김일성, 『김일성저작선집』 1(평양: 조선로동당출판사, 1967), pp.249-250.

53) 「동아일보」, 1925년 10월 25일자.

54) 배성룡, "반종교운동의 의의," 『개벽』 1925년 11월호, p.63.

55) Ibid., p.58.

56) 박헌영, "역사상으로 본 기독교의 내면", ibid., p.65.

북한 공산정권도 자신들을 위한 교회가 필요했다. 그런 이유에서 1946년 11월, 평양 기림 고정교회 목사요 북조선임시인민위원회 서기장인 강양욱을 앞장세워 기독교도연맹(基督教徒聯盟)을 출범시켰다.[57] 강양욱은 "전국의 기독교인들은 위대하신 김일성 장군을 중심으로 함께 뭉쳐야 한다"는 메시지를 발표했고, 기독교도연맹은 인민위원회 단독선거에 솔선 참가를 선언하며 다음과 같은 결의문을 발표했다.[58]

1. 우리는 김일성 정부를 절대 지지한다.
2. 우리는 남한 정권을 인정치 않는다.
3. 교회는 민중의 지도자가 될 것을 공약한다.
4. 그러므로 교회는 선거에 솔선 참가 한다[59]

기독교도연맹은 공산정권의 비호와 강압 아래 교역자들을 가입시켰다.[60] 이후 북한의 교회는 더는 구령의 전통이나 한국의 근대를 이끌어온 기독교 이데올로기와 상관없게 되었다.

가혹한 일제 강점기에서도 살아남았던 교회가 북한 공산주의 밑에서는 생존할 수 없었다. 교인들은 전향하거나, 순교자가 되거나, 월남해야 했

---

57) 강양욱은 함경도의 목사 조희렴을 발기인으로 하고 곽희정(郭熙貞), 이웅(李雄), 신영철(申英徹), 심익현(沈益鉉), 나시산(羅時山), 배덕영(裵德永), 김치근(金致根) 등을 중심으로 '기독교도연맹'을 조직했다.

58) 1946년 11월3일 선거를 앞두고 '북한오도연합회'는 주일에 실시되는 선거에 불참할 것을 결의했다.

59) 김양선, 『한국기독교해방십년사』, p.69.

60) 기독교도연맹 중앙위원은 강양욱, 강석록, 김은석, 김응순, 김치근, 김태은, 변봉조, 배덕영, 박건수, 박성채, 박상순, 이피득, 조희렴, 최수걸, 하지산이었고 상임위원은 강양욱, 김임길, 김치근, 박건수, 박기천, 배덕영, 박상순 등이었다.

다.[61] 묘했던 것은 월남한 교인들에 의해 한국교회의 역학과 남한 교회의 신학적 흐름이 달라졌다는 것이다. 한국교회 분열과 분리와 연결되었고 교회의 영적 영역은 보다 강화되었다.

61) 해방 이후부터 6.25 전쟁이 끝날 때까지 월남한 사람들은 120-140만명으로 추산된다. 그 중 기독교신자는 7-8만명으로 추정된다. 장로교회는 월남한 기독교인의 수가 남한 기독교인의 25%를 차지했고, 감리교는 69명의 교역자들이 월남했다. 평양에 개교했던 감리교 성화신학교 졸업생 132명 중 대다수가 월남했다. 강인철, "남한사회와 월남기독교인-극우반공체제하의 교회활동과 반공투쟁", 『역사비평』 23호, 1993년 여름, pp.80-82.

제3편

남한의 교회 재건
- 친일과 신사참배에 대한 문제제기

제 1 장

남부대회 - 국가구원의 지향

1945년 7월 20일 '일본기독교조선교단' 하나로 통폐합되면서 한국교회는 공식적으로 사라졌다.[1] 그러나 갑자기 해방이 왔고 한국은 교회를 되찾을 수 있었다. 역사가 방관하지 않았던 것이다. 그때 교회 내부는 두 가지 입장으로 갈리었다. 강제로 통합되었지만, 기독교 국가건설을 위해 통합된 교회로 남자는 주장과 이전의 교단으로 돌아가자는 주장이었다.

'일본기독교조선교단'의 초대 통리였던 김관식은 단일교단을 주장했다. 기독교인인 이승만, 김구, 김규식을 지원하기 위해 교회가 하나가 되어야 한다는 명분을 내세웠다. 이를 위해 1945년 9월 8일 김관식을 비롯해 감리교회의 이규갑, 김인영, 박연서, 심명섭, 변홍규, 강태희, 김영섭, 방훈, 신공숙, 김광우, 나사행 등과 장로교회의 김영주, 김춘배, 박용의, 함태영, 최거덕, 김종대, 송창근 등이 새문안교회에 모였다. 여

---

1) '일본기독교조선교단'은 1945년 7월 19일과 20일 양일간에 걸쳐 결성되었다.

기에서 교단 명칭을 '조선기독교단'으로 변경하고 남부대회를 조직하자는 주장이 나왔다. 북쪽 대표들이 참석할 수 없어 총회라는 명칭은 사용하지 못했다.[2)]

남부대회 주도자들은 기독교를 한국의 국교로 만들자고 피력했다. 기독교 국가건설을 위해 정치지도자들에게 건국이념을 제공하고 적극 지원하자는 의견도 냈다.[3)] 반탁과 "완전한 독립"도 외쳤고 그것이 한국을 구원하는 것이라는데 의견을 모았다. 이를 위해 전국의 교회가 반탁운동과 금식기도회를 개최하자는 제안도 했다.

전국적 조직망, 영적 에너지, 이데올로기적 신념이 합치되었을 때 한국기독교는 3.1운동을 일으킬 수 있었다.[4)] 그 역사성이 남부대회 주도자들에게도 학습되었다. 이들은 이 구조 아래 자신들의 이상을 이루려 했다. 그러나 정통성과 신뢰성을 갖지 못했다. '일본기독교조선교단' 자체가 일제에 의해 만들어졌고, 교권을 남용했다는 평을 받았다.[5)] 자숙의 시간이 필요하다는 의견도 적지 않았다.[6)] 국가건설이라는 시대적 과제를 풀기 위해 에너지를 모아야 하는 상황이기도 했다. 그러나 강제로 엮였을지라도 일제에 순응했다는 전력(前歷)이 되었다. 친일의 유산으로는 신뢰성이나 당위성을 가질 수 없던 상황이었고 이룰 수 없는 욕심이었다.

이규갑, 변홍규, 김광우, 나사행 등 수십 명의 감리교 목회자들은 단일교회가 되는 것에 반대했다. 이들은 감리교 재건을 선언하며 퇴장했다.[7)]

---

2) 김양선, 『한국기독교해방십년사』, p.50.

3) Loc.cit.

4) 김명구, 『한국기독교사』1, p.363 이하 참조.

5) 이성삼, 『감리교와 신학대학사』(서울: 한국교육도서출판사, 1977), p.238.

6) 김양선, op.cit., p.50.

7) 독립운동가로 알려진 이규갑과 이른바 '협성신학교 삐라사건'으로 구속을 당한 바

협성신학교 교수이거나 민족운동에 참여한 인물들이었다. 남부대회의 정통성을 인정할 수 없다는 것과 본래 교단의 자리로 돌아가야 한다는 주장이었다. 여기에는 일본기독교조선교단 참여 인물들에 대한 강한 거부 의식도 있었다.

1945년 11월 27일에 서울 정동감리교회에서 제1회 남부대회가 개최되었다. 이날 '임시정부요인환영대회'도 함께 열렸다. 김관식이 대회장을 맡았고 부대회장에 김영섭, 서기에 김종대, 강태희, 김영주, 장석영, 최거덕, 김춘배, 이규갑, 박용래, 이호빈, 유호준, 함태영, 신공숙, 이장익 등 한국교회를 대표하던 인물들이 각 부장에 임명되었다.[8] 여기에서 국가건설 참여, 신앙회복, 교회 재건이 제안되었다. 순교자추도회, 임시정부지지, 선교사 내한 요청, 미국 대통령에게 자주독립을 진정할 것, 「기독교공보」의 발행 등도 결의되었다.

그러나 이미 이규갑과 변홍규 등을 중심으로 감리교회는 재건을 위한 작업에 돌입하고 있었다. 장로교도 경남노회를 중심으로 교회 재건운동이 일어나고 있었다. 1946년 4월 30일에 시작된 제2회 남부대회는 "각 교파는 각자 성격대로 활동"하자는 결의를 해야 했다. 단일교단의 목표는 실패로 끝났고 김관식 등은 뜻을 이루지 못했다.[9] 그러나 일제 치하에서 해산되었던 '조선기독교연합공의회'는 '조선기독교연합회'(Korean National Christian Council)의 이름으로 계속 이어나가기로 했다.[10]

있던 변홍규 등이 남부대회 주도자들의 주장에 이의를 제기한 것이다.

8) 「기독교공보」, 창간호, 1946년 1월 17일자.

9) 이덕주, "남부대회의 조직과 소멸", 『한국기독교사연구』 30호, 1990년, p.25.

10) 1946년 10월 10일에 창설되었고, 이후 대한민국이 공식적으로 출범한 이후, 그 명칭을 '한국기독교연합회'로 바꾸었다.

이규갑, 변홍규 등은 감리교회 재건중앙위원회를 결성했다. 장로교회도 우여곡절 끝에 1946년 6월 11일, 승동교회에서 조선예수교장로회 남부총회를 열었다. 그리고 다음 해, 대구에서 열린 남부총회를 장로교 총회를 계승해 33회 총회로 인정하기로 했다. 북한교회를 기다릴 수 없던 상황이었다.

조선예수교장로회 남부총회가 열렸을 때 배은희가 총회장에 선출되었다.[11] 부총회장에는 함태영, 총무에 김관식, 서기에 김종대, 회계에 김영주가 선출되었다. 남부대회 주도 인물들이 장로교회를 장악한 것이다.[12] 감리교 재건파의 변홍규도 남부대회를 거절하고 이탈했지만, 기독교 대표로 독립촉성중앙협의회 중앙집행위원으로 참여했다.[13] 양 교단을 장악한 인물들 모두가 기독교 국가건설을 내세우며 정치적 입장을 표하게 된 이유였다.

해방의 공간에서, 그리고 남북이 갈라진 상황에서 교회 본래로의 재건, 곧 기독교 복음의 사명을 개인구원의 영역으로만 제한하기 어려웠다. 한국 구원의 사명이 절실하던 때였다. 한국 사회의 지도력 요구가 간절하던 때였고 시대가 교회의 구국적(救國的) 사명을 요구하던 때였다.

---

11) 배은희는 독립촉성중앙협의회 후신인 독립촉성국민회가 창립될 당시 임시의장을 맡았다.

12) 김응호, 『한국장로교 100년』(서울: 목양사, 1984), pp.96-97.

13) 장금현, "독립촉성중앙협의회와 조선기독교단 남부대회와의 관계", 서울신학대학교 현대기독교역사연구소 엮음, 『해방공간과 기독교』 I (서울: 도서출판 선인, 2017), pp.194-195.

제 2 장

각 교단의 재건과 갈등 - 친일과 신사참배 문제로의 매몰

1. 감리교회의 재건과 갈등 - 친일문제로의 매몰, 국가구원 우선의 교회로 각인

장로교회가 신사참배 문제를 가장 우선했다면, 특별히 서울 중심의 감리교회는 일본으로의 전향문제, 곧 친일의 문제를 보다 심각히 여겼다. 그것은 국가적 사명을 중시하던 토양적 전통 때문이었다.

1945년 9월, 이규갑, 변홍규, 김광우 등 지도자급 인사들과 윤성범, 장시화, 라사행 등 소장 목사들은 동대문교회에 모였다. 여기에서 '기독교조선감리회'를 재건하기로 결의했고 모든 감리교회에 성명서를 발송했다. 1945년 12월 17일에는 '재건중앙위원회'를 조직했고 이규갑은 위원장이 되었다. 일방적으로 감리교회의 재건을 선포한 것이다.[14] 일명 재건

14) 윤춘병, 『한국감리교 교회성장사』(서울: 감리교출판부, 1997), p.764 ; 라사행, "한국감리교 교회성장사(광복후 편)", 안재정, 윤춘병, 이봉구, 임의선, 『한국감리교회성장백년사』(서울: 감리교본부 교육국, 1987), p.114.

파로 불리는 이들은 정춘수가 주도했던 1939년 이후의 감리교회와 1945년의 '일본기독교조선교단'을 거부한 인물들이었다. 이들의 전력(前歷)은 큰 권위가 되었고 이들의 주장은 충분한 명분이 되었다.

1946년 1월, 재건파는 감리교 신학교를 재건하며 변홍규를 교장으로 임명했다.[15] 4월 5일에는 감리교 신학교 강당에서 '기독교조선감리회 중부·동부 연합연회'를 개최하며 법적 지위를 가졌다고 선언했다. 이규갑은 '기독교조선감리회유지위원회' 위원장의 이름으로, 정춘수 주도 아래 만들어졌던 모든 제도와 규정을 폐기했다.[16] 감리교 목회자들이 일본에 전향했다는 비판도 했다. 감리교회에 대한 배신이요 민족을 배반한 행동이라는 주장도 했다.[17]

이규갑은 중부연회 회장이 되었고, 동부연회 회장에는 변홍규가 선임되었다.[18] 이들은 친일 과오를 문제 삼았고, 재건파가 감리교회를 주도하겠다는 의도를 감추지 않았다. 그러나 교단 내부의 협조나 지지는 크지 않았다.[19] 대개의 감리교 목회자들이 반발했기 때문이다.

재건파의 일방적 선포와 주장이 있던 다음 날 강태희, 방훈, 박연서를 비롯한 감리교 목회자들이 수표교교회에서 모여 이른바 '기독교조선감리회 복흥(復興)신도대회'를 개최했다. '국민총력 감리교연맹'에 가담해야

15) 김양선, op.cit., pp.55-56.

16) 『기독교조선감리회 중부.동부연회 회록』(1946), pp.12-15.

17) 김승태, 『한국기독교의 역사적 반성』(서울: 다산글방, 1994), pp.207-215.

18) Ibids., pp.14-16. 1948년 1월 22일부터 회집된 기독교조선감리교회 재건파 연회에 중부연회장에 이규갑이, 동부연회장에 전효배가 피선되었다.

19) 민경배, "解放直後의 朝鮮總督府의 政治的 問題", 竹堂李炫熙敎授華甲紀念 韓國史學論叢刊行委員會 編, 「竹堂 李炫熙敎授華甲紀念, 韓國史學論叢」(서울: 동방도서, 1997), pp.1095 이하.

했던 목회자들이 대부분이었다.[20] 이들은 재건파의 일방적 처리에 문제를 제기하며 '기독교조선감리회 수습대책위원회'를 조직했다. 5월 6일에는 중앙교회에서 '기독교조선감리회 복흥준비위원회'를 결성했다. 위원 75명을 선출했고 강태희를 회장으로 선임했다. 그리고 각 교회에 통첩을 보냈다. 이들에게 이규갑은 교회 바깥일, 곧 영적 영역보다는 독립문제나 정치 문제에 관심을 기울이던 사람이었다.

통첩에는 일제의 강압으로 감리교회 헌장 개폐를 결의해야 했던 일, 감리교 연회들을 해산시켜야 했던 일 등에 대한 반성이 들어있었다. "일경(日警) 지도하에 강제로" 당했다는 사실과 혹독한 탄압 아래서 교회를 지켜야 했다는 호교론적 변명도 섞여 있었다. "감리회의 전통 헌장과 신도(信徒)의 여론을 존중하여 합리적이고 타당한 방도"를 취해야 한다는 주장도 있었다. 중대한 오류이고 잘못된 방식이었지만, 절차를 거쳐서 법적으로 처리해야 한다는 입장이었다.[21]

1946년 6월 11일, 일명 복흥파는 종로 중앙교회에서 제9회 중부연회의 복구를 선언했고 연회장에 강태희를 피선했다. 이틀 뒤 제9회 동부연회의 개회를 선언하고 연회장에 신공숙을 피선했다. 9월 6일에는 특별총회를 열어 1941년의 '헌장 폐지 결의'를 무효로 선언했다.[22]

---

20) 당시 총리사 정춘수는 상무이사 겸 총무부장에 심명섭, 기획주임에 교단 총무였던 이동욱, 문화부장에 김인영, 선전주임에 박연서를 임명했다. 1942년 3월 개최된 감리교총회에서는 총독부 경무국장의 승인아래 변홍규가 총리사로 이동욱이 총무국장으로 선출되었다.

21) 『기독교조선감리회 제9회 중부.동부연회 회록』(1946), pp.11-13, 37-40.

22) 『기독교조선감리회 특별총회 회의록』(1946년 9월 6-8일), p.48 ; 윤춘병, op.cit., p.772. 이에 대해 재건파는 목사와 교인 92명이 서명한 "92인 성명서"를 통해 복흥파들을 비판하고 나섰다.

이에 대해 재건파는 반대 성명을 냈다. 복흥파 주도자 일부를 친일분자로 규정하며 격한 반응을 보였다.[23] 이윤영 등은 정춘수가 이끌던 감리교회와 '감리교 혁신법안'이 "주님의 교회의 신성을 모독"한 것이었다며 강하게 질책을 했다.[24] 월남한 서부연회 출신들도 감리교회가 영적 잘못을 저질렀다며 재건파의 편에 섰다.

양쪽은 치열하게 싸웠다. 재건파에서는 연회전문 교목 장석영을 연회장에 선출했고 복흥파에서는 목회자 강태희를 세웠다. 민족적 명분을 앞세운 재건파가 주도하는 듯 했으나 복흥파가 압도했다. 재건파에 가담한 교회가 70여 개에 불과했기 때문이다. 재건파는 휴직 되거나 파면돼 교회를 담임하지 못했거나 교회 행정에 직접적인 영향을 갖지 못했던 사람들이 주를 이루고 있었다.

갈등이 길어지고 있을 때, 감리교 교인들의 강력한 요구가 있었고 교계 원로들의 노력이 있었다. 양측은 대화와 타협을 하기로 했고 무조건 통합하기로 결정했다. 재건파가 내걸었던 친일 청산은 '반민족행위 특별조사위원회'(일명: 반민특위)로 맡기자고 결론지었다.[25] 이에 따라 1949년 4월 1일, 양측은 "통합하기로 의견의 완전 일치"를 보게 되었다.[26] 조건 없이 '무조건 통합'하기로 했던 것이다.

1949년 4월 30일 정동교회에서 통합 연회와 통합 총회가 열렸다. 대한민국이 공인된 이후 열린 처음 연회와 총회였다. '기독교대한감리회'의

---

23) 재건파는 정춘수 등 19명의 감리교 교역자들을 친일분자로 지목하고 그 행각을 밝혔다. 김승태, op.cit., p.213.

24) 이성삼, op.cit., p.240.

25) 1946년 1월부터 활동에 들어간 반민특위는 정춘수와 양주삼을 체포하여 친일여부를 조사했다. 두 사람은 기소유예로 풀려났다.

26) "聲明書", 「감리회보」, 1949년 4월 15일자.

이름으로 열었던 첫 연회와 총회였던 것이다.[27] 여기에서 황해도 신천 출신의 김유순(金裕淳)이 감독에 선출되었다.[28] 비로소 한국 감리교가 재건된 것이다.

장로교회가 교회 회복과 재건의 조건으로 신사참배 회개 문제를 들고 나왔을 때 감리교회는 친일의 문제를 우선 조건으로 삼았다. 나라의 문제를 중시했던 감리교회 전통에서 당연한 문제 제기이다. 그러나 교인들에게 교회 재건의 우선 조건은 영적 영역과 구원 사명의 회복이었다. 십계명의 제1계명을 어긴 '한국교회의 배교 사건', 곧 신사참배 문제나 황도(皇道) 기독교로의 전향을 영적 과오의 영역에서 처리해야 했던 것이다. 일반 교인들은 그렇게 요구했다. 그러나 재건파 인물들 대부분은 영적 과오를 친일 행각으로 처리했다. 한성정부를 주도한 바 있던 이규갑과 복음을 독립의 이데올로기로 삼았던 사람들이 친일의 영역에서 해석한 것이다.

재건파의 공세는 민족적 명분을 갖고 있었다. 강압에 의한 것이었다는 호소를 외면할 만큼 이들의 태도는 기세등등했다. 그러나 일본으로의 전향에 집중하는 바람에 목회자들의 영적 배교 문제를 지적하거나 유도하지 못했다. 감리교회가 우상숭배에 대한 회개의 기록을 역사에 새겨놓지 못한 이유이다. 이후 감리교회는 영적 영역보다는 국가나 민족의 당면 문제를 우선하는 교회로 각인되었다. 서울이라는 토양적 특성과 구국(救國)의 명제가 더해져 한국 사회에 그렇게 알려진 것이다. 감리교회는 시간의 거리가 한참 지난 2004년과 2018년에 가서야 신사참배가 영적 잘못이었음을 공식적으로 고백했고 대대적 참회를 선언했다.[29]

---

27) 통합연회에서 김유순이 중부연회장, 전효배가 동부연회장에 피선되었다.

28) 윤춘병, op.cit., p.776.

2. 장로교회의 재건, 그리고 분열 - 근본주의 의식의 발현

2.1 신사참배 문제와 고려파의 결별 선언 - 신사참배 문제로의 매몰

남부대회가 실패로 끝나고 각 교파로의 환원을 선언한 이후, 장로교회는 1946년 남한만의 총회, 곧 조선예수교장로회 남부총회를 열었다. 실질적인 한국 장로교회 총회였다.[30)]

총회를 열 수 있었던 것은 남한 전 지역에서 노회들이 재건되었기 때문이다. 노회의 재건은 부산에서부터 시작되었다. 1945년 9월 2일 김길창, 노진현, 권남선, 최재화, 심문태를 비롯한 부산 장로교회의 목사들이 모여 연합예배를 드렸다. '신앙부흥운동 준비위원회'를 조직했고 교회 재건과 노회 복구를 결의했다. "정통신앙을 사수"하는 것과 "조선예수교장로회 헌법을 전적으로 채용"하는 것, 경남노회를 재건해야 한다는 선언도 했다.[31)] 자신들을 포함해 신사참배에 앞장섰던 목사, 장로, 전도사는 일제히 교회를 사직할 것과 자숙기간이 끝난 뒤, 투표를 통해 교직자들에 대한 진퇴를 결정할 것 등도 결의했다. 경남지역 교회 내부에서 이들에 대한 의구심과 비판이 적지 않게 나오고 있었다. 그렇지만 이들에 의해

29) 감리교회가 공식적으로 신사참배 문제를 영적인 측면에서 사죄한 것은 2004년 이규학 감독이 이끄는 중부연회였다. 이를 이어 2018년 10월 28일 중부연회 감독 윤보환은 "신사참배 회개 및 3.1운동 100주년 위한 길천만 기도 대성회"를 주도하며 한국교회의 이름으로 대대적으로 참회를 선포했다. "3만 성도 신사참배 회개합니다, 기도로 하나 됐다", 「국민일보」, 2018년 10월 29일자 참조.

30) 1947년 4월, 대구제일교회에서 개최된 제2회 남부총회에서 1942년의 31회 총회를 계승해 승동교회에서의 남부총회를 제32회 장로교 총회로, 대구의 남부총회를 제33회 총회로 할 것을 결의했다.

31) 박용규, 『한국기독교회사』 2(서울: 생명의 말씀사, 2008), pp.833-834.

노회가 재건되었다.[32)]

이런 상황에서 출옥 성도 중 한 사람이던 주남선이 1945년 11월 거창교회 담임자가 되었다. 그리고 12월에 열린 제47회 경남노회에서 노회장에 선출되었다. 이듬해 3월, 월남한 한상동은 주남선과 합세했다. 두 사람은 신사참배 문제에 대한 완전한 숙정을 선포했다. 그리고 다음 해 5월 20일 손양원과 함께 신학교 기성회를 조직한 후 9월에 고려신학교를 설립했다.[33)] "순교 정신과 정통신학으로 무장한 목회자들을 양성"한다는 명분이었다.[34)] 그러나 그것은 일방적 결정이요 진행이었다.[35)]

완전한 제거와 숙정은 불가능했다. 1938년 총회 당시 부회장이었던 김길창뿐만 아니라 부산과 경남의 목회자 대부분도 신사참배를 했고 일제에 전향을 선언했기 때문이다.[36)] 김길창이 제48회 경남노회에서 노회장에 다시 피선될 수 있었던 이유이다. 애초부터 고려파들의 기대는 충족되기 어려웠던 것이다.

1947년 대구에서 제2회 남부총회, 곧 제33회 장로교 총회가 열렸을 때 총회 주도자들과 경남노회의 고려파 간에 큰 갈등이 나타났다. 이전 총회에서 고려파들은 "통회 정화한 후 교역에 나갈 것", "목사는 2개월간 통회 자복할 것" 등을 제안했고, 제32회 총회에서는 1938년 제27회 총회

---

32) 김양선, 『한국기독교해방십년사』, p.151. 특히 김길창은 신사참배에 앞장섰고 일본기독교 조선장로교단 경남교구장으로 있었다.

33) 이를 계기로 장로교 내부에서는 이들을 '고려파'로 불렀다.

34) 장수한, "한국 개신교의 '친일청산'", 『복음과 실천』 제49집, 2012년 봄, p.146.

35) 승동교회에서 있은 1946년 6월의 남부총회에서는 기존에 있던 서울의 조선신학교를 총회 직영 신학교로 결의했다.

36) 김길창은 1938년 조선예수교장로회 제27회 총회에서는 부총회장으로 각 노회대표들과 함께 신사참배를 했다. 해방 후 반민특위에 체포되어 조사를 받았고 1949년 6월 기소유예로 풀려났다. 김승태, op.cit., pp.238-245.

의 신사참배 결의에 대한 취소선언을 한 바 있다. 그리고 신사참배를 결의했던 날이 들어있는 주일을 '통회자복일(痛悔自服日)'로 정했었다.[37] 그러나 고려파는 이 정도를 참회로 받아들이지 않았고 총회 지도자들이 이를 외면한다고 여겼다.

재48회 경남노회에서 노회장이 된 김길창은 고려신학교 인가와 학생 추천을 취소했다. 한상동은 강력히 반발했고 "경남노회가 바로 설 때까지 탈퇴한다"고 선언했다.[38] 부산의 초량교회와 부산진, 영도교회를 비롯해 마산의 문창교회, 거창읍교회, 남해교회가 노회장을 반대하는 성명을 발표했고 노회 67개의 교회는 한상동을 지지하는 성명을 발표했다. 잇달아, 김길창을 비롯한 노회 임원 전원이 사직해야 한다는 주장이 나왔다. 그러나 김길창을 지지하는 교회도 적지 않았다. 갈등이 깊어지자 노진현, 심문태, 이수필 등은 양측의 진정을 촉구하고 나섰다. 성과가 없었고, 결국 경남노회를 시작으로 재건되었던 장로교회는 경남노회를 시작으로 분열되기 시작했다.

1948년 4월 제34회 총회에서, 전남노회로부터 고려신학교에 학생을 추천해도 좋으냐는 질문이 나왔다. 정치부장 김관식은 고려신학교가 총회와 관계가 없다는 입장을 밝혔다.[39] 갈등은 깊어졌고, 1950년 4월의 제36회 장로교 총회와 1951년 5월의 제36회 '속회 총회'에서 고려신학교와 그 지지자들의 축출이 결정되었다.[40] 1952년 4월에 회집된 제37회 총회에서는 "고려신학교와 그 관계 단체와 총회와는 하등의 관계가 없다"는

---

37) 김양선, op.cit., p.190.

38) Ibid., p.152.

39) 『조선예수교장로회총회 제34회 회록』(1948), p.23.

40) 『대한예수교장로회총회 제36회 계속회 회록』, pp.109-113, 137.

최종 선언이 나왔다.[41)]

고려파가 중심이 된 '경남법통노회'는 1952년 9월 11일 '대한예수교장로회 총노회(總老會)'를 조직했다.[42)] 자신들의 신학을 '개혁신학'이라 불렀고 '정통신학'이라 내세웠다. 대한예수교장로회 고신은 그렇게 시작했다. 신사참배 문제로의 매몰이 결국 장로교회 분열과 신학적 분리로 이어진 것이다.

2.2 조선신학교 문제와 기장측의 결별선언 - 개인구원과 국가구원 지향간의 갈등

북한에 공산정권이 들어서면서 평양의 장로교 신학교가 사라졌다. 그 맥은 남한에서 이어졌다. 해방 직후 조선신학교에는 평양신학교, 봉천신학교, 일본신학교, 북경이나 남경신학교 등에 재학 중이던 신학생들이 몰려들면서 학생은 3백 명 이상 되었다. 그 출신교에 따라 학생들의 신학은 서로 달랐다. 학생들이 몰리자, 남부총회는 일제가 장로교회 사설학원으로 인가했던[43)] 조선신학교를 유일의 총회 직영 신학교로 결의했다.[44)] 이에 대해 고려파들뿐만 아니라 장로교회 내부에서 강한 불만이 나왔

41) 김영재, 『한국교회사』(서울: 개혁주의신행협회, 1992), p.255.

42) 『대한예수교장로회 총로회 제1회 회록』(1952), pp.4-5.

43) 한신대학50년사편찬위원회, 『한신대학 50년사: 1940-1990』(오산: 한신대학출판부, 1990), pp.18-19

44) 조선신학교는 1940년 4월에 함태영, 김재준, 김우현, 채필근, 송창근 등에 의해 설립되었다. 1947년에는 미군정으로터 대학 인가를 받았다. 이사장은 함태영이었으며, 학장은 송창근이었다. 교수진은 김재준을 비롯해 최윤관이었고 전임강사에 공덕귀, 이영희, 스코트(W. Scott), 정대위, 조선출, 김정준 등이었다.

다.[45] 조선신학교가 자유주의 신학을 추구한다고 여겼기 때문이다.

1938년 9월 평양의 장로회신학교가 폐교된 후, 용정에 있던 김재준은 1939년 서울로부터 청빙을 받고 송창근과 함께 조선신학교에서 가르쳤다.[46] 안병무, 강원용, 이상철, 문익환, 문동환은 학생이었다.[47] 이들에게 복음은 민족의 아픔에 적극 응답하는 도구였고[48] 고통당하는 소외자들의 통로였다.[49]

조선신학교 신학에 인간의 삶의 자리를 외면하고 초월적 하나님만 찾겠다는 생각은 없었다. 영적 영역은 구령의 영역을 극복해 사회적 구원과 그 실천을 의미했다. 하나님 나라는 죽어서 가는 영적 나라가 아니라 인간의 삶의 자리에서 실제로 이루어져야 하는 나라였다. 그러나 그런 신학은 평양 중심의 신학과는 뚜렷한 거리가 있었다.[50] 그런 이유로 조선신학

---

45) 남부총회의 주요 결의사항은 다음과 같다. ① 장로회 헌법은 남북이 통일 될 때까지 개정하지 않고 그대로 사용한다. ② 제27회 총희가 범과한 신사참배 결의는 이를 취소한다. ③ 조선신학교를 남부총회 직영 신학교로 한다. ④ 여자장로직의 설정문제는 남북통일 총회 시 까지 보류한다.

46) 김경재, 『김재준 평전-성육신 신앙과 대승 기독교』(서울: 삼인, 2001), p.78.

47) 용정중앙교회 부목사였던 정대위는 강사로 참여했다. 문재린의 아들 문익환과 문동환은 장준하, 공덕귀, 김정준, 조선출, 전성천, 안희국 등과 친한 관계를 유지했다. 이들은 교수와 학생으로 조선신학교와 관계를 맺었다. 김형수, 『문익환 평전』(서울: 실천문학, 2004), pp.201-204.

48) 송창근, "조선 기독교의 위기", 만우 송창근선생기념사업회 편, 『만으 송창근』(서울: 선경도서출판사, 1978), p.127.

49) 김정준이나 송창근 모두, '민중이 주체'라고 외치지 않았다. 민중을 배려하고 소외로부터 벗어나게 했다.

50) 연동교회, 『연동교회100년사』(서울: 대한예수교장로회 연동교회, 1995), p.289. 함태영은 적극신앙단 문제로 경기노회와 총회가 갈등을 겪을 때 핵심인물로 지목되었다. 1934년 제23회 총회에서 경성노회 대표로 총회와의 절연을 선언하기도 했다. 이미 이때부터 서북교권과의 갈등의 골이 깊어 있었다.

교는 그 출발부터 "근대주의적(近代主義的) 자유신학"이라는 비판을 받아왔다.

덧붙여, 조선신학교가 친일적이라는 지적도 있었다. 신사참배와 근로노역을 조건으로 일제로부터 허가를 받았기 때문이다.[51] 일본인 교수를 충원했기 때문에 그 의구심은 더했다. 그러나 미국 선교사들이 빠져나가고 있었고, 설립을 위해서는 보국(報國)에 충실하려 한다는 것을 보여주어야 하는 상황이었다. 그런 이유로, 복음적 신앙에 근거해서 기독교 신학을 연구하는 것이 설립의 목적이었지만, "충량유위(忠良有爲)한 황국의 기독교 교역자를 양성"[52]을 덧붙여야 했다. 그렇게 해서라도 함태영, 김재준, 김우현, 채필근, 송창근 등 설립자들은 신학적 이상을 펼치려 했다.[53]

1947년 대구에서 열린 제33회 총회에서 조선신학교 학생 51명이 김재준과 송창근, 정대위 등 교수들을 비판하고 나섰다. 평양신학교 출신학생들은 "근대주의 신학 사상과 성경의 고등비평을 거부"한다며 진정서를 제출했다.[54] 조선신학교가 신구약의 권위를 인정하지 않고 있고, 예정론.

51) 김일환, "한국장로교회 헌법의 변천과 제도적 변화연구-해방 이후부터 1970년대까지 예장 통합을 중심으로"(서울장신대학교 박사학위논문, 2018), p.95.

52) 『조선예수교장로회총회 제29회 회록』(1940), p.43.

53) 당시 조선신학교는 이사장에 함태영, 이사에 김관식, 오건영, 조희염, 김길창, 김영주, 김영철, 한경직, 윤인구 등이었으며, 설립자 겸 임시원장은 김대현, 원장 대리는 윤인구, 전임교수는 김재준, 윤인구, 미야우치 아키라(宮內彰), 전임강사 및 임시강사는 하나무라 요시오(花村芳夫), 무라기시 세이유(村岸清洙), 야마구치 쥬타로(山口重太郎), 마츠모토 다타오(松本卓夫), 무라야마 기요히코(山村清彦), 전필순, 이정로, 현재명, 김창제, 갈홍기 등이었다.

54) 김재준은 1946년 조신학교 학생 이일선이 만든 책 『이상촌』의 추천사에 "현재 우리 농촌교회는 보통 낮10시에서 12시까지의 사이에 예배를 드리는데 주일과 시간 엄수의 정신은 물론 끝까지 여행(勵行)하여야 할 것이다. 그러나 여름 농번기

속죄론 등을 거부할 뿐 아니라 동정녀 탄생 · 부활 · 재림 등에 대해서도 불분명하다고 비판했다. 장로교 전통에 반한다는 지적이었다.[55)]

학생들의 문제 제기는 적지 않은 지지와 파장을 일으켰다. 논란이 벌어지자 총회는 8명의 심사위원을 선정하고 사건의 진상을 조사 보고하도록 했다.[56)] 심사위원회는 김재준에게 신학에 대한 진술서를 쓰도록 요구했다.[57)] 김재준은 성서의 권위나 그 내용을 훼손하지 않았지만, 교회에 물의를 일으켰다며 사과했다. 총회는 학생들에게는 별도의 경고를 하며 일단락 지으려 했다.[58)] 그러나 갈등은 그치지 않았다.

1948년 3월 15일 대전제일교회에서 새로운 신학교 건립을 위한 전국대회가 소집되었다. 여기에서 조선신학교와 이사진들을 총퇴진 시키자는 계획안이 나왔다. 그러나 제34회 총회는 이를 거부했다. 대신 김재준을

에는 예배시간을 새벽과 밤으로 정하고 낮에 부득이한 일을 한다고 해서 죄가 되지는 않을 것이다" 라 주장했다. 이일선 편, 『이상촌』(서울: 농촌문화사, 1947), 추천사. 이 내용으로 인해 북한에서 내려온 신학생들로부터 거센 비판을 받았다.

55) 진정서 작성에 참여한 51명의 학생은 서북 출신 27명, 호남 19명, 영남 2명, 서울과 경기 3명 이었다. 이들을 중심으로 신앙동지회가 결성되었고 후일 한국 복음주의연합회(NAE)가 결성되었다. 정규오, 『신학적 입장에서 본 한국장로교교회사』 上(광주: 한국복음문서협회, 1983), pp.47-58.

56) 심사위원은 이창규, 계일승, 문승아, 낙스(Robert Knox), 로즈(Harry A. Rhodes), 김원희, 함태영, 이자익이었다.

57) 김재준은 "신구약 성서는 신언(神言)이니 신앙과 본분에 대하여 정확 무오한 법칙이다"고 진술했다. 특히 모세 5경의 문서설에 대해서도 "문서설은 많은 사람들의 객관적 실증을 가지고 있음으로 가볍게 물리칠 수 없으나, 이것을 시인한다고 해서 모세 5경이 모세와 무관하다고 하는 것은 아니다"고 주장했다. 이에 대해 박형룡은 "김재준 교수의 진술서에 나타난 성서관은 파괴적 고등비평의 성서관이요, 교리문제에 대한 변명은 신신학의 교리관이다"고 규정하며 비판을 계속했다.

58) 학생들에게는 차후 학교 당국에 불순종하거나 1주일 이내에 등교하지 않으면 제명한다고 경고했다.

미국으로 유학시키고, 박형룡, 명신홍, 김진홍, 심문태 등을 교수진으로 보강하자는 절충안을 결의했다.[59] 이에 총회 산하 '신학 문제 대책위원회'가 반발했다. 대신 1948년 5월 20일에 '장로회 정통신학교'의 이름으로 박형룡을 임시교장으로 하고, 장로회신학교를 남산 조선 신궁 건물에 설립하자는 안을 내놓았다.[60]

1949년 4월 제35회 총회에서 장로회신학교를 총회 직영 신학교로 하자는 안이 가결되었다.[61] 이에 조선신학교 측은 크게 반발했다. 총회가 중재안으로 조선신학교와 장로회신학교의 합동작업에 나섰지만[62] 장로회신학교 이사회가 김재준의 교수직을 거부하는 바람에 이루어지지 않았다.

1951년 5월 6.25 전쟁이 한창 진행되고 있을 때, 부산중앙교회에서 열린 제36회 속회 총회에서 조선신학교와 장로회신학교의 총회 직영을 취소하고 새로운 총회 직영 신학교의 설립을 결정했다. 그리고 4개의 재한 선교부 대표와 각 노회별 대표 2명으로 해서 신학교 과도(過渡)이사회를 구성하기로 했다.[63] 조선신학교측이 강력히 반발하자, 1952년 4월의 제37회 총회눈 김재준의 목사 면직을 결정했다. 학생들의 조선신학교 입학도 허락하지 않기로 했다.[64] 김재준이 속해 있던 경기노회가 강력히 반발

---

59) 『조선예수교장로회 총회 제34회 회록』(1948), p.24.

60) 연규홍, "교회의 전통과 해석: 1953년 기장 분열을 중심으로", 『장로교회와 신학』, 제8호, 2011년, p.143.

61) 『대한예수교장로회 총회 제35회 회록』(1949), pp.53- 58. 양측을 중재한 합동위원은 남궁혁, 이대영, 윤하영, 배은희, 이창규, 아담스(Edward Adams), 린턴(W. A. Linton) 7명 이었다

62) 『대한예수교장로회 총회 제35회 회록』(1949), p.60.

63) 『대한예수교장로회총회 제36회 계속회 회록』(1951), pp.124-125.

64) 정규오, 『신학적 입장에서 본 한국장로교교회사』 上, 85.

했지만, 소용이 없었다.

경기노회가 총회의 결정을 불법으로 규정했지만, 1953년 대구에서 열린 총회는 김재준을 파면했다. 조선신학교 학생들의 목사임직 자격 박탈도 확정지었다.[65] 교회가 사회적 문제에 적극적으로 개입해야 한다고 주장해 왔던, 캐나다 선교사 스코트(William Scott)까지 징계 처분을 받았다.[66] 총회는 김재준이 여전히 성서유오설을 주장하고 있다고 보았고[67] 그의 신학을 자유주의로 규정했다.

반면, 김재준은 예장 총회의 신학을 '전투적 근본주의'로 판단했다. 율법주의로, 교권이라는 이름 아래 복음의 자유와 신앙 양심의 자유를 종속시켰다고 주장했다.[68] 김재준과 조선신학교를 지지하는, 분립 된 9개 노회(전북, 군산, 김제, 충남, 경서, 경북, 목포, 충북, 제주)의 대표자 47명은 한국 장로교회의 법통총회를 선언했다. 그리고 1954년 6월 10일에 총회를 열었다. 이름도 '대한기독교장로회'라 지었다. 교회가 재건되는 과정에서 장로교회가 또다시 분열한 것이다.

기독교 복음의 바탕 아래 새로운 국가를 건설해야 할 시점이었다. 그런데 교회는 치열하게 다투었다. 한쪽은 복음을 율법화하고 교회의 사회적 역할과 국가건설의 사명을 외면했다. 다른 한쪽은 교회가 확고히 보존하려고 하는 구원의 영적 영역을 등한히 했다. 그것은 일제 강점기로부터 내재하던 갈등이기도 했다. 국가구원의 영역을 우선했던 그룹과 정통을

---

65) 『대한예수교장로회총회 제38회 회록』(1953), pp.236-238.

66) William Scott, "Canadians in Korea: Brief Historical Sketch of Canadians Mission Work in Korea," (미간행 타자본), 1975, p.212

67) 『대한예수교장로회총회 제38회 회록』(1953), p.238

68) 김양선, op.cit., pp.281-284

내세우며 교회의 역할을 개인구원의 영역으로 제한하려 했던 그룹 간의 싸움이 계속된 것이다.

3. 성결교회, 침례교회의 재건

3.1 성결교회

해방이 왔을 때, 성결교회도 재건을 서둘렀다. 1945년 9월 2일, 300여 명이 신학교 강당에 모여 재흥(再興)예배를 드렸다. 감리교회 등에서 예배드리던 교인들이 돌아왔고 성결교회의 재건을 간구했고 앞다투어 헌금했다.[69] 이명직, 최석모, 이건, 박현명은 '재흥준비위원회'를 조직했고 동양선교회에 한국 복귀를 요청했다.

1945년 11월 9일 경성신학교 강당에서 제1회 '기독교 조선성결교회 재흥 총회'가 개최되었다. 신사참배에 끝까지 저항했던 천세광이 의장이 되었고 '재흥준비위원회' 의장 박현명이 총리에 추대되었다.[70] 경성신학교를 서울신학교로 개명했고, 신학교를 개교하면서 이건을 교장에 선임했다.[71] 교단지 『활천(活泉)』도 복간했고 김유연을 편집책임자로 임명했다. 대한민국이 공인되며 출범하자, 1949년 4월 18일 교단의 명칭을 '기독교대한성결교회'로 변경했다.[72] 일제 강점기의 지방회 구역을 교구로

---

69) 김성호, 『한국성결교회사』(서울: 기독교대한성결교회 출판부, 1992), p.402.

70) 성결교회는 제2회 총회에서 총리제도를 총회장 제도로 전환했다.

71) 교수에 박현명, 김유연, 김응조, 최석모가 임명되었다.

72) 이전에는 '조선예수교동양선교회 성결교회'였다. 박명수, "해방 이후 한국성결교회

개정해, 서부(평남북, 황해), 중부(경기, 강원), 충호(충남북, 전남북), 영남(경남북)으로 나누었고 성경학교와 목사안수를 교구회에서 집례하기로 결정했다.[73]

제2회 총회에서 지도원리를 선언했다. 성결교회가 '중생', '성결', '신유', '재림'의 '사중복음'을 지향하는 교회임을 다시 확인한 것이다. 성서가 "신앙의 표준이요 교회 정치 제도의 규범"이라는 점도 분명히 했다.[74] 웨슬리(John Wesley)의 후예로 성결의 신학을 전하는 사명 아래 있다는 것도 확인했다. 모든 복음적 교파가 같은 뿌리를 가졌다는 선언도 했다. 고립주의를 탈피해 교회 연합사업에 적극 참여하겠다는 발상이었다.[75]

이성봉은 북한지역을 돌며 적극적으로 교회 재건에 나섰다. 그로 인해 함북의 회령교회, 청진교회, 함남의 함흥 복부정교회, 홍남교회, 북청교회, 서부지방의 신의주 서부교회, 의주교회, 황해도의 사리원교회, 신천교회, 해주교회, 경기도의 개성 동부교회, 개성 서부고회, 철원교회, 김화교회 등, 문을 닫아야 했던 북한의 교회들이 재건되었다. 남만주의 봉천교회, 무순교회, 북릉교회, 동만주의 명월구교회, 연길교회, 용정교회 등이 재건되었고 일제에 의해 이름을 바꾸어야 했던 '만주기독교단'도 '조선예수교 성결교회'의 이름을 되찾았다.[76] 그러나 공산정권의 등장으로 이성봉, 이천영, 최학철, 장이초 등 목회자들과 교인들은 월남을 해야 했다.[77]

묘한 것은, 사중 복음을 내세우고 강력한 복음주의를 지향했던 성결교

의 사회인식", 『한국기독교와 역사』 제15호, 2001년 8월, p.82 참조.

73) 박용규, 『한국기독교회사』 2, pp.837-838.

74) 김성호, op.cit., p.422.

75) 『기독교조선성결교회 제2회 총회록』(1947), p.5, 1[illegible].

76) 김성호, op.cit., p.403.

77) Ibid., p.425.

회가 신사참배의 후과(後課)를 겪지 않았다는 것이다. 성결교회 내부에 어떤 문제 제기도 없었다. 그것은 이명직, 최석모 등이 신사참배나 일본 전향에 대한 모든 책임을 지고 스스로 물러났기 때문이다.[78] 모두가 피해자라는 의식이 깊게 자리하고 있었기 때문이기도 하다.

3.2 침례교회

침례교회의 재건은 신사참배를 거부해 모진 형벌을 받았던 김용해로부터 시작되었다.[79] 해방이 되자 김용해는 경북 점촌의 노재천과 만나 교회 재건을 의논했고, 부여 칠산의 조재천과 합류하면서 그 논의가 본격화되었다.

1946년 2월 9일, 칠산교회에서 교단 재건회의가 개최되었다. 점촌에서 노재천, 신성균, 이종만, 김주언, 이덕상이 왔고 익산 출신의 김용해가 참석했다. 부여에서 장석천, 이상필, 김순오, 김만근, 최종석이 왔다. 공주에서는 오경환과 이헌구, 예천에서 박기양, 영일에서 이종학, 강경에서 윤상순, 예선에서 이덕여가 왔다. 이외에 방청 회원으로 방봉석, 홍감덕, 이건창, 장순길, 장석오 등이 참석했다.[80] 여기에서 침례교회 재건이 결의되었다. 노재천이 임시 대리 감목으로 추대되었고 김용해가 서기로 선정되었다.[81]

---

78) 박명수, op.cit., p.82.

79) 김용해는 익산 출신으로 강경에서 목회를 했다. 재림사상과 신사참배 문제로 일제로부터 구속되어 모진 고통을 당했다.

80) 허긴, 『한국침례교회사』(대전: 침례대학교출판부, 2000), p.327.

81) 김용해, 『대한기독교침례회사』(서울: 대한기독교침례회 총회, 1964), p.74.

1946년 9월 강경에서 '동아기독교 제36차 대화회(大和會)'가 소집되었다. 6년 만의 공식 모임이었다. 여기에서 정치제도를 감목정치에서 의회정치로 바꾸었다. 체제가 바뀌면서 대화회의 명칭을 '총회'로 바꾸었다. 감목의 호칭도 총회장으로 변경했다. 상임위원회를 설치했고 안사를 목사로, 감로를 장로로, 통장을 권사로 총장과 반장을 집사로 부르기로 했다. 회중제로 전환함에 따라 파송제를 청빙제로 바꾸었고, 따라서 목회자 사례비는 개교회가 담당하기로 했다.[82]

초대 총회장에 이종덕, 부회장에 노재천, 서기에 김용해가 선임되었다. 이종학, 이성용, 이덕상, 윤석성, 조병진, 임건수, 윤상순, 한찬필, 김석규 등이 각각 장로 안수를 받았다. 교회가 재건되면서 독자적 교단으로 탈바꿈하게 되었다.[83]

그러나 1947년 충남 공주교회에서 열린 제37차 총회에서 경북 예천구역 일부 대표들이 교단 명칭을 환원해야 한다고 주장했다. 대화회의 명칭과 체제 변경에 문제를 제기한 것이다. 이들은 예천의 헌평교회에서 별도의 회의를 소집하고 '대한기독교회'라는, 독자적 분립 교단을 선언했다. 처음의 교규(敎規)를 그대로 고수하겠다는 주장이었다. 다른 교단과 달리, 체제의 고수 문제가 교회 분립의 원인이 된 것이다.[84]

1949년 제39차 총회에서 총회장 이종덕은 교단의 이름을 "침례교"로 바꾸고 교단의 명칭을 "대한기독교침례회"로 부르기로 했다. 그리고 제38차 총회에서 결의한 미국 남침례교단과의 연결을 선언했다. 동아기독교는 그렇게 침례교회로 재건되었다.

82) 허긴, op.cit., pp.328-329.

83) Loc.cit.

84) Ibid., p.331.

제 3 장

새로운 유형의 교회 등장 - 교회의 정치참여 요청

해방이 되었을 때, 김천 황금동교회를 담임하고 있던 송창근과 신의주에 있던 한경직, 서울의 김재준이 조선신학교에서 만났다. 조선신학교는 덕수궁 근처의 정동일본교회를 교사(校舍)로 이용하고 있었다. 그런데 배은희가 정동일본교회를 접수하게 되면서 새로운 장소를 구해야 했다.[85] 조선신학교의 이사였던 김종대의 제안에 따라 송창근, 김재준, 최윤관, 한경직 등은 천리교의 재산을 접수해 조선신학교 교사(校舍)로 사용하자고 의견을 모았다.[86]

영어에 능통했던 이들은 미군정으로부터 일본 천리교의 적산을 불하받을 수 있었다.[87] 이묘묵, 이용설 등 미군정의 서북계가 이들을 도왔다.[88]

85) 정동일본교회는 안국동의 안동교회를 통해 덕수장로교회로 편입되었다.

86) 김종대, “나의 인생행로(36)”, 「크리스챤신문」, 1984년 7월 28일자.

87) 이들은 송창근의 집에서 귀속재산 접수 청원서를 작성했다. 청원서는 김재준이 작성했고, 최윤관이 영어로 번역했다. 그리고 미군정 보건위생부장이던 이용설을 통해 제출되었다. 이들의 청원은 ‘귀속재산접수 제1호’였다.

88) 한경직과 함께 월남한 윤하영은 미군정 충청북도 지사를 지냈고 6.25 때 도쿄의

남자신학교와 기숙사로 사용하기로 한 동자동의 천리교 본부는 송창근의 바울교회(성남교회)가 되었고, 여자신학교와 기숙사로 쓰기로 한 저동의 천리교 경성교회에는 베다니교회(영락교회)가 들어섰다. 장충동의 천리교 기숙사와 강당은 김재준이 접수해 야고보교회(경동교회)가 되었다.

이들은 각기 다른 교회상을 제시했다. 신부적(神賦的) 인간의식의 바탕 아래 국가구원을 지향했거나 구령의 바탕 아래 구원의 영역을 국가구원까지 확장시켰다. 송창근과 김재준의 신학적 이상은 기독교장로교회(기장)의 설립 이념이 되었고 한경직의 이상은 예수교장로회 통합(예장통합)의 신학으로 연결되었다.

특히 김재준과 한경직은 국가구원 영역에 대해 남다르게 접근했다. 인간 삶에서 이루어지는 문제들을 해결하기 위해 정치 문제에도 적극 관심을 기울였다. 그것은 영미복음주의의 전통을 벗어나는 것으로 기존 장로교회와 다른 접근이었다. 국가구원에 관심을 기울였지만 정치 문제에 직접 참여를 원치 않았던, 서울권 교회의 전통과도 무관했다.

1. 송창근과 김재준 - 신부적(神賦的) 인권 의식의 확대, 역사 참여의 교회

1.1 송창근 - 성빈사상의 주창, 민중신학의 시발점

공산주의로 전향하기 이전 이동휘는 송창근에게 목사가 되어 잠든 민

미군 극동사령부 공보요원으로 근무하기도 했다.

족의 의식을 깨우치라고 당부했다.[89] 남대문교회 전도사로 있을 때, 송창근은 담임목사 함태영으로부터 영향을 받았다. 신사참배를 끝까지 반대해 정인과와 갈등을 일으켰고,[90] 교회나 목사가 정치에 직접 참여하는 것에 대해 "반기독교주의"라며 냉담했다. 또한 영적 영역에 근거하지 않는 것은 신앙이 아니라 외면했다.[91] 그에게 교회는 복음의 기관으로 그 의무를 다해야 했다. 교리에 묶인 교회를 사양했고, 논리로 체계화된 신학을 비판했다. '정통과 보수'를 주장하던 박형룡과 장로교 교권에 대해서는 "정통파라는 미명의 간판을 걸어놓고 밥 벌어먹는 영업적 정통파"라며 호되게 비판했다.[92]

송창근은 성서의 말씀이 인간의 내면이나 교회 내부에만 머무르는 것이 아니라 구체적으로 사회로 실천되어야 한다고 주장했다.[93] 소외된 이들에 대한 한없는 애모(愛慕)의식을 강조했다. 그것이 참된 구원이었다. 산정현교회 예배당 건축을 반대했고 대신 빈민선교를 주장했다. 그 이유로 산정현교회를 떠나야 했다.[94] 복음의 진수를 중세 수도사 프란시스(Fracis of Assisi)에서 찾으려 했고 '성빈(聖貧) 사상', 곧 스스로 빈자(貧者)가 되어 이를 실천하려 했다.[95] 교인들에게 청빈을 강조했고 스스로 모범을 보였다. 깡패, 불량소년들, 노숙자들과 소통하며 복음을 전했

89) 주재용, "만우 송창근의 삶과 사상", 『신학연구』 제40집, 1999년 7월, p.190.

90) 만우 송창근선생기념사업회 편, 『만우 송창근』, p.52.

91) 강원룡, "애증의 갈등 속에서 자란 정", 『만우 송창근』, pp.358-359.

92) 송창근, "조선인의 신앙을 논하야 성서적 신앙에 급함", 『신학지남』 제16권 제2호, 1934년 3월, p.25.

93) Ibid., 23.

94) 김정준, "성빈(聖貧)으로 가르쳐 주신 선생님", 『만우 송창근』, pp.332-333.

95) 이러한 이유에서 성빈학사(聖貧學舍)를 세우고 월간지 『聖貧』을 발간했다.

다.[96] 세상에서 소외된 자들에게 복음 전하는 것을 유난히 강조했고, 그 것을 복음의 사명으로 보았다.

송창근은 한국교회 강단에 오직 하나님의 절대성, 예수의 기독성이 울려 퍼져야 한다고 강조했다.[97] 교회는 "사회문제, 노동문제, 평화문제, 국제문제를 말하거나 혹은 인간들의 변변치 않은 지식들을 두루 주워 모은 사상을 논하는 곳"이 아니라는 주장도 했다.[98] 정숙주의를 거부했고 적극적인 실천을 강조했다. 그에게 구원은 구령과 "사회화된 기독교"를 모두 포함되는 것이었다.[99]그 지향점은 소외된 사람들이었다.

그러나 송창근의 의식 속에는 민초에 대한 애끓음은 강했지만 뭇 영혼을 구원해야 한다는 대중적 열정은 크게 엿보이지 않았다. 일반 대중을 지향하고 사회적 실천을 회심과 거듭남의 자동적 표현으로 보았던 영미 복음주의와 다른 접근이었다. 한국 장로교회 전통과도 거리가 있는 것이었다. 그가 장로교 주류로부터 외면당한 이유였다.

송창근은 1950년 8월, 납북되었다. 그러나 정대위, 조선출, 김정준, 황성수, 엄요섭, 김태묵, 강원룡, 조향록, 박봉랑, 이일선, 이장식, 양정신, 공덕귀 등 한국교회 역사에 그 이름을 깊이 새긴 인물들이 제자요 후배로 그를 따랐다.[100] 그가 이끌던 성남교회는 한일회담 반대 시위 등, 정치 문제에 참여하며 주도적 역할을 했다. 특히 그의 사상은 김정준 등을 통

---

96) 주재용, op.cit., p.211.

97) 송창근, "진리를 말하는 사도", 『신학지남』, 제15권 제3호, 1933년 5월, p.23.

98) 송창근, "오늘 조선교회의 사명", 『신학지남』, 제15권 제6호, 1933년 10월, p.21.

99) 송창근, "교회를 발전시키려면 우리는 어떻게 해야 할 것인가?", 『청년』, 1921년 5월 ; 만우송창근목사기념사업회, 『만우 송창근 전집』 I(서울: 만우송창근목사기념사업회, 1991), p.16.

100) 주재용, op.cit., p.184.

해 민중신학으로 발전되었다. 1970년대 '민주화회복운동'의 한 지향점이 되었고 기독교 민주주의의 이론이 되었다.

1.2 김재준 - 기독교적 유토피아를 위한 정치 참여 지향

1945년 10월, 강원용, 조향록, 신양희, 이상철 등 함경도 출신 기독 청년들이 중심이 되어 선린형제단을 설립했다.[101] 안병무를 비롯해 장하구, 한철하, 곽상수, 오기영, 이영환, 홍창의 등의 서울대학교 학생들은 교내 좌익에 대항하기 위해 1946년 기독교학생회를 세우고 활발히 활동했다.[102] 1948년 1월 12일에는 종로6가의 복음교회에서 장하구, 홍태현, 김철손, 이시억, 문익환, 문동환, 지동식, 이영헌, 김관석, 장준하, 유관우 등이 '복음동지회'를 결성했다.

젊은 기독인들은 기독교 국가건설에 걸맞은 정치적 활동을 기대했고 이를 위한 신학을 요구했다.[103] 김재준은 이들을 이끈 은사이거나 선배였고 지도자였다.[104]

선린형제단의 주 활동 공간은 경동교회였다. 김재준은 이데올로기 접근을 통해 젊은 지성들을 이끌었다. 그의 신학적 이상과 역사 인식은 신진 기독교 엘리트들의 신념이 되었다. 그러나 역사 진행자의 은총을 기대하는 의식은 빈곤했다. 마음의 근저(根底)에서 솟아 나오는 영적 자각도

---

101) 강원용, 『역사의 언덕에서』 2: 전쟁의 땅, 혁명의 땅(파주: 한길사, 2003), p.196.

102) 장하구, 『마전에서 역삼까지』(서울: 종로서적, 1978), p.106.

103) 김관석목사 고희기념문집출판위원회 편, 『이 땅에 평화를-70년대의 인권운동』(서울: 김관석목사 고희기념문집출판위원회, 1991), pp.230-231.

104) 김재준은 강원용의 용정 중학교 은사였고, '선린형제단 이념'을 만들었다.

강조되지 않았다.

> 이제 우리는 크리스챤이면 무조건하고 반기자. 세계 어느 나라 어느 민족 어느 계급임을 막론하고 크리스챤이면 한 형제요 한 하늘나라 백성이요 한 주님 한 성신(聖神)아래 있는 한 지체임을 다시 기억하고 반기며 사귀며 걱정하고 도웁자. 그리하여 그리스도의 주권 아래에서 수천년래 가장 힘차게 활동하게 하자. 속량 받은 천국 백성으로서 성도의 교제는 세계적일뿐 아니라 우주적이며 영원한 것이다.[105]

해방의 공간에서 김재준은 이렇게 말했다. 그에게 세계와 우주, 더 나아가 전 영계(靈界)가 하나였고 한국교회는 그 일부분이었다. 하나님이 역사의 주관자이고 한국과 세계, 우주와 영계가 모두 여기에서 비롯되었다고 믿었다. 신학이 달라도 상관이 없다는 발상이었다. 오직 크리스챤이기만 한다면 함께 사귀고 일할 수 있다는 에큐메니즘적 제안이었다.

1949년 11월 '제1회 장로교 청년 전국대회'의 "대전(大戰) 전후 신학사상의 변천"이라는 제목의 강연에서, 김재준은 한국교회의 신학운동이 세계 속으로 나가야 한다고 주장했다. 교회가 인간사회의 정치, 교육, 경제, 예술 등 각 부문과 직접 관계를 맺어야 하는 의무가 있다는 생각이었다.[106]

이러한 인식 아래 김재준은 기독교적 건국이념을 발표했다. 의무교육을 강조한 교육정책, 공산주의자까지 아우를 수 있는 사회정책, 영세중립

---

105) 김재준, "한국교회 무엇을 할 것인가?", 『落穗以後』(서울: 종로서관, 1954), p.56.

106) 김재준, "대전(大戰) 전후 신학사조의 변천", 『김재준전집』 1(오산: 한신대학출판부, 1992), pp.382-384.

국의 채택, 교회의 정교분리 원칙 고수, 차등 누진세 등의 도입, 국민 의무병제, 한문의 폐지와 한국적인 것의 강조, 중국의 '신생활운동'과 같은 문화 건설 운동의 필요성 등[107] 구체적 제안과 파격적인 주장을 서슴지 않았다. 6.25 전쟁 이후, 그 실체를 겪고서 교정 되었지만 공산주의에 대한 긍정적 인식도 갖고 있었다.

김재준은 기독교적 국가건설을 이 땅에서 이루어지는 하나님 나라와 동일시했다. 그는 자신의 의식 속에 있는 이상 사회를 다음과 같이 제시했다.

> 기독교인의 최고이상은 하나님 나라가 인간사회에 여실히 건설되는 그것이다. 그러나 이 '하나님 나라'라는 것을 초세간적(超世間的) 초세적(超世的)인 소위 천당이라는 말로서 그 전부를 의미한 것인 줄 알아서는 안된다. 하나님의 뜻이 인간의 전(全) 생활에 군림하여 성령의 감화가 생활의 전(全) 부분을 지배하는 때 그에게는 하나님 나라가 임한 것이며 이것이 전(全) 사회에 침투되며 사선(死線)을 넘어 미래 세계에까지 생생 발전하여 우주적 대극(大極)의 대(大) 낙원의 날을 기다리는 것이 곧 하나님 나라의 전모일 것이다.[108]

한국 땅이 하나님 나라가 되어야 한다는 주장이었다. 교회의 사명은 여기에 있다고 보았다. 그것은 기존의 장로교회와 거리를 둔 발언이었고

---

107) 고지수, "해방 후 장공 김재준의 '기독교적 건국론'이해-사료『기독교의 건국이념』을 중심으로",『인문과학』제54집, 2014년 8월, p.264.

108) 김재준, "기독교의 건국이념", 한국신학대학출판부 편,『장공김재준저작전집』2 (서울 : 장공전집출판위원회, 1971), p.27.

전천년설(Premillennialism)의 전통적 기조를 거절하는 발언이었다. 그의 신학에 초월적 하나님에 대한 간절함은 부족했다. 역사 진행자의 판단과 그 진행에 대한 복종 의식도 크게 드러나지 않았다. 최후의 심판이 이루어지는 하늘나라에 대한 의식도 약했다. 역사의 진행이 오직 하나님께 달려 있다는 섭리의 고백도 크게 드러나지도 않았다. 그러나, 구령의 영역은 상대적으로 약했지만, 땅에서 이루어지는 기독교적 유토피아에 대한 기대는 보다 가득했다.

김재준은 한국교회가 지향해 왔던 복음의 귀결점, 곧 각 사람의 내면을 흔들고 영혼을 구해내야 한다는 의식을 비판했다. 오히려 땅의 문제를 우선의 사명으로 여기지 않는, 비정치화로 굳어진 교회들을 향해 다음과 같이 비판했다.

> 정통주의 신학에 의한 사상의 동결, 부흥운동에 의한 감정의 승화, 일제 강압에 의한 굴종의 습관-이것이 물려받은 한국교회의 전통이었다. 1945년 8월 15일과 함께 해방과 자유가 왔다. 그러나 교회는 예비 된 지도역량을 가지고 있지 못하였기 때문에 그 자유는 오히려 현혼증을 일으켰다.[109)]

비정치 전통에 대한 비판과 함께 한국교회의 부흥회적 경건과 부흥회의 전통을 비하하고 비판했다. 신학적 자유를 억압한다는 공격도 했다. 외세에 대한 굴종이 몸에 배어있어서 자유가 와도 능동적으로 대처하지 못하다는 비판도 했다. 한국교회를 비판하면서 정치적 지도역량을 가진 젊은 교인들을 양성해 내야 한다는 제안을 이렇게 했다.

---

109) 김재준, “한국교회의 민주참여와 사명”, 『기독교사상』 4권 6호, 1960년 6월, p.30.

그러나 김재준의 주장에 모순과 잘못된 판단이 있다. 전술한 대로, 조선신학교는 신사참배 참여를 약속하는 바람에 굴종이요 배교라는 비판을 받았다. 그의 주장과 달리 한국교회는, 직접적이고 노골적인 정치적 저항을 하지는 않았지만, 일본에 대한 내재적 저항을 멈춘 적이 없다. 특별히 일제강점기의 부흥회는 금연, 금주, 우상숭배, 여성 비하 등 악습을 버리게 했다. 천황제 이데올로기와 공산사회주의자들의 공격도 막았다. 민초들의 피난처와 도피성, 해방구의 역할도 톡톡히 했다. 기록된 말씀에 대한 확신을 주었고 일제(日帝)라는 악한 체제의 패악을 극복하게 했다. 역사의 주재에 대한 강한 신뢰와 하나님이 역사를 다스린다는 저항 의식도 심어주었다.[110)]

김재준은 복음의 대(對) 국가, 대(對) 사회적 영역을 지향했다. 국가 혹은 사회적 영역 자체가 영적 영역이라는 도식이었다. 그것은 복음을 개인적 성화와 사회적 성화의 단계로 나누고, 사회적 성화를 목표로 삼았던 사회복음주의(Social Gospel)와도 구별이 되는 것이다. 역사 문제에 대해서는 예민한 의식을 갖게 되고 정치에 적극 나서는 구조였다. 동시에 구령의 영역은 약화 되는 구조이기도 했다.[111)]

김재준이 중심이 되었던 기장교회는 역사의 아픔에 직접 동참하려 했다. 스승의 신학적 이상을 따랐던 제자들은 교회 안에만 머물지 않았다.

---

110) 김명구, 『한국기독교사』1, pp.487-501.

111) 김재준은 인간의 자유 의지는 하나님도 손대지 못한다고 보았다. 어떠한 교리도 개인의 자유를 넘어설 수 없다고 보았다. 따라서 인간의 자유를 제한하는 것을 심각한 죄로 보았다. 또한 인간의 자유를 억압하는 어떠한 종교 사상과 정치 세력에도 저항하는 구조를 갖고 있다. 이 저항의 끝자락에는 정의로운 민주국가의 건설과 우주적 사랑의 공동체라는 목표가 있었다. 그런 구조 아래 장로교회 내부의 근본주의나 교권주의에 저항해 기장을 설립한 것이다. 김은섭, "한경직과 김재준, 그들의 삶과 사상", 『신학논단』 제81집, 2015년 9월, p.61.

신학적 이상을 위해 거리로 나가는 것에 주저하지 않았고 적극적으로 정치적 입장을 표출했다. 1970년대의 민주화회복운동에는 김재준의 이런 의식이 담겨 있다.

2. 한경직의 영락교회 - 개인구원과 국가구원의 합치, 복음주의의 확장

> 하나님께서 우리 모두 믿는 사람들에게 몇 가지 공통된 사명을 주었습니다. 첫째는 천국 건설의 사명을 주었습니다. … 둘째는 우리나라 건설의 사명이 있습니다. … 셋째는 평화로운 세계건설의 사명이 있습니다.[112]

한경직은 송창근, 김재준과 조선신학교 교수를 함께 했지만 신학은 두 사람과 달랐다. 두 사람이 장로교 복음주의의 전통을 일방적으로 따르지 않았다면 한경직은 복음주의의 영역을 크게 확장하려 했다. 교회 구원의 사명을 국가의 영역까지 확대하려 했던 것이다.

배일 사상가라고 낙인찍은 일제로 인해 한경직은 파면당한 바 있다. 그러나 해방 직후, 신의주 경찰서장은 그에게 치안권을 넘겼다.[113] 그의 영향력은 그만큼 컸다.[114] 기독교사회민주당을 창당할 때, 성서 윤리에 바탕을 둔 기독교적 국가건설을 꿈꾸었다. 영미식 민주주의 정부 수립을

112) 한경직, "삶과 그 목표," 『한경직목사 설교전집』 12(서울: 한경직목사기념사업회, 2009), pp.371-373.

113) 한경직, 『나의 감사: 한경직 구술자서전』(서울: 두란노, 2010), p.309.

114) '신의주 학생의거'가 일어난 것도 결국 한경직에 대한 공산정권의 탄압이 한 원인이었다.

꿈꾸었고 기독교 복음에 바탕을 둔 사회 교화를 지향했다. 동시에 공산주의 국가를 반대했다.[115] 공산정권에 의해 그 활동은 무산되었고 한경직을 지원하던 교회도 탄압을 받았다.[116] 북한이 검거한다는 소식이 알려지면서 그는 급하게 남한으로 탈출해야 했다.[117]

서울에서 온 한경직은 미 군정청 영어보좌 업무를 맡다가 김재준의 권유로 조선신학교에서 가르쳤다. 그리고 스무 명 남짓의 교인들과 "베다니전도교회(영락교회)"를 창립했다.

해방 이후 10년 동안 10만 명에 가까운 기독교인들이 공산정권을 견디지 못하고 월남했다. 이 기간에 설립된 약 2천 개의 교회 중 90% 이상이 피난민들이 세운 교회였다.[118] 그런데 북한에서 온 교인 중에는 북한교회의 문화와 토양적 특성을 그대로 이식하고 그것을 고집하는 사람들이 적지 않았다. 그러나 서울로 내려온 이상, 생존과 부흥을 위해서 북한의 방식을 그대로 고집할 수 없었다. 그렇다고 자신들의 정체성도 포기하지 않았다. 이런 상황에서 구령(救靈)과 구국(救國)을 교회의 사명으로 여겼

115) 한경직은 1945년 9월 26일자 편지를 통해 하지의 정치 고문 베닝호프(Merrell H. Benninghoff)에게 "공산주의자들이 위원회와 언론 등을 장악"했음을 고발하며 이를 강하게 비판했다. H. Merrell Benninghoff to the Secretary of State, "Soviet Activity in Northern Korea", 국사편찬위원회 편, 『대한민국사자료집: 주한미군정치고문 문서 1』 18(과천: 국사편찬위원회, 1994), pp.28-31.

116) 한경직, "첫 8·15의 회상", 「만남」, 1973년 8월 21일자.

117) 한경직, 『나의 감사: 한경직 구술자서전』, p.314. 한경직은 "공산당이 사회민주당 대표들을 체포한다"는 급보를 듣고 그 자리에서 곧바로 트럭에 올라타고 신의주 바깥으로 탈출했는데, 아내에게조차 알리지 못한 채 선천, 평양, 금천, 그리고 개성을 거쳐서 급하게 서울로 내려왔다고 술회했다.

118) 허명섭, 『해방 이후 한국교회의 재형성 1945-1960』(부천: 서울신학대학교출판부/현대기독교역사연구소, 2009), p.136.

던 한경직의 신학이 빛을 발했다. 그 신학은 영락교회의 정체성이 되었고 후일 예장 통합측의 이념이 되었다.

서울권의 교회는 전통적으로 영미 복음주의가 옮겨지기 어려운 땅이었다. 전술한 대로, 1907년 영적대각성운동이 전국을 휩쓸고 있을 때도 정작 서울 도성 안쪽은 조용했다. 교회가 정치 문제에 직접 개입하는 것은 원하지 않았지만, 국가와 민족에 대한 책임의식을 강조했고 기독교 이데올로기를 보다 중시했다.[119] 이를 뒷받침하기 위한 사회 · 윤리적 가치관도 더욱 강조했다.[120] 서울권 교회가 강조하는 신부적(神賦的) 의식은 독립운동과 민족운동의 이론이 되었다.[121] 평양권의 교회와 달랐고, 따라서 교회 생존 방식도 같지 않았다.

베다니교회 초기, 한경직은 목회 활동과 전도 활동에만 전념했다. 가정예배, 1일 3회의 기도시간, 성경통독 등 신앙의 생활화를 부르짖고, 이를 독려하기 위해 매월 1회씩 강연회를 가졌다.[122] 1907년의 전통에 따라 노방전도와 축호 전도에도 힘을 기울였다. 4개 대(隊)로 전도대를 편성해 매 주일 오후에 남산공원, 파고다 공원, 서울역, 동대문 전차 정류장으로 나갔다. 길거리나 버스 안에서 말씀을 전했고 공원에서 대중 집회도 가졌다. 손금을 보고 관상을 보고 있던 사람들과 언쟁을 벌이기도 했다. 적지 않은 사람들에게 구원의 체험과 확신을 갖게 했다.[123] 전도 지역을 넓혀

---

119) 김명구, 『한국기독교사』1, p.234.

120) 김명구, 『복음, 성령, 교회-재한선교사들 연구』(서울: 예영커뮤니케이션, 2017), p.224.

121) Ibid., p.276.

122) 대한예수교장로회 영락교회, 『永樂敎會 三十五年史』(서울: 영락교회, 1983), pp.79-80.

123) 김명구, 『소죽 강신명 목사』(광주: 서울장신대학교출판부, 2009), p.145.

전도사 이병원과 백응수를 안양 산본리에, 전도사 김연을 인천 한수동에 파송하기도 했다. 평신도 전도 대원들은 자비량으로 인천 연수동 옆 농헌에 부락교회를 세우기도 했다.[124)]

장로교 전통에 따라, 영락교회는 1949년 여자중학생 면려회를 조직했고 대학생회 지도로 조직되었던 '성아회'를 '소년소녀면려회'로 개칭했다. 다음 해 1월에는 남자중학생 면려회도 만들었다. 교인들 교육에도 적지 않는 노력을 기울였다.[125)] 그렇지만 한경직의 활동은 여기에만 머물지 않았다. 그의 정치적 이상, 곧 기독교 국가건설에 대한 의욕이 강했기 때문이다.

1946년 9월, 공산좌익계들이 미 군정청이 발표한 '국대안'(國大案)[126)]에 대해 반대 투쟁을 벌이자 한경직은 학생회 회원들을 동원했다.[127)] 미 군청정이 1948년 5월 9일 주일에 선거를 실시하겠다고 발표했을 때에는 주일 선거를 반대하는 데모를 벌였다.[128)]

한경직과 영락교회는 이승만과 김구, 김규식 모두에 찬동을 보내다가 김구 등이 북한의 김일성을 만나고 돌아온 이후 이승만으로 방향을 돌렸다. "사회주의적 소장 목사, 청년층이 여운형의 노선을 상당히 따랐"을 때도 거부 입장을 분명히 했다[129)] 1946년 10월에는 영락교회 베다니학생

124) 대한예수교장로회 영락교회, op.cit., pp.77-79.

125) 한경직은 한국인의 삶을 해치는 것을 '죄', '무지', '가난'으로 규정했다. 죄의 문제는 영혼을 살리는 전도를 통해 해결하고, 무지의 문제는 교육을 통해, 가난의 문제는 교회의 봉사를 통해 해결해야 한다고 주장했다. 한경직, "교회성장과 나의 회고록," 『월간목회』 통권28호, 1978년 12월, pp.30-31.

126) 1946년 9월 1일, 미 군정청은 서울의 6개 단과대학을 통합해 국립 서울대학교로 개편하는 이른바 '국대안'을 발표하였다.

127) 김명구, 『소죽 강신명 목사』, p.141.

128) 강신명, "건국과 기독교", 『강신명신앙저작집』 II, p.589.

회가 개최한 특별 부흥회의 강사로 김재준, 배민수, 고황경 등을 초청했고, 그 주제를 "사상계도"로 정했다. 각 학교 내의 기독학생회 조직을 만들고 우익 학생들과의 유기적 관계를 맺고 합세해 '학생연맹'을 결성하는 것을 기대하기도 했다.[130]

공산정권을 직접 경험한 한경직은 강력한 반공주의자가 되어 있었다. 그에게 공산주의는 이데올로기가 아닌 영적 실체였다. 자동적으로, 그가 바라는 기독교 국가는 반공의 나라가 되었다. 그런 이유로 1949년 영락교회는 복음으로 공산주의를 물리치겠다며 '십자군 운동'을 결의했다. 그리고 구국전도대를 조직해, 십자가 깃발을 들고 '구국의 노래'를 부르며 공비들이 출몰하던 전남 남원군 일대와 함양, 산청, 서천군 일대를 돌며 전도 활동을 했다.[131] 영적 영역과 구국의 의지가 함께 담겨 있는 발상이었다.

한편, 한경직은 "공평과 정의"를 실현하는 신부적(神賦的) 나라도 원했다. 그의 정치사상에는 정치 · 사회적인 공평뿐만 아니라 경제적 공평의 노블레스 오블리주의 정신도 들어있었다. "메시아의 정치이념"은 그런 의도에서 나왔다.[132] 그는 다음과 같이 말했다.

이 인권 평등사상의 원천이 무엇인지 여러분 아십니까? 그것은 바로 성

---

129) Loc.cit. 이 문제제기에 선거일이 하루 늦추어졌다.

130) 대한예수교장로회 영락교회, op.cit., p.76.

131) 구국의 노래는 한경직이 작사하고 강신명이 작곡했다. 노래 내용은 다음과 같다. "1절. 하나님의 크신 은혜 이 강산에 나리시사 자유의 종 크게 울려 새 나라가 되었도다. 일어나 일어나 십자가의 정병들아 진리의 띠 굳게 매고 성신의 검 높이 들어 악마 화전 소멸하자. 2절 아침저녁 지성으로 하나님께 간구하고 몸바치고 재물 드려 주의 나라 이룩하자 만세반석 굳은 터데 이 나라를 굳게 세워 영과 육이 구원 얻고 천추만세 복 받으라."

132) 김정준, "국가의 이상", 『만수 김정준 전집』 3(서울: 한국신학연구소, 1988), p.79.

> 경입니다. 성경이 가는 곳마다 인간의 죄와 무지와 정치적 사회적 모든 구속에서 해방되었습니다. 남존여비의 사상이 타파되었으며 만인 평등의 사상이 사회에 오게 되었습니다. 이렇게 성경은 민주주의의 기본이 되었습니다. 전에 토마스 헉슬리의 말과 같이 성경은 가난한 자와 피압박자의 대헌장입니다. 인간은 성경 없이 살 수 없는 것입니다. 성경은 자유의 대헌장인 것입니다. 그뿐이 아닙니다. 성경은 박애와 자선사업의 원천이 되었습니다.[133]

성경이 신부적(神賦的) 세계관을 만들어냈고, 그것을 보장하는 체제가 민주주의라는 발상이었다. 민주주의의 근본이 성경으로부터 비롯되었다고 보았다.[134] 그런데, 복음은 영적인 영역에서 그치는 것이 아니라 정치적 영역과 경제적 영역까지 미쳐야 한다고 믿었다. 국가의 모든 영역이 복음의 영역으로, 따라서 교회는 국가적 과제에도 적극적인 관심을 가지고 참여해야 한다고 주장했다.[135] 이런 논리 아래, "새 나라의 정신적인 기초는 반드시 기독교가 되어야" 한다고 주장했다. 민주주의의 근본이 신구약 성경에서 비롯되었다고 주장했기 때문에, "새 한국은 반드시 기독교가 그 정신적 기초가" 되어야 한다는 발상이었다.[136]

---

133) 한경직, "성경은 어떠한 책인가" 『한경직목사 설교전집』 6(서울: 한경직목사기념사업회, 2009), pp.55-56.

134) 한경직, "기독교와 건국", 『기독교와 건국』(서울: 기문사, 1956), pp.153-154.

135) 한경직, "그리스도의 몸", 『한경직목사 설교전집』 11(서울: 한경직목사기념사업회, 2009), pp.139-140.

136) 한경직, "건국과 기독교", 『한경직목사 설교전집』 1(서울: 한경직목사기념사업회, 2009), p.106. 맥아더(Douglas MacArthur)가 일본 점령정책의 목표를 "민주주의와 기독교를 가져다주는 것"이라 본 것에 한경직은 크게 고무되었다. 자신의 생각과 다르지 않다고 보았기 때문이다.

새로운 국가를 세우고 건설해 나가야 하는 시점에서 한경직은 자신의 복음주의 신학을 국가구원의 영역까지 확장시켰고 영락교회는 그의 선도에 따라 움직였다.137)

한경직은 6.25 당시 '대한기독교구국단'의 일원으로 활동하며 미국교회와 한국교회를 잇는 중심 역할을 했다. 구호 활동과 위문사업, 선무 작업에도 적극 나섰다. 영락교회는 1960년대 한일회담 반대를 선도했고, 1970년대 민주화회복운동에도 나섰다. 복음주의를 지향하는 교회였지만 한국을 구원하는 일이라 판단되면 정치 영역에 뛰어드는 것을 서슴지 않았다.

137) 한경직의 이상은 마펫(Samuel A. Moffet)의 전통이 아니라 개인구원의 복음과 정치를 연결시켰던 언더우드(Horace G. Underwood)의 전통에서 찾을 수 있다.

II. 기독교와 광복(光復)

제1편

기독교적 국가의 지향

제 1 장

대한민국의 공식 출범 - 기독교 국가로서의 조건

인간의 역사를 승리의 길로 이끄시는 하나님이 민족을 보호하여 주시고 이 땅을 돌보아 주시와 감격의 이 날을 맞이하게 하여 주시니 감사하나이다. 우리 민족은 오랜 시일에 걸쳐 괴로움에 잠겨 있었습니다. 정의로 이끄시는 하나님은 이제 세계만방에 양심을 부르짖으시고 우리의 영원을 부르시와 이날이 오게 한 것은 하나님의 천시(天示)로 알고 감사하나이다. 원컨대 우리의 민족과 함께 앞으로 길이 독립을 주시고 평화를 세계에 펴게 하시와 하나님의 뜻을 받드러 성스럽게 글자 그대로 나라에 봉임하게 하여 주소서. 우리는 중책을 느끼고 무력함을 느끼오니 더욱 보호하여 주시와 이제 국회가 성립되며 세계가 주시하며 기다리는 우리 독립문제가 완수되어 자손만대에 빛나는 역사를 전하는 자리가 되게 하여 주시옵소서.[1)]

1948년 5월 31일 오전 10시 25분 국회개원식에 앞서 의장단 선출을

1) 「조선일보」, 「서울신문」, 1948년 6월 1일자.

위해 이승만은 임시의장으로 추대되었다. 등단한 이승만은 그 역사적인 자리에서 "대한민국 독립 민주 국회 제1차 의회를 열게 된 것을 하나님께 감사"한다고 선언했다. 그리고 월남한 감리교회 목사로, 서울시 종로 갑구 국회의원이 된 이윤영에게 "하나님께 기도를 드리기 바란다"고 요청했다.[2] 대한민국의 첫 시작을 야웨 하나님께 대한 감사와 기도로 시작한 것이다.

이윤영은 의사당 내의 모든 사람이 일어선 가운데 역사의 주관자께 기도했다. 거기에는 대한민국이 하나님의 주관으로 시작되었다는, 그 공의와 뜻에 이끌리어 대한민국이 공식적으로 출범되었다는 고백이 담겨 있었다. 특별히, 기독교인들에게 그것은 대한민국의 정체성이요 사명이 되었다.

제헌의회는 이승만을 대통령으로 선출했다. 그리고 8월 15일 대한민국 정부가 공식적으로 수립되었다. 반쪽의 광복(光復)이었지만 한국은 비로소 세계에 자유민주주의의 헌법과 제도를 가진 민주공화국이라는 것을 선포할 수 있었다. 냉전의 시대를 바라보고 있던 세계는 한국이 "아시아 민주주의의 보루"가 되기를 기대하며 이를 지켜보았다.[3]

1948년 7월 24일 중앙청 앞 광장에서 열린 정·부통령 취임식이 열렸을 때, 비가 내리는 속에서 국민들이 대한민국 최초의 대통령 취임식을 감격스럽게 지켜보는 가운데, 이승만은 대통령 선서와 함께 다음과 같은 취임사를 낭독했다.[4]

---

2) 이날 오후 국회개회식이 열렸을 때 이승만은 초대 국회의장에, 신익희와 김동원은 부의장에 선출되었다.

3) 로버트 올리버, 황정일 역, 『신화에 가린 인물 이승만』(서울: 건국대학교출판부, 2002), p.301.

4) 이승만 대통령의 취임식은 개식, 애국가제창 및 국기에 대한 경례, 취임선서, 대통

여러 번 죽엇든 이 몸이 하나님의 은혜와 동포(同胞) 애호(愛護)로 지금까지 살아 있다가 오늘에 이와 같이 영광스러운 추대를 밧는 나로는 일변 감격한 마음과 일변 감당키 어려운 책임을 지고 두려운 생각을 금하기 어렵웁니다.

(중략)

새 나라를 건설하는 데는 새로운 헌법과 새로운 정부가 다 필요하지만은 새 백성이 아니고는 결코 될 수 없는 것입니다. 부패한 백성으로 신성한 국가를 이루지 못하나니 이런 민족이 날로 새로운 정신과 새로운 행동으로 구습을 버리고 새 길을 차저서 날로 분발 전진하여야 지나간 4십년동안 일허버린 세월을 다시 회복해서 세계 문명국에 경쟁할 것이니 나의 사랑하는 3천만 남녀는 이날부터 더욱 분투용진해서 날로 새로운 백성을 이룸으로써 새로운 국가를 만년 반석 우에 세우기로 결심합시다.[5)]

대통령 이승만이 조국을 만년 반석 위에 올려놓겠다는 다짐을 하고 있을 때, 이미 북한은 소련극동군 제25군과 극동군 군사평의회의 슈티코프(Terentii F. Stykov) 중장의 주도 아래[6)] 공산정권이 들어서 있었다. 1946년 2월 8일에 북조선 임시인민위원회를 창설했을 때 북한은 "임시위원회는 우리의 정부이다"라며 실질적 정부 수립을 선포했다.[7)] 10개 부처

령 취임사, 부통령 취임사, 축사 및 축전 낭독, 만세삼창, 폐회 등의 식순으로 진행되었다.

5) 「동아일보」, 1948년 7월 25일자.

6) 시모토마이 노부어, 이혁재 역, 『북한정권 탄생의 진실』(서울: 기파랑, 2006), pp.77-85. 슈티코프는 초대 북한주재 소련대사가 되었다.

로 된 정부조직과 공산주의 공안 기관을 설치했고, 무상몰수 무상분배 방식의 토지개혁을 실시했다. 중앙은행을 설립해 화폐도 발행했다. 주요 산업의 국유화 조치도 거침없이 실행에 나갔다.[8] 이미 실질적인 독자 정권으로서 활동을 시작한 것이고 1947년 2월 21일에는 이를 확정하고자 '인민위원회'를 공식 출범시켰을 뿐이다.[9]

대한민국이 독립 국가로 공인되는 과정에서, 이미 소련과 북한 공산정권은 한반도 전체를 공산화하려 했다. 북한 땅을 '민주기지'[10]로 부르며 남한을 필수불가결한 점령대상으로 여겼다.[11] 이를 위해, '대구 폭동', '2.7사건' 그리고 제주도 '4.3사건'[12] 등 남한의 공산주의자들도 거침없이 폭동을 벌였다.

이러한 때에 대통령 이승만은 기독교 국가건설론을 외쳤다. 그리고 자유민주주의 체제가 근간이 되어야 한다고 선언했다. 영미 민주주의가 기독교로부터 비롯되었다고 확신했고 기독교만이 한국을 지키고 구원할 수 있다고 믿었다. 그런 이유로 한국은 "신성한 국가"가 되어야 했다. 그의 근저(根底)에는 그런 신학이 자리하고 있었다.

---

7) 이정식, 『대한미국의 기원』(서울: 일조각, 2006), p.134.

8) 김용삼, 『이승만의 네이션빌딩』(서울: 북앤피플, 2014), p.127.

9) 김영훈, 『분단과 전쟁』(서울: 도서출판 다나, 1994), p.51.

10) 사회과학원 역사연구소, 『조선통사』 하(서울: 오월, 1989), p.287.

11) Rover M. Slusser, "Soviet Far Eastern Policy, 1945-50: Stalin's Goals in Korea", *The Origins of the Cold War in Asia*, (Tokyo: The University of Tokyo Press, 1977), p.136.

12) 단독선거와 단독정부 수립을 방해하기 위해 남로당 제주도당 김달삼 등 350여 명이 무장을 하고 제주도 내 24개 경찰지서 가운데 12개 지서를 일제히 급습했다. 곧 1948년 4월 3일에 시작된 제주 4.3 사건은 초대 대통령 취임식이 있을 때에도 여전히 진행되고 있었다.

한성감옥 시절부터 이승만에게 개인구원의 영역과 국가구원의 영역은 분리될 수 없었다.[13] 한국이 서양 국가들처럼 기독교를 믿고, 하늘이 주신 자주 권리를 소중히 여기고 교화되면 세계를 이끌 수 있다고 믿었다.[14] 독립운동 시기는 말할 것도 없이, 해방 후에도 그의 신념과 의지는 한결같았다. 하나님이 인도해야 자유와 독립을 영구히 누릴 수 있고 강건한 나라가 될 수 있다고 피력했다. 세계로부터도 협조를 받을 수 있다고 강조했다.[15] 미국에게 국제적 평등과 공정을 강하게 요청한 것은 그런 신앙관이 바탕이 되었다.[16] 교화(敎化)를 강조한 것도 모두 이 때문이었다.

---

13) 김명구, 『한국기독교사』1, p.214-219 참조.

14) 이승만 지음, 박기봉 교주, 『독립정신』(서울: 대한민국사랑회, 2017), p.194.

15) 「동아일보」, 1946년 3월 2일자.

16) Rhee Syngman, *Japan Inside Out The Challenge of Today*, (New York, Fleming H. Revell Company, 1941), p.191

제 2 장

이승만의 공헌과 그 정책의 신학적 요소

1. 이승만의 공헌

2차 세계대전 이후 100개가 넘는 나라들이 독립해 근대국가를 세웠다. 그러나 이들 국가 모두 기본 인프라의 구축, 체제의 확립, 경제적 기반의 확립, 통치에 대한 보장 등 수없이 많은 난제가 있었다. 한국도 예외는 아니었다. 여기에 소련과 북한 공산주의의 적화 공격을 막아내야 하는, 국가 보존의 사명감이 더해져 있었다.

한국의 근대 독립국가 운영 경험은 잊힌 지 오래였다. 일제에 강점되는 바람에 대한제국의 경험도 이어지지 않았다. 상해임시정부도 '대한민국'의 국호를 만들어냈을 뿐, 국가로서의 역할을 하지 못했다. 신생 대한민국이 공식적으로 출범했지만 행정 경험이 있는 사람들은, 친일의 굴레가 쓰여 있던, 일제 강점기 아래 있던 소수의 공무원뿐이었다.

새로운 국가건설을 위해 모두 의무를 다하겠다고 선언을 했고 이상적 국가건설을 기대했다. 그러나 무기력과 무질서, 어수선함이 대한민국을 덮고 있었다. 국가 체계가 완전히 갖춰지지 못했고 행정관리는 철저하지 못했다. 관료들도 맡겨진 일에 성의를 다하지 못했다. 각종 이권(利權) 사업은 부패로 연결되었다. 초대 내각이 결성된 지 1년도 못 되어 농림부 장관과 상공부 장관은 독직 사건에 휘말렸고 농림부 산하단체 관리 3명은 면직처분 되었다. 국회는 조봉암의 파면을 결의했고[17] 상공부 장관 임영신은 물러나야 했다.[18] 반민특위 간부 및 정부요인 암살음모사건, 국회 프락치 사건, 김구 암살사건, 반민특위 습격사건 등이 겹쳐 일어나 국가 존립이 위태롭다는 위기감이 팽배했다.[19]

근대 국가경영을 해본 경험자가 전무한 상태로 인재가 절대적으로 부족했다. 정치인들 대다수도 민주주의 체제 운영에 익숙하지 않았다. 경제부흥 여건은 미비했고 교육의 틀은 여전히 일본이 만들어 놓은 것을 사용해야 했다. 한국 화폐는 국제시장에서 인정받지 못했고 국고는 비어있는 상태였다. 허술한 방위체제는 국가 안보를 책임질 수 없었고 군인들의 사상도 굳건하지 못했다. 미국과 유엔은 한국의 미래보다는 예방적 통제만 강요했다. 대다수의 국민은 무모한 기대와 이상적인 요구를 쏟아내었다. 정책을 개발하고 행동의 선도자의 역할을 할 수 있는, 잘 조직화 된 정당도 없었다.[20]

---

17) 「독립신문」, 1949년 2월 22일자.

18) 정인보의 감찰위원회는 1949년 3월 31일에, 임영신 상공부장관의 부패혐의를 확인해 대통령에게 보고하고 면직 결의를 국회의장 신익희에게 요청했다. 임영신은 비서실장 황용우, 비서관 임영선(임장관의 동생), 감찰과장 박한서 등 상공부 공무원들과 함께 뇌물을 받고 원조물자인 대두유 40드럼을 무자격자에게 부정 배급했으며, 150여만 원의 공금을 횡령하고, 조선은행 부총재를 속여 미화 5,000달러를 대출받았는가 하면 상공부 직할업체의 관리인 직위 또는 수입 금지품목의 수입허가 등의 이권을 주고 370여만 원의 뇌물을 받았다는 협의를 받았다.

19) 김명구, 『해위 윤보선-생애와 사상』, p.153.

그와 같은 상황에서 이승만은 큰 그림을 그려나갔다. 근대 독립국가로서 갖추어야 할 체제를 구축했고 국가 존립에 필수적인 요건들을 확보해 나갔다. 여수 · 순천반란사건과 같은 공산 책동의 위험을 이겨냈고 악성 인플레이션도 극복했다. 교육에 우선순위를 두어 고등교육과 의무교육, 해외 유학을 장려했다. 경제개발에 필요한 인재들도 획기적으로 확대하고 육성했다. 미국으로부터 받아낸 경제원조금으로, 소비재를 반입하라는 미국 경제협조처(ECA)의 압력을 뒤로 하고, 미래를 위해 사회간접자본을 확충했다. 한미 상호 방위조약을 체결해 국방비를 절약했고, 이를 통해 '산업부흥 5개년 계획'을 세우고 공업화의 기반을 닦았다.[21] 미국과 유엔의 원조에 매달려야 했던 상황에서 일개 속국(client sate)으로 전락될 수 있었지만, 높은 외교역량을 발휘해 주권 국가로서의 위치를 확고히 했다. 대한민국의 근간과 초기의 난제들을 거의 모두 이승만이 풀었다 해도 과언은 아니다.

2. 이승만의 농지개혁과 그 신학

대한민국 제1공화국이 시작되었을 때 가난에 찌든 1,900만의 인구가 넘쳐나고 있었다. 여기에 집도 일자리도 없는, 수많은 월남 피난민들이 내려와 치열하게 생존경쟁을 벌이고 있었다.[22] 국민의 세금으로는 국가

20) 로버트 올리버, 황정일 역, 『신화에 가린 인물 이승만』, p.287.

21) 유영익, "이승만 대통령의 업적-거시적 재평가", 『이승만 대통령 재평가』(서울: 연세대학교출판부, 2006), pp.541-543.

22) 로버트 올리버, 황정일 역, op.cit., p.286

예산의 5% 내외를 충당할 수 있었고 나머지는 미국의 원조로 채워지고 있었다. 1인당 국민소득은 35달러였고 문맹률은 78%였다.[23] 인플레가 극심했고 생필품의 부족은 해결의 기미가 보이지 않았다. 국민 대다수가 기본 생존권도 보장받지 못했다.[24] 수없이 많은 난제가 널려 있었고 그 해결은 불가능하게 보였다.

이승만의 가장 큰 경제 업적은 농지개혁이었다.[25] 이것을 위해 공산주의 활동 경력이 있었음에도 조봉암을 초대 농림부장관에 기용했다. 지주 출신 의원들로 채워진 국회를 설득하거나 압력을 가해서 농지개혁법을 통과시켰다. 그것은 한국의 역사적 난제 중 하나를 일순간에 해결하는 것이고 북한 공산주의 사상을 막는 최고의 업적이 되었다.

1950년 3월부터 5월 사이에 이승만은 전국 농지의 70-80%를 유상으로 구입해 분배를 단행했다. 농지에 갇혀있던 대부분의 자본을 산업 자본화 시켜야 한다는, 송진우를 비롯한 기호계 민족주의자들의 제안과 획을 같이 하는 것이었다. 북한 공산정권이 무상몰수, 무상분배하면서 생긴, 농민들의 동요를 막을 필요도 있었다. 농지개혁을 단행하면서 이승만은 다음과 같은 기대를 피력했다.

> 자본이 대부분 토지에 있는 한국에서는 지주들이 다 토지를 내 놓고 그 가격을 받아서 자본을 만들어야 공업에 착수할 수 있을 것이다.[26]

---

23) 이주천, "건국 초기 미국의 대한정책과 이승만의 대응책(1948-1950)", 『서양사학연구』 19권, 2008년 12월, p.86.

24) 김동호, 『대통령 경제사 1945-2012』(서울: 책발, 2012), pp.29-30.

25) Ibid., p.563.

26) Loc.cit.

지주들에게 토지 대금을 지급하고 그 대금이 산업 자본화될 수 있다고 기대한 것이다. 농지법은 1949년 4월 국회를 통과 했지만 정부의 재정 부담이 크다는 이유로 국회에 환송되어 여러 진통을 겪었다. 그러나 1950년 6월 15일 국회의 결의로 법안이 확정되었다. 그런데 이미 1950년 3월부터 농민들에게는 '분배 농지 예정 통지서'가 발급되었다. 법과 시행령이 마련되지 못한 상황에서 대통령의 명령으로 행정적 조치들이 단행되었던 것이다. 이승만의 이러한 의지 덕분에 6.25 전쟁이 일어나기 전인 1950년 3월부터 5월 사이에 남한 농지의 70-80%를 농민에게 분배할 수 있었다.[27] 그의 결단과 집념이 아니었다면, 우리의 역사에서 대다수의 농민이 자기 땅을 갖고 농사를 지을 수 있게 된, 변혁적 사건을 찾지 못할 수 있었다.

이승만은 모든 소작지와 정보 이상 소유지를 유상으로 사들였다.[28] 그리고 조그마한 농지를 경작하는 영세농과 순국선열의 유가족 농가부터 우선으로 분배했다. 지주들에게는 지가증권(地價證券)을 교부하고 매년 현금으로 균분 보상하는 방식을 취했고 농지를 분배받은 농민에게는 생산 곡물로 균분 상환하게 했다.

농지개혁이 시행된 지 3개월 만에 6.25가 일어나는 바람에, 지주들이 받은 지가증권은 생활비나 소비자금으로 유실되었다. 그런 이유로 토지 자본의 산업 자본화가 진행되기 어려웠던 것이 사실이다. 근대 한국의 역사에서 근대산업을 이끌었던 유일한 그룹이 지주였다는 현실과 그들의 공헌을 애써 외면한 흔적이 여기저기에 나타나기도 했다.[29] 그러나 이렇

---

27) 김성호, "한국토지제도의 연속성과 단절성" (하), 『농촌경제』 8권 4호, 1985년 12월, pp.4-6.

28) 현금이 없어 지가증권(地價證券)의 방식으로 지불했다.

게 했기 때문에 농지개혁은 짧은 시간에 완료될 수 있었다.

한편, 이승만은 북한 공산주의가 국권을 파괴하고 민족을 원수로 대한다며 반대했다.[30] 북한식 농지개혁 방식에 대해서도 정부가 대지주가 되어 농민들을 정부의 노예로 만드는 것이라며 비판했다.[31] 묘했던 것은, "경제 대칙을 세울 때 공산주의를 채용할 점이" 있다는 생각을 가졌다는 것이다.[32] 공산주의를 반대했지만, 공산사회주의자들이 지적하는, 한국의 경제적 불평등과 유토피아적 이상에 일정 부분 동의했던 것이다. 이승만도 한국 땅을 하나님이 통치하시는 나라(神國)로 만들고 싶어 했던, 곧 공평과 정의가 실천되는 하나님 나라를 기대했다. 그것은 그가 기호 기독교 민족주의계의 신학의 흐름 안에 있었기 때문이다.

과거 월남 이상재는 남의 것을 억지로 빼앗아 나누려 한다면서 공산주의를 비판한 바 있다.[33] 그러나 민초들이 불공평 속에서 살고 있다는 공산사회주의 청년들의 지적에는 동의를 표했다. 이후 그는 기독교가 스스로 분배에 나서야 한다고 주장했었다.[34] 그의 주장은 YMCA계의 경제사상, 곧 '경제민주주의'가 되었다. 이승만도 이 흐름 속에 있었다. 이승만의 기독교국가 건설론에는 이런 신학적 요소가 자리하고 있었다.

'경제민주주의'는 월남 이상재 등으로부터 시작되어 신흥우, 장덕수와

---

29) 김명구, 『해위 윤보선-생애와 사상』, pp.143-144. 6·25의 와중에서 대부분의 토지대금은 생활 자금과 소비 자금 등의 부스러기 돈으로 흩어졌다. 해방 후, 한국의 산업근대화가 그만큼 늦어질 수밖에 없던 이유이다.

30) 「동아일보」, 1948년 7월 25일자.

31) 「서울신문」, 1948년 12월 7일자.

32) 우남실록편찬위 편, 『우남실록: 1945-1948』(서울: 열화당, 1976), p.314.

33) 이상재, "청년이여", 『청년』 6권 2호, 1926년 2월, p.3.

34) 김명구, 『월남 이상재의 기독교 사회운동과 사상』, pp.256-269.

조병옥의 경제 사상을 거쳤다. 그리고 송진우의 한민당 정책이 되었다. 이승만이 송진우가 살해되기 이전의 한민당 정책과 궤를 같이하고 있던 이유이다. 전술한 대로 그것은 YMCA를 중심으로 발전되었던 기호 기독교 민족주의계가 신봉한 사회복음주의의 신학에서 비롯되었다.[35] 이승만도 다르지 않았다.

한성감옥 시절부터 이승만은 기득권자들이 토지를 차지하고 백성들을 노예로 삼는다고 지적했고[36] 천지 만물을 창조하신 하나님이 이를 원치 않는다고 강조한 바 있다.[37] 프린스턴대학(Princeton University) 시절에도 하나님께서 모든 인류에게 땅을 차지하는 권리를 주셨는데 인간이 무력으로 남의 권리를 빼앗았다고 피력했다.[38]그것을 바로 잡아 공평하게 처리하는 것이 조물주의 뜻이라고 주장했다.[39] 그의 이런 생각은 미국을 풍미했던 사회복음주의와 조우했다. 우드로 윌슨(Thomas W. Wilson)의 민족자결주의와 미국 민주당의 정책을 지지했던 것도 이런 이유였다. 고집스럽게 농지개혁을 밀어붙인 것도 그런 사상에서 비롯되었다.

---

35) 1945년 12월 22일 송진우는 「한국민주당의 정견」 방송을 통해 일본인 토지를 몰수하고 한국인 지주들의 소유를 제한하고 유상 몰수해 경작권을 농민들에게 나누어주어야 한다고 주장했다. 여기에서 한 발 더 나아가 토지의 소유권을 국유제로 해야 한다는 주장까지 했다. 「동아일보」, 1945년 12월 22일 23일 ; 송진우, "연두소감", 『선봉』 제2권 1호, 1946년 ; 심지연, 『한국민주당 연구』 I(서울: 풀빛, 1982), p.176

36) 이승만, 「제국신문」, 1903년 4월 3일자.

37) 이승만, 『독립정신』, p.196.

38) Rhee Syngman, *Neutrality As Influenced by the United States*, (Princeton University Press, 1912), p.14.

39) 이승만, 『독립정신』, pp.189-190.

제3장

이승만의 패착 -'독재' 오명의 이유

1959년, 대한민국 공보실은 "리승만 대통령 각하의 정치이념은 철저한 자유민주주의이며, 이에 반하는 어떠한 독재주의나 침략주의도 이를 용인하지 않는 것이다"라고 홍보했다.[40] 여기에서 말하는 '독재주의'나 '침략주의'는 모두 공산주의를 의미했다. 그것은 6.25 전쟁을 거치면서 더욱 확고해진 반공사상 때문이었다. 당시 자유당 정권은 이승만을 "자유민주주의의 이론을 사상 체계화"해 "민족의 진로를 명시"한 인물로 묘사했다. 여기에서 말하는 민족의 진로는 "반공, 자유, 민주주의에 입각한 민족국가의 완성"이었다.[41]

이승만은 기독교가 자유민주주의 이상을 실현하는 것으로 보았고 이를 확고한 반공주의로 연결시켰다. 그리고 그것을 대한민국 건설의 근간으로 삼으려 했다. 그것은 한국 기독교에 담겨 있던 의식이기도 했다. 개인

---

40) 공보실 편, 『우리 대통령 리승만 박사』(서울: 공보실, 1959), pp.40-45. 남시욱, 『한국진보세력 연구』(서울: 청미디어, 2018), p.331에서 재인용.

41) Loc.cit.

구원과 국가구원을 구분하지 않았고, 그래서 한국교회에 구국의 사명의식을 요구했다. 근대 독립국가로서의 근간을 확립했고 국제관계에서도 독자성을 확보했다. 대한민국이 근대 독립국가로서 정착하는 데에, 타의 추종을 불허하는 공헌을 남겼다.

그러나 이승만은 기독교 사상을 자신의 정치 이데올로기로 완전히 연결시키지 못했고 실현시키지 못했다. 현실적 이유가 있기는 하지만, 원하던 기독교 국가건설의 목표를 이루지 못했다.

기독교사적 관점에서 분석해 보면, 이승만의 과오는 다음 두 가지이다.

첫째, 자신과 갈등하고 있던 서북 기독교 민족주의계를 포용하지 못했다. 경쟁 정파라는 이유로, 기독교 이데올로기를 추구했던, 서북 기독교 민족주의계인 안창호계를 외면했다.

둘째는 국수주의적 민족주의자인 대종교인들을 중용한 것이다. 기독교 국가를 건설하겠다는 이상을 내세웠지만, 정치를 위해 대종교계와 그 사상을 이용하고 앞세웠다.

이승만은 대한민국 건국과 정착에 결정적인 역할을 했고 남한에서 공산주의세력을 철저히 소탕해 자유민주주의 체제의 근간을 확정지었다. 그러나 서북 기독교 민족주의계를 포용하지 못하고 대종교계와 결탁한 것이 결정적 패착(敗着)이 되었다. '독재자'라는 오명의 기록을 남겼고 간구하던 기독교적 국가건설을 이루지 못했다. 결국 대통령직에서 물러나 이 땅을 떠나야 했다.

1. 서북 기독교 민족주의계의 외면

1945년 10월 16일 환국(還國)했을 때, 이승만은 "뭉치면 살고 흩어지면 죽는다"는 내용의 귀국연설을 했다. 연설의 요지는 장로교 목사 배은희에 의해 "일민주의"로 표현되었고 한국건설을 위해 에너지를 모으자는 구호가 되었다. 그러나 이승만이 제안한 대동단결론은 자신의 세력을 확대 강화하기 위한 규합의 논리가 되었지만 동시에 배제의 논리도 되었다.[42)]

분명 이승만은 공산당을 제외하고, 정당과 파당의 구별 없는 내각을 구성하겠다고 밝혔다. 그렇지만 상해 임시정부에서의 경험에 따라 판단했다. 국무총리에 대종교 행동가인 이범석을 임명했고 핵심 보직에 대종교인들을 앉혔다. 상해임시정부 시절부터 자신을 따랐던 대종교인 신규식계를 중용했지만 안창호계는 소외시켰다. 이승만의 초대 내각을 보면 다음과 같다.[43)]

직위	이름	학력	경력	정당	종교
국무총리	이범석	중국 운남 강무	광복군사령관	족청	대종교
내무부장관	윤치영	프린스턴대	군정청재산처분국장	독촉	개신교
외무부장관	장택상	에딘버러대	수도경찰청장	한민당	
재무부장관	김도연	아메리카대학	연희전문교수	한민당	개신교
법무부장관	이 인	명치대 법대	미군정법무장관	한민당	대종교
국방부장관	이범석	국무총리겸임	족청단장	족청	대종교
문교부장관	안호상	독일 예나대	서울대교수	족청	대종교

42) 김수자, "해방정국 이승만의 대동단결론과 단체통합 운동", 최상오.홍선표 외 『이승만과 대한민국 건국』(서울: 연세대학교 출판부, 2010), p.2.

43) 김명구, 『해위 윤보선-생애와 사상』, pp.168-169.

농림부장관	조봉암	모스크바대	사회주의운동	무소속	
상공부장관	임영신	캘리포니아주립대	구미위원부활동	여자국민당	개신교
교통부장관	민희식	네바다주립대	미군정운수부장관	무소속	
사회부장관	전진한	일본대	노동운동	독촉	불교
체신부장관	윤석구	한성한영중	건준활동, 입법의원	한독당	개신교
보건부장관	구영숙	에모리대	흥업구락부원		개신교
무임소장관	이윤영	숭실사범	조선민주당부당수	조선민주당	개신교
무임소장관	지청천	일본육사	광복군사령관	독촉	대종교
총무처장	김병연	보성전문	조선민주당정치부장	조선민주당	개신교
기획처장	이순탁		연희전문상과교수		
법제처장	유진오	일본대법학과	고려대교수	무소속	
공보처장	김동성	오하이오주립대	합동통신사사장	무소속	개신교
고시위원회	배은희	평양신학교	독촉전북지부장		개신교
감찰위원회	정인보			무소속	대종교

이승만은 세간의 예측과 달리 김성수가 이끄는 한민당을 외면했다. 송진우 때와 정책이 달라졌고, 친일의 의혹을 받고 있던 인물들이 주도한다는 세평 때문이었다. 몇몇 인물들을 입각시켰으나 개인 자격이었다. 자유당과 같은 새로운 직계그룹을 원했고[44] 자신에게 반대하는 인물이나 정파는 배제하거나 소외시켰다. 서북 기독교계가 배제된 이유이다.[45]

일제 강점기, 기호지역을 대표하던 이승만계와 서북지방을 기반으로 했던 안창호계의 영향력이 가장 강력했다. 이 두 그룹 모두 기독교계를

44) Ibid., p.242.

45) Ibids., pp.169-170.

활동의 근간으로 했다. 전술한 대로 양측은 치열하게 경쟁을 했고 서로 갈등했다. 이 갈등은 해방의 공간에서도 계속 이어졌다.[46)]

이승만은 홍사단 인맥을 철저히 외면했다. 홍사단을 중심으로 한 서북계보들은 1955년에 통합 야당의 성격을 띠고 창당된 민주당 신파(新派)의 중심세력이 되었다.[47)] 이들은 강경하고 거칠게 이승만 정부에 대항했다. 3.15 부정선거 당시, 마산 시민들의 항거에 깊숙이 개입했다는 의심을 받을 정도였다. 이들의 투쟁은 민주당 내부의 구파(舊派)가 우려할 정도로 격렬하고 강경했다.

장준하의 『사상계』가 이승만을 거절하고 각을 세운 것도 그런 이유였다. 동아일보계가 적극적으로 이승만 정부와 거리를 둔 것도 서북계와 역사적 연합을 같이했던 홍사단계를 적극 지지하고 후원했기 때문이다.[48)] 결국 이들의 투쟁이 이승만 실각의 한 원인이 되었다. 이승만을 반대했던 인물들은 민주당의 이름으로 제2공화국을 주도하게 되었다.

---

46) 서울대 총장으로 홍사단 최고위에 있던 장리욱을 사퇴시켰고 정일형은 이승만에게 통신사를 빼앗겼다. 장면의 비서인 선우종원은 신변의 위협을 느껴 일본으로 밀항해야 했다.

47) 민주당 신파에서 가장 목소리가 가장 컸던 것은 정일형(鄭一亨), 한근조(韓根祖), 김채선, 김상돈(金相敦), 주요한, 최희송(崔熙松), 최규명 등 서북계나 홍사단계였다.

48) 김명구, op.cit., pp.238-243 참조. 김인서(金麟瑞)도 그의 책 『노인망명 李承晩博士를 辯護(이승만박사를 변호함』에서 동아일보계와 안창호계의 결탁을 이승만의 실각 원인의 하나로 보았다.

2. 대종교계의 중용 - 자유민주주의와의 충돌, 기독교 건설론의 무산

이승만은 상해 임시정부 시절부터 자신을 지지했던 대종교계를 중용했다. 기독교인들의 지지만을 가지고 정치 기반을 확보하기 어려웠기 때문이다.[49] 광복군 활동 등, 상해 시절부터 민족적 지지를 확보하고 있던 대종교계도 이승만을 적극적으로 지지했다.[50] 대종교계의 청년조직, 곧 이범석의 '조선민족청년단'과 지청천의 '대동청년단'은 이승만의 친위대나 다름없었다. 그렇지만 국수주의 종교계와의 결탁은 기독교 국가건설을 막는 조치였다.

이승만 정부 내의 대종교계는 광복의 공간에서 적지 않은 영향을 끼쳤다. 단군이 고조선을 처음 건국했다는 주장을 관철시켜 단기(檀紀) 연호를 사용하게 했다. 단군 왕검이 고조선을 세운 날이라 하여 개천절을 국가 공휴일로 지정했다. 한국 건국의 시기를 고대로 정해 한국의 역사적 위상을 드높이는 조치였지만 국수적 민족주의를 유발시켰다.

큰 오류중 하나는 단군 사상으로 인식되어 있던, "인간을 널리 유익하게 하라"는 의미를 가졌던, 삼국유사 단군신화에 나오는 "홍익인간(弘益人間)"이 한국의 교육이념이 되게 했다는 것이다. 이것은 영미식 자유민주주의와 충돌하는 개념이다. 또한 기독교의 단독자성을 거절하는 조치이다. 공익적 인간은 강조했을지 모르지만, 인간의 개별성과 개인의 자유를 거절하는 개념이기 때문이다.

대종교 이론가인 초대 문교부장관 안호상은 기독교가 안식일로 지키는

---

49) 1948년 당시 남한의 기독교인은 30만 명이 채 되지 않았다.

50) 김명구, 『해위 윤보선-생애와 사상』, p.170

일요일에 국가시험을 치르게 했다. 배은희의 "일민주의"를 파시즘적으로 변질시켰고 민족적 정체성을 국수주의적으로 해석했다. 그리고 민족지상주의를 한국이 지향해야 절대 명제로 유도했다. 자유민주주의 의식이 가지는 개인적 자유와 인권, 책임의식과 능동적이고 합리적인 사고를 훼손시켰다. 결과적으로 이승만의 기독교 국가건설론을 무산시켰던 것이다.[51)]

고시위원장 배은희가 처음 "일민주의"라는 용어를 만들었을 때, 이승만은 "일민(一民)이라는 두 글자는 자신의 50년 운동의 출발이요 귀추"라며 반겼다. 제1공화국 주요 인물들이나 단체들도 이승만의 지도이념을 일민주의(一民主義)로 칭한 것에 찬사를 보내며 여기에 동조했다.[52)] 이승만은 "신흥국가의 국시(國是)를 명시하고자 한다"하며 일민주의를 한국의 이념으로 만들겠다고 피력했다. 그때 그는 일민주의의 강령을 다음과 같이 요약했다.

첫째, 문벌을 타파해서 반상의 구별을 없이 할 것
둘째, 빈부를 동등하게 대우하고 자본가와 노동자가 협조해서 같이 이익을 보게 할 것
셋째, 남녀동등을 실행할 것, 지방구별을 없게 할 것[53)]

이승만은 일민주의를 기독교적 윤리의 실천으로 이해했다. 그러나 문

---

51) Ibid., p.172.

52) 이승만은 기자회견을 통해 "일민주의라는 용어를 쓰게 된 경위는 배은희씨 청에 의하여 자기주장을 일민주의라고 칭하는 것으로 승인"했다고 밝혔다. 「연합신문」, 1949년 1월 29일자.

53) 이승만, 『일민주의 개술』(서울: 일민주의보급회, 1954), pp.17-22.

교부장관 안호상은 이를 대종교 이데올로기와 결합시켰다. 그리고 "일민주의는 대한민국의 국시요 우리 민족의 지도원리"라고 칭송하고 이승만의 정치 이데올로기라며 못을 박았다.[54] 국무총리 이범석은 "민족의 부활과 조국의 광복을 찾기 위한, 이론과 실천의 양면을 체계화한 철리적(哲理的) 민주원론"으로 규정지었다.[55]

안호상은 독일 예나대학(Friedrich-Schiller-Universität Jena) 출신으로 히틀러(Adolf Hitler)의 민족주의 의식에 남다른 경의를 표한 바 있다. 그는 일민주의를 "단군의 홍익인간의 정신과 또 신라 화랑도의 중의경사(重意輕死)의 이론체계"로 재해석했다.[56] 덧붙여, 한국이 민주주의를 한다는 것이 시기상조라는 주장도 했다. 오히려 "파괴적인 공산주의 바람에 미친놈(美親派)과 소경놈(蘇敬派)"이 많이 발생했는데 강력한 독재정권을 수립해 국민을 한 덩이가 되게 해야 한다는 사공환의 주장에 지지를 표했다.[57]

안호상은 자신이 재해석한 일민주의를 "사람주의"(humanism), 민족주의, 세계주의, 백성주의(민주주의) 원리가 통합되어 있는 최고의 이론이

---

54) 「자유신문」, 1949년 12월 21일자.

55) 「자유신문」, 1950년 1월 29일자.

56) 안호상 편술, 『일민주의의 본바탕』(서울: 일민주의연구원, 1950), pp.4-5. 안호상은 예나대학에서 철학을 전공하고, 헤르만 로체(Rudolph Hermann Lotze)의 사상으로 철학박사 학위를 받았다. 귀국 후 김성수의 도움으로 보성전문대 교수가 되었고, 해방 후에는 서울대학교로 자리를 옮겼다. 미군정기에 백낙준(白樂濬), 오천석(吳天錫), 김활란(金活蘭) 등이 자유민주주의를 한국 교육의 중심에 놓으려 할 때, 안호상은 이를 반대했다. 미국식 민주주의나 소련의 공산주의를 모두 반대하고, 국가주의적이고 민족주의적 경향의 교육 운동을 주장했다.

57) 사공환, "권두언-갱생의 길", 『조선교육』, 1947년 11월호. 『조선교육』은 안호상이 1947년부터 발간했는데, 사공환의 권두언에 지지를 표했다. 안호상은 초대 문교부장관이 되었을 때 사공환을 사범교육과장에 임명했다.

라고 소리를 높였다.[58] '일민주의'를 국수적 민족주의로 바꾸었고 이승만의 통치 이념이라며 한국 정치와 사회에 주지시켰다. 자신의 철학과 신봉하고 있던 대종교의 사상을 접목해 이념화시켰다.[59] 행동가인 이범석은 이를 구체적으로 실행했다.[60]

이승만이 원했던 것과 달리, 안호상의 일민주의에서는 '자아를 가진, 한 개인으로서의 인간'은 무시되었다. 인간의 신부적(神賦的) 자유 의식은 거절되었고 민족이 우선이 되었다. 이를 위해 단일민족인 한국인은 단일의 사상을 가져야 한다고 주장했다. 민족 주체성을 강조했지만 개인의 권리와 자유는 무시했다. 봉건적 차별과 억압에 대항해 쟁취했던 평등의 개념도 없었다. 개인의 자유와 권리를 주장하는 것에 대해서는, "혼란된 민주주의"라며 일축했다.[61] 일치된 마음을 갖기 위해 정신적 구심점이 있어야 한다고 주장했고, 이승만을 "국부"(國父), "세계적인 반공 지도자", "민족의 태양", "민족의 거성", "성웅"(聖雄), "건국의 워싱턴", "남북통일의 링컨"으로 만들었다. 안호상에 의해 이승만은 "하나님이 내려 보내신 그리스도"가 되었다.[62]

대종교 사상에는 개인 자유와 기본권, 개인의 존귀성이 빠져 있다. 근대사회의 시민의식, 사회정의, 세계적 윤리의식과 보편적 진리, 민주주의

---

58) 안호상, 『인생과 철학과 교육』(서울: 어문각, 1964), p.191.

59) 서중석, "이승만 정부 초기의 일민주의", 『진단학보』 83, 1997년, p.162.

60) 1948년 12월 20일 국회에서 이승만을 지지하는 의원들을 중심으로 '일민구락부'가 구성되었다. 이범석은 대한청년단을 창단해 단시(團是)로 일민주의를 내세웠다. 안호상은 교육이념으로 홍익인간과 일민주의를 선전했다. 1951년 12월 창당된 자유당은 일민주의를 기본이념과 정강으로 삼았다.

61) 안호상, 『세계 신사조론』(서울: 일민주의보급회, 1952), PP.80-81.

62) 김명구, 『해위 윤보선-생애와 사상』, p.179.

적 평등성도 나타나지 않는다. 대신 국가주의적 정신은 가득하다. 필연적으로 독재와 국가주의를 태동시키게 되어있다.

이승만은 자유민주주의를 부르짖고 기독교 국가건설을 염원했다. 그러나 대종교계와 결탁하고 그 사상을 자신의 정치 이데올로기로 받아들이면서 자유민주주의를 구현할 수 없었다. 기독교 국가건설도 불가능했다. 근본적으로 국수적 민족주의는 이를 거절하기 때문이다. 이승만은 독재자라는 오명을 받았고 결국 권좌에서 내려오고 말았다.

한국기독교 역사에서 민족사랑은 뚜렷하다. 그러나 국수성이나 국가주의를 지향하지 않았다. 오히려 배타성을 가진 국수적 우월성이나 그 독선을 거절했다.[63] 기독교의 복음은 국부(國父) 의식이나 독재를 허락하지 않기 때문이다. 한국기독교가 일본의 천황제 이데올로기를 반대했고 박정희가 내걸었던 '민족적 민주주의'를 비판했던 것도 같은 이유이다. 김일성의 주체사상이나 북한 정권을 거부하는 것도 이런 이유이다.

63) 민경배, 『日帝下의 韓國基督敎 民族·信仰運動史』(서울: 대한기독교서회, 1991), p.39.

제2편

기독교와 6.25 전쟁

제 1 장

전쟁의 상황

1. 1950년 6월 25일

1950년 6월 25일 새벽 4시 전후, 북한 인민군이 38선 전역에서 242대의 탱크를 앞세우고 쳐내려왔다. 공산주의자들에게는 이데올로기가 우선이었지 민족의 개념이 없었기 때문이다.[1)]

오전 7시가 넘어서야 북한군이 침공해 온 것이 간단히 전해졌다. 서울 시민들은 38선 부근에서의 소규모 충돌인 줄 알고 크게 놀라지 않았다. 육군총장 채병덕도 오전 10시경이 되어서, 의정부 전선을 둘러보고 나서야 전면 공격임을 알았다. 그때쯤 북한군 전투기가 김포와 여의도 공군기지에 나타나기 시작했고, 정오경에는 북한 야크기 4대가 용산역과 서울 시내 주요 시설에 기총소사하고 폭탄을 투하했다.[2)] 군용차가 거리를 질주하고 "3군 장병들은 빨리 원대로 복귀하라"는 마이크 소리가 요란했

---

1) 1920년대 월남 이상재나 이승만은 공산주의의 반민족적 정서를 지적한 바 있다.
2) 합동참모본부 군사연구실 편, 『한국전사』(서울: 합동참모본부,1984), p.787.

다. 그렇지만 시민들은 무슨 일이 일어났는지 정확히 알지 못했다. 대부분은 북한 공산군의 남침을 제대로 알아차리지 못한 채 주일을 보내고 있었다.[3]

창덕궁 비원의 반도지에서 낚시를 하고 있던 대통령 이승만은[4] 오전 10시경, 경무대 김장홍 총경으로부터 상황을 보고 받고 경무대로 급하게 돌아왔다.[5] 국방장관 신성모는 경무대로 들어와 오전 9시쯤 개성이 함락되고 북한군이 춘천 가까이 왔다고 보고했다.

국방장관은 전세를 낙관했다. 주한 미국대사 무초(John J. Muccio)도 국무장관 에치슨(Dean G. Acheson)에게 "한국 관리와 국군이 침착하고 능숙하게 사태를 잘 처리하고 있다"[6]는 전문을 보냈을 정도로 사태를 심각히 보지 않았다. 채병덕도 긴급히 소집된 국무회의에서 "적 전차를 격퇴하면서 적절하게 작전을 전개 중에 있다"며 "능히 격퇴할 수 있을 것"이라 보고했다.[7]

그것은 오판이었다. 북한의 야크기는 서울의 밤을 마음껏 유린했고 그때마다 공습경보가 요란히 울렸다.[8] 대통령 내외도 방공호로 잇달아 피

---

3) 아나운서 위진록의 증언.

4) 국방부 전사편찬위원회, 『한국전쟁사』 제1권(서울: 국방부, 1977), p.610.

5) 프란체스카 도너 리, 조혜자 옮김, 『6.25와 이승만-프란체스카의 난중일기』(서울: 기파랑, 2010), p.22.

6) The Ambassador in Korea(Muccio) to the Secretary of State, *FRUS*, 1950, Vol. Ⅶ, p.127.

7) 국방부 전사편찬위원회, op.cit., p.611. 국무회의에 참석했던 문교부장관 백낙준과 대통령 비서 민복기는 후일, 채병덕이 전면 남침이 아닌 이주하와 김삼룡을 탈취하기 위한 책략 정도로 보고했다고 증언했다.

8) 부산일보 편, 『임시수도 千日, 부산피난시절 진상을 파헤친 다큐멘터리 대하실록』 상(부산: 부산일보, 1984), p.24.

신해야 했다.[9] 6월 25일 자정, 북한군은 서울 도심 진입을 시도했다. 북한 전투기들은 용산 일대의 군 시설, 여의도와 김포비행장, 경무대와 중앙청 일대에 기총소사를 했다. 항복을 권유하는 전단도 뿌렸다.[10]

6월 27일 새벽 2시, 대통령 이승만은 급히 몸을 피했다. 워낙 전세가 불리해 정부를 대전으로 옮겨야 했다.[11] 그런 와중에도 국군이 적을 격퇴하고 있다는 방송이 나왔고 심지어 '국군의 해주 탈환'이라는 호외가 서울 시내에 뿌려졌다. 예상보다 빠르게 한강교가 폭파되었고 28일 새벽에는 조선인민군 제1군단 소속의 탱크가 서울 도심에 나타났다. 공산군들은 큰 저항을 받지 않고 서울을 점령했다.[12]

2. 북한 공산정권의 기독교회에 대한 적개심

북한군은 개전 3일 만에 서울을 장악했다. 8월에서 9월 사이에 이르러서는 경상남북도 일원을 제외한 남한의 대부분의 땅을 차지했다. 유엔군이 개입하며 전쟁은 더욱 치열했고 그럴수록 북한의 박해와 만행은 도를

---

9) 프란체스카 도너리, op.cit., p.23.

10) 공군본부, 『6.25전쟁 항공전사』(서울: 공군본부, 2002), p.15.

11) 북한군이 서울을 점령하고 전라도까지 위협하자, 이승만은 대전에서 사흘을 머무른 뒤, 7월 1일 새벽에 열차편으로 대전을 떠나 이리에 도착하였다. 7월 2일에는 다시 목포에 도착하였고, 배편으로 부산으로 옮긴 뒤 7월 9일 대구로 옮겨갔다.

12) 조선인민군 1사단, 3사단, 4사단, 6사단과 조선인민군 105 탱크여단으로 서울을 공략했다. 인민군 2사단과 12사단은 춘천을 공격했지만 국군 6사단이 이를 격퇴했다. 인민군 2만4천 명은 6월 25일 새벽 춘천을 기습 공격했지만 국군은 40% 이상의 전력을 격파하며 막아냈다. 한국군 6사단은 3일간 조선인민군과 대치하며 춘천을 지켰으나 육군본부 명령에 따라 충주로 철수했다.

넘었다. 특별히 기독교에 대해서는 살의와 적개심을 갖고 대했다. 역사는 공산체제와 민주주의체제가 양립할 수 없다는 것과 공산주의와 기독교 복음이 함께 할 수 없다는 것을 다시 확인해 주었다.

북한을 장악했을 때, 소련과 공산정권은 저항했던 개신교회뿐만 아니라 호교적 이유로 침묵을 지키고 있던 천주교회도 예외 없이 탄압했다.[13] 개신교에 대해서는 반공적 태도와 친미주의 경향을 문제 삼았고 천주교회에 대해서도 외세라며 시복 대상자들을 살해했다.[14] 영적 각성의 진원지였던 철원의 장흥교회와 철원제일교회의 김윤옥, 박성배, 정국화, 박상춘, 박정재 등도 옥사하거나 죽임을 당했다.[15] 김일성의 북한공산정권은 "민족"을 내세웠지만,[16] 그것은 명분이었다. 애초부터 유물론 이데올로기 아래 기독교회의 존립은 불가능했다. 공산정권에 의해 2,850개의 북한 교회와 수십만의 교인들, 신학교들, 숭실학교 등 수많은 기독교 학교들이 일순에 사라졌다.[17]

---

13) 북한은 기독교 국가건설을 외치고 공산주의를 반대한다는 이유로 1946년 장흥교회와 철원제일교회의 김윤옥, 박성배, 정국화, 박상춘, 박정배 등을 옥사시키고 사형시켰다. 조선혜, "십자가의 사람 서기훈 목사," 『중부연회 순교자 열전』(서울: 한국기독교역사연구소, 2014), p.322 참조.

14) 북한 공산정권 수립이후, 어용을 표방하며 최소한의 형태로 존립을 유지하고 있던 북한 교회는 6.25 전쟁 이후 공식적으로 사라졌다. 천주교회도 마찬가지이다. 북한 땅에서 제일 먼저 탄압을 받았던 덕원수도원 사건 이후, 6.25 전쟁 직전까지 73명이 체포 또는 피살되었다. 독일인 성직자 22명, 수사 25명, 수녀 20명, 한국인 신부 5명, 수녀 1명이었으며, 이 가운데 31명이 희생(외국인 25명, 한국인 6명)되었다. 차기진, "6.25 사변과 천주교회의 순교자들", 「사목」, 1994년 10월호 참조.

15) 철원군지 증보편찬위원회 편, 『鐵原郡誌』 下(철원: 철원군, 1992), pp.2046-2047.

16) 서광선, "눈 속의 눈물 - 6.25 체험기", 『씨올의 소리』, 1990년 6월호, p.78.

17) 강인철, 『한국의 개신교와 반공주의-보수 개신교의 정치적 행동주의 탐구』(서울: 중심, 2007), pp.192-193. 해방 이전 평양에만 남산현교회와 장대현교회 등 28개의 감리교회, 33개의 장로교회, 5개의 성결교회를 비롯해 숭실학교, 광성학교, 평

북한 공산주의자들의 기독교에 대한 적개심은 점령지 남한에서도 계속되었다.[18] 3개월이라는 그 짧은 기간에 북한 공산정권에 희생된 기독교인은 일제 강점기 때보다 훨씬 많았다. 노골적으로 기독교인들을 처형하거나 폭력과 수모를 가했다. 미국이 전쟁에 참전하자 미제의 간첩이라며 그 증오심을 더욱더 드러냈다.

북한군과 공산당에 피살당한 기독교 교직자 중 이름이 밝혀진 사람만 174명이었다. 납북당한 사람들 중 교직자만 184명이었다.[19] 한국 감리교회 초대 통리사였던 양주삼, 통합된 감리교회를 이끌었던 김유순, 전도국 총무 박만춘, 북아현 감리교회 조상문, 총리원 재단 이사 방훈, 협성신학교 교수 서태원, 기독교교육협회 심명섭 등이 납북 당했다. 평양신학교 교수를 역임했던 남궁혁, 성빈사상의 창시자 송창근, 새문안교회의 김영주, 신당중앙교회의 안길선이 끌려갔다. 기독교조선성결교회의 초대 총회장을 했던 박현명, 서울 신공덕동 성결교회의 김유연, 서울신학교 교장

양신학교, 성화신학교 등의 미션스쿨, 평양기독연합병원 등의 기독교 병원과 평양애린원 등의 사회사업기관 및 평양 예수교서원 등 기독교 서적센터, 기타 기관이 자리하고 있었다.

18) 1950년 서울시민은 144만 6천여 명 정도였다. 인민군에게 점령당하기 전에 서울을 빠져나간 사람은 약 40만 명이었다. 그 가운데 80%가 월남 동포였다. 이들은 공산주의자들의 실체를 경험했기 때문에 필사적으로 서울을 벗어나려 했다.

19) 정진석, "새로 밝혀진 공산당의 6.25전쟁 당시 기독교 성직자 학살 · 납치 진상", 「daily 월간조선 뉴스룸」, 2003년 10월. http://monthly.chosun.com/client/news/viw.asp?nNewsNumb=200310100056. 민경배에 의하면 피살되거나 납치된 교역자는 장로교 177명, 감리교 44명, 성결교 11명, 성공회 6명이었다. 민경배, 『한국기독교회사』 신개정판(서울: 연세대학교출판부, 1993). 천주교회는 교구장 1, 신부 40, 수녀 7, 신학생 4명의 한국인 희생자가 있었는데 외국인 98명을 포함하면 모두 150명이 희생되었다고 보고 있다. 『한국가톨릭대사전』(서울: 한국가톨릭대사전편찬위원회, 1992), p.911.

이건이 납북되었다.[20] 구세군의 김삼석 정위와 성공회 회장 임홍석도 북으로 끌려갔다. 상해임시정부 참여자로 『민주주의 원론』 등 주옥같은 저술들을 남긴 한치진도 납북당했다.

상해임시정부에서도 일했던, 후암교회의 김예진(金禮鎭)은 린치를 당하고 리어커에 실린 채 시가지로 끌려 다니다가 천호동에서 총살당했다. 신사참배와 여순 반란사건을 통해 기독교인의 태도를 증명했던 손양원도 죽임을 당했다. 김인룡, 김인선을 비롯한 서울 북창동 공동교회 김윤실도 서울을 물러나던 인민군들에 의해 서대문 형무소에서 살해되었다.[21]

1950년 9월, 전남 영암읍교회 교인 24명이 집단 학살당했고 전북 옥구 원당교회는 75명 교인 중 73명이 학살당했다. 전남 진리성결교회는 43명의 교인이 생매장 당했다. 충남 논산의 병촌교회에서는 한 살짜리 어린아이부터 육순의 노인에 이르기까지 66명의 교인들이 집단 학살당했다.[22] 청주형무소 형목 곽경한이 피살되었고, 전남 영광 염산교회 담임자 김방호와 교인들 77명이 집단 살해되었다. 정읍 신태인제일교회 김병구는 살해당한 뒤에 연못에 내던져졌고 진도읍교회 김수현은 읍 근처 수문 밑 바다에 수장되었다. 구세군 참위 강기모는 충남 예산군 손지리 뒷산에서 피살되었고 구세군 고등 참령 노영수는 지리산 기슭에서 총살당했다. 부안군 평교교회 전도사 오병길은 공음면 내무서 뒤뜰에서 살해당했고 두 아들과 며느리도 다음날 같은 장소에서 처형당했다. 소록도교회에서 나환자를 대상으로 목회하던 김정복은 고흥 내무서에 감금되어 있다가 고

---

20) 이들 중에는 기독교연맹에 속아 협조한 인물들도 있다.

21) 강신명, "6·25의 비극", 『강신명신앙저작집』 II, p.593.

22) 오영필, 『성결교회 수난기』(서울: 기독교대한성결교회 출판부, 1971), pp.50-85.

홍읍 뒷산에서 죽임을 당했다.[23] 강화 대문교회 김영배와 문산교회 박승건, 월오지교회 황도문 등도 살해되었다.[24]

전남 법성포교회 목사 김종인은 쇠창살에 죽었고 부인과 두 딸, 한 아들, 교인 24명도 함께 죽임을 당했다. 김제군 대창리교회 안덕윤도 공산군의 쇠창에 죽었다. 전북 만경교회 김종한과 교인 15명이 김제 내무서 뒤뜰 우물에 생매장되었고, 금산교회 장로 조기남과 주일학교 교사 김윤철, 대송교회 장로 정기봉과 김형배, 하치오, 김성두, 권태술, 대창교회 목사 안덕윤도 쇠창으로 죽임을 당했다.[25] 이외에도 공산군들은 십자형, 돌로 짓쪼기, 불로 태우기, 죽창, 강이나 바다에 돌을 달아 쓸어 넣기, 삽으로 머리치기와 같은 방법으로 기독교인들을 죽였다.[26] 33인 중 한 사람인 신석구도 1950년 11월 평양 교외 비류강변에서 총살당했다. 김화읍감리교회를 담임했던 백학신과 서기훈, 금성교회 한사연도 죽임을 당했다.

감리교회 239개, 장로교회 619개, 성결교회 106개, 구세군 8개의 예배당이 파손되었다.[27] 기독교인이라는 이유 하나로 수많은 사람이 죽임을 당했다. 공산 이데올로기가 선명했던 사람에게 기독교인은 애초부터 동포가 아니었다.

---

23) 정진석, op.cit.

24) 최태육, “남북분단과 6.25전쟁 시기(1945-1953) 민간인 집단희생과 한국기독교의 관계연구”(목원대학교 박사학위논문, 2014), p.421.

25) 정진석, op.cit.

26) 장병욱, “한준명의 증언”, 『6.25 공산남침과 교회』(서울: 한국교육공사, 1983), p.261.

27) “신앙투쟁의 통계발표”, 「기독공보」, 1952년 6월 30일자.

3. 어용, 변질, 변절의 기독교

하나님의 존재를 외면한 채 기독교 이데올로기만 외친다면 기독교가 아니다. 땅에서 이루어지는 유토피아에 전념한 나머지 부활과 영생을 부정하고 외면해도 기독교가 아니다. 기독교의 복음을 민족을 위한 도구에만 국한한다면 그것은 복음을 왜곡하는 것이다. 예수 그리스도의 삶과 말씀을 충실히 따라 하고 실천한다고 하면서, 영혼 구원의 영역을 외면하면 그것도 기독교로 인정될 수 없다. 한국교회의 전통, 곧 복음주의 신학에서는 그것을 분명히 한다.

기독교의 복음은 민족의식과 애국적 사명을 소중히 여기지만, 그것 자체를 위해 존재하지 않는다. 사회적 사명과 국가적 소명이 소중히 여기지만 기독교 복음의 출발점은 예수 그리스도를 통한 구령(救靈)이다. 그것은 하나님과의 단독자 개념에서 출발한다. 복음의 영적인 영역을 상실하는 순간, 이미 기독교의 근원적 정체성은 없어지는 것으로 여긴다. 하나님과의 관계도 깨어진다. 그것이 어용을 판가름하는 조건이었다. 한국기독교회에 각인된 생각이다.

인민군이 서울로 들어올 때, 곳곳에서 과거 좌익운동을 했던 보도연맹 출신들이 나타났다. '인민군환영'의 현수막도 거리에 무수히 걸렸다. 어제의 서울이 아니었다. 3.1 운동 당시 33인의 중 한 사람이었던, 김창준이 인민군과 함께 서울에 나타났다. 종교교회 출신으로 한국 근대교육역사에 금자탑을 쌓았던, 그러나 월북해 문교상에 올랐던 이만규도 서울로 들어왔다. 평양신학교 출신으로 1946년 10월의 대구폭동 주도자 중 한 사람이었던 최문식도 사람들 앞에 나타났다.

김창준은 태평로에 사무실을 내고 이승만 정부가 등장하면서 해체되었던 '기독교민주동맹'을 다시 조직하려 했다.[28] 위원장의 직함을 갖고 피난 가지 못한 목사들을 만났고 '민주동맹'에 들어오기를 강요했다.

기독교민주동맹 회원들은 대개 YMCA 내부의 공산사회주의를 신봉하던 청년들로 구성되었다.[29] 경동교회를 다니던 김욱은 사무장이 되었다. 전북 삼례 출신인 그는 김종대에게 장로교회도 인민군 환영 행사에 나서야 한다고 강요했다.[30] 두 사람은 전주성경학원 동창이었다. 김종대와 한국 장로교회 총무를 맡고 있던 유호준이 신변 안전을 요구했으나 이 말에는 어떤 답변도 하지 않았다.

김창준, 최문식 등의 협박에 서울을 빠져나가지 못했던 기독교 지도자들은 어쩔 수 없이 어용조직에 가담해야 했고 '인민군환영대회'를 준비해야 했다. 대회 고문으로 신홍우, 총무에 박성산이 뽑혔다.[31] 각 교단 대표자로 장로교는 유호준, 김종대, 감리교는 박만춘, 심명섭이 나서야 했다. 7월 10일 오후 2시, 종로 YMCA에서 3백여 명이 참석한 가운데 대회가 열렸다. 감리교 감독 김유순과 적십자 총재 양주삼도 여기에 참석해야 했다. 유호준이 병을 핑계로 나오지 않아 김종대가 대신 설교를 했고 감리교 목사로 대한성서공회 총무였던 임영빈이 환영문 낭독을 해야 했다.[32]

---

28) 기독교민주동맹에는 월북한 기독교인들과 일부 남한 기독교 지도자들도 참여했다. 인민군 환영대회뿐만 아니라 신도궐기대회, 교역자 대상의 강연회, 국방헌금 모금, 노력동원, 자술서 쓰기와 사상 전환을 위한 인민교육 등의 활동을 벌였다.

29) 유호준, 『역사와 교회-유호준목사 회고록』(서울: 대한기독교서회, 1993), p.220.

30) 김명구, 『소죽 강신명 목사』, p.165.

31) 두 사람은 1947년의 기독교민주동맹시절, 곧 김창준이 위원장이 되었을 때 고문과 총무로 있었다.

32) 본래 설교는 유호준이 하기로 되어 있었다. 그러나 유호준이 치병을 핑계로 대회에 참석하지 않았다. 할 수 없이 김종대가 밀려서 설교를 했다. 이 일로 김종대는 후일에 부역자로 몰려 한동안 곤욕을 치러야 했다. 김명구, 『소죽 강신명 목사』, p.165.

당시 대(對) 기독교계, 특히 감리교를 대상으로 북한 정권을 대변한 인물은 김창준과 최택이었다. 장로교는 최문식이 맡았다.[33] 미국 게렛신학교(Garrett Theological Seminary)에서 공부하고 협성신학교 교수를 지냈던 김창준은, 1930년대만 하더라도, 공산주의와 기독교가 절대 타협할 수 없다고 주장한 바 있다. 기독교는 구원의 종교이고, 공산주의는 "오직 물질의 힘과 생사력을 본위"로 하는 유물 사상 아래 있다는 것도 분명히 했다. 덧붙여, 계급투쟁이 인류를 멸망시키는 반면 기독교의 복음과 십자가의 사랑은 모든 죄악을 소멸시킨다는 고백도 했다.[34] 사회주의적 이상을 꿈꾸었을지언정 공산주의는 배격했다. 해방 직후까지도 이를 굳건히 했다.[35] 그러나 1947년 1월, 일명 '민주주의민족전선'에 참여하고 허헌, 박헌영, 여운형, 김원봉, 김기전과 함께 의장단에 선출된 이후, 김창준은 달라졌다. 1947년 2월 4일 그는 다음과 같은 성명을 발표했었다.

> 一. 근로인민을 기초로 한 민전. 나는 본래 기독교 목사로서 예수의 정신을 따라 노농자(勞農者)들에게 더 가까운 친구가 되고자 함은 나의 본래의 정신이었다. 특권계급의 편에 서는 것보다는 차라리 근로자 속에 들어가서 같이 울고 같이 웃고 싶었다.(중략)
>
> 二. 경제적 공평을 주장하는 민전. 십자가애(十字架愛)를 부르짖는 속에

---

33) 유호준에 의하면 최문식은 장로교 목사들을 대상으로 기독교의 반성과 전향을 유도하였고, 최택이 성서공회 2층에 사무실을 차려놓고 감리교쪽을 담당했다고 한다. 유호준, op.cit., pp.225-226.

34) 김창준, "맑스주의와 기독교", 『감리교와 역사』, 한국감리교회사학회, 1990년, pp.15-19.

35) 1945년 해방 직후 그는 기독교적 건국과 기독교의 세계주의 운동을 표방했다.

> 서 경제적 공평의 제도까지 병행하지 않으면 아니 될 줄 깊이 안다. (중략) 현하 세계의 무산대중은 기아선상에서 굶어 죽어간다. 인간의 계급차별은 끊임없이 투쟁을 일으키고 있다. 전체적으로 형제애를 달성키 위하여는 경제적 공평을 주장하는 민전노선을 취함이 제이(二)의 이유였다.
>
> 三. 삼상결정을 총체적으로 지지하는 민전. (중략) 현재의 방편으로서 국제정세에 순응할 뿐 아니라 우리의 민주주의적 국가의 실력을 충실히 하며 또한 독립전취(獨立戰取)에 가장 빠른 길은 막부(莫府) 삼상(三相) 결정 지지에 있다는 것을 믿으며 뿐만 아니라 우리 민족의 근본적 해방은 근로대중의 승리로 말미암아 올 것과 또 그것이 정당하다고 믿는 동시에 세계 약소민족 해방은 세계 인민민주주의의 최후 득승(得勝)으로만 올 것을 확신함은 나의 민족노선을 취한 제삼(三)의 이유이다.[36)]

예수의 정신과 기독교적 양심을 언급했지만, 분명히 김창준은 '인민민주주의'로 전향했다. 기독교 복음의 구속과 은총의 개념은 사라졌고 결국 공산주의자가 되었다. 그가 아무런 가책 없이 서울에 남아 있던 기독교 지도자들에게 소위 '교역자자술서'라는 것을 강요하며 변절을 유도했던 이유이다.[37)]

대구 출신의 최문식은 대구 계성중학교와 숭실전문, 평양신학교를 나왔다. 1920년대에 조만식, 배민수와 함께 기독교 농촌운동을 했다. 1926년 1년동안 일본에 있었을 때 사회주의에 심취했고 유토피아를 꿈꾸다가

---

36) "근로인민기초의「민전」, 김창준씨, 민전참가이유 발표",「독립신보」, 1947년 2월 5일자.

37) 김창준은 1948년 3월 김일성과 김두봉 등의 명의의 초청장을 받고, 4월 김구, 김규식, 조소앙 등과 함께 월북했다. 이후, 허헌, 홍명희 등과 함께 평양에 남았다가 최고인민회의 상임위원과 조국통일민주주의전선 중앙위원회 초대 서기장이 되었다.

결국 공산주의자가 되었다.[38] 해방 후, 경북 인민당 대표이자 경북 인민위원회 부위원장의 신분으로 소위 '10월 인민항쟁', 곧 대구 폭동의 주도 인물이 되었다.[39]

최문식에게도 목사가 갖추어야 할 영적 영역은 사라져있었다. 그는 6.25의 한복판에서 장로교 목사들에게 "비민주적인 기독교를 선포했다"는 내용의 자수서를 쓰라고 요구했다. 미군 철수 반대를 선동했고 '미국의 앞잡이'였다는 것도 시인하라고 강요했다. 한국교회가 '미국을 돕는 통로'라는 것을 인정하라고 했고 이승만을 위해 정치 운동을 했다는 자백도 강요했다.[40] 숨어있던 목사들을 색출하는 데 앞장섰고 강제로 대중 앞에 세워 모욕을 주었다. 김일성 정권을 지지하는 궐기대회에 참석하게 하고 남북통일호소문을 작성하게 했다.[41] 강제로 끌고 다니다가 적극성과 열의가 없다며 구속시키기도 했다.[42]

김창준과 최문식 등 변절한 목회자들이 강요한 '교역자자술서'로 인해, 서울에서만 모두 60여 명의 교역자와 교인들이 검속되었다. 자술서는 미처 피난을 가지 못한 목사들을 학살하고 연행, 납북시키는 근거가 되었다. 한국의 대표적인 신학교, 곧 협성신학교와 평양신학교 출신의 목사들이 그런 만행에 앞장섰던 것이다.[43]

---

38) 배민수는 그 때 최문식이 "공산주의자와 무정부주의자들이 하듯이 머리를 길게 기르고 지팡이를 사용하였다"고 회상하면서 그가 "분명히 공산주의자가 되어 있었다"고 주장했다. 배민수, *Who Shall Enter the Kingdom of Heaven?* (서울: 대한예수교장로회총회 농어촌부, 1993), p.310.

39) Ibids., pp.419-421.

40) 유호준, op.cit., pp.226-229. 이만규는 남한의 기독교 목사들이 잘만 협조하면 정부는 신분을 보장하고 보호해 줄 것이라는 내용의 연설을 한 것으로 알려져 있다.

41) 김수진, "6.25전쟁과 좌익의 득세", 「한국기독공보」, 2001년 6월 23일자.

42) 최문식에 의해 수감된 김윤실(金允實), 전인선(全仁善) 등은 형무소에서 옥사했다.

한편, 6.25 전쟁이 발발했을 때, 북한의 교회들은 공산정권의 지원 활동을 벌였다. 북조선기독교도연맹은 1950년 8월 5일 서문밖교회에서 궐기대회를 열고 "정의의 성전"을 외쳤다.44) 무기대금 마련하는 데도 힘을 다했다. 기독교도연맹총회 초대 총회장 김익두의 이름으로 10만원의 비행기 · 탱크 · 함선 기금을 냈다.45) 명분은 "조국의 통일과 독립과 민주와 자유와 평화"였다. 유물론을 표방하는 북한 공산정권을 위한 기독교, 곧 어용의 기독교로 변절한 것이다.

어용의 교회와 변절한 기독교인들에게 '복음'이나 '구원의 기독교'라는 개념은 사라져 있었다. 서울에 남아 있던 사람들과 기독교인들은 그것을 몰랐다. 수많은 사람이 고초를 겪었고 적지 않은 기독교인이 모진 수모를 당했다. 변절한 기독교인들은, 자신들을 가로막거나 맞선다고 생각하면 반동분자로 낙인찍고 무참하게 폭력을 가했다.

공산주의자들에게 민족적 기대감을 가졌던 기독교인들도 6.25를 통해 동포애가 불가능하다는 것을 확인하게 되었다.46) 공산주의자들과 변절의 기독교인들은 민족을 갈라놓았고 영적 가치를 거부했다. 하나님의 존재를 부인하는 죄도 저질렀다. 한국교회가 반공을 극명히 내걸었던 것은 6.25의 경험이 더해졌기 때문이다.

---

43) 민경배, 『한국기독교회사』, p.527.

44) 「노동신문」, 1950년 8월 7일자 ; 김흥수, 『해방 후 북한교회사』, pp.498-504.

45) 김흥수, 『한국전쟁과 기복신앙 확산 연구』(서울: 한국기독교역사연구소, 2006), pp.59-60.

46) 김재준 같은 인물이 대표적이다. 6.25 이후 그는 강력한 반공주의자가 되었다.

제 2 장

국가구원의 기독교, 그리고 미국기독교의 공헌

1. 국가구원의 기독교 - 영적 전쟁으로의 인식

6.25 전쟁이 일어난 다음 날, 기독교서회에서 회장 황종률의 주재로 한국기독교연합회(The Korea National Christian Council, KNCC) 회의가 열렸다. 여기에서 김유순과 박만춘을 비롯한 감리교 목사들과 황종률, 한경직, 송창근, 김종대, 김인서, 강원용, 김유연 등이 '대한기독교구제회'를 조직했다. 국군을 돕고 피난민을 구호하자는 취지였지만, 본능적으로 국가구원 의식이 발현되는 것이었다. 그러나 한경직을 회장에 추대했지만, 인민군이 서울로 들어오는 바람에 활동을 시작하지 못했다.[47]

정부가 대전으로 옮겼을 때인 7월 4일, 서울을 빠져나온 목회자들은 다시 대전YMCA에 모였다. 이들은 '대한기독교구국회'를 조직하고 한경직을 회장으로 추대했다.[48] 곧바로 대구로 옮겨야 했지만, 대구와 부산

47) 이승준, "한경직 목사와 한국전쟁," 『한국기독교와 역사』 15호, 2001년 8월, p.17.
48) 이때 부회장에는 김창근, 황치헌, 황종률이 선출되었다. 황금천, 이웅화, 김성준과

등에 약 30개의 지부를 두는 등 활발하게 활동했다.

'구국회'의 주된 목적은 민심을 수습하고 피난민을 구호하며 국군을 위문하는 것이었다. 전세(戰勢)에 따라 국군들과 함께 평양에 입성하기도 했고 1.4 후퇴 시에는 부산까지 내려가면서 군 위문과 선무(宣撫), 원호 사업을 했다.[49] 한경직 등은 선무공작대를 조직해 국방부와 사회부를 도우며 적극적으로 선무와 구호, 방송 등을 했다. 수백 명의 선무공작대원을 지방과 도시에 파견해 반공사상을 고취 시키는데도 힘을 기울였다. 용기와 단결을 북돋웠고 국민의 책임을 호소하는 계몽 강연회도 열었다. 9.28 수복 때는 구국단원들과 군복을 입고 입경했고 평양이 수복될 때도 국군과 함께 평양에 들어가 선무에 나섰다.[50] 이외에도 기독인 청년들을 십자군의 이름으로, 구국의 사명의식을 품게 해서 전선으로 보내는 역할도 했다.[51] 한경직은 당시 일을 다음과 같이 말하고 있다.

> 우리가 이런 때에 기독 청년들이 자원해서 나가서 우리나라를 위해 도와 싸워야 된다 했시오. 그때는 국군이 몇 사람 없던 때라 군부에서 갑자기 군인을 소집하느라고 애썼드랬시오. 우리가 자원해서 모이자 하니까니 각 교회에서도 그 뜻을 알리고 믿는 사람들은 다 말하여 기독 청년들이 한 3천 명이나 모이게 됐시오. 전부 대구사람인데 신광여자고등학교에 다 가서 우리 본부를 두고 다 주둔시켰시요.[52]

이창로 장로 등이 실무를 담당했다.

49) 원호부장이었던 강신명은 국군들을 위해 대구에서 사과 등을 구입해 작은 규모의 합창단과 공연을 할 수 있는 몇 사람들을 데리고 안동까지 위문을 가기도 했었다. 강신명, "6·25의 비극", 『강신명신앙저작집』 II, pp.592-593.

50) 대한예수교장로회 영락교회, 『永樂敎會 三十五年史』, p.115, pp.124-126.

51) 강신명, op.cit., pp.592-593.

'대한기독교구국회'는 애국심을 고취시켰고 3천 명의 지원병을 모아 군으로 보냈다. 유엔군과 국군이 북으로 진격했을 때는 월남한 목회자들과 기독교인 약 1천 명을 선무공작대원으로 파송했다.

1951년 1월 9일 부산 중앙교회에서 각 교회 연합으로 '기독교 연합 전시(戰時)비상 대책 위원회'가 결성되었다. '대한기독교구국회'에서 했던 일들을 분리해 피난민에 관한 일에 집중하기로 했다. 회장에는 한경직, 부회장에는 유형기, 김창근, 황종률, 총무에 김양선이 선임되었다.[53] 전재민을 위한 구호사업에 적극 나설 수 있는 기관은 교회밖에 없었다.

인민군이 서울을 점령할 당시 대부분 한강을 건너지 못한 서울시민도 1.4후퇴 때에는 1백만 명 이상이 서울을 떠났다.[54] 5만 9천 명의 전쟁고아가 생겼고 10만 2천 명 이상의 여성들이 남편을 잃었다. 헤아릴 수 없을 만큼의 전상자들과 전재민들이 있었고 대부분 굶어야 했다.[55] 환도 후, 방방곡곡에 구호 대상자들이 가득했고 대부분의 국민이 헐벗었다. 치료할 약이 없었고 누울 곳도 없었다. 약 1천만 명이 구호를 받아야 할 지경에 이르자, 손 쓸 방법이 없었다. 서울은 폐허로 변해있었고 전쟁을 치른 모든 도시와 마을들도 사정은 다르지 않았다.

빈곤했던 정부에 여력이 없었다. 전재민 구호는 외국정부와 외국 원조단체에 의존해야 했다. 내한한 외국 원조단체 50여 개 중 약 35개가 외국

---

52) 김병희 편, "한경직 목사와의 대화," 『한경직 목사』(서울: 규장문화사, 1982), p.66.

53) 김성준, "6.25와 대한기독교 구국회," 「한국기독공보」, 1984년 6월 30일자.

54) G. T. Brown. *Mission to Korea*, (Seoul: The Presbyterian Church of Korea Department of Education,1984), p.193.

55) 보건사회부, 『보건사회통계연보(1954)』(서울: 보건사회부, 1955), p.15-16, pp.250-257.

의 교회였고 이 중 대부분이 미국교회에 속했다.[56] 이들은 기독교의 이름으로 전재민과 전쟁고아, 미망인을 돌보았고 한국교회는 이들 외원단체의 안내와 통로가 되었다. 영어를 할 수 있는 자원을 가장 많이 확보한 곳이 교회였고 세계교회와 기독교 단체들과 관계를 맺고 있는 조직이 한국교회였다. 한국교회는 힘을 다해 이 일에 나섰다.

기독교의 복음은 생명을 살리는 데 있다. 복음에 잡힌 사람들은 생명을 건지기 위해 긴급한 현장으로 가게 되어있다. 생명이 제외되지 않고 버려지지 않고 소외되지 않도록, 온 힘을 기울이는 곳이 하나님의 교회이다. 영혼과 몸의 통전적 구원을 기독교 복음의 목적으로 삼기 때문이다.[57] 한국교회가 신봉하던 복음주의 신학의 구원관이다.

한편, 1953년 6월 14일 종로 탑골공원에서 7천여 명이 참석한 가운데 한국교회가 주최한 "북진통일 기원대회"가 열렸다. 다음 날에는 부산 충무로광장에서, 1만여 명이 모이는 "전국 기독교 신도 구국대회"가 열렸다. 여기에서 휴전 반대와 북진통일이 결의되었다. 공산주의를 사탄으로 규정했고 이 땅에서 몰아내자고 호소했다.[58] 이날 한국교회는 한경직을 비롯해 감리교의 유형기, YMCA의 신흥우, 장로교의 배은희와 유호준을 대표로 사절단을 꾸려 미국으로 파견하기로 했다.[59]

---

56) 문인숙, "6.25 동란과 구제활동에 대한 고찰", 『인석 장인협 박사 정년퇴임 기념논문집』(인석장인협박사정년퇴임기념논문집간행위원회, 1990), pp.12-16.

57) 김명구 외, 『창천교회 100년사』(서울: 기독교대한감리회 창천교회, 2006), p.118.

58) "양단(兩斷)휴전반대 · 북진통일을 절규: 구국기독교 신도대회개최", 「한국기독공보」, 1953년 6월 22일자 ; "통일기원 신도대회: 전국 각처에서 연속거행", 「한국기독공보」, 1953년 6월 29일자.

59) "미국에 기독교사절단 파견: 우리의 휴전반대주장 관철키 위해", 「한국기독공보」, 1953년 6월 22일자.

한국교회는 미국교회와 연결되어 있었다. 그런 이유로 구호 문제 이외에도 한국 정부는 미국의 정치적 영향력을 동원하기 위해 한국교회에 일을 맡기기도 했다. 미국정치에서 미국교회가 차지하는 위상이 적지 않기 때문이다. 1951년 3월 이승만 정부가 한경직과 유형기를 국제연합(UN)에 파견하기로 했던 것도 이 때문이다.[60] 미국교회의 도움으로 6.25의 실상을 알리고 국제적 동조를 이끌어 내려 했던 것이다.[61]

정치적 요청에 교회가 적극 나선 것은 공산정권에 나라를 빼앗기지 않기 위해서였다. 특히 한경직 등은 나라가 없으면 교회 존재 자체가 말살된다는 것을 경험한 바 있었다. 덧붙여, 6.25 전쟁을 영적 전쟁으로 이해했기 때문이기도 하다. 까닭에, 6.25 전쟁의 상황에서, 교회의 일과 국가의 일을 분리해야 한다는 생각은 애초부터 없었다.

> 국가와 교회는 완전히 분리해야만 되겠지만 개인은 신자인 동시에 또한 국민이 고로 불가분의 관계를 가지고 있는 것입니다. 그러므로 국가가 하나님의 뜻대로 행해 나갈 때 신자는 충성을 다할 것입니다.[62]
>
> 공산주의 하에서는 자유, 인권, 생명 아무 것도 없으며 아무 것도 허용되지 않는다. 강 건너 불구경하듯이 개인의 피해의식만을 앞세워 대중을 오도 하는 일을 우리 신앙인들은 삼가야 할 것이다. 특히 우리 신앙인들은

---

60) 김양선, 『한국기독교해방십년사』, pp.80-81.

61) 당시 한경직과 유형기가 유엔에 파견되었던 일은 한국 정부의 의지라기보다는 미국교회가 주도한 일이었다. 미국교회는 한국과 한국교회가 당하고 있는 위기와 어려움에 적극 나서고 있었다. 한국교회 내부에서는 미국교회에 사절단을 보내야 한다는 의견이 모아졌다.

62) 한경직, "기독교와 정치", 1946년 월일 미상, 『한경직목사 설교전집』 1(서울: 한경직목사기념사업회, 2009), p.25.

역사가 하나님의 수중에 있음을 기억하고 참아야 할 때에는 참아야 하고 침묵을 지켜야 할 때에는 침묵을 지키며 기회를 기다려야 할 때는 기다리고 결연한 행동이 필요할 때에는 사생취의(捨生取義)의 자세로 행동을 취해야 할 것이다.[63)]

한경직은 이렇게 피력했다. 그에게 교회는 개인구원의 기관인 동시에 국가구원의 도구였다. 한국교회가 사탄의 세력으로부터 대한민국을 구원해야 한다고 믿었고, 이를 위해 적극 나서야 한다고 주장했다. 역사의 주관자에게 맡기고 기다릴 때도 있지만, 결연하게 행동해야 할 때가 오면 죽기를 각오하고 나서야 한다는 주장이었다.

그때 한경직은 공산주의와 근원적으로 대응해서 이길 수 있는 것은 기독교밖에 없다고 믿었다. 기독교만이 무신론의 유물주의 공산주의와 대응할 수 있기 때문이고, "살아 계신 하나님을 믿고 창조의 하나님, 섭리의 하나님"을 믿어야 만이 영적 전쟁에서 승리할 수 있다고 믿었기 때문이다. 그가 이승만 정부에 군목제도를 도입하도록 강력히 요청했던 것도 이와 같은 신념 때문이었다.[64)]

묘했던 것은, 미국교회나 트루먼(Harry S. Truman) 대통령의 의식도 한국교회나 한경직 등과 다르지 않았다는 것이다. 미국은 소련과 대결하는 것을 유신론과 유물론의 대결로 보았고 공산주의자들이 전쟁을 일으

---

63) 한경직목사 기념사업회, 『한경직목사 성역50년』(서울: 영락교회, 1986), p.83.

64) 김병희, op.cit., p.64. 대통령 이승만은 미군 군종 장교였던 가톨릭의 캐롤(George N. Carroll)신부와 감리교 재한선교사 쇼(William E. Show), 극동사령부 군종부장 베넷(Ivan L. Bennett)의 건의와 한경직과 유형기 등이 주도했던 군종제도 추진위원회의 제안을 받아들여 1951년 2월 7일, "육본 일반명령 제31"호로 육군 군종제를 시작했다. 「한국기독공보」, 1952년 7월 14일자.

키는 것을 "하나님의 존재를 부정"하고 "영적인 가치"를 거부하는 것으로 보았다. 6.25 전쟁에 미국이 적극적으로 참여한 것에는 이런 영적 신념이 근저에 있었다.[65] "하나님의 명령"과 하나님의 선한 뜻을 행하기 위한 것이라는 신학적 이유가 있었던 것이다.[66]

미 해병대에 자원해 한국에 왔던, 감리교 선교사였던 윌리엄 쇼(William E. Shaw)의 아들로 서울 탈환작전에 참가했다가 전사한 쇼(William H. Shaw) 대위도 이런 이유로 한국에 왔다.[67] 한국교회의 국가구원관과 미국 정부나 당시 미국교회의 신학이 일치했던 것이다.

2. 미국기독교의 공헌

길거리엔 갖가지 비참한 모양의 시체가 즐비했으며, 보이는 것이라곤 널려진 시체들과 폭격에 쑥밭이 된 황량한 폐허뿐이라고 해도 과언이 아니었다. 그 사이를 흐느적거리며 걷는 사람들은 흡사 아귀 같은 몰골들이어서 눈앞에 펼쳐진 광경은 지옥도가 따로 없을 지경이었다.[68]

---

65) Harry S. Truman, address at New York Avenue Presbyterian Church April 3, 1951, Public Papers of the Presidents: Harry Truman, 1951(Washington: United States Overment Printing Office, 1965), pp.210-213.

66) Loc.cit.

67) 윌리엄 대위는 은평구 녹번리 전투에서 29세 나이로 전사했다. 평양에서 태어난 그는 한국을 조국으로 여겼다. 그는 6.25전쟁을 영적전쟁으로 보았고 공산정권에 승리하는 것이 정의를 지키는 것이라 믿었다.

68) 강원용, 『빈들에서: 나의 삶, 한국현대사의 소용돌이』1: 선구자의 땅에서 해방의 혼돈까지(서울: 열린문화, 1993), pp.316-317.

1951년, 피난 갔다가 서울로 돌아오는 길의 모습을 보고 강원용은 이렇게 술회했다. 전쟁의 참상이 곳곳에 널브러져 있는 모습에 충격을 감추지 못한 것이다. 그의 증언처럼 6.25 전쟁으로 한국 전체가 파괴되었다. 수 없이 많은 사람이 죽임을 당했고 셀 수 없이 많은 전재민이 생겼다. 대부분 사람이 극심한 굶주림과 전염병에 시달렸다. 구호가 절실했던 그때 세계 곳곳에서 구호품들을 보내왔다. 50개의 단체 중 거의 대부분이 기독교 단체였다. 감리교, 장로교가 가장 많았고 침례교, 성결교 등의 단체들이 뒤를 이었다. 영국, 캐나다, 호주, 독일, 스위스 등에서 온 외원단체들이 있었지만 대부분 미국교회에서 보낸 단체들이 주를 이루었다.[69)]

1950년 6월 26일 아침, 국제선교위원회(IMC) 총무 랜슨(Charles W. Ranson)은 한국기독교연합회(KNCC) 회장 황종률과 총무 남궁혁이 보낸 급전을 받았다. 전보에는 "대규모의 침략군 도처에서 우리를 압박 중. 미국으로부터의 긴급 도움을 청함. 귀하의 최고의 영향력을 행사해 달라"는 내용이 들어있었다. 랜슨은 즉각 행동으로 옮겨 국제문제교회위원회(The Commission of the Churches on International Affairs, CCIA)에 북한 공산군의 남침을 알리고 미국 및 국제 기독교기구들에 긴급 도움을 요청하는 전문을 보냈다. 국제연합과 미국 정부에 영향력을 가진 교회 지도자들과도 접촉했다.[70)]

---

69) 김홍수, "한국전쟁 시기 기독교외원단체의 구호 활동", 『한국기독교와 역사』 제23호, 2005년 9월, p.101.

70) 랜슨은 '한국에 관한 긴급모임을 소집할 것이며, 국제문제교회위원회(이하 CCIA)가 유엔 채널을 통해 밀접한 접촉을 유지하고 있다'는 내용의 답장 전문을 남궁혁에게 보냈다. 또한 CCIA의 놀드(O. Frederick Nolde)는 백낙준과 남궁혁에게 각각 "한국의 비극을 듣고 CCIA는 유엔과 접촉 유지 중이며 미국 정부에 대한 진정

한국교회의 급박한 요청에, 6월 27일 미국 감리교를 비롯해 미국 장로교, 북미해외선교협회(The Foreign Mission Conference of North America, FMC)는 미 국무부에 한국 문제가 국제연합에 상정되어야 한다는 공문을 보냈다. 특별히 FMC는 한국에 관심을 가진 모든 교회에 대표 모임을 조직했고, 이 모임을 통해 재정적 지원을 결의하는 한편 세계교회협의회(World Council of Churches, WCC)에도 지원을 요청했다.[71] 공산권 교회들의 반대도 있었지만, 7월 8일 캐나다 토론토에서 열린 WCC 중앙위원회에서는 북한이 남침했다는 것을 분명히 했고 긴급구호에 적극 나설 것을 결의했다.[72]

구호에 가장 적극적인 단체는 미국교회협의회(National Council of the Churches of Christ in the USA) 산하의 기독교세계봉사회(Church World Service, CWS)였다.[73] CWS는 1946년부터 북한에서 내려오는 기독교인 월남민들을 대상으로, 1908년 4월부터 재한 감리교 선교사로 활동하며 연희전문 부교장을 지냈던 빌링스(Bliss W. Billings)를 내세워 한국 구호활동을 한 바 있었다.[74] 1949년 4월에 이르러서는 공식적으로 기독교세

에 관해 교회 지도자들과 협의 중"이라고 전문을 보냈다.

71) Kai Yin Allison Haga. "An overlooked dimension of the Korean War: The Role of Christianity and American Missionaries in the Rise of Korean Nationalism, Anti-Colonialism and eventual civil war, 1884-1953" Ph.D., Virginia: *College of William & Mary*, 2007, pp.327-328.

72) 김홍수 편, 『WCC 도서관 소장 한국교회사 자료집: 한국전쟁 편』(서울: 한국기독교역사연구소, 2003), p.136.

73) 사실 WCC는 미국NCC가 주도하고 있었고, 미국NCC는 기독교세계봉사회를 통해 한국 구호활동에 나섰다. CWS는 제2차 세계대전 종전 후인 1946년 북미선교협회(Foreign Missions Conference of North America, FMC), 미국NCC 등에 의해 결성되었다. 기독교세계봉사회는 1946년부터 한국을 돕고 있었다.

74) Kai Yin Allison Haga, op.cit., p.351. 빌링스의 후임으로는 1909년 내한해서 대구

계봉사회 한국지회를 설립해 활동하고 있었다.[75)]

미국 전역의 교회와 기독교 단체로부터 모아진 구호비와 구호품들은 모두 기독교세계봉사회로 보내졌다.[76)] 한국교회는 기독교세계봉사회가 보내는 구호 물품들을 보다 효과적이고 원활히 분배하기 위해, 1951년 7월 '한국기독교봉사회(KCWS)를 재조직했다. '대구선교의 아버지'로 불리던 북장로교의 아담스(James E. Adams)와 6.25 전쟁 전 한국지회를 관리한 바 있던 아펜젤러(Henry D. Appenzeller)를 회장과 총무로 위촉해 구호작업에 적극 나섰다.[77)] KCWS는 아동복지사업, 결핵사업, 미망인 사업 등의 특별위원회를 두어 구호사업의 영역을 세분화했고 서울과 제주를 포함해 남한 전역에 125개 지역위원회를 두었다. 감리교와 장로교, 성결교와 구세군의 교역자와 장로들로 위원들을 구성했고, 도움이 필요한 사람들을 찾아 구호품들을 나누어주었다.[78)]

밥 피어스(Bob Pierce)에 의해 시작된 한국선명회[79)]도 전쟁고아와 미

동산병원을 이끌었던 북장로회 선교사 플레처(A. G. Fletcher)가 뒤를 이었다.

75) 기독교세계봉사회 한국지회 초대 관리책임자는 아펜젤러(H. G. Appenzeller)의 아들 헨리 닷지 아펜젤러(H. D. Appenzeller)였다.

76) 1953년 한 해 동안에만 미국교회는 기독교세계봉사회에 현금 271,341.70달러, 1,599,752.82달러 상당의 의류, 기타 물품 5,469,882파운드를 보냈다. Harry A. Rhodes, and Archibald Campbell, *History of The Korean Mission Presbyterian Chutch in the U.S.A. Vol. II*. 1935-1959, p.323.

77) 김홍수, "한국전쟁 시기 기독교 외원단체의 구호활동", op.cit., p.109 ; Relief and Reconstruction in Korea. *Church World Service*, 1953월 11월 1일자 참조. 세계기독교봉사회의 한국지회는 감리교, 장로교, 구세군, 성결교에서 선출된 대표들과 아담스를 비롯한 재한선교사들을 대표로 하여 결성되었다.

78) 김홍수, Ibid., p.110. 1951년 1월부터 9월까지 기독교세계봉사회는 44,738세대 224,755명의 전재민들에게 식량과 의복, 담요 등의 구호품을 제공했다. 이를 분배하는 과정에서 일부의 잡음이 없지 않았으나 한국교회는 비교적 공정하게 이를 처리했다.

망인들을 위한 시설을 짓고 그들을 돌보았다. 후일 한국복지재단으로 이름이 바뀌었던 기독교아동복리회(Christian Children's Fund)도 전쟁고아들을 위해 헌신했다. 1952년에 에버렛 스완슨(Everett Swanson)이 세운 '스완슨전도협회'도 고아원을 설립해 전쟁고아들을 구호했다.[80] 해리 홀트(Harry Holt)도 1956년 한국 고아들의 해외입양을 위해 대한구세군 본영 안에 사무실을 개설하고 주로 미국으로 입양을 보내기 시작했다.

선교사들뿐만 아니라 한국전에 참가했던 미군들도 한국의 전쟁고아들을 도왔다. 러셀 브레이즈델(Rusell Blaisdell) 군목의 요청을 받은 딘 헤스(Dean Hess) 대령은 1950년 12월 20일에 964명의 고아들을 제주도로 피신시켰다. 그는 미 공군 수송기 16대로 고아들을 옮겼고 일본에서 식량을 공수해 보살폈다[81] 후일 "한국 고아의 대부"로 알려진 미국 참전군인 조지 드레이크(George F. Drake)도 한국인에게 큰 감동과 자극을 주었다.[82]

외원 단체들은 수족이 절단된 사람들에게 의수족(義手足)을 만들어주었고, 병원과 직업훈련장을 세워주었다. 수십만의 결핵 환자들을 돌보아주었고 영농기술을 가르쳐주었다.[83] 유례없는 파괴와 살상이 행해지고 고통과 절망이 한국 전역을 뒤덮고 있을 때, 미국기독교는 한국 구호에 적극 나섰다.

---

79) 현재의 이름은 '월드 비전'이다.

80) '스완슨전도협회'는 현재 '컴패션'(Compassion)으로 이름을 바꾸었다. 미군들의 집회에 참석하느라 한국에 왔던 스완슨 목사는 1952년에 추위와 굶주림에 지쳐 죽은 고아들의 시신들을 보고 충격에 빠져 이 협회를 만들었다.

81) 1956년 한국 전쟁 고아들의 아버지로 불리우는 딘 헤스(Dean Hess) 미 공군 대령의 실화를 영화화한 '전송가'(Battle Hymn)가 제작되기도 했다.

82) 김명구, 『소죽 강신명 목사』, pp.275-276.

83) 김홍수, "한국전쟁 시기 기독교 외원단체의 구호활동", pp.114-118.

1907년 이래 한국교회는 미국교회의 자랑이요 가장 뛰어난 업적이었다. 따라서 한국교회에 대한 공격은 미국교회에 대한 공격과 같은 것이었다. 한국교회의 위기나 고통은 미국교회의 것과 다름이 없었다. 미국교회가 힘을 다해 한국과 한국교회를 챙기고 전재민 구호사업에 적극 나선 것에는 이런 역사성이 있었다.[84]

3. 구국 염원의 부흥집회

국군이 북진해 평양에 입성하자 장로교회는 '기독교평양방문사절단'을 모집했다.[85] 한경직이 들어갔고 윤하영, 황은균, 강원용, 조향록도 갔다.[86] 김양선, 고한규, 이대영, 이인식 등 월남한 목사들도 동행했다. 대구와 안동에 있던 아담스(Edward A. Adams)와 보켈(Harold Voelkel) 등도 이들과 합류했다. 이들은 1950년 10월 28일, 서문밖교회에서 평양 탈환을 축하하는 집회를 열었다. 김영진이 사회를 보았고, 한경직이 이사야서 60장 1절을 말씀으로 설교를 했다.[87] 북조선기독교도연맹이 공산정권의 승리를 위해, 궐기대회를 개최했던 바로 그곳에 3천여 명이 모였다. 월남해야 했던 목회자들이 평양의 교회를 다시 찾은 것이다.

---

84) 미국 감리교 해외구제위원회는 1950년 가을부터 구호사업을 위해 매년 10만 달러 이상을 보냈고 1954년 6월 이후에는 모금한 160만 달러를 한국교회 재건을 위해 보냈다. 미 장로교 해외선교부도 한국을 위해 약 180만 달러를 보냈다.

85) 이를 위해 장로교회는 '기독교평양방문사절단'을 모집했다.

86) 김양선, 『한국기독교해방십년사』, pp.72-73.

87) Harry A. Rhodes and Archibald Campbell, op.cit., pp.100-103 ; 김홍수, 『한국전쟁과 기복 신앙 확산 연구』, p.61.

신앙의 자유를 되찾은 감격과 국군과 유엔군을 환영하는 집회였다. 해방의 기쁨과 희망을 다시 맛보게 해준 사건이었다.[88] 수복을 자축하기 위한 것이고 구국과 통일을 염원하는 집회였다. 동시에 교회의 복구를 감사하는 대규모 부흥회였고 교회를 잃었던 것에 대한 회개 집회이기도 했다.[89]

중공군이 개입해 북진통일과 교회 수복의 희망을 내려놓아야 했지만, 교회가 구국의 사명감을 확인하는 자리였다. 성서에 비추어 시대와 상황을 해석하고 통일의 염원을 표출하는 자리이기도 했다. 역사의 진행자가 한국을 이끈다는 의식이기도 했다.

> 2만 8,000여 우물을 파는 운동을 일으켜야 한다. 오늘 여러분이나 내가 할 일은 이 우물 파는 사업이다.[90]

해방이 되었을 때, 남대문교회 김치선은 '300만 구령운동'을 시작했다. 그때 그는 "창조주 하나님이 주신 자유와 독립"의 감사를 외면하고 죄악이 홍수처럼 가득하다며 회개를 촉구했다. 그리고 "300만의 부흥운동"을 제안했다.[91] 전국 3천 교회가 300만의 부흥대원들을 모집하고 훈련시키면, 나라 곳곳에 복음을 전할 수 있다는 의도였다.

'300만 구령운동'을 위해 세계적 부흥사 밥 피오스(Bob Pierce)가 들어

---

88) 박대선, "내가 겪은 6.25", 「크리스챤신문」, 1969년 6월 21일자.

89) 이후 중공군이 들어오기 전까지 평양에서는 북한교회 재건과 구국을 위한 기도회와 부흥집회가 계속되었다.

90) KIATS 편, 『한국기독교 지도자 강단설교: 김치선』(서울: 홍성사, 2011), p.15.

91) 박용규, 『한국기독교회사』2, p844-845.

와 5회에 걸쳐 대규모 부흥집회를 열었고 1950년 3월에는 닷스(Gil Dodds)와 핀리(Bob Finley)가 들어와 서울, 부산, 대구, 광주를 돌며 집회를 열었다. 백만인 구령운동 때와 다름이 없었다. 그런데 김치선은 이 운동을 영적 갱신에만 두지 않았다. 한 사람이 내연(內燃)을 겪으면 자동적으로 국가건설로 외연(外延)된다는 구조였다. 회심한 사람은 자신뿐만 아니라 나라를 위해서도 역사의 주재자에게 매달리고 의뢰하게 되고, 그것이 나라 구원으로 연결된다는 의식이었다.

구령, 그 자체를 통한 민족 구원 의식은 1907년 이래 각인된 한국교회의 전형적 방식이었다. 물론, 국가의 문제나 정치문제에 직접 뛰어 들어가는 것에는 부정적이었다.[92] 김치선에게서도 교회가 직접 국가건설에 참여해야 한다는 생각은 없었다. 나라의 구원이 영적 회심에서 비롯된다는 의식과 구조였다.

남북분단을 비롯해서 좌우익간의 치열한 갈등, 여순반란사건, 제주 4.3 사건, 김구 암살사건 등 거센 풍파가 한국에 몰아치고 있을 때였다. 나라를 굳건히 세워야 했던 상황이고, 그래야 교회도 굳건해지는 상황이었다. 광복이 되어 정부가 수립되었을 때도 나라의 사정은 어려웠다.

이런 때에 감리교 부흥사 박재봉은, 1949년 8월 25일부터 삼각산에서 5일간, '국난타개 산상기도회'를 열었다. 이용도로부터 깊은 영향을 받았던 그는 신유집회와 심령부흥회 인도로 명성이 높았다.[93] 이 날의 집회는

---

92) 성결교 부흥사 이성봉은 목사들이 정당을 조직하고 정치에 직접 나서는 일이 하나님의 진노를 살 일이라고 비판한 바 있다. 이성봉, 『말로 못하면 죽음으로』(서울: 생명의말씀사, 1993). pp.96-97.

93) 박재봉은 1,552개처에서 집회를 인도했고, 5만 2천여회의 설교와 8천 800명에게 신유이적을 행한 것으로 알려져 있다. 박재근 목사, 박재곤 목사, 한양대 음대교수였던 박재훈 목사가 그의 동생들이다. 이호문, 『한국기독교부흥인물사』(서울:

한국구원을 위한 집회였다. 첫날 약 1만 명 이상이 운집했고 매일 5천명 이상이 산에서 노숙을 했다. 사회부 장관 이윤영이 참석했고 미국 공보원에서도 촬영 팀을 보냈다. 산상집회에 참석한 사람들은 나라를 구해달라고 기도했다.[94]

전술한 대로, 1953년 6월 14일 서울 탑골공원에서는 7천여 명이 참석한 가운데 북진통일을 기원하는 집회가 열렸다. 다음 날 부산에서는 1만여 명이 참석하는 구국 집회가 열렸다. 성명서가 채택되었고 세계교회와 미국 대통령 등에게 휴전을 반대하는 입장을 전했다.[95] 북한 공산정권을 악마의 대행자로 보는 한국교회의 의식을 보여주는 것이었지만, 동시에 역사의 주권자에게 나라의 구원을 호소하는 방식이었다. 한국교회 구원의 사명이 확장되었던 것이다.

비정치화를 주장했어도 교회가 나라를 구하는 일에 나서야 한다는 의무감이 표출되었다. 나라와 민족의 장래도 역사 주관자 손에 달려 있다는 신앙 고백이 있었다. 한 사람의 구원이 역사 주관자에 달려있다면 국가의 구원도 하나님께 달려 있다는 논리였다. 방식의 차이는 있었지만, 나라가 어려움에 처하고 난제에 시달릴 때 한국교회는 본능적으로 나섰다. 구원의 영역에 개인과 국가의 분리 의식이 없었던 것이다.

초석출판사, 1978), p.160 ; "꿈에서 뵈온 아버지를 통해 목회의 길로 부르신 하나님", 「기독타임즈」, 2004년 9월 23일자.

94) 「동아일보」, 1949년 8월 25일자, 31일자,

95) 성명서에는 "한국 정부와 한국민은 일치단결하여 최근 판문점에서 진행되고 있는 휴전안에 대하여 한사코 반대"한다는 입장과 "「한국통일」은 공산주의와의 유화에 의해서가 아니라 공산주의를 굴복시킴으로써 성취되어야" 한다는 한국교회의 입장이 담겨 있다.

제 3 장

한국교회의 복구와 부흥 - 그 이유

전란(戰亂)의 참화는 극에 달했고 한국교회에 유난한 핍박이 가해졌다. 6.25 남침과 '9.28 수복', 그리고 '1.4 후퇴'를 겪는 동안 1,373개소의 교회가 완전 파괴되고 666개소의 교회가 크게 훼손되었다. 많은 미션스쿨과 기독교 기관들이 폐허가 되거나 부서졌고 성서공회, 기독교서회, 서울YMCA 등은 불에 탔다. 세브란스 병원의 손상도 심각했다. 60여 년에 걸쳐 이룩한 한국교회의 업적들이 한순간에 망가졌다.[96] 죽임을 당하거나 납치당한 교역자와 기독교 지도자들이 유독 많아 교회를 이끌 사람들도 절대적으로 부족했다.[97]

그러나 한국교회는 짧은 시간에 되살아나기 시작했고 전쟁 이전보다 더 많은 교회가 세워졌다. 타도 타버리지 않던 한국교회의 생명력이 다시 나타났다. 역설의 역사를 다시 반복한 것이다. 다음 도표는 그것을 말해 준다.

---

96) 박보경, "1950년 한국 전쟁 당시 한국교회의 역할", 『선교와 신학』 26집, 2010년 8월, p.112.

97) 전택부와 김양선에 의하면 서울에 있던 약 500여명의 기독교 지도자들이 납북되거나 피살되었다. 전택부, 『한국교회발전사』(서울: 대한기독교출판사, 1987), pp.307-313 ; 김양선, 『한국기독교해방십년사』, p.78.

연도	구역	교회	기도처	교역자	교인수		
					남	여	계
1951	345	453	87	536	15,120	30,596	45,716
1952	401	538	135	620	21,600	41,636	63,236
1953	459	621	175	682	28,430	55,897	84,327
1954	591	739	182	796	34,366	62,852	97,218
1955	639	853	165	983	41,284	69,835	111,119
1956	683	904	160	1,100	53,199	58,196	121,395

*남한의 감리교회 통계표[98)]

감리교회의 경우, 도표에 나타나듯이, 1951년 4만 5천여 명에 불과했던 교인의 수가 전쟁의 한 복판에서 급속히 늘어났고 휴전이 된 이후에도 가파르게 증가했다. 1959년에 이르러서는 1,114개의 교회, 약 25만 명의 교인으로 늘어났다.[99)]

장로교회도 1953년에 이르러, 남한의 경우, 6.25 전쟁 이전보다 교회의 수가 더 많아졌다. 1959년에 이르러서는 3,527가소의 교회와 89만 2천여 명의 교인이 되었다. 전쟁 직전에 비해 교회 수가 5배, 교인 수가 2.3배나 증가한 것이다. 성결교회도 1958년에 이르러 408개소의 교회 10만 1,382 명의 교인이 확인되었다. 전쟁 이전보다 약 3배 가까이 늘어난 것이다.[100)]

98) 윤춘병, 『한국감리교 교회성장사』, p.788.

99) Loc.cit. 전쟁이전 감리교회는 북한을 포함해서 모두 402개의 교회를 확보하고 있었다. 그런데 1951년에는 664개로 증가되어 있다. 「감리회보」, 1953년 2월호, p.1.

100) Harry A. Rhodes and Archibald Campbedd, op.cit., p, 403- 409 ; 『기독교대한성결교회 제13회 총회록』(1958), p.91. 허명섭, "한국전쟁과 한국 교회 구조의 변화", 『한국기독교신학논총』 35집, 2014년 10월, p.166에서 재인용. 김양선은 그의 책에서 1950년대 중반까지 장로교회 1,200개, 감리교회 500개, 성결교회 250개, 기타 교단이 100개의 교회가 새로 설립된 것으로 기술하고 있다. 김양선, op.cit., pp.100-101.

1. 월남한 교회와 교인들

외원단체들과 미국교회 등이 구호품들을 보내 주었다. 예배당 건물을 다시 지어주었고 병원을 다시 세워주었다. 재한선교사들도 돌아와 한국교회를 위해 헌신했다.[101] 교회 조직을 재정비 할 수 있는 여유를 주었고 그래서 한국기독교는 빠르게 복구되고 사회적 위상도 높일 수 있었다.

한국교회 스스로도 적지 않은 노력을 했다. 감리교회는 피난지 부산에서 유형기를 총리원장으로 추대하며 재생에 나섰다. 특별총회를 개회하고 중부 · 동부 · 서부 연합연회를 열었다. 여기에서, 수복될 때마다, 교역자를 파송하거나 복귀시키고 교회를 신설하도록 결정했다.[102] 교회를 먼저 복구하는 것이 최우선 목표였던 것이다. 장로교나 성결교 등 한국교회 모두가 교회 보존과 복구를 가장 중요한 목표로 삼았다. 그런 의식이 한국교회의 복구와 부흥의 중요한 요인이 되었다. 묘했던 것은, 긴급히 피난을 온 북한의 교인들과 목회자들이 남한교회 부흥의 큰 이유가 된 것이다.

전술한 대로, 약 10만 명에 가까운 기독교인들이 공산정권을 견디지 못하고 남쪽으로 내려왔다. 이 기간 동안 남한에는 약 2천개의 교회들이 세워졌는데 그 중 90% 이상이 월남민과 피난민들이 세운 교회였다.[103] 월남한 교인들에 의해 감리교 선교 구역에 장로교회들이 세워졌고 대구, 부산, 마산, 제주 등 장로교 선교구역에 감리교회들이 새롭게 건립되었

101) 윤춘병, op.cit., p.785.

102) Ibids., pp.782-783.

103) 허명섭, 『해방 이후 한국교회의 재형성 1945-1960』, p.136.

다. 감리교 삼남지방 교회들 대부분이 월남한 목회자들에 의해 시작되었다. 1960년 부산지방의 감리교회가 58개소에 이른 것도 그 때문이다.[104]

실향민에 의해 감리교의 감람교회, 남산교회 등, 성결교의 장충단교회와 충무교회 등이 세워졌다. 평양에 있던 광성학교, 숭실학교, 숭의여학교 등이 서울에 재건되었고 개성의 호수돈 여학교는 대전에 자리했다. 원산에서 내려온 사람들을 중심으로 부산의 충무로교회가 세워졌다.[105] 피난민들은 자신들의 고향이나 인근 지역에서 내려온 목회자들을 찾았고 교회를 세웠다.[106] 이들 교회는 부흥의 기폭제가 되었다.[107] 그러나 한국교회 갈등과 분열의 원인이 되기도 했다.

2. 부흥회

한국이 전란으로 실의에 빠져 있을 때, 선명회(월드비전)를 창설하게 되는 밥 피어스는 큰 충격을 받았다. 그때 그는 이런 기록을 남겼다.

> 한국 전란을 겪어 무서운 파괴로 인하여 이 나라의 집들과 건물, 조형들이 다 깨지고 흩어졌지만, 한국의 그리스도의 교회는 그 깨진 모습 그대로,

104) 김광우, 『나의 목회 반세기』(서울: 바울서신사, 1984), p.164, 허명섭, "한국전쟁과 한국 교회 구조의 변화", p.159.

105) 허명섭 Ibid., p.157.

106) Charles August Sauer, *Methodist in Korea 1930-1960*, (Seoul: The Christian Literature Society, 1974), p.194.

107) Robert T. Oliver, *Verdict in Korea State College*, (PA: Bald Eagle Press, 1952), p.170. 허명섭, "한국전쟁과 한국 교회 구조의 변화", p.158에서 재인용.

그 폐허가 된 깨진 돌무더기 위로 우뚝 높이 솟아 웅장하게 버티고 서 있습니다. 예전보다 더 억세게, 더 용감하게.[108]

1950년 12월, 피어스는 대구 어느 교회의 새벽예배에서, 난로도 없이 예배드리던 전쟁미망인들과 어린아이들을 보았다. 서울에서 200마일이나 되는 길을 걸어서 온 교인들은 거리에 노숙하고 있던 전재민들을 위해 입고 있던 옷가지들을 헌물로 드렸다. 충격으로 이 광경을 목격한 그는 한국교회 생존에 대한 불안감을 떨쳐 버렸다. "이 세상(世上)에서 가장 희생적인 헌물"(The most sacrificial offering in the world)이라고 칭송했고[109] 한국교회가 왜 번성하고 부흥했는지 확인했다. 이 작은 사건을 통해 한국교회가 한국인들에게 아픔과 절망, 전쟁이 주었던 공포, 내면 깊이 자리하게 된 상처, 가혹하게 다가올 미래에 대한 불안을 극복하는 힘을 제공하고 있다고 확신하게 된 것이다. 그는 한국교회 재(再)부흥의 전조를 여기에서 확인했다.

한국교회가 이 같은 생존력과 권위를 갖게 된 것에는, 부흥회가 적지 않은 공헌을 했다. 교회나 한국 사회가 쇠약해지고 국가구원을 위한 기도가 요청될 때마다 치유와 소망의 에너지를 제공했다. 부흥회는 한국인들의 여전한 도피처요 안식처였다. 물질적 지원이나 조직의 정비만 가지고 해결되지 못하던 일을 했던 것이다. 6.25 전쟁의 현장도 예외가 아니었다.

1952년 12월, 빌리 그레이엄(Billy Graham)이 들어와 부산에서 부흥집회를 열었다. 컴패션을 창설하게 되는 에버렛 스완슨과 밥 피어스도 부흥

---

108) Bob Pierce, Going with God, World Vision Inc., 1954, p.36. 민경배, 『월드비전 한국50년사』(서울: 월드비전, 2001), p.136에서 재인용.

109) Bob Pierce, op.cit., p.73.

집회를 통해 한국교회에 힘을 불어 넣었다. 한경직 등도 나서 통역을 하며 이들을 도왔다. 감리교회의 박재봉이 나섰고 장로교회의 전재선, 성결교회의 이성봉 등의 부흥사들도 교회 복구와 부흥에 적지 않은 공헌을 했다.[110] 6.25를 영적 전쟁으로 보았기 때문에 이들의 메시지는 절규에 가까웠다. 사탄의 세력과 대결한다는 의식에 긴장을 더한 것이다.[111]

1957년 9월 29일부터 10월 20일까지, 구(舊) 중앙청 건너편의 국제전신전화국 옆 공터에서[112] 대규모의 전도 대집회가 열렸다. 대형 강단과 4미터의 대형십자가가 세워지고 1만 명이 앉을 수 있는 나무 의자가 배치되었다. 그 뒤로 1만 명이 서 있을 수 있는 공간과 결신자들을 위한 1,500석의 자리가 마련되었다. 서울 시내 거주 교인 1,500여 명이 도왔고 매일 밤의 집회를 위해 안내원 100명 이상이 동원되었다. 900여 명의 성가대원도 찬양 순서를 맡았다. 한국기독교연합회(KNCC)가 주도했고 밥 피어스, 빌리 그레이엄과 그의 보조자 폴 리스(Paul Rees), 미국 상원의 원목을 역임했던 리처드 할버슨(Richard Halverson), 필리핀 그리스도연합교회 감독 엔리크 소브레피나(Enrique C. Soberpena), 이외에 빌 잭슨(Bill Jackson), 데이비드 모켄(David Morken) 등 세계적 부흥사들이 동원되었다.[113] 매일 수백 명에 이르는 결신자들이 앞 다투어 입교를 다짐했다.

이 작은 나라에 기적이 왔습니다. 몇 년에 걸친 전율한 만한 산고 끝에

---

110) 김진환, 『한국교회 부흥운동사』(서울: 크리스찬비전사, 1976), pp.192-208.

111) 이성봉, 『말로 못하면 죽음으로』, pp.109-110 참조

112) 현 교보빌딩 자리를 말한다.

113) 민경배, op.cit., pp.165-166.

그 교회는 전전(戰前)에 비해 배(倍)로 늘어난 것입니다. 지금 한국에는 백만의 신도들이 있습니다. 다들 역전의 용사와 같은 탄탄한 신도들입니다. 주님께서 승천하신 후 백 년 동안에 이룩한 교회의 신도들, 그들보다도 많은 수의 사람들이 지금 한국에 있습니다. 밥 피어스 목사와 동행하였던 빌리 그래함 박사는 돌아와서 이런 말을 남겼습니다. "나는 내 생전에 사도시대를 눈으로 목격할 것이라고는 꿈에도 생각한 일이 없습니다. 하지만 나는 그것을 역력히 보았습니다. 내 눈으로 한국에서 보았습니다."[114)]

선교학자 크리스티 윌슨(Christy Wilson, Jr.)은 이렇게 기술했다. 그는 빌리 그레이엄의 입술을 빌어, 1907년에 있었던 재한선교사들의 고백을 확인했다. 한국교회가 다시 부흥했다고 소리를 높였고, 미국 부흥사들이 경탄하며 한국교회에 경애를 표했다는 것도 전했다. 그의 진술처럼, 매일 밤 1만 5천여 명이 몰려들었고 하루도 거르지 않았다. 한국 상실의 위기 속에서 1907년의 기적이 다시 발현 된 것이다.

전술한 대로, 부흥회는 한국교회가 위기 때마다 사용하는 당연한 방식이다. 교인들은 부흥회를 통해 하나님이 역사의 주관자라는 의식, 성서의 예언이 실현되고 예수가 재림주로 오신다고 확신했다. 신유와 이적을 통해 성령 임재를 체험했고 성서의 말씀이 눈앞에서 펼쳐지고 있다는 것을 확인했다. 기도가 세상을 바꾼다는 의식을 갖게 되었다. 부흥사들이 전하는 메시지는 역사 진행자의 메시지로 여겨졌다. 권위가 남달랐고 파급력은 논리를 뛰어 넘었다. 그것은 전쟁의 공포와 고단함에 지친 한국교회와 교인들, 삶에 겨워하던 전재민, 전쟁의 후유증에 고단했던 사

114) Christy Wilson, *The Church That Grew*, World Vision Magazine, October-November, 1957, p.12. 민경배, 『월드비전 한국50년사』, p.167에서 재인용.

람들을 치유하는 도구가 되었다. 여기에 그치지 않고 한국교회 재도약의 발판이 되었다. 현실의 난관을 극복할 수 있는 에너지가 되었고 교회 부흥으로 연결되었다.[115] 부흥회는 그렇게 한국교회의 속성으로 각인되어 있었다.

115) 김명구, 『한국기독교사』1, p.484 이하 참조.

제3편

한국교회 재편의 전조(前兆)
- 분열과 분리

제 1 장

한국교회의 분열
- 교회 정치적 간극, 신학적 간극의 확장

전쟁의 후유증이 가득했다. 살아남는 것이 우선의 가치가 되었다. 인간의 다양성은 무시되고 간단하게 내 편과 네 편으로 양분되었다. 더불어 산다는 의식은 외면되거나 거절되었다. 예의와 상호 존중의식은 깨어지고 인간의 품격은 교란되고 변질되었다.[1] 기독교회도 이런 시류에 휘둘렸다. 감리교와 장로교회가 극심한 분열을 겪었고 침례교와 성결교 등도 분열의 진통을 겪었다. 소송에 휘말린 교역자들은 법관의 훈계를 들어야 했다.

1. 교회 분열의 내용

1951년 7월, 정부가 부산으로 임시수도를 정해야 했던 때 부산의 고려

---

1) 김명구, 『서울장신대학교 50년사』(광주; 서울장신대학교, 2004), p.23

파 목회자들이, 국회의원 22명의 명의를 앞세워, 한국 장로교회가 용공단체라는 독언을 던졌다.[2)]장로교 총회와 WCC 와의 관계를 문제 삼은 것으로 6.25 전쟁이 장로교의 분열의 원인이 된 것이다.

1951년 11월 부산에서 개최된 감리교회 특별총회 및 중부·동부·서부 연합연회에서 감리교신학교 교장 유형기가 감독에 선출되었다. 그런데 연회회원으로 6년간 계속 복무해야 한다는 감리교 장정이 논란의 불씨가 되었다. 유형기는 일제 말 정춘수가 주도하던 혁신교단으로부터 파면 조치를 당했고 정회원에 재허입(再許入) 된 지 2년 8개월 만에 감독이 된 것이다.[3)] 논란 끝에 미감리회 대표 무어(A. J. Moore)의 중재로 이번 총회에서만 이 조항을 보류한다는 임시조치법이 제정되었다.

1954년 3월, 정동교회에서 제7회 감리교 총회가 열렸을 때, 유형기가 감독 후보로 나섰고 무어의 전폭적인 지지 아래 다시 감독이 되었다. 이에 김응태, 박설봉, 엄재희, 변홍규 등이 크게 반대하며 나섰다. 결국 헌법을 개정해서라도 유형기를 내세우려는 김광우, 이환신, 강석봉, 이강산 등 총리원측 인사들과, 법을 내세우며 이를 반대하는 호헌(護憲)측 인사들 간의 대립이 일어났다. 이 갈등은 일명 "종고 불(弗) 파동"[4)]과 겹쳐 걷잡을 수 없을 정도로 확대되었고 두 번째 분열로 이어졌다.[5)]

1954년 6월 감리교 호헌 대회와 신도 대회가 열렸다. 이 자리에서 총리

---

2) 김양선, 『한국기독교해방십년사』, p.249.

3) 박찬용 편, 『박설봉 감독 회고록: 하나님께 솔직하게 자신에게 정직하게』(화성: 협성대학교 경영대학, 2007), p.45.

4) 총리원은 미국감리교회에서 보내온 원조금을 정명환 장로가 경영하는 원천무역공사를 통해 비료로 수입해 이득을 보려했다. 비료 값 폭락으로 이 회사가 파산했고 총리원은 30,750달러를 손해 보았다.

5) "파란을 뚫고 질서를 찾은 교회", 「감리회보」, 1954년 6월 1일자.

원측이 불법을 저질렀다는 비판이 제기되었다. 다음 해 3월 3일, 천안제일교회에서 호헌감리회 전국대회가 개최되었고 김응태가 감독으로 추대되었다. 이때 그는 "한 조직 안에서 서로 불편한 마음으로 싸우느니보다는, 서로 나누어지는 것이 오히려 불행을 적게 하는 것"이라 소리쳤고 "부득이 새로이 총회를 조직"[6]했다고 주장했다.[7]

그간 상존했던 지역 간 갈등이 원인이었다. 양측은 치열하게 싸웠고 서로를 비난했다. 예배당과 재산을 차지하려고 무력충돌이 일어났고 법정소송이 이어졌다.[8] 상이군인들을 동원해 예배 중인 교인들을 쫓아내기도 했고 도끼로 예배당과 강단을 부수기도 했다. 호헌파 교회로 지목된 교회의 학생들은 감리교 신학교에 입학하지도 못했다.[9] 창천교회, 수원 매산교회, 중앙교회, 동대문교회를 비롯해, 지지 입장에 따라 교인들 간에 극심한 분규를 겪는 교회가 속출했다. 정부의 힘을 빌려 상대를 제압하려는 행동도 서슴지 않았다.[10] 분쟁이 격해지면서 원칙과 규칙이 사라졌다. 성직(聖職)이라는 자부심이나 품격도 찾아볼 수 없었다. 한국 사회가 교회를 걱정할 정도였다.

1958년의 감리교 총회에서 안산 출신의 김종필이 감독으로 선출되면서 "호헌파 교회와 교역자 포섭"을 위한 특별 위원 5인이 선정되었다.[11]

---

6) 김양선, op.cit., p.172.

7) 당시 호헌대회에는 창천교회를 비롯하여 수색교회, 만리현교회, 중앙교회, 삼청동교회, 공덕동 교회 등 전체 감리교회의 10% 정도의 교회가 참여했다.

8) "수라장을 이룬 교회", 「동아일보」, 1955년 5월 27일자.

9) 성화파, 곧 서북출신들이 감신대를 장악하고 있어 호헌파 교회 출신들은 감신에 입학할 수 없었다.

10) 박설봉, op.cit., p.47, 돈암교회역사편찬위원회, 『돈암교회 80년사』(서울: 베드로서원, 1988), p.191,

11) 「감리회보」, 1958년 11월 7일자.

호헌파도 이에 응했다. 그리고 1959년 3월 17일, 정동제일교회에서 양측간의 통일 조인식이 있었다. 재건파와 복흥파간의 갈등을 풀었을 때처럼, 무조건 통합하기로 했다. 분열 된지 4년 만에 다시 하나가 된 것이다. 그렇지만 감정적 앙금까지 가라앉은 것은 아니었다. 양 계보의 인물들은 각기 정치 서클로 존속했고 감리교 내의 정치적 갈등은 계속되었다.[12)]

2. 교회 분열의 이유

1949년 장로교 제35회 총회에서 한국교회의 사분오열을 지적하고 강하게 비판했던 남궁혁이 북으로 끌려갔다.[13)] 감리교 감독 김유순도 납북되었다. 수많은 중요 지도력이 죽임을 당하거나 북으로 끌려갔던 상황에서, 이들의 부재가 한국교회의 갈등과 분열의 한 이유가 되었다. 6.25 전쟁도 한국교회 분열의 중요한 이유였다.

해방의 공간에서 목사들이 정치에 참여하는 모습을 보고, 이성봉은 하나님께 매 맞을 것이라고 진술한 바 있다.[14)] 결국 6.25 전쟁이 일어났고 한국교회 일반은 영적 이유를 찾으려 했다. 역사의 주관자가 전쟁을 방관한 것에 대한 신학적 이유가 필요했던 것이다. 한국장로교의 고려파들은

---

12) 1954년 총회 이후 '총리원파'와 '호헌파'는 계속 정치 서클로 남았고 1958년 합동총회 이후 서북출신의 '성화파'와 박설봉 중심의 '정동파'로 이어졌다. 이후 감리교는 정치서클 간 갈등과 긴장이 계속되었다.

13) 김인서는 남궁혁의 납북이 장로교의 분열로 이어졌다고 지적했다. 김인서 "한국 최초의 신학교수 남궁혁 박사", 정인영 편, 『김인서 저작전집』 제5권(서울: 신망애사, 1974) pp.539-540.

14) 이성봉, 『말로 못하면 죽음으로』, pp.96-97.

전쟁의 원인을 신사참배로 돌렸다. 제대로 참회하지 않았기 때문이라는 주장이었다. 문제제기와 질책의 대상이 필요했던 상황에서 장로교회는 전쟁 발발의 원인들을 이렇게 해석했고 결국 분열로 귀결 지은 것이다.

감리교 총리원측과 호헌측의 갈등에는 내재되어 있던 지역적 갈등, 곧 북한지역과 남한지역 출신간의 계보적 갈등이 얽혀 있었다. 양 계보의 갈등이 지속되고 있는 가운데 발생한 6.25 전쟁의 여파가 그간의 갈등을 더 부추겼다.

전술한 대로, 해방 직후 월남한 기독교인들은 남한 땅에 자신들의 터전을 세워나갔다. 개성 호수돈여학교가 대전에 다시 세워졌고 원산 출신들이 부산 충무로교회를 세웠다. 평양 출신들도 자신들의 교회를 따로 세우려 했다.[15] 감리교 불모지였던 삼남지역에는 6.25 전쟁 이후 내려온 북한 출신 기독교인들이 교회를 세웠다.[16] 1.4 후퇴 이후인 1951년에만 삼남지역에 664개의 교회가 세워졌고 1960년에 이르러 부산지역 감리교회는 58개에 이르렀다.[17] 월남한 교인들에 의해 감리교회 선교 영역이 확대되었다. 감리교 불모지인 삼남지역에 뿌리를 내릴 수 있었다. 그런데 북한 출신 기독교인들이 불어나면서 교단 분열이 나타났다.

한편, 한국교회 분열은 교단 내부에 그친 것이 아니라 교단 간의 갈등과 대립으로 연결되었다. 북한 출신들이 빈 곳을 찾아 교회를 설립하게 되면서 선교지역 분할, 곧 암묵적으로 지켜지던 선교예양의 전통이 무시되었기 때문이다. 감리교 선교구역에 장로교회들이 세워졌고, 대구, 부

---

15) Charles August Sauer, *Methodist in Korea 1930-1960*, (Seoul, The Christian Literature Society, 1973), p.194.

16) 이 시기 삼남지방 개척교회 목회자들은 대부분 월남한 인물들이었다. 김광우, 『나의 목회 반세기』, p.164.

17) 「감리회보」, 1953년 2월, p.1 ; Charles August Sauer, op.cit., p.195.

산, 마산, 제주 등 장로교 선교구역으로 설정되었던 곳에 감리교회들이 세워졌다.[18] 이러한 상황은 교단간의 날카로운 분리 의식으로 연결되었다. 영미 복음주의라는, 신학적 뿌리가 다르지 않았던 한국교회가 각자의 정체성을 찾기 시작했다. 웨슬리(John Wesley)를 찾기 시작했고, 칼빈(John Calvin)을 앞세우기 시작했다. 각 교단은 경쟁적으로 자신들의 신학적 정체성을 위한 노력을 기울이기 시작했다. 자신들만의 고유한 신학이 있다는 것을 밝히며 서로 신학과 전통이 다르다는 것을 확인하려 했다. 단일 복음주의 교회를 만들려 했던 기억을 지우려한 것이다.

18) 허명섭, "한국전쟁과 한국 교회 구조의 변화", pp.159.

제 2 장

사이비 이단의 등장

6.25 전쟁으로 한반도 전역이 파괴되었을 때, 박재훈이 작곡하고 석진영이 작사한 찬송가가 만들어졌다. 거기에는 교회의 생명수가 말랐다는 호된 비판과 사명을 다하고 있지 못하다는 질책이 있었다.[19]

끝날 것 같지 않은 벅찬 현실에 사람들은 생기를 잃고 있었다. 구호와 부흥집회 등을 통해 교회가 다시 부흥되고 있었지만 교회 내부의 갈등과 교회간의 분쟁은 극에 달했다. 그 틈을 뚫고 신흥 사이비 종파가 급격히 확장되었다.[20] 전도관과 통일교 등 휴전 직후까지 20여개에 이를 정도였고 그 파급력이 적지 않았다.[21] 현실적 절망을 탈출하고 싶었던 민초들의

---

19) 1절과 2절은 다음과 같다. "1. 눈을 들어 하늘보라 어지러운 세상 중에 곳곳마다 상한 영의 탄식소리 들려온다. 빛을 잃은 많은 사람 길을 잃고 헤매이며 탕자처럼 기진하니 믿는 자여 어이 할꼬. 2. 눈을 들어 하늘보라 어두워진 세상 중에 외치는 자 많건마는 생명수는 말랐어라 죄를 대속하신 주님 선한일꾼 찾으시나 대답할 이 어디 있나 믿는 자여 어이 할꼬."

20) 탁명환, 『기독교이단 연구』,(서울: 국제종교문제연구소, 1987), p.164 ; 『대한예수교장로회총회 제41회 회의록』(1956), p.46.

영적 욕구를 교회는 모두 해결해 주지 못했다.

먼저 평북 덕천 출신 박태선의 감람나무교회(千年城), 이른바 '한국예수교전도관 부흥협회'가 가장 크게 번졌다.22) 김치선의 창동(倉洞)교회 장로로, 부흥집회를 인도했던 박태선은 1955년 3월부터 10일 동안 계속된 남산집회를 계기로 성경에 예언된 감람나무가 자신이라고 자처했다. 박수(拍手)와 발장단, 몸 흔들기, 통성기도와 통곡기도(痛哭祈禱)를 사용했다. 원초적 영성을 강조했고 솟구치는 감정을 마음껏 발산하도록 했다. 욕구를 모두 표출해도 상관이 없었다. 억눌린 민초들의 심리와 잘 부합되는 것이었다.23) 집회에서 나타난 신비한 현상들은 부흥회적 경건아래 있었던 교인들에게 낯선 것이 아니었다.

박태선의 집회에서 "난데없이 썩은 뼈 타는 냄새가 나더니 그 악취가 어느 사이엔가 사라지고, 백합화 향기가 나기 시작하고, 이슬비 내리고"24) 기이한 광채가 자욱했다는 진술들이 나왔다. 서울 곳곳마다, 신비한 광채가 찬란한 그의 부흥회 천막 사진이 나붙었다. 박태선은 스스로를 가리켜 "주님의 보좌에 같이 앉을 권세, 만왕의 왕의 이름을 받을 권세"라고 주장했다. "주의 보혈을 받았고 자기 몸에서 이루어졌고, 남에게 분배해 준다"는 "피가름"도 발표했다.25)

---

21) 문상희, "신흥종교의 도전", 『기독교사상』 20권 7호, 1976년 6월, p.45.

22) 초기 공식 명칭은 「한국예수교부흥협회」였다. 1980년 1월부터 『한국천부교전도관부흥협회』로 변경했다.

23) H. Richard Niebuhr, *The Social Sources of Denominatiopnalism*, (New York: Living Age Books, 1957), pp.30-31.

24) 최신덕, 『신흥종교집단에 관한 비교연구』(서울: 참빛사, 1965), pp.19-20.

25) 박태선장로 마산집회중의 발언, (1956.3.5.~12일) ; 김석찬목사의 경남노회에서의 보고, 『신앙생활』 1956년 4월호, p.31.

1955년 7월, KNCC는 전도관을 사이비(似而非)운동이라 규정하고 박태선을 단죄하는 성명을 발표했다. 같은 해 11월에 장로교 경기노회는 창동교회 당회에 명해서 그를 제명하도록 했다.[26] 장로회 총회도 그가 가르치는 것이 비성서적이요 장로교 교리와 신조를 위반 하는 것이라며 박태선을 이단으로 규정했다.[27] 교회에 끼친 해악과 영향력이 그만큼 컸던 것이다.[28]

때를 같이 해 크게 퍼져 나간 것이 평안북도 정주 출신 문선명이 만든 '세계기독교 통일신령협회'이다. 흥남의 형무소에 수감되어 있다가 북진하는 유엔군에 의해 석방된 그는 1951년부터 부산과 대구 지역에서 포교를 시작했다. 그리고 1954년 5월 1일 유효원(劉孝元)과 함께 통일신령협회를 서울 청파동에 세웠다.

문선명은 한국교회의 분열을 빌미 삼았다. "기독교를 비롯한 모든 종교가 갈라질 대로 갈라졌고 기진할대로 기진하여서 진퇴유곡(進退維谷)의 막다른 골목에" 이르렀다고 비판했다. "성서 한 권은 궁경(窮境)에 도달(到達)하고… 예수님은 말씀도 밝히지 못하고 돌아가셨"기 때문에 "십자가로서는 원죄를 벗어날 수" 없다는 과격한 주장도 했다. 그리고 통일교가 "어떠한 종교라도 전부 포섭할 수 있는 깊이와 넓이를 가진 진리"[29]라

26) 『基督敎年鑑』(서울: 대한기독교서회, 1957), 1957, p.45.

27) 『대한예수교장로회총회 제41회 회의록』(1956), p.46.

28) 박태선과 그 추종자들은 1957년 9월 말세에 심판을 피한다며 신앙촌 건설을 서둘렀다. 그리고 경기도 소사(素砂), 덕소(德沼), 경남의 기장(機張)에 이를 건설했다. 1980년 1월부터 자신의 교회를 『한국천부교전도관부흥협회』로 변경한 그는 스스로를 천부(天父)로 선언했다. 1990년 2월 7일 박태선이 사망한 이후로 전도관(천부교)은 20여개의 파벌로 분열했다.

29) 世界基督敎統一神靈協會, 『原理解說』 第4版(서울: 성화사, 1962), pp.1-2, 6, 10, 73-74.

고 주장했다. 자신이 만든 교리가 모든 종교를 하나로 묶을 수 있다는 인식이었다.

통일교는 문선명이 16세 되던 해에 "하늘로부터 그 섭리달성(攝理達成)의 특별한 계시"[30]를 받았다고 주장했다. 또한 "성서의 문자 뒤에 감추인 숨은 진리를 찾으려고 예수님을 비롯한 낙원의 뭇 영인(靈人)들과 또는 역사 이래에 지상에 왔다간 모든 성령(聖靈)들과 자유로 접촉"했다고 주장했다. "때로는 하나님과 친히 교통하시어 하나님의 품속에 감추인 천륜(天倫)의 비밀을 찾아내기에 온갖 심혈을 경주"했다고 선전했다. "수억(數億)의 사탄들과 혈투전을 겨루어 나온"[31] 인물이라고 소리를 높였다. 한국교회뿐만 아니라 기독교 자체가 생명을 다했다며, 예수가 아닌 문선명이 재림주라는 주장까지 했다.

위로와 치유, 미래에 대한 확실한 소망이 필요했을 때 교회에 불만을 느끼는 사람들이 적지 않았다. 박태선은 신앙촌을 제안하며 직접적 축복을 약속했고 문선명은 국수주의적 사이비 신학을 제시하며 쫒겨진 민족 자존심을 부추겼다.[32] 교회에 도전하고 혼란을 주었던 집단은 이들만이 아니었다. 눈앞에서 천국을 직접 보고 만져 보려는 신앙생리가 퍼져 나갔다. 신유와 재림, 직접적인 축복을 간구하는 민초들이 그만큼 넘쳤다.[33]

한국교회의 부흥회도 성서와 영적 회심을 강조했다. 하나님이 역사의 주관자라는 의식, 성서의 예언이 실현되고 예수가 재림주로 오실 것이라는 것도 강조했다. 신유와 이적, 성령의 임재도 체험할 수 있었다. 교인들

---

30) 「週刊韓國」, 1970년 10월 25일자

31) 世界基督教統一神靈協會, op.cit., p.19.

32) 허명섭, "한국전쟁과 한국 교회 구조의 변화", p.170.

33) Servey-Korea, *International Review of Missions*, Edinburgh, 1954, p.10.

은 통회와 자복의 통성기도를 통해 죄의 정화를 체험했고, 교인들은 하나님의 말씀이 눈앞에서 펼쳐지는 것을 확인했다. 교인들의 신앙고백은 자발적이고 열렬한 축호 전도와 노방 전도로 이어졌다.

그렇지만 한국교회는 영적 체험을 강조한 나머지 성서를 자의적으로 해석하거나 교회 전통에서 벗어나는 것을 철저히 배격했다. 성서의 권위를 최고의 것으로 여기게 했고 교회의 영역을 벗어나지 못하게 했다. 개인적 회심 체험을 요구하지만 밀교적(密教的) 방식은 거부했다. 회심 체험의 영성도 내면으로 침잠하는 것을 경계했고 객관적 보편성을 갖추어야 했다. 장로교회와 감리교회가 이용도를 징계하거나 문제를 제기했던 것도 이런 이유였다.

이단 종파들은 전쟁으로 낙심한 대중들의 종교적 욕구와 민족적 요구를 잘 파악했고 그 빈틈을 파고들었다. 그들도 부흥집회의 방식을 사용했다. 신유와 이적의 현상이 있었고, 이를 이용해서 자신들의 주장을 펼쳐나갔다. 한국교회가 충격을 받을 만큼 이들의 위세는 적지 않았다. 한국교회는 그 대책을 고심해야 했다. 대중들의 종교적 욕구를 충족시켜야 했다. 에토스(ethos)와 함께 현세적 축복도 약속해야 했다. 대중들의 요구를 기복적이라며 일방적으로 무시할 수 없었다.[34]

한국교회가 한국을 구원으로 이끌어야 한다는 국가적 사명감을 확대해야 하는 시점이었다. 이에 따른 교회의 역할과 방식을 보완해야 하는 시점이기도 했다. 그렇지만 신유, 축복 등의 영적 영역도 강력히 유지하고 확장해야 했다.[35] 사이비 신흥 종파의 번성이 이를 학습시킨 것이다.

34) 김명구, 『한국기독교사』1, pp.499-501.

35) 허명섭, op.cit., p.171.

제 3 장

KNCC에 대한 NAE의 문제제기 - 공산주의 문제와 신학적 간극

남부대회가 실패하면서 한국교회 일각에서 기대했던 단일교회의 꿈은 불가능해졌다. 대신 1946년 9월 3일 한국기독교연합회(The Korea National Christian Council, KNCC)가 결성되어 연합운동의 맥을 이어갈 수 있었다. 감리교회와 장로교회, 동양선교회와 구세군 등의 교회와 재한선교부, 기타 기독교 기관과 단체들이 가담했다.

KNCC는 6.25 전쟁이 발발했을 때, 미 국무부가 국제연합(UN)에 한국 문제를 상정하는 데에 적지 않은 역할을 했다. 미국NCC가 한국을 구호하려 했을 때 창구 역할도 했다. KNCC를 기반으로 '기독교구국회'와 '기독교연합 전시비상대책 위원회'가 조직되었다. 덕분에 선무작업과 전재민을 위한 체계적이고 효율적인 활동이 가능했다. 박태선의 전도관 운동과 문선명의 통일신령협회 등에 대해 강력하게 문제 제기를 한 조직이 KNCC였다. 빌리 그레이엄과 밥 피어스 등 세계적 부흥사들을 초빙해 대규모 전도운동을 벌였던 기관도 KNCC였다. 그러나 1950년대 말부터 감리교와 장로교, 성결교와 하나님의 성회 등의 내부에서 복음주의 신학을 좁게 해석했던 조직, 곧 한국복음주의협의회(National Association of Evangelicals, Korea, 한국NAE)로부터 거센 비판을 받기 시작했다. 한국NCC가 용공성이 있다고 의심했고 진보신학을 포용한다고 보았기 때문이다.[36)]

한국NAE가 한국NCC에 문제를 제기한 것은 세계교회협의회(World Council of Churches, WCC)와의 관계성이 가장 큰 이유였다. 그때 한국NCC는 미국NCC뿐만 아니라 WCC와의 교류도 확대하고 있었다. 세계구원을 위해 서로 소통해야 한다는 당위성도 있었지만 세계 기독교계의 도움이 절실했기 때문이다.[37)]

창립 초기 WCC는 자본주의와 공산주의 어느 한쪽의 특정 이념을 지지하고 있지 않다고 밝혔다. 그럼에도 1950년 7월 9일, 캐나다 토론토에서 모인 WCC 중앙위원회는 북한 공산군의 남침에 대해서 유엔이 한국에 경찰 행동을 해줄 것을 촉구했다. 그런 이유로 중국교회는 의장직을 사임하기도 했다. 그런데 1954년에 이르러 WCC는 공산권에 대해 포용적 태도를 취하는 것으로 비춰지기 시작했다.

1954년 미국 일리노이 에반스톤(Evanston in Illinois)에서 제2회 WCC 총회가 열렸을 때, 사회복음주의자로 알려지던 미 감리교 감독 옥스남(Garfield B. Oxnam)[38)]과 프린스턴 신학교 교수였고 장로교 총회장인

---

36) 한국NAE는 1952년 7월, 전남 남평에서 개최된 '신앙동지회' 하기수양회에서 결성되었다. '신앙동지회'는 1947년 4월, 정규오, 박요한, 김준곤, 한완석, 신복윤 등 51명, 곧 김재준의 신학을 문제 삼아 수업을 거부했던 조선신학교 학생들이 중심이 되어 조직했다. 여기에 박형룡, 박병훈, 정규오, 황윤근 등이 가세했다. 미국NAE가 한국에 소개되었을 때, 이들은 미국NAE와 자신들의 신앙관이 같다고 믿고 있었다. 한국NAE는 1951년 미국NAE 주도로 만들어진 W.E.F(World Evangelical Fellowship, 세계복음주의협의회)에 가입해 세계적 연대를 모색했다.

37) "미 NCC 브박사 내한; 미 신교도들의 멧세지와 2만 5천불 선물을 휴대", 「한국기독공보」, 1954년 12월 27일자.

존 맥카이(John A. Mackay), 그리고 이들을 지지하는 진보 신학자들이 반공주의를 반대하고 나섰다. 중공의 승인과 UN 가입도 주장했다.[39] 한국교회 일각이 WCC에 대한 의구심을 갖는 일이었다. 한국NAE가 WCC를 용공이라며 몰아 부치고, 진보신학 때문이라며 거부감을 드러낸 것도 그런 이유였다. 휴전으로 전쟁이 끝난 지 얼마 되지 않았고 중공과 공산주의에 대한 한국교회의 거부감이 가득하던 때였다.

미국NCC가 중공을 승인해야 한다고 했을 때, 한국NCC는 반공주의가 자신들의 입장임을 분명히 밝혔다. 미국NCC와 WCC에 담화문을 발표했고 반박문도 보냈다.[40] 그러나 WCC 자체를 거부하거나 탈퇴하려 하지는 않았다. 한국NCC는 이미 에큐메닉스를 추구하는 기관이었다.[41]

WCC는 제2차 세계대전이 끝난 후, 1948년 8월 23일로부터 한 달간 네덜란드 암스테르담에서, 대다수의 서구 프로테스탄트 교회들이 모여 초교파·범교회적 대표회의로 발족되었다. 그때 WCC는 니케아 신조(Nicene Creed)와 칼케돈 신조(Chalcedon Creed)를 고백하는 모든 교회

---

38) 뉴욕 유니온신학교 출신 옥스남은 유니온의 워드(Harry F. Ward)의 제자였다. WCC를 조직하는데 주동적 역할을 했고 WCC 초대 미주 지역 회장을 하고 있었다.

39) "미국교계의 소위 반공 반대자들", 「한국기독공보」, 1954년 1월 11일자. 존 매카이는 1956년에 미국NCC의 '삶과 노동'(Life and Work) 및 '국내선교위원회'에서 중국 본토 교회와 재 접촉할 것을 주장했고, 1957년에 다시 '국내선교의원회' 연구협의회에서 중국을 승인할 것을 제안했다.

40) "한국교회는 용공 태도에 반대키로: 초교파운동 재검토 필요", "공존의식은 위험사상: 한국교회는 용공태도에 반대키로", "침략자와 공존불능: 한국NCC서 미국 등에 반박문 발표", 「한국기독공보」, 1958년 12월 29일자.

41) 에큐메닉스는 그리스도 중심적이요, 모든 교회는 그리스도 안에서 하나요, 뿌리라는 인식에 두고 있다. 즉 예수 그리스도가 모든 것의 중심이요, 거기서부터 땅 끝을 향해 사방으로 퍼져나가는 것을 교회의 본질이라고 믿는다. 존 A. 매카이, 민경배 편역, 『에큐메닉스』(서울: 대한기독교서회, 1973년), p.10.

가 함께 한다는 것을 발표했고 "한 분 하나님 성부, 성자, 성령의 영광을 위한 공동의 소명을 함께 성취하려 노력한다"는 헌장을 채택했다. 삼위일체를 믿고 예수 그리스도를 구주로 고백하는 교회들이, 비록 신학이 달라도 이 땅(혹은 한 조직)에서 함께 일하고 협력한다는 선언이었다.[42)]

그러나 보수와 진보가 하나의 조직을 이루었을 때 필연적으로 진보로 흐르게 되어있다. 진보신학의 스펙트럼이 넓고, 그 영역까지 허락해야 조직이 유지되기 때문이다. 1925년 캐나다의 회중교회 · 감리교회 · 장로교회가 연합해 세운 캐나다연합교회(United Church of Canada)가 진보적 교회가 된 것도 그 때문이다. WCC도 예외가 아니었다.

NAE계의 지적처럼, 한국NCC 내부에 진보적 사상을 가진 인물들과 교회들이 있었던 것이 사실이다. 개인구원 영역보다 교회의 사회적 사명이나 국가적 사명을 보다 강조한 인물들도 있었다. 그러나 당시 한국NCC는 한경직과 같이 강력한 반공주의자들과 복음주의 목회자들이 주도하고 있었다. 그럼에도 불구하고 NAE계는 한국NCC의 태도를 문제 삼았고 반기를 들었다. 그리고 '복음주의(Evangelicalism)'라는 이름을 앞세워 갈등을 확대시켰다.

창설 초기부터 한국NAE는 한국NCC와 WCC의 에큐메니칼 운동을 비판하고 진보신학에 반대했다. 그렇지만 "NCC의 교파연합사업"에는 찬성한다는 입장을 가지고 있었다. 맥킨타이어(Carl McIntire) 주도아래 창설한 국제기독교협의회(International Council of Christian Churches, ICCC)에 대해서는, "보수적 경향에 찬동하지만 비사교적 독선행위와 투쟁적 경향을 배격"한다는 입장이었다.[43)] 그런데 시간이 갈수록 근본주의적 입장이

42) 김명구, 『서울YMCA운동사 100-110』(서울: 서울YMCA, 2014), p.158. 에큐메니즘은 신학의 일치를 꿈꾸는 것이 아니라 기구(機構)의 일치를 지향한다.

강화되었다. 미국NAE가 한국NAE와의 관계를 끊으려 할 정도였다. 반공의식이 그만큼 이들을 예민하고 강경하게 만들었던 것이다.

성결교회도 WCC를 강하게 비판하며 반대 입장을 공식화했다. WCC가 공산주의를 지지하고 있고, 그 이유가 자유주의 신학자들에 의해 점령당했다고 믿었다. 공산주의를 거부하기 위해, 또한 성결교회의 신학적 전통을 지키기 위해 ICCC에 가입해야 한다는 강경 보수파들의 주장까지 나왔다.[44]

결국 1957년의 한국NAE 제5회 총회 이후, 한국교회는 에큐메니칼 운동을 지지하는 이들과 그것을 반대하는 양 진영으로 뚜렷이 갈렸다. 그 갈등은 장로교뿐만 아니라 성결교회의 분열로도 이어졌다. 그리고 신학적으로 확연히 갈라놓았다. 6.25 전쟁 이후, 공산주의에 대한 예민한 의식이 한국교회를 분리시킨 것이다.

---

43) "세계복음주의자 총 결속, 한국도 이미 발족", 「한국기독공보」, 1954년 1월 25일자. ICCC에 가입하기 위해서는 성경의 절대무오설, 축자영감설, 삼위일체론, 예수님의 동정녀 탄생, 완전한 신성과 완전한 인성, 전적 타락과 완전 속죄, 육체적 부활과 재림 등 구체적인 교리에 전적으로 동의해야만 했다. 그리고 현대주의(Modernism), 신정통주의(Neo Orthodoxy), 로마가톨릭 등을 '기독교의 3대 적(敵)'이라 규정했고 그 분쇄를 중요한 목적으로 삼았다. 운영에 있어 폐쇄적이고 반투명적이라는 비판을 받았고, 따라서 WCC는 ICCC를 "기독폭력집단, 분열의 집단"으로 규정했다.

44) 이 같은 주장에 대해 성결교회 내부가 모두 동의한 것은 아니었다. 결국 성결교회는 WCC 문제로 인해 1962년 4월, 기독교대한성결교회와 예수교대한성결교회로 분열되었다.

제 4 장

한국교회의 분열과 복음주의 해석의 문제 - 한국 복음주의 교회의 분화

1957년 9월 27일에 있었던 새문안교회 70주년 기념 예배 설교에서 백낙준은 "우리 70년의 역사에 분열이라고 하는 것은 우리 교회 역사에 부끄러움이 아닐 수 없읍니다"[45]며 소리를 높였다. 원로 교회사학자요 교육자로 한국 정치에서도 이름을 크게 새겨놓았던 그는 "합하여서 한 몸이 되는 것으로서 출발"했던 한국교회가 연이어 분열된다며 안타까워했다. 그의 말처럼, 한국교회는 계속 갈등하고 분열을 했다. 특히 장로교회와 성결교회 내부의 싸움은 치열해 장로교회는 통합(대한예수교장로회 통합)과 합동(대한예수교장로회 합동)으로, 성결교회는 기성(기독교대한성결교회)과 예성(예수교대한성결교회)으로 갈라졌다.

전술한 대로, 6.25 전쟁 이후, 공산주의에 대한 한국교회의 분노와 예민했던 의식은 NCC계와 NAE계의 갈등으로 연결되었다. 그 갈등은 교파 내부로 이어졌다. 미국 등 모교회의 영향력과 중재력이 약해지던 상황에

45) 새문안85년 편찬위원회, 『새문안 85년사』(서울: 새문안교회, 1973), p.219.

서 그 싸움은 더한층 첨예했다.

1959년 장로교가 통합과 합동으로 갈라지고, 1961년 성결교회가 기성과 예성으로 분열된 것은 감리교회의 분열과 그 성격이 확연히 달랐다. 감리교회의 분열이 정치 써클 간의 정치 싸움이라면 장로교회와 성결교회의 분열은 신학적 갈등이고 정체성에 대한 이견이었다.

두 교회 내부의 갈등을 WCC에 대한 공산주의 의구심으로만 볼 수 있다. 그때 NAE계나 ICCC계가 에큐메니칼계를 향해 용공(容共)의 의구심을 제기했던 것이 사실이다. 또한 진보신학이라고 비판했던 것도 사실이다. 그렇지만 한경직이나 강신명 등은 강력한 반공주의자들이었고 구령의 영역을 교회의 최우선 사명으로 여겼다. 따라서 이 싸움은 교회와 복음의 역할에 대한 의견 대립으로 볼 수 있다. 곧 구원의 영역을 한 개인으로 제한하려는 그룹과 국가의 영역까지 확대하려는 그룹 간에 일어난, 복음주의 내부의 신학적 분쟁이었던 것이다.[46]

1. 성결교회의 분열과 복음주의의 분화 - 복음주의에 관한 이견

1955년 재흥 제10회 총회에서 이명직이 주도하던 성결교회는 NAE에 가입할 것을 결의했다. NAE의 신학적 주장이 성결교회의 정체성과 다르지 않다고 믿었기 때문이다. 그런 이유로 이명직은 NAE의 신학, 곧 성경

46) 숭실학교 등 미션스쿨 출신이었던 한경직 등은 개인구원의 사명과 한국구원을 한국교회가 가져야 할 사명으로 여겼다. 따라서 1907년의 신학적 전통을 공유했음에도 불구하고, 복음의 영역을 개인구원과 교회 내부로 제한하자는 주장, 국가구원도 교회 사명이 되어야 한다는 주장으로 갈라진 것이다. WCC 문제는 이것의 빌미를 제공했을 뿐이다.

의 권위, 삼위일체, 기독론, 중생과 칭의, 성령, 부활신앙, 그리스도의 몸으로서의 교회 등이 성결교회가 추구하는 것과 다르지 않다고 피력했다.[47] 그리고 한국교회의 신학이 "복음주의"이고, 성결교회도 이 전통 아래 있다고 확인했다.[48] 성결교회가 1907년의 전통을 이어받겠다는 주장이기도 했다. 그렇지만, 복음의 영적 영역을 강조하는 발상이었지만, 웨슬리 신학이 가진 사회적 역동성은 강조하지 않았다.[49]

이명직은 한국NCC와의 관계까지 단절하려 하지 않았다. 기독교의 복음을 널리 전할 수 있다면 상부상조할 수 있다는 입장이었다.[50] 그것은 한경직과 같은 복음주의자들이 주도하고 있었고 성결교회 내부에 신학적 영역과 교회간의 소통을 분리하자는 흐름이 우세했기 때문이다.

해방 이후, 성결교회는 기독교서회, 성서공회 등 연합사업에 적극 나섰고 한국NCC 관련 기관에도 대표를 파송했다.[51] 교회 내부에 새 국가건설 등 국가적 관심사에 적극적인 태도를 가진 사람들이 많았고 그런 이유로 기관지 『활천』에 이승만, 김구, 김규식 등의 대(對) 기독교관을 소개하기도 했다.[52] 6.25 전쟁이 일어나면서 구호사업에 열심히 참여했고[53] 휴전 후, 한국의 과제에도 적극적인 관심을 표명했다.[54] 이미 성결교회에

47) 이명직, "대한기독교 복음신앙동지회원의 신앙고백에 대하여", 『활천』 1955년 7월호, pp.1-2.

48) 기독교대한성결교회 총회법제부 편, 『기독교대한성결교회 헌법』(서울: 총회본부, 1955), p.15.

49) 1955년 이후 성결교회는 NAE에 중요한 역할과 영향력을 갖게 되었다.

50) 이명직, "한국기독교연합회 성명서를 읽고", 『활천』 1959년 12월호, pp.1-2.

51) 재홍 『제2총회회의록』(1947), p.5, 11. 박현명도 한국NCC 제3대 회장을 지낸 바 있었다.

52) 성결교회는 『활천』을 통해 이승만, 김구, 김규식 등의 글들을 적극적으로 소개했다.

53) 김창근은 1951년 '세계구호위원회(CWS) 한국위원장을 맡아 구호사업에 힘썼다.

는 사회문제와 한국구원의 일이 교회의 사명이고 영역이라고 생각한 인물들이 적지 않았다. 성결교회의 복음관이 확대되어 있었던 것이다. 다음과 같은 글은 그것을 역으로 확인해 준다.

> 해방 이후 우리 단체는 양적으로 움직였다. 신학교가 그러했고 단체가 그러했고 개교회가 그러했다. 6.25이후에는 선교부가 더욱 그러했다. 우리들도 여기에 보조를 맞추었다. 물론 교육사업이 부흥이요 사회사업이 부흥이요 구호사업이 부흥이다. 민족을 생각하여 고마운 일이요 국가를 생각하여 경하할 일이다.[55]

한국NCC와 한국NAE 간의 갈등이 악화되면서 1958년 4월, 한국NAE 제5회 총회에서 'NAE 임원의 타 기관 임원겸직 금지'라는 입장이 나왔다.[56] 신학이나 교류 중 어느 한 쪽을 선택해야 했을 때, 성결교회 내부의 의견은 갈렸다. 1959년 총회에서, 김창근 등은 한국NAE 탈퇴 건의안을 냈고, 김용은 등은 한국NCC 탈퇴 건의안을 제출했다.[57] 총회와 이명직이 양측을 진정시키려 했지만, 신학자들이 가세하면서 양측의 갈등은 선을 넘고 있었다.[58]

---

54) 김창근, 『불붙는 가시덤불』(서울: 성광문화사, 1977), pp.429-430.

55) 편집실인, "교계단상", 『활천』, 1954년 8/9월호, pp.45-46. 서울신학대학교 성결교회역사연구소, 『한국성결교회100년사』(서울: 기독교대한성결교회출판부, 2007), p.487에서 재인용.

56) 이에 대해 미국NAE는 문제를 제기했고, 결국 다음 해에 한국NAE와 단절을 선언했다.

57) 『제14회 총회의사록』(1959), p.14, p.53.

58) 서울신학대의 장창덕은 NAE를 지지했고 박상증은 에큐메니칼 운동을 지지했다.

갈등의 폭이 커지자 이명직 등은 NAE와 NCC를 동시에 탈퇴하고 성결교회 본연의 역사성, 곧 "구령(救靈)운동에 매진하자"는 조정안을 내놓았다.[59] 1961년, 한보순을 회장으로 하는, '복음진리보수동지회'가 결성되었고[60] 여기에서도 NCC와 NAE 모두 탈퇴해 "성결교회 본래의 순복음 신앙노선"으로 돌아가자는 성명서가 발표되었다.[61] 성결교회가 구령사업보다 사회사업과 국가적 관심사에 관심을 갖는다는 비판도 함께 제기되었다. 본래의 정체성에 위배 된다는 주장이었다.[62]

사회사업이나 교육사업, 국가적 과제에 관심을 가진 것에 대해, 이미 성결교회 내부의 비판이 있었다. 그 내용은 다음과 같다.

> 우리의 사명은 이상 성훈(聖訓)에 기인한 것이다. 고 카우만, 길보른 양 선교사가 1907년에 개인이나 어느 선교회나 재단의 후원도 없이 가방 한 개를 들고 단독으로 미 본국을 떠나 동양에 발을 드려노은 것도 중생, 성결, 신유, 재림의 복음을 전하여야 되겠다는 사명감에 불타서 니러선 것이였다. 그래서 교육기관이나 의료기관이나 무삼 자선기관을 세워가지고 간접전도로 출발하지 않고 성서학원을 설하고 각 방면에서 지원자를 모집하야 복음의 투사를 양성하야 전투하여 온 것이다. 우리는 이 사명을 망각하

---

59) 이명직, "하나가 되어라", 『활천』 1960년 3월호, p.2.

60) 이명직, 김응조, 이성봉, 황성택 등 성결교회 원로들이 이에 가세했다.

61) "보수동지회 결의문 및 성명서", 1961년 5월 1일자.

62) 1959년 장로교가 합동과 통합으로 분리될 때, ICCC를 설립한 맥킨타이어(Carl McIntire)가 방한했다. 그는 승동측(장로교 합동측)을 비롯한 한국 내의 에큐메니칼운동을 반대하는 그룹에 재정을 지원했고 한국교회에는 맥카시에 대한 열풍이 일어나기도 했다. 이런 분위기에서 ICCC를 지지하는 그룹까지 생겨나 성결교회 내부를 복잡하게 했다. "무분별한 환영, 맥킨타이어 환영준비위 명단", 「한국기독공보」, 1959년 11월 23일자.

여서는 않이 될 것이다.[63]

신학적 이견과 정체성 해석에 대한 차이로 결국 성결교회는 1962년 4월, 구령의 영역을 주장했던 목회자들, 곧 예성측이 공식적으로 총회를 개최하면서 분열되었다.

성결교회 창설자들은 진실한 순복음의 하나님의 종들이라는 사실은 누구나 공인하는 바이다. 그들은 오늘과 같이 교회가 부패하고 타락할 줄 알았음인지 교회나 교역자 자신이 사회사업이나 교육사업과 같은 간접전도를 배격하고 어디까지 복음에만 충성하고 영혼을 구원하는 데만 열중하였다. (중략) 앞으로 우리는 교회 교역자 자체가 복음이외에 교회부패의 원인이 되는 사회사업과 기타 속무(俗務)에 종사하는 것을 배격한다. 비성서적 성경해석과 속화주의와 주창을 배격하고 선인들이 주창하던 사중복음을 살려서 그대로 가르치고 믿는다.[64]

1962년, 예성(예수교대한성결교회)측으로 갈라져 나간 이후, 예성측 『활천』지 주간이었던 김응조는 이렇게 기성(기독교대한성결교회)측을 비판했다. 그는 교회가 사회사업이나 연합사업을 하는 기관이 아니라는 것, 오직 개인구령사업 하는 것이 '진실한 순복음'이라는 것, 사회사업이나 연합사업은 교회부패의 원인이요 세속주의에서 비롯되었다고 주장했다. 이를 외면하는 그룹 때문에 성결교회가 분열되었다는 것이다.

---

63) 사설, "우리의 사명", 『활천』 1953년 11월호.

64) 사설, "성결교회의 진로", 『활천』 제1집, 1962년 4월호, pp.6-7. 서울신학대학교 성결교회역사연구소, 『한국성결교회100년사』, p.486에서 재인용.

본래 성결교회는 철저히 구령을 강조했고, 복음의 영역을 교회 내부로 제한했다. 그러나 해방과 6.25 전쟁을 거치면서, 내부에 교회의 시대적 사명을 주장하는 의견들이 적지 않았다. 결국 구원의 문제를 구령의 영역으로 국한시키려는 그룹과 사회와 국가의 영역까지 확대하려는 그룹으로 갈리게 된 것이다.

양자 모두 복음주의 신학이 자신들의 근원이 됨을 강조했고 '중생', '성결', '신유', '재림'의 사중복음을 지향했다. 개인성화를 극복해 사회성화를 주장해야 한다는, 사회복음주의 신학과 전혀 다른 구조였다. 성결교회의 분열은 복음주의 신학을 기존의 전통에 묶어 두려는 그룹과 사회 혹은 국가구원의 영역으로 확대하려는 그룹간의 이견(異見)으로 발생한 것이다.

2. 장로교회의 분열과 복음주의 신학의 분화

2.1 장로교회의 분열

역사에는 반드시 서로 엇갈리는 역방향으로 추진되는 세력이 있기 마련이다. 남과 북, 동과 서, 보수와 진보, 비둘기파와 독수리파, 긍정적인 쪽과 비판적인 쪽, 음과 양, 이런 세력들이 서로 역방향으로 몰고 가는 억센 힘으로 존재한다. 이들 모두 나름의 명분과 논리가 뚜렷하다. 그래서 양자택일이 객관적으로는 쉽지 않다. 이들 양 세력은 항상 평화스럽게 병존하는 것이 아니다. 구조적으로 치열하게 갈등하게 되어있다.[65] 한국교회의 이러한 갈등을 억제하고 해소하기 위해 시작했던 것이 바로 에큐메니칼 운동일 수 있었다. 그러나 에큐메니칼 운동 자체가 갈등의 빌미가 되었다.

1954년 미국 일리노이 에반스톤에서 제2회 WCC 총회가 열릴 때, 장로교회는 한경직과 정치부 서기 김현정을 대표로 파송하기로 했다. 그러나 WCC에 대한 용공 의구심을 갖고 있던 이승만 정부는 한경직 등에게 여권을 발급해주지 않았다.[66] 이런 이유로, 김현정과 미국에서 유학 중이던 명신홍이 대표로 참석했고 유호준이 옵서버로 참석했다. 그런데 이 대회가 한국장로교회가 예장 통합과 예장 합동으로 갈라지는 단초가 되었다.

1948년, 암스테르담(Amsterdam)에서 WCC가 조직될 때부터 한국 장로교는 김관식을 대표로 해서 이 대회에 참석했다.[67] 1950년에 이르러 박윤선은 WCC에 가담하는 것이 교리 위반이라며 강하게 비판하고 나섰다.[68] 1951년에는 고려파가, 국회의원 22명의 이름으로, WCC를 용공기관이라며 성명을 발표했다. 1954년 WCC 총회에 대표를 파송할 때도 격한 문제제기가 있었다. 경기노회 제62회 정기노회가 "성서유오설과 자유신학과 에큐메니칼 거부"한다는 방침을 세우는 바람에 비상 정회까지 해야 했다.[69] 김현정이 나서, WCC가 각 교파의 신학을 존중하고 연합사업을 같이 해 친선과 협동을 도모하는 기관이라고 밝혔지만,[70] 노회원 다수

---

65) 민경배, "월남 이상재 선생과 YMCA", 월남 선생 정신 고양을 위한 학술세미나, 2006년 11월 7일, 충남 서천문화회관, 서울YMCA 발행, 「한 민족의 등불 월남 이상재」, p.87.

66) 「한국기독공보」, 1954년 6월 5일자.

67) 『조선예수교장로회총회 제33회 회의록』(1947), p.9.

68) 칼 맥킨타이어가 설립한 페이스 신학교(Faith Theological Seminary)는 한상동 목사와 박윤선 목사에게 신학박사 학위를 수여했다.

69) "경기노회 제62회 비상정회", 「한국기독공보」, 1954년 9월 13일자.

70) Loc. cit.

는 이를 거절했다.

WCC 총회에서 돌아온 후, 대표들의 입장이 갈렸다. 김현정은 WCC가 단일의 교회를 만들려 하지 않고, "용공"이 아니며 자유주의(自由主義) 신학을 추구하는 것이 아니라고 피력했다. 칼 바르트(Karl Barth) 사상 정도[71]라고 주장한 것이다. 유호준도 적극 동의했다. 그러나 명신홍은 강하게 WCC를 비판했다. 신학적으로 "혼합주의적이며 용공적이고 음주(飮酒)와 주초(酒草)에도 분명치 못하다"고 보고했던 것이다.[72] 김현정은 에큐메니칼계에 속했고, 명신홍은 NAE계 인물이었다. 상반된 보고에 장로교 총회는 양분되었다.

소위 에큐메니칼측과 NAE측간의 분열은 이미 예견되어 있었다. 한경직으로 상징되는, 교회의 사명을 국가구원의 영역까지 확대하려 한 그룹과 이를 거절하는 주장이 첨예했었기 때문이다. 에큐메니칼측은 한경직, 강신명, 유호준, 안광국 등이 이끌었고 NAE측의 신학적 이론은 박형룡이 제공했다.

한경직은 프린스턴신학교(Princeton Theological Seminary) 출신이다. 강신명도 맥카이(John A. Mackay)의 제자이다.[73] 특히 강신명은 맥카이의 선교신학[74]에 지지를 보내고 있었다. 맥카이는 예수 그리스도가 모든 것의 중심이요, 복음이 땅 끝을 향해 사방으로 퍼져 나가는 것이 에큐메닉스의 본질이라고 주장했고,[75] 선교하기 위해, 그리스도를 구주로 고백

---

71) "WCC 에반스톤대회에", 「한국기독공보」, 1954년 9월 13일자.

72) Loc. cit.

73) 1951년 11월 강신명은 43세의 나이로(한국 나이) 프린스턴 신학교로 유학을 갔다. 그때 맥카이는 프린스턴 신학교 학장으로 있었다.

74) 존 A. 매카이, 민경배 편역, 『에큐메닉스』, pp.1-12.

75) Ibid., p.10.

하는 자들이라면 신학이 달라도 함께 모여 복음을 전하자고 피력했다.[76] 한국 에큐메니칼계는 이에 동조했다.

반면, 박형룡은 정교분리를 부르짖었고, 자신과 다른 신학적 견해들을 자유주의로 몰아 공격하고 이단시했다. 메이첸(John G. Machen)의 제자였던,[77] 1907년 신학을 근본주의적으로 해석했던 그는[78] 1953년 이렇게 주장한 바 있다.

> 결코 우리가 어떤 체계를 창조함이 아니라, 사도적 정통의 정신앙(正信仰)을 그대로 보수하는 신학, 우리 교회가 70년 전에 창립되던 당시에 받은 신학을 우리 교회의 영구한 소유로 확보함을 이룸이다.[79]

박형룡의 신학은 19세기 영미복음주의를 벗어나 근본주의 신학으로 전환했던, 마펫(Samuel A. Moffett)의 전철을 밟았다. 복음이 어느 한 시대나 한 공간에 고정되고 묶이지 않음에도 불구하고 한국 내부로 가두어 두려 했다. 그러나 복음을 교리화 시키면 자칫, 고정되고 매뉴얼화 되어 복음의 본질을 왜곡시킬 수 있다. 역동성과 생명력까지 약화시킬 수 있는 것이다.[80]

복음은 광의적이고, 세계적이며 교회는 복음의 세계적 통로이다. 복음

76) Loc.cit.

77) 박형룡은 1929년에 자유신학에 물들었다고 비판하며 프린스턴을 떠나 웨스트민스터 신학교를 설립했던 메이첸을 따랐다. 그가 유학을 마친 후 귀국해 생활이 아주 어려웠을 때 메이첸은 재정적 지원을 하기도 했다.

78) 김명구, 『복음, 성령, 교회-재한선교사들연구』, p.260.

79) 김양선, 『한국기독교해방십년사』, p.263에서 재인용.

80) 김명구, 『복음, 성령, 교회-재한선교사들연구』, pp.254-255.

은 역사를 관통하는 '통시적(通時的, diachronic)' 요소일 뿐 아니라 시대적 상황을 고려한 '공시적(共時的, synchronic)' 요소를 동시에 갖고 있다. 따라서 WCC의 거부나 탈퇴는 세계 구원의 영역을 포기하는 것과 다름이 없다.[81] 그것은 복음의 세계적 공동체성과 교회간의 소통을 외면하는 것이 된다. 또한 신학적 국수성(國粹性)에 빠질 수 있다. 복음을 한국 혹은 민족의 울타리 내부로만 가둘 수는 없는 일이다. 선교를 위해서 세계교회와 함께 해야 한다는 것이 한국NCC가 내건 명분이었다. 박형룡은 그것을 거절했다.

1956년 9월 장로교 총회는 한경직을 위원장으로, 정규오를 서기로 해서 '에큐메니칼운동 연구위원회'를 구성했다.[82] WCC 지지측 위원은 한경직, 전필순, 유호준, 안광국 등이었고 반대측은 박형룡, 박병훈, 정규오, 황은균 등이었다. 양편의 주장은 팽팽했다. 1957년과 1958년의 장로교 총회가 열렸을 때 양편의 입장은 더욱 견고해 졌다.[83] 이런 가운데 NAE 계에서 일방적으로 WCC 탈퇴 원서를 접수하려 했다. 이에 유호준 등은 "바리새적 교권주의와 교회제도주의에 떨어져 말씀을 잃은 상태"라 진단했다. 강한 어조로 근본주의자들의 영향 아래 있다는 비판도 했다.[84] 갈등이 첨예해지자 박형룡은 어차피 "짜갤 수 밖에 없다"[85]며 분리를 주장하고 나섰다.

---

81) 김명구, 『소죽 강신명목사』, p.195 이하 참조.

82) 대한예수교장로회총회교육부 편, 『한국교회 선교백년비화: 안광국목사유고집』(서울: 대한예수교장로회총회교육부, 1979) pp.94-95.

83) Ibid., p.95.

84) "에큐메니칼운동반대, WCC脫退 建議書에 대한 答辯書, (上)", 「한국기독공보」, 1958년 12월 22일자.

85) "時論", 「한국기독공보」, 1959년 4월 17일자.

에큐메니칼측은 1960년 2월 17일 '통합총회'를 발족했다. 여기에서 "과거 수년간 교계의 혼란이 NAE에 관계된 이들의 파당적 행동에" 원인이 있다고 비판했다. 앞으로 "본 총회 소속 교역자들은 해단체(該團體)에서 탈퇴하고 본 장로교회의 전통과 신조를 고수할 것"[86]이라고 결의했다. 덧붙여, WCC나 에큐메니칼 운동에 대해서도 "용공단체도 신(新)신학운동도 그리고 단일 독재적인 교회기구를 지향"하는 것도 아니란 사실을[87] 분명히 했다. 대한예수교장로회 제44회 통합총회만이 75년 전통을 이은 법통총회요, 그 명의를 참칭하는 어떤 불법 단체도 인정치 않는다는 선언도 했다. ICCC와 철저한 단절하겠다고 선언했고 이에 관계있는 자는 엄중 처단할 것도 분명히 했다.

노진현을 중심으로 한 NAE계 인사들도 자신들이야말로 장로회의 법통을 계승한다고 단언했다. 통합총회가 무효인 반면 자신들의 승동총회만이 정당하다고 주장했다. 계일승을 신학교 교장 직에서 물러나도록 서울지방법원에 소송도 했다.[88] 목사가 목사를 고발했고, 교회가 내부의 문제를 사회 법정에 올린 것이다. 결국 장로교는 통합과 합동으로 또다시 분열을 하고 말았다.[89]

2.2 예장 통합의 신학 - 구원 확장의 공교회, 언더우드 전통, 웨슬리적 구조

예수교장로회 통합의 주축은 한경직, 강신명, 유호준, 안광국 등이었

86) 『대한예수교장로회 제44회 총회 회의록』(1959), p.134.

87) 『대한예수교장로회 제44회(통합) 총회 회의록』(1960), p.159.

88) 「한국기독공보」, 1960년 2월 1일자.

89) 장로교 분열과정에서 대해서는 김명구, 『소죽 강신명 목사』, p.193 이하를 볼 것.

다. 대부분 복음주의자들이었지만 교회의 국가적 사명을 소중히 여겼다. 이들은 에큐메니칼 운동을 구원영역의 확장, 곧 복음적 사명을 사회와 국가까지 확대하는 것으로 이해했다.

특히 한경직은 구령과 구국의식을 합치시키려 했다. 물론 그 출발과 귀결은 초월성이요 영적 영역이었다. 복음의 역할을 국가구원으로 확장했지만 영적 영역을 벗어나지 않았다. 이를 위해서라면 웬만한 신학적 차이는 넘어서려 했다.

강신명은 기독교 이데올로기를 중시했던 기청(畿淸) 교회와 구령을 교회의 본분으로 삼았던 서북교회의 전통을 합치시키려 했던, 영주 기독교 출신이다.[90] 감리교와 장로교회에서 만든 미션스쿨들을 모두 섭렵했고,[91] 독립운동을 중시했던 선천에서 목회를 했다.

충북 보은 출신인 안광국을 청주스테이션 선교사 밀러(Frederick S. Miller)는 퍽 아꼈다. 용천노회에서 목사안수를 받았던 그는 신사참배를 해가면서 목회를 할 수 없다며 중국 요령성으로 피했고, 거기에서 만주신학원을 개설해 학생들을 가르쳤다. 해방 후 군수 자리도 마다하고 목회를 고집했고 1953년부터 총회 종교교육부 총무를 했다.

그런데 한경직, 강신명, 안광국은 모두 숭실학교 출신이다. 전술한 대로, 숭실학교 등 기독교 학교를 거친 사람들은 "기독교, 민주주의, 애국사상, 민족주의"를 하나의 범주로 인식했다. 복음을 민족운동과 연결시켜 애국계몽운동 조직을 주도하기도 했고 기독교 민족주의계를 이끌기도 했다.[92] 여느 미션스쿨들과 마찬가지로 숭실도 기독교의 복음과 애국을 동

---

90) 강신명은 영주 내매교회 출신이다.

91) 강신명은 배재, 공주 영명, 대구 계성을 다녔다.

92) 김명구, 『한국기독교사』1, p.211.

시에 강조했고 그것을 교육이념으로 삼았다.[93] 이런 전통 아래 숭실은 학생 애국운동의 요람이 될 수 있었다. 길선주의 아들 길진형과 안세환 등이 '105인 사건', 곧 '데라우찌 총독 암살'을 의심받았던 것도 무리가 아니었다.[94] 장일환은 배민수와 김형직[95]을 비롯한 숭실학교 재학생들과 노선경 등 재학생들, 그리고 이보식과 최달형, 설명화와 이수현 등 숭실대학 재학생과 졸업생 등과 '조선국민회'를 조직해 항일운동에 나서기도 했다.

특별히 맥큔(George S. McCune)이 이끌던 숭실은 영적 영역을 중시했기 때문에 신사참배를 거부했고 학교를 폐교시켰다.[96] '복음'과 '애국'이 신념으로 자리 잡았던 것이다. 한경직 등도 이런 의식아래 있었다. 복음이 민족 문제와 국가적 과제에도 적극 응답해야 한다고 믿었던 것이다. 그가 에큐메니칼 운동을 지향했던 것도, 이런 신앙적 신념을 확장하는 데에 매우 유용했기 때문이다.

유호준은, 한성감옥에서 회심을 체험한 개화파 유성준의 사촌동생으로 안동교회 출신이다. 안동교회 설립자 중 한 사람인 박승봉은 다음과 같이 말한 바 있다.

> 기독교가 아니면 나라를 구할 수 없다. 그리고 학교를 세워야만 백성들을 빨리 깨우칠 수 있다. 부산에서 신의주까지, 서울에서 회령까지 철로가

---

93) 숭실대학교100년사 편찬위원회, 『숭실대학교 100년사』(서울: 숭실대학교, 1997). 김명구, 『소죽 강신명 목사』, p.69에서 재인용.

94) 안세환은 숭실 재학생과 졸업생 기독교 청년들이 중심이 되어 조직한 조선국민회(朝鮮國民會)에 참여했다

95) 김일성의 아버지이다.

96) 김명구, 『소죽 강신명 목사』, pp.69-70.

난다 하니 정거장이 서는 읍촌마다 교회와 학교를 세워야 한다.

안동교회는 이런 전통 아래 세워졌다. 기독교를 통해 국권을 회복하고 교회를 통해 인재 양성도 도모했고 한국 애국운동의 바탕에 깊이 자리했다.[97] 유호준은 이런 터전에서 복음이 민족을 영도할 수 있다는 것을 배우고 자랐다.

휴전이 된지 얼마 지나지 않았다. 교회의 국가적 의무, 사회적 의무가 절실히 요구되던 때였다. 선교사들이 주도하던 시대가 아니었다. 한국 기독교는 스스로 수없이 많은 정치 지도자와 사회 지도자들을 양성하고 있었다. 교회가 국가의 한 부분으로 영향력을 끼치던 시대였다. 그런데, 구국을 부르짖었지만, 교회 본연의 구원사업을 훼손하지 않았다. 양자를 합치하려 했을 뿐 어느 한 정파(政派)를 지지하는 입장도 아니었다.

한편, 통합과 합동의 분열은 언더우드(Horace G. Underwood) 전통과 마펫(Samuel A. Moffett) 전통을 지향하는 그룹간의 갈등으로 볼 수 있다. 서울을 중심으로 활동했던 언더우드는 한국의 국권이 일본에 침탈되고 있던 상황에서, 한국이 복음으로 세계 속에 우뚝 서기를 바랐다. 복음이 교회의 영역을 넘어서 근대 한국의 모든 영역에 발휘되기를 기대했고, 그래야 한국교회가 한국의 중심으로 자리 잡을 수 있다고 확신했다.[98] 반면, 마펫은 복음주의를 교회 내부와 오직 구령의 영역으로만 제한했다. 그런 신념 아래 자신과 다른 어떠한 견해를 용납하지 않았다. 언더우드를 비판했고 그와 절친했던 게일(James S. Gale)의 의역본 성경도 문제 삼았

97) 김명구, 『해위 유보선, 생애와 사상』, pp.36-39.

98) 김명구, 『복음, 성령, 교회- 재한선교사들연구』, pp.222-224.

다. 스코트(William Scott)도 호된 비난을 받았고 남대문 교회의 김영주, 함경북도 성진중앙교회 김춘배도 이단 시비에 휘말렸다. 언더우드와 다른 길을 걸었던 것이다.[99]

그런데 그 구조는 언더우드의 전통일 뿐만 아니라 19세기 영미 복음주의 시조 중 한 사람인 웨슬리의 유형과 다르지 않다. 성화의 영역을 개인에 머무르지 않고 삶의 자리 곳곳으로 확장하려 했던, 곧 땅 끝까지 복음을 전하겠다는 구령의 바탕아래 삶의 영역으로 복음의 이상을 확장하겠다는 웨슬리의 의도와 다르지 않았던 것이다.

1980년대 이후 그 정체성이 급격히 약화되었지만, 그런 이유에서 한경직 주도의 통합측은 한일수교 반대, 미군철수반대, 1970년대의 민주화회복운동에 적극 나섰다. 교회의 사명을 국가구원의 영역까지 확대하려 했던 것이다.

99) Ibids., pp.257-260.

제 5 장

제2공화국의 등장과 몰락 - 기독교 민족주의의 전통의 계승, 단절

1. 이승만의 하야

1960년 4월 26일 새벽, 허정은 이승만의 하야를 권고하려고 경무대를 방문했다. 이미 이승만은 대통령직을 물러나려고 성명서를 구술하고 있었다.[100] 전날 저녁, 대통령은 "학생들이 많이 죽고 다쳤다는 보고를 듣고 어떻게 국민들을 죽일 수가 있느냐"하며 자책했다.[101] 허정을 만난 이후, 이승만은 대국민담화를 통해 공식적으로 하야를 발표했다.[102]

---

100) 이승만은 4월 23일 시위를 진압한 경찰이 발포를 해 시민들이 사망했다는 소리에 애도의 뜻을 발표했다. 그리고 다음 날 자유당 총재직을 사임했다.

101) 허정, 『내일을 위한 증언』(서울: 샘터사, 1979), p.218. 허정은 하야 성명을 구술하는 이승만을 보고 목이 메어 아무 말도 나오지 않았다고 진술하고 있다.

102) 측근에서 보필했던 윤치영은 당시 이승만이 불의를 보고 국민이 좌시한다면 이 나라는 희망이 없다며, 학생들이 선열들의 독립투쟁과 3.1운동을 이어 받았기 때문이라고 그 궐기를 오히려 높이 평가했다고 진술하고 있다. 윤치영, 『윤치영의 20세기: 동산회고록』(서울: 삼성출판사, 1991), pp.327-328.

기호 기독교 민족주의계의 수장답게, 대통령이 되었을 때 이승만은 기독교 국가건설을 공언했다. 그것은 기독교의 복음이 근간이 되는 "신성한 국가"를 의미했다. 그는 한국이 기독교를 믿고 교화된 국민들이 하늘이 주신 자주 권리를 소중히 여기고 그것을 실천하는 나라가 되기를 기대했다. 정부와 국민이 각각 하나님이 주신 의무를 다하는 그런 나라를 꿈꾼 것이다.

현실적 어려움으로 인해 그 뜻을 완전히 이루지 못했지만 이승만은 그 근간을 만들어냈다. 원조금(援助金)을 받아야 했지만, 그것을 효율적으로 사용해 근대국가로서의 기본 인프라를 구축했다. 신학적 이상 아래 농지개혁을 실시해 한국 역사상 처음으로 소작농들이 자신들 소유의 땅을 가질 수 있었다. 공산주의의 책동을 막아냈고 적화(赤化) 공격으로부터 대한민국을 지켰다. 의무교육을 실시하고 국민교육을 강화해 문맹에 시달리던 국민 대다수의 눈을 뜨게 했다. 중국의 속방(屬邦), 일제의 강제 합방 아래 잠재되어 있던 비(非)자존감의 의식을 극복하고 한국인으로서의 자존심을 갖게 했다. 이승만은 그렇게, 한국구원이라는, 자신 삶의 목표를 이루어 냈다. 그러나 서북 기독교 민족주의계를 외면해 정치적 갈등을 야기했고 왜곡된 일민주의 해석을 수용하면서 자신이 주장한 정체(政體)를 스스로 위반했다. 이승만은 국민 의사를 존중하며 권좌에서 스스로 물러났다.

김인서의 말대로 이승만에게는 중임 제한을 철폐하며 처음 헌법의 규칙을 어겼던, 헌법을 잘못 운영한 죄는 있다. 그러나 독립운동과 건국, 공산군 격퇴, 대한민국 체제 보존에 절대적 공로가 있다. 그에게 국토의 상실과 패전(敗戰)의 치욕, 민주주의 체제의 변질이나 변절시킨 죄과는 없다.[103] 대한민국을 세계 속에 확고히 자리 잡게 한 남다른 공헌도 있다. 국민의 뜻을 수용해, 스스로 하야함으로 국민의 뜻에 저항하지 않았다. 민주주의 체제에 순응하며 정치적 삶을 마쳤다.

2. 제2공화국의 등장과 갈등, 그리고 몰락 - 기독교 국가건설의 계승과 실패

이승만 대통령이 하야를 선언한 날, 국회는 '비상시국수습대책위원회'를 만들기로 결의했고 여·야 간부회의에서는 정·부통령선거를 다시 치르기로 했다. 덧붙여, 과도 내각을 구성하되 완전 내각책임제로의 개헌을 결정했다.[104] 그 결과, 1960년 8월 12일에 열린 민·참의원 합동회의에서 민주당 구파(舊派)의 윤보선이 대통령에 당선되었다.[105] 우여곡절을 겪었지만, 국무총리에는 신파(新派)의 장면(張勉)이 선출되었다.

윤보선은 한국 초대 기독교 가문인 해평 윤씨의 후예로 윤치호의 조카요 안동교회 장로 윤치소의 아들이다. YMCA계로 자연스럽게 이상재, 이승만, 신흥우, 장덕수 등이 포진되어있는 기호 기독교 민족주의계의 일원이 되었다. 영국식 민주주의를 선호했고 민주주의가 기독교의 이상을 실현할 수 있는 유일한 방식이라고 믿고 있었다.[106]

한편, 노기남과 가톨릭계의 강력한 추천으로 정치인이 된 장면은 민주

103) 김인서, 『망명노인 이승만박사를 변호함』(서울: 독학협회출판사, 1963) 참조.

104) 제2공화국이 내각제를 채택한 것은 대통령제 아래에서 독재 위험성을 경험한 때문이었고 민주당내의 구파, 곧 한민당계가 줄기차게 주장했기 때문이기도 하다.

105) 양원 재적의원 총수는 291명(참의원 58명, 민의원 233명)이었고 참석 의원은 259명이었다. 윤보선은 208표를 얻었다.

106) 김명구, 『해위 윤보선-생애와 사상』 참조.

당 신파 수장의 위치까지 올라갔다. 그렇지만 민주당 첫 조각(組閣)에 나타났듯이 그의 영향력은 제한적이었다. 신파에서 목소리가 가장 컸던 계보는 정일형, 한근조, 김채선, 김상돈, 주요한, 최희송, 최규명 등 서북 기독교 민족주의계로 분류되던 홍사단 출신들이었다.[107] 장면이 수장이 될 수 있었던 이유는 가톨릭계가 민주당의 정치자금을 마련해 주고 경향신문이 이를 뒷받침해 주었기 때문이다.[108]

특기할 것이 일제 강점기 이래로 치열하게 갈등했던, 기호계인 한민당계와 서북계인 홍사단계가 한 정당을 꾸렸다는 것이다.[109] 당시 민주당이 표방한 정강은 아래와 같았다.

1. 일체의 독재주의를 배격하고 민주주의의 발전을 기한다.
2. 공정한 자유선거에 의한 대의 정치와 내각책임제의 구현을 기한다.
3. 자유경제 원칙하에 생산을 증강하고, 사회정의에 입각한 공정한 분배로서 건전한 국민경제의 발전을 기하며, 특히 농민, 노동자, 기타 근로 대중의 복리 향상을 기한다.
4. 민족 문화를 육성하며 문화 교류를 촉진하여 세계 문화의 진전에

---

107) 1960년 9월 22일자 경향신문은 신파 국회의원 내부에 구 자유당 출신 의원이 약 20명, 홍사단에 연관된 의원이 10명, 약 20명의 4월 혁명이후에 가담한 의원, 소장파로 알려진 약 40명의 의원이 있다고 보도하였다.

108) 한승주, 『제2공화국과 한국의 민주주의』(서울: 종로서적, 1983), p.46. 민주당 신파는 홍사단계를 중심으로 해서 장면이 속해 있던 가톨릭계나 자유당을 이탈했던 일부 국회의원들, 곧 곽상훈, 오위영(吳緯泳), 엄상섭(嚴詳燮), 홍익표(洪翼杓), 이상철(李相喆), 김영선(金永善), 박순천 등의 원내 자유당계로 구성 되었다.

109) 김명구, op.cit., p.187. 신익희가 민주당의 대표 최고의원에 피선되었으며, 조병옥, 곽상훈, 백남훈, 장면이 최고위원으로 선출되었다. 신익희와 조병옥은 구파였고, 장면과 곽상훈은 신파였다.

공헌함을 기한다.

5. 국력의 신장과 민주 우방과의 제휴로써 국토통일과 국제정의의 확립을 기한다.[110]

내각책임제를 내세운 것 이외에, 민주당은 한민당과 흥사단의 이념과 정책 기조를 이어받았다. 자유민주주의를 추구했지만, 노동자와 농민, 근로 대중의 복리도 강조했다. 그러나 조봉암계의 사상이나 방식은 철저히 거절했다. 공정한 경제 분배를 지향했지만 공산사회주의는 엄격히 배제했다. 이승만이 애초부터 내세웠던 것과 크게 다르지 않았다. 한국교회가 염원했던 국가구원의 개념과도 획을 같이 했다. 이 점에 있어서 민주당 내부의 사상적 갈등은 전혀 없었다.[111] 그러나, 기독교 이데올로기를 정치의 근간으로 삼았음에도, 두 계보는 정치적 기득권을 두고 치열하게 갈등했다.

대통령 윤보선은 장면 정부에 구파와 신파를 아우르는 조각(組閣)을 요청했다. 장면도 이를 약속했다.[112] 그러나 8월 23일에 발표된 첫 조각(組閣)의 내용은 전혀 그렇지 못했다.

---

110) 허동현, 『건국.외교.민주의 선구자: 장면』(칠곡: 분도출판사, 1999), pp.120-121.

111) 김명구, op.cit., pp.187-188.

112) 장면이 국회의 인준을 받은 이틀 후인 8월 21일, 윤보선, 곽상훈, 장면, 유진산이 첫 조각에 대한 협의를 가졌다. 여기에서 장면은 적어도 5명의 구파 인사를 내각에 받아들이겠다고 약속했다. 유진산, "경무대 회담의 전모", 『眞相』 1960년 10월호, pp.13-15.

성명(출생년도)	지위	전공(학위)	파벌
장면(1899년)	국무총리	명예 법학박사(미국)	신파
정일형(1904년)	외무장관	사회학(박사-미국)	신파
홍익표(1911년)	내무장관	법학(경성제대)	신파
김영선(1919년)	재무장관	법학(경성제대)	신파
조재천(1912년)	법무장관	법학(일본)	신파
현석호(1907년)	국방장관	법학(경성제대)	신파
오천석(1901년)	문교부장관	교육학(박사-미국)	-
주요한(1900년)	부흥부장관	문학(상해)	신파
박제환(1905년)	농림부장관	법학(일본)	무소속
이태용(1909년)	상공부장관	법학(경성제대)	신파
신현돈(1904년)	보사부장관	의학(경성제대)	신파
정헌주(1915년)	교통부장관	법학(일본)	(구파, 신파)
이상철(1893년)	체신부장관	정치학(일본)	신파
오위영(1902년)	국무원사무차장	상업(일본)	신파
김선태(1911년)	무임소장관	법학(일본)	신파

도표에서 보듯이 14명 중 신파 의원 11명, 장면을 지지해 구파에서 신파로 옮긴 정헌주, 무소속 박제환, 원외의 오천석이었다. 법무차관에 무소속의 김영환을 빼놓고, 신파는 모든 차관직도 차지했다.[113] 장면의 의지라기보다는 홍사단계의 강력한 영향력 탓이었다. 같은 당이었지만 신파는 여당이 되고 구파는 야당이 되었다. 두 계보는 집권 9개월 동안 치열하게 싸웠다. 타협과 협조는 전혀 없었다. 일제 강점기 이래 치열했

113) 「동아일보」, 1960년 8월 24일자.

던, 양자 사이의 다툼이 다시 시작된 것이다. 총리 장면은 중심을 잡지 못했다.

제2공화국을 주도하던 민주당 내부의 기독교인들은 대개 미션스쿨 출신들이거나 기독교 가문에서 성장했다. 영미 유학을 통해 민주주의와 근대 이데올로기에 대한 깊은 이해와 지식을 갖고 있었다. 기독교의 사회적 이상을 추구했기 때문에 공평한 경제 분배 의식도 강했다. 기독교 복음이 한국의 체제를 굳건히 할 수 있는 이데올로기라는 것에도 이의를 달지 않았다. 기독교 민족주의계의 이상, 곧 신부적(神賦的) 국가관과 인간관을 구현해야 한다는 사명감도 공유했다.

민주당 주도자들은 민주주의를 실천하고 확산시켜야 했다. 자유와 방종을 엄격히 구분하고 책임을 계도해야 했다. 민주주의의 발전이 정당에 달려 있다는 것도 확인해 주어야 했다.[114] 민주주의가 "자유"와 "공적 정의"뿐만 아니라 "질서"도 중히 여긴다는 것을 알려 주어야 했다.[115] 기독교 이데올로기에 입각한 정치를 통해, 한국기독교가 정의로운 근대 국가를 건설하고 한국을 구원시킬 수 있는 유일한 집단이라는 것도 각인시켜야 했다. 그런 사명이 이들에게 있었다.

그러나 정권을 위탁받은 이들은 헤게모니를 잡기 위한 대립과 갈등을 계속했다. 국가구원의 사명은 우선 목표에서 밀려났다. 결국 5.16 군사정변이 일어났고 '동학의 이념'을 자신의 통치 철학으로 채택했던 박정희가 정권을 장악했다. 이승만으로부터 시작된 기독교 국가건설이라는 원대한 이상은 실패로 돌아갔다.

---

114) 조병옥, "民主主義와 政黨政治의 意義", 『自由世界』 2-2, 1953년 4월, pp.12-21.
115) 김명구, op.cit., p.374.

III.
한국기독교와 제3공화국

제1편

새로운 시대, 새로운 체제, 새로운 교회
- 기독교사의 획기

제 1 장

군사정권의 등장, 기독교계를 향한 요청

1. 군사정권의 등장

친애하는 애국 동포 여러분!

은인자중해온 군부는 오늘 새벽을 기해서 일제히 행동을 개시, 국가의 행정 · 입법 · 사법의 3권을 장악하고 이어서 군사혁명위원회를 조직했읍니다. 군부가 궐기한 것은 부패하고 무능한 현정권과 기성 정치인들에게 조국을 맡겨둘 수가 없다고 단정하여 백척간두에서 헤매고 있는 조국의 위기를 극복하기 위해서였읍니다.[1]

1961년 5월 16일 오전 5시 30분 국영 서울방송을 통해, '군사혁명위원회' 의장 육군 중장 장도영의 이름으로, '군사혁명포고문'이 낭독되었다.

---

1) '5.16 군사혁명포고문'.

그런데 정작 장도영은 사전에 이를 알지 못했다.[2] 육군 소장 박정희와 강제 예편당한 김종필을 비롯한 육군사관학교 8기생이 중심이 되어 정변을 일으킨 것이다.[3]

장면 정부는 처음부터 흔들렸다. 민주당 내부의 갈등을 해결하지 못했고, 크고 작은 위기에 대처하지 못했다. 내무부장관은 5번이나 바뀌었고 그 중 네 명은 한 달도 채우지 못하고 교체되었다. 일제 강점기 일본 경찰이었다는 이유로 81명의 경찰서장과 17,000여 명의 경찰관이 해직되었다. 이에 따라 전체 80% 경찰의 근무지가 갑자기 변경되었다. 범죄는 두 배로 늘었지만 검거율은 90%에서 65%로 낮아졌다. 깡패와 폭력배가 활개를 쳤지만 공권력은 제대로 작동되지 못했다. 9개월의 통치 기간 동안 국방부 장관은 세 번, 육군참모총장은 네 번이나 바뀌었다.[4] 시위는 1,835회나 일어났고 969,630명의 학생과 시민들이 이에 가담했다. 매일 3,876명이 하루에 7.3회의 시위를 벌였다. 노동조합은 연인원 219,303명에 675회나 거리로 나섰다. 다수에 의한 행동은 무엇이든지 용납된다는 인식이 한국 사회를 뒤덮었다. 달러 대비 650대 1이던 환율이 1961년 1월 2일 현재 1,000대 1이 되었다. '경제 제일주의'를 표방하며 경제개발계획을 수립했지만 그 효과는 나타나지 않았다.[5]

데모대들이 국회 의사당을 점거했지만 공권력은 가동되지 않았다. "전

---

2) 박정희, 『나라가 위급할 때 어찌 목숨을 아끼리』(서울: 동서문화사, 2005), pp.368-369.

3) 박정희, 『민족의 저력』(서울: 광명출판사, 1971), p.113 참조.

4) 그렉 브라진스키, 나종남 옮김, 『대한민국 만들기, 1945-1987: 경제성장과 미국, 그리고 민주화』(서울: 책과 함께, 2011), p.186.

5) 김명구, 『해위 윤보선-생애와 사상』, pp.225-226.

국민족통일학생연맹 준비위원회"가 결성되어 남북학생회담을 판문점에서 열자고 제의하고, "남북학생회담 및 통일촉진대회"를 열어도 이를 수수방관했다. 학생들이 "가자! 판문점으로, 오라! 남으로", "이 땅이 뉘 땅인데 오도 가도 못하느냐"며 거리를 누비고 체제를 유린해도 이를 방관했다. 조봉암을 추종하는 혁신계가 중립화 통일론을 주장하고, '데모 규제법'과 '반공 특별법' 제정에 반발한 학생들이 '횃불 데모'를 벌여도 정부는 무기력하게 대응했다.[6)]

법치로 다스리지 않으면 혼란이 가중된다는 충고가 잇달았다. 엄격한 법체계와 행정조직이 뒷받침될 때에 민주주의가 보호되고 유지된다는 지식사회의 충고도 있었다. 그렇지만 장면 정부는 그것을 간과했다. 자연인으로서 장면은 순결했고 민주주의의 이상은 높았지만 현실정치를 이끌어 가는 데에는 부족했다. 민주주의적 자유를 내세웠지만 시민들이 갖추어야 할 질서 의식은 공고히 하지 않았다.[7)]

장면은 무려 10여 차례나 쿠데타 정보를 보고받거나 입수했다. 세간에 '3월 위기설'이 나오고 '4월 위기설'이 나왔다. 그렇지만 미국이 작전권을 갖고 있어 불가능하다며 이를 묵살했다.[8)] 결국 박정희를 중심으로 한 일단의 군인들이 반공 · 친미 · 구악(舊惡) 일소 · 경제재건 등을 명분으로 군사정변을 일으켰다. 대다수의 국민은 이에 문제를 제기하거나 저항하지 않았다. 오히려 "올 것이 왔다"는 분위기였다.[9)]

---

6) Ibid., p.227

7) 대통령 기록관에 보관된 1974년 3월 15일의 윤보선 육성 녹음 참조.

8) 김명구, 『해위 윤보선-생애와 사상』, p.214.

9) 강원용, 『빈들에서: 나의 삶, 한국현대사의 소용돌이』 2: 혁명, 그 모순의 회오리(서울: 열린문화, 1993), p.143.

2. 기독교계를 향한 요청과 적극적 응답

5.16 군사정변이 일어났을 때, 대부분의 기독교계는 제2공화국이 무능과 무질서, 권력 다툼으로 실패했다고 비판했다. 기독교인으로서의 사명과 기대를 저버렸기 때문이라는 판단도 있었다.[10] "배신한 부패 정권"이라는 비판이 나왔고 "심판이 도적같이 임했다"는 반응이 주를 이루었다.[11] 쿠데타 자체를 칭송하지 않았지만 '응급수술'과 같은 부득이한 조처라는 주장이 다수였다.[12]

장준하와 월간 『사상계』에 관여한 기독교 지식인들은, 5.16 군사정변 초기, 군인들이 반공과 자유민주주의 체제를 확고히 해 줄 것이라는 기대를 표했다.[13] 박정희가 군정을 연장하면서 반대자로 돌아섰지만, 대통령 윤보선의 6촌 매제가 되는 신학자 현영학까지도 혁명공약을 칭송했다. 한국교회가 이를 완수할 수 있도록 적극적으로 협력해야 한다는 주장을 한 것이다.[14]

군사정변 직후, 장도영과 박정희가 교계 지도자에게 협조를 구했을 때만 해도 기독교계는 공식적인 지지를 표명하지 않았다. 그러나 쿠데타 세력이 '반공'을 국시로 내건 것에 대해, 혁신계의 이념적 공격에 적화(赤化) 위기를 느끼고 있던 기독교계로서는 적지 않은 신뢰를 보냈다.[15] 또

10) Ibids., pp.148-149.

11) 김재준 "4.19 회고와 전망", 『기독교사상』 6권 2호, 1962년 2월, p.21.

12) Loc.cit.

13) 장준하, "권두언: 5.16혁명과 민족의 진로", 『사상계』 1961년 6월호, pp.263-265.

14) 현영학, "5.16혁명과 한국교회의 과제", 『기독교사상』 5권 7호, 1961년 7월, pp.62-65.

15) 특별히 『사상계』에 관련된 기독교 지식인들은 5.16 군사정변이 부패와 무능, 무질서와 공산주의 책동을 타파하는 민족주의적 군사혁명이라 칭송했다.

한 군사정변 주도자들이 민주주의 체제를 바로잡기 위해서라고 언급했을 때, 4.19의 정신, 곧 민주주의의 목표를 이룰 수 있게 되었다며 고무되기도 했다.[16] 군사정변을 4.19 혁명의 연장으로 해석했기 때문이다.[17]

기독교계는 "과업이 성취되면 참신하고도 양심적인 정치인들에게 언제든지 정권을 이양하고 우리들 본연의 임무에 복귀"할 것이라는 공약 제6항을 믿었다. 이런 이유에서 KNCC는 "조국을 군사 침략에서 구출하기 위하여, 부정과 부패로 기울어져 가는 조국을 재건하기 위한 부득이한 처사"라는 성명을 발표하기도 했다. 이때 "정치는 조속히 정치인에게 맡기고 군은 국방의 간성으로 그 본무에 혜념(惠念)"하기를 국민과 함께 요청"한다는 입장을 덧붙였다.[18] 그런데 기독교계가 5.16 정변에 이런 신뢰를 보낸 것에는 한경직의 적극적인 의견 개진과 평안북도 용천 출신으로 영락교회 집사 장도영에 대한 기대 때문일 수 있다.[19]

6월 17일, 군사정권은 외무장관 김홍일을 통해 "군사혁명에 대한 자유우방의 이해를 높이고 재외교포의 협력을 얻기 위하여 언론계, 학계, 종교계를 민간사절을 오는 20일경에 도미"시키겠다고 발표했다.[20] 그리고 동아일보 사장 최두선, 이화여대 총장 김활란, 영락교회 한경직을 지목했다. 언론계와 학계를 거론했지만 실제로 기독교계에 "군사혁명에 협조"해 달라고 요청했던 것이다.[21] 미국 정부의 인정과 이해를 얻어야 군사정권

---

16) "한국에 진정한 혁명정신 부흥", 「동아일보」, 1961년 6월 22일자.

17) 장준하, "권두언: 작금의 추세에 붙이는 몇 마디", 『사상계』 1961년 9월호, pp.278-279.

18) 한국기독교교회협의회, 『기독교 연감, 1972년』(서울: 한국기독교교회협의회, 1972), pp.296-297.

19) 해병 여단장으로 선도에 서서 한강 저지선을 돌파했던 김윤근도 영락교회 집사였다.

20) "미·일에 민간사절", 「동아일보」, 1961년 6월 17일자.

21) 강원용, op.cit., p148.

을 유지할 수 있었고, 미국교회를 통해야 미국 정부를 움직일 수 있었다. 미국 정부와 정계에 영향력을 끼치기 위해서는 미국 기독교계의 힘을 빌어야 했다.

군사정변 직후 장도영이 미 대통령 케네디에게 방문 회담을 요청했지만 "무관심과 냉대"를 받았다. 미 언론도 냉소적이었다.[22] UN 사령관과 미국대사도 쿠데타에 대해 강한 불만을 갖고 있었다.[23] 군사정권은 케네디와의 회담을 성사시켜야 했고, 미 정부로부터 정변의 당위성을 인정받아야 했다. 미국의 조야(朝野)의 지지도 얻어내야 했다. 장도영은 한경직과 김활란 등에게 이를 요청했다.[24]

군사정부로부터 아무런 훈령을 받지 않았다고 했지만 민간사절단은 장도영, 김홍일 등 군사정권 지도자들과 수차례 회의를 가졌다. 미국 워싱턴에 도착했을 때,[25] 대변인 역할을 했던 김활란은 워싱턴에서 가진 기자회견에서, "한국민은 장도영 중장 휘하의 군 지도자들이 될 수 있는 대로 속히 정권을 넘겨주겠다는 약속을 이행할 것을 확신하고 있다"고 피력했다. 군부의 집권이 최선의 방법은 아니었으나 그 폐단이 적다는 주장도 했다. 제2공화국이 4월 혁명의 정신을 수행하지 못했다는 비판도 했다. "혼란과 부패와 지나친 민주주의가 한데 엉켜서 무질서 상태의 결과를 초래했다"고 주장하며 "한국의 재건을 위해 강력한 지도력이 필요하다"는 의

22) "한미우호는 불변 미 관변측의 깊은 관심 발견", 「동아일보」, 1961년 6월 28일자.

23) *The Politics of Military Revolution in Korea*, (Chapel Hill: University of North Carolina Press, 1971), p.5.

24) "내가 겪은 20세기: 백발의 증인, 원로와의 대화-한경직", 「경향신문」, 1972년 7월 22일자.

25) 민간사절단은 워싱턴을 비롯해 뉴욕, 시카고, 샌프란시스코, 로스앤젤레스를 돌며 5.16 군사정변에 대한 당위성을 설명했다.

견도 내놓았다.[26] "지금 한국민 사이에는 진정한 혁명정신이 부흥"하고 있다는 주장도 했다. 국민들은 "군정이 선정을 베푸는 한, 군정으로 인한 불편을 관용할 것"이라며 군사정권을 적극적으로 옹호했다.[27] 사절단 일행은 "군사정권이 불가피하였다는 점"과 미국이 갖고 있는 우려를 불식시키려 적극적으로 노력했다.[28] 장도영에게 무한 신뢰를 보냈기 때문이다.[29]

큰 시간이 지나지 않아 한경직 일행은 미국 조야의 분위기가 바뀌고 있음을 감지했다. 한국 언론도 "혁명정부에 대한 지지와 튼튼한 보장을 받았다"는 보도를 내보내기 시작했다.[30] 메카나기(Walter McConaughy) 극동 담당 국무차관보와의 회담 내용이 보도되었고[31] 미국 상원 외교위원회 위원들이 한국 군사정부의 능력에 대해 신뢰와 기대를 표시했다는 보도가 나왔다. 사절단이 "정일권 주미대사의 참석 하에 공화당 져드(Walter H. Judd), 민주당 크레멘트 J. 자브로키" 등 미국 상원의원 및 ICA단 국무성 관리들과 오찬을 같이 했다는 기사도 실렸다.[32] 테일러(Maxwell D. Taylor), 헐(John E. Hull) 등 전 유엔군 사령관들과 협의를 가지며 한국 사정에 대한 견해를 교환했다는 것과 사절단이 AP, 뉴욕타임스, 트리뷴, UPI 등 미 언론계 대표자들과 성공적인 만남을 가졌다는

26) 「경향신문」, 1961년 7월 2일자.

27) "한국에 진정한 혁명정신 부흥", 「동아일보」, 1961년 6월 22일자.

28) "뉴욕방문 우리 민간사절", 「동아일보」, 1961년 6월 29일자.

29) 사절단의 대변인 격인 김활란은 5일간의 워싱턴의 일정을 마친 후 가진 기자회견에서 장도영에 대한 신뢰와 함께 그가 군사혁명 지도자라고 인식하고 있었다.

30) "혁명정부에 큰 기대", 「동아일보」, 1961년 6월 28일자.

31) "한미우호는 불변", 「동아일보」, 1961년 6월 28일자.

32) Loc.cit., 이 자리에서 아이젠하워대통령의 특사로 이승만에게 하야를 권고한 바 있던 져드 상원의원이 "지난 13년 동안에도 이루어지지 못한 일이 한국혁명정부에 의하여 2주일 내에 이루어졌다는 것을 알게 되었다"는 말을 하기도 했다.

내용도 보도되었다.[33] 언론은 한결같이, 미국의 조야(朝野)가 사절단을 만나 주었고, 사절단은 적극적으로 "신(新) 군사정부의 장점을 설명"하고 설득했으며, 성공적인 결과를 얻게 되었다고 평가했다.

박정희는 케네디 대통령과 회담할 수 있었고, 군사정부는 미국 정부의 지지를 확보할 수 있었다.[34] 그러나, 사절단이 귀국하기 직전, 장도영은 정변 주체세력들에 의해 전격 숙청되었다. 김활란과 한경직은 박정희로부터 외면당했다.[35] 이후 사절단으로 활동했던 두 사람은 '한일회담 굴욕 반대'를 선도하며 박정희 정부에 저항했다.

묘한 것은, 두 사람이 1964년부터 시작된 '전국복음화운동'도 함께 주도했다는 것이다.[36] 국가구원의 신앙관뿐만 아니라 구령의 신앙관을 함께 갖고 있었기 때문이다. 서북출신의 대표적 기독교 지도자인 장로교의 한경직과 기호(畿湖) 기독교 민족주의 계보 아래 있던 감리교의 김활란이 신학적 이상을 위해 힘을 합한 것이다.

---

33) "뉴욕 언론계 접촉", 「동아일보」, 1961년 7월 1일자

34) 일명 '프레이저 보고서(Fraser Report)'에 따르면, 당시 케네디 정부는 남한이 북한과의 경제력차이로 인해 공산주의 혁명이 일어나지 않을까 불안해하고 있었다. 이런 이유로 장면 정부의 상황에 대해서도 우려를 표하고 있었다. 아시아에서 공산주의가 퍼지는 걸 막기 위해 한국에 굳건한 정부가 들어서길 기대했다. 그런 이유에서 박정희 군사정권이 1963년에 민정으로의 이양을 믿고 싶어 했고, 박정희 정권이 세운 경제개발 5개년계획에 큰 관심을 표했다. Se-Jin Kim, Suk-Ryul Yu ed., *Documents on Korea-American Relations, 1943-1976*,(Seoul, Korea: Research Center for Peace and Unification, 1976), p.272.

35) 장도영을 체포하는 과정에서 5.16 주체들이 무장한 채 한경직의 집을 수색했고 김활란은 이화여대 총장직에서 물러나야 했다. 당시 군사정부는 60세 이상 교육자를 모든 교직에서 물러나도록 하는 교육임시특례법을 만들었다. 반면 최두선은 국무총리가 되었다.

36) 「크리스챤신문」, 1964년 12월 12일자.

제 2 장

한일수교회담 반대와 전국복음화운동

1. 한일수교회담 반대 - 국가구원의 영역

국가재건회의 의장 박정희는 십여 년을 끌어오던 한일수교문제를 신속히 해결하려 했다. 경제 재건이 가장 큰 이유였다. 미국의 원조가 줄어드는 상황이었고, 경제문제를 해결하지 않으면 정권이 위태로울 수 있었다. 수교문제는 "일본과 손잡지 않으면 존립조차 위태롭게 된다는 식의 강압관념"에서 시작되었던 것이다.[37] 여기에 중공(中共)의 팽창을 막아야 한다는 미국의 입장이 맞물려 있었다.

대통령 취임부터 한일수교에 적극적으로 나섰던 박정희 정부는 1964년 3월, 공화당과 연석회의를 열고 일본과 농상(農商)회담, 본회담, 외상회담을 잇달아 개최하겠다는 일정을 발표했다. 이에 민정, 민주, 자민, 국민의당을 비롯한 전 야당과 재야세력, 사회, 종교, 문화단체 대표 및

37) 박준규, "굴욕의 외교를 이어가려는가?", 『思想界』 1965년 4월, pp.50-59.

지식인 200여 명이 반대에 나섰다. 이들은 윤보선을 중심으로 '대일굴욕외교반대범국민투쟁위원회'를 결성했고 한일수교회담을 즉시 중지할 것을 요구했다. 한국기독교계 일각도 여기에 적극 동조하고 나섰다. 정부가 굴욕적으로 수교회담에 임한다고 주장했고 이를 막겠다고 선언했다.

1963년의 대통령 선거를 치루면서 박정희는 '민족적 민주주의'의 최고의 목표가 자립경제의 건설에 있다고 밝혔다. 완전한 자립경제를 달성하는 것을 민족의 최대 목표로 삼았고[38] 경제를 민족중흥의 중심의 주된 도구로 삼았다. 민족주의를 경제 이데올로기로 등식화시킨 것이다. 따라서 '경제 국민'이 되는 것이 '애국'과 '애족'을 실천하는 것이 되었다. 그러나 일반적인 민족주의 의식이 엿보이지 않았다. '빈곤으로부터의 탈출'을 강조했지만 항일성이 없었던 것이다. 역사 청산에 대한 의지나 태도도 뚜렷하지 않았다. 기독교계의 역사성과 거리가 있었던 것이다.[39]

1965년 4월 17일 KNCC는 한일회담에 반대하며, "한일 국교 정상화에 대한 우리의 견해"를 발표했다. 전국 각지의 교회에서 구국 금식기도회가 열리며 반대 입장을 표명했다. 연세대학교 연합신학대학원장 김정준도 신학계를 대표해서 다음과 같이 비판했다.

> 국가의 주권을 선양함에 당당하지 못하고 국민의 이권과 복지가 위협을 당하는 결과를 초래하는 조인이라면 국가와 민족의 장래를 위하여 서두를 필요가 없다. 회담조기타결을 강행하고 있는 정부 당사자들의 체면, 소위 국제적 위신이나 여당의 정치적 이득을 위하여서는 추진도 강행할 수밖에

---

38) 김명구, 『해위 윤보선-생애와 사상』, p.303.

39) Ibids, pp.301-304. 1968년 12월의 국민교육헌장 선포나 1970년의 '도의재건'과 '국민총화', 1972년의 '10월 유신' 선포는 모두 이러한 논리를 바탕으로 나온 것들이다.

없다고 하나, 묻노니 국가와 국민을 위한 회담이냐, 정당과 정부를 위한 회담이냐.[40)]

군사정변 초기만 하더라도 기독교계 대부분은 나름의 기대를 했다. 그러나 박정희가 민정 이양의 약속을 교묘히 처리하자, 정권이 민주주의 체제에 역행하는 태도를 보인다고 비판했다. 특히 1964년에 박정희 정권이 '언론 윤리위원회 법안'을 통과시키자 기독교 지식사회는 강하게 비판하며 박정희에 등을 돌렸다. 자유민주주의 체제를 위반하는 것으로 보았기 때문이다.[41)] 이런 상황에서 한일수교회담을 강행하자 비판이 거침없이 터져 나온 것이다.

한국교회는 일제 강점기 동안 가장 큰 피해자였다. 특별히 강점 말기에 이르러 신사참배와 일본으로의 전향을 당해야 했던, 곧 영적 배교의 치욕과 민족적 수치를 당했다. 불가피했다고 하나 한국교회는 그 상처와 가책을 지우지 못하고 있었다.[42)]

1965년 6월 22일 한일협정 가안이 조인되자, 한경직, 김활란을 비롯해 강신명, 이태준, 함석헌 등 한국교회 지도자 166명의 이름으로 '한일협정 비준 반대 성명서'가 발표되었다.[43)] 성명서에는 일본의 새로운 식민지화

---

40) 김정준, "조인직전 한일회담 이대로 갈 것인가(3)", 「동아일보」, 1965월 6월 21일자.

41) 김정준, "민주주의에의 역행", 「경향신문」, 1964년 8월 7일자. 김정준은 "진실이 알려질까 겁을 내고 부진실을 진실답게 기록해야 될 필요성 때문에 언론의 자유를 잃어버린다면 그것은 공산국가에서만 통하는 현상"이라며 박정희 정권을 맹렬히 비난했다.

42) 1992년 6월 18일 템플턴상을 수상한 한경직은 이 자리에서, 일본의 강요였지만, 자신도 신사참배를 해야 했음을 고백했다.

43) 서울의 대학교수들도 '재경 대학교수단 한일협정비준 반대 선언문'을 발표했다. 「경향신문」, 1965년 7월 12일자 ; 「동아일보」, 1965년 7월 12일자.

가 될 것이라는 깊은 우려가 담겨 있었다. 덧붙여 "독재와 모든 불의·부정·부패에 항거"할 것과 "성령의 인도와 기도와 봉사로 조국의 역사 건설에 공헌"하겠다는 내용도 담겨 있었다.[44]

성명이 발표된 후 영락교회에서 기독교 지도자들과 교인들 3천여 명이 참석한 가운데 '비준 반대 구국기도 연합예배'가 열렸다.[45] 이를 시작으로 '한일회담 수교 저지 운동'이 확산되었다. 기독교장로회 전북노회가 성명서를 냈고, 군산 기독교인 500여 명이 연합예배 후 가두시위에 나섰다. 대전과 부산의 목회자들도 비준 반대 성명을 발표했다.[46] 장로교회를 중심으로 해서 전국적으로 금식 기도회가 개최되었고, 다시 7월 11일에는 영락교회에서 각 교파 7천여 명 교인들이 모여 구국기도회를 가졌다. 박정희와 국회의장 이효상, 국회의원들에게 보내는 공개서한이 채택되었고[47] '나라를 위한 기독교 교직자회'가 결성되었다.[48]

1965년 8월 1일 오후 2시, 영락교회에서 '나라를 위한 금식 연합기도회'가 다시 열렸다. 한일회담 비준 저지를 위해 다섯 번째로 모인 이날의 기도회는 강신명의 사회로 시작되었다. 대한예수교장로회 통합과 합동, 성결교회, 감리교회 소속의 교회 지도자들과 교인 등 2,500여 명이 참석했다. 윤보선과 그의 아내 공덕귀도 맨 앞에 앉았다. 조문경, 이기덕이

---

44) 「크리스챤 신문」, 1965년 7월 16일자.

45) 「경향신문」, 1965년 8월 9일자.

46) 「크리스챤 신문」, 1965년 7월 16일자.

47) "공개서한–국회의원에게", 「한국기독공보」, 1965년 7월 17일자. 내용은 박정희 정권이 평화선을 사실상 포기했다는 것, 청구권을 무상 공여로 하는 바람에 일본의 침략정신을 인정했다는 것, 한일간의 제 조약 무효화 시점을 애매하게 해서 항일의 정신적 유산을 오손시켰다는 것, 자칫 항구적인 신식민지화를 불가피하게 하는 결과는 가져왔다는 것 등이다.

48) 「한국기독공보」, 1965년 7월 17일자.

기도와 설교를 했고 지명관이 한일수교회담 내용에 관한 내용을 전했다. 존슨(Lyndon B. Johnson) 미 대통령, 사토(佐藤榮作) 일본 수상, 일본 기독교 신도들에게 보내는 메시지도 채택했다. 거기에는 “일본의 한국에 대한 태도가 근본적으로 변경되지 않는 한, 국교 재개는 오히려 양국민의 갈등만을 가져올 것”이라는 내용이 담겨 있었다.[49]

8월 8일의 제6차 기도회는 장승찬의 사회로 진행되었다. 김정준은 “하나님이 보우하사 우리나라 만세”라는 제목으로 설교를 했다. 그는 “우리의 주권과 자유를 짓밟고 영토와 생명을 침범해 오는 적 앞에 놓인 이 위기를 모면키 위해 이 자리에 모였다”는 말로 설교를 시작했다. 나라에 대한 사랑과 일본에 대한 강한 증오심을 함께 드러낸 것이다. 설교 말미에 “이러한 역사적 위기에 나라와 민족을 위해 하나님께 기도하자”는 호소가 있었다.[50] 10분간의 통성기도로 이어졌고 참석자들은 가슴을 쳤다. 윤보선도 공덕귀도 “맨 앞자리에서 눈물을 닦으며” 함께 기도했다.[51]

한경직과 강신명은 별도로 국무총리 정일권과 내무차관 김득황를 만났다. 정부가 굴욕적으로 회담에 임한다며 항의했고 ‘6.3 데모’로 불리던 학생들의 저항을 막지 말라고 강청했다. 차후 일본이 경제적으로 한국을 침략할 것이라는 발언도 서슴지 않았다.[52] 일본에 대한 남다른 미움과 한국의 장래에 대한 걱정을 그렇게 드러냈다.

한일수교가 조인되면서 한국교회의 반대 운동은 끝이 났다. 그렇지만 이후 한국 교계와 박정희 정부와의 관계는 순탄하지 않았다.[53] 이러한

49) 「동아일보」, 1965년 8월 1일자.

50) 「동아일보」, 1965녀 8월 9일자.

51) 「경향신문」, 1965년 8월 9일자.

52) 「동아일보」, 1982년 8월 21일자.

반감은 1970년대의 '민주화 회복운동'으로 이어졌다. 묘했던 것은 초교파로 참여했던 이 운동에 감리교회의 동참이 적극적이지 않았다는 것이다. 교권의 움직임도 그랬고 감리교 목회자들의 참여도 저조했다. 김활란 등이 감리교회가 총 궐기해야 한다고 종용해도 큰 동요가 없었다.

당시 감리교회의 주축은 정동제일교회의 담임자 김광우였다. 감리교회 내의 정치 서클 정동파를 이끌던 그는 교회가 이 문제에 나서는 것에 반대했다. "교회가 야당 정치인의 도구가 되어서는 안 된다"는 주장이었다. 그는 "국교 정상화 정책이 국익에 정말 반하는지" 확인해야 한다는 것, 학업에 전념해야 할 학생들을 정치인들이 데모로 유도하고 있다는 것 등을 이유로 들었다. 그러나 박정희나 공화당을 지지한다는 뜻이 아니었다. 목회자는 전도와 목회에만 열중해야 하고 정치의 문제는 정치가에게 맡겨야 한다는 입장이었다.[54]

재건파의 일원으로 친일적 기독교인에 대해 강한 거부감을 갖고 있었음에도 불구하고, 김광우는 이용도 부흥회에 크게 감흥을 받았었다.[55] 감리교회 일원이었지만, 정치 문제에 교회가 직접 개입하는 것을 꺼렸다. 학생들이 정치 데모에 휘둘리는 것에 대해서도 부정적이었다. 노골적으

53) 한일수교반대에 적극적이었던 후암장로교회 조동진에 따르면, 박정희가 내무장관 양찬우에게 자신을 구속하라고 지시했다고 증언한다. 또한 중앙정보부가 기독교 내부에 북한 간첩이 스며들었다고 판단했으며, 한경직, 강신명, 강원용, 전경연 등을 리스트에 올리는 등 거세게 압력을 가했다는 증언도 곁들었다. 조동진, "역경의 열매", 「국민일보」, 2019년 5월 29일자.

54) 김광우, 『김광우목사 회고록, 나의 목회 반세기』(서울: 바울서신사, 1984), pp.284-285.

55) 김광우는 1932년 8월 22일 이용도에게 간증에 가까운 편지를 쓴다. 여기에서 그는 과거 자신이 공산주의 철학에 빠져 있었던 것을 회개하고 하나님께 헌신하겠다는 내용이 담겨 있다. 김광우, 『빛으로 와서』(서울: 도서출판 탁사, 2002), pp.87-89.

로 드러내지는 않지만, 감리교 내부에 복음의 역할을 구령과 교회 활동에 국한하고자 했던, 하디(Robert A. Hardie)의 전통을 소중히 여겼던 목회자들이 적지 않았던 것이다.

2. 전국복음화운동 - 개인구원의 영역

2.1 그 진행 - 복음주의 전통의 확인

전국이 한일수교회담 문제로 들끓었고 기독교계도 적극 나섰다. 이런 상황에서, 기독교계는 교파 연합의 '전국복음화운동'을 벌이기로 했다. 민족적 위기나 국가적 위기를 느낄 때마다 한국교회가 시도하던 방법이었다. 김활란에 의해 처음 제안된 이 운동에 감리교 신학대학장 홍현설과 영락교회 담임자인 한경직이 적극 나섰다.

이화학당 시절, 김활란은 "인간의 영혼의 문제와 나라의 비운"으로 울부짖으며 기도한 바 있다. 한국의 구원을 역사의 주재자에게 간구했었다.[56] 이 땅에 복음이 전파된 지 80주년이 도래하고 있던 시점에서, 남다른 회심 체험을 겪었던 그녀는 전국복음화운동을 주창했다.[57]

1964년 10월 16일, 첫 모임을 가진 '전국복음화운동' 발기인회는 그 해 12월 3일, 서울YMCA에서 발기 총회를 가졌다. 여기에서 의장단 12명,

56) 김활란, 『그 빛 속에 작은 생명』(서울: 여원사, 1965), p.58. 김활란은 자서전에서 한국여성들을 건져내라는 예수의 음성을 들었다고 술회하고 있다.

57) 당시 한국기독교계는 한국의 복음 전래의 시작을 아펜젤러와 언더우드가 제물포에 도착한 날인 1885년 4월 5일로 생각했다.

분과위원장 13명, 평신도 15명, 기관 대표 12명, 전국위원 300명을 두기로 결의하고 중앙임원을 선출했다. 표어는 "삼천만을 그리스도에게"였고 그 목표를 "삼천만 겨레에게 성경 한 권씩을 손에 들리워 주자"로 정했다. 서울YMCA에 본부를 두었고 목사와 평신도 등 30여 명의 자원봉사자가 행정을 맡도록 했다.[58] 중앙 임원단 명단을 보면 다음과 같다.

명예위원장: 한경직, 김활란

위원장: 홍현설

부위원장: 강신명 목사 외 8명

총무: 김활란

서무: 이병설[59]

1965년이 되면서 중앙위원은 77명으로 확대되었고 33명의 실행위원이 구성되었다. 54개였던 지부는 64개로 늘어났다. 전도 책자와 전도지 374만 부가 배포됐다. 매일 정오마다 공동기도문을 가지고 일제히 기도하자는 캠페인도 벌였다.[60]

서울을 시작으로 춘천, 청주, 대전, 광주, 부산, 대구 등에서 연합 부흥회가 열렸고 연합 전도대회가 열렸다. 대학생들뿐만 아니라 중고등학생들을 위한 집회도 전국적으로 열렸다. '전군(全軍) 복음화 운동'도 이에

58) 「기독교세계」, 1965년 1월 9일자, p.2.

59) 「한국기독공보」, 1964년 10월 24일자.

60) 조동진, "역경의 열매", 「국민일보」, 2019년 5월 29일자. 이때 참여한 교단은 감리교, 예장(합동), 예장(통합), 기장, 기성, 구세군, 침례교, 성공회, 복음교회, 나사렛교회, 하나님의 성회, 그리스도교, 고려계 예장, 박형룡계 예장이었고 가톨릭 신부 일부도 여기에 참여했다. 「한국기독공보」, 1964년 12월 12일자.

맞추어 진행되었다. 교도소, 소년원, 경찰 등의 기관목사들도 참여했고 재일교포 교회도 동참했다.[61] 서울에서만 500개 이상의 전도 집회가 연쇄적으로 열렸다.[62]전라도에서는 5월 1일의 전북 김제 집회를 시작으로 45일간 순회 집회가 열렸다.[63] 이를 위해 각 교회의 설교가 부흥사, 신학자, 교수 등 수백 명이 강사로 참여했다. 선명회의 설립자 밥 피어스와 세계복음주의 연맹 총재 조세광도 동참했다.[64]

조세광[65]을 초청해 '서울지구 대 전도 집회'를 열었을 때, 전국복음화 운동은 절정에 이르렀다. 복음주의 부흥사였던 그의 설교는 간명했고 어려운 어휘를 사용하지 않아 대중들은 불편 없이 경청할 수 있었다. 탁월했고 남다른 능력도 있었다. 유난히 기도를 강조했던[66] 그는 '예수는 누구인가'를 제목으로 설교했고 '최후의 대심판'을 열정적으로 전했다. "장차 임할 엄숙(嚴肅)한 날을 대비"해야 한다고 강조했고 복음전파를 통해 사탄과의 대결에서 승리해야 한다고 역설했다.[67] "94%의 예수를 알지 못하는 한국 민족을 위해" 왔다며 복음 전파의 사명의식도 강조했다. 서울 배재고 운동장에서 개최된 집회에는 매일 5,000명 이상이 몰렸다. 폭우가 쏟아지던 마지막 날에는 학교 담장이 무너질 정도로 사람들이 넘쳤다.[68] 부산, 대구, 광주 등에서의 순회 집회를 마치고 그는 돌아갔지만

61) 윤춘병, 『한국감리교 교회성장사』, p.845.

62) 「국민일보」, 2019년 5월 29일자.

63) Loc.cit.

64) 「한국기독공보」, 1965년 6월 19일자.

65) 상하이 출신인 조세광은 2차 대전 이후 홍콩과 싱가폴 등에 많은 복음주의 교회를 설립하면서 아시아선교의 선구자로 알려졌다.

66) 「한국기독공보」, 1965년 5월 15일자.

67) 「한국기독공보」, 1966년, 4월 9일자.

집회의 열기는 계속되었다.[69]

1965년 11월 5일, 전국복음화운동 중앙위원회 주최 전국신도대회가 동대문의 서울운동장에서 열렸다. 한일수교로 인한 긴장과 갈등이 고조되던 날이었다. 집회의 주제는 “우리의 살 길은 그리스도”였다. 10만에 가까운 사람들이 몰렸다.[70] 각 교단 대표들뿐만 아니라 일본, 대만, 홍콩교회에서도 대표들을 보냈다. 국무총리를 위시해서 삼부요인이 참석했고 주한 외교 사절들도 참석했다. 대회장 홍현설의 개회 선언이 있었고, 조향록, 김옥길, 고범서의 신도 선언이 낭독되었다. 국무총리의 축사, 삼군군악대의 반주와 기독교 대학 연합성가대의 찬양이 이어졌다. 1년간 2,239회의 집회, 연인원 2,239,159명의 참여, 약 40,000명의 결신자가 있었다는 총무 김활란의 경과보고가 있었다.[71]

2.2 그 결과 - 한국교회 연합운동의 배경

‘전국복음화운동’은 한국교회 부흥운동의 일환이었다. 여기에 신학적 갈등이나 구별 의식이 없었다. 그 자리에 참석한 목회자들, 신학자들과 교회 지도자들은 교회가 모든 반목과 분열의 길에서 돌아설 수 있는 유일한 길이 ‘전도’에 있다고 입을 모았다. 연세대학교 연합신학대학원은 그 결과로 설립되었다. 교파가 달라도, 각 신학교 출신들이 하나의 대학원에

---

68) 조동진, 「국민일보」, 2019년 5월 29일자.

69) 「한국기독공보」, 1965년 5월 8일자.

70) 1965년 11월 6일 아침, 일본 중의원 특위에서 한국과의 수교 비준안이 전격적으로 통과되었다. 전국복음화대회 마지막 집회는 그런 와중에서 열렸다.

71) 윤춘병, op.cit., p.845.

서 교육을 받자는 취지였다. 신학교육의 일치를 통해 교회간의 반목을 해소하고 한국교회 역량도 높이자는 발상이었다. 한국 에큐메니칼 운동의 본격적인 시작인 것이다. 언론은 다음과 같이 기록하고 있다.

> 교회연합회의 계속적인 연합활동에 박차를 가한 근래의 수확은 '전국복음화운동의 해'로 정한 65년의 경험과 연합대학원의 설치, 작년의 복음화운동은 2천여 회의 집회에 2백30만 명이 동원, 8천3백여 명의 새 신자를 획득했다는 전도의 효과보다 각 교파의 전도자 1천5백15명이 강사로 나와 공동의 선교작업에 협력함으로써 초교파적 협력의 잠재력을 과시했다. 한편 연세대에 설립된 연합신학대학원은 각 교파마다 갖고 있는 신학교 출신의 학사들이 입학하여 '신학교육의 일치'에서 초교파적으로 신학을 연구할 수 있다. 또한 전국신학대학협의회는 지난 1월 온양회의에서 신학교육의 공동보조방안을 토의했다.[72]

연합신학대학원이 설립되고 한국의 에큐메니칼 운동이 시작된 계기가 1965년의 '전국복음화운동'의 결과라는 진단이었다. 실제 '전국복음화운동'을 계기로 1975년에 '한국교회지도자협의회'가 창립되었고[73] 이를 통해 남산과 덕수궁에서 따로 드리던 부활절연합예배를 같이 드리게 되었

---

72) "모색하는 한국종교계", 「동아일보」, 1966년 11월 15일자.

73) 1975년 7월 1일 영락교회에서 한경직, 강신명, 김윤식, 지원상, 이만신, 이성봉, 김해득, 장성칠, 이수영, 지덕, 양광석, 박재봉, 신신묵, 등 18개 교단의 총회장, 총무, 지도인사 110명이 모여 창립총회를 가졌다. 여기에 참여한 교단은 예장통합, 예장합동, 기감, 기성, 예성, 기장, 예장대신, 예장고신, 예장호헌, 침례회, 예감, 구세군, 나사렛성결회, 대한기독교하나님의교회, 기독교대한하나님의성회, 그리스도의교회, 한국기독교하나님의교회, 성공회 등이었다.

다. 합동찬송가, 새찬송가, 개편찬송가 등 3개로 나누어졌던 찬송가도 하나로 편찬되었다.[74] '전국복음화운동'이 연합운동의 전통을 다시 잇게 한 것이다.

'전국복음화운동'은 한국교회가 19세기 영미 복음주의 전통 아래 있다는 것을 확인했다. 또한 한국교회의 일원이 구령의 사명과 구국의 영역을 구별하지 않았다는 것도 보여주었다. 개인구원과 국가구원을 같은 높이로 병립(竝立)시킴으로, 교회의 사명을 확장시키는 구조였다. 그러나 여전히 국가구원적 사명을 정치 참여로 여겨, 이를 외면하는 교회나 목회자들이 적지 않았다. 교회의 사명을 개인구원의 영역으로만 제한하려 했던 것이다.

---

74) 통일찬송가는 1984년에 출간되었다.

제 3 장

박정희의 동학(東學) 재평가 -'민족 지상' 개념의 확장

> 단군 성조가 천혜의 이 강토 위에 국기를 닦으신 지 반만년, 연면히 이어온 역사와 전통 위에, 이제 새 공화국을 바로 세우면서, 나는 국헌을 준수하고, 나의 신명을 조국과 민족 앞에 바칠 것을 맹세하면서, 겨레가 쌓은 이 성단에 서게 되었습니다.[75]

1963년 12월 17일, 대통령 취임사에서 박정희는 대한민국과 단군과의 역사적 연계를 내세웠다. '민족'을 통치의 주제로 삼겠다는 생각이었다. 또한 한국의 주제를 '국가'에서 '민족'으로 환원시키겠다는 발상이었다. 실제 박정희는 "민족적 민주주의", "민족중흥", "조국 근대화", "한국적 민주주의", "민족 주체성", "국적 있는 교육" 등 '민족'을 전면에 세웠다.

취임 두 달여 전, 박정희는 아내 육영수와 정읍 황토현에서 거행된 '갑오동학혁명기념탑' 제막식에 참석했었다. 이후로 '난(亂)'으로 기록되었던

75) "제5대 대통령 취임식 대통령 취임사", 대통령공보비서관실 편, 『朴正熙大統領演說文集』 第1輯(서울: 대통령공보비서관실, 1965), p.9.

'동학 농민 봉기'는 '동학혁명'으로 이름이 바뀌었다. 박정희 정부는 동학의 역사를 그렇게 재해석하며[76] 민란(民亂)의 성격을 지웠다.[77]

박정희 아버지 박성빈(朴成彬은 동학도였다.[78] 박정희는 어린 시절을 다음과 같이 회고했다.

> 선친께서는 소시(小時)에 무과 과거에 합격하여 효력부위(效力副尉)란 벼슬까지 받은 바 있으나 원래 성격이 호방한데다가 당시 이조 말엽 세도정치와 부패정치에 환멸도 느끼고 반항도 하여 20대에는 동학혁명에도 가담하였다가 체포되어 처형 직전에 천운으로 사면되어 구명을 하였다고 한다. 어릴 때 가끔 어머니께서 이 이야기를 하시면서 그 때 아버지가 처형되었더라면 너는 이 세상에 태어나지도 않았을 것이라는 옛이야기를 하는 것을 들었으나 그때는 어리고 철이 없어서 그 내용을 잘못 알아들었고 또 자세히 물어보지도 못했다. 동학란이 1895년경이니까 나이가 22세-23세 경이라 짐작이 된다.[79]

박정희는 20대의 아버지가 동학 농민 봉기에 가담했지만 체포되고, 처형 직전에 사면되었다고 밝혔다. 이후 칠곡과 구미 등에서 세상을 등지고

---

76) 5.16 군사정변 이전에 '동학농민봉기'는 '동학란', 또는 '동비(東匪)의 난'으로 기록되어 있었다. 박정희는 이 탑을 세우는데 절반에 해당되는 50만원을 헌금했다. 「동아일보」, 1970년 8월 6일자.

77) 이후 역사 교과서에는 동학이 혁명으로 기록되었고 그 과격성은 사라졌다.

78) 박정희는 정읍을 방문한 자리에서 "우리 아버지가 동학농민전쟁에 농민군으로 참여했다"는 얘기를 했다.

79) 박정희, "박정희 대통령 친필 회고문: 어머니 생각", 『한국논단』 통권96권, 1997년 8월, p.138.

살다가 세상을 떠났다고 고백했다.[80)]

박정희는 영미식 민주주의가 "민족적 이념을 망각한 가식의 민주주의자", 혹은 "천박한 사대주의 근성"에서 비롯되었다고 판단했다. "일부 특권층의 화장품"이라는 비판도 했다.[81)] 그러면서, 한국 민족 사상 바탕 위에서 민주주의를 재해석해야 한다고 주장했다.[82)] 기독교와 기독교회에 대해서도 긍정적이지 않았다.[83)]국무총리 정일권을 시켜 서울 남산 구(舊) 조선신궁자리에 단군 신전을 건립하려 했던 것도 이런 이유이다.[84)]

박정희의 통치 이데올로기를 제공했던 인물 중 하나가 박종홍(朴鍾鴻)이었다. 서울대 철학과 교수였던 그는 박정희의 정치 이데올로기를 체계화시켰다. 1968년 이은상, 안호상 등과 함께 국민교육헌장을 기초했고, 대통령 교육문화담당 특별보좌관이 되어 유신체제의 이념을 만들었다.[85)]

박종홍은 국가재건최고회의 기획위원회 사회분과위원이었다. 5·16 군사정변을 "부패를 청산하고 민족이 새롭게 웅비하고 국가가 제대로 자리잡을 수 있는 터전을 제공한 혁명"이라며 극찬했다. 박정희와 그 정권이 민족중흥을 이룰 것이라는 기대도 숨기지 않았다.[86)]

---

80) 「문화일보」, 2005년 4월 15일자 ; 「데일리안」, 2005년 4월 15일자.

81) "무엇이 어떻게 다른가-민족적 대 서구적", 「경향신문」, 1963년 10월 11일자.

82) 1963년 선거에서 주장했던 '민족적 민주주의' 는 3선 개헌을 거치고 1972년의 10월에 이르러서는 직접선거, 토론, 집회 및 결사의 자유까지 제한했다.

83) 1966년 3월 제1회 대통령조찬기도회가 열렸을 때, 박정희는 "종교를 남에게 보이기 위해 이용하기 시작되면 교(敎)가 타락되고 정치도 망하는 것"이라고 비판하며 참석하지 않았다. "기도는 은밀한 가운데서", 「경향신문」, 1966년 3월 12일자.

84) 1966년 1월 31일 국무총리 정일권을 시켜 남산 신궁자리에 단군신전을 세우려 했다. 대종교 이론가 안호상 등은 이런 결정이 자손만대에 귀의처를 마련해 준 것이라고 환영했다. 그러나 기독교계가 강하게 반대해 무산되었다.

85) 김명구, 『해위 윤보선-생애와 사상』, pp.303-304.

동학의 이론가이기도 했던 박종홍은 자유민주주의 체제를 주장하는 지식인들을 비판했다.[87] 동학에 대해서는 다음과 같은 찬사를 보냈다.

> 동학이 한국사상에 있어서 차지하는 위치와 의의는 천도교 신자가 아니라도 한국 사람이면 누구나 짐작하는 바이어니와 그 기본정신은 우리의 전통적인 모든 사상의 진수가 하나로 엉기어 이루어진 결정체라고도 하겠다. 과연 동학에는 한국의 황토 흙냄새가 풍긴다. 한국인의 체취가 속속들이 배어있는 것이다. 그러기에 한국사상은 동학을 떠나서 찾기 힘들 것이다.[88]

박종홍은 동학사상 아래 국가주의, 경제 우선주의, 반공주의를 치밀하게 결합시켰다. 경제의 확립을 민족적 주체성의 확립으로 규정했다.[89] 이에 따라 "모든 기업 정신은 애국 애족에 정초하는 것"이어야 했다. "나라의 고마움을 알고 그에 적극적으로 참여 공헌하는 것이 기업 정신의 바탕"이라는 주장도 했다.[90] 박종홍이 제공한 이론을 토대로 박정희 정부는 경제를 이데올로기화 시켰고, 국가 주도의 경제 성장을 이끌었다. 반공 이데올로기도 확대시켰다.

---

86) 이병수, "열암 박종홍의 정치참여의 동기와 문제점", 『시대와 철학』, 15권 1호, 2004년 6월, p.139.

87) "우리 시대의 명저-박종홍의 '한국사상사'", 「한국일보」, 2007년 11월 7일자.

88) 박종홍, "발간사", 한국사상연구회 편, 『崔水雲硏究』(서울: 한국사상연구회, 1973), p.7.

89) 박종홍, "민족적 주체성-그것은 살아서 움직이는 혼이요 힘이다", 『박종홍 전집』 6권(서울: 형설출판사, 1986), p.160.

90) 박종홍, "기업 정신의 바탕", 『박종홍 전집』 6권, p.501.

박정희가 등장하면서 한국기독교는 새로운 획기에 들어섰다. 박정희 정부를 지지하지 않는 기독 지식인들일지라도, 박정희가 즐겨 쓴 “한국의 재발견”, “한국적”이라는 말을 시대적 어휘로 사용했다. ‘민족’이라는 단어는 기독교 신학에 영향을 끼쳤고 새로운 붐을 일으켰다.[91] 민족지상의 신학은 박정희로 인해 발현되고 확장되었다 해도 과언이 아니다.

민족지상의 사상은, 전술한대로 상하이 시절의 대종교인 신규식으로부터 비롯되었다.[92] 국수주의적 사상은 안호상을 거치면서 일민주의의 이론이 되었다. 제2공화국 시절의 혁신계와도 연계되었다. 그런데 박정희에 의해 다시 확장되었다.

한국교회에도 적지 않은 파급으로 왔다. 각 교회는 미국 등 선교 모교회의 영향력으로부터 완전히 벗어나려 했고 교파적 정체성을 ‘민족’과 연관시켰다. 이러한 흐름의 영향으로, 교파신학이 강조되었다. 영미 복음주의 신학에서 이탈해 한국신학, 토착화신학 등 민족 주체의 신학을 창출하려는 시도도 잇달았다.[93] 묘하게, 한국의 신학으로 자리매김을 했던, 곧 서남동에 의해 창출되었던 민중신학은 박정희에게 저항하는 신학이 되었다. 또한 민족지상의 신학은 80년대 통일신학의 당위성이 되었다.

---

91) 유동식, “기독교의 토착화에 대한 이해”, 『기독교사상』 7권 4호, 1963년 4월, p.64.

92) 김명구, 『한국기독교사』1, pp.376-379.

93) 연세대학교 신과대학이 ‘민족’을 주제로 한 ‘한국신학’ 창출에 온 힘을 기울였던 것도 이런 시류의 일환이었다.

제 4 장

토착화신학의 등장 - 민족지상의 신학

1962년 8월 27일, 기독교서회 회의실에서 인도 세일론 감리교회 감독 나일스(Daniel T. Niles)는 "성서 연구와 토착화 문제"라는 제목의 강연을 했다. 여기에서 그는 "서양의 선교사들은 서양에서 자라난 교회라는 화초를 서양의 흙을 담은 화분에 심어" 선교지에 들어왔다고 주장했다. 서구 신학을 비판했던 그는 "마땅히 이 화분을 깨쳐버리고 화초를 우리들의 옥토 속에" 심어야 한다고 소리를 높였다. 이른바 제3세계의 교회들이 다른 토양에서 자라난 기독교를 무비판적으로 수입을 했고, 그로 인해 수많은 혼란이 일어났다는 비판이다.[94]

나일스의 주장에 감신대 교수 유동식이 적극 호응했다. 10월, 「감신학보」에 "복음의 토착화와 한국에서의 신학적 과제"라는 제목의 글을 게재하면서, 선교를 위해 복음의 본질 규명, 한국적 바탕의 파악, 그것을 기초로 한 한국적 신학의 수립이 요청된다고 주장하그 나섰다. 그는 토착화를

94) 나일즈, D.T. "성서 연구와 토착화 문제", 『기독교사상』 6권 9호, 1962년 10월.

성육신적 원리로 보았고 '씨와 토양'의 관계로 비유했다. 같은 씨나 같은 열매라도 토질에 따라 각각 다른 씨와 열매를 맺는다는 논리였다. 그렇지만 토착화는 혼합주의가 아니라고 주장했다.[95]

유동식의 주장은 한국 신학계에 적지 않은 영향을 일으켰다. 그 견해를 적극 지지하면서 감신대의 윤성범은 1963년 3월과 5월, 9월에 『기독교사상』과 『사상계』에 "한국 재발견에 관한 단상", 단군신화를 기독교 삼위일체 교의로 해석한 "환인 환웅 환검은 곧 하나님이다", "단군신화는 Vestigium Trinitatis 이다"라는, 파격적 논문을 발표했다.[96] 이어서 토착화신학을 지원하는 이장식, 이규호, 정하은, 한태동, 홍이섭, 홍현설, 이종성 등의 논문이 잇달아 나왔다.

연세대학교도 적극적으로 나섰다. 김정준은 토착화를 "한국교회의 자주성과 자의식의 문제"라고 주장했다. 그리고 "기독교의 토착화는 교회의 지도자를 내 나라 사람으로 내세우고 그들의 신학과 행정, 그들의 재정력과 단결력으로 교회가 존속하게 하는 것"이라고 강하게 피력했다. 더는 선교사의 시대가 아니라는 주장도 했다. "한국 사람이 교회를 지도해야 할 뿐만 아니라 민족 지도자도 교회의 사람이 나서야"한다는 주장도 곁들였다.[97] 덧붙여, '번역의 신학'을 극복하고 한국의 신학을 수립해야 한다

---

95) 유동식, "복음의 토착화와 한국에 있어서의 선교적 과제", 『감신학보』 1962년 2월호.

96) 윤성범, "한국재발견에 대한 단상", 『기독교사상』 7권 3호, 1963년 3월 ; "환인 환웅 환검은 곧 하나님이다", 『사상계』 1963년 5월호 ; "단군신화는 Vestigium Trinitatis 이다", 『기독교사상』 7권 8호, 1963년 9월. 단군에 대한 신학적 시도는 장병일의 "단군신화에 대한 신학적 이해-창조설화의 토착화 소고" 『기독교사상』 5권 11호, 1961년 12월, pp.70-77에 실린 논문이 최초이다. 그러나 큰 반응을 얻지 못했다. 이후 윤성범은 『기독교와 한국사상』1과 『한국적 신학』2이란 논저를 발표했다.

97) 김정준, "출애굽기 설교 I", 『기독교사상』 24권 12호, 1980년 12월, pp.155-156.

고 외쳤다.[98] 토착화의 문제를 "한국교회의 자주성과 자의식의 문제"[99]와 민족적 자존심의 영역으로 본 것이다.

1969년 10월 18일부터 연세신학 공개강좌가 열렸다. 새문안교회에서 열린 강좌의 표어는 "한국신학 형성의 추진을 위해"[100]였다. "한국기독교의 소종파 연구"라는 발표를 통해, 김정준은 "교회의 교리며 신조를 한국적인 바탕과 얼에서 정리할 필요"가 있다고 주장했다.[101] 연세대가 가세하면서 토착화신학자들의 주장이 더욱 부상하기 시작한 것이다.

적지 않은 학자들이 이에 반대하고 나섰다. 특별히 한신대학 전경연의 비판이 강했다. 그는 "그리스도교가 존속하는 것은 신앙으로써 되는 것이지 문화로 되는 것은 아니다"고 주장했다. "신앙은 신앙으로 존속해야지 문화로 변질"되어서는 안된다는 뜻이었다.[102] 토착화신학이 신학 전통을 해칠 수 있다는 강조도 했다.[103] 기독교 신앙이 갖는 객관성과 보편성, 세계성을 민족 문화라는 틀 속에 가두어서는 안 된다는 지적이었다. 이 주장을 위해 기독교 복음이 한국의 그릇된 문화를 교정했다는 것이 강조되었다.[104]

윤성범이 단군신화의 삼신, 곧 환인, 환웅, 환검을 삼위일체 하나님과 유형적으로 비슷하다고 주장했을 때,[105] 한신대학의 박봉랑이 문제를 제

---

98) 김정준, "번역신학", 『만수 김정준 전집』 7(서울: 한국신학연구소, 1990), p.11-15.

99) 「동아일보」, 1965년 11월 5일자.

100) 유동식, "한국신학의 광맥(9)-김정준편", 『기독교사상』 12권 8호, 1968년 9월, p.126.

101) 김정준, "세계 신학교육 동향과 그 과제", 『현대와 신학』 제4집, 1967년, p.170.

102) 전경연, "그리스도교 문화는 토착할 수 있는가?", 『기독교사상 강좌』 제3권(서울: 대한기독교출판사, 1965), pp.208-209.

103) Ibids., pp.210-211.

104) Ibid., p.213.

기했다. 기독교의 삼위일체가 단군신화와 전혀 관련 없다고 주장하면서,[106] 2,000년의 기독교 복음이 동방과 서방의 기존 문화를 극복해 성취한 것이라는 점을 분명히 했다.[107]토착화신학이 기독교의 역사성과 세계성을 훼손하고 복음의 본질을 왜곡할 수 있다는 점도 아울러 밝혔다.[108]

한편, 1969년 10월 18일부터 있었던 연세신학공개강좌에서, 서남동은 통일교의 교리서인『원리강론』이 "한국 신학계가 산출한 신학서 중에서 그 양에 있어서나, 그 조직력에 있어서나, 그 상상력과 독창성에 있어서 최고의 것"[109]이라는 엉뚱한 주장을 했다. 계속해서, 1970년 5월『현대신학』을 통해 무려 37쪽에 달하는 지면을 할애하면서,『원리강론』이 세계교회의 것들을 앞지르고 있다고 주장하고 나섰다.

충격에 빠진 한국의 교계는 크게 문제를 제기했다. 한철하를 비롯한 상당수의 신학자가 격렬하게 비판에 나섰다.[110] 특별히 대한예수교장로교 통합측은, 통일교가 이단임을 천명하면서, 연세대학교 파송 이사에게 이를 해명하도록 했다. 내외의 반발이 거셌고 결국 서남동은 연합신학대학원장을 사임해야 했다.[111] 그러나, 한국 신학계의 이의 제기와 반발에

---

105) 윤성범, "환인, 환웅, 환검은 곧 하나님이다",『사상계』1963년 5월호, pp.267-271.

106) 박봉랑, "기독교 토착화와 단군 신화",『사상계』1963년, 7월호, p.173.

107) Loc.cit.

108) Ibids., pp.175-177.

109) 당시 서남동 교수는 1970년 5월『현대신학』6호에 "『원리강론』은 지금까지의 한국 신학계가 산출한 신학서 중에서 그 양에 있어서나, 그 조직력에 있어서나, 그 상상력과 독창성에 있어서 최고의 것"이라고 칭송했다.

110) 서남동의 주장에 대해 한철하를 비롯한 보수 신학자들이 격렬히 비판했다. 특히 서남동과 한철하의 논쟁은 조선일보와 월간중앙을 통해 치열하게 전개되었다.

111) 김명구 외,『연세대학교 신과대학 백년사』(서울: 동연, 2015), p.379.

도 불구하고, 토착화신학자들의 주장은 계속 확대되었다. 동양사상, 한국의 기원 신화, 무속 등 하물며 이단 신학까지 기독교 신학과 연결시키며 자신들의 주장을 계속한 것이다.

1920년대 연희전문의 피셔(James E. Fisher)[112]가 복음주의 선교사들의 선교방식과 신학에 문제를 제기한 이래,[113] 그리고 백낙준이 대종교의 "홍익인간" 개념을 한국의 교육 이념으로 세워 놓은 이래로, 또 연희대에 동방학연구가 개설된 이래로, 토착화신학은 내재되어 있었다. 그런데 박정희가 "단군 성조"를 내세우고 "민족적 민주주의"를 주장한 이후 잠재되어 있던 신학적 국수성이 깨어났다.[114]

토착화신학이나 한국신학에 대한 주장은 한국교회(local church)에 직접적으로 영향을 끼치지 못했다. 여전히 한국교회 일반은 1907년 이래로 생성된 신학적 흐름 속에 있었다. 그러나 토착화신학은 복음주의의 세계관을 훼손하기 시작했다. 기독교의 복음을 민족 내부로 국한시키려는 움직임이 본격화되었던 것이다. 신학계에도 적지 않은 영향을 끼쳤다.[115]

---

112) 하디(Robert A. Hardie)의 사위로, 콜롬비아대학(Columbia University)에서 *Democracy and Mission Education in Korea*(1928)로 교육학 박사(Ph.D)를 받았던 그는 연희전문에서 교육학을 가르쳤다.

113) 피셔는 재한선교사들이 서구적 우월의식 때문에 한국의 전통과 문화를 비하한다고 비판했다. 선교사 사회가 비기독교 문화나 타종교를 경멸하고 "비기독교인"을 "이교도"라 칭한다며 기독교적 배타문화도 비판했다. 그는 선교사들의 그런 인식 때문에 한국인들이 문화적 열등감을 갖게 되었다고 주장하며 한국 고유문화에 대한 존중을 외쳤다. James Earnest Fisher, *Democracy and Mission Education in Korea*, (New York: Columbia University, 1928) 참조.

114) 민족사상이나 진보신학에 대해 포용적이었던 것은, 서울을 기반으로 했던 기독교계의 지역적 전통이기도 했다.

115) 토착화신학 이후 비종교화론, 신 죽음의 신학, 희망의 신학, 정치신학, 생태신학 등 여러 신학이 도입되었다.

1970년대 민중신학과 1980년대의 통일신학으로 이어졌고 1980년대의 민주화운동과 통일 지상주의의 시발점이 되었다. 한국교회의 주류 신학이 되지 못했지만, 특별히 진보신학계가 주도하는 정치운동과 사회운동의 근거가 되었다.

제 5 장

교파 신학의 독자성 강조 - 역사성의 외면

감신대 학자들이 신학의 토착화를 주장한 것은 한국 감리교회의 한쪽에서 신학적 뿌리를 외면하기 시작했다는 것을 말한다. 토착화신학이 영미 복음주의는 물론 감리교 '자치시대' 출발의 신학인 사회복음주의와도 거리가 있었기 때문이다. 이러한 신학적 주장을 시발로 해서 감리교 내부에서 역사적 뿌리에 대한 다양한 해석들이 나오기 시작했다.116)

한국 장로교회도 예외가 아니었다. "보수"와 "정통"이라는 주장 이외에, 개혁신학 전통아래 있다는 주장이 나타나기 시작한 것이다. 곧 스위스, 화란, 스코틀랜드 장로교회를 통해 미국으로 건너갔던 신학이 한국 장로교회의 뿌리라는 주장이다. 한국 장로교회가 처음부터 '칼빈주의'와 웨스트민스터 신앙고백을 신봉했다는 것이다.117)

---

116) 토착화신학의 선구자인 유동식은 한국 감리교회의 신학을 "복음적 자유주의"로 규정했고 변선환은 "자유주의"로 정의했다. 이것은 영미 복음주의를 최소화하거나 외면하려했다는 것을 말한다.

117) 신복윤, "한국개혁주의 신학의 어제와 오늘과 내일", 『신학정론』 제10권 1호, 1992년 3월, p.115. 시간이 가면서 "보수"와 "정통"을 내걸었던 박형룡계도 1970

전술한 대로, 한국 장로교회도 영미 복음주의 전통에서 비롯되었다. 독노회 때에 채택한 '12개 신조'도 감리교회와의 복음주의 연대를 의도한 것이다.[118] '칼빈주의'나 '개혁주의'라는 용어도 사용하지 않았던 이유이다. 장로교 신학자들, 곧 남궁혁, 박형룡, 채필근, 송창근 등이 칼빈을 본격적으로 다루기 시작했던 것은 1934년의 『신학지남』을 통해서였다. 그렇지만, 이들도 칼빈신학을 한국 장로교의 정체성으로 삼지 않았다.[119] 박윤선이 평양신학교 재학 중에 개혁주의나 칼빈주의라는 말을 들어보지 못했다고 진술한 이유이다.[120]

한국교회는 장로교나 감리교 구별 없이 모두 19세기 영미 복음주의로부터 비롯되었다. 그런데 1930년대에 이르러 한국 장로교회는 성서 영감론과 무오설을 강하게 주장했고 다른 신학과 사조들을 "배도자" 혹은 "적그리스도"로 정죄했다. 선교사들이 전한 신학을 교조화하며 "정통"과 "보수"를 내세웠다. 재한 복음주의 선교부 연합공의회(The General Council of the Evangelical Protestant Missions in Kore)를 탈퇴했던 것도 근본주의화된 신학 때문이다.[121]

박윤선이 칼빈주의를 내세우며 개혁신학을 외쳤던 것은 1953년 화란으로 유학을 다녀온 이후이다.[122] 그가 웨스트민스터 신앙고백과 대소요리 문답의 교리를 정체로 해, 예배 모범과 권징 조례로 삼아야 한다고 주장한 것도 그때부터이다.[123] 그의 선도에 따라, 장로교 내부에서는 개

년대에 이르면, 자신들의 신학이 개혁신학 전통아래 있다고 주장했다.

118) 김명구, 『한국기독교사』1, pp.302-306.

119) Ibid., p.438.

120) 박윤선, 『성경과 나의 생애』(서울: 영음사, 1992), p.56.

121) 김명구, op.cit., p.439.

122) 박윤선의 화란 유학 기간은 6개월이었다.

혁신학(Reformed Theology)을 표방해야 한다는 주장이 나왔다. 칼빈신학만이 장로교회의 본래의 정체성이라는 주장이 강하게 대두되기 시작했고 복음주의와 개혁주의를 엄격히 구분하기 시작했다.[124)]

개혁신학을 내세워야 한다는 주장은 시간이 흐를수록 확산되었다. 박윤선 주도 아래 '개혁주의신행협회'가 설립되었고, 그를 따르는 신학자들이 모여들었다. 그의 주장은 그의 임지를 따라, 곧 서울 총회신학교, 서울 총신대학 신학원, 합동신학원, 합동신학교가 내세우는 신학이 되었다.

1960년대에 이르러, 한국의 대부분의 장로교회는 개혁신학이 정체성이라고 주장했다. 선교 시작부터 한국 장로교회가 개혁신학의 전통 속에 있었다는 주장도 했다. 그것은 이때에 이르러, 한국 장로교회가 스스로 역사성과 정체성을 부인하기 시작했다는 것과 영미 복음주의가 갖고 있던 포용성과 복음에 대한 열정, 체험에 대한 강조가 약화되었다는 것을 의미한다. 하나님의 절대 주권 사상, 구속 역사 속에서의 일관된 하나님의 언약, 하나님의 말씀으로서의 성경 권위, 하나님의 영광을 구현해야 하는 교회의 사명, 공교회성은 엄격히 강조되었지만[125)] 1907년의 평양 영적 대각성 운동의 역동성은 왜소화되었다. 곧 회심 체험이나 통성기도 등, 하나님과의 단독자성을 강조하는 전통이 약화된 것이다.

---

123) 박윤선, 『우리의 신앙노선』(부산: 파수군사, 1954), pp.10-11.

124) 이상규, "한국장로교 100주년, 신학적 고찰", 『개혁논총』 제22권, 2012, p.320.

125) 이승구, 『21세기 개혁신학의 방향: 한국신학의 개혁신학적 정향을 위하여』(서울: SFC출판부, 2005), pp.13-24.

제 6 장

선교 모교회로부터의 독립 - 완전한 독립교회의 선언

장로회 서울지구 신도 약 300명은 지난 7일 시내 동자동 소재 성남교회에 모여 '한국선교정책의 전망'에 대한 토론을 전개한 다음 '우리의 주장'이라는 전문 10개 조항으로 된 결의문을 채택 이를 W.C.C와 각국 선교회 본부 그리고 주한외국선교회 각파 대표기관에 전달할 것을 결의하였다고 한다.

이 신도들에 의하여 채택된 우리의 주장의 중요 골자를 보면, 선교사들은 우월감을 제거하고 크리스토 정신에 입각하여 한국인들을 차별 대우하지 말 것, 선교사들은 자기들이 가져오는 선교비로써 한국교회의 주권을 침해 또는 농락하지 말고 한국교회의 성장과 발전에만 효과 있게 사용할 것, 선교사들은 그들이 받은 상부(본부)지시에만 순응할 것이 아니라 한국의 민족적 지각과 그 교회 실정에 맞도록 선교운동을 전개하라는 등등이다.[126)]

1957년 5월 11일 동아일보는 위 내용의 기사를 내보냈다. 선교사들이

---

126) "선교사들 우월감을 제거", 「동아일보」, 1957년 5월 11일자.

여전히 한국교회를 지배하고 있다는 비판이었고 한국교회가 독립해야 한다는 주장이었다. 기자가 밝힌대로, 6.25 전쟁 이후에도 여전히 재한선교사들은 영향력을 갖고 있었다. 구호비와 선교비 등 재정 지원 등이 가장 큰 이유였다.

김정준이 주도한, 기독교장로회 서울신도대회는 큰 반향을 일으켰다. 당시 성남교회 담임 목회자였던 그는 "선교사가 현지 교회보다 우위에 있을 수 없으며 한국교회가 주도권을 가져야 된다"고 강하게 피력했다.[127] 이미 선교의 시대가 갔고 한국인이 명실상부 한국교회를 주도해야 한다는 주장이었다. 기독교장로회 소속 재한선교사들의 영향력에 제동을 건 것이다.

한국기독교 전통에서는 선교사들에 대해 일방적 수용은 없었다. 그 이유 중 하나는 정치나 독립운동에 연루되기를 꺼렸던 선교사들의 정책과 한국기독교 지도자들의 명제 사이에 일정 부분 거리가 있었기 때문이다. 선교사들은 영혼 구원의 문제에 국한해 선교를 하려 했지만, 특별히 기독교 민족주의계 인물들은 복음을 국가구원의 영역으로 확대하려 했다. 대부분의 재한선교사들이 민족운동이나 독립운동을 의도적으로 외면했을 때에도 '독립'은 한국교회의 절대 명제였다.[128]

한국교회에 내재되어 있던 민족의식은 박정희 시대 전후, 모교회로부터 완전히 독립해야 한다는 의식으로 연결되었다. 재한선교부의 영향력을 극복해야 한다는 주장이 강하게 대두된 것이다.

김정준을 시발로 해서 대한예수교장로회 총회, 곧 장로교 예장 총회도

127) Loc.cit.

128) 네비우스 선교방식이 성공을 거두어, 스스로 자립할 수 있다는 자신감을 확보한 상황에서 한국교회가 선교사들에게 일방적으로 종속적일 수는 없었다.

1957년에 행정기구로서 선교회를 해체하고 대신 협동사업부를 두기로 했다. 더 이상 재한선교사들의 정치적, 행정적 영향력 아래 있지 않겠다는 의도였다. 1961년에 있은 기독교장로회 총회도 그동안 캐나다연합교회에 선교 사업비를 청구하지 않기로 결의했다. 그리고 "의존사상을 배격하고자 자조 자립정신을 함양"[129]하겠다며 독립성과 독자성을 선언했다. 재정상태가 열악했음에도, 민족적 자존심을 내걸며 모교회와의 완전한 분리를 시도한 것이다.[130]

한편, 1968년 11월 4일부터 7일까지 충남 온양에서 한국 감리교회 대표 19명과 재한선교사 대표 13명, 미국감리교 선교부 대표 4명, 모두 36명이 '선교정책협의회'를 개최했다.[131] 한국 감리교회, 미국 감리교회, 재한선교사들이 함께 한 자리에서 "한국교회의 주체세력을 인정하고 재정적 책임도 있다"[132]는 입장이 교환되었다. 한국 감리교회도 모교회로부터 완전한 자립과 독립을 확인했던 것이다. 다만 미국교회와의 연계성을 계속하기 위해 '협동위원회'를 조직하기로 했다. 동등한 위치에서 선교를 하기 위해, 그리고 감리교회의 세계적 유기성을 유지하기 위해 협의 체제

129) 한국기독교장로회 역사편찬위원회, 『한국기독교 100년사』(서울: 한국기독교장로회출판사, 1992), p.438.

130) 1954년에 한국기독교장로회는 680여개의 교회에 목사 130명, 전도사(강도사 포함) 134명이었다. 이중 2/3정도의 교회가 교역자 없이 예배를 드렸다. 절대 다수의 교회가 미자립 교회였다.

131) 한국측에서 감독 변홍규를 비롯해, 라사행, 강석봉, 김기창, 김옥길, 박설봉, 김광우, 윤창덕, 윤춘병, 이강산, 이병설, 이봉구, 이응식, 임의선, 장세환, 전밀라, 전수진, 한영선, 홍현설이 참석했고 미국 감리교회(UMC)에서는 세계선교부 아시아 제1지역 총무 저머니(Charles Germany)를 비롯해 스탁웰(Eugene Stockwell), 스미스(Sam R. Smith), 해링턴(Mrs. W.W. Harrington)이 참석했다.

132) 변홍규, "감독의 말씀", 『기독교대한감리회 연회회의록 부록』(1969), p.6. 윤춘병, 『한국감리교 교회성장사』, p.851에서 재인용.

를 갖추기로 한 것이다.[133] 한국 감리교회가 비로소 독립을 이루는 순간이었다.[134]

한편, 1966년, 한국 성서학자들이 주도하는 성서 개역 사업이 추진되었다. 그리고 김정준, 박대선, 윤성범, 조선출, 김철손, 김경연, 이해진, 문익환, 지동식 등 30여명의 성서학자들은 '사역(私譯) 성서개역위원회'를 구성했다. 이때 이들은 선교사에 의해 발간되었던 성서개역을 한국학자들이 새롭게 번역해야 한다고 선언했다.[135] 그래야 한국교회가 진정으로 독립되는 것이라는 생각이었다.[136]

신학자들 사이에서 더는 "외국교회가 문제 삼는 신학 문제를 그대로 직수입"하지 말자는 주장이 나왔다.[137] 신학이나 교리, 신조까지도 모두 민족의식의 바탕 아래 취급해야 한다는 입장으로 바뀐 것이다. 한국교회의 독립성과 독자성을 확보하기 위해 그래야 한다고 믿었다. 선교의 역사를 극복하고 한국교회의 역사를 새로 써야 한다는 주장도 나왔다. 한국기독교 역사에 새로운 층절(層折)이 생겨난 것이다.

---

133) 이 내용에 대해서는 윤춘병, 『한국감리교 교회성장사』, p.851 이하에 자세히 기록되어 있다.

134) 1930년 일명 감리교회는 '자치시대'를 시작했지만, 미국교회로부터 재정 지원을 계속 받았다.

135) 「동아일보」, 1957년 6월 20일자.

136) 「동아일보」, 1966년 11월 5일자.

137) 김정준, "세계 신학교육 동향과 그 과제", p.168.

제 7 장

연세대학교 연합신학대학원과 에큐메니칼 운동 - 본격적 시동과 한계의 노출

1958년 1월 한경직, 김활란, 유형기 등은 한국교회 대표로 아프리카 가나(Ghana)에서 열린 국제선교협의회(International Missionary Council, I.M.C)[138]에 참석했다. 여기에서 비 서구세계의 기독교 지도자 양성을 돕기 위해 400만 달러의 '신학교육기금'(Theological Education Fund, TEF)이 조성되었고 교육위원회가 창설되었다.[139] 교육위원에 위촉된 김활란이 적극적으로 나서면서, TEF는 1963년 8월, 캐나다 몬트리올(Montreal)에서 열린 회의에서 한국에 신학기금을 배정하기로 결정했다.[140] 배정된 기금은 합계 11만 달러(U.S 달러)였다.

---

138) 1921년 예루살렘에서 창립된 국제선교협의회(IMC)는 선교는 교회의 본질에 속한다는 내부의 주장에 따라 1961년 뉴델리에서 WCC에 통합되었다.

139) 1959년, TEF기금이 배정될 것을 기대한 KNCC는 '신학기금위원회'를 조직하고 김활란을 위원장, 연세대학교 총장 백낙준, 감리교회 감독 유형기, 감리교신학교장 홍현설, 한국신학대학장 김재준, KNCC 총무 유호준을 위원으로 위촉했다. 그리고 에큐메니칼 정신에 입각한 신학대학원을 연세대학교에 설립하기로 가결했다. 이 기금으로 인해 전 세계 23개의 신학교가 이 혜택을 받게 되었다.

TEF 몬트리올 회의의 결정에 따라, 1964년 연세대학교에 연합신학대학원(The United Gradute School of Theology)이 설립되었다. 초대 원장에 김정준이 선임되었고 연합신학대학원에 가담한 세 학교, 곧 감리교신학대학에서 윤성범(조직신학), 한국신학대학에서 정하은(기독교 윤리), 연세대 신과대학에서 이종성(조직신학)이 교수로 각각 파송되었다.[141] 개원 첫 해 22명의 합격자를 받아들였고, 개원 다음 해에 국내 최초로 기독교교육학 석사 학위(M.R.E.)를 수여할 수 있었다.[142]

사실, 에큐메니칼 운동을 주장하는 사람들조차 이에 대한 일치된 목표가 없었고 신학적 이해도 충분하지 않았다.[143] 선도하고 주장하는 사람들의 의견이 달랐고 방식도 분분했다. 한 쪽에서는 언더우드(Horace G. Underwood)의 전통을 주장하며 단일교회를 최종의 목표로 했던 반면, 다른 한 편에서는 교회(교파)간의 친선이나 연합사업의 경계를 넘지 않으려 했다.[144] 한경직 등은 구령과 선교를 에큐메니칼의 출발점과 지향점으로 본 반면, 강원용 등은 교회의 사회적 책임이나 정치적 책임을 그 지향점으로 보았다.[145] 지동식이나 김철손은 '하나의 교회'와 하나의 조

---

140) 연세대학교 연합신학대학원, 『연세대학교 연합신학대학원 50년사』(서울: 연세대학교 대학출판문화원, 2014), pp.21-23.

141) Ibids., pp.27-29. 에큐메니칼을 부르짖었던 장로교 통합측의 경우, 합동과의 재통합을 기대했던 내부 사정으로 KNCC 활동을 잠시 중지하고 있어 참여하지 않았다. 연세대학교 연합신학원 설립의 구체적 전개와 과정에 대해서는 『연세대학교 연합신학대학원 50년사』를 참조할 것.

142) Ibids., pp.57-59.

143) 김정준, "에큐메니칼 운동의 회고와 전망", 『기독고사상』 9권 4호, 1965년 4월, pp.34-36.

144) 대한예수교장로회 총회교육부 편, 『韓國敎會宣敎百年秘話-安光國牧使遺稿集』(서울: 대한예수교장로교총회교육부, 1979), p.95. 한경직이나 강신명 등은 전자를 주장한 반면 안광국이나 유호준 등은 후자에 속했다.

직을 이룩해야 하는 것이 에큐메니칼 원리라 주장했다.[146] 그러나 구호와 주장이 강했지 실제적인 성과는 없었다.[147]

이런 상황에서, 에큐메니칼 운동을 위해, 신학에 대한 공동이해가 있어야 한다는 주장과[148] "신학적인 기반"위에 운동이 펼쳐져야 한다는 주장이 나왔다.[149] 연세대학교 연합신학대학원은 그런 이유로 만들어졌다.[150]1960년대에 이르러 교파간의 신학적 거리가 상당하던 상황이었고 같은 장로교회라 하더라도 이미 각기 다른 신학적 해석을 내세우고 있었다. 따라서 신학의 일치는 불가능했다. 그러나 신학교육은 함께 할 수 있다는 주장이 힘을 얻었다. 그런 이유로 연합신학대학원의 표어를 다음과 같이 정했다.

1. 우리는 함께 신학을 연구한다.
2. 우리는 함께 예배를 드린다.
3. 우리는 서로 사귀며 일한다.
4. 우리는 함께 교회를 섬긴다.
5. 우리는 함께 미래를 꿈꾼다.[151]

---

145) 강원용, "혁신을 요하는 한국의 에큐메니칼 운동", 『기독교사상』 4권 10호, 1960년 11월호, p.75. 민경배, "1945년 이후의 에큐메니칼 운동", 『한국 민족교회형성사론』(서울: 연세대학교출판부, 2008), p.103에서 재인용.

146) 지동식, "하나인 교회의 성서적 근거", 『기독교사상』 2권 1호, 1958년 1월 ; 김철손, "교회일치의 성서적 근거", 『기독교사상』 10권 2호, 1966년 2월 참조.

147) 1958년 이후, 1975년까지 『기독교사상』에 발표된 에큐메니칼 운동에 관계된 논문은 겨우 40여 편에 불과했다.

148) 김관석, "60년대의 에큐메니칼운동", 『기독교사상』 13권 12호, 1969년 12월, p.52.

149) 김정준, KIATS 편, 『김정준』(서울: 홍성사, 2009), p.58.

150) Ibid., p.59.

에큐메니칼 운동은 활기를 찾았다. 한국 신학자들의 교류와 교의(交誼)가 비로소 빈번해지기 시작했다.[152] 김정준의 주장에 따라, 가톨릭교회와의 연합 사업에도 눈을 돌렸다.[153] 성서 공동 번역 사업을 함께 하고[154] 성서 심포지움도 함께 개최했다.[155] 한국신학연구소에서 저술한 『하나인 믿음: 새로운 공동신앙 고백서』를 분도출판사에서 펴내기도 했다.[156] 1970년대의 민주화회복운동도 같이 했다. 1976년의 '민주구국선언', 일명 '명동사건'에 기독교회가 가톨릭교회와 함께 나선 것도 에큐메니칼 운동의 결과였다.[157]

---

151) 김정준, "연합신학대학원의 발자취", 『현대와 신학』 창간호, 1964년 12월, p.203.

152) Loc.cit.

153) 한경직 등은 개신교 내의 연합 사업으로 에큐메니칼 운동의 한계를 정하였다면, 김정준은 NCC 헌장을 고쳐서 예장 합동을 비롯한 보수주의교단, 그리고 가톨릭까지도 뭉치자고 주장했다. 「경향신문」, 1969년 2월 1일자.

154) 1968년 1월에 공동번역위원회가 조직되어 같은 해 2월 15일 김정준, 정용섭, 배제민, 문익환, 선종완을 중심으로 천주교·개신교의 '구약성서 번역위원회'가 조직되었다. 1969년 초부터는 천주교측의 백민관, 허창덕, 김창렬 신부가, 개신교측에서는 김진만, 이근섭, 박창환이 신약성서 번역위원으로 선택되어 신구약성서를 모두 번역하기 시작했다.

155) 김정준은 1971년 5월 광주 가톨릭대학에서 열린 성서 심포지움에 안병무, 김용옥 등과 참여하였다.

156) 1979년 한국신학연구소와 서강대학교 신학연구소는 공동명의로 이 번역서를 출간했다. 이 책의 원본 『Neues Glaubensbuch: Der gemeinsame christliche Glaube』는 독어계 가톨릭.개신교 신학자 36명이 종교개혁이 일어 난지 450여년만인 1973년에 함께 펴낸 합동교리서이다.

157) 1976년, 원주에서 열렸던 신.구교의 합동 기도회에 참석했던 성직자들의 제안에 따라 명동성당에서 신.구교 합동으로 3.1절 기념미사가 열렸다. 강론을 맡은 김승훈(金勝勳) 신부는 유신헌법의 부당성을 지적했고 2부의 합동기도회에서는 문동환 목사가 설교했다. 이어서 서울여대 교수 이우정이 유신과 1인 독재를 비판하는 '민주구국선언문'을 낭독했다.

그러나, 이상은 높았지만 애초부터 그 한계가 정해져 있었다.[158] 기대만큼 에큐메니칼 운동은 확대되지 않았다. 에큐메니즘(Ecumenism)의 기치 아래 장로교 통합측이나 기독교 감리회 등의 교회들이 합세를 했지만 에반젤리칼리즘(Evangelicalism)을 내세우는 교회들은 여전히 이를 외면했다. 뿐만 아니라, 시간이 가면서 에큐메니칼 운동 내부의 지향점도 점점 벌어졌다.

한경직은 개인구원과 국가구원을 주장했지만 구령이 출발점이요 귀결점이었다. 구령에서 출발해 국가구원으로 확대되는 구조였다.[159] 길선주가 3.1운동, 곧 한국의 구원을 위해 자신의 신학과 다른 인물들과 함께하고 손병희나 한용운 등 타종교인들과도 같이했던 모습과 크게 다르지 않았다.

홍현설이나 김정준 등도 양자의 병립을 주장했다. 그러나 이들은 한경직 등과 일정한 괴리가 있다. 땅에서 이루어지는 하나님의 공의를 보다 강조했기 때문이다. 개인구원을 사회구원의 종속으로 보는 사회복음주의적 구조였다. 특히 '성빈신학'의 전통 아래 있던 김정준은 철야기도 등 한국교회가 갖고 있던 영적 전통을 소중히 여겼지만,[160] 복음의 외적 역할도 강조했다. 인간의 존엄성과 권리, 인간의 투쟁이 유린되는 곳에서 하나님도 역시 고통을 당하신다는 입장이었다.[161] 그가 부흥회적 경건을

---

158) 시간이 지나면서 예장 통합측이 참여했지만, 연합신학대학원에는 연세대학교 신과대학, 감리교 신학대학, 한국신학대학, 루터교 선교부가 참여했을 뿐이다.

159) 한경직은 정치의 문제, 특히 반공의 문제에 깊이 간여했지만 사회의 문제, 특히 산업현장의 문제에 대해서는 큰 관심을 표명하지 않았다.

160) 김정준은 자신이 가르친 신학생들에게 산상기도회나 전도훈련을 강조했다. 예배를 통해서, 교회절기 행사를 통해서도 경건 훈련을 시켰다.

161) 김정준, "신학논단, 신학수상", 『만수 김정준 전집』 8(서울: 한국신학연구소, 1991),

한편에서 비판한 것도 이런 이유였다.

구령의 영역이나 부흥회적 경건의식에 냉소하며 교회의 정치적, 사회적 영역을 우선했던 인물들도 에큐메니칼 운동의 중심에 있었다. 이들에게서 '성령의 주권', '회심 체험', '복음 전도'에 대한 의식은 뚜렷이 보이지 않았다. 대신, 불의와 구속에서 억울하게 살아가는 인간을 위해 실제적인 투쟁을 강조했다. 그것이 참다운 의미의 '경건'이라는 주장도 했다.[162] 신부적(神賦的) 인간의식은 강했으나 역사의 주권자에 대한 절대 복종의지는 엿보이지 않았다. 강원용이 그랬고 문동환이나 안병무 등이 그랬다. 이들을 따르는 사람 중에서 민족을 나누어 민중세력과 지배세력으로 구분하고 계급적 투쟁도 불사해야 한다는 주장이 나오기도 했다.

해방 후, 연세대학교 신과대학을 재창설하는 과정에서 이환신은 이렇게 말했다.

> 예수 그리스도와 성령의 위치가 그 신학의 중심이 되지 않는다든지 선교를 도외시한다든지 어느 한 교파가 주장하는, 특수한 부분만을 강조한다든지 기독교의 전통을 무시해 버리고 하루아침에 돋아나온 먹지 못 할 독버섯 모양으로 근거 없이 나타난 어떤 것을 신학이라고 하여 가르친다든지 또 배운다든지는 할 수 없는 일이다.[163]

이런 말 뒤에, 이환신은 한국교회의 신학적 전통, 곧 복음주의를 지향해야 한다고 주장했다.[164] 한국에 전해진 복음주의를 기반으로 해서, 곧

---

p.216.

162) 문동환, "교수님들, 국가원수의 체면 좀…", 「한겨레신문」, 2008년 10월 9일자.

163) 이환신, "연세 신과대학의 회고와 전망", 『신학논단』 제12집, 1974년 1월, pp.9-11.

한국교회의 신학과 역사성 위에 펼쳐져야 기독교 조직이나 운동이 성공할 수 있다는 주장이었다.

에큐메니칼 운동은 참여한 사람들의 각기 다른 주장에 의해, 한국교회 일반적 지향점과 거리를 두게 갖게 되었다. 에너지는 분산되었고 교파 간 간극은 더욱 벌어졌다. 일반 교회(local church)의 지지도 크게 얻지 못했다.

164) Loc.cit.

제2편

박정희의 근대 이데올로기와 그 반동(反動)

제 1 장

박정희의 근대 이데올로기

박정희 정권의 등장으로 신진 군사 엘리트 그룹이 한국 정치의 주도자로 나서게 되었다. 이것은 한국의 근대화와 독립운동, 건국과 민주주의를 주도하던 기독교 민족주의계가 군사 엘리트들에게 그 주도권을 빼앗겼다는 것을 말한다. 근대 의식이나 그 지향점이 바뀌게 된 것이다.

군부는 대한민국 최고의 엘리트 집단으로 발전했고 6.25 전쟁 이후에는 철저한 반공 집단으로 신뢰를 얻었다. 국민들은 이들의 반공관과 남다른 국가적 충성심, 희생을 보았고 '국가수호의 최후 보루'로 믿게 되었다. 군부가 쿠데타를 일으켰을 때, 크게 거부하지 않은 것은 군에 대한 근본적 신뢰가 있었기 때문이다.[1)]

박정희 통치 이후, 군사적 문화가 자리 잡게 되었다. 개인보다는 국가 이익을 우선하게 되었고, 애국심과 국가에 대한 충성심을 보다 강조하게 되었다. 박정희 정권도 국가 보위에 어긋난다고 생각하는 모든 갈등을

---

1) 남로당 연루의 의심을 받았던 박정희가 혁명공약 제1조로 '반공'을 내세웠던 것도 이를 증명한다.

엄격히 규제했다. 관습보다는 효율성을 강조했고, 실제적 성과를 위해 위압적 태도도 마다하지 않았다. 획일적이고 일사불란한 태도도 강조했다. 그러나 실용성은 강조되었지만 다양성과 개별성이 무시되었고 도덕성이나 인간으로서의 품격도 중시되지 않았다. 수직적 문화와 국가주의적 의식은 강력해졌지만, 인권의 문제는 크게 고려되지 않았다.[2)]

박정희 정부는 '조국 근대화', '새 역사 창조'를 내세웠다. 그리고 그것을 이루는 것이 역사의 과제이고 혁명의 목표라고 규정했다.[3)] 이를 위해 "반봉건적이고 반식민지적 잔재로부터 겨레를 해방"시키고 가난으로부터 해방시켜 경제적 부강 국가를 만들어야 한다는 주장도 했다.[4)] '잘 사는 나라'가 근대화의 목적이었다.

산업 발전이 민족중흥이라는 논리로 박정희 정부는 경제 우선 정책을 강하게 밀어 붙였다. 그 결과, 경제적 변혁이 일어났고, 1961년에 87달러에 불과했던 1인당 GNP가 1979년에는 1,597달러로 크게 증가했다. 1962년의 연간 수출액 5천여만 달러가 1977년에 이르러 100억 달러가 되었다.[5)]

'라인강의 기적'을 이룬 독일처럼, '한강의 기적'을 이룰 수 있다고 주장했다.[6)] 내핍과 절약, 근면을 강조했고 국가의 기획과 주도 아래 일사분란하게 움직이는 사회를 요구했다. 박정희는 지휘자가 되었고 국민은 실천자가 되어야 했다. 그 결과 한국은 '보릿고개'로 상징되는 절대적 빈곤으로부터 벗어나기 시작했다. '할 수 있다'는 자신감이 한국사회에 퍼져 나

2) 김명구, 『해위 윤보선-생애와 사상』, pp.285-287.

3) 박정희, 『우리 민족의 나아갈 길』(서울: 동아출판사, 1962), p.100.

4) Ibids., pp.100-103.

5) 박정희 일기, 1977년 12월 22일자.

6) 박정희, 『국가와 혁명과 나』(서울: 지구촌, 1997), p 217.

갔다. 그러나, 국가 의지에 반하는 것은 용납되지 않았다. 개인주의나 개별적 요구는 들어설 자리가 없었다. 경제 성장은 크게 이루었지만 민주주의 의식과 그 체제는 그만큼 약화되었다. 근대정신을 뒷받침 해주어야 할 윤리의식도 쇠퇴했다.

박정희는 충효 사상을 강조했다. 그런 의식은 가부장적 노사관계로 이어졌다. 국가가 경제를 지휘하면서 자연히 정경유착이 일어났고 노동 통제가 강화되었다. 민주적 절차와 방식은 무시되었다. '우승열패'(優勝劣敗), '약육강식'(弱肉强食), '생존경쟁'(生存競爭)의 대결 의식이 만연했고, 그것은 집단 이기주의로 이어졌다. 사회진화론적 의식은 팽배해졌지만, '인간존중'의 의식은 약화된 것이다. '하면 된다'는 자신감은 국민들을 결집하고 고속 성장의 빛이 되었지만, 어두운 그림자도 드리워졌다.[7] '잘 사는 나라'를 목표로 삼으면서 사회적 의무감은 '성공 제일주의'로 대체되었다. 성공하는 것이 애국이라는 신념은 그렇게 만들어졌다.

독일을 근대 국가의 모델로 삼았다고 하지만, 정작 박정희는 일본의 메이지유신의 방식을 추종하고 있었다. 그의 의식 속에 일본의 사회진화론적 근대주의가 각인되어 있었기 때문이다. 5.16 군사정변 직후, 박정희는 다음과 같이 피력하고 있다.

> 시대나 사람의 사고방식이 그 당시와 지금이 같을 수는 없지만, 일본의 명치 혁명의 경우는 금후 우리의 혁명 수행에 많은 참고가 될 것은 부정할

---

7) 소위 4대 의혹사건으로 알려진 증권파동, 새나라 자동차 사건, 워커힐 사건, 빠찡꼬 사건은 공화당의 창당에 필요한 정치자금을 얻기 위한 것이었지만, 모두 불법으로 저질러진 일이었다.

수 없을 것이기 때문에, 본인은 이 방면에 앞으로도 관심을 계속하여 나갈 것이다.[8)]

일본 메이지 정부는 적극적으로 서구의 근대문명을 도입했다. 그러나 물질문명, 산업, 기술, 무기를 비롯해 그 방법은 수용했지만, 기독교로 상징되는 서구 근대 이데올로기는 거절했다.[9)] 대신, 당시 서구국가들이 식민지 확장의 명분이 되었던 문명론과 그 이론이 되었던 사회진화론을 적극 수용했다.[10)]

사회 진화론적 사고 아래 사는 인간들은 '힘이 곧 정의'가 된다. 수단과 방법을 가리지 않고 경쟁에서 이기려 한다.[11)] 이러한 생각들은 개인뿐만 아니라 국가가 지녀야 할 도덕적 가치관을 파괴한다. 박정희 자신은 퇴폐나 향락, 과소비를 혐오했지만, 박정희 정권의 성장 결실 뒤에 권력과 결탁된 경제정책, 타락한 사회윤리와 퇴폐풍조 등이 만연했던 이유이다.

---

8) 박정희, 『국가와 혁명과 나』, p.172.

9) 전복희, 『사회진화론과 국가사상』(서울: 한울, 1996), p.45. 19세기 식민지를 확장했던 서구 국가들은 문명국인 자신들이 비문명권인 국가들을 식민화해서 문명화시킬 사명이 있다고 주장했다.

10) 一又正雄, "日本の国際法学を築いた人々", 『国際問題新書』 37, 日本国際問題研究所, 1973 pp.67-80.

11) Rawls, John, A Theory of Justice, (Cambridge: Harvard University Press, 1971), p.13.

제 2 장

크리스찬 아카데미 운동 - 반동(反動)의 정치 신학적 활동

1970년 11월 13일, 평화시장 재단사로 일하던 22살의 젊은이가 스스로 자신의 몸에 불을 질렀다. 죽어가면서 그는, 근로기준법 책자를 손에 쥔 채, "근로기준법을 준수하라", "우리는 기계가 아니다"고 외쳤다.[12)]

고도의 경제 성장을 자랑하던 정부가 그 수도 한가운데에 그같이 열악한 작업장을 방치한 것을 어떻게 정당화할 수 있는가. 법치국가에서 법을 제대로 집행하지 않은 관리들의 태만을 무엇으로 변명할 수 있는가.

(중략)

기독교인은 전군의 타버린 시체 앞에서 정부나 노총, 기업주들에게 화살을 던지기 전에 스스로의 가슴을 향해, 즉 우리 교회 자체를 향해 화살을

12) 강원용, 『역사의 언덕에서』 3, Between and Beyond(파주: 한길사, 2003), p.269.

던져야 할 것이다. 전군의 장례식을 거부한 교회에만 화살을 던질 마음은 없다. 이웃 사랑을 이야기하고 가난한 자와 억눌린 자의 벗인 예수의 제자가 되어야 한다고 강조해온 우리 교회가 먼저 이 화살을 받아야 한다.[13)]

일명 '전태일 사건'이 일어났을 때 큰 충격을 받은 크리스찬아카데미 원장이요 경동교회 담임 목사이던 강원용은 박정희 정부와 한국교회를 향해 이렇게 소리를 높였다.

전태일이 고발한대로 평화시장 피복 노동자들은 열악한 위생 환경 속에서 하루 15시간 이상의 과중한 노동에 시달리고 있었다. 그러나 정부뿐만 아니라 교회도 노동자의 인권에 큰 관심이 없었다.[14)] 그것은 정치적 문제나 사회적 관심사에 직접적으로 눈을 돌리지 않던, 한국교회 일반의 모습이기도 했다.

6.25 당시, 제주도로 피난하는 과정[15)]과 피난지 부산에서 교계의 모습에 낙담한 이후, 강원용은 기독교의 복음이 "우리가 살고 있는 삶의 현장 속에 들어가 성육신화해야 한다"고 주장했다.[16)]뉴욕 유니언신학교(Union Theological Seminary)을 거쳐 1957년 미국 뉴스쿨(The New School)에서 공부하고 돌아왔을 때도 그의 신학은 변하지 않았다. 그는 일관되게, 기독교의 메시지가 "구체적인 삶의 현장에서 상황을 변화시켜 나갈 수"있는 힘이 되어야 한다고 피력했다. 그런 생각에 '기독교사회문제연구소'를

13) Ibids, pp.272-273.

14) 그때 전태일은 박정희 정부를 향해, 인간으로서의 최소한 누려야 할 근로환경을 요구한 바 있었다. 전태일, 『내 죽음을 헛되이 말라』(서울: 돌베개, 1983), p.136.

15) 강원용, op.cit., pp.135-136.

16) Ibid., p.330.

발족했고, 그의 문제 제기에 기독교인 사회과학자들과 사회 문제에 관심을 가진 신학자 15명이 모였다.17)

1962년 강원용은 스위스 취리히의 아카데미 하우스 모임에서 루터교 목사요 독일 에반게리쉐 아카데미(Evangelisches Academy) 원장인 에버하르트 뮐러(Eberhard Müller)를 만났다. 뮐러가 이끌던 아카데미는 기독교적이고 민주적인 독일의 건설을 목표로 하는 기관으로 알려져 있었다.18) 뮐러와 독일교회의 도움으로 강원용은, 1952년의 '한국기독교사회문제연구회'를 모체로, 1965년 5월 7일 '한국크리스찬 아카데미'를 발족했다. 이것은 한국 역사상 처음으로 독일 개신교회가 한국교회를 지원한 것이고 한국기독교 일각이 독일의 방식을 채용했다는 것을 말한다. 곧 일반 교회와 달리 대중을 목표로 하지 않고, 지식사회를 선도해 한국을 견인하는 방식을 취한 것이다. 동시에 독일처럼, 기독교민주주의를 실현할 수 있다는 기대감을 보여주는 것이기도 했다. 수유리 아카데미 하우스가 완공되면서 강원용은 다음과 같이 피력했다.

> 이 나라 정당과 정당간, 종교와 종교간, 기업주와 노동자간, 세대와 세대간에 쳐진 장벽을 허물고 서로 진실한 이해와 협조의 길을 모색하는 대화의 광장으로 이 집이 쓰일 것입니다. 우리들은 이 집이 이 나라의 정신풍토를 개혁하는 데에 혁명적인 역할을 할 것을 다짐하는 바입니다. 조국 근대화의 제일선에서 프런티어의 역할을 담당할 일꾼들을 이 집에서 훈련할 것이며, … 국제적인 유대 관계를 강화하는 터전으로도 이 집이 쓰일 것입니다.19)

---

17) 강원용, 『역사의 언덕에서』 2, 전쟁의 땅 혁명의 땅, pp.330-331.

18) 박명림, 장훈각, 『강원용 인간화의 길 평화의 길』(서울: 한길사, 2017), p.199.

강원용은 '독일 아카데미 운동'이 전후(戰後) 독일의 재건과 부흥에 정신적 근거가 되었다는 것에 크게 고무되었다.[20] 같은 방식으로 한국 사회를 변화시킬 수 있다고 기대했다. 사회병리학적으로 한국 사회를 진단했던 그는 각기 다른 주장을 가진 전문가들을 불러 모아, '대화(對話) 모임'이라는 방식을 통해 문제해결을 시도했다.

크리스찬아카데미는 '종교 간의 대화'를 비롯해서 한국교회의 세속화, 토착화신학의 문제, 도시화와 환경문제, 노동현장의 갈등, 한국의 지성과 정치풍토, 빈곤과 경제의 문제, 주한 외국인과 한국인 사이의 문제, 입시개혁의 문제, 성(性)의 문제, 통일의 문제 등 예민한 문제들을 다루었다.[21] 그동안 한국교회나 사회가 다루지 않던 주제들로 당시로는 혁명적 발상이었다.

1970년 이전만 하더라도 아카데미 하우스의 큰 주제는 '조국 근대화'였다. 근대화에 대한 강원용 자신의 열망이 컸기 때문이다.[22] 그런 이유로, 근대화에 대한 개념, 방법이나 접근방식은 달랐지만, 박정희에 대해 부정적이지 않았다. 그러나 1970년부터 크리스찬아카데미의 주제가 '인간화'로 바뀌면서 두 사람의 관계는 소원해지기 시작했다.

---

19) 강원용, 『빈들에서: 나의 삶, 한국현대사의 소용돌이』 2: 혁명, 그 모순의 회오리 (서울: 열린문화, 1993), p.260.

20) 「동아일보」, 1966년 11월 15일자.

21) 「동아일보」, 1965년 10월 21, 1965년 11월 1일, 1966년 11월 12일, 11월 15일, 1966년 12월 8일, 1967년 2월 2일, 1967년 4월 11일, 1967년 5월 27일, 1967년 10월 5일, 1968년 5월 16일, 5월 23일, 1968년 7월 25일, 1969년 2월 13일 등

22) 삼선개헌 이전까지만 해도 두 사람의 관계는 나쁘지 않았다. 박정희 자신도 독일을 모델로 한국을 개조하려 했기 때문에, 독일 자본으로 설립된 아카데미 하우스에 대해 부정적이지 않았다.

강원용은 경제 일방 정책의 부정적 결실로 "빈(貧)과 부(富), 치자(治者)와 피통치자, 노동자와 자본가, 도시와 농촌" 등으로 양극화가 일어났다고 지적했다. 한국 사회에 비인간화적인 상황이 벌어졌다는 비판도 했다.[23] 인권이 말살되고 있는 상황에 문제를 제기하고 나선 것이다.[24]

강원용은 복음이 "사회 속에서 정의를 실현하는 일에 가담"해서 빈곤과 착취, 억압에서 억눌린 무력한 사람들을 해방해야 한다고 주장했다.[25] 인간의 존엄이 훼손되는 모든 곳으로 가서 하나님의 뜻이 이루어지도록 싸워야 한다는 주장도 했다.[26] 그런데 그가 접근한 방식은 "정확한 사회과학적 인식을 기반으로"한 대화와 토론이었다.[27] "서로 다른 의견들을 발전"시키면 비민주적이고 비합리적인 풍토도 바꿀 수 있고 갈등도 평화적으로 해결할 수 있다고 믿었다.[28]

크리스찬아카데미에 모인 지식인들은 박정희 정권 아래서 벌어지고 있는 물질 만능 풍조를 비판했다.[29] 여기에서 급격한 도시화와 산업화가 인간을 소외시킨다는 지적이 나왔다. 소외의 비인간화 현상을 가져오고 공동체적 유대의식이 약화 된다는 비판도 했다. 정신적 퇴폐를 비판했고 인간의 삶이 파괴되고 있는 현장도 고발했다. 이를 타파하기 위해 공동체적 연대의식을 회복해야 한다는 방안을 제시했다.[30] 그것이 민주주의 체

---

23) 강원용, 『역사의 언덕에서』 3, Between and Beyond, p.267.

24) Ibid., p.266.

25) 강원용, 『강원용전집』 7, 역사의 증언자들(서울: 동서문화사, 1995), p.297.

26) 강원용, 『강원용전집』 1, 폐허에서의 호소(서울: 동서문화사, 1995), p.261.

27) 박명림, 장훈각, op.cit., p.200.

28) 강원용, "대화정신과 민주사회", 한승헌 엮음, 『한국아카데미총서 8: 역사발전과 민주문화의 좌표』(서울: 문학예술사, 1985), p.279.

29) 이종진, "과학기술시대의 비인간화", 크리스챤 아카데미 편, 『근대화와 인간화』(서울: 삼성출판사, 1975), p.48 ; 김대환, "전통과 변혁의 대립", Ibid., p.93.

제를 지키는 길이라는 주장이었다.

강원용은 자유민주주의 체제를 주장했다. 그런 이유로 공산주의에 대해 강한 혐오를 드러냈다. 북한 정권을 향해서, 같이 할 수 없는 체제라며 늘 날선 비판을 했다.[31] 평화적으로 어떻게 같이 사느냐 하는 길을 모색해야 한다고 주장했지만, 북한 공산주의자들을 같은 동포로 보지 말아야 한다고 주장했다. 통일을 저해하는 것을 용납할 수 없다고 소리를 높였지만, 감상적이거나 과열된 통일논의는 위험천만하다는 지적도 했다.[32]

그런데, 자유민주주의 체제를 유지하기 위해서는, "인텔리들이 자유롭게 불만을 터뜨리고 비판할 수 있는, 언론의 자유를 최대한으로 보장"해야 한다고 주장했다. 노조 운동을 양성화해야 공산주의가 틈을 비집고 들어갈 수 없다는 의견도 내놓았다. 언론의 자유를 허락하고 노조를 양성화하면, 박정희 정부가 내세우던 국가건설이 촉진될 뿐 아니라 공산주의에게는 "가장 위험한 파괴의 씨"가 된다는 판단이었다.[33] 자유민주주의 체제를 지키고 확장하기 위한 예지적 제안이었다.

"기독교의 사명은 세상을 기독교화하는 것이 아니라 인간화하는 데 있다"고 주장하며 이를 위해 하나님이 "인간이 된 것"이라고 강조했다.[34] 정치적 책임을 강조하면서 비정치를 주장하거나 부흥회적 전통을 소중히 여겼던 한국교회 신학을 비판했다.[35] 그에게 죄는 '자유의 상실'과 '인간화의 말살'이었다.[36]

---

30) 지명관, "기계와 통합술이 만드는 인간", Ibids., pp.242-243.

31) 「동아일보」, 1969년 10월 23일자.

32) "8.15선언 그 뒤의 자세", 「동아일보」, 1970년 8월 28일자

33) "정보부는 대공 사찰만 언론자유 최대 보장", 「동아일보」, 1969년 10월 23일자.

34) 「동아일보」, 1970년 8월 31일자

35) "현대신앙과 부흥회", 「동아일보」, 1969년 6월 28일자.

역사 주재자의 명령과 요청에 응답하고 행동해야 하지만 인간이 역사 진행의 문제를 모두 풀 수는 없다. 인간 이성의 능력으로 역사의 모든 문제를 이해할 수도 없다. 그래서 역사에는 애매성이 있는 것이다. 강원용의 신학은 인간 문제나 인간이 발을 디디고 사는 삶의 현장과 그 과제에 예민했지만, 단독자와의 관계 설정에는 상대적으로 빈약했다.

인간화를 주제로 했을 때, 서로 다른 이해를 가진 사람들이 찾아들었다. 정형화되고 제도화된 교회를 비판하던 청년들이 찾아왔고 기독학생운동을 통해 직접 정치에 뛰어들고자 했던 청년들이 찾아왔다. 1972년 박정희가 유신체제를 강행했을 때는 이를 반대하는 사람들이 몰려왔다.

자연스럽게 크리스찬 아카데미는 반독재 민주화운동의 요람이 되었고 자동적으로 박정희 정권의 탄압이 뒤따랐다. 1977년에 여성 노동자들의 이야기를 다뤘다는 이유로 월간지 『대화』가 폐간되었고 1979년 3월에는 경동교회 전도사요 여성사회분과 간사인 한명숙이 연행되었다. 이어서 농촌사회분과 간사 이우재, 황한식, 장상환, 산업사회분과 간사 김세균, 신인령 등이 구속되었다. 강원용을 비롯한 유명묵, 박현채, 양정규, 신혜수 등은 연행되어 조사를 받았다. 무죄로 판명이 났지만, 박정희 정권은 이른바 '크리스찬 아카데미 사건'을 불온사상을 유포한 불법 지하 용공서클 사건으로 규정했다.[37] 반공주의자 강원용 등을 의심할 정도로 유신정권의 용공기준이 도를 넘어선 것이다.

---

36) 강원용, "나의 삶, 나의 목회: 사랑으로 감싸 안는 목회", 『기독교사상』 29권 11호, 1984년 11월, p.182.

37) 항소심에서 용공 서클 혐의는 무죄로 판명되었다.

제 3 장

기도원 운동과 성령 운동 - 한국교회 역사적 정체성의 확인

1960년대에 세계적으로 에큐메니칼 운동이 일어났다. 두 차례 열린 WCC 총회, 아시아 기독교협의회 총회(EACC), 그리고 1962년 있었던 제2차 바티칸 공의회를 시작으로 가톨릭의 현대화와 개방정책 등이 있었다. 한국교회 에큐메니칼 운동도 이 흐름 안에 있었다. 그런데 한국교회 일각이 에큐메니칼 운동에 열광했던 것은 이때에 이르러 한국교회가 신학적으로 극명히 분화되었기 때문이다. 강신명이나 김정준 등은 흩어진 교회의 에너지를 하나로 모아 선교 결실로 이어지길 기대하며 이 운동을 강하게 주장했다. 그러나 기대와 달리 에큐메니칼 운동은 폭발적인 선교로 이어지지 않았다.

전술한 대로, 1965년에 김활란과 홍현설, 한경직 주도 아래 '전국복음화운동'이 열렸다. 1964년 80여만 명이던 기독교인의 수가 1969년에 이르러 300만 명 가까이 늘어났다. 6,800여 개이던 교회는 약 12,800개로 늘어났다. 기독교 기관과 단체도 100여 개에 이르렀다.[38] 속도가 붙었고, 1977년에 이르러 기독교인 수는 5백만 명을 넘어섰다.[39] 그런데 한국기독교의 이런 부흥은 '전국복음화운동'의 결과만으로 이루어진 것은 아니다. 1960년대 한국교회를 부흥으로 이끈 가장 큰 요인은, 이 시기에 불어닥친 '성령 운동'이었다. 그것에 동력을 제공한 것 중 하나가 나운몽에 의해 촉발된 기도원 운동이다.

1. 기도원 운동

빗속 이른 아침 길 아내는 짐 보따리 들고
기도원으로 떠났다.
날은 아직 어둡고 비바람은 세찬데
하나님의 은혜를 사모하여 떠나는 심령이여

아직은 어린 아들 딸 남겨두고 온 것이
마음에 걸려
어느덧 눈가에 이슬이 맺히고
버스에서 내림에 남편을 또 다시
먼발치 쳐다보았던 그 순수한 눈길이여

38) 1960년대 이후 한국교회는 매 10년마다 200퍼센트 성장했고 70년대 후반에는 매일 6개의 교회가 설립된 것으로 보고되었다. 1970년에는 219만 7,336명으로 200만 명을 넘어섰고, 1970-78년에는 연평균 약 20만 명씩 증가했다. 1978년에는 375만 8,930명으로 통계가 잡혔다. 80년대 후반에 와서는 약 600만 명에서 1000만 명대로 급성장했다. 문화공보부, 『종교법인 및 단체현황』; 한국종교사회연구소, 『한국 종교 연감』; 한국기독교교회협의회, 『기독교연감』 참조.

39) 기독교문사, "종교단체 제출자료 집계", 1989년 6월 30일자.

사랑하는 아내여
우리 사이 무슨 할 말이 많으랴
눈으로 이미 모든 말 하였는 것을
바짓가랭이 빗물 튀어 흙투성이 되어도
즐거이 기대와 떨림과 흥분 속에서
결혼 후 처음 떠나 보는
기도원 가는 길
죄악이 관영된 세상 재물과 힘이 짓누르는 세태

아내여
인간의 것 훌훌 털고 이제 하늘의 것에 푹 묻히어
3박4일 동안 흠뻑
오늘 아침 계속 나리는 비처럼
주님 은혜 흠뻑 받고 돌아오시라.[40)]

2000년, 법무부 검찰 사무관 김광수는 아내의 기도원 행(行)에 적극적으로 신앙의 의미를 부여하며 이런 시를 남겼다. 한국교회 내부의 비판이 적지 않았음에도 불구하고, 여전히 수백만의 사람들이 영적 갈증과 자신들에게 닥친 문제를 해결하기 위해 기도원을 찾고 있었다.

1950년대가 한국교회 분열의 시대였다면 1960년대는 영적 열망을 소망하는 시대였다. 적지 않은 사람들은 급변하고 있는 시대적 상황을 겨워했고 강퍅(剛愎)한 삶에 시달렸다. 교인들은 역사의 주재자에게 삶의 난제들

40) 김광수, "기도원 가는 길", 『法曹』 49권 3호, 2000년 2월, pp.270-271.

을 호소했고 교회는 부흥회 등을 통해 교인들의 갈망을 해소하려 했다.

열광적으로 성령의 임재를 사모했던 1907년의 전통은 신학화되고 제도 속에 묻혀지고 있었다. 한국교회가 정교한 신학을 앞세워 자신들의 정체성을 찾던 시대였고, 따라서 교인들의 영적 욕구를 채워주는 데 한계가 있었다. 제도는 교회를 보존하는 주요한 도구이고 신학은 시대적 과제에 대한 근거를 마련해 주지만, 영적 요구들을 해결할 수 없기 때문이다.

박정희 정부의 주도에 따라, 경제 이데올로기와 사회진화론적 철학이 시대를 이끌고 있었다. 경쟁과 승부에서 패배한 "약한 자"들이 넘쳐났고, 세상으로부터 버림받은 "상한 영"이라는 고백으로 연결되었다. 그것은 다시 "생명 샘"에 문제가 생겼다는 의식으로 이어졌다.[41)]

세상이 주는 모순과 암담함을 딛고 하늘을 바라보게 해준 곳이 '기도원'이었다. 기도원은 볼품없고 소외되었다고 생각했던 사람들에게 "예수 그리스도가 부르고 계시고 함께 하신다는 것"을 확인시켜주는 곳이었다. 시대적 피해자요, 탈진한 사람들을 향해 "선한 일꾼"이고 "믿는 자들"이라는 정체성을 각인시켜 주는 곳이었고 새로운 에너지를 부여해 주는 곳이었다. 그것은 시대적 요청이 되었고, 성령 운동과 교회 부흥으로 연결되었다. 오순절교회의 교세가 파격적으로 늘어났던 것도 이런 이유이다.[42)]

한국의 기도원은 철원군에 위치한, 고베성서학원 출신의 박경룡과 장흥감리교회 교인들에 의해 1940년경에 시작된 대한수도원과 감리교 장로 나운몽이 1940년 5월부터 시작한 애향숙(愛鄕塾), 곧 경북 김천에 위치한 용문산기도원이 그 시작이다.[43)] 1947년에 삼각산 제일기도원이 설립되

---

41) 석진영의 찬송시 '믿는 자여 어이할 꼬' 참조.

42) 한국종교사회연구소 편, 『한국 종교연감』(서울: 고려한림원, 1993) 참조.

43) 해방 직후, 박경룡의 뒤를 이어 6.25전쟁 당시 납북되었던 유재헌이 대한수도원을

고, 1950년에 대한수도원의 유재현에 의해서 삼각산 임마누엘기도원이 설립되었다.[44] 그렇지만 1955년까지 전진의 대한수도원[45]과 나운몽의 용문산기도원 이외에 한국교회가 크게 주목한 기도원은 없었다.

1947년 4월 5일, 수표교 감리교회 장로였던 나운몽[46]은 경북 금릉군 용문산에 약 250평의 예배당을 지었다. '하나님 사랑, 땅 사랑, 민족 사랑'이란 신조 아래 애향숙을 재건했다.[47] 용문산기도원은 크게 발전해, 1969년에 이르러서는 3,000명을 수용할 수 있는 강당, 예배당 4개 동, 기드온 신학교, 고등성경학교, 애향숙 등 총 150동의 건물과 2만 명 이상을 수용할 수 있는 야외집회장이 만들어졌다. 자가발전, 수도, 전화 시설도 설치되었다. 늘 800명이상이 상주하며 기도를 했고 특별집회 때에는 2만 명 이상이 몰려들기도 했다.[48] 용문산 정상에 '구국기도단'을 설치해, 릴레이식으로, 하루도 거르지 않고 밤낮으로 기도를 계속하게 했다. 독특하게, 구령과 구국을 기도원의 정체(正體)로 삼았던 것이다.

용문산 기도원을 시작으로 한국의 기도원은 1965년에 이르러 49개로 늘어났다. 1973년까지 전국 곳곳에 146개소의 기도원이 생겨났다.[49] 나

이끌었다.

44) 김명혁, "한국교회 기도의 습관", 『월간 기도』 28권 2호, 1987년 2월, pp.48-49.

45) 유재현이 납북된 이후, 원산중앙감리교회 전도사 출신이었던 전진이 그 뒤를 이었다. 전진은 1996년 별세하기까지 원장으로 대한수도원을 주도했다.

46) 나운몽은 기독교 입교 초기, 용문사 근처 능치 장로교회에 출석하며 영수(領袖)가 되었다가 해방이 되자 서울로 상경해 수표감리교회로 이명했고 33세가 되던 1946년 3월에 이 교회 장로가 되었다.

47) 강찬기, "한국 기도원 사역의 평가와 개선방안"(침례신학대학교 석사학위논문, 1998), p.76.

48) 김찬국, "용문산기도원 운동의 진단", 『현대와 신학』 6집, 1970년, p.186.

49) 1988년 10월 현재 한국기독교 기도원 총연합회에 정식으로 가입된 수는 600개소

운몽이 기른 수도사들도 감람산 기도원, 횐돌산 기도원 등 전국 곳곳에 기도원을 세웠다.[50]

서울 삼각산에도 여러 기도원들이 들어섰다. 기독교장로회의 이천석이 1969년에 세운 한얼산기도원, 순복음교회 최자실이 1973년에 세운 오산리기도원, 감리교 박장원의 마가의 다락방 등 각 교파 목회자들이 기도원을 설립했다. 기도원에서는 늘 부흥 집회가 열렸고 각 교단의 부흥사들이 강사로 초청되었다. 수많은 사람이 몰려들었고 은사 운동(Charismatic Movement)도 불일 듯 일어났다.

나운몽과 용문산 기도원에 대한 한국교회의 공격은 과격했다. 1955년의 예수교장로회 제40회 총회는 나운몽의 신학이 장로교 신경(信經)에 맞지 않는다며 '이단'으로 규정했고 그 다음 해의 제41회 총회는 나운몽을 "변태성 신앙 운동자"로 비판했다. 강단에 세우지 못하게 했고 교인들이 집회에 참석하는 것도 금지했다.[51] 기독교대한성결교가 1956년 4월 제11회 총회에서 나운몽을 초청하면 문책하겠다고 결정했고, 1967년 기독교장로회 서울노회는 용문산 기도원을 불법 집단으로 판정했다. 1968년에 예장 고신 경남노회는 제38회 임시노회에서 이단으로 결정했다. 나운몽이 소속되어 있던 감리교도 연합감리사회를 통해, 1962년 10월 16일자로, 초청 금지를 결의했다. 부득이 교회가 초청해야 할 때는 감리사의

에 이른다. 강찬기, op.cit., p.76.

50) 1969년 6월 현재, 전국에 용문산 계열의 분원들이 23개소(서울 2개소, 경기도 2개소, 강원도 2개소, 충북 6개소, 충남 2개소, 경북 7개소, 경남 1개소, 제주 1개소)나 설립되었다. 김찬국, op.cit., pp.183-192.

51) 『대한예수교장로회총회 제40회 회의록』(1955), p.366 ; 『대한예수교장로회총회 제41회 회의록』(1956), p.48. 예장합동은 1976년 총회에서 제40회, 제41회 총회의 결의를 재확인했다.

승인을 받도록 했다.[52] 한국 대부분의 교단들이 나운몽을 거세게 공격한 것이다. 그러나 교인들이 용문산으로 가는 발길을 막지는 못했다. 용문산 기도원의 영향력을 쉽게 꺾을 수 없었던 것이다.

한국교회가 나운몽을 격렬히 공격할 때, 연세대학교 신과대학의 김찬국이 이단 여부를 판단하기 위해 용문산기도원을 방문했다. 그는 사회개혁보다는 개인구원을 위한 체험 위주의 신앙관, 신유, 방언, 영적 성신의 감화 등 타계(他界) 대망에만 치중, 노방전도, 안수기도, 축호 전도의 전도방법, 기드온 신학생과 수도생들의 지적 수준 등을 문제점으로 지적했다. 대신, 끈질긴 기도와 전도운동체, 반공정신, 나운몽의 은사와 대중적 영향력, 산상 기도를 통한 교인들의 '쉼'을 장점으로 들었다. 사회 개혁에 관심이 없는 것에 아쉬움을 표했지만 나운몽의 용문산기도원이 개인구원의 영역과 구국의 문제에 적극적인 것에는 긍정적인 시선을 보냈다.[53]

그때 김찬국은 나운몽의 신학이 구령의 영역과 구국의 영역을 합치하는 구조를 가졌다고 분석했다. 기독교 역사 속의 수도원 운동과 다르다는 것을 확인한 것이다. 에큐메니칼 신학아래 있던, 그리고 감리교 목사인 그는 용문산 기도원에 대해 다음과 같은 결론을 내렸다.

> 나는 이번 나운몽 장로의 용문산기도원 운동과 그의 신앙이론에서 이단이라 할 만한 큰 교리 문제를 발견할 수 없었다. 화육된 예수를 믿고 중생하여 구원에 이른다는 기본적인 기독교 진수에는 아무 변동이 없이 그대로 신앙고백을 하고 있기 때문이다. 그리고 이 기드원 운동이 사이비 신앙

52) 탁명환, 『기독교이단연구』(서울: 국제종교문제연구소, 2002), pp.109-150 ; 『대한예수교장로회(고신) 경남노회 제38회 임시회록』(1968) 참조.

53) 김찬국, op.cit., pp.193-195.

집단도 아님을 발견하였다. 소위 사이비 종교집단이라 해서 사회의 문제가 되고 있는 것은 지나친 신비주의에 빠져 남녀의 성관계에 문란을 가져 온다던가 병을 치료한다고 해서 안수로나 기타 방법으로 병자를 죽이게 되는 실수를 범한다던가 하는 미신적 종교의 말썽을 일으킨 일이 용문산 집단에는 없기 때문이다.[54]

김찬국은 나운몽의 한국인에 대한 선민의식, 전통적인 기독교 해석에 동양적 사고를 가미한 "종합주의적 신앙고백"이 문제를 일으켰다고 판단했다.[55] 그렇지만 그는 열광적이고 신비체험을 받아들였던, 한국교회의 역사를 잘 알고 있었다. 따라서 문제가 될 수 없다고 판단했다. 다만, 적극적으로 기성교회와 대화의 문을 열고 전통적인 기독교 사조(思潮)를 받아들여야 한다고 조언했다. 한국교회와의 갈등을 해소해야 하고, 한국교회의 비판과 지적을 외면하지 말라고 충고했다. 한국교회를 향해서도, "용문산 기도원 운동"과 한국교회가 갖고 있는 문제를 공동 연구과제로 해서, 용문산 기도원 운동이 정상적인 전도 운동이 되도록 협력하고 도와주어야 한다는 입장을 밝혔다.[56]

교회는 교인들의 영적 상처를 치유하고 재생의 힘을 길러주는 곳이다. 하디 이후, 1907년의 한국교회는 교인들에게 강력한 '성령체험'을 제공했고 신앙의 확증을 갖게 했다. 1960년대 이후 기도원이 번성했다는 것은, 한국교회가 교인들의 이런 신앙적 욕구를 채워주지 못했다는 반증이기도 하다.

---

54) Ibids., pp.204-205.

55) 나운몽은 한민족의 아브라함 친족설, 한민족의 원시 유일신 신앙, 동학선생으로서의 유교와 불교 이해 등 한국의 전통종교에 토대를 두고 성서해석을 했다.

56) 김찬국, op.cit., pp.206-207.

2. 기독교장로회 성풍회, 그리고 성령 운동

전국적으로 퍼져 나간 기도원 운동은 자연스럽게 성령 운동으로 연결되었다. 그 여파는 그동안 영적 체험에 대해 비교적 냉소적이었던 부산지역까지 영향을 끼쳤다. 부산의 성령 운동은 용문산을 체험한 부산 시온감리교회 정영문과 문현감리교회(지금의 번영로교회)의 박문순 등이 주도했다.[57]이로 인해 부흥회적 경건에 냉소했던, 그간의 지역교회 흐름이 바뀌기 시작했다. 그런데 주목할 일은 전국적으로 퍼진 성령 운동의 흐름이 기독교장로회 내부까지 이어졌다는 것이다.

기장(基長)의 교회들이 민중이 신음과 고통에 빠져있다며 인권운동과 기독교 사회운동을 표방했을 때, 전태일의 분신자살 사건을 계기로 복음의 사명을 민중의 삶으로 맞추고 있던 때, 박정희 정권이 주도하는 한국이 착취적 사회구조에 있다며 문제를 제기했을 때, 기장의 '선교연구협의회'가 선교의 주체가 교회가 아니어야 한다며 '하나님의 선교(Missio Dei)'를 확정 지었던 때,[58] "성령의 생기로 충만함을 경험"했던 기장의 목회자 일단이 '성풍회(聖風會)'를 조직한 것이다.[59]

1970년 8월, 기도원을 통해 성령의 활동을 체험한 기장 목회자들이 군산의 성광교회에 모여 '전국신앙부흥추진위원회'를 조직했다. 그 중심에 총회장을 역임한 정규태가 있었다. 그는 함태영이 청주제일교회를 담임하고 있을 때 기독교에 입교했고 조선신학교를 거친 후 청주제일교회 전

---

57) 김명구, 『이규학 감독의 삶과 목회, 그리고 신학』(미간행 저서) 참조.

58) 한국기독교장로회 역사편찬위원회, 『한국기독교 100년사』, p.476.

59) 성풍회 20주년기념 문집출판위원회/조규향 편, 『성풍회 20주년 기념문집』(서울: 성풍회 20주년기념 문집출판위원회, 1993), p.151.

도사로 활동했었다.[60)]

'전국신앙부흥추진위원회'는 기장 목회자들을 대상으로, '남경산기도원'에서, 부흥 집회를 열었다. 1973년 제58회 기장 총회에서 다시 만난 이들은 김인호의 신사동 교회에서 기도회를 열었고, 여기에서 다시 성령의 역사를 체험했다. 정규태, 오병직, 김수배, 한상면, 김인호, 조규향을 주축으로 성풍회가 조직되었고 첫 과제를 기도원 확보로 정했다.

1978년 8월, 성령 · 부흥 · 기도운동을 자신들의 정체성으로 삼은 성풍회는 경기도 마석에 직영 기도원을 세우고 활동을 계속하게 되었다.[61)] 당시 조직된 성풍회의 모체가 되는 신앙부흥운동위원회 임원을 보면 다음과 같다.

위 원 장: 정규태, 부위원장: 한빈, 김병두, 송상규
총 무: 김판봉, 서기: 윤영구, 부서기: 정복수
회 계: 윤재경 장로, 부회계: 이복만 장로
실행위원: 윤복현, 정인모, 한선수, 정복수, 이진휘, 한영수, 김학봉, 박은용, 배응모, 백윤석, 김갑순, 김영진, 정동영[62)]

성풍회에 대한 기장 주도자들의 공격이 거셌다. 김재준은 성풍회를 향해 붕당적이라며 문제를 제기했다.[63)], "무당노름이요, 저속한 전근대적 원시 선교 형태"라는 비판도 뒤를 따랐다. 한국교회가 "개교회 위주, 교세

---

60) 김정회, 『송암 함태영 평전』(미간행 저서), p.159 참조.

61) 성풍회 20주년기념 문집출판위원회/조규향 편, op.cit., pp.158-159.

62) Ibid., p.152.

63) 장공 김재준목사 기념사업회, 『김재준 전집』 18(오산: 한신대학출판부, 1992), p.64.

확장 위주, 부흥성회 위주의 교회"라고 비판했다. 오직 김정준만 부흥회 이외에 새로운 교회 부흥 대안이 없다며 이들을 보호했다.[64] 그는 다음과 같이 피력했다.

> 부흥회를 무작정 무당종교 근성에서 온 것이라고 비판해 온 우리 교단의 발전은 무엇이며 교회 부흥을 위한 새로운 아이디어 방법은 어떤 것을 교회 앞에 제시하고 있는가? 교단 창립 17년이 지난 오늘 교단 지도자로부터 일반 신도에 이르기까지 스스로 자기 반성과 비판의 소리를 발하고 있지 않는가? 과연 기장의 걸어가는 노선이 옳은 것인가? 과연 우리가 주장해 온 새 것, 새 운동, 새 신학, 새 목회상이 교계에 빛과 자랑이 되었는가? 우리교단은 지금이야말로 옛날 예언자들의 경고를 들어야 하겠다.[65]

1970년 10월 12일부터 남경산기도원에서 진행된 성풍회 제1회 교역자 기도회에서 김정준은 기장이 구령(救靈)의 전통을 외면한 채 역사지향의 시대적 문제에만 집중하고 있다며 이렇게 지적했다.[66] 그러나 기장 총회를 장악하고 있던 사람들 대부분은 김재준의 영향 아래 있었다. 성령 운동이나 부흥회적 경건에 대해 비판적 입장을 바꾸지 않았던 것이다.

성풍회 목회자들은 이러한 냉소와 공격을 아랑곳하지 않았다. 오히려 기독교장로회 주류의 신학자, 곧 김재준, 강원용 등의 사회지향과 민중지향적 신학을 비판했다. "결실 없는 세미나를 즐기며 교단의 교리와 정책

64) 김정준, "새역사 25주년과 한신의 신학교육", 『세계와 선교』 제55호, 1978년 4월, p.55.

65) 정규태, 『충남노회사』(서울: 예루살렘, 1992), p.404

66) 김정회, op.cit., p.164.

과 신조와 지침서 등 제 문서작성"에만 골몰한다는 지적이었다.[67]

주목해야 할 것은 성풍회가 영적인 체험과 성서적 신앙의 실천, 신앙의 근거지로서의 교회를 강조했던, 함태영의 전통 아래 있다는 것이다. 강력한 영적 체험을 겪은 후 기독교에 입교했던 함태영은 부흥회가 영적 갱신을 가져다준다며 소중히 여겼다. 복음전도의 도화선이라 믿었고 새로운 신앙생활의 활력을 가져다준다고 확신했다.[68] 국가구원을 부르짖고 외쳤지만, 그의 목회에서 부흥회와 성령체험은 중요한 축이었다.[69]김재준계의 신학과 확실한 거리가 있었다.

기장 내부에서 교회(local church)와 민중신학 간에 거리가 멀어지고 서로 외면하는 상태라는 분석이 나왔다.[70] 갈등이 첨예해지자, "성풍운동이나 인권운동이 철저하게 하나님의 말씀과 활동 범위 안에서" 함께 전개해야 한다는, 양자 합치의 주장이 나왔다.[71] 그러나 그런 바람은 이루어지지 않았다.

박정희 정부가 강력하게 추지하던 '증산, 수출, 건설'의 정책 아래 하루가 다르게 경제가 성장하던 시대였다. 산업화의 뒷면에서 인간 소외의 상황이 기승을 부리고 소외감과 불안감을 느끼는 사람들이 크게 나타나

---

67) 조규향, "기독교장로회와 성령 운동 고찰", 『세계와 선교』 제55집, 1978년 4월, p.46.

68) 김정회, op.cit., p.156. 송창근이 납북된 이후, 기장(基長)은 함태영계와 김재준계로 분화하고 있었다. 두 그룹의 신학적 목표는 달랐다. 함태영이 개인구령, 교회부흥, 국가건설을 동일시했다면 김재준은 교회의 존재 이유를 신학적 자유의 성취로 이해하고 있었다.

69) 함태영은 기장(基長)의 주춧돌을 놓았던 핵심인물이다. 그는 한국장로교회 출발의 신학아래 있었고, 따라서 김재준계의 신학과 거리가 있었다.

70) 김경호, "민중신학에 토대한 교회", 『시대와 민중신학』 제2집, 1995년 5월, p.39.

71) 성풍회 20주년기념 문집출판위원회/조규향 편, op.cit., p.166.

고 있던 시점이었다.[72] 이것을 타파하겠다며, 기장의 주도자들은 교회와 신학을 거리로 내몰았다. 그러나 성풍회는 이를 거절했다. 교인들의 실존의 문제를 가장 가까이에서 본 목회자들은 영적 위로가 먼저라고 주장했다. 그래야 교인들이 시대를 극복하고 교회도 부흥될 수 있다고 믿었다.

기장의 주도자들과 신학자들은, "신학의 자리를 교회 울타리에서 벗어나게 했고 세상 한복판, 삶의 구체적인 자리로 옮겨놓는 데"[73] 성공했다. 그러나 빈곤과 착취와 억압에서 해방시켜야 한다고 소리를 높였지만, 교인들의 영적 욕구는 충족시키지 못했다. 교인들의 근원적인 영적 갈구를 외면했기 때문이다.

기장의 주도자들과 성풍회 목회자들의 시대 요구의 방식은 서로 달랐다. 기장의 교세가 타 장로교회에 비해 약했던 것은 주도자들의 신학적 주장과 교회(local church)의 요청이 서로 어긋났기 때문일 수 있다.

---

72) 김명구, 『해위 윤보선-생애와 사상』, pp.310-311.

73) 한국기독교장로회 총회, 『새 역사 희년 기념문집』 1. 희년문서: 은총, 생명, 섬김의 희년(서울: 한국기독교장로회, 2003), p.21.

IV.
기독교와 유신시대
- 교회간의 신학적 간극과 정치적 간극의 확대

제1편

기독교와 '민주화회복 운동' - 정치적 영향력의 확대

제 1 장

시대적 상황 - 그 암울했던 시기

1969년 7월 25일, 대통령 박정희는 3선 개헌 문제에 대한 특별 담화를 발표했다.[1] 국회에 제출된 개정안은 기습적으로 가결되었고[2] 국민투표를 거쳐 확정되었다.[3] 1971년의 제7대 대통령 선거에서 박정희가 3선에 성공했을 때, 야당과 한국 지식사회에서는 이를 불법 · 부정 · 관권 선거로 규정하며 반발했다. 교련 철폐 시위로 들끓던 대학가에도 대통령 선거가 부정이라는 비판이 거셌다. 대학생들은 '민주수호전국청년학생연맹'을 결성하며 저항을 시작했다. 이에 문교부는 서울대에 휴업령을 내렸고, 시위 학생을 징계 조처했다.[4] 그러나 학생들의 데모를 막지 못했다. 일단

---

1) 「동아일보」, 1969년 7월 25일자.

2) 1967년 8월 7일, 윤치영의 발의로 122명 의원(공화 108명, 정우회 11명, 신민 3명) 이름으로 된 헌법 개정안(의안 번호: 070573)은 1967년 9월14일 새벽 2시 국회 제3별관에서 기명투표를 실시해 재석 122명, 찬성 122표로 가결되었다.

3) 1967년 10월 17일 국민투표가 있었고 개헌안은 65.1%의 찬성으로 통과되었다.

4) 「동아일보」, 1971년 5월 27일자, 6월 1일자. 제명 3명, 자퇴권유 2명, 무기정학 17명이었다.

의 수경사 군인들이 고려대학교에 난입해 학생들을 구타하는 사건이 일어났고, 오히려 시위는 걷잡을 수 없이 퍼져 나갔다.[5]

박정희 정부는 서울 일원에 위수령을 발동했고 군(軍)을 동원했다. 서울 시내 10개 대학에 무장군인들이 진주했고 무기한 휴업령이 내려졌다. 학생 1,900여 명이 연행되고 학생 서클 74개가 해산되었다.[6] 160여 명의 학생이 제적되고 상당수가 강제 입영되었다.[7] 제적된 학생들은 재입학하거나 편입학할 수 없었다. 그러나 끝이 아니었다.

1972년 10월 17일 오후 5시를 기해 대통령 박정희는 전국에 비상계엄령을 선포했다. 그리고, 이른바 '10.17 특별선언'을 직접 발표했다. 내용을 요약하면 다음과 같다.

> 첫째, 국회해산 및 정치 활동 중지, 일부 헌법의 효력 중지
>
> 둘째, 정지된 헌법의 기능은 비상국무회의가 대신함
>
> 셋째, 평화통일 지향의 개정헌법을 1개월 이내에 국민투표로 확정
>
> 넷째, 개정헌법이 확정되면 연말까지 헌정질서를 정상화[8]

덧붙여, 박정희는 오후 7시를 기해 국회를 해산하고 정당 및 정치 활동

---

5) 수도경비사 소속 30여 명의 군인들은 10월 5일 새벽 1시 30분쯤 고려대에 난입해 학생회관 4층에 머무르고 있던 윤재근 등 학생 4명을 연행해 수도경비사에서 구타했다. 이 사건은 대학생들을 흥분시켰고 위수령의 원인을 제공했다.

6) 정부 당국은 이날 하루 동안 서울에서 학생 1,889명을 연행했다고 밝혔다. 각 대학은 17일에 주동 학생 174명을 제적했다고 문교부에 신고했다.

7) "학원 무질서 방치 않겠다", 「경향신문」, 1971년 9월 15일자. 데모 주동자와 제적 학생들에 대한 검거령이 내려졌고, 연행된 학생들은 수도통합병원에서 간단한 신체검사를 받은 후 곧바로 징집됐다.

8) 「매일경제신문」, 1972년 10월 18일자.

을 중지한다고 선언했다. 비상국무회의가 헌법의 기능을 수행하고 10월 27일까지 "조국의 평화통일을 지향하는 헌법개정안을 공고" 하고, 이후 "1개월 이내에 국민투표로 이를 확정시키겠다"는 내용도 곁들였다.[9)]

박정희는 남북대화와 평화통일을 내세웠다. 이를 위해 "주변 정세에 능동적으로 대응할 수 있는 모든 체제의 시급한 정비"를 주장했다. 기존의 "헌법과 각종 법령 그리고 현 체제"로는 이를 이룰 수 없다는 말도 했다.[10)] "이에 적응할 수 있는 새로운 체제로의 일대 유신적 개혁이 있어야 한다"고 소리를 높였다. 정상적인 방법으로는 혼란만 더욱 심해질 것이기 때문에 "비상조치로서 체제개혁을 단행키로 결심했다"는 말도 했다.[11)] "통일 조국의 영광 속에서 민주와 번영의 꽃을 영원토록 가꾸어 나아갑시다"[12)]라는 말로 대통령의 일방적인 선언은 끝이 났다. "세계에서 가장 억압적인 헌법 중 하나"라고 비판을 받았던 유신헌법과 "독재주의적 괴물"이라고 비난을 받은 유신체제가 시작된 것이다.[13)]

대통령 선거는 간선제로 바뀌었고, 임기는 6년으로 연장되었다. 국회의원 정수의 1/3은 대통령이 추천하도록 했고 국회의 국정감사권은 없어졌다. 대통령이 제안한 헌법개정안은 곧바로 국민투표로 확정될 수 있었지만, 국회가 발의한 헌법개정안은 통일주체국민회의의 의결을 거쳐야 했다.[14)] 박정희는 이것이 "한국적 민주주의"라고 못을 박았지만, 대한민

---

9) Loc.cit.

10) 그 이유에 대해 박정희는 기존의 헌법과 법령이 냉전 시대에 만들어졌기 때문이라고 주장했다.

11) 「동아일보」, 1972년 10월 18일자.

12) 「매일경제신문」, 1972년 10월 18일자.

13) 그레고리 핸더슨, 박행웅, 이종삼 옮김, 『소용돌이의 한국정치』(서울: 한울아카데미, 2000), p.291.

국 건국의 정체성인 자유민주주의를 끝내겠다는 선포였다.

1972년 12월 23일, 장충체육관에서 통일주체국민회의 의장 대리로 민주당 신파 출신이었던 곽상훈이 제8대 대통령 당선을 외쳤다. 출마자는 오직 박정희 한 사람뿐이었다. 재적 대의원 2,359명 전원이 참석했고 찬성은 무효표 2표를 제외해서 99.9%였다.[15)]

유신체제를 인정해야 탈 없이 살 수 있었다. 유신에 반대하는 언론인들은 강제로 해직되었다. 국민의 판단과 비판, 선택권도 원천적으로 봉쇄되었다. 사소하게 정부를 비판해도 "유언비어 날조 및 유포"로 구속될 수 있었다. 미국 뉴욕타임즈는 "박정희에 대한 공포감으로 인해 잠잠해지고 의견을 말하기를 두렵게 여겼다"며, 서울의 상황을 지면에 실었다.[16)]

대학의 총학생회는 학도호국단으로 대체되었다. 학생들의 자치 활동은 일일이 승인을 받아야 했다. 대학의 교지나 학보도 제대로 나올 수 없었다. '문제성 있는 글'은 아예 나오지 못하거나 나와도 곧바로 삭제 당했다.[17)] 학생들의 거리투쟁은 과거의 일이 되는 듯했다. 문제성이 있다고 판단된 문인들의 책들은 판금(販禁) 되었고, 시대를 묘사했던 노래들은 금지되었다. 국민의 정서를 지나치게 자극한다는 이유로 일부 대중가요도 부르지 못하게 했다.[18)] 체포와 구금, 공권력에 의한 폭력과 고문이 만연(蔓延)했다.

---

14) 김명구, 『해위 윤보선-생애와 사상』, p.349.

15) 「동아일보」, 1972년 12월 23일자.

16) *New York Times*, 1973년 2월 25일자.

17) 연세대학교 교지인 『연세』 9호는 '기획좌담회' 난에 실린, "대학문화와 학생운동"에 민청학련사건으로 수감되어 있던, 김찬국 교수가 이야기한 내용이 담겨있다는 이유로 모두 삭제되어 늦게 발간되었다.

18) 김명구, 『해위 윤보선-생애와 사상』, pp.349-350.

이런 상황에 복음의 국가적 사명을 신학의 정체성으로 여겼던 인물들이 나섰다. 소수로 시작했음에도 긴 시간이 나지 않아 그 파급력은 확대되었다. 자유민주주의 의식이 국민들의 근저에 자리하고 있었기 때문이다. 유신에 반대하는 목회자들과 정치계의 접속과 결합도 강화되기 시작했다. 거리로 나간 교회와 민주화 회복을 부르짖던 야당 정치권이 합세한 것이다.

80년대가 지난 후, 반독재와 반체제를 외치며 투쟁했던 교회 인물들은 세속 정치권으로 들어갔다. 진보적 정치 이데올로기를 제공하며 정치 세력으로 자리 잡았다. 박정희의 유신체제가 그렇게 만든 것이다.

제 2 장

민주화 회복을 위한 기독교계의 저항 - 국가구원 영역의 확인

1. 기독교장로회의 저항 - 그 시작, 국가구원을 위한 기독교의 역할

기독교는 선교 초기부터 한국에 민주주의 의식을 심어주었다. 그런 이유로 한국인들은 민주주의를 기독교의 중심 이데올로기로 여겼다. 삼선 개헌안이 제안되었을 때, 기독교계는 대한민국의 근간을 흔든다며 '삼선 개헌반대범국민투쟁위원회'를 설립했다. 유신체제에 대한 공개적 저항도 기독교로부터 시작되었다. 정부가 자유민주주의의 근간을 흔든다고 판단할 때마다 저항에 나선 것이다. 복음의 국가적 사명을 중시했기 때문이다.[19)]

---

19) 특별히 윤보선과 함석헌을 비롯한 정일형, 박형규, 김상돈, 문옥태, 문장식, 민승 등은 강력하게 저지 운동을 펼쳤다. 모두 국가구원을 중시한 인물들이었다. 정병준, "박정희 군사정권에 저항한 한국교회 인물분석", 『기독교사상』 통권713호, 2018년 5월, p.25.

1973년 4월 22일, 빈민선교에 나서고 있던 인물들, 곧 한국기독교교회협의회(KNCC) 발전위원회 위원장으로 서울제일교회 담임목사인 박형규와 전도사 권호경, 반석감리교회 전도사 김동완, 한국기독학생총연맹(KSCF)[20] 회장 나상기, 황인성, 정명기 등이 남산 야외음악당의 부활절 예배에 참석하고 돌아가던 교인 일부에게 "민주주의의 부활은 대중의 해방이다"는 내용의 전단을 뿌렸다.[21]

두 달여가 지난 후, 크게 드러나지 않았고 주목의 대상이 되지 않았던 이 사건이 세간에 알려졌다. 유신 당국이 이를 내란과 정부 전복으로 보았기 때문이다. 정부는 6월 말부터 연행을 시작했고 박형규를 비롯해 네 사람을 구속했다.[22]

일명 '남산 부활절 예배 사건'에 대해 유신 정부가 한창 수사를 벌이고 있을 때, '한국기독교 유지 교역자 일동'의 이름으로 된, '1973년 한국그리스도인 선언'이 새겨진 인쇄물이 기장(基長) 수도교회 입구에서 처음 발견되었다.[23] 익명으로 된, 쪽 복음 형식의 이 선언서는 한국어 · 일본어 ·

---

20) 1968년 10월 한국 대학 내부의 두 개의 기독학생조직, 곧 한국기독학생회(KSCM)와 대학YMCA연맹이 연합해서 "한국기독학생회총연맹"(KSCF)이 탄생되었다. KSCF는 "학생사회개발단" 운동을 시작했고, 기독학생들은 빈민촌으로 들어가서 빈민선교에 적극적으로 나섰다.

21) 권호경은 반석교회 전도사 김동완을 만나 전단을 제작 · 살포할 것을 부탁했고, 김동완은 밤에 중구 오장동에 있던 제일교회에서 전단 2,000장을 등사했다. 신민당원 남삼우가 만든 '주여, 어리석은 왕을 불쌍히 여기소서', '서글픈 부활절, 통곡하는 민주주의', '사울 왕아, 하늘이 두렵지 않으냐', '회개하라 이후락 중앙정보부장', '윤필용 장군을 위해 기도합시다' 등의 플래카드는 사용하지 못했다.

22) 한국기독교사회문제연구원에 보관된 「한국기독교회관, 회관뉴스」, 1973년 8월 13일자. 구속된 사람은 박형규, 권호경, 전 신민당 조직국 제2부 차장 남삼우, 이종란 등이었다. 남삼우는 권호경의 친구였다. 박형규는 6월 29일 남전단을 만든 협의로 남대문경찰서에 수감되어 있던 손학규를 면회한 후 연행되었다.

영어 3개 국어로 작성되어 한국교회와 아시아기독교연합회(CCA), 세계교회협의회(WCC) 등의 국제 기독교 기구, 미국과 유럽의 교회와 기독교 기관, 미국 유니온신학교(Union Theological Seminary) 등으로 발송되었다.[24] 오재식이 전체를 주도하고 책임과 후원을 맡았으며 한국어와 일본어본은 지명관이 영어본은 김용복이 작성했다. 국내 배송 책임자는 김관석이었고, 해외 배포는 박상증이 맡았다.[25]

선언서에는 독재정치가 법치와 양심의 자유, 신앙의 자유를 파괴하고 있다는 내용이 담겨 있었다. 표현의 자유와 침묵의 자유도 없을 뿐 아니라 기독교회의 예배, 기도, 집회, 설교 내용 그리고 성서의 가르침까지도 정권이 간섭한다고 비판했다. '10월 유신'이 "사악한 인간들이 그 지배와 이익을 위해" 국민에 대해 "반역"을 저지른 것이라는 주장도 있었다. 이를 무너뜨리기 위해, "역사의 주인이신 하나님" 앞에서, 이웃을 대신해서, 고난을 겪고 있는 눌린 자들이 자유를 얻도록 기도할 것이라는 다짐도 들어있었다. 기독교회를 향해서는, 예수처럼 당당히 진리를 선포하고 행동하라고 촉구했다. 시대적 불의에 대한 저항이 하나님의 명령이라는 주장이었다. 덧붙여, 박정희에 대한 저항이 "일본 식민통치에 저항한 한국

---

23) 김홍수, "'1973년 한국 그리스도인 선언'의 작성과 배포 과정", 『한국기독교역사연구소소식』 제31호, 1998년 4월, p.10. 당시 수도고회는 남산 부활절 사건으로 수사를 받고 있었다.

24) Loc.cit. 일본으로부터 작성된 이 선언서는 CCA의 오재식의 지원 아래 덕성여대 교수로 도쿄 여자대학교 교환교수로 와있던 지명관과 김용복이 작성했다. 평북 정주 출신인 지명관은 오재식의 서울대 종교학과 선배였다. "도쿄에서 재회한 지명관 교수와 의기투합", 「한겨레신문」, 2013년 3월 22일자.

25) "대담 : 1970년대 한국교회 사회운동의 배경과 신앙", 김관석목사 고희기념문집출판위원회 편, 『이 땅에 평화를: 70년대의 인권운동』(서울: 김관석목사고희기념문집출판위원회, 1991), pp.336-337.

그리스도교회의 역사적인 전통을" 이어받는 일이라고 주장했다.[26)]

선언서는 한국민, 한국의 기독교인, 세계 기독교인을 향해 다음과 같이 행동하고 지지를 보낼 것을 호소했다.[27)]

> 1) 한국민에게: 1972년 10월 17일 이후 이루어진 독재정치의 모든 정치 과정과 법률, 명령, 정책 등을 어떤 형식으로든지 인정하지 말 것. 남한에서 민주정치를 회복하기 위한 투쟁에 국민을 어떤 형태로든 뭉치게 할 것.
>
> 2) 한국의 기독교인에게: 위에 말한 투쟁의 준비로서 우리 기독교인은 교리를 깊이 생각하고 눌린 자와 가난한 자와 유대를 굳히고 보조를 같이함으로써, 또한 메시아 왕국의 복음을 전하고 우리나라를 위해 기도함으로써 우리의 교회를 개혁해야 하며, 필요하다면 우리 조상들이 그랬듯이 순교자가 될 준비를 해야 한다.
>
> 3) 세계의 기독교인들에게: 무엇보다도 우리는 당신들의 기도와 연대성이 필요하다. 또한 우리의 용기를 북돋우고 지원해 줌으로써 다 같이 공동의 유대를 갖고 있음을 표명해 주기 바란다.[28)]

공개적으로 선언서가 전파되지 않았기 때문에 반응은 곧바로 나타나지 않았다. 그런데 이 선언서는 뉴욕 유니온신학교 기관지 Christianity and

---

26) 민주화운동기념사업회가 보관하고 있는 '1973년 한국 그리스도인 선언' 참조.

27) Loc.cit.

28) Loc.cit.

Crisis 에 실렸다. 큰 반향이 일어났고, 내용은 유럽까지 퍼졌다. 미국과 독일을 비롯한 서구의 교회들이 우려와 문제를 제기를 하고 나선 것이다.[29)]

한편, 박형규, 권호경 등 교단 소속 교역자들이 '내란예비음모'혐의로 구속을 당하자 한국기독교장로회는 '한국기독교장로회 제58회 총회 총회원 일동'의 이름으로 이의를 제기했다. 정부에 구속자들을 석방하라고 요청하고 해외 교회들에게 관심과 지원을 호소했다. 유신 정부에 항의하며 구속자 석방을 위한 기도회도 열었다.[30)] 그리고 교회의 "예언자적 사명을" 다하고자 했던 일이라는 것과 "국가 혹은 세속 단체가 강압적인 제약을 가할 경우 기독교 신앙의 사활 문제에 관계된 것으로 간주할 것"이라고 선언했다.[31)]

1973년 8월의 '김대중 납치사건'이 한국 사회를 충격에 빠뜨렸고, 10월 2일에 박형규가 담임자로 있던 제일교회 출신들을 중심으로 한, 서울대 문리대생들의 데모가 있었다.[32)] 한국KNCC는 제1차 인권문제협의회를 개최하고 "한국교회의 사명이 인권확립"에 있다는 "인권선언"을 발표했다.[33)] 설교를 맡은 KNCC 총무 김관석은 "자유는 주어지는 것이 아니라 싸워서 빼앗는 것"이라고 외쳤고 "자유는 결코 물질적인 것이 아니라"고

---

29) 서구 교회들이 한국 문제에 관심을 가지고 있다는 사실은 한국 중앙정보부가 *Christianity and Crisis* 의 내용을 번역하는 과정에서 알려졌다. 김관석목사 고희기념문집출판위원회 편, op.cit., pp.336-337.

30) "소식란-노회소식", 『한국기독교장로회회보』 141호, 1973년 9월, p.14.

31) 한국기독교장로회, "교역자구속사건과 우리의 견해", 『정의 평화 통일자료집』(서울: 한국기독교장로회총회, 2003), pp.33-34.

32) 나병식, 정문화, 강연원, 황인성 등이다. 정병준, op.cit., p.26.

33) 손승호, "유신체제하 한국기독교교회협의회의 인권 이해: 인권위원회를 중심으로", 『기독교와 역사』 43호, 2015년 9월, p.238.

소리를 높였다.[34] 인권이 비하된다는 주장이었고 경제가 최고의 이데올로기화된다는 비판이었다.

전태일의 죽음을 애도하며, 참회의 금식기도회를 가졌던 새문안교회 청년들이 횃불을 들고 광화문에서 시위를 했다.[35] 그리고 교회로 돌아가 구속 학생 석방을 외치며 철야기도회를 열었다.[36] KNCC가 천주교와 연합으로 조직한 에큐메니칼 현대선교협의체도 '인권주간 연합예배'를 개최하며 저항했다.[37] 감리교회와 예장 통합과 기장, 복음교회와 루터교 등의 강동수, 김상근, 안광수, 오충일, 유경재, 이해동, 임인봉 등 젊은 목사 27명도 금식기도를 하며 유신 반대 성명을 발표했다.[38]

기독교계가 저항의 물꼬를 텄을 때 윤보선이 나섰다. 1973년 12월 13일, 종로 YMCA에서 열린, '민주수호국민협의회'[39]가 주최한 시국 간담회에 참석한 그는 유신헌법의 개정과 민주화 회복을 주장했다. 각계를 망라한 연합전선의 필요성도 역설했다. 금기나 다름없던 유신헌법을 폐기해야 한다고 공개적으로 선언한 것이다.[40] 전직 대통령의 열정에 백낙준,

---

34) 김관석, "인권과 교회의 사명", 1973년 12월 16일, 한국기독교교회협의회 인권위원회 편, 『1970년대 민주화운동: 기독교인권운동을 중심으로』 V(서울: 한국기독교교회협의회, 1987), p.1812-1813.

35) 「한국기독공보」, 1973년 12월 1일자. 이때의 주동자는 김형기, 권진관, 이원희 등이었다. 이 날 시위학생 22명이 연행되었다.

36) 『새문안교회 당회록』, 1974년 5월 26일자, 1975년 10월 26일자.

37) 손승호, op.cit., 238. 여기에서 '1973년 한국 인권선언'이 채택되었다.

38) 정병준, op.cit., p.26.

39) 한일협정 반대운동에 참여한 바 있던 정치인, 학자, 종교인, 법조인, 문인 등이 민주적 기본질서가 파괴된 현실의 회복, 대통령·국회의원 선거에서 부정과 불법 근절 등이 포함된 결의문을 채택하며 1971년 4월 19일 서울 대성빌딩에서 민주수호국민협의회를 발족했다.

40) "법에 사는 사람들" 18, 『동아일보』, 1984년 3월 29일자.

한경직, 김수환 추기경을 비롯해, 유진오, 김홍일, 김관석, 이병린, 이인, 이정규, 이희승, 천관우, 함석헌, 계훈제 등이 크게 동조했다. 이들은 개헌 요청서를 박정희 대통령에게 보내기로 결의했다.[41)]

윤보선이 나서자 정치권이 합류했다. 정치계와 종교계의 연결과 연계도 본격화되었다. 1973년 12월 24일자로 '헌법개정청원운동본부'가 발족되었고, '개헌청원 100만인서명운동'이 시작되었다. 백낙준, 함석헌, 김동길, 현영학, 김재준, 김정준, 이해영, 강신명, 조향록, 김찬국, 문상희, 정석해, 장준하, 김관석, 안병무, 문동환, 법정(法頂), 유진오, 이희승, 김관석, 안병무, 천관우, 김수환, 지학순, 박두진, 백기완, 이병린, 계훈제, 김홍일, 이인, 이상은, 이호철, 이정규, 김윤수, 김숭경, 홍남순, 이문영, 장용학, 김성식, 이영민, 장원, 이헌구, 김재호 등이 서명을 했다.[42)] 기독교, 천주교, 불교 등 종교계, 학계와 정치인들이 함께 나선 것이다. 숨죽여 있던 신민당도 본격적으로 나섰고[43)] 공화당 초대 총재였던 정구영과 사무총장을 지냈던 예춘호도 탈당계를 내고 반유신 운동에 합류했다. 이외에 김광섭, 안수길, 이호철, 백낙청, 정을병, 장병희 등의 문인들도 "양심의 자유와 표현의 자유", "국민의 기본적 인권 보장"을 주장하며 동참했다.[44)] 기독교계의 시발로 유신체제에 대한 각계의 저항이 본격화된 것이다.

---

41) 「동아일보」, 1973년 12월 14일자 ; 해위윤보선대통령기념사업회 편, 『윤보선 회고록: 외로운 선택의 나날』(서울: 해위윤보선대통령기념사업회, 2012), p.369, 건의서의 내용은, 1) 국민의 기본권을 보장할 것, 2) 삼권분립의 체제를 재확립할 것, 3) 공명선거에 의한 평화적 정권교체의 길을 열 것 등이 기본 골격으로 되어 있다.

42) 「동아일보」, 1973년 12월 24일자.

43) 민주화운동기념사업회 한국민주주의연구소 편, 『한국민주화운동사』 2(파주: 돌베개, 2009), p.121.

44) 「동아일보」, 1974년 1월 7일자.

2. 저항, 그 치열한 전개와 확산 - 한국과 미국 정치계와의 연계

'백만인 서명운동'이 확산되자 유신 정권은 대통령 긴급조치 1호를 내렸고 불과 1주일 후 2호를 발표했다.[45] 여기에 항의하며 1974년 1월 17일, 이해학, 김진홍, 이규상, 박윤수, 김경락 등은 KNCC 총무실에서 구국기도회를 열고 구국선언문을 낭독했다. 이를 전국 교회로 알렸던 권호경, 김동완, 이미경, 박주환, 박상희, 김용상, 차옥숭, 김매자 등은 곧 구속되었다.[46] 민주주의의 회복을 부르짖는 이들에 대한 탄압이 혹독했고 제재의 강도도 높아졌다. 민주주의 체제의 원상 복구가 불가능해 보였지만, 그만큼 저항도 커졌다.

유신 정부는 1974년 3월 말, 대대적으로 학생들을 대량 검거했고 4월 3일에는 일명 "전국민주청년학생총연맹 사건"(민청학련사건)을 발표하며 긴급조치 제4호를 내렸다.[47] 학생운동이 보다 조직화될 조짐이 보이자 공산주의자로 몰았다. 이철, 유인태, 서중석 등 수십 명의 학생이 체포되었고 모두 1,024명이 수사를 받았다. 이들 배후에 '인민혁명당'이 있다고 주장하며 서도원, 도예종, 송상진, 하재완 등을 검거했다. 윤보선까지 민청학련사건의 배후 인물로 지목했다.[48] 전직 대통령은 물론 박형규, 김동

---

45) 유신헌법에 대한 일체의 비판과 논의에 대한 금지가 주된 내용이었다.

46) 민주화운동기념사업회 한국민주주의연구소 편, op.cit., pp.123-124.

47) 유신정부는 1,024명을 조사하고 203명을 구속했다. 이 사건으로 183명이 복역하게 되었고 KSCF 실무자 26명이 전원 투옥되었다.

48) 김정남에 의하면 윤보선은 공덕귀 여사를 통해 박형규에게 100만원의 돈을 전했는데 결국 이것이 탄로 났고 결국 윤보선에게까지 그 책임이 거슬러 올라갔다. 박정희 정권은 한일회담반대투쟁을 주도하고 배후에서 투쟁을 지원하던 서울대 '민족주의 비교연구회'(약칭: 민비연) 등 학생조직들이 윤보선과 밀접한 관계를 갖고 있었던 것을 알고 있었다.

길, 김찬국 등이 함께 기소되었다. 군사재판에 회부 된 180여 명 가운데 이철, 김지하 등 8명은 사형선고를 받았고 8명이 무기징역, 6명이 징역 20년을 선고받았다.[49)]

신문들은 일제히, "반국가적 불순 활동 발본색원", "시위 주동자는 최고 사형, 위반학교는 폐교처분", "학원시위 징역 5년에서 사형" 등의 제목을 붙여 1면 기사로 내보냈다. "'민청학련(전국민주청년학생총연맹)'이라는 불법 단체가 불순세력의 배후 조종 하에 인민 혁명을 수행하려 한다"는 전날의 박정희 대통령의 특별담화를 구체화한 긴급조치 4호가 발표되었다는 것도 알렸다.[50)]

긴급조치 4호에 의해 김지하 등 많은 학생이 구속되자, KNNC계의 목회자들과 구속자 가족들, 교인들이 참여하는 목요기도회가 시작되었다. 공덕귀의 역할이 컸다. KNCC는 1974년 5월 4일 인권위원회를 창립했고, 소속 교회 청년회 대표들은 1976년 1월에 이르러 한국기독교청년협의회(Ecumenical Youth Council)를 창립하며 그 저항을 확대했다. 정부는 반국가적이라 했지만 유신에 저항한 기독교계는 학생들이 구국적으로 행동한다고 칭찬했다. 양측의 생각이 달랐던 것이다.

이런 상황에 뉴욕타임즈는 하버드대학(Harvard University)의 코헨(Jerome A. Cohen)과 터프츠대학(Tufts University)의 헨더슨(Gregory Henderson)의 "한국: 이제 경고의 호각을 불 때"라는 제목의 기고문을

---

49) 권혜영, "유신헌법상 긴급조치권과 그에 근거한 긴급조치의 불법성", 『법학논집』 14권 9호, 2009년, pp.201-202. 1974년 7월 9일, 비상보통군법회의는 이철, 유인태, 여정남, 김병곤, 나병식, 김지하, 이현배 등에게 사형을, 유근일 등 7명에게 무기징역을, 나머지 학생 18명에게 징역 20년에 자격정지 15년 등을 구형했다. 변론을 맡았던 강신옥 변호사까지 구속되었다.

50) 「동아일보」, 「경향신문」, 「한국일보」, 1974년 4월 3일자, 4월 4일자.

실었다. 재일선교사의 아들로 주일대사를 지냈던, 하버드대학의 라이샤워(Edwin O. Reischauer)도 한국의 인권 상황을 비판하며 원조 삭감과 주한미군 철수를 주장하고 나섰다.[51)]

1974년 11월 9일 조선호텔에서 '한국기독교 실업인회'가 주최한 '국무총리를 위한 기도회'가 열렸다. 김종필은 박정희 정부 아래 교회의 수가 10여 년 동안 2배 이상 증가했다며, 종교의 자유가 철저하게 보장되었기 때문이라고 자찬했다.[52)] 그리고, 기독교가 "본연의 위치와 영역"을 벗어나고 있다고 경고했다. 기독교인들이 하나님의 복음을 전하지 않고 "정치적 집단행동에 가담"할 뿐만 아니라 "딴 사람을 선동"한다는 비판도 했다.[53)]

국무총리는 야고보서 1장을 인용하며 "종교인들이 자신의 말과 행동을 조심하지 않을 때, 그 사람은 종교인이라고 자처할 수 없을 것"이라 위협했다. 로마서 13장을 인용해, 유신정부를 "하나님으로부터 그 권위가 비롯되는 민주 정부"라 칭했고, 이 정부를 "미워하거나 두려와 하는 이가 있다면 그것은 곧 악을 행하는 자"라고 소리를 높였다. "주한 외국인 교역자들이 남의 나라 정치문제에 간여한다는 것은 탈선"이라는 비난도 했다. "심판과 추방"의 대상이 될 수 있다는 경고도 덧붙였다.[54)]

---

51) 김명섭, "1970년대 후반기 국제환경 변화와 한미관계: 카터행정부의 외교정책을 중심으로", 한국정신문화연구원 편, 『1970년대 후반기의 정치사회변동』(서울: 백산서당, 1999), p.51.

52) "기독실업인회 제2차 전국대회 김종필 국무총리 치사", 「기독신보」, 1974년 11월 16일자.

53) "종교인 정부비방 선동 없도록", 「경향신문」, 11월 9일자.

54) "정부와 종교인의 인권운동", "열 올린 총무성토", 「동아일보」, 1974년 11월 11일자. 실제로 유신정권은 산업선교와 인권운동을 하고 있던 감리교 선교사 오글(George E. Ogle)을 1974년 12월 14일에 추방했다. 그리고 1975년 4월에는 메리

국무총리가 성경을 인용하며 기독교계를 경고하고 나섰을 때, 11월 18일에 강문규, 강원용, 고용수 등 66명의 신학자가 '한국 그리스도인의 신학적 성명'을 발표했다. 국무총리의 주장에 대한 신학적 응답이었다. 그 내용을 보면 다음과 같다.

인간의 기본권은 국가가 있기 이전에 하나님에게서 받았다. 국가는 하나님의 주권 아래서 인간의 기본권인 생명과 재산과 자유를 지킴으로써 인간으로써의 축복받은 삶을 즐길 수 있게 보장하는 정치적 한 단위이다. 정부는 이와 같은 목적으로 나라 살림을 위임받은 공복이다. 따라서 국가와 정부는 차원이 다르며 정부에 대한 충성이 곧 국가에 대한 충성이 아니다.

인간의 기본권인 생존과 자유를 벗는 권서는 하나님의 뜻을 배반하는 것이다. 절대권은 하나님에게만 속한 것이다. 그런데 이 절대권을 도용하여 상대적인 것이 절대화할 위험성을 막기 위해 땅 위에 어떠한 하나님의 형상도 만들지 말라고 했다(십계명). 그리스드교는 상대적인 것이 절대화된 것을 우상이라고 하고 그것과의 투쟁을 지상명령으로 삼는 전통을 갖고 있다. 십자가는 절대화된 세력에 의해 이루어진 수난의 상징이며 요한 계시록은 이 같은 세력을 무서운 짐승으로 상징했다. 그러므로 절대화된 권력이 인간의 권리를 유린할 때 그리스도 교회는 그것에 대한 투쟁을 감행할 수밖에 없다.[55]

놀 외방전교회 소속으로 영종도에서 사역하던 제임스 시노트(James P. Sinnott) 신부를 미국으로 추방했다. 「중앙일보」, 1975년 1월 7일자 ; 「동아일보」, 1975년 5월 1일자.

55) 「크리스찬신문」, 1974년 11월 23일자 ; 「기독신보」, 1974년 11월 23일자 ; "한국 그리스도인의 신학적 성명", 『기독교사상』 29권 11호, 1984년 11월, pp.42-45.

박정희 정부가 하나님으로부터 통치를 위탁받았다고 주장했을 때, 신학자들은 유신 정부가 하나님으로부터 부여받은 인권을 짓밟고 있다며 이렇게 응답했다.

1974년 11월 27일 기독교회관에서, 윤보선을 비롯해 김영삼, 양일동, 김대중, 정일형, 함석헌, 김재준 등은 민주헌법으로 대체, 모든 인사에 대한 석방과 정치적 권리 회복, 언론자유 보장, 국민의 최저 생활 보장, 민주체제의 재건 확립을 통한 민족통일 성취의 6개 항을 천명하는 '국민선언'을 발표했다. 그리고 '민주수호국민협의회'를 발전시켜 '민주회복국민회의'를 결성하기로 했다. 기독교, 천주교, 불교, 학계, 문학계, 법조계, 여성계 인사 등도 여기에 참여시키기로 했다.[56] 사무국이 설치되고, 7개 시도지부와 20개 시군지부가 결성되었다. 1975년 1월부터 반유신 저항의 최고의 구심점이 되었다.[57]

한편, 1975년 3월 10일에 감리교, 예장 통합, 기장, 성공회, 복음교회, 성결교, 구세군이 함께 조직한 "기독교 정의구현 전국 성직자단"은 5월 1일 서울YWCA에서 '선교와 정의구현을 위한 기도회'를 가졌다. 이에 맞

---

56) 함석헌, 김재준, 강신명, 강원용, 조향록 등이 기독교계를 대표했고 함세웅 등이 가톨릭 교회 대표로 참여했다. 법정(法頂)이 불교계를 대표했고, 학계에서 이희승, 서남동, 문동환, 안병무 등이, 이헌구, 김정하, 홍사중 등의 문인들, 언론계에서 천관우, 이영희, 장용학 등, 법조계에서 이병린, 홍성우, 황인철, 한승헌, 임경규 등, 독립투사였던 김재호, 안재환 등, 여성계에서 공덕귀, 이태영, 이우정, 김정례 등이 참가했다. 해위윤보선대통령기념사업회 편, 『윤보선 회고록: 외로운 선택의 나날』 pp.389-390.

57) '민주회복 국민회의'는 1974년 12월 25일 서울 YMCA회관에서 창립총회를 가지고 정식으로 발족하였다. 여기에서 윤형중(상임대표위원), 이병린, 이태영, 양일동, 김철, 김영남, 김정한, 천관우, 강원룡, 함석헌 등 10인을 대표위원으로, 홍성우, 한승헌, 함세웅(대변인), 김병걸, 김정례, 임재경 등 6인을 운영위원으로 하는 체제가 만들어졌다.

춰서 KNCC도 선교사 추방과 교직자 구속에 항의 성명을 발표했다.[58] 이에 대해 유신 정부는 1975년 5월, 유신체제를 비방하거나 반대하면 영장 없이 체포해 1년 이상 징역형에 처한다는 초강경 조치, 곧 긴급조치 9호를 선포했다. 싸움이 격해진 것이다.

3. 1976년의 '3.1 민주구국선언' - 가톨릭계, 정치계와의 합동

1976년, 일치 주간을 이유로 원주에서 열렸던, 신·구교의 합동 기도회에 문익환, 문동환, 서남동, 조화순, 함석헌 등의 기독교인들과 가톨릭 원주교구의 사제단 신부들이 참여했다. 여기에서 이른바 '원주 선언'이 발표되었다. 특별히 서남동 등은 가톨릭과 합동으로, 정치계와 연계해서 3.1절 행사를 할 수 있기를 기대했고 생각을 모았다.[59] 신부들도 여기에 찬동했고, 그 과정에서 윤보선을 합류시키기로 했다. 전직 대통령을 내세우는 것이 더 안전하고 상징성과 무게감이 다를 것이라는 생각이었다.[60]

종로 안국동 윤보선가 산정채에서 문익환이 작성한 '민주구국선언'이 채택되었다.[61] 유신정권 퇴진, 긴급조치 철폐, 의회 정치회복, 사법부 독립 등을 요구하는 강력한 주장이 담겨 있었다. 이른바 '명동사건'은 그렇

---

58) 「크리스챤신문」, 1975년 5월 10일자.

59) 김정남, 『진실, 광장에 서다』(서울: 창비, 2005), pp.144-149. 원주교구의 사제단 신부들과 이 기도회에 참석한 문익환, 문동환, 서남동, 조화순, 함석헌 등이 '원주 선언'에 서명했다,

60) 김명구, 『해위 윤보선-생애와 사상』, p.360.

61) 당시 김대중이 작성한 문안과 문익환이 작성한 문안이 있었다. 윤보선은 보다 선명하고 강도가 강했던 문익환의 선언문을 선택했다.

게 시작되었다.

명동성당에서 신·구교 합동으로 3.1절 기념 예배 겸 미사가 열렸을 때, 강론을 맡은 신부 김승훈은 유신헌법의 억압성, 부정부패, 심각한 경제적 간극 등을 지적했다. 2부의 합동 기도회에서는 문동환이 설교했고, 신부 문정현이 김지하의 구명을 호소하는 어머니의 편지를 낭독했다. 이어서 서울여대 교수 이우정이 '민주구국선언문'을 낭독했다.[62)]

예배가 끝난 후 개신교 인사들을 비롯해 가톨릭 신도들과 재야 정치인들이 성당 밖으로 나섰다. 윤보선이 맨 앞에서 시위대를 이끌었고 이우정, 문동환, 김승훈, 장덕필 등이 함께 선도에 섰다. 그러나 명동성당을 내려오자마자 곧바로 경찰에 의해 강제 해산되었다. 이후 1주일 사이에 선언문에 서명한 사람들과 그날 성당에 있던 사람들까지 연행되었고, 윤보선 전 대통령은 자택에서 조사를 받았다. 재판에 회부되었던 윤보선과 정일형, 함석헌, 이태영, 이우정 등은 불기소 처분을 받았지만 문익환, 김대중, 함세웅, 문동환, 이문영, 서남동, 안병무 등은 긴급조치 9호 위반으로 유죄 판결을 받았다.[63)] 김대중은 진주교도소에 수감되었다.[64)]

정부의 보도 통제로 '명동사건'은 크게 알려지지 않았다. 그렇지만 대학생들의 시위를 격동시켰다. 1977년 가을 학기부터 서울대, 이화여대, 연세대 등을 중심으로 대학생들의 시위가 불일 듯 일어났다. 이화여대 학도호국단 간부들이 주도한 반유신 시위가 있었고 서울대생 1,500여 명도 '민주구국 투쟁선언문'을 발표했다. '해직교수협의회'의 '민주교육선언',

---

62) 민주화운동기념사업회 한국민주주의연구소 편, 『한국민주화운동사』 2, p.21.

63) 김대중, 『김대중 자서전』 2(서울: 삼인출판사, 2010), pp.76-78 참조.

64) 김대중은 징역 5년, 자격정지 5년을 확정 받았다. 후일 국회의장이 된 박희태는 당시 윤보선이 적극적으로 구명활동을 폈다고 증언했다.

해직된 기자들의 모임인 '동아·조선 언론자유 수호투쟁위원회'의 '민주민족 언론선언', 전남대 교수 11인의 '우리의 교육지표' 선언, 자유실천문인협의회의 '문학인 선언' 등도 잇달았다.[65] 개신교와 천주교, 사회계, 노동계의 연계도 확고해 졌다.[66]

일본 가톨릭을 비롯한 미국과 독일 기독교 7개 단체가 한국 정부의 인권정책을 비난했다. 미국교회의 문제 제기에 그 국무부 대변인도 인권문제에 강한 우려를 표명했다. 미국 하버드대학의 라이샤워(Edwin O. Reishauer)와 코헨(Jerome A. Cohen) 등도 한국의 인권탄압정책에 제동을 걸어야 한다며 미국 정계를 압박하고 나섰다. 미국 상하원 의원들도 미국 국민에게 남한을 군사적으로 돕자고 말하기 어렵다며 유신 정부를 강하게 압박했다.[67]

민주화 회복을 염원하는 내외의 저항은 계속되었다. 유신헌법 철폐를 외치는 소리는 점점 높아졌다. '민주구국헌장'이 만들어졌고 '현하 시국에 대한 우리의 견해'도 발표되었다. 양심수 석방, 언론자유 생존권 보장, 선거 거부 등을 주장했던 1978년의 '3.1 민주구국선언'도 있었다. 1978년에 '민주주의 국민연합', 1979년에는 '민주주의와 민족통일을 위한 국민연합'이 결성되었다. '크리스찬 아카데미사건', '동일방직사건', 'YH 사건', '김영삼 총재 제명사건', '부마사태', 'YWCA 위장 결혼사건' 등, 저항이 연이어 분출했고 치졸한 탄압도 계속되었다.[68]

---

65) 김명구, 『해위 윤보선-생애와 사상』, pp.363-364.

66) Ibid., p.364.

67) 김정남, op.cit., pp.158-159. 하버드 대학의 코헨은 1974년부터 한국의 인권문제에 적극 나서고 있었다.

1978년 12월 27일, 유신체제 아래 두 번째로 당선된 박정희 대통령 취임식에 축하사절은 전임 일본 수상 기시 노부스케(岸信介)가 이끄는 일본 정치인 12명 정도였다.[69] 세계가 박정희를 외면했던 것이다. 그러나 저항은 거셌지만, 민주주의 체제의 회복은 희망이 보이지 않았다. 다가올 아침을 간구했지만, 여전히 칠흑과 같은 밤이 계속되는 듯했다.

1979년 4월 22일, 서울 중구 충무로 2가에 있던, 라이온스 호텔에서 또다시 불이 났다.[70] 투숙객들이 급하게 14층 건물 옥상으로 대피했지만, 외국 관광객 등 투숙객 5명이 숨지고 28명이 중경상을 입었다. 헬기로 구출되는 과정에서, 로프에 매달린 여성 두 사람이 100m 상공에서 추락해 절명했다.[71] 지켜보던 사람들은 1971년에 일어났던 대연각호텔 화재 사건을 연상하며 공포에 떨었다.[72]

구약학자 김정준은 예언자적 시각에서 이를 지켜보았다. 그는 인권 탄압이 하나님께 도전하는 일이라고 경고한 바 있었다.[73] 이 현장에 대해 다음과 같이 피력했다.

> 이번 화제에 우연 중에 다른 하나는 지난 일요일에 별난 외국 손님을 많이 청해 놓은 날이었다는 것이다. 세계의 관광업자 2천여 명을 초청한 PATA 총회가 열리고 있었으며, 도로변에 꽃을 심고 육교를 새로 페인트칠

---

68) 김명구, op.cit., p.363.

69) 국가기록원에 보관된 '민주주의국민연합', '한국인권운동협의회'의 "제9대 대통령 취임에 대한 우리의 견해"

70) 1978년 4월에도 화재 사고가 있었다.

71) 「동아일보」, 1979년 4월 23일자.

72) 「경향신문」, 1979년 4월 23일자.

73) 김정준, "하늘 무서운 줄 알라", 「조선일보」, 1975년 3월 22일자.

하고 맞은 세네갈의 생고르 대통령이 도착한 날이었다. 불길 속에서 연기에 질식해 죽어가는 사람 앞에 이런 외국 손님의 이목이 무엇일까마는 우리의 부끄러운 사건에 얽힌 우연치고는 유별난 우연이었다.[74]

김정준은 이 사건을 하나님의 경고로 보았다. 이를 듣지 않으면 "좌절과 창피와 망신"이 계속될 것이라고 소리를 높였다.[75] 여기에는 경고를 듣지 않는, 정권에 대한 답답함도 들어 있었다. 그는 인간의 존엄성이 침해당하고 그 권리가 침탈당하고 유린당하는 곳에서, 또한 정의, 자유, 평화에 대한 인간의 열망이 질식되는 곳에서 하나님 역시 고통을 당하신다고 믿고 있었다.[76] 하나님께서 더는 몰염치의 현장을 두고 외면하실 리 없다는, 그런 신학을 갖고 있었다. 그에게 하나님은 초월에 머물러 계시는 분만이 아니고 역사 속에서 활동하시며 역사를 변화시키는 분이었다.[77]

중앙정보부장 김재규의 박정희 대통령 시해 사건, 일명 '10.26 사태'로 박정희 시대가 갑자기 끝이 났다. 한국 현대사의 한 축을 이끌었던, 역사의 거목이 쓰러지면서 일거에 유신정권과 그 체계도 사라졌다. 모두 '서울의 봄'을 기대할 수 있게 되었다.

---

74) 김정준, "되도록 웃으며 살고 싶은데", 「동아일보」, 1979년 4월 26일자.

75) Loc.cit.

76) 김정준, "신학논단, 신학수상", 『만수 김정준 전집』 8(서울: 한국신학연구소, 1991). p.216.

77) George Marsden, Frank Roberts ed., 『기독교의 역사이해』, 홍치모 역(서울: 총신대학출판부, 1981), p.53.

제 3 장

윤보선과 공덕귀 - 민주화 회복운동의 대부(代父)와 대모(代母)

1. 윤보선 - 기호(畿湖) 기독교 민족주의계의 계승자

윤보선은 안동교회 장로 윤치소의 장남이다.[78] 개화파 기독교계보 아래 있었고 특별히 홍업구락부계로 이상재, 윤치호, 이승만이 중심에 있었던 기호(畿湖) 기독교 민족주의계의 후예였다.[79] 상해 임시정부의 최연소 의정원 의원이었고 한민당 창당의 중심에 있었다. 이승만을 존경했으나 국민방위군사건을 처리하는데 실망하고 결별했다. 반 이승만을 주도하다가 대통령이 되었고, 5.16 군사 정변 이후 대통령직에서 물러났다.[80] 박정희의 정치사상에 문제를 제기했고 자유민주주의 체제를 주장했다. 그가 야당의 중심이 되어 박정희 반대편에 섰던 것은 이를 관철하기 위해

---

78) 윤치호는 윤보선의 5촌 당숙이다.

79) 윤보선은 이승만 귀국준비위원회 위원장이요 초대 국회의장 이승만의 비서실장이었다.

80) 윤보선의 생애에 관해서는 김명구, 『해위 윤보선-생애와 사상』 참조할 것.

서였다.

윤보선의 정치사상은 기청(畿淸) 지역의 개화파 교회 전통으로부터 비롯되었다. 곧 기독교 이데올로기를 통해 한국을 근대화시키겠다는 신앙 전통에서 시작된 것이다. 기청의 기독교인들은 교회를 애국과 위민(爲民)의 장(場)으로 기대했다. 영혼의 문제에 대한 관심이 상대적으로 적었고 국가구원과 민족의 과제를 복음의 사명으로 여겼다. 이런 교회관이 윤보선의 정치철학이 되어 민주화 회복 운동으로 연계되었다. 그가 김재준이나 김정준, 강원용의 신학을 선호한 것도 이런 이유였다.

윤보선은 70년대 민주화 회복운동의 구심점이었다. 유신 정권도 함부로 대할 수 없었다. 그런 이유로 일각에서 "민주화운동의 버팀목"이요 "거대한 산(山)"으로 여겼다.[81] 윤보선의 안국동 집 산정채는 일제 강점기 민족운동의 터였고 한민당의 창립 장소였다. 야당의 당사였고 민주화 회복을 기대하는 인물들의 모임 장소였다.[82]밤낮 할 것 없이 그의 집에는 사복경찰 등이 진을 치고 있었고 그의 집 맞은편 건물은 정부의 감시탑으로 사용되었다.[83]

언론, 출판, 집회, 결사의 자유는 인간다운 삶의 기초적인 조건입니다. 이것이 봉쇄된 지금 귀하는 대부분 거짓만을 듣고 있을 것입니다. 예수

---

81) 김정남은 서울대 정치학과 61학번으로 한일회담반대운동과 민주화운동의 배후인물 중 하나였다. 김영삼 정부 때에 청와대 교육문화사회 수석비서관을 역임했다. 그는 윤보선이 "유신시대 민주화운동의 커다란 산이요 버팀목"이었다고 술회하고 있다. 김정남, 『진실, 광장에 서다』, p.243.

82) 산정채에서 민립대학의 모든 논의가 있었고 한국민주당의 창립 장소이기도 했다. 1950대부터 야당의 사무실 겸 회의실이기도 했다.

83) 공덕귀, 『나, 그들과 함께 있었네』(서울: 여성신문사, 1994), pp.244-245.

그리스도가 베푸신 기적 가운데 묶인 사람들에게는 해방을 주고, 귀먹은 자를 듣게 하고, 벙어리 된 자가 입을 열게 한 것이 가장 큰 기적이 아닙니까? 나는 귀하가 한국에 대하여 눈멀고 귀먹었던 것을 이번 기회에 예수의 기적으로 억눌려 있는 이 현실을 바로 듣고 바로 보고 가게 되기를 기원합니다.

(중략)

귀하는 독실한 크리스챤인줄 압니다. 그런데 이 땅에는 크리스챤의 정신에 입각하여 이 나라에 빛과 소금이 되고자 하는 사람을 공산주의자로 모는 일이 비일비재합니다. 김지하, 전병생(한국신학대학원)전도사 외, 수많은 대학생들, 산업선교 목사, 크리스챤 아카데미 사건 등은 그 대표적인 경우입니다. 복음을 실천하는 것이 공산주의자라면, 이 땅에 진정한 크리스챤이 설 자리가 없습니다. 이것은 크리스챤으로서의 귀하와 상관관계가 있습니다.

1978년 6월 29일, 서울시 종로구 안국동 8, 윤보선[84]

미국 대통령 카터(James E. Carter Jr.)가 내한했을 때, 윤보선은 이렇게 편지를 보냈다. 한국의 상황을 전하며, 민청학련사건에 연루된 학생들이 공산주의자가 아니라는 것과 인권이 기독교 복음으로부터 비롯되었다는 것을 피력했다. 학생들이 기독교 사상 아래 민주화운동을 했다는 것도 기술했다.

---

84) 국가기록원에 보관된 카터에게 보내는 윤보선의 편지. 김명구, 『해위 윤보선-생애와 사상』, p.371에서 재인용.

윤보선은 반공이 자유민주주의의 출발점이며, 기독교가 민주주의를 추구한다고 늘 주장하던 인물이었다. 누구보다 공산주의의 실체를 잘 알고 있었기 때문에 박정희 정부가 민주화운동에 나선 사람들을 용공으로 모는 것에 분개했다.[85]

윤보선은 "서구의 구라파의 민주주의나 미국의 민주주의나 대한민국의 민주주의가 따로 있을 수 없다"고 말해 왔다. 민주주의가 세계성을 갖고 있으며 자유뿐만 아니라 질서, 공적 정의를 통해서 표출되어야 한다고 주장했다. 그런 이유에서 국수주의적 민족주의를 거절했고, 국가주의적 독선을 거절했다. 장면 정부 시절, 혁신계의 횃불시위나 "가자 북으로, 오라 남으로"를 외쳤던 그 무질서의 현장도 견디지 못했다.[86] 인간은 모두 같지 않고 불평등한 사회적 조건 아래에서 살고 있지만 누구나 공정함을 느끼게 하는 것이 민주국가라 보았다. 그런 이유로 공정한 경제 분배를 주장했다. 그것은 전형적인 기독교 민족주의계의 이상이었다. 민주화회복운동의 논리였고, 박정희의 경제 이데올로기를 받아들일 수 없었던 이유였다.[87]

윤보선은 철저히 기호계 기독교 민족주의 계보 아래 있었다. 그가 'YH 사건' 때에 노동자 편에 서고, '민주회복구속자협의회' 고문으로 추대되어 구속자 가족을 위해 일하고[88] 구속자들을 위한 영치금 마련을 도운

85) 1981년 윤보선은 전두환을 만난 자리에서, 민심안정을 강조하며 민권 운동가들의 석방과 복권을 요구했다. 그렇지만 "공산당을 용서하라는 얘기가 아니다"라며, 공산주의에 대해서는 여전한 거부감을 표출하였다. 「동아일보」, 1981년 2월 21자.

86) 김명구, 『해위 윤보선-생애와 사상』, p.374.

87) 윤보선전대통령비서실, "윤보선 전 대통령 육성 1", 1974년, 관리번호 CEB0001624, 국가기록원 홈페이지. http://www.archives.go.kr/next/viewMain.do

88) 「동아일보」, 1975년 3월 28일자.

것,[89] 아내 공덕귀와 함께 동림방직 체불 임금을 위해 애를 쓴 것은 모두 신부적(神賦的) 인간화를 실천하기 위한 것이었다. 그런 이유로 그의 민주화운동에는 계급 투쟁적 요소가 전혀 없다. 민주화운동 조직의 한쪽 주장과 달랐고 '민중' 우선이라는 계급적 인식이 전혀 없었던 것이다.[90]

2. 공덕귀 - 신학적 저항, 기독교 민주주의의 출발자

주여 이 어두움을 어찌 하오리까? 주여 밝히소서. 캄캄해서 갈 수 없습니다. 암담해서 살 수 없습니다. 주여 이 어두움을 밝혀 주시옵소서.[91]

1969년 9월, 삼선 개헌안이 날치기 통과되는 것을 보고, 공덕귀는 통분히 여기며 이렇게 기도했다. 박정희 정권의 조치가 하나님의 뜻에 도전하는 것으로 보았기 때문이다.

공덕귀는 송창근의 제자였다. 스승의 '성빈사상'을 가슴으로 받아들였던 목회자였다. 이 땅에서 이루어지는 '하나님의 나라', 곧 인간이 인간으로서 존재할 수 있고 공적 정의가 하수(河水)와 같이 흐르는, 그런 나라를 꿈꾸었던 신학자였다. 구약신학을 전공했던 그녀의 사상은 여기에 맞추어져 있었다. 그녀는 장로교 내부 한쪽에서 지향했던, 신학의 역사적 실현이 가능하다고 믿고 있었다.

---

89) 김정남, op.cit., p.242.

90) 김명구, op.cit., pp.371-378.

91) 공덕귀, 1969년 9월 28일에 쓴 기도문. 공덕귀는 1967년부터 가계부 한쪽에 기도문을 썼다.

교수가 되거나 인도 선교사가 되겠다고 꿈을 꾸었다. 그렇지만 이승만 정부의 고위 관료요 정치인이었던, 윤보선과 결혼하면서 꿈을 내려놓았다. 영부인이 되면서 공적인 존재감 이외에 어떤 것도 보일 수 없었다. 그런 이유로 종로 안동교회로 활동 영역을 제한했다. 여전도회 활동과 성경을 가르치는 것을 유일한 사명으로 삼았다. 윤보선이 정계은퇴를 선언하고, 박정희 정권이 삼선개헌을 선언할 때까지 공덕귀는 그렇게 살았다.

삼선개헌 때, 공덕귀는 기독교 여성의 사명을 외치며 신학적 저항을 시작했다. 교회 여성이 하는 일이 "마르다와 같은, 밥통만 들고 다니는 일은 아닐 것"이라며 스스로에게 문제를 제기했다.[92] 예장 통합 여전도회 서울연합회, 교회여성연합회 등으로 활동영역을 넓힌 이유이다. 도시산업선교회와 관계를 맺었고 선교회가 지원하는 산업현장을 찾아다녔다. 급속하게 도시화가 진행되면서 일어났던, 무작정 상경하는 시골 처녀 문제, 부정식품 문제 등의 문제에도 뛰어들었다.[93] 임금인상을 요구하다 폭행당한 채 쫓겨난 여성 근로자들을 위해 직접 나서기도 했다.[94] 여성 노동자 생존권의 문제, 빈민선교 지원 운동, 외국인 선교사 강제추방에 대한 저항, 원폭 피해자 돕기 운동, 재일, 재미교포를 위한 민족차별 저항 운동 등에도 나섰다.[95] 그런데 공덕귀가 가장 크게 문제를 제기했던 것 중 하나가 '기생관광 반대 운동'이었다.

70년대 일본인들 사이에 한국 기생관광 붐이 일었다. 기생관광이라 하

---

92) 공덕귀, 『나, 그들과 함께 있었네』, p.147.

93) 김명구, 『해위 윤보선-생애와 사상』, p.381.

94) 소재웅, "공덕귀 여사의 삶과 신앙과 신학-'거인' 공덕귀를 만나다(2)", 『새가정』 718호, 2019년 2월, p.78.

95) 공덕귀, op.cit., pp.152-158.

지만 매춘관광이나 다름없었다. 이를 위해 1년에 30여 차례나 찾아오는 일본인들이 있었다.[96] 한국 정부 일각에서는 이를 "애국 행위"라며 장려까지 했다.[97]

1971년, 96,000여 명이던 일본인 관광객 수가 1979년에 65만여 명으로 늘었다. 이 가운데 85% 이상이 남성이었다. 공덕귀는 1978년도의 관광 수입 중 약 7,000억 원 정도가 기생관광으로 벌어들였다고 보았다.[98] 이화여대 학생들 10여 명이 김포국제공항에서 구호를 외치고 호소문을 나누어주었을 때, 경찰은 데모를 주도하던 서명선을 비롯한 6명을 연행했다.[99]

조국의 근대화'라는 이름 아래, 외화벌이를 할 수 있다면 그 자체가 애국이라는 논리 아래, 한국의 여성들이 돈에 팔리고 있었다. 공덕귀가 볼 때 이것은 하나님의 형상대로 지음을 받은, 인간을 훼손하는 행위였다. 여성에 대한 차별이고 인권에 대한 모독이었다.

공덕귀는 적극적으로 문제를 제기했고 한국교회여성연합회의 이름으로 적극적인 반대 운동에 나섰다. "매춘관광 사업의 즉각 중지"를 요구하는 성명서를 발표하며 정부에 시정을 요구했다. 일본NCC와 기독교교풍회에도 협력을 구했다.[100] 그러나 유신정부는 "기생관광도 일종의 애국"이라며 이를 거절했고 방해까지 했다.[101] 10년 동안 반대 운동을 펼쳤던

---

96) 공덕귀, "기생관광실태 조사보고", 『새가정』 332호, 1984년 1월호, p.99.

97) "최은경의 옐로하우스 悲歌 ⑪ 70년대 일본인 기생관광 붐…정부는 '애국행위' 장려도", 「중앙일보」, 2019년 2월 6일자.

98) 공덕귀, "기생관광실태 조사보고", p.115.

99) 「경향신문」, 1973년 12월 20일자.

100) 이현숙, 『한국교회여성연합회 25년사』(서울: 한국교회여성연합회, 1992), pp.85-92.

101) 이우정, "기생관광이 애국이면 선생 딸부터 관광기생 만드시오", 여성신문사 편집부 편, 『이야기 여성사: 한국 여성의 삶과 역사』 1(서울: 여성신문사, 1990), p.103.

공덕귀는 다음과 같은 기록을 남겼다.

> 사람을 당신 형상대로 창조하시고 만물을 다스리라고 하신 것은 사람이 세상의 주인이며 가장 귀한 존재라는 것을 명백히 하신 것이다. 사람이 부당한 대접을 받아서는 안되며 사람대접을 받아야 할 권리가 있음을 보장해 주신 것이다.
>
> 여기 사람이 사람대접을 받지 못하고 인간 이하의 취급을 당하고 있는 아픈 현장이 있다. 조국 근대화의 물결은 관광 산업에도 박차를 가하면서 외화를 벌어들이기 위해 매춘관광까지 등장시켰으며 여성을 모독하고 국위를 실추시키면서 하나님의 선물인 성을 악용하여 기독교 윤리에 배반되는 사태로까지 몰고 갔다.[102)]

공덕귀는 인간이 생물학적 존재나 경제적 존재로 그치는 것이 아니라고 소리쳤다. 하나님이 인간을 형상대로 창조하셨기 때문에(Imago Dei), 인간의 생명과 삶을 다른 인간이 함부로 할 수 없다고 외쳤다.

유신의 이념이 한국 사회를 장악하려 했을 때 공덕귀의 활동도 그만큼 확장되었다. 노동자와 사회적 약자는 "고통 받는 영혼"이라며 보호를 외쳤고[103)] 예수의 시선과 발걸음이 소외자들을 향해 있다고 주장했다.[104)] 하나님의 통치가 이 땅에 실현되어야 한다고 소리를 높였고 이 땅이 자유롭게 숨을 쉬며 사람답게 살 수 있는 나라가 되어야 한다고 호소했다.[105)]

---

102) 공덕귀, "기생관광실태 조사보고서를 내면서", 『새가정』 330호, 1983년 11월호, p.100.

103) 공덕귀, 『나, 그들과 함께 있었네』, p.145.

104) 소재웅, "공덕귀 여사의 삶과 신앙과 신학-'거인' 공덕귀를 만나다(3)", 『새가정』 719호, 2019년 3월, p.79.

기독교의 복음은 구령(救靈)에 그치는 것이 아니라 사회정의로 나타나야 하는 것이었다. 'YH 사건'이나 '동림방직 사건'에 깊이 뛰어든 것도 이러한 이유에서였다. 그녀의 신부적(神賦的) 인간관이 애모심으로 표출된 것이고, 신학적 신념이 저항으로 나타난 것이다.

민청학련사건 구속자 가족들을 위한 '구속자 가족협의회'가 만들어졌을 때, 공덕귀는 종로 5가 기독교회관 301호실에서 목요기도회를 시작했다. 기독교회관 대강당, 한빛교회, 갈릴리교회, 제일교회 등에서도 구속자를 위한 기도회를 주도했다.

당국의 감시를 피해야 했던 민주화운동 수배자나 구속자 가족의 보호자 역할도 자처했다. 박용길(문익환 목사 부인), 이희호(김대중 전대통령 부인), 조정하(박형규 목사 부인), 윤영자(리영희 교수 부인), 최말순(서울의대생 서광태 어머니), 정금성(김지하 시인 어머니), 김한림(서강대 여학생 김윤 어머니) 등의 보호자가 된 것이다. 그녀의 안국동 집은 이들의 도피처였다.[106]

공덕귀는 충정로의 교회여성연합회 사무실로, 구속자 가족들이 늘 모이는 기독교회회관 301호실로, 목요기도회가 열리는 기독교회관 대강당으로, 재판이 열리는 법정으로, 구속자 석방을 위한 기도회로, 구속자 가족들이 내몰리는 거리와 그들의 집으로, 구속자 석방 대책회의가 열리는 장소로, 농성장으로, 수감자를 위한 바자회로, 인권옹호를 위한 강연회로, 양심수들이 갇혀 있는 교도소를 쉴 사이 없이 다녔다. 윤보선이 가택연금 상태로 묶였을 때는 남편을 대신하기도 했다. 법정(法庭) 주위를 돌며 시위도 했고 성명서도 낭독했다. 감시와 미행을 당하기도 했고 '명

105) 공덕귀, 『나, 그들과 함께 있었네』, p.155.

106) 김명구, 『해위 윤보선-생애와 사상』, p.383.

동사건'의 여파로 8일 동안 구류를 살기도 했다.[107] 모두 신학적 신념과 신앙인으로서의 사명의식에서 비롯된 것이다.

공덕귀는 강원용이나 김재준 등 기독교장로회 측 인물들과 같은 신학적 계보 안에 있었다. 그런 이유로 함경도계의 신학과 기호계 윤보선을 잇는 역할을 하기도 했다.[108] 기독교 민족주의 전통 아래 있던 윤보선을, 기독교적 세계관으로 시대적 과제들을 해결하고자 하는 '기독교 민주주의'와 연결시켰다. 곧 국가와 자유, 정의의 개념을 근거로 해서 민주화회복운동에 나서도록 도운 것이다.[109]

107) 공덕귀, 『나, 그들과 함께 있었네』, pp.206-207.

108) "강원용 목사의 체험 한국 현대사 ④", 『신동아』 통권534호, 2004년 3월, pp.426-439. 족청 출신으로 민주화 운동에 참여하였던 김철이 신군부와 연결점이 되기도 했지만, 그도 함경도계였다.

109) 김정회, 『한국기독교의 민주주의 이행 연구-윤보선을 중심으로』(서울: 해위윤보선대통령기념사업회/윤보선민주주의연구원, 2017), pp.271-291.

제2편

박정희 정권에 대한 한국교회의 분화

1969년 박정희 정부가 삼선개헌을 밀어붙였을 때, 함석헌과 김재준, 박형규, 강신명 등 에큐메니칼 진영은 강하게 반발했다. KNCC는 삼선개헌이 국론을 분열하고 국력을 약화시킨다며 공식적으로 반대를 선언했다.[1] 굴욕적으로 한일협정을 맺었던 국가권력이 민주주의 체제까지 훼손한다고 비판했던 것이다. 이들은 윤보선을 비롯한 기독교 민족주의계, 정일형을 비롯한 야당의 기독교계 인사들과 연대해 개헌 반대운동에 나섰다.

그런데, 예장 합동측을 이끌고 있던 김윤찬[2], 한국대학생선교회(Korea Campus Crusade for Christ, CCC) 총재 김준곤, 침례교회를 이끌고 있던 김장환 등은 '개헌 문제와 양심 자유 선언을 위한 기독교 성직자 일동'의 명의로 삼선개헌 지지를 선언했다. 김윤찬이 주도한 대한기독교연합회(DCC)도 강력한 영도력을 이유로 삼선개헌을 지지했다.[3] 박정희가 유신체제를 밀어붙였을 때도 마찬가지였다. 에큐메니칼계와 기독 지식사회가 반대를 표명하고 저항에 적극 나섰지만, 반(反) 에큐메니칼계는 박정희 정권 지지를 적극 표명했다.

사실, 기독교계 일각에서 민주화회복운동을 강하게 요구하고 나섰을 때 정작 한국교회 대부분의 교인들은 큰 관심을 보이지 않았다. 공덕귀가 민주화, 교회의 여성 참여, 산업선교, 기생관광 문제, 원폭 피해자문제, 통일 문제 등을 외쳤을 때도 정작 그녀가 소속되어 있던 안동교회의 교인

---

1) 「교회연합신보」, 1969년 8월 10일자, 9월 14일자.

2) 합동 총회장이었던 김윤찬은 박정희 정부가 한일협정을 맺을 때 "교회는 어떤 조건을 들어 정부와 대항하거나 조인무효화운동을 위해서 극한투쟁이나 무저항투쟁을 하느니 보다 전교인이 합심전력으로 기도할 것"을 주장한 바 있다. 「동아일보」, 1965년 7월 7일자.

3) 「교회연합신보」, 1969년 9월 14일자.

들은 동조하지 않았다.[4]

그것은 한국교회 일반의 모습이었다. 신학의 차이였지만 국가구원관의 차이이기도 했다. 1970년대에 이르러 기독교계의 국가구원관은 세 갈래로 확연히 분화하고 있었다.

4) 소재웅, "공덕귀 여사의 삶과 신앙과 신학-'거인' 공덕귀를 만나다(1)", 『새가정』 717호, 2019년 1월, p.77.

제 1 장

반(反) KNCC 진영의 태도

한일수교에 대해 한 목소리로 반대를 표명했던 한국 교계가 박정희 정권이 삼선개헌안을 내놓았을 때는, 각기 다른 입장을 발표했다. 김재준 등은 강하게 반발했지만 박형룡, 김윤찬, 김준곤, 김장환, 조용기 등은 김재준 등을 비판했다. 예장 합동 내 서북출신이 중심이 되었던 대한기독교연합회(DCC), 제54회 예장 합동 총회도 박정희 정권의 3선 개헌을 지지했다.

박형룡과 김윤찬 등은 1969년 9월 4일자로, '개헌문제와 양심자유선언을 위한 기독교성직자 일동' 명의로 된 성명을 통해, "성경의 가르침에 따라" "나라의 수반인 대통령과 영도자를 위해 기도"해야 한다고 주장했다. 덧붙여, 김재준이 "순진하고 선량한 성도들의 양심에 혼란을 일으키고 있다"고 비판했다. 기도를 하지 않은 채 정부를 비판한다며, 이것이 오히려 "비기독교적"이라고 했다.[5] DCC도 성명서 '개헌에 대한 우리의

---

5) 「교회연합신보」, 1969년 9월 14일자.

소신'을 통해, "오늘과 같은 국제 정세와 국내 시국에서는 강력한 영도력을 지닌 지도체제가 필요"하다며 삼선개헌에 찬성했다.[6]

한쪽은 국가권력이 한국의 민주주의 체제를 훼손한다는 입장이었다. 다른 한쪽은 경제 부흥과 국가건설, 강력한 국방태세와 민족중흥을 위한 조치라고 주장했다.[7] NCC계와 NAE계의 신학적 차이였고 역사해석의 차이였다.[8]

전술한 대로, KNCC는 1974년 11월 9일 한국기독교실업인회 주최의 기도회에서 나왔던 국무총리의 발언, 곧 로마서 13장의 "권세에 복종하라"의 내용을 들어 체제에 복종해야 한다는 주장에 강하게 반박했다. 강원용 등 66명은 '한국 그리스도인의 신학적 성명'을 발표하며 교회가 당연히 인권 투쟁에 나서야 한다고 주장했다.[9]

그런데 '한국기독교반공연합회'와 김윤찬이 회장으로 있던 DCC는 오히려 KNCC를 비판하며 다음과 같은 내용의 성명을 발표했다.

1) NCC는 불과 6개 교파로 이루어져 있고 전체 기독교회의 1/3도 되지 않기 때문에 기독교계 전체를 대표할 수 없다.
2) 로마서 13장에 명시된 대로 종교와 정치는 분리되어야 한다.
3) 교회의 존립이유는 정권 투쟁이 아니라 영혼 구원에 있다.
4) 국가안보가 위태로운 시기이며, 교회가 솔선해 국민총화를 위해 노력해야 한다.

---

6) Loc.cit.
7) 「기독신보」, 1969년 10월 11일자.
8) 「동아일보」, 1969년 9월 9일자
9) "한국 그리스도인의 신학적 성명", 「기독신보」, 1974년 11월 23일자.

5) 일부의 교회지도자들과 선교사들이 반정부 데모를 선동하는 것은 공산 침략자를 돕는 이적행위이다.[10]

제3공화국 초기, 적지 않은 국민이 박정희가 군사정변을 일으켜 대통령이 된 것에 부정적이었다. 그런 이유로 1963년의 대통령 선거에서 윤보선과의 득표 차이는 15만 6,026표에 불과했다.[11] 그러나 제6대 선거에서 박정희는 윤보선에게 약 116만표 차로 이겼다. 지속적으로 추진한 경제정책이 수직적 경제 성장으로 이어지고 고질적인 가난이 물러간 것에 대한 평가였다.[12] 국가건설의 구호가 현실로 나타나면서 민심이 돌아섰던 것이다.

제3공화국이 시작할 때부터 기독교계 내부의 박정희에 대한 평가는 양분되어 있었다. 에큐메니칼계와 대부분의 기독 지식사회는 민정이양 방식을 비판했고 한일수교 방식에 대해 강하게 비판했다. 여기에 연결지어서 박정희 정권의 삼선개헌이나 유신체제를 거부했다. 그러나 한국교회 일반은 박정희를 크게 반대하지 않았다.[13]

개교회(local church)의 목회자는 교회 내부의 주장과 역학을 무시할 수 없다. 교회는 목회자가 일방적으로 이끌어가는 조직이 아니고, 대개의

10) 「기독신보」, 1974년 11월 30일자, 「기독신보」, 1974년 12월 7일자.

11) 윤보선은 1964년 진해에서 있은 민정당 국회의원 지원 유세에서 "투표에선 이기고 개표에선 졌다"며 자신이 "정신적 대통령"라고 자찬하기도 했다. 김명구, 『해위 윤보선-생애와 사상』, p.284.

12) Ibid., p.345.

13) 특별히 에반젤리칼계, 곧 대한예수교장로회 합동측을 비롯해 한국대학생선교회(C.C.C) 대표 김준곤, 순복음교회의 조용기, 침례교회를 이끌던 김장환 등이 박정희 정부를 지지했다.

목회자들은 교인들의 입장을 대변한다. 감리교, 예장 통합측과 기독교장로회 등 KNCC에 속했던 교파라 할지라도 대다수 지역교회 교인들 대부분은 박정희를 지지하고 신뢰했다.[14] 당시 국민투표를 통해 정치적 난제들을 해결하려 했던 박정희 정부의 태도에서 엿볼 수 있듯이, 정부의 선동과 의도적 정치 공작 등도 없지 않았겠지만, 국민 대다수가 박정희에 대해 긍정적이었다. 대중을 대상으로 했던 복음주의 교회의 특성상, 목회자들은 일방적으로 이를 외면할 수 없었다.

1973년 5월 1일 조선호텔에서 열린 제6회 대통령기도회에서 김준곤은 '10월 유신'을 지지하고 나섰다. 섭리론에 빗대어 박정희의 통치권을 인정했고, 더 나아가 박정희를 하나님이 세운 영도자로 규정했다.[15] 박정희를 지지하는 반 에큐메니칼 교회와 지도자들의 친(親) 정부적 태도는 유신체제가 종말을 고할 때까지 계속되었다.[16]

---

14) 이러한 이유로 박정희는 국민투표를 통해 정치적 문제들을 해결하려 했다.

15) 김준곤, "역사속의 설교: 김준곤 목사의 제6회 대통령조찬기도회 설교문", 『기독교사상』, 713호, 2018년 5월, pp.146-147 ; 「교회연합신보」, 1973년 5월 5일자 ; 「경향신문」, 1973년 5월 1일자.

16) 김준곤의 친정부적 태도는 전두환의 신군부가 정권을 장악하는 1980년대까지 이어졌다.

제 2 장

그 이유

1. 복음관과 교회관의 문제

한국교회는 회심을 앞세우고 교회를 부흥시키는 것을 최고의 목표로 삼았다. 교회는 구령을 위해 존재해야 하고 복음은 교회를 통해서 전해진다고 믿었다. 복음전파가 기독교의 존재 이유였다. 교회를 위해서라면 생명까지라도 내놓을 수 있다는 고백은 당연했고 교회 활동이 신앙의 표징이었다.[17)]

특별히 비정치화는 영미 복음주의의 특징 때문이기는 했지만, 직접적 저항이 불가능했던 일제 강점기 아래에서 한국교회의 불가피한 생존 전략이기도 했다. 1907년은 선교사들의 이러한 정책의 공식적 출발이었다. 이후 교회의 일원이 되기 위해서는 회심의 태도와 증거, 곧 구령의 영역을 앞세워야 했다. 서울이나 기청지역, 선천과 신의주, 간도와 함경도 등

---

17) 존 캅, "웨슬리 신학의 4대 원리", 심광섭 역, 『은총과 책임』(서울: 기독교대한감리회 홍보출판국, 1997), p.222.

의 일부 교회가 국가구원의 영역을 중시했지만, 이들에게도 구령(救靈)의 문제는 교회 존재의 근원이었다.

1910년 일본에 강제 합방되면서, 거의 모든 교회가 정교분리를 전통화시켰다. 본능적으로, 교회는 비정치의 기관이요 교회 생활은 오직 신앙적 영역만 목적으로 해야 한다는 생각이 각인되었다. 자연스럽게, 민족의 장래는 역사의 주재자인 하나님께 의뢰해야 한다는 의식으로 굳혀졌다.[18] 교인들은 시대적 문제와 과제를 인간 내면의 문제로 연결했고 역사의 주권자를 통해 해결할 수 있다고 귀결지었다. 회심, 세례, 안식일의 엄수, 교회의 권징 등을 더욱 강조했고 정치적 이슈에 대해서는 외면했다.[19] 기독교 복음을 정치적 동기에서 해석하거나 국가구원의 이데올로기로 생각했던 사람들, 곧 기독교 민족주의자들은 교회 밖에서 별도로 활동해야 했다.[20] 독립운동가의 눈에 교회의 그런 태도는 민족적 사명을 왜곡하는 것으로 보일 수 있었다. 그러나 영적 동기를 강화해야 한국교회를 보존할 수 있었다. 박정희를 지지했던 반NCC 진영은 이러한 역사성을 확고히 하려했다.

반NCC 진영의 신학적 주장 뒤에는 박형룡이 있었다. 박형룡은 1907년의 신학을 근본주의적으로 해석했고, 이를 한국장로교회의 신학으로 삼으려 했다.[21] 그는 역사적 근거를 마펫(Samuel A. Moffett)의 모범에서

---

18) 이런 이유로 초기 한국 교회는 황제로 상징된 애국심, 하나님의 절대적인 도움심 등 충군애국의 찬송을 불렀다. 특별히 서울을 비롯한 기청(畿淸)지역에서는 그러한 성향의 찬송을 즐겨 불렀다. 그러나 복음주의 단일교회를 기대하며 감리교와 장로교가 1908년에 함께 만든 통일 찬송가에는 오직 부흥회적 경건, 개인구령, 회심 강조 등의 내용으로만 꾸며졌다.

19) Spencer Palmer, *Korea and Christianity*, (Seoul: HoLym Corporation, 1967), p.19.

20) 김명구, 『한국기독교사』1, p.313.

찾았다. 언더우드(Horace G. Underwood)는 변치 않아야 할 복음의 '통시성'(diachronic)과 시대적 사명, 곧 공시성(synchronic)을 함께 생각했다. 반면 마펫은 한국의 과제를 복음의 사명과 연결하려 하지 않았다. 서울의 언더우드가 복음과 교회의 역할을 광의적으로 해석했던 반면 평양의 마펫은 기독교 복음의 목표를 교회 건설, 회심, 구령의 문제 등 교회 내부로 제한했다. 서울의 감리교 신학교가 한국을 이끌 지도자를 위한 커리큘럼을 만들었을 때, 평양의 장로교 신학교는 목회자를 양성하는 일 이외는 관심이 없었다.[22] 마펫이 설정한 이러한 전통은 한국장로교 주류의 전통이 되었다.

교회가 삶의 중심이 되는, 곧 마펫의 선교 정책은 하디(Robert A. Hardie)의 회심 체험과 연결되고 1907년의 영적대각성 운동을 거쳤다. 복음의 본질, 역동성, 생명력은 강력한 회심을 통해 얻어지는 것으로 이해되었다. 시간이 흐를수록 성령의 활동은 영혼 구원과 교회를 위한 것으로 인식되었다. 구령의 사명은 한국교회의 확증과 신념이 되었고 교회생활의 우선 주제가 되었다. '성령의 주권', '회심 체험', '복음 전도'는 유기적으로 인식되었고 교회는 그것을 위해 존재한다고 확신했다. 영적 영역이 최고의 가치였고 교회는 그것에 온전히 헌신해야 하는 곳이었다. 삶의 중심이었고 교회를 위해 사는 것이 우선이 되었다. 교회를 위한 헌신과 충성이 신앙의 척도가 되었다. 희생적 삶과 성경의 엄격한 윤리성의 실천을 강조했던 것도 교회의 위상을 훼손시키지 않아야 했기 때문이다. NCC 계에 속했을지라도, 1907년의 전통이나 그 역사성을 소중히 여겼던 목회자들이나 교인들은 예외 없이 이러한 교회관을 갖고 있었다.

---

21) 김양선, 『한국기독교해방십년사』, p.263.

22) 김명구, 『복음, 성령, 교회-재한선교사들 연구』, pp.249-251 참조.

한국 장로교회가 교회와 세상 분리의 확연한 태도를 갖게 된 것은 1920년대에 이르러서였다. 1907년의 신학이 근본주의적으로 해석되었고 성령의 광활한 역할은 교회 내부로 제한되었다. 하나님에 대한 기도는 보다 강조되었지만, 세상과의 대화는 더욱 왜소화되었다. 교회의 일과 세상의 일이 더욱 뚜렷이 구별되었다.

에큐메니칼 운동에 가담하지 않은 장로교회는 이러한 전통을 소중히 여겼다. 세상의 일과 거리를 둔 신앙관과 이런 교회관은 반NCC계의 역사적 근거가 되었다. 그러나 그것은 복음주의 신학을 한 시대 안에 계속 묶어 놓았다는 것을 말한다. 이들은 NCC계가 교회의 일이 아닌 세상 문제에 관심을 집중한다고 믿었다. 에큐메니칼계나 한국 지식사회가 정숙주의, 합리성의 결핍, 이원적 신앙에 빠져있다고 비판했지만[23] 그리고 복음의 시대적 역할을 요구했지만, 반NCC계는 자신들이 "보수"와 "정통"의 역사를 계승하고 있다고 주장했다. NCC계가 정교분리의 원칙을 어겼다고 주장하며 이를 거절했다. 정부 정책에 교회가 시비를 가리지 않아야 한다고 했지만, 반NCC계는 친정부적 태도를 보였다. 정교분리의 전통아래 있다고 했지만, 그 역사성을 스스로 깬 것이다.

2. 반공의 문제

1935년, 배민수와 함께 농촌운동에 진력하던 박학전은 장로교회 농촌운동이 공산주의를 막기 위한 것이라 밝힌 바 있다. 그때 그는 공산주의

23) 민경배, 『한국기독교회사』 신개정판(서울: 연세대학교 출판부, 1993), p.144.

가 교회 조직체를 망가뜨리는 "무신론 당(黨)"과 "악마"라고 못을 박았다. 그리고 한국교회가 공산주의와 이념 투쟁을 선포해야 한다고 주장했다.[24] 농촌운동에 대해서는 찬반으로 나뉘었지만 반공의 문제는, 최문식 등 공산주의로 전향한 소수를 제외하고는, 교회 내부의 이견이 없었다. 해방 이후에도 한국교회는 거의 한목소리로 공산주의 배격과 타도를 외쳤다. 북한 공산당의 포악한 실체를 직접 목격하고 체득했던 기독교인들이 월남을 하면서 반공은 한국기독교의 확고한 신념이 되었다.

반NCC계의 주도자였던 김윤찬은 평양 연화당교회 담임자로 국군이 평양을 탈환하면서 월남할 수 있었다. 그는 주일 날 선거를 거절했다는 이유로 수감 되었고 "미제 스파이"의 죄목으로 1년 3개월 동안 신의주 감옥에 있었다. '조선기독교도연맹'을 거절했다는 이유로도 온갖 고문을 당했다. 6.25 전쟁이 일어나고 평양 감옥으로 이감이 되어서도 가혹한 고문이 이어졌다. 이 과정에서 많은 목회자들과 교회 지도자들이 순교당하는 것을 목격했다. 평양 감옥을 탈옥했고 평양으로 올라오는 국군을 만나 생명을 건질 수 있었다.[25] 공산정권에게 받은 상처가 평생 그를 괴롭혔다. 그에게 공산주의는 교회 말살의 원흉이었고, "사탄"이 아닐 수 없었다.

전남 신안 출신의 김준곤은 일본의 징병을 피하려고, 소련과 만주의 국경지대인 마창으로 도피했다. 여기에서부터 그는 생생히 공산주의를 체득했다. 소련군들이 이 지역을 점령하면서 일어난, 곧 보드카에 취해 총을 쏘며 "강간과 약탈"을 일삼는 참상을 목격했던 것이다.[26] 6.25 전쟁

---

24) 박학전, "복음을 들고 나가 싸우자", 「농촌통신」 제4호, 1935년 6월 1일자 참조.
25) 박용규, 『20세기 까마귀-김윤찬 목사 수난사』(서울: 혜성문화사, 1971), pp.114-179.
26) 김준곤, "나와 8 · 15", 『C.C.C.와 민족복음화운동』(서울: 순출판사, 2005), p.326.

을 피해서 아내와 4살 된 딸을 데리고 고향인 신안군 지도로 내려갔다가 아버지와 아내를 잃었다. 아버지는 지주였다는 이유로, 그의 아내 인정진은 주일학교 교사였다는 죄목으로 죽임을 당했다. 자신의 신앙적 스승이었던 전도사 문준경도 이때 순교 당했다. 그는 처참하게 학살당하는 현장을 눈앞에서 보았다. 김준곤은 1950년 10월, 상륙한 목포 경찰과 해병대에게 기적적으로 구출되었다.[27]

1966년에 박정희 정부가 베트남 파병을 결정했을 때, 한일수교 회담에 반대했던 한국교회는 윤보선과 달리, "베트콩을 이겨 보다 더 자유로운 월남 건설"을 해야 한다며 이를 지지했다. 파병이 "월남의 자유에만 국한" 된 것이 아니라 아시아 "자유 진영의 운명과 직결된 중대사"라며 크게 환영했다.[28] KNCC도 "파월백마부대 환송 연합 예배"를 열고 파월 국군들을 향해 "자유의 십자군" 이라 칭하며 파병을 지지했다.[29] 그런데 박정희가 남북적십자회담과 남북대화를 하려 했을 때는 반NCC계도 박정희 정부 정책에 반대하고 나섰다. 반공에 있어 한국교회 내부에 이견이 없었던 것이다. 한경직이나 김활란 등이 5.16 군사정권을 위해 민간사절로 미국에 갔던 것도 군사정변 주도세력들이 반공을 내걸었기 때문이다.[30]

1968년 북한 무장공비 31명이 서울에 침입해 청와대 앞까지 들이닥쳤다. 국민들은 교전의 현장을 목도 했고 공포에 떨어야 했다. 이어서 미 해군 소속 정찰함 푸에블로호가 북한에 나포(拿捕)되었다. 1968년 10월

---

27) 김준곤, "한국의 완전 기독화 운동", Ibid., p.209. 김준곤은 당시 21번이나 죽을 고비를 넘겼다고 술회했다.

28) "월남사태와 우리의 관심", 『기독교 사상』 10권 5호,1966년 5월, p.8.

29) 류대영, "베트남 전쟁에 대한 한국 개신교의 태도", 『한국기독교와 역사』 21호, 2004년 9월, pp.73-98.

30) 최종고, 『영락교회의 부흥』(서울: 한국문학사, 1974), pp.136-137.

30일부터 11월 2일까지 3차례에 걸쳐서 북한 무장공비 120명이 울진 · 삼척 지역에 침입했다. 국군에 의해 토벌될 때까지 이들은 2개월간이나 게릴라전을 벌이며 저항했다. 1974년 8월 15일에는 영부인 육영수가 피살되었다. 국민들은 이 현장을 TV로 생생하게 목격했다. 1975년 4월 30일에는 '사이공 최후의 날'을 끝으로 베트남이 공산화되는 것도 충격적으로 지켜보았다.

이런 일련의 사건을 거치면서, 그리고 북한의 적화 움직임이 노골화되고 있던 상황에서, 굳이 정부의 홍보가 아니더라도 국민들과 마찬가지로, 한국교회도 공산주의에 증오감을 가졌고 위기의식을 느꼈다. 박정희 정부의 강력한 반공정책과 그 의식에 신뢰를 보냈고 그것은 당연히 박정희 지지로 연결되었다. 반공과 국가안보, "멸공 통일"은 국민들의 당연한 바람이었고 동시에 일반 기독교인들의 생각이었다. 공산주의를 박멸할 수 있고 국가를 지키기 위해서라면 자유민주주의 체제를 유보할 수 있다는 입장까지 나갔다. 반NCC계가 유신정권에 지지를 선언했던 중요한 이유 중 하나이다.

3. 한국교회의 경이적 부흥 - 복음주의 전통의 교회와 부흥회적 경건의 교회의 공헌

1974년 11월 9일의 '국무총리를 위한 기도회'에서 김종필은 박정희 정권이 한국교회 부흥에 크게 기여했다며 다음과 같이 밝혔다.

> 우리 정부가 기독교를 탄압한다고 주장하는 이가 있는 듯 합니다. 본인

은 그러한 비난은 그릇된 것임을 밝혀두고자 합니다. 1960년에 6,391개소의 교회가 있었읍니다. 그것이 작년 초에는 13,417개소에 달하였읍니다. 이것은 지난 10년 동안 210%의 증가율을 실현한 것으로서 실로 경이적인 교세의 신장이라고 하지 않을 수 없읍니다. (중 략) 교역자의 수를 보면 같은 기간에 2,962명으로부터 17,562명으로 늘어나 무려 590%의 증가율을 보였으며, 신자 수는 1,324,825명으로부터 3,463,800명으로 이는 261%의 증가율입니다. (중 략) 이와 같은 교세 신장은 세계 어느 곳에서도 그 유례를 찾아볼 수 없으며, 종교의 자유가 철저하게 보장되지 않고서도 불과 10년 동안에 그러한 성과를 거둘 수 있겠는지 그런 사람들에게 묻고 싶습니다.[31]

김종필이 밝힌 대로, 박정희 정부가 들어서면서 한국교회의 교세는 가파르게 늘어났다. 1970년대에 이르러서 교회는 폭발적이라 할 만큼 수직적인 성장을 했다. 전대미문의 경제 성장이 경이적인 교회 부흥으로 연결된 것이다. 특히 복음주의 신학 전통 아래 있던 교회들과 부흥회적 경건을 중시한 교회들이 크게 부흥했고 성장했다.

1973년부터 대규모 부흥 집회가 열렸다. 그 첫 시작이 "5천만을 그리스도에게"라는 표어아래, 복음주의 목사 빌리 그래이엄(Bily Graham)이 진행한 전도대회였다. 여의도 광장에서 있은 이 디회에 연인원 115만 명 이상의 사람들이 운집했다. 박정희 정부는 광장을 무상으로 빌려주었고 군인들과 군악대까지 동원하며 지원했다. 버스 느선도 변경해 여의도를 경유하도록 했다. 파격적 대우였다.[32]

---

31) "기독실업인회 제2차 전국대회 김종필 국무총리 치사", 「기독신보」, 1974년 11월 16일자.

김장환이 통역을 맡았던 이 대회에서 36,122명이 결신(決信)을 다짐했다.[33] 8,000여 명에 이르는 교역자들이 서울에 모여 '전국교역자연수대회'를 갖고 새로운 전도방법을 모색할 정도로 그 여파는 컸다.[34]

다음 해에 여의도 광장에서 김준곤의 CCC, 곧 한국대학생선교회의 주최로 '엑스플로(EXPLO) 74' 가 8월 13일부터 5일간 열렸다. "예수 혁명, 성령 폭발"의 주제로 열렸던 이 대회에 연인원 650만 명이 모였다. 대회 전날 10만여 명이 대회를 위한 기도회를 가졌고 2만 여 명이 철야 기도회에 참여했다.[35] 미국CCC 총재 빌 브라이트(William R. "Bill" Bright) 내외가 참석했고 80여 나라에서 3,000여명의 기독교 지도자들이 참석했다.[36] 성가대만 연인원 9만 명이었고, 지방 등록자들을 위해 임시천막 8천동이 가설되었다. 매일 밤 60-70만 명이 철야 기도회에 참여했던 이 대회에 한국인 28만 명, 외국인 1,192명이 결신하는 기록을 남겼다.[37]

1977년에는 "민족 복음화를 위하여, 한국인에 의해서, 오직 성령으로" 라는 표어 아래, 신현균이 회장으로 있던, 한국부흥사협회가 주최한 '77 민족 복음화성회'가 열렸다. 이 대회에서는 연인원 733만 명이 참석했다. 금식이 선포되었던 이 대회에서도 약 7만 명의 결신자가 나왔다.[38]

---

32) 김장환, "40년 前 여의도 전도집회가 기독교 성장 원동력", 「한국경제」, 2013년 5월 30일자.

33) 빌리 그래함 전도협회 편, 김장환 편역, 『길이요 진리요 생명이니-1973년 빌리 그래함 한국전도대회, 발단에서 결과까지』(서울: 한국방송선교센터, 1983), pp.10-29 ; 민경배, 『한국기독교회사』 개정판(서울: 대한기독교출판사, 1982), p.518.

34) 「동아일보」, 1973년 6월 6일자.

35) 「한국일보」, 1974년 8월 14일자.

36) 김준곤, 『C.C.C.와 민족복음화운동』, p.111.

37) 김진환, 『한국교회부흥운동사』(서울: 크리스챤비젼사, 1976), pp.260-262.

38) 「교회연합신보」, 1977년 8월 7일자.

이런 흐름 속에서 각 교단은 교회 설립 운동을 펼쳤다. 1972년 이후 매년 평균 2만 명 이상이 증가해, 1975년에 이르러 668,618명의 교세를 이룬 예수교장로회 합동측은 10개년 계획으로 '1만 교회 설립 운동'을 선언했다. 1970년, '5천 교회 설립 운동'과 150만 명의 교세를 위해 매년 300개의 교회를 개척하겠다고 선언했던 통합측은 1974년 639,605명이던 교인이 1977년에 이르러 811,737명으로 늘어났다. 매년 57,000명 이상의 새 신자가 늘어난 것이다.[39] 이에 자극을 받았던 감리교회도 1975년 총회를 시작으로 '5천 교회 100만 신도 운동'을 계획하고 추진했다.[40]

1978년에 이르러 한국의 기독교인은 400만 명에 이르렀다. 이후 매년 100만 명 가까이 교인들이 늘어났다. 한국교회가 선교 100주년을 기념할 때였던 1985년 즈음에는 '1천만 성도'를 자랑하기에 이르렀다.[41]

언론은 1976년 말 현재 한국기독교 신자가 약 4백65만9천 명에 이르렀다는 기사를 내보냈다. 1970년대에 들어서던서부터 매년 60만 명이 증가했다는 것도 밝혔다. 예장 합동이 77.3%로 성장했고 통합은 51.4%가 증가했다고 확인했다.[42] 문공부는 1981년 말 현재, 한국에 2만3천3백46개의 교회와 7백63만7천명의 기독교인 있다고 발표했다.[43] 1979년까지, 장로교회를 제외한 나머지 교단의 교세를 도표로 보면 다음과 같다.[44]

---

39) 정일웅, "한국개신교의 선교와 교회성장", 『신학과 교회』 창간호, 2014년 여름, p.42.

40) Loc.cit.

41) Ibid., p.43.

42) 「경향신문」, 1983년 2월 9일자.

43) 문공부, "종교단체현황", 1982년 1월 1일자. 「경향신문」, 1983년 2월 9일자에서 재인용.

44) 한국종교사회연구소 편, 『한국종교연감』 제1권(서울: 고려한림원, 1993), p.191.

교파 연도	감리교	성결교	침례교	구세군	성공회
1962	338,145	90,674	20,950	46,101	
1963	355,091	82,406	26,874	43,157	
1964	381,800	93,348	26,811	46,901	6,387
1965	377,108		27,313	48,176	
1966	419,948		24,514	40,209	
1967	268,165	126,150	29,275	47,952	
1968	261,264	144,360	47,329	55,463	
1969	300,088	127,394	55,840	57,697	9,826
1970	289,024		65,959	62,805	9,926
1971	301,810	150,064	57,264	68,314	10,214
1972	314,143	155,499	71,768	71,161	
1973	338,145	182,479	65,964	53,140	25,389
1974	374,710	301,623	82,216	72,854	30,000
1975	377,108	231,148	86,902	73,810	42,102
1976	419,948	256,415	87,262	74,008	30,000
1977	580,110		110,586	83,009	43,110
1978	597,691	293,410	155,700	90,382	43,110
1979	590,488	314,962	186,450	94,426	

모든 교파가 박정희 정권 아래에서 확장되었다. 특별히 복음주의를 지향하는 교회와 성령 운동을 특징으로 하는 교회들의 부흥과 성장이 남달랐다. 실제로 반NCC 선도에 있던 예수교장로회 합동측은 2005년에 이르러 1만 1개의 교회와 300만 명에 이르는 교인들을 확보했다. 강한 복음주의자로 알려져 있던 김장환의 침례교회가 약진한 것도 이런 이유이다. 언론도 전체 국민 7명 가운데 1명이 기독교인이었다고 보도하면서, 이러한 결과가 "보수교단 및 복음주의적 교인들"에 의한 것이라고 확인했다.[45)]

NCC계에 속했던 교회라도 부흥회적 경건을 추구하는 목회자나 개교회

(local church)는 크게 부흥하고 성장했다. KNCC를 이끌며 통합측 내부에 영적영역을 지향했던 교회들, 하디(Robert. A. Hardie)의 전통을 중시하는 감리교 중부연회와 김선도, 김홍도 등 복음주의 교회, 성령 운동을 펼친 교회와 인물들이 부흥을 주도했다.[46] 이들에 의해 감리교회도 1961년 279,282명의 교인이 1993년 1,148,932명이 되었다. 약 30년 동안 약 4.1배의 성장을 했던 것이다.[47]

정작 박정희는 기독교를 좋아하지 않았다. 그런 이유로 '대통령 기도회'가 처음 제안되었을 때 냉소적 태도를 보였다.[48] 그러나 교회의 영향력을 외면할 수 없었을 것이다.[49] 그런 이유로 대형집회에 적극적인 지원을 했을 것이다.

교회는 교회가 숨 쉴 수 있는 최소의 공간만 있어도 그 생존을 포기하지 않는다. 소련 치하의 러시아교회가 그랬고 공산정권 아래 동유럽교회가 그랬다. 악한 정부 아래에서도 교회가 보존되는 이유이다. 그런 사명

---

45) 「경향신문」, 1983년 2월 9일자.

46) 감리교회는 1990년에 접어들면서 '7,000 교회, 200만 신도운동'을 일으켰다. 이때 김선도와 김홍도와 같은 복음주의 신학을 신봉하는 목회자들에 의해 교회가 확장되었다. 이들은 감신대학 교수들, 곧 1992년에는 토착화신학을 주장했던 변선환과 종교다원주의자로 알려진 홍정수를 교단에서 추방하기 까지 했다.

47) 한국기독교사회문제연구원 편, 『한국교회 100년 종합조사연구: 보고서』(서울: 한국기독교사회문제 연구원, 1982) 참조.

48) "기도는 은밀한 가운데서", 「경향신문」, 1966년 3월 12일자. 1966년 2월 3일 결성된 'ICL 한국 국회의원 조반기도회'는 대통령을 초청해 3월 8일 오전 조선호텔 볼룸에서 "대통령기도조찬회"를 열기로 했다. 이 자리에 국회의장 이효상을 비롯해 국무총리 정일권, 공화당 의장 김종필이 참석했다. 이환신 감독이 설교한 이때에 각 교파 지도자와 주요 인사 등 500여 명이 참석했지만, 정작 대통령은 참석하지 않았다.

49) 박정희는 1968년 5월 1일 워커힐 호텔에서 개최된 공식적인 제1회 대통령조찬기도회에 참석했다.

감에 천주교회도 공산정권의 북한을 떠나지 않으려고 애를 썼다. 교회가 존재한다는 것은 사람이 살 수 있다는 것을 의미한다. 그런데 박정희 정권 아래 한국교회는 경이적 부흥을 했다. 특별히 복음주의 지향 교회의 성장이 확연했다. 필연적으로 이들 교회가 박정희 정부를 지지하게 된 이유이다. 반NCC계의 인사들은 박정희 개인이나 그의 정치철학을 동조한 것이 아니라 교회가 급격히 부흥되는 그 상황을 지지한 것이다.

4. 민족복음화 - 국가구원관과 인권관의 문제

4.1 국가구원관 - 구령(救靈)의 자동적 역할

어머니처럼 하나밖에 없는 내 조국
어디를 찔러도 내 몸같이 아픈 조국
이 민족 마음마다 가정마다 교회마다 사회의 구석구석
금수강산 자연환경에도 하나님의 나라가 임하게 하시고
뜻이 하늘에서처럼 이 땅에 이루어지게 하옵소서
이 땅에 태어나는 어린이마다

어머니의 신앙의 탯줄 기도의 젖줄 말씀의 핏줄에서 자라게 하시고
집집마다 이 집의 주인은 예수님이라고 고백하는 민족
기업주들은 이 회사의 주인은 예수님이고
나는 관리인이라고 고백하는 민족
두메마을 우물가의 여인들의 입에서도

공장의 직공들 바다의 선원들의 입에서도
찬송이 터져나오게 하시고

각급 학교 교실에서 성경이 필수 과목처럼 배워지고
국회나 각의가 모일 때에도 주의 뜻이 먼저 물어지게 하시고
국제시장에서 한국제 물건은 한국인의 신앙과 양심이
으레 보증수표처럼 믿어지는 민족

여호와로 자기 하나님으로 삼고 예수 그리스도를 주로 삼으며
신구약 성경을 신앙과 행위의 표준으로 삼는 민족
예수의식과 민족의식이 하나된 지상 최초의 민족
그리하여 수십만의 젊은이들이
예수의 꿈을 꾸고 인류 구원의 환상을 보며
한 손에는 복음을 다른 한 손에는 사랑을 들고
지구촌 구석구석 누비는 거룩한 민족이 되게 하옵소서![50]

1963년 2월, 서울 불광동 기독교 수양관(TIM수양관)에서 열린 간사수련회 마지막 날, 김준곤은 삼각산 민족기도원에서 했던 영감어린 기도를 이렇게 정리했다. 그의 기도문에는 남다른 조국 사랑과 민족 사랑이 있었고 뚜렷한 국가구원관이 들어있다. 그리고 복음이 한국을 구원해 낼 수 있다는 신념이 들어있었다. 한국 민족이 복음화 되면, 곧 모든 사람들이 예수 그리스도를 구주로 고백해야 하고 구원을 얻게 되면, 그것이 한국을

50) 김준곤, “민족복음화의 환상과 기도”, 『C.C.C.와 민족복음화운동』, p.496.

구원하는 것이라는 도식이었다.[51] 구령 그 자체가 국가구원이라는 의식이었고, 단독자로 회심의 과정을 거치면 자동적으로 성화의 삶과 그 실천으로 연결된다는 믿음이기도 했다.[52] 그것이 진정한 기독교인이 되는 것이고, 그렇게 되면 사회적 과제나 국가적 염원이 자동적으로 해결된다는 확신이었다. 그는 복음이 이 땅 구석구석까지 임해, 모든 구원자들이 한국을 교화의 나라로 만드는 것을 꿈꾸었다.

김준곤에게 복음화된 한국은 세계 선교의 지렛대였다. 그 사명을 위해 젊은이들이 앞장 서야 한다고 믿었다. 한국이 명실상부 하나님의 나라가 되면 세계를 구원할 수 있다고 보았다. 그런 이유로 한국인 모두의 입에서 그리스도인이라는 고백이 흘러나오기를 기대했다.

김준곤은 1947년 김재준의 신학에 문제를 제기했던, 조선신학교 학생 51명 중 한 사람이다. 1948년 박형룡이 초대교장으로 있던 장로회신학교 제1회 졸업생이다. 51명이 조직한 '신앙동지회'의 한 사람으로 한국 NAE의 초대 교육위원장이었다. 박형룡의 제자인 그는 그때까지 스승의 모범을 따라 근본주의적 신학아래 있었고 반(反) WCC 운동의 중심에 있었다.

1957년 풀러신학교(Fuller Theological Seminary) 시절, 김준곤은 록키산맥에 위치한 수양관 포레스트 홈(Forest Home)에서 CCC 훈련을 받았다. 그의 간증에 감동을 받았던 CCC 창설자 빌 브라이트는 그에게 동역을 제안했다. 1958년 김준곤이 한국CCC를 창설할 수 있었던 이유이다.[53]

---

51) 이 도식은 김인서의 민족교회론이나 민경배가 1974년에 발표한 『한국 민족교회형성사론』에 잘 나타난다.

52) 유동식, 『한국신학의 광맥』(서울: 전망사, 1982), p.59.

53) 김안신, 『돈키호테와 산초들』(서울: 순출판사, 2000), p.15.

이 사건은 김준곤이 박형룡의 신학을 극복하고 신(新)복음주의(neo-evangelicalism)의 길로 들어섰다는 것을 말한다. 전투적 수성(守城) 의식은 사라지게 되었고, 복음전도를 위해 타 교회와도 힘을 합할 수 있다는 입장을 갖게 되었다. 그의 '민족복음화운동'의 비전과 신학은 그런 의식아래 체계화되었다. 복음전파를 위해, 한경직 등과 한국교회를 하나로 결집시키려 했던 이유이다.[54)]

신복음주의는 "성경 무오설"을 버리지 않았지만 근본주의자들이 갖고 있던 전투적 태도는 외면했다. 영혼 구원과 복음전파를 위해서라면 다른 교파 교회들과 함께 할 수 있다고 주장했다. 이를 위해 지성적이고 합리적 접근을 시도했다. 미국NAE(National Association of Evangelicals, 미국 복음주의협의회)는 그런 목적아래 설립되었다.

"복음주의 지도력을 위한 모집기관이자 훈련소"를 표방하며 십대선교회(Youth for Christ International)가 만들어졌다[55)] "근본주의를 주류 기독교 정통주의로 복원"할 목적으로, 곧 본래의 복음주의로 되돌린다는 목표 아래 풀러 신학교도 설립되었다.[56)] 신복음주의를 부르짖었던 헤롤드 오켕가(Harold J. Ockenga), 칼 헨리(Carl F. H. Henry), 빌리 그레이엄(Billy Graham) 등의 영향력은 증대되었다.

선도 주자는 빌리 그레이엄이었다. "협력적 복음주의"(cooperative evangelicalism)를 주장했던 그는 "다른 전통과 주변 문화에 대해서도 더욱 개

---

54) 박용규, 『한국교회를 깨운 복음주의 운동』(서울: 두란노, 1998), p.126.

55) John Corrigan and Winthrop S. Hudson, *Religion in America: an historical account of the development of American religious life*, (Upper Saddle River, N.J. : Pearson/Prentice Hall, 2004), p.386.

56) George M. Marsden, *Reforming Fundamentalism: Fuller Seminary and the New Evangelicalism*, (Grand Rapids, Mich. : W. B. Eerdmans, 1987).

방적인 태도"를 가졌다.[57] 복음화를 위해 애국과 반공도 강조했다. 기독교의 복음은 애국심을 일으킬 뿐만 아니라 공산주의를 막는 데에 가장 효과적이라 믿었다.[58] 영적 영역에서 애국과 반공을 해석했던 미국의 교회들은 그에게 높은 지지를 보냈다.

김준곤은 대형집회를 선호했던 빌리 그레이엄의 방식을 따랐다.[59] 교회의 구령 사명, 그것이 확장되어 민족 전체가 복음화 되길 원했다. 덧붙여 반공과 애국도 강조했다. 그에게 구령의 사명은 최고의 가치요 삶의 근거였고 지향점이었다. 복음은 지고지순(至高至純)의 것으로 생명까지 내걸 수 있는 가치였다. 교회는 복음을 담는 기관이요 복음은 민족을 구원으로 이끄는 유일한 통로였다. 복음이 모든 문제를 해결할 수 있다는 확신이 그에게 있었다. 역사 주관자를 절대적으로 신뢰했기 때문이다.

> 민족의 운명을 걸고 세계의 주시 속에 벌어지고 있는 10月 維新(유신)은 하나님의 축복을 받아 기어이 성공시켜야 하겠다. 이미 단계적 구상도 있겠지만 당초 정신혁명의 성격도 포함하고 있는 이 운동은 우리 코앞에 있는 이데올로기적 맑스주의와 이미 우리의 문제가 아닐 수 없는 세계의 亡靈(망령)인 허무주의를 超克(초극)하는 새로운 정신적 차원으로까지 승화

---

57) Grant Wacker, "Billy Graham's America," *Church History 78:3*, September, 2009, p.505.

58) John Corrigan and Winthrop S. Hudson, *op.cit.*, p.387.

59) 이런 태도에 대해 박형룡은 김준곤을 비판했다. 신복음주의가 "WCC 에큐메니칼 이단을 묵인"했고 신복음주의를 선포하는 것은 "배도(背道)교단 안에 머무는 자유주의 타협자들의 집단행동이요 한국 정통장로교단에서는 총회의 금령에 위반하는 불법행동"이라고 강하게 힐책했다. 그리고 김준곤이 중심으로 있던 한국NAE를 향해 "신복음"이고 "자유주의 이단신학"이며 "용공 친공"의 단체라고 몰아붙였다. 박형룡, 『신복음주의 비평』(서울: 보수신학서적간행회, 1971), pp.57-58.

시켜야 될 줄 안다.

외람되지만 각하의 치하에서 일어나고 있는 전군신자화운동이 종교계에서는 이미 세계적 자랑이 되고 있는데 그것이 만일 전민족신자화 운동으로까지 확대될 수만 있다면 10월 유신은 실로 세계정신사적 새 물결을 만들고 신명기 28장에 약속된 성서적 축복을 받을 것이다. 실로 한국은 세계의 신화가 될 것이다. 봄이 우리를 찾아오듯이 하나님이 우리 민족에게 사랑과 성령의 계절과 함께 남북통일은 물론 하나의 새마을과 새 얼을 주실 것이다.(겔 11:19) 이 축복을 기어이 우리가 받아야 되겠다.[60]

1973년 5월 1일 서울 조선호텔에서 열린 제6회 대통령 조찬기도회에서 김준곤은 이렇게 설교했다. 그때 그는 한국이 반공의 나라, 경제기적의 나라, 세계 속에 우뚝 솟는 나라, 기독교 복음이 정신적 축이 되는 나라를 기원했다. 덧붙여 유신정권의 성공도 피력했다.

외견상으로 보면 김준곤은 유신정부에 대한 일방적 지지자로 보일 수 있다. 일제 강점기 기독교 복음을 천황제 확산의 이론으로 제공했던, 곧 일본의 조합교회 지도자들의 모습으로 비춰질 수 있다. 히틀러 시절, 독일교회처럼 나치 정권의 어용(御用)으로 보일 수 있다.

그런데 김준곤은 '하나님의 축복과 그 허락'을 우선의 조건으로 내세웠다. 10월 유신이 성공하려면 반드시 역사 진행자로부터의 허락이 있어야 가능하다는 지적이었다. 그것은 위정자 박정희도 예수 그리스도를 구주로 고백해야 하고 한국이 하나님의 나라가 되어야 비로소 대통령의 뜻이

60) 김준곤, "역사속의 설교: 김준곤 목사의 제6회 대통령조찬기도회 설교문", 『기독교사상』 통권713호, 2018년 5월, pp.145-147 ; 「경향신문」, 1973년 5월 1일자 ; 「교회연합신보」, 1973년 5월 5일자.

이루어질 수 있다는 충고였다. 정치를 통한 강압적 혁명이 아닌 복음을 통해 정신적 지지를 이끌어 내야 한다는 요구였다. 영적으로 복음화 된 한국 땅이 도래해야 박정희가 염원하고 있는 것과 국가적 난제들이 일순간 해결될 것이라는 강한 권면이었다. 역사의 진행은 위에서 내려오는 힘, 곧 역사 주권자의 뜻에 달려 있다고 강조한 것이다.

한국교회가 급격한 부흥과 성장을 하고 있었기 때문에 박정희에게 큰 신뢰를 보냈던 것이 사실이다. 그렇지만 김준곤에게 최고의 가치는 구원의 문제였고 복음전파였다. 그에게 교회는 이를 위해 존재하는 기관이었다. 정교유착으로 보일 수 있지만, 그는 교회를 정권의 종속기관이나 하수기관으로 여기지 않았다. 대통령일지라도 구원의 대상이었고 악한 지도자라 하더라도 복음화의 대상이었다.[61]후일 신군부의 중심인물인 전두환을 예외 없이 구원의 대상으로 삼던 한경직의 생각과 다르지 않았다.[62]

한편, 김준곤이 대통령기도회를 제안한 것은, 힘을 가진 지도자를 유용한 전도의 도구로 삼으려는, 그의 선교방식일 수 있다. 그것은 하향식(Top-Down) 선교방식을 사용했던 과거 예수회의 선교 방법이기도 하다. 또한 성경을 통해 학습된 선교방식일 수 있다. 성경은 고대 아시리아(Assyria)의 수도 니느웨(Nineveh)를 포기하지 않고 요나(Jonah)를 보내고[63] 이스라엘 남왕국을 멸망시킨, 바벨론(Babylon)의 왕 느브갓네살(Nebuchadnezzar)을 활용하는[64] 역사진행자의 선교 방식을 기록하

---

61) 2006년 12월 22일 세계복음화 신문사가 주최한, 편집국장 장일영의 진행으로 이뤄진 김준곤, 김남식 목사와의 대담. http://ihanachurch.net/7000/community09_view.html?no=6

62) 정진경 구술, 이유진 글, 『목적이 분명하면 길이 열린다』(서울: 홍성사, 2008), pp.163-164.

63) 요나서 참조.

고 있다.

김준곤이 일으킨 '민족복음화운동'은 기록적인 성과를 냈고 한국교회를 거대한 부흥으로 이끌었다. 젊은 대학생들에게 복음을 통한 한국구원의 사명감을 갖게 했다. 제자화와 전도의 개념도 새겨 넣었다. 그의 민족복음화 인식은 반NCC계의 국가구원관이 되었다. 유신정권에 반대하던 기장계와 NCC계 일부 이외에, 한국교회와 한국의 교인들 대부분은 민족 전체가 복음화 되는 것이 한국을 구원하는 것이라는 것에 지지를 보냈다. 여의도 광장에서의 집회는 그것을 확인하고 있다.

4.2 인권관의 문제 - 신부적(神賦的) 인권관 대 천부적(天賦的) 인권관

유신이 시작되는 1972년, 첫 인권주간을 맞이했을 때, 국무총리 김종필은 '10월 유신'이 "진정한 자유와 민주와 평화와 번영"을 가져다줄 것이고, 그 토대 위에 온 민족은 인간의 권리를 마음껏 누릴 것이라고 피력했다. 대법원장 민복기도 "유신과업에 분골쇄신 하는 일이" "한국적인 인권옹호 사상의 핵심"이라고 주장하며 이를 뒷받침하려 했다.[65] 인권을 유신 정권이 정한 테두리 안으로 제한한 것이다.

유신정권의 인권관에 대해 KNCC는 강하게 반발했다. 인권주간을 정했고 1973년 11월 24일 '인권선언'을 발표했다. 인권은 하나님이 주신 것인데 한국인의 인권이 무참히 짓밟혀 있고 모든 자유가 유보되었다는 주장이었다.[66]

---

64) 다니엘서 참조.

65) 「경향신문」, 1972년 12월 9일자.

66) 한국기독교교회협의회 인권위원회 편, 『한국교회 인권선교 20년사』(서울: 한국기

KNCC가 천주교와 연합으로 인권주간 연합예배를 개최했을 때, 총무 김관석은 "한국교회의 사명이 인권확립"에 있다며 "자유는 주어지는 것이 아니라 싸워서 빼앗는 것"이라고 소리를 높였다. 또한 "자유는 결코 물질적인 것이 아니"라는 주장도 했다.[67] 경제를 최고의 이데올로기로 각인하려 했던 정권을 비판했고, 경제 번영을 빙자로 개인의 자유를 제한하고 인권을 말살하고 있다고 고발했다.[68] 이 날 KNCC는 인권회복을 위해 한국교회에 다음과 같이 요청했다.

1. 억눌린 자들을 해방시키는 복음적 교회가 되기 위하여 교회의 내적 갱신을 기한다.
2. 교회는 개인의 영혼구원에 힘쓸 분만 아니라 '구조악'으로부터 인간을 구출하기 위하여 사회구원에 힘쓴다.
3. 교회는 인권확립을 위하여 교회의 자원을 집중시킨다.[69]

안병무도 KNCC를 거들었다. 기독교가 권력을 쟁취하기 위한 정치단체가 아니라 국민 편에 서서, 정치적인 폭력이나 권력의 남용에 맞서는, 인권의 수호자여야 한다고 나선 것이다.[70] 그의 말에는 한국교회 일반이

독교교회협의회, 1994), p.68.

67) 한국기독교교회협의회 인권위원회, "인권과 교회의 사명", 『1970년대 민주화운동-기독교인권운동을 중심으로』 V(서울: 한국기독교교회협의회, 1987), p.1812-1813.

68) 손승호, "유신체제하 한국기독교교회협의회의 인권 이해-인권위원회를 중심으로", 『한국기독교와 역사』 43호, 2019년 9월, p.239. KNCC의 그런 인권관은 1974년의 "한국 그리스도인의 신학적 성명"에서 확연히 드러났다. 한국기독교교회협의회 인권위원회, "한국 그리스도인의 신학적 성명", 1974년 11월 18일, 『1970년대 민주화운동-기독교인권운동을 중심으로』 I (서울: 한국기독교교회협의회, 1987), p.406.

69) 한국기독교교회협의회 인권위원회 편, 『한국교회 인권선교 20년사』, p.69.

유신 정부의 편에 섰다는 비판이 담겨있었다.

국무총리 김종필은 KNCC계가 천부적(天賦的) 인권관 아래 있다고 지적하고, 이를 허락할 수 없다는 것을 확실히 했다.[71] 그런데, KNCC를 비롯한 반유신 대열에 섰던 인물들은 자신들이 천부적 인권의식을 가지고 저항한다는 국무총리의 지적에는 이의를 달지 않았다.

김종필이 판단했던 것처럼, 인권선언에 나섰던 KNCC계 인물들은 인권이 천부적으로 주어졌다고 주장했다. 그리고 이것이 근대 기독교 이데올로기의 중심이라고 해석했다. 이런 판단아래, 대개의 한국교회가 영혼문제에 치우친 나머지 인권에 관심이 없다고 비판했고 이를 극복해 인권투쟁과 반 유신투쟁에 뛰어들어야 한다고 주장했다. 그런데 반NCC계 교회의 인권관은 천부적이지 않았다.

반NCC계의 인권의식은 신부적(神賦的) 개념 아래에 있었다. 이것은 천부적 인권관과 다른 개념이다. 물론, 인간은 태어날 때부터 권리를 갖는다는 점에서는 차이가 없다. 그런 이유로 두 개념은 혼용이 되기도 한다. 그러나 신부적 인간관에는 인간이 우선된다는 개념이 없다. 인권을 인간이 아닌 절대자의 영역으로 이해하기 때문이다.

천부적 인권관에서는 인간이 마땅히 누려야 할 권리를 위해, 투쟁과 혁명을 해서라도 이를 찾아야 한다고 주장한다. 김관석이 "자유는 주어지는 것이 아니라 싸워서 빼앗는 것"[72]이라고 외친 이유이다. 반면, 신부적

---

70) "안병무 박사 성탄연합예배 강연 인권은 국가에 우선", 「동아일보」, 1974년12월 25일자.

71) "김총리 평가지침회의 훈시, "무제한 자유 불허, 내년엔 효과적인 강력한 안정책"", 「경향신문」, 1974년 12월 23일자. 김종필은 KNCC의 인권주장에 대해 "이는 이상주의자들의 말이며 자유에도 분수에 맞는 제한이 있어야 하며 무제한의 자유는 허용될 수 없다"고 밝혔다.

인권관에서는 역사의 주재와 주권자가 누구인가라는 물음 안에서 인간을 생각한다. 하나님의 형상으로 지어진 인간을 사랑하고 존중해야 하지만, 인권을 쟁취하기 위한 과격한 투쟁이나 혁명의식은 없다. 인간의 권리를 획득하기 위해 또 다른 인간에게 폭력을 사용한다는 의식이 없는 것이다. 역사의 진행이 주재자에게 있다고 믿기 때문이다. 그런 이유로 신부적 인간의식에는 섭리론이 강화되어 있다. 인권의 문제와 민주화회복운동을 이끈 사람들의 신학과 일정한 괴리가 있었던 것이다.

김재준과 박형규 등 반유신의 선봉에 섰던 인물들에게도 하나님이 역사의 주인이라는 인식은 강했다. 그러나 삶의 현장에서 부딪치는 불합리한 문제들을 해결해야 한다는 의무감이 앞섰고, 이를 한국이 해결해야 할 우선 과제로 보았다. 그리고 교회가 이 일에 매진해야 한다고 믿었다. 이를 이루기 위해 인간의 능동적 역할과 자유의지를 강조했다.

천부적 인권 의식은 인간의 자유를 부정하는 모든 체제나 가치를 부정하게 되어 있다. 개인의 자유를 쟁취하고 향유하는 것이 인간 존재의 이유가 된다. 여기에 하나님이라는 신적(神的) 개념이 우선되기 어렵다. 이런 이유에서 인도주의(humanism)로 분류할 수 있다. 그러나 신부적 인권의식에서는 인간의 존재가 우선되지 않는다. 천부적 인간관에서 평등은 개인의 자유를 위한 부속개념이 된다. 인간이 갖추어야 할 도덕성도 개인의 선택에 불과하다. 반면, 신부적 인권의식에서 평등의 개념은 절대자 아래 누구나 공평해야 한다는 의미가 된다. 또한 이에 따른 도덕성은 절대적 규범이 된다.[73]

오히려 신부적 개념에서는 인간의 자유가 제한된다. 인간은 언제나 피

---

72) 한국기독교교회협의회 인권위원회, "인권과 교회의 사명", op.cit., p.1812-1813.
73) 김정회, 『한국기독교의 민주주의 이행 연구—해위 윤보선을 중심으로』, p.276.

조물로 창조주인 하나님의 존재 아래 있어야 한다. 핍박을 당할지라도, 인간의 절대적 자유는 인정되지 않는다. 개인의 자유가 중요하고 인권이 중요하지만, 피조물이라는 의식이 먼저이다. 인간의 행동과 자유가 하나님의 뜻과 섭리 아래에서 움직여져야 한다는 의식이 담겨있기 때문이다.[74] 이러한 의식은, 때로는 불가피하고 때로는 불합리해도, 역사 진행자의 섭리로 받아들여야 한다는 태도로 연결된다. 인간은 역사 주관자의 뜻과 섭리 아래에서 움직여야 한다는 의식이다.

이것은 인권 그 자체를 본연의 것으로 보지 않았다는 의미이기도 하다. 신부적 개념에서 보면, 인간이 영적 회심을 거치고 단독자를 만났을 때, 비로소 인간 본연의 자리로 돌아온다고 믿는다. 죄인이라는 의식과 수직적이고 타력 구원을 더욱 강조하기 때문이다. 그런 이유로, 인간을 소중히 여기지만, 인권 증진 그 자체를 교회 존재의 목적으로 삼지 않는다. 복음주의 신학이 회심을 강조한 이유이다.

실제로 반KNCC계의 중심에 있던 김준곤 등은 김관석이나 박형규 등의 인권 투쟁을 인본주의로 보았다. KNCC계의 신학이 부패했다고 비판하며 문제를 제기한 이유이다. 사회 행동이 필요하기는 하지만, 그것이 복음과 상관없다는 확신을 갖고 있었다. 오히려 사회적 투쟁이 예수 그리스도 보혈의 십자가를 희석시킨다고 주장했다. 그런 이유로 김관석 등의 인권 주장을 정치적인 것으로 규정했고, 그것이 진정한 인권회복이나 진정한 구원이 아니라고 주장했다.[75] 김준곤 등에게 인권 문제는 우

---

74) Ibids., pp.272-289.

75) 2006년 12월 22일 세계복음화 신문사가 주최한, 편집국장 장일영 목사의 진행으로 이뤄진 김준곤, 김남식 목사와의 대담. http://ihanachurch.net/7000/community09_view.html?no=6

선의 가치가 아니었다. 속죄함을 전제로 하지 않으면 무의미하다는 입장이었다. KNCC에 동조하지 않은 이유이고 반 유신대열에 서지 않은 이유이다.

제 3 장
KNCC 내부의 변화

한경직, 강신명, 김정준 등은 KNCC의 중심에 있었음에도, 김재준, 박형규, 김관석 등과도 일정한 거리가 있었다. 개인구원을 복음의 근원으로 삼았던 것이다. 그러나 신석구의 진술처럼,[76] 교회가 디디고 있는 땅의 문제도 해결하는 것을 교회의 사명으로 믿었다. 그런 이유로 국가적 명제가 있을 때, 한국을 구원하겠다고 나선 것이다. 그런데 갑자기 친정부적 태도를 보이기 시작했다.

1. 합치의 구원 의식 - 그 활동과 이유

KNCC계의 김재준, 박형규 등은 박정희 정권이 대한민국의 체제, 곧

---

76) 수표교감리교회 담임자였던 신석구는 기도 중에 "4천년 전해 내려오던 강토(疆土)를 네 대에 와서 잃어버린 것이 죄(罪)인데 찾을 기회에 찾아보려고 힘쓰지 않으면 더욱 죄가 아니냐"는 음성을 들었다. 그는 즉각 3.1운동에 참여했다. 이덕주, "3.1운동에 대한 신앙운동사적 이해", 『기독교사상』 34권 3호, 1990년 3월, p.145.

자유민주주의 체계를 훼손한다고 믿었다. 3선 개헌과 '10월 유신'에 저항했고, 자유와 인권 보장, 공정한 경제적 분배를 주장했다. 신학적 주장을 바탕으로 저항에 나섰고 유신에 저항하는 지식사회에 이론을 제공했다. 정의로운 교회를 외쳤고, 역사적 과제를 실질적으로 해결하는 것이 교회의 사명이라 주장했다. 그러나 한국교회가 지향해 왔던 개인구원 의식이나 단독자 신앙, 역사의 주관자에게 맡긴다는 의뢰 의식과 섭리사상은 빈약했다.

KNCC를 주도하고 있던, 특별히 한경직과 강신명 등의 국가구원 의식은 뚜렷했다. 이들이 장로교 분리를 주도하게 된 것도 구원관 때문이라 할 수 있다.[77] 한국을 구하겠다며 1950년 1월, 전도대를 구성해 "구국의 노래"를 부르며 무장공비가 출몰하던 지리산 일대를 누빈 바 있다.[78] 6.25 전쟁 때는 '대한기독교구국회'를 주도했다.[79] '한일수교회담'이 굴욕적이라며 "한일협정 비준 반대"에 앞장섰고, 3선 개헌과 인혁당 사건에도 문제를 제기했다.[80] 유신이 시작될 때도 반대 입장을 분명히 밝혔다. 교회를 사찰(査察)하고 민주인사를 구금한다고 공개적으로 비난했다. 교회의 이름으로 서경석 등의 석방운동에도 적극적이었다.[81] 구속 학생들을 위한 철야기도회를 개최했고 그들을 돕기 위한 공식적 모임도 가졌다.[82]

---

77) 예수교장로회가 통합과 합동으로 분리되었던 것도 한국구원의 사명을 둘러싼, 복음주의의 해석에 대한 의견 대립이었다고 볼 수 있다.

78) 김명구, 『소죽 강신명 목사』, p.150.

79) Ibid., p.162.

80) 강신명, "나는 삼선개헌을 이렇게 본다", 『기독교사상』 13권 8호, 1969년 8월, pp.126-127.

81) 「한국기독공보」, 1973년 12월 1일자 ; 서경석, "그대들은 왜 네가티브 캠페인에만 몰두하는가", 2007년 5월 25일자, 서경석의 홈페이지 자료실(http://www.suhkyungsuk.pe.kr/zbbs/view.php?id=pds)

"민주 회복은 민주헌정으로 돌아와야만 가능하다"며 유신정부를 거절했고,[83] 민청학련사건을 항의하며 '민주회복국민회의'에도 참여했다.[84] 인혁당 사건의 피의자들의 석방을 요구하는 탄원서에도 이름을 올렸다.[85] 기장, 감리교, 성공회, 복음교회, 성결교, 구세군과 함께 1975년 3월 10일에 "기독교 정의구현 전국 성직자단"에 참여하며 박정희 정부에 저항했다. 박형규와 김재준도 끝까지 보호하려 했다.[86] 그러나 이들은 구령을 교회 사명의 근간으로 삼는 것을 잊지 않았다. 이런 이유로 김준곤의 민족복음화운동에도 적극 동참했다. 한국교회 일반이 한경직을 따랐던 가장 큰 이유이다.

1977년에 강신명이 '주한미군 철군반대 한국기독교대책위원회' 위원장이 되었을 때, KNCC는 미군 철수에 반대했다. 박정희의 반공정책과 안보, 국가 건설 의지에는 찬성했지만 민주주의 체제를 훼손하는 것에 대해서는 끝까지 반대를 했다.[87] 1980년 8월의, 서울 롯데호텔에서 열린 "국가와 민족의 장래를 위한 조찬기도회" 이전까지, 최소한 강신명 등이 '국가보위입법회의' 입법위원이 되기 전까지, 곧 전두환의 신군부와 제5공화국을 지지하는 모습으로 비춰지기 전까지 한국사회는 존경과 신뢰로 이들 교회를 대했다. 국가구원의 사명을 외면하지 않았기 때문이다.

---

82) 『새문안교회 당회록』, 1974년 5월 26일, 1975년 10월 26일자.

83) 「한국기독공보」, 1975년 2월 22일자.

84) 강신명은 이 국민회의의 일선에서 일하지 않고 고문직만 맡았다. 그것은 당시 국민회의가 정당(政黨)화될 우려가 높았기 때문이다.

85) 1974년의 예장 통합측 총회는 구속된 성직자 석방을 요구하는 성명서를 공식적으로 발표했다.

86) 이영란, 김승범, "남북평화재단 이사장 박형규 목사-예언자적 사명에 부름 받고자", 『기독교사상』 통권 600호, 2008년 12월, p.4 이하.

87) 김명구, 『소죽 강신명 목사』, p.286.

그러나 갑자기 이들 KNCC 주도자들의 태도가 바뀌기 시작했다. 친정부적 태도를 보이기 시작한 것이다. 그것은 일관되게 주장했던, 안보와 반공의 문제 때문이다. 후일, 이들의 교회가 한국기독교총연합회에도 동시에 가입하게 된 이유이기도 하다.

2. 그 변화 - 안보와 반공의 우위 의식

1975년 7월 26일, 감리교회 감독 김창희와 예수교장로회 통합측 총회장 이상근, 그리고 기독교장로회의 인광식, 복음교회 총회장 지동식, 기독교 성결교 총회장 황경찬, 구세군사령관 전용섭, 고신 총회장 윤봉기, 예수교장로회 합동 총회장 최동진, 루터교회 총회장 지원상, 하나님의성회 총회장 조용기 등 19개 교단 대표로 조직된 '한국기독교지도자협의회'는 '한국교회 선언문'을 발표했다. 8개 항의 선언문에는 "대한민국의 주권 없이는 이 땅에 교회도 있을 수 없음을 인정하고 신앙수호와 국가안보를 제일차적인 과업으로 간주한다"는 내용이 들어있었다.

각 교단 대표들은 "인권과 신앙의 자유를 주장하던 성직자가 수감되고 선교사가 추방된 것"에 문제를 제기했다. 그러나 유신정부 아래에서, "신앙이나 교회에 간섭이나 침해를 받은 일이 없고 선교활동도 큰 제약 없이 계속하고 있다"고 주장했다.[88] 묘했던 것은, 이들 대부분이 KNNC를 주도하던 교단의 지도자들이었다는 것이다. 이것은 공교회가 정부와 대립하는 것에 부담을 느낀 교단 지도자들의 중재일 수 있었다.[89] 그런데

88) 「크리스챤신문」, 1975년 8월 2일자.

89) 정부와의 중재에 적극 나섰던 인물은 감리교의 홍현설과 예장 통합측의 한경직

여기에는 크게 두 가지 이유가 있었다.

먼저, KNCC에 속해 있더라도, 각 교단 내부의 신학이 같지 않았다는 것이다. 해방 후, 이규갑으로 상징되는 감리교 재건파는 신사참배의 문제를 친일문제로 처리했다. 반면 강태희, 방훈, 박연서 등이 주도했던 복흥파들은 혹독한 탄압아래서 교회를 지켜냈다는 자부심을 갖고 있었다. 양 진영의 갈등은 국가구원 영역을 우선하는 진영과 교회의 구령 지향을 주장하는 진영 간의 싸움이라 볼 수 있다.

인권운동에 적극 참여한 감리교 목회자들은 대개 재건파의 전통 아래 있었다. 재건파는 복음의 영적 영역 보다는 기독교 이데올로기에 더 집중하던, 곧 한국 독립 문제에 보다 더 큰 관심을 가졌던 집단이다. 반면, 강태희로 대변되는, 부흥회적 경건을 중시하는 목회자들과 교회(local church)들은 1903년의 하디(Robert A. Hardie)와 1907년의 역사를 소중히 여겼다. 이 전통아래 있던, 감리교회 내부의 복음주의 교회들은 KNCC의 활동에 냉소적 입장이었다. 이런 상황에서 홍현설이 나서 양측을 중재했다. 감리교회가 정부 비판을 멈추고 '한국교회 선언문'에 동참했던 이유이다.[90]

대구제일교회 담임 목회자이기도 했던 통합측 총회장 이상근은 "작은 박형룡"이라는 별명을 얻고 있었다. "신령한 교회, 사랑하는 교회, 전도하

등이었다.

90) 홍현설은 사회구원 지향의 진보 기독교 윤리학자로 칭해지기도 했지만 바울-어거스틴-루터-웨슬레-바르트의 신학적 맥을 잇고 "복음주의적 휴머니즘의 소지자(所持者)"라는 평을 받고 있었다. 성화파였음에도 감리교회 내부의 지역적, 신학적 갈등을 적극적으로 중재했다. 김활란의 요청을 받아들여 적극적으로 전국복음화대회를 주도했던 것도 그런 이유였다.

는 교회"는 그가 내세운 표어였다. 그는 늘 교회가 본연의 모습으로 돌아가야 한다는 것과 "신앙 입국"을 부르짖었다. 복음의 역할이 교회 부흥에 있다고 보았다고 구령 그 자체가 한국을 구원한다는 입장이었다.[91] 1975년 '민주화회복국민회의' 경북지부의 고문이 되었던 것은 통합 측의 정책을 따랐을 뿐이다. 이상근 뿐만 아니라 통합의 내부에도 교회의 사회적 · 국가적 과제에 직접 참여하는 것에 소극적인 목회자들이 많았다. 이들은 합동과의 결별 이유에 신학적 이유를 찾지 못했다. 통합측 교회 내부에도 한경직이나 강신명의 신학적 주장에 동조하지 않은 교회와 목회자들이 적지 않았던 것이다.[92]

기장이 공식적으로 유신 정부에 타협적 입장을 보인 것은 총회장 인광식 등과 성풍회의 개입 때문이었다. 전술한 대로, 성풍회는 기독교장로회 신학자들의 사회지향과 민중지향적 신학을 선호하지 않았다. 안광식도 오글선교사의 추방에 항의를 했고 이상근과 함께 '민주화회복국민회의' 경북지부 결성을 주도했지만, 성경의 실천을 강조했고 교회가 구령의 터전이라는 입장이었다.[93] 더구나 북만주 출신으로 공산주의에 대한 남다른 경험을 갖고 있어 박정희 정부의 반공 정책에는 뚜렷한 지지를 보내고 있었다.

---

91) 반공주의자이기도 했던 이상근은 박정희의 반공정책에는 강한 지지를 표방하고 있었다. 1974년 '대통령 조찬기도회'에서 설교한 이상근에게 박정희는 "북괴 공산주의자들 통일전선 공작의 하나로 종교계에 침투하려 하고 있다"고 했고, 이상근이 이에 대해 이의를 달지 않았다. "종교계의 침투획책", 「경향신문」, 1975년 5월 1일자.

92) 한경직 등은 민주주의 체제를 훼손하는 것에는 반대 입장을 분명히 했지만, 반공과 안보는 그에게 가장 우선 순위였다.

93) "8 · 15 이후 우리가 못했던 일", 『새가정』 통권371호, 1987년 7 · 8월, pp.16-17.

성결교회도 복음을 영적 영역으로 국한시키려는 그룹과 국가나 사회까지 확대하려는 그룹으로 나뉘어 있었다. 그러나 기성은 KNCC에 속해 있었지만, 복음을 이데올로기로 이해하는 교회가 아니었다. 예성과 마찬가지로 구령을 철저히 강조했다.

그런데, 각 교단 지도자들이 유신 정부와 대립하는 것을 멈추고 타협적 입장을 보인 가장 결정적인 이유는 크메르에 이어 월남이 공산정권에 패망하는 장면을 직접 목격했기 때문이다.

1975년 4월 30일 월맹군 탱크들이 사이공의 베트남 대통령 집무실까지 진격하고, 임시 대통령 두옹 반 민(Duong Van Minh)은 항복문서에 서명했다. 대통령 궁 게양대에는 청백색의 베트콩 기가 올려졌다.[94] 때를 같이 해 김일성은 공산중국을 방문했고, '적화통일'을 장담하고 나섰다.

한국 전체가 긴장에 빠졌다. 박정희는 공식 담화 이틀 전, 지방을 순시하면서 "자유 회복"이나 "민주화"를 외쳤던 월남의 민주화 운동을 비판했다. 공산주의자들의 전술 전략에 말려든 것이라며 소리를 높였다. 민주화 체제로 전환하면 모든 문제가 해결될 것이라는, 한국 사회 일각의 주장도 비판했다.[95] 그 진단과 해법에 대해 다른 의견들을 갖고 있었지만 신민당 총재 김영삼, 국회부의장 이철승, 야권 주도자 중 한 사람이었던 김대중도 월남 패망을 무겁게 받아들였다.[96] 교회도 예외일 수 없었다.[97]

대통령이 공식담화를 발표하며 "총력안보"를 다짐하고 "총화단결"을

94) "베트콩 정권인수 완료", 「경향신문」, 1975년 5월 1일자.

95) "박대통령의 지방순시 결산", 「경향신문」, 1975년 4월 28일자.

96) 「동아일보」, 「경향신문」, 1975년 5월 1일자.

97) 최태민이 박정희를 설득해 '대한구국선교단'를 조성할 수 있었던 것도 시대적 상황 때문이다. '대한구국선교단'은 전국 동 단위까지 조직을 가졌고 최대 300만 명의 단원을 확보했다. 통합측 강신명도 여기에 참여했다.

요구하고 나섰을 때,[98] 18개 교단 대표들은 긴급히 모여 교회의 대처를 논의했다. 가칭 '기독교 범교단지도자 협의회'를 구성하기로 했고 한경직이 회장에 추대되었다. 그 모습은 6.25 전쟁이 일어났을 때 '구국기도단'을 결성했던 것과 크게 다르지 않았다.

'기독교 범교단지도자 협의회'는 "공산주의 위협"에 대해 최대의 관심을 기울이겠다는 성명을 발표했다. 그리고 "미국과 자유 우방"에 대해 "한국의 방위와 수호를 위해 구체적이고 적극적인 계획 수립과 실천을" 촉구했다. 덧붙여, 미국이 "인도차이나에서 수난을 당하는 교회와 전 자유민"을 보호하지 않는다며 유감을 표시했다.[99] 국민을 향해서는, "민족적 과제"를 위해 하나가 되자고 호소했다.

그동안 민주화 회복운동에 동참했던 KNCC 교회들도 이를 유보하고 반공과 안보로 방향을 틀기 시작했다. 정부와의 대립과 갈등도 풀기 시작했고 공산주의에 대해 더욱 예민한 반응을 보였다. 이런 의식은 주한미군의 철수를 구체화했을 때[100], 더욱 뚜렷이 나타났다.[101] 그런 의식은 신군부가 등장할 때도 노출되었다. 그런 이유로 신군부를 지지하거나 민주주의체제를 유보하는 것으로 비춰지기도 했다.[102]

---

98) 「동아일보」, 1975년 4월 30일자.

99) "印支 사태 따른 共産 위협 重視", 「경향신문」, 1975년 4월 28일자.

100) 그때 카터는 1979년 말까지 모든 지상군 전투 병력 및 전투 지원부대를 철수시키겠다는 계획을 갖고 있었다. 이흥환 편저, 『미국 비밀문서로 본 한국 현대사 35장면』(서울: 삼인, 2008), pp.112-115.

101) 한경직은 직접 미국을 방문해 미국 기독교계와 국회, 미국 내의 언론 등과 접촉하며 카터의 계획이 잘못되었음을 강하게 주장했다.

102) 1980년 8월 6일, 한경직, 조향록, 정진경, 김지길, 김인득, 강신명, 이경재, 지원상 등 교계 지도자 23명은 전두환을 비롯한 국보위 전 분과위원장들 앞에서 축복기도를 했다. 「교회연합신보」, 1980년 8월 17일자.

시대적 상황이 이유가 되었지만, 이런 일련의 일들로 인해 민주화회복 운동을 이끌던 목회자들은 친 정부적으로 돌아선 것으로 비춰졌다. 이로 인해 그간의 정치적 영향력은 급격히 약화되었고 국가구원을 이끌던 동력은 크게 상실되었다. 국가적 과제 해결에 교회 이름으로 나서도 이전만큼 호응을 얻지 못했다. 이미 한국 사회가 자유민주주의적 가치와 정체를 근대 한국의 정체성으로 믿고 있었기 때문이다.

제3편

새로운 교회상, 새로운 신학의 등장

제 1 장

민중신학의 발현

1974년 연세대 신과대학 퇴수회에서 교수 서남동은 "예수와 민중"이라는 주제로 강연을 했다.[1)] 이후 그는 김지하의 문학과 사상에 접목해 '민중신학'을 주창했다.[2)] 김지하의 작품에서 묘사된, 한국과 기독교 역사에 내재 되어있던 민중전통에서 "하나님의 선교(Missio Dei)"를 발견했다는 것이다.[3)]

서남동은 박정희 정권에 반대했다. 특히 인권정책을 강하게 문제 삼았다. 그 저항 때문에 1975년 교수직에서 해임되었고, 일명 '3.1 민주구국선언'에 참여하면서 투옥되었다. 22개월 만에 가석방된 후, 한국기독교장로

---

1) 서남동, 『민중신학의 탐구』(서울: 한길사, 1983), p.173.

2) Ibid., p.174.

3) '민중신학'이라는 단어가 처음 등장하게 된 것은 서강대 철학과의 김형효 교수가 '민중'의 개념이 "추상적 허구"라고 지적하면서 서남동을 비판한 것이 계기가 되었다. 그 때 민중신학의 투쟁적인 열광주의를 경고한 김형효의 글에 대해 서남동은 1975년 4월 『기독교사상』에 "예수, 교회사, 한국교회"의 제목으로 반박했다. 이때 '민중신학'이라는 표현을 처음 사용했다.

회 선교교육원 원장에 취임했다. 민주화운동을 벌였던, 퇴학당한 학생들을 위해 마련된 곳이었다. 이곳에서 서남동은 자신의 신학을 알렸다. 신앙과 사회적 저항을 같은 것으로 보았던 그의 신학은 시간이 갈수록 정교한 이론을 갖추었고, 그의 '민중신학'은 고유명사가 되었다. 세계 신학계는 이를 한국의 독창적 신학으로 여기며 주목했다.

서남동은 예수를 억압받는 소외자를 구원하는 해방자라고 주장했다.[4] 그리고 고난당하는 예수를 민중과 일치시켰다. 따라서 민중의 고난은 예수의 고난이 되었다. 십자가 구원 사건을 민중의 연대로, 부활 사건을 정치적 봉기로 연결시켰다. 민중은 연대와 동참을 통해 생명을 요구할 수 있고 봉기를 통해 살아날 수 있다는 논리를 만들어 냈다.[5] 민중도 예수처럼 죽음을 이기고 살아날 수 있다는 주장이었다.[6] 예수의 십자가 사건을 사회경제사적 차원에서 해석했고 정치적 사건으로 규정했다.[7] 피압박 소외계층인 민중은 구원의 대상이 되고 구원의 주체자가 되었다. 자동적으로 민중이 역사의 주체가 되었고 성직자는 민중의 구원을 부르짖어야 했다. 민중의 한(恨)을 풀어주는 것이 목회자의 사명이 된 것이다.[8] 모세의 출애굽 사건도 그렇게 해석되었다. 예수는 민중인 동시에 민중의 지도자가 되었고, 모세는 영웅적 해방자가 되었다. 민중의 저항적 동행자가 된 것이다.

---

4) 서남동, "예수 · 교회사 · 한국교회", 『민중신학의 탐구』(서울: 한길사, 1983), p.11.

5) 서남동, "민담의 신학-反神學", Ibid., p.303, pp.320-324.

6) 안병무, 『민중신학이야기』(서울: 한국신학연구소, 1987), p.331.

7) 서남동은 송기득과의 대담에서, 민중의 해방을 다루기 위해서는 사회경제사적 방법이 가장 알맞다고 피력했다. Ibid., p.79.

8) 송기득, "민중신학을 말한다-서남동과의 대담", 『신학비평』 통권 제28호, 2008년 봄, p.78

성경은 참고도서로 전락되었다. '구원'은 정치 · 사회적 의미의 '해방'이 되었다. '불순종'을 죄로 여겼던 복음주의적 죄관(罪觀)은 거절되고 사회적 부조리와 구조적 모순을 죄로 규정했다. 하나님의 주권의식, 곧 역사의 절대 주체요 진행자라는 의식은 약화되었다. 기독교 신학의 주제를 예수가 아니라 민중으로 보았기 때문에, 그리고 예수를 수난당하는 민중으로 규정했기 때문에, 민중은 메시야가 되었다. 따라서 예수를 믿는 사람은 민중을 해방시켜야 했다.[9] 성경이 다루고 있는 초월적이고 초자연의 세계, 곧 눈에 보이지 않는 세계에 대한 관심은 크지 않았다. 역사를 만들고 역사를 진행하시는 하나님이라는 개념도 소홀했다.

영적이고 초자연적인 삶이 소홀히 취급되면서 예수 그리스도의 복음은 도덕적 영역으로 제한되었다. 한국교회가 소중히 여기던 참회, 속죄의 은총, 단독자 의식은 그리 중요하게 여기지 않았다. 회개를 통한 심령의 치유와 절대자에 대한 의뢰 의식에는 큰 관심이 없었다. 타력에 의한 구원 의식이 아니라 민중이 주체가 되는 '자력적 구원'을 외쳤기 때문이다. 정치 · 사회적 '해방'이 참다운 의미의 구원이 되었고 영혼을 구원해야 한다는 의식이 사라진 것이다.

민중신학은 한국구원을 외치고 교회의 예언자적 사명을 다하겠다고 했던, 부정과 불의를 지적하던 신학과도 거리가 멀었다. 한국에 대한 구원이 아니라 민중에 대한 구원으로 제한했기 때문이다. 그것은 그동안의 주제와 담론, 곧 '민족'이나 '한국'을 벗어나 '민중'으로 방향을 틀어야 한다는 주장이기도 했다.

그간 한국교회는 '민족'이나 '한국'이라는 주제 아래 동일성과 일치, 포

---

9) Ibid., p.116.

괄성을 강조해 왔다. 그러나 민중신학은 민족을 상층과 하층으로 나누었다. 상층은 지배층이요 하층은 피탈층이라며 계급적으로 분리한 것이다. 이런 의식에 따라 '민중'이라는 말은 엘리트, 특권층, 지배층에 반대되는 집단이 되었다. 민중은 정치권력이나 경제적 부(富), 사회적 지위나 고등교육을 얻지 못한 계급이 되었다.[10)]

사회경제적으로 보면 눌리고 억압받는 계층이지만, 정치신학적으로 보면 민중은 역사의 주체이고 사회를 이끄는 원동력이라고 주장했다.[11)] 그러나 민중신학을 보다 정교히 다듬고 확장한 그룹은 이미 특권층이고 엘리트층이요 지배층으로 분류되는 기독교 지식인이었다. 민중신학이 논리적이고 정교한 이데올로기로 무장될 수 있던 이유이다.

민중신학은 민족 전체를 대상으로 선교했던 전통과 전혀 다른 접근이었다. 성스러운 빈자가 되어 민초들과 함께 하려 했던 송창근의 신학, 곧 하나님이 고통당하는 소외자와 고통을 함께 한다는 '성빈의 신학'과도 일정한 간극이 있었다. 성빈신학은 '민족'의 내부에 존재하고 있는 사회적 약자인 민중을 배려하고 소외로부터 벗어나게 해야 한다고 주장했지만 민중을 주체로 삼지 않았다. 사회 빈민계층도 민족의 일환이라는, '소외된 민족을 위한 신학'이었기 때문이다.[12)]

---

10) 현영학, "민중 속에 성육신해야", NCC 신학연구위원회 편, 『민중과 한국신학』(서울: 한국신학연구소, 1982), p.15.

11) 송기득, op.cit., pp.91-92.

12) '민족'이란 그 어의(語義)상 동일성이나 일치, 포괄적 개념이 강한 반면, '민중'은 어떤 형태로든 지배층인 상층과 피탈의 하층을 나누면서 쓰여진 것으로 갈등과 양분의 개념이 강하다. 김정준의 '한의 신학'에서는 일반 민중신학에서 주장하는 것, 곧 '민중이 주체가 되는 신학'이 아니라, '소외된 민족을 위하고 배려하는 신학'이라 해석되어야 한다.

민중신학은 1970년대 정치적 상황에서 시작되었다. 불의와 불합리한 정치적 구속이 난무하던 상황에서, 서민 대중의 실존을 한(恨)이란 개념 아래 해석했다. 그렇지만 담론에서 그치는 신학을 거절한, '행동을 요구하는 신학'(doing theology)이었다. 실질적인 행동과 저항, 투쟁을 요구했고 그 실천에 역점을 두었다. 신학적 사고에서 멈추지 않고 논점을 제시하며 구체적으로 저항해야 한다고 주장했다. 전통적인 영적 영역을 외면했고, 민중의 주체적 역량을 외치며 '공장전도', '산업전도', '대중선교', '산업선교'라는 영역을 만들어 냈다. 그리고 생존권 투쟁 방식을 발현시켰다.

생존의 문제를 해결하는 것이 복음의 역할이라는 주장이 펴져 나갔다. 현영학, 서광선, 안병무 등 기장(基長)을 중심으로 기독교 지식사회와 교회 일각, 기독교 학생 단체로 빠르게 확산된 것이다. 민중신학은 80년대 민주화운동의 이론적 토대가 되었다.

70년대 민주화운동은 대한민국이 채택한, 자유민주주의 체제를 회복하자는 운동이었다. 반면, 80년대 민주화 운동은 민중계층의 인권과 권리에 초점이 맞추어진, 계급투쟁의 목표를 갖고 있었다.

제 2 장

오순절교회(Pentecostal Church)의 전면 등장 - 복음주의 전통과의 합치

1960년대 이후, 한국교회 주변에 속해 있던 오순절교회가 급격히 부흥했다. 1984년에 열린 '한국기독교 100주년 선교대회'에서 순복음교회 담임목사 조용기는 주 강사 중 한 사람이 되어있었다. 한국 5대 교단에 들어갈 정도로 커진 것이다. 크리스찬아카데미조차 그 파격적 성장을 기현상으로 보고 연구를 할 정도였다.[13] 그런데 이것은 최자실과 조용기 때문이었다고 해도 과언이 아니다. 두 사람이 순복음교회를 한국교회의 한 축이 되게 한 것이다.

80년대 초반까지도 한국 주류 교단 일각에서는 조용기와 순복음교회를 이단시하거나 문제시했다. 1983년 예장 통합 총회에서 연합활동을 금지할 정도였다. 그러나 막을 수 없는 거센 흐름이었다. 이단 의구심이 모두 해소되기 전에, 이미 한국교회는 최자실과 조용기의 선교 방식을 적극 도입하고 있었다. 오순절교회 부흥회 방식을 선호한 것이다. '축복'이 주

---

13) 서광선 외, 『한국교회 성령 운동의 현상과 구조: 순복음 중앙교회를 중심으로』(서울: 대화출판사, 1982) 참조.

제가 되었고 이사(異事)와 기적을 중시하게 되었다. 그것을 이룰 수 있는 방식으로 '금식'이 적극적으로 도입되어 활용되었다. 모두 최자실과 조용기로부터 비롯되었다.

1. 그 시작 - 시대의 한계

마리 럼시(Mary C. Rumcy)는 열정적 감리교인이었다. 간호사였던 그녀가 오순절교회로 이적했던 것은 1906-1907년 어간에 하나님의 성회(Assemblies of God)의 로스엔젤레스 대부흥회에 참석한 후였다. 하나님의 성회는 오순절 초대교회와 같은, 성령의 임재와 성령의 능력이 시대를 관통해 나타난다고 믿는 교회이다. 오순절 사건이 여전히 재현되어야 하고 재현된다고 확신한다. 그래서 사도행전 2장 사건의 재현을 기대한다. 회심과 거듭남의 체험을 강조하고 은사를 "성령 충만"으로 여긴다. 실제, 집회에 참석한 사람들은 방언과 신유 등의 사건을 통해 하나님의 임재를 눈앞에서 확인했다.[14] 사도행전 속의 사건을 직접 체험했던 것이다.

미국 캘리포니아 아주사 거리(Azusa Street)에서 있었던, 방언과 신유, 이사와 기적이 눈앞에서 펼쳐지던 이 집회에서 럼시는 방언을 체험했다. "한국으로 가라"는 신비한 음성을 들었고, 20년이 지난 1928년에 한국에 왔다. 미국 오순절 교회가 선교사 자격을 허락하지 않고 목사안수를 주지 않았지만, 선교 열정은 꺾이지 않았다. 부유한 감리교인 덴버드(Denverd)의 후원 아래, 럼시는 평신도 선교사로 내한할 수 있었다.[15]

---

14) 양재철, 『한국 오순절 교회의 신앙과 신학』(서울: 하늘목장, 2005), pp.26-37.
15) 국제신학연구원, 『하나님의 성회 교회사』(서울: 서울말씀사, 1998), p.197.

5년 동안 성과가 없었다. 정동병원을 중심으로 선교를 시작했으나 오순절 신앙과 정동의 풍토가 맞지 않았다. 그래서 택한 곳이 한강변 서빙고 근처로 가난한 어촌 빈민지역이었다.[16] 럼시의 선교는 비로소 빛을 발하기 시작했다.

세브란스 병원의 애비슨(O. R. Avison)은 1893년 다음과 같이 술회한 바 있다.

> 비가 올 때는 길 복판이 수렁을 이루며 가물 때는 먼지가 발을 덮었다. 특히 장마가 질 때는 길에 정금다리를 놓고 뛰어 건너다니도록 되었다. 그리고 길 좌우편 집에서 소변을 창문으로 버려서 그 소변 버린 흔적이 길에서 다 보이게 되었으며 또 이밖에 모든 오예물을 창문을 통하여 개천에 내다버려 개천이 메이게 된 것이었다. 길가이 대변을 가득이 보아 놓아서 더운 날이면 그 썩는 냄새가 코를 찌르고 파리가 왕왕 들끓었다. 이와 같이 위생에 부적한 오예물을 파리들이 묻혀다가 이곳저곳에 퍼뜨리고 개들도 또한 이 더러운 곳에 다니며 여러 가지 오예물을 밟아 사람의 집에 퍼뜨렸다. 큰 길 외에 좁은 골목 같은 데는 일기가 더우면 더러운 내음새가 지독하게 나서 그런 내음새에 젖은 사람이 아니고는 그 길을 통과할 수가 도저히 없게 되었다. 그때는 개천을 청결하는 일이 도모지 없었고 비나 와야 장마물에 씻겨 나려갈 것뿐이었다. 그런고로 그때로 말하면 조선에 비오는 것이 모를 내여 농사만 짓게 함이 될 뿐만 아니라 서울과 같은 대도시를 청결함이 되었던 것이다.[17]

---

16) 한정열, “한국 최초의 오순절 선교사 마리 럼시(Mary C. Rumcy)”, 한국교회사학연구원 편, 『내한 선교사 연구』(서울: 대한기독교서회, 2011), p.187.

17) 애비슨박사 소전, 「基督申報」, 1932년 6월 1일자 6면. 김명구, 『복음, 성령, 교회-

애비슨은 불결한 서울의 거리가 장마철이 지나야 깨끗하게 되었다고 진술했다. 그런데 장마철에 씻겨 내려간 오물들은 한강으로 갔고, 그것은 수인성 전염병으로 연결되었다. 망원동에서 뚝섬에 이르는 강변과 흑석동 등에 무당촌이 많았던 것도 이 때문이다.[18)]

럼시가 활동했을 때도 한강 변은 별반 달라진 게 없었다. 일제가 서울을 정비했다고 하지만 정수시설과 배수시설은 한계가 있었고, 따라서 강가는 여전히 수인성 전염병이 시작되는 곳이었다. 빈곤과 무뢰(無賴)가 삶을 부여잡고 있던, 극빈의 최저층들이 사는 곳이었고 이사(異事)와 기적이 절실히 요구되던 주변부였다. 샤머니즘의 위세가 강했던 이유이다.

재한선교사들은 샤머니즘과 토착종교를 배척했지만, 정작 한강변의 정서는 성서의 초자연적 내용을 거부감 없이 받아들였다.[19)] 오순절 신앙은 이런 곳에서 강하게 빛을 발휘하게 되어 있다. 한국 오순절 교회의 역사가 샤머니즘이 번성한 곳에서 시작될 수밖에 없던 필연적 이유이다.

럼시를 처음 도왔던 사람은 충남 보령 출신의, 구세군에서 일하던 허홍이었다. 여기에 일본에서 오순절 계통의 신학을 공부하고 돌아와 있던 박성산이 합세했다. 박성산은 "성령세례의 표적은 방언이다"고 주장하며 방언, 신유, 권능을 강조했다. 그를 담임으로 1933년 4월 서빙고교회가 세워졌다. 그리고 곧이어 수창동교회가 세워졌다. 오순절교회는 확장이 되어 서울의 가장 가난한 동네들, 곧 아현동에 연희장교회, 흑석동 기도

재한선교사들 연구』, p.273에서 재인용.

18) 김명구, 『복음, 성령, 교회-재한선교사들연구』, p.274.

19) James Earnest Fisher, *Democracy and Mission Education in Korea*, (New York: Teachers College, Columbia University, 1928), p.66.

처, 연신내 장터의 연소교회를 세워나갔다. 1938년에 이르러서 허홍, 박성산, 배부근 세 사람이 목사 안수를 받을 수 있었다.[20] 그러나 조선에 들어와 선교하기 시작한 지 11년 되던 1939년 10월, 신사참배 문제로 럼시는 강제 출국을 당했다.[21] 1942년에는 오순절교회도 해체되었다.[22]

럼시가 한강변의 빈민들을 대상으로 활동하던 시절, 이용도는 버림받은 병약하고 가난한 사람들을 받아들이지 못하다며 한국교회를 신랄하게 비판했다.[23] 배민수도 한국교회가 민초들의 빈궁한 삶을 외면하고 있던 상황을 극복하려고 농촌운동을 이끌었다.[24] 감리교 선교사 스톡스(Marion B. Stokes)도 교회가 가난한 사람들을 위한다고 하면서, 조직을 운영하는 데에만 바쁘다며 감리교회 지도부를 비판하기도 했다.[25] 한국교회 일반이 가난한 사람들을 위한 진지한 고민이 없다는 비판이었다.

이러한 비판과 지적처럼, 대개의 한국교회는 민초들의 빈궁한 삶에 큰 관심을 갖지 않았다. 감리교회가 사회복음과 사회신경을 외쳤지만 그것은 선언적 의미에 불과했다. 장로교회도 배민수의 농촌운동을 막았다. 생생한 성령의 체험을 강조하며 민초들을 위로했던 이용도는 정죄를 받았다. 가난한 사람들을 대상으로 부흥회를 이끌었던 김익두에게는 "고등

---

20) 안수위원은 영국 오순절교회 감독 카타를 비롯해 영국과 미국에서 온 5명이었다. 한정열, op.cit., p.191.

21) 럼시는 1937년 2월에 강제 출국을 당했고, 1940년 12월 20일에는 개인자격으로 들어왔던 영국 오순절 교회 선교사인 베시와 메레디드도 강제출국을 당했다.

22) 한정열, op.cit., p.191.

23) 변종호, 『이용도 목사 일기』(서울: 장안문화사, 1986), p.92.

24) 배민수, 박노원 역, 『배민수 자서전-누가 그의 왕국에 들어갈 수 있는가』(서울: 연세대학교출판부, 1990), p.235.

25) M. B. Stokes, Some thought about Revivals, *Korea Mission Field*, vol. XII No.3, p.56.

무당" 혹은 "미신적"이라는 비판이 따랐다.[26] 교회건축에 반대하며 도시 빈민선교사업을 주장했던 송창근은 산정현교회를 떠나야 했다.[27]

눈앞에서 그 표징을 직접 보여주었기 때문에 오순절 신앙은 보다 강력할 수 있었다. 그러나 "성령 세례"를 강조하는 방식은 낯선 것이었다.[28] 특별히 방언에 대해 한국교회는 크게 부정적이었다.[29] 한국기독교계가 눈길을 주지 않았던 이유이다. 그 시대가 순복음의 신앙방식을 허락하지 않았던 것이다.

2. 순복음교회의 재건과 급격한 성장, 부흥

2.1 정착과 성장의 기본적 조건 - 교회 조직과 정치 규범, 그리고 신학교의 설립

럼시 이후, 오순절 신앙은 자생적으로 퍼져 나갔다. 1943년 무렵, 일본

---

26) 김익두를 "고등무당"이라고 노골적으로 비판한 것은 공산사회주의자들이었지만, 그가 담임으로 있던 남대문교회의 세브란스 의전 학생들이나 한국 교회 내부에서도 그가 미신적이라는 비판이 있었다.

27) 김정준, "성빈(聖貧)으로 가르쳐 주신 선생님", 만우 송창근선생 기념사업회 편, 『만우 송창근』(서울: 선경도서출판사, 1978), pp.332-333.

28) 성령의 체험이 통성기도와 회심체험으로 나타났었고, 김익두 부흥회에서는 신유치유(治癒)가 중심이었다. 그러나 미국 오순절 교회의 전통과 무관했다.

29) 최자실은 이성봉 목사의 집회에서 방언을 체험한 후 신학을 공부하려 했을 때, 이성봉은 자신의 소속 교단인 성결교회가 방언에 대해 부정적임을 밝히고 당시 서대문에 있던 하나님의 성회 소속 순복음신학교를 추천했다. 해방 후, 순복음신학교 학생들까지도 방언에 대해 긍정적이지 않았다. 최자실, 『나는 할렐루야 아줌마였다』(서울: 서울말씀사, 2011), pp.82-85.

오사카 오순절교회 출신의 박자신은, 해남의 장로교인이던, 시어머니 이복덕에게 오순절 신앙을 전했다. 방언과 예언, 신유를 체험한 이복덕은 이를 주변에 적극 전했다. 장로교회에서는 이단으로 정죄했지만, 출교당한 그녀는 자기 집에 작은 예배 처소를 만들고 사람들을 불러 모았다. 이때 방언과 예언 등의 은사를 체득한 표씨 성을 가진 여인이, 목포의 고향 집에 예배처소를 마련하고 따르던 사람들과 예배를 드렸다. 이 가정예배에 1947년 고향으로 내려와 있던, 이성봉의 부흥집회를 통해 신유를 체험했던, 논산감리교회 출신 박귀임이 참석했다. 박귀임은 표씨 부인의 집회를 통해 오순절신앙을 받아들였다.[30]

이후, 박귀임은 전라남도 순천 철도국에 근무하던 남동생 집에 예배처를 세우고 오순절 신앙을 전파했다. 순천중앙장로교회가 박귀임을 따르던 사람들을 출교했지만, 이들은 순천 남내동에 허름한 가옥을 빌려 집회를 계속 이어나갔다. 1948년 3월에 이르러, 대한기독교 순천 오순절교회를 설립할 수 있을 정도로 교인이 늘어났다.[31] 1949년 11월에는 일본 이코마 신학교 출신으로 대전의 장로교회 장로였던 박헌근을 담임자로 세웠다. 1950년 4월 9일에는 박성산의 사회로 허홍, 김성환, 윤성덕 등과 함께 '대한기독교 오순절대회'를 개최했다. 1953년 4월 8일, 아직 6.25 전쟁이 계속되고 있던 상황에서, 미국 하나님의성회의 것을 요약해 신조를 만들었고 재일선교사로 있던 아더 체스넛(Arthur B. Chesnut)을 초대 총회장으로 추대했다. 그런데 체스넛은 허홍, 박성산, 배부근 등 소수의 목회자들과 "기독교대한하나님의 성회"를 조직했다. 한국 오순절교회가 공식화된 것이다.[32] 한국 오순절교회는 그렇게 이어졌고 출범했다. 그렇

30) 국제신학연구원, 『하나님의 성회 교회사』, pp.209-210.

31) 30년사 편찬위원회, 『기독교대한하나님의 성회사』(서울: 종려문화사, 1981), pp.55-60.

지만 6.25 전쟁이 끝났을 때, 오순절교회는 서울 용산 남부교회 허홍, 박귀임의 순천교회, 광주 불로동교회, 부산의 박성산, 목포의 김성환, 윤성덕의 광주 진월교회, 거제의 김길윤, 대구의 김두년, 모두 8개에 불과했다.[33]

조직과 신학교는 교파가 정착하는 데 필수적 조건이다. 제도와 정치규범, 신조 없이 교회가 보존될 수 없었고 새로운 지도자 양성 없이 교회가 확대될 수 없기 때문이다. 특별히 교단 신학교를 세운다는 것은 그 교회가 지향하는 신학, 역사성, 당위성, 이념, 이런 것들을 논리적이고 신학적인 체계로 정리하고 보존한다는 것을 말한다. 복음이 한 때에 머무르지 않고 일관성과 지속성을 가지려면, 냉철한 판단과 객관성, 그런 것들에 의한 섬세한 훈련이 필요한 것이다.[34] 그런 이유로, 공식으로 출범하게 되면서 오순절교회는 곧바로 순복음신학교를 설립했다.

설립 초기, 교수가 없어 다른 교파의 학자들을 동원해야 했고 그렇게 청빙된 학자들은 오순절 신학에 대해 무지했다.[35] 시간이 흐르면서 오순절 신앙의 당위성과 신념이 전달되었다. 한국 오순절교회가 한국의 5대 교단이 되고 1996년 한국기독교교회협의회(KNCC)의 회원 교단으로 가입할 수 있는 조건을 만들어 낸 것이다.

---

32) 국제신학연구원, op.cit., pp.213-214.
33) 변종호, 『한국 오순절신앙운동사』(서울: 신생관, 1972), p.105.
34) 김명구, 『복음, 성령, 교회-재한선교사들 연구』, p.329.
35) 국제신학연구원, 『여의도의 목회자』(서울: 서울말씀사, 2008), p.206-212.

2.2 순복음교회와 오순절 신앙의 급격한 부흥과 파격적 성장 - 복음주의 방식과의 합치

2.2.1 조용기와 최자실의 선교방식

삶을 포기하려 했던 최자실을 일으켜 세웠던 것은 성결교회 부흥사 이성봉의 삼각산 부흥회였다. 거듭남과 방언을 체험한 그녀는 순복음신학교에 입학했다. 이성봉의 추천이었다. 성결교회가 방언에 대해 부정적이라는 것이 이유였다.[36] 신학교에서, 오순절 선교사 타이스(Kenneth Tice)의 천막부흥회를 통해 회심을 체험한 바 있던 조용기를 만났다.[37] 의기투합한 두 사람은 전도부장과 학생회장의 신분으로 전도 운동을 펼쳤고, 졸업 후 대조동교회 개척으로 이어졌다.

두 사람은 1958년 5월 18일, 서울의 주변부에 속했던 대조동에 천막을 설치하고 목회를 시작했다.[38] 민중 층으로 구분되는, 30여 명의 교인으로 시작된 교회는 곧 수백으로 불어났다. 이에 고무된 '하나님의 성회'는 서대문에 1,500석 규모의 순복음 부흥회관을 건축하기 시작했다. 그리고 1961년 10월 전도사의 신분이던 조용기를 담임자로 청빙했다.

---

36) 최자실, op.cit., pp.27-85.

37) 여의도순복음교회 편, 『여의도순복음교회 50년사: 위대한 소명, 희망목회 50년』(서울: 여의도순복음교회, 2008), p.78. 조용기는 케네스 타이스(Kenneth Tice)와 세계선교회(World Mission) 소속의 선교사로 내한해 활동하고 있던 리차드(Louis Richards)의 추천으로, 1956년 9월에 보결시험을 거쳐 순복음신학교에 입학했다. 특별히 선교사 리차드는 한국의 오순절교회에 '순복음'이라는 말을 최초로 소개한 인물로 1954년 김해 맥도리에 '순복음맥도교회'를 세웠다. 김동수 · 류동희, 『영산 조용기 목사의 삶과 사상』(용인: 킹덤북스, 2010), p.101.

38) 국제신학연구원, 『여의도의 목회자』(서울: 서울말씀사, 2008), pp.259-267.

서대문 순복음중앙교회는 3년이 채 되지 않아 교인이 3천여 명에 이르렀다.[39] 1968년에 이르러서는 8천 명이 넘었다. 조용기와 최자실은 개발 예정 지구, 도시로서의 여건이 갖추어지지 않았던 여의도에 대형 예배당을 짓기로 했다. 1973년 8월 19일 여의도 순복음교회에서 첫 주일 설교를 했고, 한 달을 막 넘겨 헌당 예배와 오순절 세계대회를 함께 개최하며 그 위세를 과시했다.[40]

헌당 예배를 드릴 때 순복음교회 교인 수는 18,000여 명이었다. 그런데 1997년에 이르러 70만 명을 넘어섰다.[41] 세계 교회사에서도 유례없었던, 신화라 불릴만한 파격적 성장이었다.[42] 이단 시비가 있었고 사이비라는 의구심이 있었지만 어렵지 않게 극복했다. 1968년에는 극동방송에 "순복음의 시간" 코너를 마련했고 1980년에는 대전 MBC를 시작으로 거의 모든 MBC TV가 조용기의 설교를 방영했다.[43] 1997년에는 KNCC에 가입이 되어 한국 주류의 교회로 자리 잡았다. 빌리 그레이엄과 미국NAE 교회들이 조용기를 주강사로 초청했고 미국과 캐나다, 일본, 아프리카 등 세계 곳곳에서 그의 부흥 집회가 열렸다. 한국 교계의 주변 인물이었던 그가 "현대 기독교의 아이콘"[44]이 된 것이다.

최소 1920년대까지만 하더라도, 한국교회는 통성기도나 신유 등에 냉

---

39) Ibids., pp.359-381.

40) 여의도순복음교회 편, 『여의도순복음교회 50년사: 위대한 소명, 희망목회 50년』, pp.120-125. 오순절 세계대회를 개최할 때 39개국에서 약 2,000명의 사람들이 참석했다.

41) Ibid., p.296. 경기도 파주군 오산리에 금식기도원이 시작된 해도 1973년이다.

42) Hong Young-gi, "The Backgrounds and Characters of Charismatic Mega-Churches in Korea", *Asian Journal of Pentecostal studies*, 2007. 3, p.70.

43) 여의도순복음교회 편, op.cit., p.149.

44) 백기복, 김성국, 최연, 『CEO 조용기』(서울: ICG 출판사, 2007), p.18.

소적이지 않았다. 최자실과 조용기는 한국선교 역사에서 사라지거나 왜소화되었던 금식기도[45]와 통성기도를 일반화시켰고[46] 신유의 현상을 되살렸다.[47]

조용기와 최자실의 선교 방식, 곧 신유와 방언을 비롯한 금식과 기도원의 활용은 교회 성장과 부흥의 모범이 되었다. 조용기의 부흥회에 참석한 회중들은 신유와 기적의 역사를 기대했다. 세계 교회사에서 금욕적 신앙의 도구로 여겨졌던 금식은 이때에 이르러 현실적 문제 해결을 위한 적극적 방식으로 보편화되었다. 그리고 부흥회의 중요한 도구로 자리를 잡았다.

2.2.2 순복음교회 파격적 부흥의 이유

조용기는 '오중복음'과 '삼중축복'을 내걸었다. 성결교회의 표어인 '4중복음', 곧 '중생', '성결', '신유', '재림'에 '성령 충만'을 더했다. 요한삼서 1장 2절[48]을 적극적으로 해석해, 영적 영역과 현세적 삶을 하나로 합치시켰고 '축복'을 전면에 내세웠다.[49]영혼 구원이 그리스도를 통해 완전히

---

45) 1893년 언더우드는 경기도 발안장터에서 불치의 중병에 걸린 환자를 위해 3일 밤낮 금식하며 이를 치유시킨 경험이 있다. H. G. Underwood, "Prayer Cure", *Korea Mission Field*, 제3권, 1907년 5월호 참조.

46) 복음주의 교회라 해도 조용기와 최자실 이전 한국교회는 통성기도를 선호하지 않았다.

47) 초기 선교 역사에 있어, 가난한 사람들의 교회에서는 신유의 현상이 흔하게 목격이 되었다. 창천감리교회가 보관하고 있는 송병학, "倉川敎會沿革序文", 참조 ; 김명구, 『복음, 성령, 교회-재한 선교사들 연구』, p.264.

48) "사랑하는 자여 네 영혼이 잘 됨같이 네가 범사에 잘 되고 강건하기를 내가 간구하노라"

49) 조용기, 『3차원 인생을 지배하는 4차원 영성』(서울: 교회성장연구소, 2005), p.81.

성취되는 것처럼 신체의 건강과 물질적 축복도 구원의 결과라는 주장이었다.[50]

의료보험제도가 시행되기 이전까지, 중한 병에 걸렸을 때 민초들이 기댈 곳은 별로 없었다. 그런데 조용기와 최자실의 예배와 집회에서 신유의 기적이 빈번히 나타났다. 교회의 역사에서 빈번히 나타났던 것처럼, 기사와 이적이 두 사람의 집회에서 목도되었다. 하나님의 위로와 확신의 물증, 계속적인 징표를 소원하는, 대개 소외된 하빈층(下貧層)의 간절한 바람 속에서 나타났던 것이다.

한편, 가난한 사람들은 현세적 축복을 기대한다. 때로 거친 어휘들을 사용하며 구체적인 행동으로 이어지는 성향도 갖고 있다. 오순절 신앙은 이러한 계층의 종교적 욕구와 잘 부합된다. 원초적 영성을 강조하고 인간의 생사화복은 역사의 주관자에게 달려 있다는 것을 분명히 보여주었다. 사도행전에 나타났던 것과 같은 이사와 기적이 조용기의 집회에 나타났다. 최자실이 주도했던 오산리 금식기도원 등에서 신유는 당연한 현상이 되었다. 성령체험과 기도 응답, 기적을 체험했다는 간증들이 쉴 새 없이 이어졌다.

교회의 부흥은 전달층과 수용층의 요구가 서로 결합할 때 나타난다. 여의도순복음 교회의 경우, 인근의 영등포가 공업화되었던 것도 성장과 부흥의 큰 요인이었다. 산업화시대의 도시화 정책과 맞물린 것이다.[51] 그러나 부흥의 가장 큰 이유는 오순절 신앙이 19세기 복음주의 전통 아래

50) 박종현, "한국교회 성장과 정치 · 경제 이념-여의도순복음교회(1960-1990)", 『문화와 신학』 제5집, 2009년, pp.294-295.

51) 박명수, "조용기 목사와 여의도순복음교회의 성장에 관한 연구", 『카리스&카리스마』(서울: 교회성장연구소, 2003), p.261.

있던 한국교회의 생리와 잘 맞았기 때문이다. 순복음교회의 메시지와 교회 운영 방식이 시대적 요구와 종교적 욕구뿐만 아니라 한국교회의 역사성과 잘 맞았던 것이다.

영미 복음주의는 역사의 통치자가 누구인가라는 물음에서 시작된다. 그리고 성경이 하나님의 말씀이라는 고백과 내적 체험을 기본적 특징으로 한다. 또한 교회의 전통과 대중적 상식을 소중히 여긴다. 성육신의 구조를 갖고 있어 철저히 대중성을 지향했고 엘리트주의를 외면했다. 주변부에 있던 사람들이 집회를 통해 성령임재를 체험했고 간증의 방식을 통해 대중적 운동으로 확대되었다. 회심의 체험을 내면으로 침잠시키지 않았고 교회를 중심으로 확산시켰다. 한국고회도 그런 전개 과정을 거쳤다. 선교사들은 회심을 경험한 평신도들에게 임시 목회자의 권한을 주었다. 평신도 지도자들은 자발적으로 성서의 가르침을 전했고 그것은 교회를 설립하는 힘이 되었다.[52] 주변부 교인들의 삶이 바뀌었고 한국사회 중심으로 이동했다. 순복음교회도 철저히 이런 구조와 방식 속에 있었다.

순복음교회의 신학은 '구원', '교회', '성령'의 삼각 축이 구조적으로 합치되었고 전도는 대중성, 평신도 지도력 활용, 평신도에 의한 순회전도 방식을 철저히 따랐다. 오산리 금식기도원은 '기도굴'이라는 독특한 방식을 통해 역사의 주권자가 누구인지 확인시켰다. 빨간 가방을 든 평신도 구역장들에게 목회자와 같은 권한이 부여되었고, 이들은 자발적이고 열정적으로 복음을 전했고 순복음교회를 알렸다.[53]

한편, 시대도 교인들의 바람을 기대 이상으로 뒷받침했다. 박정희로

---

52) 김명구, 『한국기독교사』1, pp.491-492.

53) "여의도순복음교회 60년 '가정 안 교회' 구역조직", 「국민일보」, 2018년 5월 8일자.

상징되는, 수직적 경제 성장의 결실들이 교인들에게도 급격히 주어진 것이다. 질병과 가난, 역경에 시달리던 사람들은 신유의 기적뿐만 아니라 실제적인 부(富)를 일구어 내었다. 생사(生死)의 기로에 서 있던 사람들이 사회 계층적 신분 상승을 함께 얻었다. 웨슬리(John Wesley) 시대의 감리교 운동과 같이, 삶이 달라질수록 그 경제적 · 사회적 성취는 더욱 확대되었다. 순복음교회에 사람들이 몰려들었던 이유 중 하나이다.

수직적 경제 성장만큼 그 그늘이 크게 드리워지고 있었던 때였다. 삶을 꾸려 가는 것이 힘에 겨웠던 민중계층이 파다히 퍼져있었다. 생계의 문제로 고통과 우환을 겪고 있던 상황이 펼쳐지고 있었다. 오순절교회도 민중신학과 마찬가지로 생의 기로에 놓여 있던 민중들을 대상으로 했다. 그들에게 현실적 요구를 채워주어야 한다는 주장도 같았다. 그러나 방식이 달랐다. 민중신학은 세상이 바뀌어지길 기대했다. 세상을 바꾸려 했고 박정희 정권과 그 시대를 냉소하고 부정했다. 그러나 오순절 신학은 인간이 세상을 직접 바꿀 수 없다고 믿는다. 성령이 인간을 바꿀 수 있고, 바뀌고 거듭난 인간은 자동적으로 풍성한 삶을 누릴 수 있다고 강조했다. 사회적 강자에 대한 반감과 저항보다는 사회적 위치가 상향될 수 있다는 기대감을 갖게 했다. 사회적 불합리와 시대적 부조리를 극복할 수 있다는 희망을 주었고 실제로 체득하게 했다. 사회적으로 소외되거나 주변부에 있더라도 크게 재생될 수 있다는 신념을 각인시킨 것이다.

그러나 오순절 신앙은 보여지는 현상, 곧 현세적 축복이 인간의 내면과 영적 영역을 결정한다는 강한 인상을 새겼다. 삶의 자리에서 잘되지 않으면 영혼이 빈곤하다는 의식도 심어주었다. 범사에 잘되어야 영혼이 잘된다는, 역설의 구조로 되어있기 때문이다. 교회성장학과 잘 들어맞는 구조였다. 한국교회의 부흥회 성격을 바꿀 정도로 강력했지만 진리를 향한 고뇌 의식, 십자가 신학, 국가구원의 영역은 크게 나타나지 않았다. '의로운 희생'은 교회에 대한 헌신과 충성으로 대체되었다. 전통적 해석과 달랐던 것이다.

제 3 장

서울 강남의 개발과 대형교회(Mega Church)의 확산 - 도시화, 세속화

1. 그 배경과 과정

가파르게 경제 성장이 되면서 농촌 인구가 급속하게 도시로 몰렸다. 산업화와 도시화가 맞물려 빠르게 진행되고 대도시 주변에 공업지역이 만들어지면서 많은 사람이 필요했다. 도시 인구가 급증했고 그만큼 농촌 인구는 급격히 줄어들었다.[54] 서울뿐만 아니라 대전, 부산, 인천, 울산, 수원, 마산, 진주, 포항, 제주, 전주, 이리 등이 큰 도시로 성장했고 공업단지가 새로 생기면서 창원 등은 하루아침에 도시가 되었다.[55] 1949년 총인구의 7.2%였던 서울 인구는 1970년에 17.6%에 달했고 계속 늘어났다. 주변부에서 중심으로 진출하려는 심리적 욕구도 강했기 때문에 더욱더 도시로 몰렸다. 인구가 급증하면서 생각지도 못한 사회문제들이 일어났고 1968년부터 서울 도심의 인구 분산정책을 시작해야 했다.

---

54) 장세훈, 『냉전, 분단 그리고 도시화』(서울: 알트, 2017), pp.36-37.

55) Ibid., p.135.

박정희 정부는 무리하게 일을 추진한다는 비판을 감수하면서까지 서울의 강남지역을 급격히 개발했다. 정부로서는 베트남의 공산화, 1968년의 푸에블로호 납북사건, 1.21 무장공비 침투 사태 등으로 수도권을 방어해야 한다는 절박감이 있었다. 여기에 대통령 부인 육영수의 피살 사건 등으로 그 위기감이 고조되고, 미국이 미군 철수를 단행하려 하면서 국가안보 차원에서도 과밀화 문제를 해결해야 했다.[56)]

토지구획 정리사업으로 강남의 도로와 제방 등이 설치되면서 대규모 아파트 단지들이 들어섰다. 강북의 도심과의 연결을 위해 한남대교, 영동대교 등 다리들이 잇달아 가설되었다. 원활한 교통을 위해 바둑판같은 도로망들이 만들어졌다. 고속버스터미널을 반포로 이전하고 강북에 있던 모든 고속버스들을 강남으로 집결하도록 했다. 지하철도 강남권까지 연결했다.[57)] 세제 등의 혜택을 주어 공공기관과 금융기관이 강남으로 들어오게 했다. 법원, 검찰청, 무역회관, 관세청 등을 강남으로 이전시켰고, 종로구와 중구에 있던 많은 상업 시설들과 고등학교들을 이전시켰다. 그리고 새로운 사립학교들을 신설하도록 했다.[58)]

1970년대 후반에서 1980년대 초반까지 매년 약 10만 명의 인구가 유입되었다.[59)] 강북의 주요업무기능이 강남으로 옮겨갔다. 편리한 주거 환경 때문에 '신파워 엘리트'[60)]라 불리는 상위계층과 갑자기 돈을 번 사람들이

---

56) Ibid., p.143.

57) 손정목, 『한국도시 60년의 이야기』 1(서울: 한울, 2001), p.237.

58) 서울특별시 강남구 편, 『江南區誌』(서울: 서울특별시 강남구, 1993) ; 서울특별시 서초구청 문화공보실 편, 『瑞草區誌』(서울: 서울특별시 서초구청, 1991) 참조.

59) 서울특별시, 『서울통계연보』(1971(제11회), 1976(제16회), 1981(제21회), 1986(제26회), 1991(제31회), 1996(제36회), 1998(제38회)), 구별(區別) 인구수 참조.

60) 여기에서 말하는 상위 계층은 공무원(4급 서기관급이상), 정치인(국회의원 · 광역/

이주를 했다.[61] 서로 낯설었고 새로운 관계를 맺어야 했지만, 사회적 · 경제적으로 거의 동질 계층이어서, 큰 갈등은 일어나지 않았다. 일제 강점기나 6.25 전쟁 후의 서울과 다른 현상이었다.[62]

강남으로 인구가 집중적으로 몰리자 교회는 발 빠르게 움직였다. 1980년대 초반까지 강남으로 많은 교회가 옮겨갔거나 새로 개척되었다.[63] 그런데 강남 지역의 교회들은 기존의 교회들과 전혀 달랐다. 급격히 변한 지역 환경 때문에 교회 운영의 방식이 바뀌었다. 교통이 발달하고 자동차 중심의 문화가 자리 잡으면서 동네 중심의 '지역교회(local church)'의 개념도 희미해졌다. 서울 전역이 전도대상이 되면서 교회 이름도 동네 이름을 따서 짓지 않았다. 경쟁적으로 교회 성장에 몰두했고 수천, 수만 명의 교인을 가진 대형교회들이 급격히 생겨났다. 이것이 목표가 되어, 도시화된 속성이 교회 정책의 중요한 근거가 되었다.

광림교회나 충현교회 등과 같이 강남으로 이전한 교회 중에서 수만 명의 대형교회가 생겨났다.[64] 소망교회 처럼, 개척한 교회 중에서도 대형

지자체 단체장, 정당 고위간부 등), 교육인(4년제 대학의 조교수, 2년제 대학의 부교수이상), 기업인, 금융인(임원급이상), 법조인, 의료인(종합병원의 과장이상), 문화 예술인(수상경력 및 저명 대표 작품이 있는 인물), 영관급 이상 장교, 연예인, 스포츠인, 종교인, 전문 연구인, 각계 기관단체장 및 기타 전문 직업인을 말한다. 중앙일보 JOINS 인물 정보(https://people.joins.com/) 참조.

61) 강남구, 서초구, 송파구의 파워엘리트 거주비율은 1974년 0.8%에서 1989년에는 42.8%로 증가했다.

62) 김경일, "일제하 도시빈곤층의 형성", 『한국의 사회신분과 사회계층』(서울: 문학과 지성사, 1986), p.374.

63) 1970년대 초부터 1992년까지 강남지역에는 소망교회를 비롯해 약 350여 개의 교회들이 개척되어 신설되었다. 서울특별시 강남구 편, 『江南區誌』 참조.

64) 강정규, 『한국의 7대교회』(서울: 종로서적, 1983), pp.14-15 ; 「경향신문」, 1982년

교회들이 나왔다. 이런 현상은 가톨릭교회도 예외가 아니었다.[65] 교회 대형화를 위한 프로그램들과 신학들이 생겨났고 강단의 설교와 교회 정책도 이에 맞춰졌다. 목회자의 능력과 별도로, 도시화라는 전 세계적인 보편적 현상이 한국에도 위세를 떨쳤다. 그런 환경 아래 서울 강남의 교회는 수직적으로 팽창했다.[66]

2. 대형교회의 확산 - 복음주의 교회의 변화

종로구, 중구, 용산구, 성북구 등에 집중되어 거주하고 있던 의료인, 금융인, 기업인, 법조인 등과 부(富)를 축적한 중상위 계층들 1970년대 후반부터 강남지역으로 이주했다.[67] 이 지역에 거주하던 토박이 교인들은 다른 지역으로 옮겨갔고, 이주해 온 사람들이 교회를 주도하게 되었다. 일반적인 사회 지도층뿐만 아니라 현직 장관 국회의원 등 고위 관료들과 정치 엘리트들도 강남의 아파트 단지로 옮겨왔다.[68] 충현교회와 소

12월 13일자.

65) 반포성당, 청담성당 등 가톨릭교회도 교인이 수천명 이상인 교회들 십여 개가 강남에 밀집해 있다.

66) 미국 시카고대학의 하네만(M. Hannermann)은 남서부 독일의 도시 교회의 설교방식이 개혁교회 방식이고 실제 루터파 교인들이 많은 이유가 이들 지역 도시로의 인구가 활발하게 이동한 때문이라고 밝힌바 있다. M. Hannermann, *The diffusion of the reformation in South-western Germany*, 15_8-1534, The University of Chicago Department of Geography Research Paper No.167, 1975.

67) 2001년의 중앙일보 JOINS 인물 정보 자료 데이터베이스에 의하면 서울시에는 모두 46,842 명의 신파워 엘리트가 있다. 이들 중 50%가 강남지역에 살고 있었다. 특히 의료인, 금융인, 기업인, 법조인은 70%이상이 강남지역에 거주하고 있는 것으로 나타났다.

망교회는 대통령을 배출했다. 고학력층 주부들은 아파트 중심으로 생활하며 상류의 문화를 형성했다.

동질의 계층성을 갖고 있었기 때문에 가치관, 사용 언어[69]가 비슷했다. 정치적 입장도 큰 차이가 없었고 비슷한 관심사를 공유했다. 소득이 크게 차이가 나지 않거나 생활양식(life-style)도 크게 다르지 않았다. 그런 이유로 서로간의 사회적 거리감이 없었다.

강남의 대형교회들은 월남민들이 몰려들어 교회를 크게 이룬 영락교회 등과 달랐다. 신유와 금식, 대규모의 열정적 부흥 집회를 통해 수직적 성장을 한 순복음교회와도 달랐다. '회심 체험'에 몰두하거나 대규모 전도 집회, '통성기도'나 '은사'를 통한 방식이 사용되지 않았다. 오히려 감정주의적이거나 열정주의라며 이를 지양했다.[70] 교회는 철저하게 이주해 온 사람들의 특성과 성향을 살폈고 이들의 필요(need)를 세밀히 파고들었다.[71]

강남의 교회들도 복음주의 신학 아래 있었고 목회자 일반도 그 전통 아래 있었다. 예수 그리스도가 구원자요 화해자라는 의식과 성경이 하나님의 말씀이라는데 어떤 이의가 없었다. 성경이 교회 활동의 모든 근거였다. 거듭난 삶을 강조했고 신앙의 실천을 요구했다. 개인구원을 우선으로 했고 단독자로서 하나님과의 만남을 강조했다. 교회 예배와 새벽기도회, 교회 활동에 충실해야 한다는 것도 요구했다.[72] 교인들은 이것을 당연히

---

68) 「경향신문」, 1986년 2월 7일자.

69) B. Bernstein, "Social Class, linguistic code, and grammatical elements", *Language and Speech*, 5, (New York: The Free Press of Glencoe, 1962), pp.221-240. 번스타인은 계층 간에는 언어를 사용하는 방식도 다르다는 사실을 발견했다.

70) Richard Niebuhr, *The Social Sources of denominationalism*, p.62.

71) 곽선희, "현대설교의 특징과 고려해야 할 사항들", 『연세대학교 연신원 목회자 하기 신학세미나』 6집, 1986 참조.

받아들였다. 상류 계층이었음에도, 복음을 근대 이데올로기로 해석해 기독교 민족주의계를 이루었던 이전의 기독교 지식인들과 달랐던 것이다.

그러나, 복음주의 신학 아래 있었음에도, 강남지역 교회에 구원을 확신한 사람들이 갖게 되는 적극적인 전도열, 진리에 사로잡힌 자가 갖게 되는 고뇌 의식은 상대적으로 뚜렷하게 나타나지 않았다. 국가구원의 사명의식도 뚜렷하지 않았다. "신비주의에 빠지는 우(愚)를 범하게" 된다며 성령의 체험도 일정부분 경계했다.[73]

현대 도시인의 종교적 욕구는 단순하고 직접적이다. 도시 생활이 이들의 사고(思考) 시간을 빼앗기 때문이다. 또한, 도시가 갖는 기능성과 효율성에 대단히 익숙하다. 강남의 교회들은 그런 속성을 잘 파악했다.[74] 다른 지역의 교회들로부터 수평 이동한 사람들도 있었지만, 강남으로 이주해 온 이후 처음 복음을 접한 사람들도 많았다.[75] 목회자들은 이들의 상황을 놓치지 않았다. 오히려 그 속성을 적극적으로 활용해 복음을 각인시켰다.

예배는 간결했다. 복잡한 교리나 전통적인 예식은 강조되지 않았다. 성경을 강해하고 설교의 필요성을 강조했지만 교리 교육이나 신학적 설파는 하지 않았다.[76] 복음주의가 가진 감정주의는 워십(worship) 음악이나 문화적 접근을 통해 해결했다. 신앙인의 자세를 가질 것을 주장했지만 진리를 찾는 순례자의 길을 요구하지 않았다. 이웃돕기, 사회복지 지원

---

72) 곽선희는 자신의 목회에 새벽기도회를 한 번도 거른적이 없다고 술회한 바 있다.

73) 곽선희, 『현대인을 위한 신앙고백』(서울: 종로서적, 1985), 이정연, "도시근대화와 종교: 1970~80년대 서울 신도심의 창출과 초대형고회의 형성"(서울대학교 박사학위논문, 2018), p.137에서 재인용.

74) 김명구, "왜 감리교인가?", 「기독교타임즈」, 2005년 03월 17일자.

75) 이정연, op.cit., p.129.

76) 이정연, op.cit., p.132.

등 대(對) 사회를 향한 신앙실천을 강조했고 윤리적 성취감을 맛보게 했지만, 시간을 빼앗는다는 인상을 주지 않았다. 영적 구원을 강조했으나 개인의 자유와 행복도 함께 추구했다. 이들이 가진 사회적 관심사에도 귀를 기울였다. 교인들의 계층적 속성을 외면하지 않은 것이다.

강남의 교인들은 문화적 소양과 교양을 중요시하고, 예술, 학문, 교육, 문화에 보다 깊은 관심을 가졌다. 사회가 당면한 정치, 경제 사회적 이데올로기와 시대적 상황을 면밀하게 분석하려는 성향도 강했다. 비교적 안정된 생활을 할 수 있었기 때문에 구체적인 기복적 욕구보다는 교회의 사회 윤리적 기능을 중요시했다. 영적인 성취에 일방적으로 만족하지 않았고 인간의 행복과 품격을 소중히 여겼다.

지식인들이 많았고 고소득층이 많았으며 한국 사회 각 영역을 주도하는 인물들이 많았다.[77] 갑자기 부(富)를 얻은 사람들도 많았다. 그렇지만 경쟁에서 살아남아야 한다는 강박감이 이들을 누르고 있었고 업적주의의 세계관, 습관화되고 기계화된 사회 속에서 시달린 사람들이 적지 않았다. 곽선희가 강남 지역 사람들이 불신과 불안을 겪고 있고 무감동과 무책임, 무관심에 시달리고 있다고 진단했던 이유이다.[78] 소망교회 담임자였던 그는 정서적 불안 속에 사는 사람들이 많고 근본적인 도덕 문제로 고민하고 있다고 지적했다. 자본주의 사회가 가진, 비인간적 사회 속에서 경쟁에 뒤쳐질까 고심한다는 말도 했다. 그러나 불안감에 시달리고 있어도, 세속적 욕구를 포기하지 않는다고 분석했다.[80]

---

77) 임윤택, 『소망교회 이야기』(서울: 베드로서원, 2001), pp.18-19.

78) 곽선희, 『최종승리의 비결』(서울: 계몽사, 1989), p.131.

79) 곽선희, 『자유를 버린 자유인』(서울: 엠마오, 1993), p.50.

80) 이정연, op.cit., pp.132-133.

강남의 교회들은 각종 프로그램과 작은 모임들을 만들었다. 예비부부 모임, 신혼부부 모임, 부부 모임, 노인 모임을 조직했다. 가족 걷기 대회, 여름 가족 캠프, 가족 성가 경연대회를 열었다.[81] 목회자들은 적극적 신앙의 메시지와 함께 치유적 설교와 상담적 설교를 했다. 설교를 통해 사업의 성공, 정치적 승리 등 긍정적 사고도 갖게 했다.[82] 미국교회의 신앙 프로그램들을 모방한 프로그램을 도입해 교회 헌신을 유도할 수 있도록 했다. 부부 세미나, 상담프로그램을 채택해 부부 문제, 자녀 문제, 가정 문제들을 해결하려 했다. 교인들을 위한 취미활동, 친교를 위한 문화프로그램들도 도입했다. 여러 강좌를 개설했고 전문가들을 동원했다.[83]교인들뿐만 아니라 인근 주민들도 와서 참여할 수 있게 했다. 영적이나 지적인 설교로 교인들의 모든 문제를 해결하는 기존의 방식이 아니었다.

강남 대형교회의 각종 프로그램은 한국교회 전체로 확산되었다. '교회 성장학'이 제안되고 비즈니스 경영이 도입되었다. 교인 쟁탈의 경쟁 시대도 도래하게 되었다. 경쟁적으로 교회 성장에 몰두하게 되면서 한국교회는 세속화 시대로 성큼 뛰어들었다.

---

81) Ibid., p.192.

82) 김선도, 『김선도목사전집』 12(서울: 도서출판 광림, 2003), pp.205-215 ; 김세광, "한국교회 설교를 말한다: 삼박자 구원 오중복음에 묻혀버린 '역사'(조용기 목사)", "무엇을 위한 긍정적 사고와 적극적 신앙인가(김선도 목사)", 『기독교사상』, 통권 550권, 2004년 10월, pp.52-53.

83) 곽선희, "현대설교의 특징과 고려해야 할 사항들", op.cit., 참조.

제 4 장

한국기독교신풍운동 - 교회 사명의식의 확장, 새로운 정치신학적 구상

1970년 7월 20일, 서울YMCA 강당에 12개 교단에서 30대 젊은 목회자 82명이 모였다. 이날 이들은 "한국기독교신풍운동"(Movemnet of Christian Power in Kore)을 선언했다. 한국교회가 급성장을 시작했던 시점이었고 수많은 교파와 교단들이 생겨나던 때였다.[84] 이들은 신풍운동의 3대 과업과 강령을 발표했다. "기독교 문화 창출, 한국교회의 갱신과 연합으로 크리스천 파워 형성, 한반도 통일과 세계 평화와 세계 선교"를 내세운 것이다.[85]

신풍운동은 크리스찬아카데미 간사 이재영의 제안에 30대 초반의 창천교회 부목사였던 박춘화, 새문안교회 부목사 홍성현, 초동교회 부목사 신익호 등이 발의했다. 감리교회의 표용은을 준비위원장으로 해서 감리교회의 표용은, 김관련, 안준화, 이해석, 예장 통합의 강동수, 강석원, 이

---

84) 신풍운동편집위원회 엮음, 『한국기독교의 신풍운동』(서울: 대한기독교서회, 2016), p.5.

85) Ibid., p.6.

성걸, 유경재, 하해룡, 기장의 김성호, 김준부, 신익호, 이해동, 최승국, 나사렛교회의 공창술, 김건치, 루터교회 김선회, 김해칠, 손규태, 임인봉, 그리스도교회 기준서, 김세보, 박병수, 박병후, 구세군의 박달용, 오택환, 성공회의 박윤구, 안창남, 기성의 박정무, 신명범, 오광섭, 최건호, 황예식, 침례교회의 정인도, 가톨릭 신부 변갑선, 최창무 등이 발기인으로 합세했다.[86] "한국기독교신풍운동"의 선언문은 다음과 같다.

1. 오늘 한국의 모든 교회는 그 신조와 교파의 차이에도 불구하고 대국적으로 그 보편적 성격에 비추어 하나의 교회 공동체로 단결하여야 한다.
2. 오늘 한국의 모든 교회는 한국민족의 역사적 전통과 생산적인 대화를 전개할 수 있는 일관성과 통일성 있는 자기주장을 이념적 차원에까지 승화시키고 전체 한국교회 공동체가 지행할 현실적 방향 설정으로의 한국적 신학형성을 제일 과제로 하여야 한다.
3. 오늘 한국교회는 인간에게 영원한 생명을 본질로 하는 복음 선포에 총력을 기울여야 하고 복음과 세계의 연속성과 간속성의 변증법적 양면구조를 긍정하면서 동시에 현실 혹은 초현실 일변도의 병적 교회윤리를 동시에 비판, 개혁해야 한다.
4. 오늘 한국교회는 일부 교회 지도자들의 정신적 타락과 부패를 경고하고 기독교적 가치관을 악마적 배금주의와 퇴폐적 물질주의에 동화시키려는 서구적 가치관에의 예속으로부터 해방하여 새로운 한국교회적 가치관을 정립, 제시하여야 한다.
5. 오늘 한국교회는 분단된 조국의 현실을 직시하고 통일조국의 내일을 대

86) Ibids., pp.13-14. 이외에 복음교회의 오충일를 비롯해 김종렬, 김종희, 김영백 등 후일 각 교단의 지도자가 되는 인물들이 신풍운동에 참여했다.

처하기 위한 교회적 책임을 현실적으로 모색하고 수행하여야 한다.

6. 오늘 한국교회가 이 모든 역사적 과업을 수행함에 있어서 젊은 교회인은 일체 기성 교회적 병폐에 비판적으로 대결하고 그것을 새롭게 개혁하기 위한 하나의 창조적 저력으로서 헌신하려고 한다.[87]

젊은 목회자들은 현실을 떠나서 기독교를 생각할 수 없다는 입장을 밝혔다. 기독교의 사명이 교회 내부의 문제나 개인구원의 영역에 국한되어서는 안 된다고 보았고, 한국 사회를 바꾸어나가기 위해 크리스천 파워를 가져야 한다고 주장했다.

이들은 신풍운동의 과업으로 "기독교 문화의 창출", "한국교회의 갱신과 연합을 통한 크리스찬 파워의 형성", "한반도 통일과 세계 평화와 세계 선교"를 정했다. 그리고 "한글세대와의 대화", "열린 예배와 문화선교", "남북대화와 평화통일"을 목회로 연결하려 했다. 산업화시대를 맞이하고 자본주의 체제를 굳건히 하던 상황에서 세대 간의 소통, 통일의 지향을 목회에 반영하자는 주장이었다.[88] 외형적 근대화에 밀려 인간 가치의 확립과 사회 각 계층에 고루 만연된 부정의 사회 생리를 고치기 위해 교회가 나서야 한다는 제안이기도 했다.

당시 한국 사회의 일각에서 한국교회가 사회정의에 나서야 한다는 요청이 있었다. 교회가 경제 성장의 어두운 그림자를 걷어내고 사회를 교화시켜야 한다는 주장이었다. 젊은 목회자들은 교회가 사회의 이러한 요구를 따라가지 못한다고 진단했다. 크리스천 파워가 제대로 작동하지 않았

87) Ibids., pp.14-15.

88) 박춘화, "한국기독교의 신풍운동", 신풍운동편집위원회 엮음, 『한국기독교의 신풍운동』, pp.5-6.

기 때문이라고 판단한 것이다. 그것은 기독교의 희생정신이 결여되었기 때문이라는 주장이었다. 덧붙여, "사회조직이나 기구를 지도하고 뜯어고칠 수 있는 조직적 행동이나 정치적 행동이 없기 때문"이라는 주장이기도 했다.[89]

물론 에큐메니칼 교단과 에반젤리칼리즘 교단의 목회자들이었기 때문에 강조점은 조금씩 달랐다. 그러나 구령을 위한 복음전파와 세계선교 지향, 교회 내부의 갱신문제와 사회정의, 통일문제 등에 한 목소리를 내었다.[90] 한국 실정에 맞는 종교문화 창조도 함께 외쳤다. 한국교회가 에너지를 모아야 그 영향력을 가질 수 있다는데 교파적 분리가 없었다.

한국크리스찬아카데미가 한국교회와 지성사회를 소통하는 장(場)이었고, '대화'(對話)라는 토론 방식을 사용했다면, 신풍운동은 세미나 등을 통해 도출된 결론을 적용하고 실천하는 방식이었다. 교회 사명의 확장을 모색했던 이들은 창립 초기에는 교회 내부의 영역에 초점을 맞추었다. 곧 "예배의식에 관한 연구", "성공회의 특색과 교회 일치성", "한국 에큐메니컬운동과 그 방향", "공공문제"를 주제로 학자들을 초청해 강연회를 갖거나 세미나를 연 것이다. 이후 자신들의 활동에 대한 당위성과 이론, 그리고 방법을 찾기 위한 과정을 거쳤다.[91]

당시 박정희 정권은 "크리스찬 파워"의 성격에 의구심을 가졌다. 교회가 정치에 직접 참여해 박정권의 행보를 방해하려는 것이 아닌가 하는 의심이었다. 신풍운동이 정치집단 운동으로 비추질 수 있었던 것이다.[92]

---

89) "크리스찬 파워, 현실참여에의 발돋음", 「동아일보」, 1970년 6월 7일자.

90) "한국기독교신풍운동 선언문" 참조.

91) 신풍운동편집위원회 엮음, 『한국기독교의 신풍운동』, pp.101-102. 이때 크리스찬 아카데미의 강원용이 적지 않은 도움을 주었다.

그러나 신풍운동은 복음의 영역을 사회와 국가의 영역까지 확장하자는 차원이었지 직접적인 정치 개입을 의미하지 않았다.

1973년 12월 19일 아카데미하우스에서 시작해 종로5가의 복음교회에서 '구국참회금식기도회'를 개최했다. 신풍운동 회원들은 금식기도회 후 참회 기도회를 가지면서 세 개의 선언문을 발표했다. 그것은 자유민주주의 체제 수호를 다짐하는 것이었다. 이들은 강한 어조로 유신체제에 대해 문제를 제기했다.[93)]

1974년 2월, 국무총리 공관에서 있었던 총리 김종필과의 모임에 몇몇의 신풍운동 회원들이 참여했다. 이들은 정부의 부패문제를 비롯한 체제의 문제점에 대해 조목조목 비판하고 지적했다. 특히 예장 통합의 김종렬은 "한국교회가 정교분리의 원칙을 지켰지만, 앞으로는 불의한 정권에 대해서는 정면으로 맞서 도전할 것"이라고 힐책하기도 했다.[94)] 그러나 유신체제에 대한 반대 뜻을 분명히 밝혔지만, 재야그룹이나 민주화 회복운동 선도에 섰던 목사들처럼 직접적인 투쟁이나 저항운동을 시도하지는 않았다.

신풍운동의 중심에 있던 박춘화는 개신교 보수와 에큐메니칼 진영, 그리고 가톨릭교회가 발언권을 가져야 한다고 주장했다. 곧 모든 교회가 일치단결해서 사회와 정부가 복음적 가치를 실행하도록 해야 한다는 발상이었다. 크리스천 파워를 가지고 국내 정세를 선도하고 미국의 언론을 비롯한 국제정세를 한국에 유리하도록 유도해야 한다는 과감한 주장도

92) 민경배, "한국기독교신풍운동과 한국교회사", Ibid., p.17.

93) 유경재, "구국참회금식기도회", Ibids., pp.47-56. "구국참회금식기도회"를 주도했던 인물은 예장 통합측 안동장로교회 유경재였다. 그는 당시 통합측의 입장에 따라 구국의 차원에서 문제를 제기했다.

94) 김종희, "유신시대와 신풍운동", Ibid., p.66.

했다.[95] 반공 세력 기반의 구축과 주한 미군 철수 반대 등 안보문제에 대해서도 뚜렷한 입장을 보였다.[96] 1987년 18일과 25일에는 야당의 대통령 후보였던 김영삼과 김대중을 각각 초청해 한국교회 100주년 기념관 2층에서 조찬간담회를 개최했고, 두 후보의 단일을 촉구하기도 했다. 문화정책과 통일정책에 대해서도 의견을 개진하기도 했다.[97] 기존의 정치 신학과 다른 접근이었다. 복음의 파워가 각 영역에 미쳐야 한다는 것을 그렇게 보여준 것이다.

복음전파와 선교적 사명이라는, 교회 본연의 사명과 자세를 잃지 않으려 했다. 그렇지만 교회가 예언자적 입장을 넘어, 정치적 영향력도 끼쳐야 한다는 것을 주장했다. 교회가 그만큼 힘을 가졌다는 자신감이었다. 또한 확장되고 확보된 교회의 힘을 바탕으로, 복음의 영향력을 한국의 모든 영역까지 넓히자는 제안이었다. 기호계 교회 전통의 특성이 나타난 것이다.

95) 박춘화, "한국교회의 새로운 방향 모색 (下)", 「크리스찬신문」, 1976년 12월 8일자.
96) 박춘화, "한국교회의 지상과제-미 지상군 완전 철군 반대", 「교회연합신보」, 1977년 5월 29일자.
97) 신풍운동편집위원회 엮음, op.cit., pp.138-145.

제 5 장

민중교회의 출현 -다른 교회, 다른 지향

1970년대를 거치면서 기독교의 이상과 실제 한국교회 사이에 괴리감이 있었다고 역사는 말한다. 교회 내에서는 계층적 위치나 문화적 인식이 차이가 있었고 서로 다른 역사관, 세계관, 에토스(ethos), 습관과 관심, 목표와 사고방식, 사회적 태도와 행위에 거리가 있었다. 신앙의 동기와 추구 목적, 교회에 대한 참여 태도와 개입 정도, 신뢰성도 서로 다르게 나타났다.

70년대 후반에 이르러 산업선교와 빈민선교 참여자들, 곧 인권운동에 적극 참여했던 감리교를 비롯해 기장, 예장 통합의 목회자들은 공단과 빈민지역을 중심으로 교회를 세워나가기 시작했다. 이른바 '민중교회'들이 생겨났고, 1988년에 이르러 '한국 민중교회운동연합'이 설립되었다.[98] 박

98) 황홍렬, "민중교회의 선교역사(1983-2005)와 새로운 과제", 『선교신학』 제17집, 2008년, p.35-37. 황홍렬에 의하면 1986년을 전후로 각 교단 내에 민중교회 조직들이 만들어져 1988년 7월에 약 80개의 민중교회가 있었고, 이를 근거로 "한국 민중교회운동연합"이라는 연합조직을 형성했다. 그 아래 12개 지역조직이 있었다. 1992년에는 한국 민중교회운동연합의 회원 교회가 115개로 조사되었으나 그

정희 정부의 경제정책의 여파와 그것을 계승한 제5공화국의 정책의 결과였다. 노동자와 가난한 사람들을 위한 교회들과 조직들은 그 결과로 생겨나고 확대된 것이다. 성남주민교회(이해학)를 시작으로 사랑방교회(이규상), 활빈교회(김진홍), 형제교회(김동완), 희망교회(정명기), 노동교회(성문밖교회/조지송), 실로암교회(청계천 뚝방교회/모갑경), 동월교회(허병섭), 광야교회(부평 백마교회/조화순), 구로동 신경교회 등이 그 교회였다.

전태일 이후, 소수의 목회자들은 민중이 주체가 되는 교회를 꿈꾸었다. 1980년 중반에 이르러 '민중이 주인이 되는 하나님 나라 건설'을 외치는 신학이 정립되었다. 민중의 교회를 꿈꾸던 사람들은, 교회가 민중 속에서 하나님의 정의를 실현해야 한다고 보았고 민중의 입장을 대변해야 한다고 믿었다.[99] 복음도 민중의 삶과 연결시켜 해석했다. 예수를 해방자로 보는, 그런 신학 아래 목회자들은 노동운동 차원에서 교회를 이끌어갔다. 교인들 혹은 주민들과 함께 열악한 환경을 같이 겪었고, 때로 노동자 혹은 빈민이 되어 삶의 현장을 공유했다. 민중들이 겪는 아픔과 같이했고, 노동자의 입장에서 노동현장의 부당함을 고발하고 항의하며 함께 했다.

민중교회는 기존교회와 전혀 다른 프로그램들을 진행했다. 노동 상담소, 야학, 노동자 문화교실, 맞벌이 가정을 위한 탁아소, 청소년 공부방, 주말 진료소, 노동법 강좌 등 다양했다. 야학을 통해 한글, 역사, 사회, 상식, 한자 등의 과목을 가르쳤고 사회적 상황에 대해 토론했다. 분신, 연행, 투옥 등을 당한 자들을 위한 대책 활동도 했다.[100] 교사는 대학생,

---

이후 수적 증가는 이루지지 않았다. 90년대 중반 이후에는 연합 활동이 현저히 떨어져 있다.

99) "교회는 민중 대변 정보 공동체", 「한겨레신문」, 1989년 3월 19일자.

100) "민중교회 프로그램 소개", 『노동선교』, 제7호, 1987년 7월호 참조. 이런 과정에서 민중교회 목회자들은 음반법, 혹은 노동법과 국가보안법으로 구속되기도 했다.

대학생 출신의 노동자, 야학 과정을 수료한 노동자들이었다.[101]

> 저 공장에 밤은 깊어 기계와 조는 노동자여
> 지친 그대 고개 들어 주 나신 기쁨 나누세
> 우리 모두 찬양하세 해방자 나셨네[102]

민중교회는 한국교회의 찬송가에 대해서도 비판했다. 기존의 찬송가가 피안의 세계, 비현실의 세계를 지향하고 구령의 영역에 편향되었다고 주장했다. 그런 이유로 '예언', '해방', '역사의 하나님'을 강조하는 "해방자 예수 예찬 찬송가집"을 별도로 만들기도 했다.[103] 일반 한국교회와의 간극은 그만큼 벌어졌다.

한편, 문동환은 한신대 교수 시절을 회고하며 다음과 같은 묘한 말했다.

> 김정준 학장은 폐결핵으로 3년간 요양원에서 생활하면서 고난을 극복하고 신앙적인 경건을 찾은 분이었다. 그의 정신적 신축성과 열정의 근원은 '고난과 경건'에 있었다. 나는 이런 전통적인 경건보다는 독재정치가 난무하는 20세기에는 역사 안에서 내가 참으로 하나님 뜻대로 바르게 사는 것이 '참 경건'이라고 학생들에게 가르쳤다. 이런 분위기로 학내가 술렁이자 당시 교무과장으로 한신대에 갓 들어온 안병무가 나를 찾았다. "당신이 오면서 분위기가 달라지고 있는데 도대체 그게 뭐요? 학생들에게 새로운

---

101) 황홍렬, op.cit., p.35.

102) 한국민중교회운동연합 민중찬송가 편찬위원회 편, 『민중복음성가』(서울: 사계절, 1990), p.70, "성탄찬송 1절".

103) "해방자 예수 예찬 민중 찬송가집 나온다", 「한겨레신문」, 1989년 5월 14일자.

경건을 가르친다며?" 하고 물었다. 그날 나는 은진중학교 동창인 안병무와 진솔한 대화를 나눴다.[104)]

문동환은 김정준의 경건관을 비판했다. 그의 말처럼, 김정준은 박정희 정권과의 투쟁도 강조했지만 학생들에게 철야 예배와 단독자와의 만남, 열정적인 기도를 요구했다. 한국구원과 개인구원을 함께 강조하는 경건이었다. 김정준이 자신의 생애 마지막쯤에 주장했던 '한의 신학'도 계급적 의미의, '민중 주체의 신학'이 아니라 사회 중심에서 소외된 민족을 위한 신학, 곧 송창근의 성빈신학과 연결되어 있었다.[105)] 문동환은 이를 거절한 것이다.

80년대부터 번성하기 시작한 민중교회의 신학은 '민중신학'과 '하나님의 선교(Missio Dei) 신학' 아래 있었고 문동환의 신학과 다르지 않았다. 기독교의 복음이 이방인, 자유와 정의, 해방과 평화로 귀결된다고 본 것이다. 하나님의 구원과 해방의 기쁨을 맛보지 못한, 소외된 이방인들을 억압과 어둠의 세력에서 구출해 내야 하는 것이 복음의 역할이라는 해석이었다.[106)] 민중교회는 민중을 위해, 계급투쟁도 불사하는 신학을 선택한 것이다.

기장의 원류인 함태영이나 송창근의 신학과 무관했다. 김재준의 것과도 거리가 있었다. 복음의 역할을 인간화의 지향으로 규정했고, 교회의 역할을 복음전파가 아닌, 세상을 바꾸는 것으로 대체했다. 교회 밖에도

---

104) 문동환, "교수님들, 국가원수의 체면 좀…" 「한겨레신문」, 2008년 10월 9일자.

105) 김정준의 '한의 신학'에서는 일반 민중신학에서 주장하는 것, 곧 '민중이 주체가 되는 신학'이 아니라, '소외된 민족을 위하고 배려하는 신학'이라 해석되어야 한다.

106) George F. Vicedom, 박근원 역, 『하나님의 宣敎』(서울: 대한기독교출판사, 1980), p.108.

진리가 존재할 수 있다는 입장을 표했고 교회가 유일한 구원의 기관이라는 것을 거절했다. 이 땅 가운데에만 임하는 하나님 나라만이 진정한 것이라 주장했다. 개인의 성화와 구원을 인간의 존엄과 사회정의로 바꾸었고, 교회가 선교의 주체라는 것을 부정했다.[107] 기존의 한국교회를 비판했고 그 역사적 전통을 거부했다. 사람을 바꾸어 세상을 변화시키려 했던 신학적 구조도 거절했다.

80년대를 지났을 때, 민중교회 주도자 중 여러 사람이 김대중, 노무현 정부의 요직에 자리를 잡거나 정치의 길에 들어섰다. 이들은 자신들의 신학적 신념 아래, 정치적 영향력을 이용해 세상을 바꾸려 했다.

107) 조승혁, 『한국교회와 민중선교의 인식』(서울: 정암사, 1986), p.109.

V. 1980년대의 기독교

- 한국구원의 지향성과 영향력의 상실

제1편

한국교회와 신군부 정권, 그 관계성

제 1 장

신군부의 정권 장악의 빌미

18년 동안 집권을 했던 박정희의 부재는 국민을 불안하게 했다. 정치적 홍보와 의도적 교육, 통제된 언론을 통해서 각인된 것이 없지 않았지만, 국민들에게 박정희는 한국을 책임지는 "강력한 지도자"였다. 적지 않은 사람들이 안보에 대한 불안과 혼란한 사태들에 대해 우려했다. 한국 사회 곳곳에서는 봇물 터지듯 민주화에 대한 요청이 넘쳐나고 있었다. 대학가에서는 연일 시위가 계속되고 있었고 사북탄광 광부들의 시위는 난동으로 번져가고 있었다.[1]

이와 같은 상황에서 민주화운동을 이끌던 김영삼과 김대중은 노골적으로 갈등하고 대립했다.[2] 두 사람은 윤보선 등 정치원로들의 호소를 외면했고 민주화를 열망하던 한국 지식사회의 요청을 거절했다. 김영삼은 김대중에게 당 총재를 양보하라는 강원용의 요청을 거절했고[3], 김대중은

1) 김명구, 『해위 윤보선-생애와 사상』, pp.396-396.

2) 「한국일보」, 1980년 4월 28일자.

3) "강원용 목사의 체험 한국 현대사 ④", 『신동아』 통권534호, 2004년 3월, pp.426-439.

"군(軍)이 사상을 의심하고 있으니 먼저 김영삼을 후보로 단일화한 후, 차기를 기다리라"는 권유를 뿌리쳤다, 오히려 김대중은 "통수권자가 되면 군 지휘관들은 자신에게 충성할 것"이고, 그렇게 약속했다며 신군부의 등장을 염두에 두지 않았다.[4] 두 사람 모두 대통령이 되는 것에 자신했기 때문에,[5] 그 누구의 중재나 제안도 외면했다.

적지 않은 사람들이 민주주의 체제로의 이양을 오히려 불안하게 여겼고 의구심을 갖고 민주화 세력을 바라보았다. 박정희를 그리워하고 아쉬워하는 국민도 적지 않았다. 시민사회도 형성되어 있지 않아 바른 판단으로 국민을 도울 수 있는 조직도 많지 않았다.

민주당 구파와 신파의 후예들이었던 두 사람은 치열하게 갈등했다. 결국 빌미가 되었고 불행한 결과를 낳고 말았다.[6] 김대중은 연행되어 내란을 음모했다는 이유로 사형을 언도 받았고 김영삼은 오랫동안 가택 연금을 당했다. 국민들이 기대했던 '서울의 봄'은 일순간에 종말을 고했다. '광주 민주화 운동'이 일어났고, 결국 국민적 불안감을 빌미로 전두환의 신군부가 정권을 장악하게 되었다.[7]

---

4) 강원용, 『역사의 언덕에서』 4, 미완성의 민주화(파주: 한길사, 2003), pp.134-135. 10 · 26 이후, 계엄사령관 정승화는 언론사 간부들 앞에서 김영삼은 무능하며, 김종필은 너무 부패했다고 발언했다. 이것은 당시 군부의 일반적 생각이었다고 볼 수 있다.

5) 김영삼은 관훈클럽과의 토론을 통해 신민당을 이끈 자신이 대통령이 될 것이라 자신했다. 「동아일보」, 1980년 2월 29일자. 김대중도 뉴욕타임즈와의 인터뷰를 통해 자신이 대권을 차지할 것을 기대했다. *The New York Times*, 1980년 3월 2일자.

6) 주한 미국대사를 지냈던 윌리엄 글라이스틴도 1982년 7월 「뉴욕타임즈」에 다음과 같은 글을 남겼다. "어떤 반정부 인사들의 조급함도 -이들의 자제력 부족이 1980년 5월 17일의 정치적 숙청에 비극적 역할을 했다-우리에게 도움이 되지 못했다"(Nor were we helped by the impatience of certain dissident elements, whose lack of restraint played a tragic role in the political crackdown of May 17, 1980)

7) "남산의 부장들-전두환 대권 각본 밀어붙이다-112", 「동아일보」, 1992년 10월 10일자.

제 2 장

"국가와 민족의 장래를 위한 조찬기도회"

1980년 8월 6일 서울 롯데호텔에서, 한국교회를 대표하는 20여 명의 목회자들이 참석한 가운데, "국가와 민족의 장래를 위한 조찬기도회"가 열렸다. '광주사태'로 불리던 '5.18 광주 민주화 운동'이 끝나며 신군부의 정권 장악이 확고해지던 시점이었다.

사회에 보안사령부 군목 문만필, 설교에 영락교회 원로목사 한경직, 기도는 기독교대한성결교회(기성) 증경 총회장 정진경과 한국기독교장로회(기장) 증경 총회장 조향록, 기독교대한감리회 전 감독회장 김지길과 벽산그룹 회장 김인득 장로가 맡았다. 이밖에 새문안교회 강신명을 비롯해, 김준곤, 신현균, 김창인, 지원상, 이봉성, 유홍묵, 장성칠, 박정근, 김용도, 김종식과 최태섭 장로 등 박정희 정부를 지지했던 대한기독교연합회뿐만 아니라 유신정권에 반대하고 저항했던 KNCC 교단의 목회자들과 원로들이 참석했다.[8] 이 기도회는 KBS와 MBC TV를 통해 전국으로 현장

8) 김명구, 『소죽 강신명 목사』, p.327.

중계되었고 다음 날에도 두 번에 걸쳐 녹화 중계 되었다.

이 날의 조찬기도회는 나라와 민족을 위한 기도회가 아니라 신군부와 전두환을 지지하는 기도회로 비춰졌다. 사람들은 반독재를 부르짖으며 저항했던, 박정희 유신정권을 거절하며 강하게 비판했던 조향록, 정진경, 강신명, 김지길 등이 참석한 것에 놀라고 의아해 했다. 참석한 사람들 중에는, 거리로 뛰어나가 "유신반대"와 "독재타도"를 외치지는 않았더라도, 박정희 정권이 독재를 한다며 반대하거나 반감을 가진 인물들이 대다수였다.

모임을 처음 주선한 사람은 정진경이었다. 그는 후배인 문만필의 요청으로 조찬기도회를 준비했다. 후일, 그는 전두환에 대해 잘 몰랐고, 나라를 위한 기도회를 요청하는 것을 보고 적어도 "하나님을 부정하는 사람은 아니라고 생각"했다고 술회했다. 박정희 시절과 같이 설교원고를 사전에 점검한다든가하는 억압적 분위기는 아니었고 전두환을 비롯한 신군부 장군들은 매우 유연하게 참석자들을 대했다고 했다. 그 날 정진경은 "이 어려운 시기에 막중한 직책을 맡아서 사회 구석구석에 존재하는 악을 제거하고 정화할 수 있게 해준 데 대해 감사하게 생각한다"는 내용과 함께 "온 국민이 바라는 남북통일과 국가의 번영 그리고 민주화실현에 크게 공헌해서 다음 세대에 물려줄 수 있게 해 달라"고 기도했다.[9] 그러나 기도회는 철저하게 이용당했다. 정진경은 다음과 같이 말하고 있다.

> 그 후 그 기도 모임과 기도 장면을 텔레비전에서 며칠 동안 계속 방영했다. 나는 5.18 광주민주화운동이 벌어진 후에서 전두환 사령관에 대한 부

9) 정진경 구술, 이유진 글, 『목적이 분명하면 길이 열린다』, p.163.

정적 이미지 개선을 위해 국내외, 특히 미국과 민주주의 국가들에게 내보내는 홍보용 기도 모임이었음을 나중에야 알게 되었다. 철저하게 이용당했다는 불쾌감이 참석했던 목사들과 기독교계에 팽배했다. 그러나 돌이킬 수 없는 사건이 되고 말았다.[10)]

한경직 등 국가조찬기도회에 참석한 목회자들에 대해 기독교계 일각과 세간의 욕설, 비판이 난무했다. 한국교회가 민주주의 체제를 찬탈한 세력의 주구(走狗)라는 비난도 있었다. 특히 '민주화운동'의 최일선에 있었던 운동권의 비판은 격했다. 반대로, 뒤늦게 신군부의 의도를 알게 되면서, 이용당했다며 기도회에 참석했던 목회자들도 불쾌해했다. 그러나 이 사건 이후, 한국NCC를 주도했던 보수계 인물들은 그간의 정치·사회적 권위와 영향력을 상실하게 되었다. 그리고 이들의 신학적 방향, 곧 한국구원의 열정과 염원도 급격히 힘을 잃었다.

10) Loc.cit.

제3장

KNCC계와 신군부의 관계성, 그 인식

1. 신군부와의 관계성

신군부는 KNCC계에 많은 공을 들였다. 미국을 비롯한 서방세계로부터 인정받기 위해서였다. 그런 이유로 보안사 대공처장 이학봉은 WCC를 용공으로 보지 않는다는 것을 강조하며 KNCC계를 회유했다.[11] 신군부 중심에 있던 함경도 출신 황영시(黃永時)와 그 부인도 가교 역할을 했다. 이들 부부는 강원용이 시무하는 경동교회의 집사요 오랜 교인이었다. 특별히 황영시는 박정희가 건네는 술을 "신앙"을 이유로 거절할 정도로, 독실한 기독교인으로 소문이 나 있었다. 정작 본인은 부인을 했지만 기독교계와 신군부와의 연결에 일정 부분 강원용의 역할도 있었다고 볼 수 있다.[12] 또한 여의도 침례교회 교인이었던 박세직도 군부 내에서 열렬한

11) 강원용, 『역사의 언덕에서』 4, 미완성의 민주화, p.139-141. 강신명은 신군부가 NCC나 WCC를 대하는 태도가 박정희 정부와 판이하게 다르다고 보았다.

12) Ibid., p.139.

기독교인으로 알려졌고 평소에도 한국교회의 호국적 역할을 강조했었다. 그도 KNCC계와 신군부를 연결하는 역할을 했다.[13)]

한편, 새문안교회 대학생회장 서경석이 긴급조치 위반으로 보안사에 수감 되어있을 때, 담임목사 강신명은 보안사령관 전두환을 만나 석방을 요청한 바 있다. 전두환은 강신명의 말을 경청했고 서경석을 풀어주었다. 그런 인연으로 강신명은 일정 부분 전두환에 대해 신뢰를 갖고 있었다.[14)]

최소한 1979년 11월 24일의 '통대 선출저지 민주화촉구대회', 곧 'YWCA 위장 결혼사건'이 있기 전만 해도, 재야 정치인들 대다수는 군부에 대해 긍정적이었다. 한국 정계에 회자되던, "군은 결코 민주화에 대해 부정적이지 않다", "군은 민주화로 가는 길에 협력할 것이다", "강경 진압보다는 필요하다면 평화적 시외가 되도록 시위를 보호할 것이다"는 등의 얘기를 믿었다. 그런 이유로 12.12 사태가 일어났을 때도 크게 놀라지 않았다.

3선 개헌을 반대해 공화당을 떠난 전직 의원들도 신군부에 대해 신뢰를 갖게 했다.[15)] 12.12 사태를 쿠데타로 공식 규정하지 않았던 주한 미국 대사관의 태도도 한 몫을 했다.[16)] 김영삼이나 김대중도 전두환이 정권을 장악하리라는 것을 전혀 예상하지 못했다. '민주화 회복운동'의 수장이요 최 중심에 있던 윤보선도 민주화 이행을 하겠다는 전두환과 신군부의 약

---

13) 김명구, 『소죽 강신명 목사』, p.332.

14) Ibid., p.331.

15) 김정남, 『진실, 광장에 서다』, p.338.

16) 신군부는 12 · 12사태가 쿠데타가 아니라는 것을 주한 미국대사 글라이스틴(William H. Gleysteen)에게 강조했다. From American Embassy in Seoul to Secretary of State, 141039z, Dec, 1979, "Need for Care in Characterizing December 12 Incident" 참조.

속을 믿었다.[17] 이른바 '크리스찬 아카데미 사건'으로 옥고를 치루고 중앙정보부에 끌려가 고문을 당한 바 있던 강원용도 전두환이나 신군부가 박정희 정권과 같지 않다고 믿고 있었다.[18] KNCC계의 인식도 크게 다르지 않았다.

한국신학대학장 조향록도 신군부에 대해 어느 정도의 긍정적 인식을 갖고 있었다. 그는 민주화에 대한 열망이 남다른 사람이었고 국제사면위원회 한국지부 이사장을 지내는 등 유신 체제에 저항했다. 민주화를 위해 거리 시위에도 참여했다. 자유민주체제의 회복을 염원했고 그것을 한국 구원의 방편으로 믿고 있었다. 기독교장로교회의 한 축이었던 그의 판단은 언제나 예리하고 합리적이라는 평을 얻고 있었다. 그런데 '국가보위입법회의' 위원이 되었다. 전두환이나 신군부에 대해 크게 부정적이지 않았기 때문이다.[19]

한편, 정치계나 한국기독교계가 사태를 파악하지 못했을 뿐, 12.12 사태이후 보안사령관 전두환은 이미 정권을 장악해 가고 있었다. 대선을 둘러싼 야권의 갈등, 재야 민주화세력의 거센 요구를 비롯해 계엄철폐와 유신잔당 퇴진, 이원집정부제의 철폐, 비상계엄 등을 요구했던 전국의 대학생들의 격렬한 가두시위[20], 비상계엄 즉시 해제, 민주인사 석방과 군의 정치적 중립 등을 요구했던 '지식인 134인의 시국 선언'[21] 등이 빌미

17) 1980년 1월 1일, 전두환은 윤보선에게 세배를 위해 찾아와서 군부가 민주화를 위한 조치들을 실행해 나가겠다고 약속했다. 김명구, 『해위 윤보선-생애와 사상』, p.400.

18) 강원용, op.cit. p.180.

19) Ibid., p.329.

20) 1980년 5월 들어 전국 34개 대학 10만 명 이상의 학생들이 가두시위에 나섰다.

21) 한국기독교교회협의회 인권위원회 편, 『1980년대 민주화운동광주 민중항쟁 자료

가 되었다.

신군부는 1980년 5월 17일 24시를 기해 비상계엄 확대안을 통과시켰다.[22] 그리고 김대중 등 37명을 내란음모 혐의로, 김종필 등 9명을 권력을 통한 부정축재혐의로 연행했고 김영삼을 가택에 연금시켰다.[23] 언론, 출판, 방송이 사전 검열을 받아야 했고 전국 대학교에는 휴교령이 내려졌다. 노동자들의 태업과 파업도 강제로 금지되었다. 사실상 정권을 완전히 장악한 것이다.

10일간 치열하게 전개되던 광주 민주화운동이 끝난 이후, 전두환은 노골적으로 권력의 전면에 나섰다. 공세적으로 지지를 요구했고 반대자들을 가혹하게 처리했다. 부정 축재, 국기문란, 시위주도, 배후조종 등의 이유로 체포와 구금, 잔인한 고문이 이어졌고 수천 명이 숙정을 당했다.[24] 김대중은 사형언도를 받았고 김영삼은 정계 은퇴를 발표해야 했다. 주도자 대부분이 체포 구금되는 바람에 대학가의 시위는 사라졌고 서슬 퍼런 공포에 재야 정치권들은 입을 열지 못했다.

대통령을 비롯해 주요 각료 및 군 수뇌 등 26명을 위원으로 하는 '국가보위 비상대책위원회'가 만들어졌다. 최규하가 의장이었지만 상임위원장인 전두환이 주도했다. 대통령의 자문보좌기관이라 했지만 제5공화국 수립을 위한 법적 토대를 만드는 기관이었다. "학생소요, 노사분규 그리고 국기(國基)를 위태롭게 하는 국가적 위기에 대처하여 국가보위의 임무를

집 및 상반기 일지』 VIII(서울: 동광출판사, 1987), p.794.

22) Ibid., p.785.

23) 김정남, op.cit., p.395.

24) 국가보위비상대책위원회는 1980년 7월 9일 2급 이상의 고급공무원 232명, 이어서 3급 이하 공무원 4,760명과 금융기관 임직원 431명, 농·수협 직원 1,212명, 교육공무원 611명을 숙정했다. 연합통신, 『연합연감』 통권1호, 1981년, pp.110-113.

충실히 수행하고 계엄당국과 행정부 간의 긴밀한 협조에 조속한 위기극복과 안정 기반을 구축하기 위해 설치되었다"[25]고 주장했지만 권력 인수를 명시화했다.

'국가보위 비상대책위원회' 결의에 따라 정계와 경제계, 학계, 법조계, 여성계, 노동계, 언론계 등 81명으로 구성된 '국가보위입법회의'가 만들어졌다. 종교계 대표로 강신명, 조향록 (목회자), 이병주(성균관 재단이사장), 이영복(천도교 · 교령), 서경보(불교 · 철학박사), 전달출(신부 · 매일신문 사장), 김봉학(YMCA연맹 이사장), 이종흥(신부)이 선택되었다.[26] 의장은 적십자 총재 이호가 맡았다. 김정례와 같이 군인들의 무자비한 '광주민주화운동' 진압을 비판하는 입법위원이 있었고 소신껏 의견을 말하는 사람들도 있었지만 결론은 이미 정해져 있었다.[27] 신군부의 어용기관이었다는 비판을 피할 수 없던 이유이다.

강신명과 조향록이 바로 입법회의의 위원이 되었다는 사실이 알려졌을 때, 한국 사회는 놀라움을 감추지 않았다. 그러나 본인들도 놀랐다.[28] 타의라 하지만 분명한 것은 이들은 신군부의 요청을 수락했고 입법위원으로 활동했다는 것이다. 이것은 이들이 전두환 정권에 대해 어느 정도 신뢰나 기대감을 가졌다는 것을 의미한다.

---

25) 국가보위비상대책위원회 편, 「國保委白書」(서울: 국가보위비상대책위원회, 1980), p.9.

26) 「조선일보」, 1980년 10월 29일자.

27) 김영삼 대통령 시절 청와대 문교 수석비서관 김정남의 증언.

28) 김명구, 『소죽 강신명 목사』, pp.330-331. 1980년 강신명은 김종대 등과 영국의 에딘버러에서 열린 세계 장로교 대회에 참석하고 있었다. 그는 거기에서 입법위원이 되었음을 알았다.

2. KNCC계의 '국가보위입법회의' 참여와 신군부 정권 초기의 지지 이유 - 신학적 기대감과 반공 · 안보의 문제

2.1 신학적 기대감

1980년 5월 비상계엄이 전국으로 확대되었다. 신군부는 5.18 광주민주화운동을 진압한 후 국가보위비상대책위원회를 설치했고 정권을 완전 장악했다. 1980년 9월 1일 통일주체국민회의를 통해 전두환은 제11대 대통령에 당선되었다.

10월 27일에 임기 7년의 단임제 대통령제 등을 골자로 하는 제5공화국 헌법이 제정되었다. 다음 해인 1981년 2월 25일에 전두환은 민정당의 대통령 후보로 나섰고 대통령 선거인단의 90.2%의 지지를 받아 제12대 대통령에 당선되었다. 1년이 채 되지 않아 두 번이나 대통령에 취임했던 것이다. 1981년 3월 3일에 있었던 제12대 대통령 취임식에서 전두환은 다음과 같이 피력했다.

> 본인은 지난번 국정 지표로 민주주의의 토착화, 복지사회의 신설, 정의사회의 구현, 교육 혁신과 문화 창달을 제시하였읍니다. 이 같은 4대 지표가 앞으로 본인의 재임기간 동안에 기초를 더욱 굳게 다져 튼튼한 뿌리를 확실히 내릴 수 있도록 본인은 있는 힘을 다할 것입니다.
>
> (중략)
>
> 특히 한반도를 둘러싼 오늘의 주변 정세와 80년대의 예측하기 어려운

국제기류, 그리고 지정학적인 여건을 고려할 때 우리는 정신을 더욱 똑바로 차리고 있지 않으면 안되겠읍니다. 국가안보는 다른 무엇과도 대체할 수 없는 생존의 필수조건이며 따라서 우리는 국가안보 최우선의 태세를 우리의 체질로 삼아야 할 것입니다.

(중략)

어느 사회에서도 모든 국민이 똑같게 잘 살 수는 없으며, 또 그렇게 하는 것만이 바람직하다고 할 수는 없겠지만, 그러나 적어도 이 나라에서 문명인으로서의 기본생활을 걱정하는 국민은 없어야 하며, 물질적 빈곤 때문에 인간의 존엄성이 위협받는 일은 없어져야 할 것입니다.[29)]

대통령 전두환의 취임사에는 집권 과정의 일방성과 비정당성을 만회하려는 의도가 가득했다. 단임제와 평화로운 정권교체를 다짐했고 '민주주의'와 '정의', '반공'과 '안보', '인간의 존엄'을 외쳤다. '깨끗하고 서로 믿는 정의로운 새 사회'의 건설도 강조했다. 민주복지국가를 내세우며 "침략에서의 방어(안보), 가난에서의 해방(공정한 경제), 탄압에서의 자유(민주)를" 선언했다.[30)]

역대 대통령 중에서 전두환만큼 '민주'와 '정의'를 강조한 사람이 없었다. 집권당 이름도 '민주정의당'으로 정했다. 정치풍토의 쇄신, 도의(道義) 정치의 구현, 민주주의의 토착화, 복지사회 건설, 교육개혁과 문화창달 등을 피력했다. 그것을 이룩하겠다며, '민주복지국가건설'과 '정의사

---

29) "12대 전두환 대통령의 취임사", 「경향신문」, 1981년 3월 3일자.

30) 장주호, "평화적 민주통일 염원을 꼭 실현시켰으면", 「경향신문」, 1981년 3월 3일자.

회실현' 그리고 '평화적 정권교체'를 이념적 기초로 내세운, 곧 1980년 10월 27일의 제8차 새 헌법을 발효했다.

새 헌법은 박정희 시대에 요구되었던 민주주의 실현을 내세웠다. 대통령의 임기를 7년 단임제로 못 박으며(헌법 제45조) 이전 정권과의 차별을 강조했다. 기본권은 거의 제3공화국 수준으로 회귀했다. 행복추구권(헌법 제9조)과 연좌제의 금지(헌법 제12조 3항), 사생활의 보호(헌법 제16조), 환경권(헌법 제33조) 등의 조항이 신설되었다. 국민 투표를 통해서만 헌법 개정이 가능하도록 했고 절차를 일원화시켰다(헌법 제131조). 공정한 분배를 통한 사회복지에 관한 조항을 신설해 국가의 사회복지 의무에 대한 규정을 확실히 했다.(헌법 제32조), 경제 질서에 대한 공법적 규제도 확대했다.[31)]

제5공화국 정부는 행정지침을 통해, 정의 사회구현을 위한 의식개혁 실천 요목으로, 부정 · 부패 · 사회적 비리에 대한 법적 제재, 부정 · 비리를 유발하기 쉬운 불합리한 제도의 환경개선, 정직 · 질서 · 창조 이념을 확산하는 의식 개혁을 강조했다. 이를 위해 공무원들에게 9개의 실천 요강을 시달했다.[32)] 고교 평준화제와, 중학교 의무교육, 중 · 고등학생 두발과 교복의 자율화도 정의로운 사회 구현의 일환이었다.[33)] 제5공화국이 법치를 존중할 것이라고 약속했고 정의로운 사회 구현을 다짐했다. 5공화국의 법적, 제도적 근거들은 대부분 1980년 10월 27일부터 약 6개월 동안 운영된 국가보위입법회의를 통해 마련되었다.

---

31) 허영, 『한국헌법론』 전정8판(서울: 박영사, 2012) p.117 이하, 1980년 10월 27일 개정된 헌법 제9호 참조.

32) "정의사회구현을 위한 의식개혁 실천요목", 『지방행정』 31권 342호, 1982년 4월, pp.84-87.

33) 학생들의 두발과 교복 자율화는 학부모들의 저항에 부딪혀 철회했다.

그런데 제5공화국 헌법에서 강조했던 개념들, 곧 '민주주의'와 '정의', '반공'과 '안보', '인간의 존엄', '깨끗하고 서로 믿는 정의로운 새 사회'의 건설 등은 한국기독교의 역사적 · 신학적 지향점과 다르지 않은 것들이었다. 곧 기독교 민족주의계의 정치사상이나 KNCC계의 평소 주장들과 큰 차이가 없었던 것이다.

한국기독교, 특히 KNCC계는 인간의 존엄이 본래부터 부여되었다는 것을 강조해 왔다. 반공을 내세웠던 것도 공산주의가 인간의 단독자성과 인간으로서 누릴 자유를 헤친다고 보았기 때문이다. 개신교와 천주교 모두 '정의'를 부르짖고 정의구현을 지향하는 조직들을 만든 것도 인권이 하나님으로부터 비롯되었다고 믿었기 때문이다.

박정희 시절, KNCC 주도자들은 하나님의 복음이 전해지는 세상은 단순히 영적인 세계나 정신적 이념의 차원에 그치는 것이 아니라고 보았다. 하나님의 정의와 자비가 실현되고 가시적으로 세워지는 세계를 기대했다. 구령(救靈)이라는 초월적 영역의 전제아래, 가시적 현세성을 꿈꾸었던 것이다. 신부적(神賦的) 인간의식을 자유민주주의 체제로 연계했고 그것을 한국구원의 한 방편으로 보았다. 이들은 이런 신념아래 박정희 정권에 저항했다.

전술한 대로, KNCC의 당시 주도자였던 강신명과 조향록 등은 '국가보위 입법회의' 위원이 되었다. 따라서 제5공화국이 내건 슬로건에는 일정 부분 이들의 역할이 있었다. 강신명 등은 입법회의를 통해 자신들의 신학적 신념과 이상을 여러 차례 주장했고 그것이 일정 부분 제5공화국의 방향이 되도록 했다. 신학적 이상을 위해 참여를 했던 것이다.

그러나 아무리 정책의 방향과 목표가 뛰어나다 하더라도 운영하는 사람의 정치사상과 철학적 신념이 뒤를 받쳐주지 못하면 실천되지 못하고 실현되지 않는다. 전두환이나 제5공화국의 주도자들은 KNCC계가 제안한 이념들을 수사(修辭)에 그치게 했다. 특별히 강신명은 "속았다"는 말을 그의 넷째 아들 석공 앞에서 여러 차례 했다고 전해진다.[34] 전두환이 대통령이 되고 얼마 되지 않아 목회자들은 자신들의 판단과 기대가 잘못되었다는 것을 비로소 알아차렸다. 5공화국의 국정철학은 냉소를 받았고 이를 관철시켰던 목회자들의 신학은 구현되지 못했다.

제12대 대통령 취임식이 있기 이틀 전, KNCC는 3.1절 기념식 62돌 기념식을 가졌다. 선교위원장 김봉록의 사회로 진행된 이날 예배에서 연세대학교 명예총장 백낙준은 '소망의 이유'라는 제목의 설교를 했다. 그는 대한민국의 국체가 "진정한 자유를 누릴 수 있는 공화민주주의"라는 것, 인간의 존엄을 무시하고 부자(父子)가 정권을 계승하는 북한공산주의 제도를 받아들일 수 없다는 것을 피력했다. 덧붙여 종교와 정치가 영원토록 분립되어야 한다고 강조했다.[35]

백낙준은 한국정치의 전면에 있었고 대통령 후보로도 추대된 바 있다. 누구보다도 정치 참여에 적극적이었다.[36] 민주공화제의 수호를 위해 70년대 민주화회복운동에도 적극 나섰다. 그랬던 그가 정치와 기독교의 분립을 요구하고 나섰고 대한민국의 국체를 거론했다. 그것은 제5공화국에 대한 문제제기일 수 있었고, KNCC계가 전두환 정권에 참여하는 것에 대한 우려일 수 있었다. 백낙준 자신이 정치의 장(場)에서 여러 일들을

34) 김명구, 『소죽 강신명 목사』, p.333.

35) 백낙준, "3.1절 기념 연합연배-소망의 이유", 「경향신문」, 1981년 3월 3일자.

36) 1960년 7월 참의원선거에서 무소속으로 서울에서 출마해 당선되었고, 초대 참의원 의장에 선출되었다, 1966년 9월 민중당 대통령후보가 되었으나 다음 해에 민중당과 신한당 양당의 합당을 추진할 때 윤보선으로 단일화하는데 동의했다.

겪으면서 내린 귀결점일 수 있었다.

국가구원의 영역은 자연스럽게 정치와 연계되게 되어있다. 그러나 신학적 신념아래 정치적 견해를 밝히는 것과 신학적 이상을 위해 정치에 직접 개입하는 것은 전혀 다르다. 정치권력의 힘을 빌려 복음의 목적과 그 영역을 확장하려 하면, 자신을 칭송했던 권력을 포함해 그 반대자들로부터도 외면과 냉소를 받을 수 있는 것이다. 역사는 그렇게 배반당한 여러 사례들을 기록하고 있다. '국가보위입법회의'에 참여하거나 신군부 정권에 가담했던 KNCC계 인물들은 한국 사회 한편에서 격한 비난을 받았고, 그 영향력과 권위는 급격히 상실되었다.

2.2 안보와 반공의 문제 - 반공 우선주의로의 전향

기독교계 한쪽과 특별히 대학가 운동권이 "국가와 민족의 장래를 위한 조찬기도회" 참여자들을 거세게 비판했을 때, 이 기도회를 주선했던 정진경은 설교를 맡았던 한경직을 찾아갔다. 그때 한경직은 다음과 같이 말했다.

> 운동권 사람들은 목사들이 기도로 군사독재정권과 야합하고 동조하고 있다고 비난하는데, 의분이 있는 젊은 사람들이야 그런 생각을 할 수 있겠지요. 그러나 권력과 종교는 타협할 수 없는 것입니다. 분야가 완전히 다르지 않습니까?[37)]

37) 정진경 구술, 이유진 글, 『목적이 분명하면 길이 열린다』, pp.163-164.

신군부 독재 권력을 위해 기도회를 가진 것이 아니라는 주장이었다. 호교론적 이유에서 새롭게 정권을 장악한 신군부를 일방적으로 지지하거나 아부하려 했던 것도 아니라는 답변이었다. 기획된 의도와 관계없이 국가의 위기와 장래를 걱정해 기도회에 임했다는 것이다.[38] 한경직의 주장처럼 교회는 공기관이고 국가적 의무를 지녔지만 국가를 위한 종속기관이 아니다. 민족을 사랑했고 그래서 민족교회라는 이름을 얻었지만 복음과 교회는 민족에 종속되지 않는다.

최소한 제5공화국이 출범하는 1981년까지, 혹은 KNCC 인권위원회가 1981년 7월 13일 '인권문제 전국협의회'를 개최하며 고문 중지와 양심수 석방을 요구했을 때 까지, 또는 1982년에 전학련, 전노련 사건 관련 구속자 고문 중지와 공정한 재판을 촉구하는 탄원서를 제출하기 이전까지[39] KNCC계가 전두환 정권에 대해 일정 부분 동조했던 것은 사실이다. 거기에는 "이왕 새로운 정권이 들어선 이상, 새 통치 세력이 최악의 선택을 하지 않도록 말리려" 했던 의도도 있었다.[40] 그렇지만 가장 큰 이유는 안보에 대한 강한 우려 때문이다.

'서울의 봄'을 기대하며 학생들의 거센 가두시위가 있었다. 이들은 휴교령이 해제되자 '학원민주화'를 외치며 나섰다.[41] 윤보선, 함석헌, 김대중

---

38) 당시는 여전히 최규하 대통령이 국가의 수장이었고 광주 민주화 운동에 대한 정확한 정보가 없었다. 이들은 광주문제에 공산주의자들이 개입했다는 당시 언론의 말을 믿고 있었다. 또한 기독교계 지도자들은 전두환이 새로운 대통령을 꿈꾼다는 것도 예상하지 못하고 있었다.

39) 한국기독교교회협의회 인권위원회 편, 『1980년대 민주화운동: 광주 민중항쟁 자료집 및 상반기 일지』 VIII, pp.874-893 참조.

40) 강원용, 『역사의 언덕에서』 4, 미완성의 민주화, p.170.

41) 유기홍, "1980년대 민족민주운동", 『한국사』 20(서울: 한길사, 1994), p.66.

이 공동의장으로 있던 '민주주의와 민족통일을 위한 국민연합'도 계엄철폐, 정치 일정 단축 등을 요구했다. KNCC 인권위원회도 헌법 개정을 요구하는 시국 관련 성명을 발표했다.[42] KNCC 회장 강원용도 '정치발전에 대한 우리의 입장'을 발표하며 발 빠른 민주화를 요구했다.

이에 대해 전두환의 신군부는 이른바 '5.17 계엄확대' 조치로 대응했다. 그리고 소요를 조종하고 권력을 이용해 축재했다며 김대중과 김종필을 비롯한 26명을 연행했다. 특히 학원과 노조 소요를 배후에서 일으켰다며 예춘호, 문익환, 김동길, 인명진, 리영희를 구속했다.[43] 이러한 조처에 저항해 광주 민주화운동이 일어났지만 폭력적으로 진압되었다. 그 과정에서, 국군에 의해, 수백 명 이상의 국민이 죽음을 당하거나 실종되었고 수천 명 이상이 부상을 당했다.[44]

광주민주화운동이 일어났을 때, 대통령 최규하는 사태가 진정되기를 기대하며 특별성명을 발표했다.[45] 그때 그는 광주저항의 배경에 "북한 공산집단의 이른바 대남 인민민주의의 혁명 전략에 동조하는" 세력이 있다고 진단했다. 남한 내부의 공산주의자들이 개입했다고 본 것이다. 또한 북한이 "학원의 소요사태를 고무, 찬양, 선동"하며 "남침의 결정적 시기 조성을 획책하고 나섰다"고 분석했다.[46] 계엄사령관 이희성도 "수백 명

---

42) 한국기독교교회협의회 인권위원회 편, op.cit., p.771. 국민연합의 산하에 KNCC 인권위원회를 비롯해 한국인권운동협의회, 천주교정의구현전국사제단, 해직교수협의회, 자유실천문인협의회, 민주청년협의회 등 15개 단체가 가입되어 있었다.

43) 「경향신문」, 1980년 5월 19일자.

44) 1995년도 국방부, 서울지방검찰청 공동 조사에서는 민간인 166명 사망, 군인 23명 사망, 경찰 4명 사망한 것으로 결론지었지만, 5.18 기념재단 등은 700명 가까운 시민들이 살해당했다고 보고 있다.

45) 광주민주화운동이 사회 일반에 알려진 것은 신현확이 광주민주화운동이 일어난 것에 책임을 지고 물러났던 1980년 5월 21일이었다.

의 대학생들에 의해 재개된 평화적 시위"가 "상당수의 타 지역 불순 인물 및 고정 간첩들"에 의해 걷잡을 수 없는 사태로 발전했다는 담화를 발표했다.[47]

사태가 심각하게 확대되자 미국 국무부는 5월 22일 대변인 호딩 카터(Hodding Carter)를 통해 "현 한국 사태를 악용하려는 어떠한 외부 기도에 대해서도 한미안보조약에 따라 강력히 대응할 것"이라는 내용의 성명을 발표했다.[48] 글라이스틴(William H. Gleysteen Jr.) 주한미국대사도 5월 23일 여야 의원들과 오찬을 함께하는 자리에서, "미국은 아무런 유보 없이, 북괴가 오판하지 않도록 가능한 모든 조치를 강구하고 있으며 만반의 태세를 갖추고 있다"는 말을 했다. 광주문제가 북한을 자극할 수 있다고 경고한 것이다.[49] 사실 12.12사태가 일어난 지 2일 후, 글라이스틴은 전두환과 접촉했고, 여기에서 주미 대사는 군부 내 갈등이 북한의 오판을 초래할 수 있다는 것을 경고한 바 있다. 덧붙여, 한국의 민주화가 지속되어야 한다는 점을 강조했었다.[50]

> 윤보선씨는 박정희 반대운동을 벌였지만 사상적으로는 대단히 뿌리 깊은 반공입니다. 박정희가 무너질 때까지 재야인사들의 민주화운동을 지지하며 힘을 합했지만, 내심 이 사람들의 행태를 보면 도저히 안심할 수가 없었던 겁니다. 소위 운동권이 성공하는 것은 원치 않았다고. 이것이 전두

---

46) 「경향신문」, 1980년 5월 19일자.

47) 「경향신문」, 1980년 5월 22일자.

48) "미 정부 강력 경고, 광주사태 악용 어떤 기도도 불용", 「경향신문」, 1980년 5월 23일자.

49) "미 결의 이미 전달, 주한 미 관리", 「동아일보」, 1980년 5월 24일자.

50) From American Embassy in Seoul to Secretary of State, 15084z, Dec. 1979.

환 정권을 멀리 하지 않은 이유 가운데 하나죠.

윤보선씨와 가까웠던 김정례씨도 그랬어요. 김정례씨는 박정희 치하에서 맹렬하게 싸운 사람 아닙니까. 김정례씨는 재야 운동권 인사들과 함께 싸우고 그들이 김정례씨 집에 피신해 있기도 했는데, 그 과정에서 김정례씨는 그들을 사상적으로 의심하게 된 겁니다. 그들이 박정희에 반대하는 것은 틀림없지만, 이거 가지고는 도저히 안 되겠다는 사상적인 불안감을 가졌던 거죠. 윤보선씨는 그처럼 위험한 세력에게 (정권이) 넘어갈 바에는 박정희처럼 장기 집권만 안 한다면 당분간 군인들에게 가는 것도 크게 나쁘지 않다고 생각한 듯해요.[51)]

강원용은 윤보선이 전두환에게 일부 동조한 이유에 대해 이렇게 증언했다. 민주화회복운동권 주도자들이 그 내부에 이념적 괴리가 존재한 것을 밝힌 것이다. 그의 말에서 알 수 있듯이, 윤보선을 비롯해 김재준, 김동길, 강원용, 김정례[52)] 등 70년대 민주화 운동 주도자들은 거의 대부분 강력한 반공주의자들로 자유민주체제의 회복을 기대하며 박정희에 저항했다. 그런데 이들이 펼친 우산 아래 대한민국 건립의 체제를 거절하는 그룹, 곧 혁신계 전통 아래 있거나 혹은 공산주의를 지향하는 그룹이 들

51) "강원용 목사의 체험 한국 현대사 ④", 『신동아』 통권 534 호, 2004년 3월 1일, pp.426-439. 김명구, 『해위 윤보선 - 생애와 사상』, p.403에서 재인용.

52) 김정례는 자신이 '정의'라고 믿는 것에 대해 목숨까지 불사한다는 평을 받고 있었다. 이범석의 제자로 알려져 있던 그녀는 강력한 반공주의자이기도 했다. 여기에 사심이나 이해관계를 따지지 않았다. 박정희 반대운동을 하다 잡혀갔을 때도 자신의 소신을 강하게 피력했고, 전두환 앞에서도 광주 진압방식을 강력히 항의한 것으로 알려져 있다.

어왔다는 주장이 제기되었다.[53] 실제 1980년대 대학 운동권 내부의 양대 축, 곧 NL(National Liberation, 민족해방)계와 PD(People's Democracy, 민중민주)계가 전면에 나서기 이전, 이미 일부 대학생들은 지하 서클을 통해 공산주의 책자를 읽으며 의식화되고 있었다.[54] 또한 '남조선민족해방전선(남민전)'을 비롯한 베트남식 혁명을 당면목표로 세우고 한국사회를 미국과 일본의 '신(新)식민지'로 규정한 그룹들도 존재하고 있었다.[55]

광주 이후, "미국은 한국 민족을 말살하고, 특히 정치권력과 재벌을 지원"하며 "민중의 생존을 압살하는 원흉임이 충분히 증명"되었다는 주장이 나왔다.[56] 여기에 동의하며, 미국에 대한 재평가가 일어났고 일부 지식인들이나 대학생들이 반미주의로 돌아섰다.[57]

광주 이전부터 반미주의자들과 공산사회주의를 지향하는 그룹, 최소한 혁신계로 분류되는 그룹들이 '민주화 운동'의 이름으로 활동하고 있었다. 여기에 진보 지식그룹 일부가 이들에 동조했다. 이들은 기독교 선교 초기부터 일제 강점기까지 미국이 교회를 통해 한국을 지원한 사실, 카이로회담을 통해 국제사회의 반대를 무릅쓰고 한국을 해방시킨 사실, 각종 지원과 원조를 통해 대한민국을 건립하도록 했고 6.25전쟁 당시 총 10만 명

53) 김정례도 이를 확인하고 있다.

54) 강원용, 『역사의 언덕에서』 4,미완성의 민주화, p.174.

55) 남시욱, 『한국진보세력 연구』(서울: 청미디어, 2018), p.250.

56) 홍근수, 『기독교와 정치』(서울: 한울, 1988), p.194.

57) 1982년 3월 18일 부산 미문화원 지부에 대한 방화사건은 고신대학에서 신학을 공부하던 문부식과 김은식이 주동이 되었다. 이들은 1980년 5월 광주에서의 폭력적 진압 배후에 미국의 개입이 있었다고 주장했으며, 그것이 반미주의자가 된 이유임을 밝혔다.

이상이 죽거나 다치며 한국을 지켰다는 사실을 외면했다. 이들에게 미국은 한국의 자주를 막는 외세였다.

대통령 최규하의 담화와 미국의 발표 등을 통해 한국 사회가 불안해했던 것이 사실이다. 70년대 민주화 운동의 주도자들도 그랬다. 광주 저항권 내부에 불순분자들의 책동이 있을 수 있다고 의심했다. 광주 이후, 민주화를 위한 거센 요구가 사라지고 태도가 급변했던 이유이다. 안보에 대한 불안감이 그만큼 컸던 것이다.

민주화 운동 주도자들과 밀접하게 연결되어 있던 당시 강신명이나 조향록, 강원용 등 KNCC 주도자들도 다르지 않았다. 박정희 정권에 저항했던 천주교도 안보에 대해 불안해했다.[58] 더욱이 미국 기독교로부터 들려왔던 정보들도 이러한 불안감을 부추겼다. 광주 기독교회와 가톨릭 광주대교구 이외에, 한국 기독교회와 천주교회가 광주를 외면했거나 그편에 서지 않았던 이유이다.[59]

1980년 5월 22일, 미 국방성이 "광주데모를 진압하는 데 사용할 목적으로 4개 대대의 한국군을 미군 통제 하에 풀어 주었다"고 밝히고, "남한의 안보와 질서 회복을 위해 정치적 자유화에 대한 압력을 늦추기로 했다"고 발표했을 때,[60] 당시의 KNCC계와 천주교회가 미국에 문제를 제기하지

58) 노기남은 전두환이 대통령이 되었을 때, "10.26 후 혼란과 시련이 거듭되다가 모두 애쓴 덕에 겨우 안정이 회복되는 것을 보면서 종교인으로서 나는 하느님의 섭리다고 본다"고 토로했다. "국민의 행복. 나라의 영광 이제부터", 「경향신문」, 1981년 3월 3일자.

59) 윤선자, "한국천주교회의 5 · 18 광주민중항쟁 기억 · 증언 · 기념", 『민주와 인권』 12권 2호, 2012년 8월, p.1.

60) 한국기독교교회협의회 인권위원회, 『1980년대 민주화운동: 광주 민중항쟁 자료집 및 상반기 일지』 I (서울: 한국기독교교회협의회, 1987), p.805.

않고 그 결정을 묵인했던 것도 그런 이유이다.

거리로 나서서 처절한 투쟁을 마다하지 않았던, 곧 박형규 등과 같은 인물들도 있었지만 한경직이나 강신명 등 예장 통합측 목회자들과 일부의 감리교 목회자들도 박정희 정권에 문제를 제기했고 저항했다. 신학적 스펙트럼도 넓었지만, 유신정권에 대한 저항 의식도 다르지 않았다. 그런데 대부분은 강력한 반공주의자들이었다. 광주사건 이후, 민주주의를 위해 저항했던 인물들이 새로운 정권의 편에 서는 태도를 보였다. 세간에는 시대의 변절자로 "윤, 천, 지, 강"이라는 말이 돌았다. 윤보선, 천관우, 지학순, 강원용을 지칭하는 말이었다.[61] 신군부 편을 들었던 KNCC계 주도자들에 대한 비판도 다르지 않았다.

광주 이후, KNCC 당시의 주도자들의 생각이 바뀌었다. 반공과 안보가 먼저 다져지고 확고해져야 비로소 자유민주주의 체제를 만들어나갈 수 있다는 논리로 변한 것이다. 그런 의식 아래, 안보를 위해 민주주의 체제를 잠시 유보할 수 있다고 피력했다.[62] 이러한 주장에 강한 비판과 비난이 따랐다.

1988년, 새로운 지도력으로 교체된 KNCC는 반공주의의 철폐를 선언하고 다짐했다. 이들은 한국교회가 전두환이나 제5공화국을 동조하거나 지지했다고 주장하며 공격했다. 이후 개인구원과 국가구원을 함께

---

61) 강원용, 『역사의 언덕에서』 4, 미완성의 민주화, p.179.

62) 미국NCC와 WCC가 중공을 승인해야 한다고 했을 때, 한국NCC는 반공주의가 자신들의 입장임을 분명히 밝힌 바 있다. 그런데 1988년 KNCC는 민주주의 · 인권 · 평화를 선언하며 그간의 반공주의 철폐를 선언했고 이에 대한 참회를 발표했다. 한경직 등 70년대 KNCC계를 주도했던 인물들이 반공을 내세우며 한기총을 새롭게 결성했던 이유이다.

외치던, 곧 한경직이나 강신명 등과 같은 인물들과 그 교회들의 동력은 현저히 약화되었다. 양 영역을 함께 견인하려 했던 교회의 권위가 실추된 것이다.

제2편

통일신학의 등장

제 1 장

'국가'에서 '민족'으로, 민족지상의 기독교 지향

> 우리가 궁극적으로 원하는 평화통일은 말할 것도 없이 자유민주주의를 전제로 한 통일입니다. 즉 신앙의 자유, 언론의 자유 등 인간의 기본적인 권리가 보장되고 개인의 사유 재산권, 기업 활동의 자유 등이 보장되는 민주적인 나라, 한 마디로 참으로 모든 사람의 인권이 존중되고 인간답게 살 수 있는 나라, 모두가 서로 위하고 사랑하며 살아가는 그런 사회를 실현시키는 통일을 말합니다.[1)]

1994년 11월, 가톨릭의 김수환 추기경은 연세대학교 동서문화연구원 초청 강연을 통해 자신의 통일관을 이렇게 피력했다. 여러 과정을 거치고 여전히 사회주의를 견지하려 하겠지만, 북한이 "참된 민주주의로 변화되어 나가기를" 바란다는 말도 덧붙였다.[2)] 한국 천주교가 200주년이 되던

---

1) 김수환, "통일로 가는 길", 강연문(1994년 11월 24일), 천주교서울대교구 민족화해위원회, 『민족의 화해와 일치를 위한 기도의 날 자료집』(2011), pp.47-48.

2) Ibid., p.48.

1984년을 맞이하며 마련한, 『사목지침서』를 통해 선언했던 것을 재차 확인한 것이다. 그것이 한국 천주교의 통일 원칙과 목표였다.[3)]

1980년대 중반에 이르러 한경직 등 반공주의자들이 물러간 후, KNCC[4)]와 미시오 데이(Missio Dei) 신학 아래 있었던 진보계는 민족 지상을 앞세우며 일방적 통일론을 설정했다. 영세 중립국을 주장하거나 북한이 주장하는 고려연방제에도 긍정적 시각을 드러냈다. 이를 관철하기 위해 공세적으로 소리를 높였다. 자유민주주의체제 구축을 평화통일의 최종 목표로 설정한 김수환 추기경의 주장은 이런 때에 나온 것이다.

곳곳에서 추기경의 발언에 대해 여러 말들이 나왔다. 가톨릭계가 보수 개신교회의 심중을 대변했다는 평도 있었고 종교 지도자로서 말할 수 있는 가장 타당한 제안이라는 지식사회의 의견도 나왔다. 종교 지도자로서 말할 수 있는 전형적인 제안이기는 하지만, 대단히 이상적이어서 현실성이 없다는 냉소적 발언도 있었다. 진보측에서는 발언이 통일을 하지 말자는 것과 다름이 없다며 날선 비판을 쏟아냈다. 이들의 통일신학의 관점에서 보면, 자유민주주의 체제 주장은 반민족적인 것이나 다름없었다.

진보 개신교인들의 통일신학은 민족 복음화 전통을 가진 교회들이나, 구원을 외치는 교회들과 무관했다. 국수(國粹) 민족주의적 주장이고 민족지상주의가 바탕이 되었다. 국수적 민족주의 사상과 혁신계의 주장, 80년대 풍미했던 진보신학이 합쳐졌다. 곧 안호상과 박종홍 등과 조봉암 등의 사상이 진보신학과 만난 것이다. 이들의 신학에서, 교회와 복음은 통일을 위한 도구

---

3) 그 내용은 "교회는 평화적 통일을 기도하며, 또한 인간의 존엄이 지켜지고 확인되는 방향으로, 즉 민주주의적 통일을 희망한다"로 되어 있다.

4) 한국기독교교회협의회는 2000년대에 이르러 약칭을 KNCC(Korea National Christian Council)에서 NCCK(The National Council of Churches in Korea)로 바꾸었다.

에 불과했다. 그간의 한국교회의 신학과 통일관을 거부한 것이다.

기독교장로회의 경우, 김재준과 김정준 시대까지만 하더라도 영적 영역과 역사지향의 신학이 함께 연결되어 있었다. 그러나 문익환, 문동환, 안병무 등에 의해 구령의 영역은 급격히 약화 되었다. 대신 국수적 민족주의의 통일신학이 그 자리를 채웠다.

물론 문익환 등은 김재준 신학과 연계되어 있었다. 김재준은 인간질서의 변혁이 땅에 살고 있는 인간들에게 맡겨졌다는 인식, 천국의 열쇠가 인간 손에 있다고 보았다. 그는 신학이 인간을 중시하는 '인간주의'와 역사 참여적이어야 한다고 강조했다.[5] 그의 '성육신의 신학'에서 복음과 현실 세계, 하나님 나라와 인간의 삶의 자리, 교회와 국가정치, 성(聖)과 속(俗), 계시와 이성이 서로 분리되지 않았다. 두 영역의 날카로운 분리는 없었다. 야합을 허용하지 않았고 이분법적 병존도 용인하지 않았다.[6] 그의 신학에는 역사 참여를 위해, 인간의 능동적 태도를 끌어내기 위한 의도가 담겨 있었다.

그런데 김재준의 신학은 기독교장로회 제자들의 의해 '화해의 신학'으로 해석되었다. 그의 제자인 문익환은 남북 분단과정을 비판하고 6.25 전쟁 동안 희생과 고통을 당했던 기독교와 북한의 공산주의와의 대립을 화해로 극복해야 한다고 주장했다. 김일성과 화해하려는 것은 스승의 신학적 신념을 잇는 것이라는 주장이었다.[7]

김일성에게 존경을 표하고 그 앞에서 감격의 눈물을 흘리며 김일성과 공동성명을 발표했을 때, 기독교장로회 내부뿐만 아니라 문익환과 친숙

---

5) 김재준, 『(범용기 속편) 귀국 직후』(서울: 선경, 1985), p.12.

6) 김경재, 『영과 진리안에서』(서울: 대한기독교서회, 1999), pp.108-109.

7) 김경재, 『아레오바고법정에서 들려오는 저 소리』(서울: 삼인, 2007), p.446.

했던 신학자와 목회자들이 그를 외면했다. 그리고 스승의 뜻과 달리 행동했다고 비판했다. 그의 스승은 강력한 반공주의자이다. 김재준과 친분을 맺었던 그 연배의 신학자들 대부분도 공산주의를 거부한 인물들이었다.[8)]

통일신학의 주도자들은 한국기독교계가 해방 이후부터 몰두했던, '국가건설'의 과제를 외면했다. 한국기독교의 주제를 '민족'으로 되돌리려 했다. 곧 구원을 지향하고 그 지평을 국가의 영역까지 넓히려 했던, 그간의 노력과 역사를 외면한 것이다.

8) 정성한, 『한국기독교통일운동사』(서울: 그리심, 2003), pp.294-295, 2020년 1월의 유동식 박사와 필자의 대담.

제 2 장

기독교교회협의회의 '88선언'과 그 채택 과정

1972년 7월 4일, 느닷없이 중앙정보부장 이후락과 북한의 노동당 조직지도부장 김영주의 이름으로, "조국통일원칙"이 발표되었다. 그 내용은 다음과 같다.

첫째, 통일은 외세에 의존하거나 외세의 간섭을 받지 않고 자주적으로 해결하여야 한다.

둘째, 통일은 서로 상대방을 반대하는 무력행사에 의거하지 않고 평화적 방법으로 실현하여야 한다.

셋째, 사상과 이념, 제도의 차이를 초월하여 우선 하나의 민족으로서 민족적 대단결을 도모하여야 한다.[9)]

남북간의 대립이 극에 달하던 상황에서 나온 '남북 공동성명'에 한국

9) 「동아일보」, 1972년 7월 4일자.

지식사회가 크게 염려했고 보수 기독교계는 크게 우려했다. 평화적 방법의 통일에 대해서는 반겼지만 대한민국의 정체성, 곧 자유민주주의 체제를 포기하는 것으로 들렸기 때문이다.

한국기독교는 '빼앗긴 땅, 빼앗긴 교회'를 회복해야 한다는 사명 의식을 갖고 있었다. 학정과 굶주림에 시달리는 북한 주민을 속히 구원해야 한다는 의식 아래 반공, 혹은 멸공 통일론을 내세웠다. 공산주의를 직접 경험했기 때문에, 남북관계에 대한 낭만적 접근은 전혀 없었다. 공산주의를 물리치고 북한의 복음화를 이룩해야 진정한 통일한국을 이룩할 수 있다는 발상, 그것이 한국교회의 통일관이었다. 십자군적 성격이 강했고 공산주의를 물리치는 것을 '구국'으로 보았다.[10)]

그러나 해외에 거주하는 진보 기독교인들과 WCC로부터 새로운 통일방안이 나왔다. 그것은 기존의 한국교회 통일관에 대한 문제 제기였다. 선우학원을 비롯한 일명, '조국통일해외기독자회' 소속의 재외 진보 기독교인들과 북한의 기독교 주도자들이 1981년 11월 3일부터 오스트리아의 수도 비엔나에서 모였다. 이들은 '조국통일을 위한 해외동포, 기독교 신자간의 대화'의 이름으로 만났다. 이를 주도한 선우학원은 1960년대 중반부터 미주리(Missouri)주 센트럴 매소디스트대학(Central Methodist University) 사회학부 교수 등을 역임했다. '친북 인사'로 알려져 있던 그는 '해외교포 학자 조국통일심포지엄', '해외교포 기독자와 북의 기독자의 대화'에 북미 대표로 참석하는 등 나름의 통일운동을 선도했다.[11)]

---

10) 1949년, 영락교회의 한경직과 강신명이 복음으로 공산주의를 물리치겠다며 십자군 운동을 결의한 것도 그와 같은 이유에서였다. 1950년 1월, 두 사람은 '십자군 구국 전도대'를 조직하여, 십자가 깃발을 들고, 공비들이 출몰하는 지리산 일대를 돌았었다.

11) 선우학원은 1918년 평안남도 대동군에서 태어나 평양 숭인상업학교를 졸업한 후

선우학원 등은 1982년 12월에 핀란드의 헬싱키에서 두 번째 대회를 열었다. 여기에서 공동성명과 호소문 등이 발표되었다. 이른바 '헬싱키선언'이 나온 것이다. 핵심 내용은 '미군철수와 자주화', '남한의 군사독재 철폐', '민주화 실현', '영구분단 책동 배격', '한반도 전쟁 위협 제거' 등이었다.[12] 대한민국이 미국에 예속되어 있고, 군사 독재에 의해 민주체제를 갖지 못하고 있다는 전제가 깔려 있었다. 그러나 평화통일을 강조하고 정치적 주장은 컸지만, 복음전파와 선교적 사명은 애초부터 거론되지 않았다. 또한 북한주민 인권에 대한 문제 제기도 없었다.

이와 때를 같이 해, 1982년 KNCC는 산하에 '통일문제연구원 운영위원회'를 조직했다. 1984년에는 일본 도잔소(東山莊)에서 세계교회협의회(WCC) 국제문제위원회가 개최한 세미나가 열렸다. 여기에서 남북의 평화통일과 교회의 역할을 강조하는, 일명 '도잔소 선언'이 있었다. 이후, 통일 관련 선언과 주장들이 계속 나왔다.[13]

1986년 9월, 스위스 글리온(Glion)에서 WCC 교회국제문제위원회가 주관한 세미나가 다시 열렸다. KNCC의 강문규 등은 조선그리스도연맹 서기장 고기준을 단장으로 한 북한 대표단과 만났다.[14] 양측은 서로의

도쿄 아오야마학원 신학부와 미국 캘리포니아주 패사디나대학, 워싱턴주립대학원에 유학했다. 1960년대 중반 다시 도미한 후, 통일운동에 앞장서 왔다. 북으로부터 사회정치학 명예박사 학위금메달을 수여받았고 조국통일상, 문화상, 노력영웅상을 받았다. 2015년 5월 13일에 사망한 그는 평양의 이른바 '신미리 애국열사릉'에 안장됐다.

12) 통일신학동지회 편, 『남북통일과 기독교』(서울: 통일신학동지회, 1989), pp.300-301.

13) 1986년 미국NCC가 채택한 「한반도 평화와 통일에 관한 성명서」와 1986년 2월 한국NCC의 「민족의 통일과 평화에 대한 한국기독교회 선언」, 같은 해 4월 인천의 「한반도 평화와 통일을 위한 기독교 세계대회」의 메시지 등이 있었다.

14) Ibid., p.61.

존재를 확인하고 인정하는, 그런 상징성을 강조했다. 그러나 괴리감은 적지 않았다. 북한교회는 미군철수, 불가침선언, 군사훈련 중지, 연방제 등을 주장한 반면, 남한교회는 자유, 정의, 화해를 이야기했다.[15] 북한교회의 주장을 남한의 교회가 동조할 수 없었고 통일 논의는 더 이상 확대되지 못했다.

1988년 2월 25일, 대통령 노태우는 취임사에서 "민족자존의 새 시대가 개막했다"고 선언했다. 그리고 전방위적으로 북방정책을 전개해 통일로 가는 길을 열겠다고 외쳤다.[16] 이후 3.1절 기념사나, 5월 30일 국회개원식 연설에서도 대통령은 자신의 입장이 변하지 않았다고 거듭 확인했다.

대통령 취임사가 있은 지 4일이 지났을 때에, 연동교회에서 열린 KNCC 제37차 총회에서 '민족의 통일과 평화에 대한 한국기독교회 선언'(일명 '88선언')이 채택되었다. "하나님의 명령"이자 "선교적 사명"이라며 평화통일을 KNCC의 지향점으로 선언한 것이다.[17] 바로 그 해에 북한은 평양에 봉수교회와 장충성당를 세웠고, 1992년에는 칠골교회를 세웠다. 그렇게 교회를 내쫓고 복음을 말살해왔던 역사를 가리려 했고, 남한교회에 교류의 명분을 주려 했다.

'88선언'에는 미군철수가 포함되어 있다. 1972년 7.4 공동성명에서 언급한 자주, 평화, 사상. 이념. 제도를 초월한 민족적 대단결의 3대 기본원칙에 "인간의 자유와 존엄성을 최대한 보장하는 것이어야 한다"는 인도주의적 원칙, 모든 논의 과정에 "민족 구성원 전체의 민주적 참여가 보장되

---

15) Loc.cit.

16) 「동아일보」, 1988년 2월 25일자.

17) 한국기독교교회협의회, "민족의 통일과 평화에 대한 한국기독교회 선언", 한국기독교교회협의회 통일위원회 편, 『남북교회의 만남과 평화통일신학: 기독교통일운동 자료 및 신학논문 모음집』(서울: 한국기독교사회문제연구원, 1990), p.20.

어야 한다"는 민족 우선의 원칙이 추가되었다. 그것이 한국교회의 통일의 원칙이 되어야 한다는 주장이었다. 덧붙여, '평화와 통일을 위한 한국교회의 과제'가 다음과 같이 제시되었다.

1) 한국기독교회협의회는 1995년을 '평화와 통일의 희년'으로 선포한다.
2) 한국교회는 '희년을 향한 대행진' 속에서 평화와 통일을 위한 교회갱신 운동을 활발히 전개한다.
3) 평화와 통일의 희년을 선포하기 위하여 한국교회는 평화와 화해의 결단을 하는 신앙공동체로서 평화교육과 통일교육을 폭넓게 시행해 나갈 것이다.
4) 한국교회는 평화와 통일을 선포하는 희년축제와 예전(禮典)을 통하여 신앙을 새롭게 하고 참다운 화해와 일치를 실천해 나간다.
5) 한국교회는 평화와 통일을 위한 연대운동을 지속적으로 전개해 나간다.[18]

광주 이후, KNCC를 주도하게 된 진보 기독교인들은 시대적 주제를 '민주화와 인권'에서 '통일운동'으로 전향시켰다. 이것을 위해 민주화의 성취가 곧 통일이며, 통일의 성취 없이는 민주화도 이룰 수 없다는 논리를 폈다. '반독재 민주화와 인권 운동'이 '한반도 평화통일 운동'으로 패러다임이 바뀌었다.[19] 자유민주주의 체제 지향의, '국가건설'의 명제를 지양하고 '민족지상'을 지향하겠다고 나선 것이다. 한경직이나 강신명, 강원용 등 반공주의자들이 일선에서 물러난 이후였다.

18) 한국기독교교회협의회 통일위원회 편, 『(1980-2000)한국교회 평화통일운동 자료집』(서울: 한국기독교교회협의회, 2000), pp.108-110.

19) 김명배, "연구동향으로 본 한국기독교 사회운동 인식", 한국기독교교회협의회 편, 『제1차 한국기독교 사회운동사 심포지엄-기독교 사회운동의 정체성』(2019), p.98.

제 3 장

'88선언'에 대한 반응, 그리고 결과

1. 북한과 진보 기독교 재야세력의 반응, 그리고 결과

'88선언'이 채택되던 제37차 한국기독교교회협의회(KNCC) 총회는 그간 한국교회가 반공 이데올로기 아래 있었다고 비판했다. 맹목적으로 반공에 집착하는 바람에 북한을 증오와 적개심으로 대했다는 주장이었다. 민족이 나뉜 것을 세계 초강대국들의 동서 냉전체제의 대립으로 인해 생긴 구조적 죄악 때문이었다고 몰아세웠고, '이웃사랑의 계명을 어겼다고 주장했다. 한국교회가 분단을 정당화하는 죄를 저질렀다는 비판도 했다.[20] 덧붙여, 교회가 사상, 이념, 제도를 초월한 민족적 대단결, 주한미군과 주한 유엔군 사령부 철수, 한반도 비핵화, 외세의 간섭 없는 민족주체성을 촉구해야 한다고 주장했다.[21]

---

20) 한국기독교교회협의회 통일위원회 편, 『(1980-2000)한국교회 평화통일운동 자료집』, pp.104-105.

21) Ibids., pp.106-107.

북한 기독교도연맹은 적극적인 반응을 보냈다. 1988년 11월 25일에 스위스 글리온에서 있은, WCC 국제위원회가 주최한 모임에 고기준과 김운봉 등 7명의 대표를 보낸 것이다. 이들은 김형태(KNCC 통일위원장), 장기천(감리교 감독), 김성수(성공회 주교), 박봉양(기장 총회장), 조용술(복음교회 총회장), 강문규(YMCA연맹 총무), 윤영애(한국교회여성연합회 총무) 등 11명으로 이루어진 한국NCC 대표 11명을 포함해 캐나다, 미국, 프랑스, 서독, 소련, 영국, 일본, 오스트레일리아, 체코 및 네덜란드 교회 대표들과 만났다. 그리고 8개 항에 이르는 '한반도의 평화와 통일을 위한 글리온 선언'을 채택하는 데 합의했다. 그 요지는 다음과 같다.

1) 1995년을 '통일의 희년'으로 선포하고 매년 8·15 직전 주일을 공동기도일로 지킨다.
2) 통일노력이 현재의 양 체제의 존속이 보장되는 평화공존의 원칙에서 통일국가를 세우기 위한 것으로 전개되어야 한다는 것을 확인한다.
3) 통일은 남북한 민족구성원 전체의 민주적 참여로 이루어져야 함이 기본원칙임을 확인한다.
4) 현재의 분단의 고정화를 지향하는 어떤 정치적 대책이나 제안도 배제되어야 한다.
5) 누적되어 온 적대감과 증오심을 극복하고 용서와 화해의 분위기를 형성할 수 있도록 남북한 교회들이 각별히 노력할 것을 권고한다.
6) 남북간의 군사적 대결을 지양하고 긴장을 완화시키기 위해서 엄청난 병력과 무기와 군사 시설들이 대폭 감축되어야 한다.
7) 1천만 이산가족의 재회와 남북 간의 각종 교류는 인도주의적 요청으로 시급한 과제이다.

8) 세계교회협의회는 조선기독교도연맹과 한국기독교교회협의회와의 긴밀한 협조 아래 한(조선)반도의 평화와 통일을 위해 계속 노력한다.[22)]

'88선언'이 채택되었을 때, 문익환 등 재야 진보계는 그 결정에 큰 찬사를 보냈다.[23)] 대학생 운동권 조직들도 동조하고 나섰다. 1988년 서울대 총학생회장 선거에 출마했던 김중기는 서울대 학생들과 김일성종합대학 학생들이 만나 판문점회의, 체육대회 등을 개최하는 것을 공약으로 내세웠다. 공개서한을 통해 남한의 학생들은 한라산에서 판문점까지 올라가고 북한 학생들은 백두산에서 판문점까지 내려오라는, 국토순례 대장정도 제안했다.[24)] 이후 '서울지역총학생회연합회'(서총련)는 1988년 4월 16일 연세대학교에서 '한반도 평화와 조국의 자주적 통일을 위한 국민 대토론회'를 개최하고, '청년학생 조국 통일 투쟁선언문'을 발표했다.[25)] 이후 진보 대학생 조직들은 통일운동을 강력히 전개해 나갔다.

1988년 12월, 90여 명의 신학자들은 수원 크리스찬아카데미에 모여 '민족화해와 평화통일의 신학정립을 위한 학술회의'를 열었다.[26)] 다음 해 3월 25일에는 전국민족민주운동연합(전민련) 상임고문이었던 문익환이 유원호, 정경모를 대동하고 북한 조국평화통일위원회(조평통) 초청으로 방북했다. 그리고 김일성을 만나, 정치 군사적 대결 해소, 이산가족 문제,

---

22) Ibids., pp.148-149, "남북 기독자 공동선언문", 「한겨레신문」, 1988년 11월 27일자.

23) 문익환, "민족통일에 관한 구체적 제안", 연세대 국민 대토론회, 1988년 4월 16일.

24) 국토통일원 조사연구실, 『각계 통일논의자료』(서울: 국토통일원, 1988), pp.167-168. 이러한 제안에 김일성종합대학 학생위원회로부터 수용의 답변이 왔으나 정부에 의해 거부되었다.

25) 서총련, "청년학생 조국통일 투쟁선언", 1988년 4월 16일.

26) 「동아일보」, 1988년 12월 24일자.

다방면에 걸친 교류와 협력, 연방제 방식의 통일을 합의하며 '4.2 공동성명'을 발표했다. 물론 스승 김재준이 세상을 떠난 후의 행동이었다.

문익환은 민주화를 민중의 부활이라고 규정했고 통일을 민족의 부활이라고 주장했다. 십자가의 가로축과 세로축이 만나는 것처럼, 민주화와 통일은 뗄 수 없는 당연한 관계라고 소리를 높였다. 통일을 내세우며 '민족'을 우선한 반면, 민주화는 유보한 것이다. 그는 다음과 같이 말했다.

> 그때 나의 관심은 남과 북으로 갈라진 '국토'가 아니라 '민족'이었다. 그 후로 민주냐 통일이냐 하는 문제가 제기되었을 때 이 둘을 하나로 묶어 준 것이 바로 '민족'이라는 개념이었다. 남과 북으로 갈라진 국토는 무력으로도 하나가 될 수 있지만, 주종관계로 갈라진 겨레를 하나로 묶는 길은 '민족'의 길밖에 없다는 것은 재론의 여지가 없기 때문이다.[27]

문익환과 그를 지지하는 목사들, 그리고 그의 주장을 따르는 교회들도 통일을 앞세우며 민주화를 유보했다. 그것은 대한민국의 헌법 제1조를 외면하는 일이었다. 묘하게, 안보와 반공을 내세우며 자유민주주의 체제를 유보했던 한경직 등과 구조적으로 다르지 않았다. 물론 한쪽은 '통일된 민족국가'를 내세웠고 또 다른 한쪽은 '자유민주주의 체제 국가'를 목표로 삼았다. 통일문제를 두고 기독교 내부가 '민족 지향'과 '국가 지향'의 이념을 내세우며 서로 대립한 것이다.

대학생 사회의 남북 대결의식이 약화되기 시작했다. 문익환을 비롯해 '전국대학생대표자협의회'(전대협)과 '전국학생총연합'(전학련) 등 학생조

---

27) 김형수, 『문익환 평전』(서울: 실천문학사, 2004), pp.427-428.

직, 재야 진보계의 '북한 바로 알기' 운동이 그런 역할을 했다.[28] '통일'이 민중 운동권의 우선의 주제가 되었고 이룩해야 할 제일의 명제가 되었다. '반독재 민주화와 인권 운동'에서 통일운동으로 그 패러다임으로 전환된 것이다.

KNCC도 전국민족민주운동연합(전민련) 등 통일단체들과 연계해 통일 운동에 적극 나섰다. 1992년 1월, 총무 권호경을 북한으로 보내 '남북기독교협의회'를 개최했다.[29] 여기에서 '남북기독교협의회' 평양개최에 관해 실무문제를 논의했고 남북공동기도문을 작성했다.[30] 1993년에는 60여개 단체와 공동 개최해, 65,000여 명의 교인들과 시민들을 동원해, 독립문에서 임진각까지 '남북 인간 띠 잇기 대회'를 벌였다. '통일 희년'을 외치며 진보 운동권의 주장을 적극적으로 뒷받침했다.[31]

1994년 김일성이 죽었다. 남북관계는 경색되었고 다음 해 8월 15일에 열린 통일희년행사도 의도대로 진행되지 못했다. 북한교회가 불참하는 바람에, 남북분단을 회개하며 남북 교회 지도자들이 함께 외치려했던, '희년의 선포'는 빛이 바랬다. '민족교회'를 다짐하는 선언도 하지 못했다. 대회는 '88선언'에서 언급한 5가지 통일 원칙을 재확인하는 정도로 끝이 났다.[32] 북한교회의 운신이 애초부터 정해져 있었다. 필연적으로 북한정

---

28) 1988년 3월 전대협이 전국대학생 1만 2천명을 대상으로 했던 설문조사에서 통일은 아도적이었고 반공은 26.8%에 그쳤다. "대학생 71% 국시는 통일로 해야", 「동아일보」, 1988년 6월 24일자.

29) 한국기독교교회협의회 통일위원회 편, 『(1980-2000)한국교회 평화통일운동 자료집』, p.504.

30) 권호경 등은 김일성을 면담했고 제41차 KNCC 총회에 북측 기독교 지도자들을 초청하기도 했다.

31) 한국기독교교회협의회 통일위원회 편, op.cit., pp.508-509.

32) 허호익, "한국기독교의 통일논의의 역사와 통일의 실천적 과제", 『한국기독교신학

권의 치리아래 있던 것이다.

'통일 희년 운동'의 후속 조치는 뒤따르지 않았다. '쌀 보내기 운동' 등 인도적 의미의 지원만 있었다. 1997년 외환위기가 닥치면서 한국교회 진보그룹의 통일운동은 급격히 쇠락했다. 통일운동을 하자는 소리는 있었지만 여전히 선언에만 머물렀고 눈에 띌만한 진전이 없었다. 이후 통일운동과 통일정책을 추진하는 과정에서 KNCC의 영향력은 눈에 띠게 약화되었다. 진보그룹과 학생들, 그리고 정부가 이를 주도했던 것이다.[33]

2. 보수교회의 반응, 그리고 결과 - 신앙의 자유를 보장하는 체제에 대한 지지

이른바 KNCC의 '88선언'이 나왔을 때, 감리교회와 기독교장로회는 공식적으로 그 선언을 지지하고 나섰다. 그러나 교회 내부의 일치된 의견은 아니었다. 통일운동에 동참 내지는 지지를 표명한 개교회(loca church)나 교인들은 소수에 불과했다. 통일운동가들의 활동도 토론이나 선언의 수준을 크게 벗어나지 못했다. 그런데 예장 합동측을 비롯한 보수적 교회들과 6·70년대 KNCC를 주도했었던 예장 통합측 인사들, 복음주의와 부흥회적 경건을 중히 여기는 각 교단의 목회자들은 이 선언에 대해 깊은 우려를 표명했다.

이들은 '88 선언문' 내용 중, 군비축소, 미군 철수 주장 등은 용납하기 어렵다고 보았다. 그것은 대한민국의 무장해제와 자유민주주의 체제와

논총』 61집, 2009년 1월, p.92.

33) 김명배, op.cit., p.99.

이념을 철폐하자는 것과 다름없기 때문이다. 또한 한국교회가 "민족적 자존심을 포기하고, 자주독립정신을 상실하는 반민족적 죄악을 범했다", 혹은 "남한의 그리스도인들은 반공 이데올로기를 종교적인 신념처럼 우상화하여 북한 공산정권을 적대시한 나머지 북한 동포들과 우리와 이념을 달리하는 동포들을 저주하기까지 하는 죄를 범했음을 고백한다"는 진보측의 주장을 이해하지 못했기 때문이다.

일반교인들과 개교회 목회자들 입장에서는, 주체사상 아래 적화 통일을 꿈꾸는 북한 정권과 동등의 차원에서 '화해'를 주장하는 것을 받아들이기 어려웠다. 공산주의와 북한정권으로부터 일방적으로 당한 역사를 갖고 있기 때문이다. 한국교회가 자유민주주의 체제 아래서 보존되고 부흥했기 때문에 그와 같은 주장을 납득할 수 없었다.

전술한 대로, 해방 이후 한국은 북한과 체제 경쟁을 했다. 국가건설이 과제로 주어졌고, 이 땅의 주제도 '민족'에서 '국가'로 바뀌었다. 한국교회도 이에 동참했고 영미식 민주주의 체제를 지지했다. 이미 대한민국 헌법 제1조는 한국기독교의 커다란 공적(功績)이었다.[34] 그런 역사성 아래 민주주의 체제를 정착시키고 보존하는 것을 한국구원의 한 방편으로 삼았다. 여기에 역사적 경험과 현실적 경험이 공산주의 체제를 거부하게 했다. 6.25 전쟁을 거치면서 공산주의 아래 교회가 생존할 수 없다는 것을 다시 한 번 확인했다.

KNCC의 '88 선언문' 이후, 이에 반대하는 기독교 내부의 목소리가 한데 모였다. 예장 통합측 총회장을 지냈던, 박종렬이 이끄는 '한국기독교 남북문제 대책협의회'는 문제를 제기하며 회의를 가졌다. 여기에서

---

34) 김명구, 『한국기독교사』1, pp.381-385.

KNCC가 한국교회를 대표할 수 없고, 공산주의와의 공존은 불가능하며, 미군 철수와 같이 미국과의 조약을 파기하는 것은 시기상조라는 입장을 밝혔다.[35] 복음주의협의회 총무요 교회사가인 김명혁도 '88 선언'에 대해 다음과 같은 7가지 문제점을 지적했다.

첫째, KNCC의 선언문은 시종일관 양대 이데올로기로 갈라진 국제정세의 현실을 무시하고 소박한 민족주의적 낙관론에 입각한 평화통일을 표명했다.

둘째, 신학적으로는 사회구원과 민중, 또는 민족의 해방을 표방하는 WCC 에큐메니칼 신학의 평화 이데올로기에 입각한 평화통일론을 전개하였다.

셋째, 자유세계의 이데올로기와 공산 이데올로기를 동등하게 평가하는 듯하다.

넷째, 남북분단의 책임을 일방적으로 남한 독재 정권에만 돌리고 있다.

다섯째, 북한 공산주의 세계를 정확하게 파악하고 있다고 볼 수 없다.

여섯째, 남한 그리스도인들이 북한 동포에 대한 증오심을 키워왔다는 점은 사실로 받아 드릴 수 없다.

일곱째, 핵무기 철거 주장은 현실을 무시한 성급한 주장이다.[36]

'한국개신교단협의회'도 미군철수가 제2의 월남사태를 초래하고, 그 결과로 남침의 위험이 있다며 강하게 비판했다. 아울러, "북한의 침략군이 엄존하고 있는 현실에서 핵무기의 철수"를 인정할 수 없다며 반대 입장을

---

35) 「조선일보」, 1988년 4월 9일자.

36) 「크리스챤 신문」, 1988년 3월 19일자.

분명히 했다.[37] '한국교회장로협의회도 민간 차원에서 통일논의를 추진할 수 있다는 KNCC의 주장에 대해, 무정부 상태로 진행될 수 있음을 경고했다. 동시에 통일정부는 자유민주주의 체제여야 함을 분명히 했다.[38] 이어서 한국복음주의협의회도 '88선언'에 대한 6가지 문제점을 지적하고 나섰다. 당시 발표한 복음주의계의 입장은 다음과 같다.

첫째, 성서에 근거하지 않았다.

둘째, 북한교회의 실정을 정확하게 파악하지 못하고 있다.

셋째, 한국교회의 선교적 전통과 활동을 민족해방운동의 일환으로 보는 것은 잘못이다.

넷째, 한국기독교교회협의회가 한국교회 전체를 대표, 대변하는듯한 자세를 취하는 것은 옳지 않다.

다섯째, 미군 철수 등은 결과적으로 국제여론을 북한에 유리하게 해준다.

여섯째, 민주주의, 공산주의 이데올로기를 동등하게 평가하는 것은 받아들일 수 없다.[39]

KNCC의 통일론이 비성서적이라는 것, 북한교회를 진정한 교회로 인정할 수 없다는 것, 한국기독교가 거부하는 것은 북한 정권이지 북한 동포가 아니라는 것, 겨우 6개 교단을 대변하는 KNCC가 한국교회 전체를 대변할 수 없다는 것, 미군 철수 등을 언급한 것은 적절하지 않다는 것,

---

37) 한국개신교단협의회, "KNCC 선언에 대한 개신교 교관들의 입장", 1988년 3월 23일.

38) 한국교회장로협의회, "KNCC의 통일과 평화에 대한 선언에 대한 소견 성명서", 1988년 3월 26일.

39) 한국복음주의협의회, "KNCC 통일론에 대한 복음주의의 입장" 1988년 3월 30일.

자유민주주의와 북한 공산주의를 같은 높이로 볼 수 없다는 주장이었다.

1989년 문익환이 김일성과 두 번의 회담을 갖고 허담과 '4.2 남북공동선언서'를 발표했을 때, KNCC는 '조국통일운동의 새로운 전기'라고 환영했다. 그러나 한국 보수교회는 이를 거절했다. KNCC를 주도했던 한경직이 준비위원장이 되어 1989년 4월 28일, 한국기독교총연합회(한기총, CCK)를 창립한 이유이다. KNCC가 한국교회 전통에서 완전히 벗어나게 되었다고 본 것이다.

전술한 대로, KNCC는 "민족의 통일과 평화에 대한 한국기독교회 선언"(1988)에서 한국교회가 다음의 7가지의 죄를 저질렀다고 주장했다.

1) 분단체제 안에서 상대방에 대하여 깊고 오랜 증오와 적개심을 품고 왔던 일
2) 복음이 전파된 지 100여 년이 지나는 동안 공교회가 저지른 민족사에 대한 많은 허물
3) 한반도의 남북 분단은 현대 세계의 정치구조와 이념 체계가 낳은 죄의 열매
4) 그리스도인들이 전쟁방지의 명목으로 최강 최신의 무기로 재무장하고 병력과 군비를 강화하는 것을 찬동한 죄
5) 민족 예속화 과정에서 민족적 자존심을 포기하고 자주독립정신을 상실하는 반민족적 죄악
6) 민족분단의 역사적 과정 속에서 침묵하였으며 자주적 민족통일운동의 흐름을 외면하고 분단을 정당화한 죄
7) 반공이데올로기를 종교적 신념처럼 우상화하여 북한 동포와 이념을 달

리하는 동포들을 저주한 죄이다.[40)]

그러나 이러한 주장은 역사적 전제가 틀렸거나 왜곡된 인식에서 나왔다. 한국교회에 대한 몰역사적 공격이었던 것이다.

첫째, 한국교회와 교인들이 반대하고 혐오를 품었던 것은 북한공산주의 정권이었지 주민들이 아니었다. 오직 북한 주민들을 압제로부터 해방시켜야 한다는 것을 복음의 한 사명으로 여겼다.

둘째, 복음이 전파된 이래로 한국교회와 기독교는 한국의 근현대사에서 어느 집단보다 비교할 수 없는 민족사적 큰 공헌을 했다. 기독교가 아니었다면 한국은 지금의 민주주의와 자유를 누릴 수 없었을 것이다.

셋째, 남북분단이 이념의 산물이라는 주장은 일정부분 맞을 수 있지만, 그것을 일방적으로 민족적 죄악으로 볼 수 없다.

넷째, 타국을 침략하기 위한 병력과 군비를 강화하는 것이 아니라 국가와 이 땅의 거민들과 수호해야 될 가치를 위해 국방을 튼튼히 하는 것을 비판할 수 없다.

다섯째, 이것은 당시 국제 상황과 한국 현실의 문제이다. 해방과 광복의 정국에서, 한국기독교회는 자주독립정신이나 민족의 자존심을 포기한 적이 없다.

여섯째, 한국기독교는 민족분단의 역사적 과정 속에서 침묵한 일이 없다. 또한 분단을 정당화한 일이 없다.

일곱째, 반공이데올로기를 종교적 신념과 일치시킨 것을 우상화하였다

40) KNCC, “민족의 통일과 평화에 대한 한국기독교회 선언”(88선언), pp.1-3.

고 할 수 없다. 엄격한 의미로 한국기독교는 복음과 신앙의 자유를 우선한다. 반공을 택한 것은 북한 공산주의가 신앙의 자유를 말살했기 때문이다. 자유민주주의 체제를 선호하는 것은 기독교의 궁극적 가치인 복음의 활동이 자유롭기 때문이다. 그리고 남한의 교회는 북한 동포를 저주한 적이 없다.

KNCC 내의 진보그룹은 한국교회가 반공 이데올로기에 빠져있다고 지적하며 이것이 민족적 죄이고 하나님 앞에 저지른 죄라고 주장했다. 반공의식이 통일을 방해한다는 비판도 했다. 그러나 엄격히 말하면, 한국교회는 '반공' 그 자체를 거부한 것이 아니었다.

비록 유물주의의 정치체제일지라도, 신앙의 자유가 일정 부분이라도 허용되었을 때 기독교회는 교회를 보존하고 그 뿌리를 내렸다. 공산화된 중국이 개방정책으로 돌아서고 최소한의 복음전파를 허용할 수 있게 되었을 때, 더 이상 한국교회는 중국 공산정권을 비판하지 않았다. 한국교회가 안보와 반공을 내세웠던 것은 여전히 북한 공산정권이 신앙의 자유와 활동할 수 있는, 작은 관용도 허락하지 않기 때문이다. 복음전파를 전혀 용인하지 않았고 적화통일을 포기하지 않은 까닭이다. 한국의 보수교회가 KNCC의 통일 방식에 문제를 제기한 이유이다.

일부의 통일신학자들과 운동가들은, 통일을 위해 자유민주주의 체제를 유보해야 한다고 주장했다. 통일을 빌미삼아 대한민국 건국의 이념과 정치체제에 문제를 제기한 것이다. 그러나 자유민주주의는 대한민국의 헌법적 가치이며 이념이고 정체성이다. 한국의 민주주의는 기독교로부터 출발했고 무한한 과정과 투쟁을 통해 얻은 건국의 이데올로기이다.

통일신학자들과 운동가들은 '민족'이라는 거대 담론 속에 신앙의 자유,

영적 구원, 인권의 문제를 가두었다. 복음의 역할도 제한했다. 민족에 대한 강한 애착은 표출되었지만 구원해야 할 영혼에 대한 안타까움과 그 애모(愛慕) 의식은 엿보이지 않았다. 민족이 우선이었고 교회는 그 뒤를 받치는 도구였을 뿐이다. 교회 존재의 목적인 구원이나 복음전파도 거론하지 않았다. 복음주의 전통아래 있던 한국교회가 이를 받아들일 수 없는 또 다른 이유이다.

2006년 5월, 미국 트리니티 신학교 출신의 주실동교회 백광진을 단장으로 한 '우리민족교류협회'가 라오닝성 센양(瀋陽)에서 북한 '조선그리스도연맹' 대표들을 만났다. 남쪽에서는 보수 복음주의계 인물들, 곧 백광진 이외에 박원영(나들목교회), '우리민족교류협회' 이사장 송기학, 대표회장 장희열 등이 참석했다. 북한에서는 강영섭을 비롯한 오경우 등이 왔다. 양측은, 2007년 3월 평양 류경정주영체육관에서, '100만인 초청 평양 국제대성회'를 개최하기로 잠정 합의했다.[41] 이들은 북한 주민 100만 명을 포함해 해외 한인 지도자와 해외동포 500명, 국내 각계 지도자 2,500여 명 이상이 참석할 수 있을 것이라 기대했다.[42] 남쪽은 평양 대부흥운동 100주년을 기념하기 위해서였고 북쪽은 심장병원 설립을 기대했다.[43]

주최 측에서는 한국기독교총연합회와 한국기독교교회협의회(KNCC)가 연합해 이 행사를 치루려 했다. 김대중 대통령이 북한의 김정일과 만난 바 있고, 노무현 정부도 남북경협의 틀과 구상을 유지하고 있던 상태라서 실현이 될 것이라 기대했다. 그러나 북측은 태도를 바꾸었다. 평양

---

41) "북녘하늘 기도 함성… 한반도 복음 새 역사 쓴다", 「국민일보」, 2006년 6월 12일자.

42) 「연합뉴스」, 2006년 5월 8일자.

43) 「CDN, 크리스천 데일리뉴스」, 2007년 5월 5일자.

에서의 부흥집회는 일순간에 무산되었다. 분명한 것은, 영적각성의 역사를 소중히 여긴 보수교회도 통일이나 북한과의 대화 그 자체를 외면하지 않았다는 것이다.

제 4 장

폭압과 폭력에 대한 거절

전두환 정부는 페퍼 포그(Pepper Fog) 장갑차로 액정 최루탄을 쏘며 민주화를 열망했던 학생들의 데모를 과격하게 진압했다. 유신 때와 마찬가지로, 시위학생들은 정학이나 강제징집을 당했고 학교를 떠나야 했다. 여전히 학내에 사복경찰을 배치했고 젊은 전경을 학생으로 위장시켜 정보를 수집하기도 했다. 1983년 12월, '제적학생 복교 허용'을 하고 다음해 2월, 대학에 상주하는 경찰을 철수시키며 유화 조치를 취했다.[44] 그러나 학원에 대한 규제와 감시는 달라지지 않았다. 학생회를 부활시키고 일명 '학원자율화조치'가 내려졌음에도, 공권력을 동원해서라도 학원을 통제하겠다는 정권의 인식은 바뀌지 않았다. 시위진압 경찰의 수는 늘어났고, 진압이 필요하다고 판단되면 경찰이 즉시 투입되었다.[45]

44) 전국 주요대학에서 '학생위장 경찰'들은 철수하였지만 사찰 경찰들은 잠복활동을 지속하였다.

45) 홍석률, "최루탄과 화염병, 1980년대 학생운동", 『내일을 여는 역사』 28, 2007년 여름, p.76.

그러나 공권력이 계속 강화되었음에도 민주화를 요구하는 학생들의 저항은 가라앉지 않았다. 민주화운동의 시위는 오히려 증가했다. 학생들은 '학생징계 철회', '학생회 인정' 등을 요구했고, '시험거부'나 '수업거부'의 결의도 늘어났다. 정권은 '학원소요'를 막으려했지만 그치지 않았던 것이다.

1980년대 신학생들도 시대의 한복판에 있었다. 구령의 영성을 강화하기보다는 반정부적 운동에 참여하는 경향이 더 많았다. 정치 · 사회적 선교에 대한 적극적 참여를 외쳤던 기독학생회(Student Christian Association, SCA)의 활동도 활발했다. '가톨릭농민회'와 적극적인 연계 활동을 펼치는 신학생 조직도 많았다.

1984년 11월 3일, 연세대에서 전국 42개 대학 2천여 명이 참여한 가운데 '민주화투쟁학생연합'이 결성되었다. 학생운동은 보다 과격하고 강력해졌고, 이들이 목청껏 외치는 반독재투쟁은 정당성과 당위성을 확보해 가고 있었다.[46] 이에 적지 않은 수의 신학생들도 참여했다.

불합리한 시대에 저항해 시대적 과제들을 직접 풀어보려 했지, 역사의 주재자에게 맡긴다는 생각은 크게 나타나지 않았다.[47] 신학생들은 한국보수교회의 신학을 정숙주의라며 비판했고, 광주를 방관했다며 친미성을 공격했다. 장로교 신학생들에게서 한반도 분단(分斷)의 책임이 미국에 있다는 주장이 나왔고, "통일은 외세를 물리치고 민족의 자주성(自主性)과 동질성(同質性)을 회복하는 것"이라는 입장이 강하게 대두되었다. "한반도 분단은 민족의 아픔이요 민중의 고난일 뿐 아니라 하나님의 아픔"이라고 외치는 신학생들의 소리가 높았고, 철저한 반공이념(反共理念)으로

46) 이들은 1984년 11월 14일 오후 '민정당 중앙당사 점거농성'을 주도했다.

47) "하늘엔 영광 땅에는 진정한 인간해방의 기쁨이", 「서울장신학보」, 1988년 9월 16일자.

무장한 사람들과 월남한 사람들 때문에 한국기독교가 민족적 과제를 수행하지 못했다는 비판도 나왔다.[48] 민주화를 외치는 신학생들의 활동과 주장에 일정한 지지가 따랐다. 한국 보수교회 내부에서도, 정권의 폭압에 대해 문제를 제기하는 소리가 흘러나왔다.

> 탄압적 상황 속에서 공분과 울분을 터뜨린 옛 선지자의 탄원이 마치 오늘 우리 한국인의 처지에서도 공감을 주고도 남음이 있다. 선진 조국 올림픽을 앞에 둔 우리나라 현실에서 왜 이렇게 고문치사 사건으로 인한 탄식과 분노가 들끓고 있는지를 생각하면 한심하기 짝이 없다.[49]

연세대학교 신과대 교수 김찬국은 하박국서 1장을 기술하면서 이렇게 통분을 토로했다. 그의 글에는 전두환 정권에 대한 비판과 시대에 대한 항변, 그 상황에 절망했던 사람들의 탄식이 들어있었다. 또한 역사의 애매성에 대한 질문과 메시아 대망(待望)의 절실함이 가득 배어있었다.

1987년 6월 9일, 연세대 경영과 2년 이한열이 '6.10 대회 출정을 위한 연세인 결의대회' 시위에 참가했다가 경찰이 쏜 최루탄에 맞아 쓰러졌다. 바로 세브란스 병원으로 옮겼으나 의식을 회복하지 못하고 숨을 거두었다. 이 사건이 도화선이 되어 전국 37개 도시에서 100만 명 이상이 밤샘 시위를 벌이며 투쟁을 외쳤다. 이 과정에서 수많은 시위자가 상처를 입었고 체포되고 구금되었다.[50] 정권의 이러한 폭압에 한국 사회가 들끓었고,

---

48) 「서울장신학보」, 1989년 6월 19일자 3면, 2면, 7면

49) 김찬국, "비극은 다시 없어야 한다", 「동아일보」, 1987년 5월 28일자.

50) 당시 이한열이 최루탄에 맞아 쓰러져 피 흘리는 사진은 6월 항쟁의 기폭제가 되었고 일명 '6.29선언'을 끌어냈다.

이것이 계기가 되어 집권세력은 민주화를 실시하겠다며 직선제 개헌을 선포해야 했다. 일명 '6.29 선언'[51]이 나온 것이다.

1988년 5월 28일 문익환을 중심으로 한 재야인사와 68개 운동단체들이 시국 선언문을 발표하고 남북공동올림픽과 6.10 남북학생회담의 성사를 촉구하며 나섰다.[52] 6월 10일에는 민통련 의장 문익환을 중심으로 재야 운동단체와 학생 약 2만여 명이 참가한 가운데, 연세대학에서, 이른바 '남북학생회담 출정식'이 열렸다. 경찰의 저지로 행렬은 교문 밖을 빠져나가지 못했지만, 반미구호와 조국 통일, 보안법 철폐와 정부규탄의 구호는 교정을 찌를 듯했다.[53]

학생들은 민중민주주의를 내세우며 통일을 외쳤다. 통일운동이 곧 민주화운동이 되었다. 학생들의 분신이나 투신자살이 뒤따랐다.[54] 문익환 등이 광주 사건에 대해 반미구호를 외치고 "고려연방제 찬성", "선 통일 후 민주", "민주국가는 데모가 있기 때문에 데모를 화끈하게 해야 한다"고 소리를 높였을 때, 문익환은 자제할 것을 호소했지만 그의 집회에서는 폭력 행동뿐 아니라 분신자살이 잇달았다.[55] 폭력적 데모도 계속되었다.

---

51) 6·29 선언은 ① 대통령 직선제 개헌, ② 1988년 평화적 정부 이양, ③ 언론기본법 폐지, 지방주재기자제의 부활 등 언론자유 보장, ④ 지방자치제 및 교육자율화 실시, ⑤ 정당 활동 보장, ⑥ 사회 정화조치 실시, ⑦ 유언비어 추방, ⑧ 지역감정 해소 등을 통한 신뢰성 있는 공동체 형성 등 8개항으로 이루어져 있다.

52) 노중선 엮음, 『남북한 통일정책과 통일운동 50년』(서울: 사계절, 1996), p.298.

53) 「동아일보」, 1988년 6월 24일자.

54) 「동아일보」, 1986년 5월 21일자 ; 「경향신문」, 5월 26일자. 1986년 4월 28일 신림사거리 근처 "반전 반핵 양키 고 홈!", "양키의 용병교육 전방입소 결사반대"의 구호를 외쳤던 서울대생 김세진과 이재호가 분신했다. 「동아일보」, 1986년 4월 28일자.

55) 1986년 서울대에서 열린 집회에서, 그의 강연 도중 농대 원예과 1년 이동수가 분신자살을 한 직후 AFP통신과 가진 회견에서 "국가와 민주주의 통일을 위해 49명

노태우 정부는 표면적으로는 유연했지만, 적극적으로 대응했다. 노태우 정부 초기 3년간 학원가의 시위 및 집회는 1988년에 4,246회, 1989년 9,257회, 1990년 7,551회, 1991년 7,843회 등 28,897회를 기록했다.[56] 교육부도 학생들의 시위와 집회를 면밀히 관찰하고 있었다.[57] 그러나 6 · 29 선언을 끌어냈던 한국 사회는 학생들의 주장과 과격한 폭력을 지지하지 않았다. 70년대 '민주화회복운동'의 중심에 있던 교수들이나 지식 사회도 동조하지 않았다.

1996년 8월 13일, 한국대학총학생회연합(한총련)이 연세대학교에서 제6차 범청학련 통일대축전을 강행했다. 이들 시위 학생들은 통일을 내세우며 문과대를 점거했다. 80년대 이후부터 평화통일을 외쳤지만 이들의 행동은 평화적이지 않았고 폭력적 저항은 도를 넘었다. 점거 시위 7일 만에 2천여 명의 병력을 대학 건물에 투입한 경찰에 의해 일단락되었다. 이 사태로 5천 명이 넘는 학생들이 연행되고 이 가운데 4백 60여 명이 구속됐다. 점거한 학생들에 의해 교수 연구실과 연구 자료는 모두 파괴되고 연세대 문과대학 건물이 불에 탔다. 당시 학생들에 의해 의경 1명이 사망했고(김종희 일경), 양쪽의 부상은 890여 명에 이르렀다.

국민들은 학생들의 과격한 이념 투쟁을 외면했다. 학생들의 폭력성과 과격성, 그리고 이념 투쟁을 거절했다. 무조건적인 통일운동을 내세우며

이 분신할 각오로 기다리고 있다"고 주장했다. 그때 그는 이것이 자살이 아니라 "자발적 희생"이라며 이를 높이 평가를 했다. 「동아일보」, 1986년 5월 24일자.

56) 경찰청, "시위 및 집회에 관한 통계"(미공개자료), 1992년.

57) 「동아일보」, 1992년 5월 22일자. 신문은 "최근 교육부는 1992년 3-5월 기간 중 총 374회의 학원가 시위(집회는 제외)가 발생하였는데 이는 전년과 같은 기간보다 회수로는 50%가 감소한 것으로 참가인원은 약 69%가 줄어든 것이라는 자체분석이다"라는 내용을 싣고 있다.

폭력시위를 마다하지 않았던, 한총련 산하의 총학은 외면 받았다. 학생운동권에 대한 국민감정도 이전 같지 않았다. 여론도 등을 돌렸다. 이후 학생운동은 쇠퇴의 길을 걷게 되었다. 통일운동을 내걸며 투쟁했던 학생들은 거리를 떠나 재야 정치권에서 활동하게 되었다.

1996년 11월 29일 연세대학교 제34대 총학생회장 선거가 있었다. 여기에서 학문탐구 환경보장, 장애인 환경 개선, 종합관 복구 등을 선거 공약으로 내건 한동수(법학과 4년)가 총학생회장에 당선되었다. 함께 팀을 이루었던 신학과 4년(신과 93학번) 유명종은 부총학생회장이 되었다. NL(민족해방)과 PD(민중민주)계열의 후보와 두 배 이상의 표차였다.[58] 더는 총학생회가 투사나 열사를 길러내는 기구가 아니라는 생각과, 폭력적 학생운동을 거절하겠다는 학생들의 의식이 담겨 있었다.[59] 70년대와 80년대 민주화운동의 장소였던 연세대학교의 학생들이 운동권 학생들을 외면했던 것이다.

한동수 등은 연세대학교 내에서 복음주의 기독학생운동을 주도하고 있었다. 이들이 등장하면서 연세대학교 내에 정치투쟁구호가 사라졌다. 인권과 민주화를 목표로 했던 연세대 기독학생회(SCA)의 활동도 복음주의 지향의 조직으로 바뀌었다. 이들에게 동조하며 전국 20여 개 총학생회는 "지금까지 정치투쟁에 매달려온 학생운동에서 벗어나 환경운동, 문화사업, 교육환경 개선 등 다양한 분야로 확대되어야 한다는 데 의견을" 모았다. 이런 분위기에서 '새로운 미래를 여는 총학생회 연대모임(미래총학연대)'이 출범했다.[60] 10여 년간 경찰과 대치해 화염병과 돌을 던지며 힘을

58) "연대 학생회장 비운동권 당선", 「동아일보」, 1996년 11월 30일자.

59) 김명구 외, 『연세대학교 신과대학 백년사』, pp.532-533.

과시하는 '시위형 출정식'도 야외 영화제, 오케스트라 공연 등 '문화제형 축전'으로 바뀌었다. 시대가 더 이상 폭력을 거부했던 것이다.

60) 「동아일보」, 1997년 5월 27일자, 6월 18일자.

제3편

한국교회 급성장과 세계선교
- 세속화와 세계구원지향

제 1 장

교회 성장주의의 채택 - 자본주의적 경제 방식의 채택, 복음주의의 세속화

1955년 이후부터 미국교회에는 '교회 성장'이라는 표현이 등장했다. 미국의 근본주의 교회와 신복음주의 교회들은 이를 선교운동의 일환으로 적극 받아들였다.[1] 풀러신학교 선교대학원(Fuller School of World Missions)의 창설자요 신복음주의자로 알려진 도널드 맥가브란(Donald A. McGavran)과 근본주의자로 알려진 버지니아 린치버그의 토마스 로드 침례교회(Thomas Road Baptist Church in Lynchburg, Virginea) 담임자 폴웰(Jerry Falwell)은 이를 이론화시켰다.[2] 특별히 선교학자 맥가브란은 교회성장에 대해 깊이 연구했고 이를 학문의 위치로 끌어 올렸다. 여러 저술들을 발간했고, "교회 성장의 아버지", "교회성장의 창시자"라고 일컬음 받았다.[3]

---

1) 박아론, "교회성장운동과 최근의 신학적 토론", 『목사 계속교육 강의집』(서울: 유니온 학술 자료원, 1990), pp.45-47.

2) Ibid., p.46. 맥가브란은 선교학자였고, 폴웰은 대형교회의 목회자였다.

3) Thom S. Rainer, 홍용표 역, 『교회성장 교과서: 교회성장 역사 · 신학 · 원리』(서울: 예찬사, 1995), p.29.

전통적으로 복음주의 교회는 열정적인 선교 의식을 갖고 있다. 한국교회는 '교회 성장학'에 고무되었다. 교회의 성장과 부흥을 가져올 수 있는 방안과 근거가 되었기 때문이다. 덧붙여, 개발과 경제성장, 도시화가 가속화되던 시대적 상황과도 잘 맞았다.

이론과 지침에 따라 교회는 가지고 있는 자원(교회의 수, 성도의 수, 헌금 액수 등) 등을 토대로 삼았다. 이를 기초로 가장 효율적인 방식을 도입할 수 있었다. 첨단 경영 기법과 시장경제의 원리를 도입했고 과학적이고 효율적으로 자원들을 배분했다. 현대인들의 속성을 연구했고 이를 위한 각종 프로그램들을 구상했다. 예배당을 세울 때도 접근이 쉬운 위치를 선택했고 이를 위해 주차장 시설을 늘렸다. 구체적 목표를 정했고 통계와 수치를 통해 그 결과를 객관적으로 판단했다.

교회의 요청에 전문적인 자문기관, 곧 '교회성장연구소' 등이 만들어졌고 각종 출판물들도 등장했다.[4] 교회들은 전문가들의 제안에 따라 효율적 방식과 각종 프로그램을 실행에 옮겼다. 성장의 이론과 방식으로 교회는 효과적인 선교전략을 짤 수 있게 되었다. 교회가 성장하고 부흥하는 데에 당위성을 주었고 한국교회가 복음전파에 더욱 열의를 가질 수 있도록 했다.

'교회 성장학' 이론들은 한국교회 전체로 퍼져 '교회 성장 운동'으로 연결되었다. 그 결과 수만 명 이상의 교인을 가진 세계적인 대형교회(Mega Church)들이 속속 나타났다. 대형교회들은 일반 개교회들이 엄두도 내지 못한 사업들을 수행했다. 지역적 역할을 넘어 사회적 과제에도 참여했다. 목회자들을 긴장시켜 교회 성장을 유도했고 교인들의 선교적 사명을 각

---

4) 김지호, "교회성장운동의 역사와 전략연구", 『개혁주의교회성장』 제6호, 2011년 3월, p.74 참조.

인시켰다. 그 결과 한국교회는 세계 선교역사에 유래를 찾을 수 없을 만큼 큰 성장을 이루었다.

교회 성장의 이론들은 성경적 원칙의 존중, 효과적인 복음전파, 바르고 제자화된 공동체, 새 교회의 개척을 표방했다.[5] 그것은 복음주의 구조와 방식에서 비롯되었다. 교회의 존재 목적이 구원을 위한 복음전파에 있음을 확인했고, 교회를 통해 구원 사역이 일어난다는 것을 확정지었다. 그리고 이를 이룰 수 있기 위해 성령의 도움이 요청된다고 주장했다. 선교가 교회를 통해, 하나님의 목적 아래 이루어진다는 논리였다.[6] 신학적이거나 교리적 접근보다는 성경 말씀을 생생하게 전하는 것이 효율적이라는 것을 확인했고 이를 위해 평신도들을 적극적으로 활용했다. 교인들의 재능과 은사에 따라 각기 목표를 정해주고 사명의식을 고취시켰다. 교회를 위해 열정을 쏟도록 했고 탁월한 전도 능력을 가진 평신도를 교회 밖으로 내보냈다.[7] 그러나 복음주의 신학은 역사의 주재에게 전적으로 의존하는 방식을 취한다. 응답을 기대할 뿐이고 인간의 의도적 기획은 없다. 교회 성장주의가 간과한 부분이다.

시간이 지나면서, 그 시작의 의도와 달리, 교회 성장주의는 교회간의 경쟁을 유발했다. 구원의 대상이 교회에 들어온 것이 아니라, 이미 입교한 사람들의 수평적 이동 현상이 나타났다. 생존경쟁의 모습으로 귀결되

---

5) Donald A. McGavran and Winfred C. Arn, *Ten Steps for Church Growth*, (New York: Harper & Row Publishers, 1977), pp.11-12.

6) George W. Peter, *A Theology of Church Growth*, (Grand Rapids, Michgan: Zonervan Publishing House, 1981), p.47.

7) Donald A. McGavran and George G. Hunter III, *Church Growth*, (Nashville: Abingdon Press, 1980), pp.81-98.

고 있었고, 생각하지 못한 결과가 나타난 것이다.

실제, '교회 성장 운동'은 사회진화론적 구조로 진행되었다. 교회 자원을 비효율적으로 관리하면 교회가 도태한다는 강박감을 갖게 했다. 치열한 생존경쟁의 원리에서 목회자들은 서로 경쟁자가 되어야 했고 사업가의 기질도 확보해야 했다. 한국교회가 생존경쟁의 시대에 돌입하면서 작은 교회들은 위기에 처하거나 사라지게 되었다. 교인들을 채우기 위해 각 교회 간에 치열한 경쟁이 전개되었다. '구원'이 핵심이 아니라 '교회의 운영'이 우선시 되는 현상이 나타났다.[8] 초대형 교회가 생기기도 했지만 상가(商家) 건물의 작은 교회들은 문을 닫기도 했다. 전두환 정권 이후, 이전과 같은 성장이 멈추게 되면서 교인들을 쟁취하기 위한 경쟁과 갈등은 더욱 치열하게 전개되었다.

한편, 1981년 7월 13일부터 2주간 동안, 연세대학교 연합신학대학원의 제1회 '하기 목회자세미나'가 열렸다. 주제는 '교회의 갱신'과 '교회의 발전'이었다. 각 교파를 대표하는 학자 41명이 발제를 했고 20개 교파 600여 명의 목회자들이 참석했다. 에큐메니칼과 에반젤리칼 진영이 함께 참여하는 최초의 목회자 세미나였고, '교회갱신'을 주제로 했기 때문에 일반 언론까지도 큰 관심을 가지고 이를 전했다.[9]

> 선교 제2세기를 맞는 한국교회의 바람직한 교회상은 어떠해야 하며 그것은 무엇인가? 선교 1백주년(84년)을 눈앞에 두고 한국기독교 개신교계에는 외형적 성장에만 급급했던 한국교회의 질적인 빈곤을 반성하고 새

---

8) Orando E. Costas, *The church and its mission: a shattering critique from the third world*, (Wheaton: Tyndale , 1974).

9) 김명구 외, 『연세대학교 신과대학 백년사』, p.421.

> 좌표를 모색하는 갱신운동이 뜨겁게 타오르고 있다. (중략) 기독교개신교 지식사회의 뜨거운 호응을 받고 있는 이 교회갱신운동은 한국교계의 해묵은 보수 · 진보 논쟁을 극복하고 종교 본래의 기능을 회복하는 전기를 마련해 줄 것으로 기대되고 있다.[10]

신문은 한국교회가 외형적 성장에 급급했다고 지적했다. 한국교회가 질적인 빈곤에 빠져있다는 비판도 했다. 본래 기능을 회복하기 위해 반성해야 한다는 요청을 했다. 덧붙여, 새 교회상도 만들어 내야 한다는 조언도 했다.

선교 1세기의 막이 내리고 새로운 제2세기가 시작되는 전환점에서 발제자들은 70년대부터 등장한 교회성장학을 비판했다. 교회를 세속화시키고 본래성과 일치를 가로막는다고 주장했다. 특히 연세대 사회학과 교수 박영신은 교회 스스로가 빠져 있는 이기주의적 집단주의와 싸워야 한다고 요구했다. 한국교회도 어느 새 구원받아야 할 대상이 되었다며 비판의 수위를 높였다.

이날 세미나에서는 한국교회가 갱신해야 할 대상이라는 주장이 아프게 쏟아지고 있었다. 교회에 들어오기 위해 오직 신앙의 영역만 내세웠던 전통, 민족의 장래가 기독교회에 달렸다고 내세웠던 민족교회로서의 전통, 근대 이데올로기의 근간을 제공하며 지식사회를 선도했던 전력(前歷), 나라의 구원을 위해 구국의 선봉에 섰던 기록들… 그런 역사적 찬사는 흘러나오지 않았다.

---

10) "선교백년의 개신교 새 교회상 찾는다", 「경향신문」, 1981년 7월 22일자.

제 2 장

"선교 한국", 세계선교의 절정기 - 세계 구원으로의 확장

선교 100주년이 다가오고 있을 때 한국교회는 '백주년기념사업협의회'를 꾸렸고 한경직을 총재로 추대했다. 기념사업협의회는 빌리 그레이엄 등을 초청해 1984년 8월 15일부터 19일까지 100주년 기념행사를 열기로 했다. 그 첫 시작으로 여의도광장에서 '개신교선교100주년 선교대회'의 전야 예배가 열렸다. 간간이 비가 내리는 가운데도 50만 명에 이르는 교인들이 참석했다. 1부에서 김준곤은 "선교 100사(史)의 감사와 회개와 헌신"을 주제로 설교하며 교권 싸움에 대한 반성, 사랑 운동의 적극 실천, 교인의 청결운동, 반공·민족통일운동을 피력했다. 2부 전도 집회에서 부흥사 김호문은 "깊은 밤에 감사의 찬송"을 제목으로 해서 한국교회의 위기를 간접 표명했다.[11] 여전히 한국교회가 급성장하며 위세를 떨치고 있을 때 나온 반성과 차가운 진단이었다.

도시화와 경제 성장의 흐름 속에 교회도 급성장하고 있었다. 세속화의

---

11) 「동아일보」, 1984년 8월 16일자.

길을 내달린다는 비판이 여기저기에서 나왔다. 교회가 부흥하는 것과 성장하는 것을 구별해야 한다는 주장도 나왔다. 묘하게, 성장과 비판이 고조되고 있는 동안 한국교회의 세계선교는 절정에 이르렀다. 국가의 영역까지 넓혔던 한국교회의 구원의식과 그 에너지가 세계 구원으로 확장된 것이다. 역사에는 언제나 긍정과 부정이 함께 있다는, 그 이중구조가 여기에서도 작동했다.

1970년대와 1980년대 폭발적인 교회 부흥과 성장으로 선교의 에너지가 확보되었다. 1988년에 기독교 인구가 천만 명에 이르렀다는 자랑이 나왔다. 전국에 3만 개소의 교회가 있고 목회자는 2만4천명이나 된다는 통계가 나왔다. 대형교회들도 속속 등장했다. 한국교회가 성장하면서 재정적 뒷받침이 가능했기 때문이다. 교회의 부흥이 일어나면 그 다음 단계는 해외선교라는 도식이 여기에서도 확인되었다. 세계선교에 나선 그룹은 교회 부흥을 주도한 복음주의계였지 인간화를 지향했던 영역에서는 이 같은 열정이 나오지 않았던 것이다. 통일신학에 매진하려 했던, 곧 민족의 문제에 집중했던 그룹도 여기에 관심이 없었다.

1981년 8월 1일자로 여권법 시행규칙이 개정되었다. 그리고 1983년에 이르러 '관광목적의 여권 발급'이 시행되었다. 전두환 정부의 국민 여행 자유화 방침에 따른 조치였다. 해외여행 연령 제한이 폐지되고 여권 발급 절차가 크게 간소화되었다. 이전까지 해외여행은 오직 선택받은 특권층만의 전유물이었다. '88 올림픽'이 끝난 다음 해 1월 1일부터 노태우 정부는 일부의 규제마저도 없애는 '해외여행 전면 자유화 조치'를 시행했다. 이러한 조치들이 한국교회 세계선교의 기록적 확대의 조건이 되었다.[12]

---

12) "활발한 기독교 해외선교", 「매일경제」, 1982년 11월 11일자.

한편, 한국은 1960년까지 수교국이 16개국에 불과했다.[13] 1970년에는 수교관계를 맺은 나라가 67개국에 불과했다. 그런데 1980년에 이르러 114개국으로 불어났고 올림픽 후인 1990년에는 145개국까지 늘어났다.[14] 국제 관계도 세계 선교가 확장될 수 있던 주요 요인이었다.

그런데 가장 근원적 이유는 선교를 복음화(Evangelization)로 규정했던 한국교회의 신학과 역사성 때문이다. 1907년에 일어났던 회심 사건이 내면으로 침잠하지 않고 급격한 대중 전도로 이어졌다. 아직 어렸음에도 불구하고 제주도로, 블라디보스토크로, 만주를 비롯해 일본의 각지로 선교사들을 파송하는 발단이 되었다. 1945년까지 한국교회는 교포를 대상으로 한 선교사들을 중심으로 모두 255명을 파송했다. 만주로 갔고 일본으로 갔으며, 몽고까지 갔다. 미국과 멕시코, 쿠바에도 보냈다.[15]

그렇게 한국교회는 처음부터 선교를 통해 구원의식을 퍼뜨리는 교회로 새겨졌다. 그것은 한국교회가, 세계적 선교운동을 일으킨 19세기의 영미 복음주의 전통 아래 있다는 것을 확인하는 것이기도 했다. 선교는 한국교회 주류의 정체성이요 신학이었으며 역사적 근거로 자리한 것이다. 세계선교는 그런 전통아래 확산되었다.

---

13) 1959년 쿠바에 공산혁명이 일어나면서 수교 관계가 단절되었다.

14) "한국 연도별 수교국가", 네이버 유용한 정보 블러그(http://blog.naver.com/ PostView.nhn?blogId=djj5383&logNo=220500903828) 참조 ; 김한성, "한국 교회의 타문화권 선교 역사의 시기 구분에 관한 연구", 『성경과 신학』 제60권, 2011년 10월, p.120.

15) 만주에 파송된 선교사는 172명이었고, 일본 32명, 시베리아 21명, 미국 9명, 중국 4명, 몽고 2명 등이었다. 장로교회가 146명으로 가장 많이 보냈고 감리교회가 46명, 침례교회가 16명, 성결교회가 14명 등이었다. 이외에 감리교회와 장로교회가 연합으로 파송한 선교사는 4명으로 알려져 있다. 김해성 외, "초기 한국교회 해외선교 연구"(서울: 서울총신대학교 선교연구소) ; 박기호, 『(한국교회) 선교운동사』(서울: 아시아선교연구소, 1999), p.117.

1. 한국교회의 세계선교 시작

1.1 하와이 선교

1902년 2월에 한국으로 돌아오던 미국 공사 알렌(Horace N. Allen)은 샌프란시스코에서 하와이 사탕수수 경작자협회 이사 어윈(William G. Irwin)을 만났다. 그는 한국인 노동력을 요청했고 알렌은 신병치료차 미국에 체류 중이던 존스(George H. Jones)에게 이를 전했다. 제물포와 강화지역 선교사였던 존스는 적극 호응했다. 당시 한국은 극심한 가뭄에 시달리고 있었고, 제물포권역의 교인들은 힘겹게 살고 있었기 때문이다.[16] 존스는 노동 이민을 떠나는 제물포권역의 교인의 신앙생활을 위해, 그리고 이민자들에게 복음을 전파하기 위해 전도인 장경화와 안정수, 홍승하, 김우제 등을 보냈다.[17] 그리고 호놀룰루 감리교회 감리사 피어슨(George L. Pearson)과 교섭해 '한인감리교선교회'(Korean Methodist Mission)를 조직했다. 이민 교인들은 리버호텔 스트리트에 집을 빌려 예배 장소를 구한 뒤, 1902년 11월 10일 주일에 홍승하의 주재아래 하와이에서의 공식적인 첫 예배를 드렸다.[18] 하와이 '그리스도연합감리교회'(Christ United Methodist Church)의 창립예배인 동시에, 교포를 대상으로 한 것이지만, 한국인 전도자가 해외선교를 시작한 첫 사건이었다. 이후 하와이 한인교회는 1910년에 이르러 35개소가 되었다. 교인들이 샌프

---

16) 김명구, 『복음, 성령, 교회-재한 선교사들 연구』, pp.289-292.

17) *Official Minutes of the Korea Mission Conference of the methodist Episcopal Church*, 1904, p.33.

18) 유동식, 『하와이의 한인과 교회-그리스도연합감리교회 85년사』(하와이: 그리스도연합감리교회, 1988), p.34.

란시스코와 L.A로 옮겨가면서 교포교회의 수는 확장되었다.[19] 미국의 교포교회는 자연히 민족교회의 성격을 갖게 되었다. 한국 독립운동의 터전이요 이승만을 비롯한 독립운동가들의 후원자 역할을 했다.

1.2 러시아 선교

1909년에 러시아 블라디보스토크의 한국인 선교를 위해서 장로교회는 최관흘을 파송했고, 1910년에는 한병직을 파송했다.[20] 감리교회는 1912년에 손정도를 보냈다. 그러나 러시아 정교회의 압박과 고문에 최관흘은 정교회로 개종해야 했고, 이를 거절한 손정도는 강제 추방되었다.[21] 이후 1918년, 장로교 총회가 김현찬과 박정찬을 보냈고 계속해서 오순희, 최일형, 최홍종, 박창영, 한가자를 파송했다. 1922년, 러시아 선교는 34개의 교회당에 목사 5명, 장로 9명, 교인 1,935명, 소학교 5개, 야학교 35개, 주일학교 15개가 되면서 "시베리아노회"가 설립되었다. 1920년 남감리교회가 최나오미를 시베리아 선교사로 파송했고, 북감리교회도 1921년 배형식을 교포들을 위해 시베리아에 파송했다. 시베리아선교회가 설립될

19) 김인호, "한국교회 해외선교의 역사와 전망",(미간행 논문, 1999), p.2. 이태웅, "한국교회 선교 25년에 대한 평가와 미래에 대한 전망(한국해외선교회)", CBS 창사 50주년 기념 심포지엄 발표, p.2에서 재참조. 교포를 대상으로 한 선교는 1905년 4월 1,033명이 멕시코 애니깽(Henequen) 농장으르 이주 할 때도 나타났다. 노예처럼 일을 해야 했던 한국인 노동자들을 위해 1908년 한인교회가 설립되었다.

20) 『예수교장로회 대한노회 제3회 회록』(1909), p.23 ; 『예수교장로회 조선노회 제4회 회록』(1910), p.23. 이들은 1910년에 예배당이 두 곳, 예배처소 13곳, 교인 746명이 되었다는 보고를 올렸다. 『예수교장로회 조선노회 제5회 회록』(1911), p.10.

21) A. F. DeCamp, "Foreing Mission Work of the Korean Presbyterian Church", *Korea Mission Field*, Apr., 1923, p.69.

정도로 이들의 헌신이 컸다. 감리교회와 장로교회 선교사들이 연합한, 복음주의 연대의 결실이었다.[22]

1.3 일본선교

한국의 일본선교는 YMCA로부터 시작되었다. 유학생으로 구성된 도쿄의 조선YMCA 종교부 위원회는 한국 장로교회에 유학생들을 지도할 목회자 파송을 요청했다. 유학생 기독교인들대부분이 장로교인들이었기 때문이다. 이에 소수의 감리교인 유학생들의 양해 아래 그렇게 요청한 것이다.[23] 1909년의 제3회 장로교 독노회는 "한석진" 목사를 1개월 단기선교사로 일본 도쿄에 파송하기로 결정했다.[24] 한석진이 일본에서 활동을 시작하면서 한국인들의 '도쿄교회(東京教會)'가 설립되었다.[25] 도쿄교회의 활동을 하면서 한국장로교회는 활동의 폭을 교포들로 확장했다. 1912년 임종순을 담임자로 파송했던 이유이다. 그때 그는 고베(神戶)의 한국인 여성 노동자까지 전도를 병행했다.

1911년부터 감리교인 유학생들이 늘어나면서 별도의 예배를 드리는 상황이 생겼다. 이에 보다 효율적 선교를 위해 감리교회와 장로교회는 일본선교를 함께하기로 하고 한국의 본교회에 이를 요청했다.[26] 그리고

---

22) 박용규, 『한국기독교회사』 2, pp.101-102.

23) 백남훈, 『나의 일생』(서울: 新現實社, 1973), p.107.

24) 『예수교장로회 대한노회 제3회 회록』(1909), pp.23-24. 한석진은 1909년 5월에 일본으로 갔다.

25) 한석진은 동경교회 영수(領袖)로 김정식, 조만식, 오순형, 집사에 김현주, 장원배, 장혜순, 백남훈 등을 임명했다.

26) 유동식, 『재일본 한국기독교청년회사: 1906-1990)』(東京: 재일본한국기독교청년

6인의 연합공회를 조직했다. 이에 따라 도쿄교회도 장로교와 감리교의 연합교회로 발전하게 되었다.[27] 장로교회의 주공삼을 먼저 파송했고 1914년 감리교회의 오기선이 파송되었다, 이후 두 교회는 교차로 목회자들을 파송했다.[28] 감리교와 장로교 공동의 "조선예수교연합교회"를 설립하고 일본 도쿄를 중심으로 칸사이(關西), 큐슈(九州) 3개 지방으로 확대했다. 이후 감리교회와 장로교회는 별도로 선교사들을, 고베를 비롯해 칸사이 지방 등 교포들의 거주지에 파송했다. 이들이 세운 교회는 한국인들의 집결지와 해방구 역할을 했다.

한편, 성결교회는 1927년 4월 도쿄 성서학원을 졸업한 윤낙영을 통해 도쿄에 교회를 설립했다. 윤낙영은 그 다음 해에 혼슈(本州) 아이치현(愛知縣)에 살고 있던 한국인 노동자들을 대상으로 전도했다. 그 결과 1929년 160여명에 이르는 교회를 설립할 수 있었다. 성결교회는 1934에 이르러 도쿄를 비롯해 모두 5개 지역에 한국인들을 위한 교회를 세웠다.[29]

1.4 만주선교

1907년, 감리교회는 내지선교회(Home Mission Society)를 조직하고 1909년에 국내선교회를 내외국선교회(the Foreign and Home Mission

---

회, 1990), pp.94-95.

27) 오윤태, 『在日大韓基督教 東京教會七十二年史』(東京 혜선문화사, 1980), pp.114-115.

28) 유동식, op.cit., p.95. 이후 1918년에 장로교의 임종순이 사역하였으며, 1921년에 감리교 오기선이 재파송 되었다. 이후 1944년까지 서상현, 신공숙, 김기창, 김응태, 김수철, 오택관, 김치선, 오윤태 등 감리교회와 장로교회 목회자들이 교차하며 파송되었다.

29) 박기호, op.cit., p.103.

Society)로 개칭했다. 국외의 한국인들뿐만 아니라 해외의 외국인들을 선교하겠다는 의지였다.[30] 손정도가 만주에 파송되었을 때 그에게 주어진 임무였다.[31] 남감리교회도 1908년 간도선교회를 조직하고 이화춘을 북간도로 파송했다.[32] 모두 만주지역에 이주한 한국인들을 위해서였다. 그 성과는 컸다. 1925년에 이르러 만주에 감리사를 위촉할 수 있었고 6개의 구역회, 교인 1,360여 명에 이르는 교회를 구축할 수 있었다. 별도로 감리교 여선교회는 5명의 여성 선교사를 파송하며 선교비를 부담했다. 여기에 그치지 않고 몽골의 교포 선교를 위해 최성모를 파송하기도 했다.[33]

장로교회의 진정한 의미의 해외 선교는 1913년 김여훈, 박태로, 사병순을 산동성에 파송한 것이 효시라 할 수 있다. 1912년 총회가 창설되며 장로교회는 산동성의 중국인들을 대상으로 한 선교를 결의했던 것이다. 이미 1906년에 길선주는 "미국이 한국에 선교한 것처럼 우리도 선교사를 중국에 보내어 전도 의무를 수행하게 될 것"이라고 피력한 바 있다.[34] 그것은 1901년 평양의 장로교회가 선교위원회를 조직하며 "북방의 모든 미전도 지역에 전도자를 파송"하자는 결의[35]를 다시 확인하는 발언이었다. 그만큼 만주지역 선교를 사명으로 생각하고 있었다.[36]

30) Ibid., p.90.

31) 『신학월보』 제7권 제6호, 1909년, p.3.

32) 김양선, 『한국기독교사연구』(서울: 기독교문사, 1971), pp.141-143.

33) Loc.cit.

34) 김해연, 『한국교회사』(서울: 성광문화사, 1993), p.228.

35) 『장로회 공의회 회의록』(1901), p.17. 박용규, 『한국기독교회사』 2, p.87에서 재인용. 이 결의에 따라 산동성에 전도자들이 개별적으로 복음을 전하기 시작했다.

36) 여기에 잃어버린 고토(古土)를 찾는다는 역사적 사명감도 있었다. 후일 김인서는 만주에 교회를 세우는 일에 이런 인식을 표명했다.

1917년 장로교회는 제2대 선교사로 방효원과 홍승한, 그 다음 해에 박상순을 산동성에 보내 선교에 힘을 보탰다. 1921년에는 평도와 지마현까지 선교 지역을 확장했다. 1923년 평북 여전도회 연합회에서 보낸 이대영, 1931년에는 최초의 여성선교사로 재령출신의 김순효를, 1937년에는 방효원의 아들 방지일을 파송했다.[37]

1920년, 미국선교회가 산동성 선교의 일부를 이관할 정도로 장로교회 선교 성과는 컸다.[38] 중국인들로부터도 적지 않은 환영을 받았다.[39] 그 결과, 1923년에 이르러 중국인 591명을 포함해 세례자 815명, 25개의 예배처소, 19개의 사립학교, 436명의 학생을 가진 교회로 성장한 것이다.[40] 1933년에는 교회 51개, 목사 4명, 장로 13명, 집사 39명, 남전도인 4명, 여전도인 8명, 소학교 7개, 교인 1,324명으로서 "내양노회"를 조직할 정도로 장로교회의 산동선교는 성공적이었다.[41]

그러나 한국교회의 중국선교는 태평양전쟁을 겪으면서 타격을 받았고 중국이 공산화되면서 일시에 중단되었다. 끝까지 남으려 했던 방지일도 1957년에 강제 추방되었다. 공산 중국이 개방될 때까지 한국교회의 중국선교는 그렇게 끝이 났다.

---

37) 『조선예수교장로회총회 제6회 회록』(1917), p.21 ; 『조선예수교장로회총회 제7회 회록』(1918), p.13 ; 『조선예수교장로회총회 제11회 회록』(1922), p.89 ; 『조선예수교장로회총회 제26회 회록』(1937), p.49.

38) 홍승한, "중국 산동성 래양 선교소식", 『신학지남』 제3권 제2호, 1920년, p.102.

39) 『조선예수교장로회 총회 제8회 회록』(1919), p.32.

40) 박용규, 『한국기독교회사』 2, p.107.

41) Loc.cit.

1.5 해방 이후의 선교 - 1980년대 이전

해방 후, 한국교회의 세계선교는 장로교회가 태국에 1956년 6월 최찬영, 김광명 부부[42]와 11월에 김순일, 김윤희 부부를 파송하고 1957년과 1958년에 대만 선교사로 계화심과 김영진을 보내면서 재개되었다.[43] 특별히 태국과 대만을 선택한 이유는 1954년에 설립된 동아시아교회협의회가 이들 지역을 선교지역으로 채택했기 때문이다.

감리교회도 1958년부터 세계 선교에 나섰다. 김활란의 주도로 전국 감리교 여선교회에서 볼리비아와 보르네오(Borneo) 사라왁(Sarawak) 선교를 추진했다.[44] 이에 감리교회는 1964년 총회에서 "해외선교위원회"를 설치하고, 말레이시아 "사라왁선교를 결의"했다. 중부연회장 김광우는 "한국감리교 선교80주년 기념사업"으로 사라왁 선교를 결심하고, 김성욱과 이동숙을 선교사로 선발해 1965년부터 파송할 수 있도록 했다.[45] 김성욱 내외는 "바나땅(Binatang, 현 Bintangor) 지역"에 파송되어 원주민인 이반족(Iban) 선교를 했다. 이를 위해 전국 감리교 여선교회에서 매월 선교비를 후원했다.

김활란은 이화여대생들에게도 해외 선교를 독려했다. 이화여대 총장이었던 그녀는 이슬람지역 복음화의 필요성을 역설했고, 이에 대학원생 전

---

42) 최찬영과 김광명 부부는 영락교회에서 파송했다.

43) 손승호, "Planting Strategy of Korean Missions in Thailand," D. Min. dissertation, California Graduate School of Theology, U.S.A, 1992, p.59.

44) 김세한, 『기독교대한감리회 여선교사 60년사』(서울: 대한감리회 총리원 부녀국, 1966), p.213.

45) "사라왁 선교의 꿈", 『기독교세계』 1964년 7월호, p.2, ; "사라왁 선교현황과 전략", 『기독교세계』 1972년 6월호, p.12.

재옥, 조성자, 김은자가 응했다. 이들은 1964년 이화여대 선교부와 한국감리교회로부터 선교사로 파송 받아 파키스탄으로 떠났다. 해방 후 최초의 여성 선교사였다.

1966년 대구 동산병원의 의료선교사 송예근을 태국 맥킨의 나환자들을 위해 파송했고, 1968년 예장 통합에서는 김순삼을 홍콩 선교사로 파송했다. 1971년 조동진이 이끄는 국제협력기구(The Korea International Mission, KIM)도 김순일과 신홍식을 태국에[46] 1976년 김정웅, 이은무를 인도네시아에 파송했다.[47] 이 시기에 대학생성경읽기선교회(UBF)가 선교사들을 해외로 파송해 전문적인 선교를 시작했다. 강원균의 베트남 선교회 등을 통해 파키스탄, 홍콩, 베트남 등에 30여명의 선교사를 파송했다. 특히 CCC가 주관했던 '엑스플로 74 전도대회'는 많은 젊은이들이 선교비전을 갖고 후에 선교사로 나가는 계기가 됐다.

단일교회로서 세계최대교회로 성장한 여의도순복음교회는 1964년 조용기 목사의 미국성회를 기점으로 대규모 해외브흥성회 중심의 선교활동을 개시했다. 이후 여의도순복음교회는 1975년 순복음세계선교회를 설립, 선교사파송에 본격적으로 나섰다. 그러나 1976년 한국 선교사 통계는 해외 한국인을 대상으로 한 선교사 224명을 포함해 모두 259명에 불과했다. 타국인들을 상대로 한 선교사는 38명에 불과했다. 1979년에는 타문화권을 대상으로 한 선교사는 93명 정도였다.[48]

---

46) 김순일, 『한국선교사의 가는 길』(서울: 성광문화사, 1980), pp.255 ; 신홍식, "한국교회 태국선교 역사", 태국한인선교사회 편, 『태국선교 50주년 기념 세미나 자료집』, 2006년 9월, 참조.

47) 김인호, "한국교회 해외선교의 역사와 전망", (미간행 논문, 1999), p.2. 최형근, "한국복음주의와 세계선교", 『성결교회와 신학』 제14호, 2005년 가을, p.111에서 재인용.

48) 나일선 편, 『(1989) 한국교회 선교단체, 선교 훈련원 및 선교사 일람』(서울: 바실

2. 80년대 이후의 선교 - "선교 한국", 폭발적 성장

전술한 대로, 한국교회의 선교는 80년대 이후 외국과의 수교 관계가 확대되고 해외여행 자유화를 시행하면서 본격화되었다. 당시 통계를 보면 다음과 같다.[49)]

수(數) \ 연도	1979	1982	1986	1989
선교사 수	93	323	511	1,178
선교기관 수	21	47	89	92
대상국 수	26	37	47	72

도표에서 알 수 있듯이 1979년 93명이었던 선교사의 수가 10년이 지났을 때, 1,178명으로 1,270%나 증가했다.[50)] 1986년에 511명이던 선교사 수가 겨우 3년 지났을 때 두 배 이상으로 증가한 것이다. 선교 기관도 21개였던 것이 1989년에는 92개로 440%로 늘어났다. 교회 이외에 CCC와 같은 학생 선교단체와 예수전도단(YWAM)과 같은 초교파 선교기관이 크게 늘었기 때문이다. 선교사 후보생들을 조직적이고 구체적으로 하는 기관도 1989년에 이르러 11개나 되었다.[51)] 모두 복음주의계였다.

이러한 해외선교의 기하급수적 증가는 한국교회의 성장이 멈추던 1990

래, 1989), p.203.

49) Loc.cit.

50) Loc.cit.

51) 이태웅, "한국교회 선교 25년에 대한 평가와 미래에 대한 전망(한국해외선교회)", p.4.

년에 이르러서도 계속되었다. 세속화 되었다고 교회에 대한 비판이 도를 넘고 있을 때에도 세계구원을 위한 한국 기독교의 구원영역이 확대되었던 것이다. 다음의 두 통계는 그것을 확인해 준다.

한국 기독교 교세표[52)]

	1985	1987	1995	2006
개신교	6,489,000	10,337,075	8,819,000	8,610,000
천주교	1,685,000	2,312,328	2,988,000	5,240,000

1990년 이후 세계 선교 통계[53)]

연도 / 수(數)	1990	1992	1994	1996	1998	2000
선교사 수	1,645	2,576	3,275	4,402	5,948	8,103
선교기관 수	74	90	113	113	127	136
대상국 수	87	105	119	138	145	162

통계에서 알 수 있듯이 1987년 이후, 천주교회의 교세가 급격히 성장한 것에 반해 개신교회의 교세는 큰 폭으로 감소하기 시작했다. 그런데도

52) 『기독교 대연감』(서울: 기독교문사, 1989), pp.217-219 ; 2006년 대한민국 통계청. 민경배, 『한국기독교회사: 한국 민족교회 형성과정사』(서울: 연세대학교 출판부, 2007), p.610에서 재인용.

53) 한국선교정보연구센터, 한국세계선교협의회 편, 『한국 선교사 및 선교단체 편람』(서울: 한국해외선교회, 1992), 한국선교정보연구센터/한국선교연구원 편, 『한국선교핸드북』(서울: 한국해외선교회출판부, 1992-1998, 2001-2002). 이태웅, op.cit., p.6에서 재인용.

한국교회는 해외선교의 폭을 넓혔다. 2000년에 이르렀을 때, 1990년에 비해 선교사가 6,458명이나 불어난 것이다. 복음주의 신학이 갖고 있던 선교적 열정이 가장 큰 이유였다. 여기에 교회에 불어 닥친 위기의식을 선교를 통해 극복하려 했던 의도도 강하게 자리했다. 아시아선교를 통해 가톨릭교회에 불어 닥친 위기를 극복하려 했던, 예수회의 역사로부터 학습된 것이다.[54)]

1990년대 중반부터 2000년대 중반까지도 매년 선교사 수는 1,000명 이상씩 증가했다. 연 증가율이 50%를 넘는 때도 있었다. 2014년 해외 파송 선교사가 총 20,467명에 이르렀다. 이 가운데 각 교단의 파송 선교사는 9,306명, 초교파 단체 파송 선교사는 10,779명, 선교 지원 단체 소속 선교사는 382명으로 나타났다.[55)] 개신교 해외 선교사를 기준으로는 미국 다음 2위에 달하는 숫자였다.[56)]

1980년 당시 연세대학교 총장 박대선은 한국이 경제적으로 번영을 허락하셨다며, 그것은 장차 "아시아의 빛"으로 선택하셨기 때문이라고 단언했다.[57)] 장로회신학대학 이종성도 세계선교를 위해 한국을 부르셨다며 젊은 신학도들에게 선교사로 헌신할 것을 촉구하기도 했다.[58)] 그것은 과

---

54) 김명구, 『복음, 성령, 교회-재한선교사들 연구』, pp.20-24.

55) 2015년 1월 23일 한국선교연구원(kriM)이 발표한 한국선교현황 자료. 한국선교연구원이 발표한 2017년 말 한국선교 현황을 보면, 한국 선교사는 159개국에서 21,220명이 사역하는 것으로 집계됐다. 이는 전년도보다 145명이 증가한 수치로, 1979년 조사를 처음 시작한 이후 가장 낮은 0.69%의 연 증가율을 기록했다.

56) Rob Moll, "Mission Incredible", *Christianity Today*, March, 2006 참조.

57) 박대선, "동양의 빛", 「한국복음신문」, 1980년 3월 23일자.

58) 이종성, "세계가 우리를 부르고 있다", 「신학춘추」 제33호, 1981, p.11. 김상근, "한국교회의 해외선교, 어디로 갈 것인가?", 『대학과 선교』 제13집, 2007년, p.37에서 재인용.

거 선교사들이 조선을 "Chosen"이라 부르며 "선택받은 나라"로 의미를 두었던 전례를 따르는 것이기도 했다. 선교 초기부터 선교사들은 한국을 "동방의 이스라엘"로 칭하며 한국이 세계를 구원할 것이라는 의식을 심어 주었다.[59] 선교적 사명의식은 한국교회의 이념이요 정체성으로 각인되어 있었다.

1987년 감리교회 제18회 총회에서 최종철이 감독회장에 취임했다. 그는 '감리교민주화추진위원회'가 '감리교 민주화 쟁취대회'를 열고 '5공 비리 관련 반민주 인사, 교회 재산 비리 관련자 처단' 등을 요구하고 나섰던 분위기 속에서, 감리교회의 선교 의식이 강해져야 한다고 소리를 높였다. 특별히 해외 선교에 대한 노력이 확대되어야 한다는 점을 강조했다.[60] 한국 감리교회 자치 60주년 기념식에서도 한국감리교회는 "세계를 향한 선교의 봉사"를 강조했다.[61]

그러나 감리교회가 해외선교에 본격적이고 구체적으로 관심을 기울이기 시작한 것은 미국 풀러신학교(Fuller Theological Seminary) 세계선교대학원에서 학위를 받고 돌아온 이요한이 1986년 감리교 내부에 선교전략연구소를 세운 이후였다. 그는 연구소를 통해 선교 정책과 방법론, 전략을 만들어 내고 선교사 후보생 훈련을 했다. 그리고 "예수 2000운동",

---

59) 손정도의 스승이기도 했던 무어(John Z.Moor)는 1906년, "곧 하나님께서는 이제 한국을 동방의 이스라엘로서 구원의 횃불을 들게 하실 것입니다. 그때 세계 문제는 해결되고, 해결되되 제대로 해결되고, 만국을 구원할 수 있습니다"며 한국의 선교적 사명을 고취시켰다. 민경배, "교회가 대한민국을 버티는 중추가 되게 하시옵소서", 『신앙계』, 2016년 1월호 참조.

60) 『기독교세계』 1988년 11월호, pp.4-5.

61) "자치 60주년 기념대회 및 성회", 『기독교대한감리회 자치 60주년 기념사업위원회 자료집』, p.13 이하.

곧 2000년까지 해외에 2,000개의 교회를 세우자는 표어 아래 해외에 감리교회를 세우도록 독려했다. 선교지 감리교 신학생들을 훈련시켜 한국교회와 연결시킨 것이다. 그 노력으로 한국감리교회는 1988년부터 1994년까지 인도, 방글라데시, 스리랑카, 미얀마 등지에 300여 개의 교회를 세울 수 있었다.[62] 이전까지 감리교회는 13개국에 63명의 선교사를 파송하는 데 그쳤었다.[63]

1993년부터 한국감리교회는 1993년 4월부터 국외선교연회를 공식적으로 출범시켰다. 교단차원에서, 비로소 선교에 박차를 가하기 시작했던 것이다. 이후 한국감리교회는 세계 선교에 더욱 박차를 가해서 1995년 12월 현재 53개국에 208명의 선교사를 파송했다.[64] 2003년에 이르러서는 813명의 선교사를 파송하며 적극 나섰다. 개신교회 두 번째에 해당하는 숫자였다. 복음주의의 전통 아래 있던 목회자들과 개교회들 때문이었다.

해외선교에 가장 열정적이었던 교단은 복음주의를 적극적으로 내세웠던 예장 합동측이었다. 아시아뿐만 아니라 아프리카, 이집트, 나이지리아, 남미, 일본, 유럽 등 세계 전 지역으로, 재빠르게 선교사들을 파송했던 것이다.[65] 다른 교단들도 경쟁적으로 해외에 선교사들을 파송했다.

그러나 가장 적극적이고 열정적으로 해외선교에 나선 것은 선교단체들

---

62) 선교전략연구소 초대 간사였던 심석윤의 증언. 1977년 감리교 선교국위원회에서 선교훈련원 설치를 결의했지만, 1987년 선교훈련원은 감리교 연수원으로 변경되었고 1995년에야 완공되었다. 따라서 이요한 이전까지 감리교회에는 선교사 훈련기관이 없었다.

63) 1988년 5월 23일부터 열린, '2000년대를 향한 감리교선교대회'에서의 박봉배의 발제 강연. 윤춘병, 『한국감리교 교회성장사』(서울: 감리교출판부, 1997), p.965에서 재인용.

64) 기독교대한감리회, 『제21회 총회 회의자료집』, pp.235-236.

65) 『대한예수교장로회 제68회 총회회의록(합동)』(1983), p.57.

이었다. 2003년까지의 해외선교사 파송 현황을 보면 다음과 같다.[66)]

교단	선교사 수
예장 합동	1,124
감리교	813
예장 개혁	804
예장 통합	760
성결교	620
침례교	434
예장 대신	296
예장 고신	234
기하성	180
예장 합신	151
기장	89
선교단체(51개)	5,866

도표에 나타나듯이, 미시오 데이(Missie Dei)를 강조하는 교회들의 참여는 저조했다. 복음주의를 내세우는 목회자들이 많이 포진해 있는 교회들과 비교할 수 없었다. 그런데 새로운 선교의 주체들이 교회를 압도했다. 초교파 학생 선교단체들의 역할이 드드러진 것이다. 곧 "선교 한국"을 외치며 젊은 대학생들에게 남다른 사명감을 고취시킨 한국 CCC를 비롯해 세계 유수의 선교단체의 한국지부, 곧 IVF, JOY, 네비게

66) 강승삼, "21세기 세계선교동향과 한국교회 선계선교의 과제와 전망", 『신학지남』 제278호, 2004년, p.220. 박용규, 『한국기독교회사』 III(서울: 한국기독교사연구소, 2018), p.791에서 재인용.

이토, YWAM(예수전도단), UBF와 같은 복음주의 학생 선교 자원들이 그 주역이었다.

이들은 자체적으로 선교 훈련을 하고 선교의 역사, 방법론을 학습했다. 하나님이 부르신다는 의식 아래 매우 적극적으로 해외 선교에 임했다. 때로 학업을 포기하기도 했다. 선교 초기의 한국에 왔던 재한선교사들처럼, 열악한 나라를 선택했고 오지를 마다하지 않았다. 재정적 어려움에도 아랑곳하지 않았다. 선교지 사람들과 함께 살았고, 열병과 풍토병에 시달리고, 토착 종교의 거센 반발에도 선교를 멈추지 않았다.

세계교회가 놀라워했다. 1907년의 성취를 보려고 수많은 서구의 기독교인들이 한국을 방문했던 것처럼, 수많은 사람이 한국교회를 방문해 그 비결을 알려고 했다.[67] 한국 기독교의 선교 열정을 배우려 했던 것이다.

2004년에 들어서면서 파송 선교사의 수가 줄어들기 시작했다.[68] 한국교회의 동력이 약해지면서 성장세도 둔화하기 시작한 것이다. 그러나 여전히 선교사를 지망하는 청년들이 적지 않았다. 새로운 전략과 방법을 모색할지언정 포기하려 하지 않은 것이다.

한국에 전해진 복음주의는 세대주의 전천년설의 영향 아래 있다. 예수의 재림 이전에 뭇 영혼들을 구해 내야 한다는 사명감이 있다. 그것을 위해 성경의 가르침과 그 계시에 복종해야 한다는 전통 아래 있는 것이다. 따라서 한국교회에는 역사와 선교의 시한(時限)이 같다는 의식이 새

---

67) Bong Rin Ro, "The Korean Church: God's Chosen People for Evangelism", Bong Rin Ro & Marlin L. Nelson eds, *Korean Church Growht Explosion*, (Seoul: World of Life Press, 1995), pp.11-12.

68) 『한국 선교 KMQ』 통권12호, 2004년 여름호, p.4 ; 이태웅, op.cit., p.6.

겨져 있다. 모든 구원의 영역이 교회의 존재 영역이요 사명이라는 의식도 각인되어 있다. 역사가 있는 한 선교는 이루어지게 되고, 그 선교 수행이 교회의 역사적 사명이라는 의식이었다.[69]

69) H. Butterfield, *Christianity and History*, (New York: Oxford University Press, 1979). p.147.

제4편

한국교회 역사성 확인과 미래 제안

제 1 장

새 천년 시대를 위한 근원적 에너지 1907 - 새로운 환경, 새로운 요구

1. 시대적 상황과 요구

1987년의 '6·29선언'과 '88 올림픽' 이후 급속히 민주화가 진행되었고 다양한 시민사회 단체들이 생겨났다. 그 결과 적극적인 정치적 표현들과 주장들도 폭발적으로 늘어났다. 기존의 수직적 상하구별 의식은 약화되었고 여성 고학력자들이 늘어나면서 남녀간의 수평적 평등 의식이 보다 확산되었다. 부권(父權) 중심의 전통적 가족주의에도 변화가 왔다. 인터넷을 폭발적으로 사용하면서 뚜렷이 정보화 사회로 나가고 있었고, 그 결과로 불확실성을 회피하며 현재를 즐기려는 사람들이 늘어났다. 깨끗한 인생보다는 풍부한 인생을 선호했고 풍요로운 삶을 추구했다. 진리를 추구하는 내적 가치는 이전과 같은 힘을 누리지 못했다.[1)]

1997년 'IMF 구제금융'의 경제 환란이 닥쳤다. 수많은 기업이 도산하고

1) 김명구 외, 『연세대학교 신과대학 백년사』, pp.477-478.

수를 셀 수 없을 정도의 사람들이 직장을 잃었고, 많은 가정들이 해체 당했다. 이 과정을 지나면서 탈권위주의적 인식은 더욱더 가속되었다. 더불어 산다는 의식은 힘을 잃었고 개인주의가 더욱더 선호되었다. 기존의 가치와 이념, 그리고 정신과 역사성, 전통을 계승하겠다는 의식은 자리를 유지하기 어려웠다.

한국기독교회도 이런 시대상 아래 있었다. 저성장, 고실업시대, 불완전 고용의 시대적 상황을 온몸으로 받아야 했다. 중산층이 급격히 축소되고 임금 체계가 추락하면서 교회의 재정을 걱정하는 교회들이 늘어났다. 교회 간의 경쟁은 더욱 치열해 졌고, 신앙적 고뇌와 구도자적 신앙의식이 약해진다는 우려와 비판이 뒤섞여 나왔다. 전통적인 목회관을 가지고는 안된다는 자조(自嘲)도 늘어났다. 기존의 방식을 벗어나야 젊은이들이 예배에 참석할 수 있다는 주장이 힘을 얻었다.[2] '열린 예배'가 등장했고 다양한 프로그램들과 천재적 발상의 교회 운영 방식이 제안되었다. 그런데도 교인들은 감소하고 교세는 약화되었다.

명료한 미래를 추구하는 곳에 사이비 종교가 기승하게 되어있다. 천국을 직접 보고 만지려고 하는 의식과 신앙 성리가 확산된 것이다. 다미선교회를 창립한 이장림이 1992년 10월 28일에 휴거가 있다고 주장했을 때, 한국교회와 사회는 크게 흔들렸다.[3] 하느님의성회라는 단체는

---

2) Ibid., p.478.

3) 감리회 목사였던 이장림은 'Rapture'를 '휴거'로 번역하며 특정 날짜를 명시한 시한부 종말론을 만들어냈다. 이후 그는 다미선교회를 세우고 휴거가 일어나는 날짜를 1992년 10월 28일로 못 박았다. 다미선교회는 길거리나 아파트에서 휴거나 적그리스도 등을 알리며 다녔다. 휴거에 대한 이야기는 주요 뉴스로 나오고 심지어 휴거 당일에는 방송국에서 특집으로 다루었다. 심지어 CNN을 비롯한 각종 외신에서도 취재를 나왔다.

9월 28일에 휴거가 일어난다고 했고, 다베라선교회는 10월 10일이라고 소리쳤다. 이외에도 50여 개 사이비 종파가 나서 시한부 종말론을 퍼뜨렸다.[4)]

류광수의 다락방운동이 사이비성이 있다는 지적을 받았고, 이초석의 예수중심교회도 비판을 받았다.[5)] 정명석(JMS)에게도 적지 않은 청년들이 몰렸다. 1990년에 창설된 신천지도 한국교회를 흔들어 놓고 있었다.[6)]

서기 2000년대, 새천년의 시대가 도래 하고 있을 때, 교회의 동력은 이전만 못했고 영향력도 확연히 떨어져 있었다. 민족교회 혹은 민족기독교로 인정받았던 권위, 구국의 향도자(向導者)라는 자부심도 쇠약해 있었다. 계속 팽창하고 부흥해 전 민족을 복음화시킬 수 있다는 자신감은 희미해지고 있었다. 한국 개신교회가 누리던 사회 선도의 권위를 천주교가 대체한다는 주장도 나왔다.[7)]

한국교회로서는 낯선 현상이었다. 급격한 교회 성장을 누렸지만 세속화되었다는 비판을 받았다. 세계구원을 위해 전무후무한 성취를 얻었지만 그 확산에 한계를 느끼고 있었다. 통일방식을 두고 교회 간의 갈등이 대두되었다. 여기에 IMF 외환위기를 겪으면서 한국교회의 힘이 약화되었다. 환경문제 등 다양한 주제들을 생각해야 한다는 요구도 제기되었다.

---

4) 「중앙일보」, 2012년 10월 26일자.

5) 1996년 류광수의 다락방은 예장 합동으로부터 이단성이 있는 단체로 결정되었지만 2004년 총회에서는 9인 위원회를 결성해 류광수 다락방 영입을 추진했다. 그러나 일부 신학자들과 목회자들의 반대로 뜻을 이루지 못했다.

6) 김명구 외, 『연세대학교 신과대학 백년사』, pp.478-479.

7) 통계청 자료에 의하면, 1995년 개신교 인구는 약 850만 명으로 집계되었는데 2005년에 이르러 약 840만 명으로 줄어들었다. 이 중 20대와 10대 개신교 인구가 줄었다. 반면 천주교 인구는 약 290만 명에서 약 500만 명으로 늘었다. 박용규, 『한국기독교회사』 III, pp.1194-1195.

명쾌한 응답을 기대했지만 모든 것은 불확실했다. 부흥의 염원은 여전히 강했으나 그 전망은 밝지 않았다.

2. 영적 각성운동의 기대와 방법 모색

"인류가 수없이 장구한 세월을 통하여 뼈아프게 겪고 터득해서 계승하여 준" 것이 역사이다. 인간은 무엇인가 잘못되었다고 보았을 때, 역사를 되짚어보고 바라보게 되어있다. 역사를 더듬으면 거기에 답이 있기 때문이다.[8] 그런 이유로 한국교회는 1907년에 있었던, 영적 각성운동을 기대했다. 시대를 극복하고 다가올 미래를 움직일 수 있는, 그런 에너지를 얻으려 했던 것이다.

2003년 11월 13일 사랑의교회에 총신대학교 박용규, 서울신학대학 박명수, 성결대학 배본철, 안양대학 이은선, 협성대학교 서영석, 장로회신학대학 주승중, 나사렛대학 한철희, 서울기독대학 김경빈 등 17개 신학교의 교회사 교수들이 모여 기도회를 가졌다. 복음주의계 신학자들이었다. 새 담임자로 부임한 오정현이 주도했다. 여기에서 1907년 100주년을 위한 방법들이 제안되었다. 특별히 오정현은 평양 대부흥 100주년이 되는 2007년 1월 15일을 위해 매일 두 차례 100초(1분40초) 동안 개인과 가정, 나라와 민족교회, 북한과 세계를 위한 회개 기도운동을 벌일 것을 제안했다.

이들은 한국교회 신학의 출발이 1907년으로부터 비롯되었다는 것을

8) 민경배, 『역사와 신앙』, p.20.

확인했고, 그 역사성을 회복하고 복음의 본질로 회귀하겠다고 다짐했다. 또한 각 신학교의 학생들을 깨워 한국교회가 다시 영적대각성의 시대를 맞이하도록 하겠다는 강한 바람도 피력했다. 이에 따라 다음 해 2월 '제1회 전국 신학생 컨퍼런스'가 열리고 정기화되었다.

이런 흐름이 확산되면서 국민일보와 극동방송이 세계적 대형 복음교회인 새들백교회(Saddleback Church)의 릭 워렌 (Rick Warren)를 초빙해 세미나와 컨퍼런스를 개최했다.[9] 2004년 청년 대학생들에 의해 초교파적으로 일어났던 'Again 1907 기도연합운동'도 이 흐름 안에 있었다.

2004년 4월 11일 서울의 상암 월드컵경기장과 전국 280곳에서 동시에, KNCC와 한기총이 함께 주관하는 부활절 연합예배가 열렸다.[10] 표어는 "하나님께 영광을! 민족에게 소망을! 교회에 새로운 부흥을! 파괴된 환경에 회복을!" 이었다. 이 예배에 서울시장 이명박을 비롯해 사랑의교회 옥한흠, 명성교회 김삼환, 온누리교회 하용조, 지구촌교회 이동원 등이 나섰다.

IMF의 여파가 아직 남아있었다. 정치가 보수와 진보 진영으로 뚜렷이 갈라지는 시점이어서, 정치적 갈등도 첨예하던 상황이었다. 그런 이유로 부활절 연합예배였지만 '특별구국기도회'라는 이름도 붙여졌다. 국가적 사명을 강조했던 KNCC와 영적영역을 강조하는 한기총의 특성 때문이기도 했지만 두 조직 모두, 한국교회가 한국구원을 지향해 왔다는 것에 문제를 제기하지 않았다. 양측 모두, 교회가 시대를 이끌어야 한다는 사명의식을 공유하고 있었다.

2005년 5월 15일에 서울, 충주, 대구, 광주 등지 에서 기독 청년들이

---

9) 박용규, op.cit., pp.1111-1113.

10) 「국민일보」, 2004년 4월 9일자.

자발적으로 '어게인 1907' 대회를 열었다. 이들은 '한국의 부흥을 꿈꾸는 청년연합'을 조직했다. 이것이 계기가 되어 서울과 각 지방의 대형교회, 청년선교단체, 각 지역연합모임 등이 영적대각성을 꿈꾸며, 활발하게 각종 모임과 기도회를 진행했다. 그 운동의 여파로 2007년 1월에 성시화운동본부는 한국CCC와 연합으로 'Explo 2007'을 열었다.[11]

2006년의 양대 성결교회인 기성과 예성의 주요 사업은 2007년 평양대부흥 100주년 기념사업에 맞추어졌다. 2007년은 한국 성결교회가 시작된 지 100주년이 되는 해이기도 했다. 기성은 서울신학대학의 박명수를 주축으로 1907년 평양 대부흥 운동의 현대적 의미를 조명했고 교단을 중심으로 기념사업을 구체화 시켰다. 100주년 기념 지방대회를 개최하며 교단 창립 100주년 및 평양 대부흥 운동 100주년의 의미를 되새겨 보는 작업을 했다.[12] 예성은 100주년 10대 사업으로 기념대회, 100만인 전도운동 전개, 사중 복음회관 건립, 예성 100년사 편찬, 100주년 100인 기념설교집 발행, 예성 100년 교회연감 편찬, 예성 사회복지법인 설립, 장기기증 및 헌혈운동 전개, 100주년 기념총서 100권 시리즈 발간, 100주년 기념 학술대회 및 기념예술제 등을 기념사업으로 정했다.[13]

2007년 1월 잠실 올림픽 체조경기장에서, 한기총과 한국세계선교협의회, 트랜스포메이션코리아, HIM선교회, 성시화운동본부 등이 주최하고 주관하는 '평양부흥 100주년 기념 집회-트랜스포메이션 2007 대회'가 열렸다. 이를 위해 피터 와그너(Charles Peter Wagner)가 왔고 예수전도단

11) 성시화운동은 1972년 춘천 성시화운동을 시작으로 출발했고 '엑스폴로 74'의 주축이었다.

12) 「크리스챤 투데이」, 2007년 1월 12일자.

13) Loc.cit.

설립자요 총재인 로렌 커닝햄(Loren Cunningham), 하베스트 록 교회(Harvest Rock Church)의 체 안(Che Ahn, 안재호), 세계적 선교전략가 루이스 부시(Luis Bush), 찬양사역자 스콧 브레너(Scott Brenner) 등 세계적 복음주의 지도자들이 참여했다. 여기에 조용기, 박종순, 김상복, 홍정길, 정필도, 오정현, 이동원, 류영모 등이 합세했다.[14] 이외에 '라이즈업코리아'(Rise up Korea)[15]와 같이 청소년들을 대상으로 했던 복음주의 단체도 별도의 대회를 개최했다.

가장 조직적이고 대규모로 100주년을 준비한 곳은 평양대부흥운동의 주역인 감리교회와 장로교회였다. 두 교회의 표어는 'Beyond 1907'과 'Again 1907'이었다. 감리교회는 2004년, 복음주의 영성과 부흥회적 경건을 가장 많이 추구했던, 이규학을 비롯한 중부연회 목회자들에 의해 시작되었고 장로교회는 2003년 초 총신대 교수 박용규 등이 주축이 된, '한국 신학교 영적갱신을 위한 신학교수 · 신학생 기도 모임'이 출발점이었다.[16]

이때에 이르러, 감리교회와 장로교 간의 신학적 거리는 벌어져 있었다. 그러나 한국교회 시작의 두 축이었던 양 교회 모두 1907년의 신학이 자신들의 출발점이라고 확인했다. 두 교회 모두 역사의 재현을 함께 고대했다. 교회 미래의 전망이 어두웠고 불안은 그만큼 컸다.

방식과 지향점은 달랐지만 한국교회는 100주년을 계기로, 일순으로 문

---

14) 「국민일보」 2006년 12월 26일자. 조용기에 의해 주도된 이 대회에서 일부 장로교 목사들은 과거 조용기를 이단으로 정죄한 것에 대한 용서를 구했다.

15) '라이즈업코리아'는 1999년 경기도 성남시에서 B-teens라는 이름으로 활동을 시작해 2004년 라이즈업코리아라는 이름으로 바꾸었고 2007년부터 라이즈업무브먼트(라이즈업 운동)를 시작했다.

16) 이후 이 모임은 2004년부터 신학생들이 주도하면서 활성화 되었고 2007년 'Korean Revival 2007 전국 신학생 컨퍼런스'의 이름으로 집회를 열었다.

제가 해결되길 바랐다. 한국교회가 가진 부정적인 면을 정화(淨化)하려 했다. 한국교회의 정체성을 확인하고 복음의 가치와 교회의 영향력을 다시 확보하려 했다. 교회의 역사적 · 신앙적 정체성을 확인해 그런 것들을 얻으려 했던 것이다.

제 2 장

장로교회의 1907년 100주년 기념사업 -'Again 1907'

1. 예장 합동측

2004년 9월 21일, 충현교회에서 열린 합동측 제89회 대한예수교장로회 총회에서, 총회장 서기행은 2004년을 부흥 운동의 원년으로 삼겠다고 선포했다. 이를 위해 교회 지도부는 "교회를 위해, 국가를 위해, 1907년 평양 대부흥 같은 부흥을 위해" 기도해 줄 것을 요청했다.[17] 그러나 그것은 선언적 의미에 그쳤다. 개혁교단과의 통합 문제로 이견이 분분했고, 평강제일교회와 광성교회 영입 결정으로 서북노회 내부의 의견이 극렬하게 갈리고 있었다. 두 교회는 예장 통합총회 소속 동노회와 동남노회로부터 각각 이단 판정(1991년)과 당회장 면직처분(2005년)을 받은 전력을 갖고 있었다. 합동의 세 가지 기도 제목은 총회가 '비상사태'를 선포하며 비상대책위원회를 구성한 가운데 나온 것이다.[18]

17) 『대한예수교장로회(합동) 제89회 총회 회의록』(2004) 참조.

18) 총회 내부에 광성교회와 평강제일교회 영입에 대한 반대가 적지 않았고 합동개혁

합동이 본격적으로 평양 대부흥운동 100주년을 준비한 것은 2006년부터였다. 1월 15일의 총회 직후, "오직 한 길, 1907 평양으로부터 2007 서울로"라는 표어를 내걸었고 '평양 대부흥 1백주년 기념대회'를 위한 조직과 사업계획안을 발표했다. 최병용을 위원장으로 해서 '평양 성령 100주년 대회 추진위원회'가 조직되었고 2007년 10월까지 기념사업을 펼쳐 나가기로 했다. 사랑의교회 오정현과 새에덴교회의 소강석이 적극 지원하기로 하면서 기념사업준비는 활기를 띠었다.[19)]

2006년 2월 3일, 합동총회는 대전 새로남교회에서 '평양대부흥 100주년 비전 선포식'을 가지며 6개 항의 비전선언문을 채택했다. 그것을 요약하면 다음과 같다.

1) 회개와 경건 운동의 실천
2) 민족복음화와 세계선교의 비전의 실현을 위해 범국민적 자기 개혁과 회개운동 전개
3) 순교적 자기희생의 정신 회복과 사랑 실천, 세계선교 사명 감당,
4) 인재양성을 통한 미래사회 준비, 그리스도의 문화 회복을 위한 노력,
5) 북한교회 재건[20)]

합동은 교권 다툼에 대해 사죄했고 구제와 해외 선교의 매진을 결의했다. 교단 부흥을 위해 헌신할 것도 약속했다.[21)] 그것을 위해 제43회 '전국

교단과의 합동 문제로 교단의 의견이 분분한 가운데 나온 선언이었다.

19) 「순복음가족신문」, 2006년 2월 3일자.

20) 「기독공보」, 2006년 4월 25일자.

21) Loc.cit.

목사 · 장로 기도회'의 주제를 '다시 부흥케 하소서'로 정했다. 여기에는 1907년과 같은 부흥의 염원이 담겨있었다. 총회는 2월부터 6월까지, 평양 대부흥 100주년 준비를 위한 학술세미나를 열었다. 여러 기념행사에 앞서 부흥의 역사성을 조명하고자 했고, 그 동인(動因)이 무엇인지 확인하려 했다.[22)]

기념사업 비전 선포식과 세미나를 열었을 때, 총회는 평양에 장대현교회를 복원할 것이라고 발표했다. 이미 2005년 총회 임원회의에서 결의되었던 것으로, 그해 11월 총회장 황승기와 총무 이재영, 그리고 박계윤이 위원장으로 있던 '총회남북교회 교류협력위원회'는 북한 조선그리스도교연맹 위원장 강영섭, 서기장 오경우를 만나 장대현교회 복원이 가능한지를 타진한 바 있었다.[23)] 그때 강영섭은 장대현교회 터에 인민대학습당이 세워져 있어 옛 터에 복원은 힘들지만, 인근 부지에 세우는 것은 가능할 것이라는 답을 했었다.[24)]

폭 40m, 길이 60m에 4-5층 규모의 건축예산으로 총 30억 원 이상을

---

22) 총신대 박용규는 '평양 장대현교회 성령 운동의 재조명', 오치용은 '21세기 한국교회와 대부흥운동의 비전과 실제', 김영길과 정규남 등은 '한국교회의 부흥과 발전에 관한 방향'을 제시했다. 「크리스천 투데이」, 2006년 4월 27일자.

23) 예장 합동 총회임원들과 '총회남북교회 교류협력위원회(총회남북교류위)'는 2005년 11월 11-17일까지 방북단을 구성해 평양의 '봉수 빵 공장'을 방문했다. 이들은 방북기간 중 '조선그리스도교연맹(조그련)' 위원장 강영섭을 만나 '평양장대현교회'복원에 대해 설명하면서 북측이 동의와 승인을 해 줄 것을 구두와 서면으로 요청했다. 그 자리에서 북한측은 교회 복원 건축뿐만 아니라 인민병원도 함께 설립해줄 것과 콩기름과 방한복 등도 지원해 줄 것을 요청했다. "북한교회를 가다㉘ 평양장대현교회, 최재영 목사의 남북사회통합운동 방북기(68회)", 「통일뉴스」, 2020년 2월 18일자.

24) "예장합동 비전선포 - 평양에 옛 장대현교회 복원 할 것", 「국민일보」, 2006년 2월 5일자.

책정했던 장대현교회 복원에 대해, 북측 교회는 그 명칭으로 "장대현봉사관"을 고집했다. 합동측은 교회 복원을 원했지만, 조선그리스도교연맹은 복지시설로 제한하려 했다. 합동측 내부에서 복원의 상징적 의미가 크게 훼손되고 희석된다며, 불만이 터져 나왔다. 북측이 이 건물을 교회 용도와 무관하게 사용할 가능성이 있다는 의구심도 표출되었다. 장대현교회가 한국교회 부흥운동의 시발점이었다는, 그 역사성과 상징성을 포기할 수 없다는 주장이 강력히 제기되었다. 결국 평양에 장대현교회를 복원하려던 계획은 실현되지 못했다.[25)]

특별히 반공을 앞세우며 한기총의 설립을 이끌었던 교회가 합동측이다. 그럼에도, 신앙의 자유와 복음 전파의 가능성만 있다면 북한교회와 함께 할 수 있고, 북한을 지원할 수 있다고 생각했다. '반공' 그 자체를 교조적으로 주장해 온 것이 아니었다.

2. 예장 통합측

2005년 6월 25일부터 장로회신학대학 한경직기념관에서, 1907년 부흥운동을 학문적으로 조명하는 '장신대 국제학술대회'가 열렸다. "20세기 개신교 신앙 부흥과 평양 대각성 운동"이라는 주제로 열린 이 세미나는 1907년의 신학을 반추하고자 했다. 장신대 김인수는 "미국교회 대각성 운동과 한국교회의 1907년 대부흥운동의 비교연구"라는 주제로 발표했고 영국 에딘버러 대학(University of Edinburgh)의 커(David Kerr)는 "영국

---

25) "북한교회를 가다㉘ 평양장대현교회, 최재영 목사의 남북사회통합운동 방북기(68회)", 「통일뉴스」, 2020년 2월 18일자.

웨일즈 지역 신앙각성운동"을 주제로 발표했다.[26] 중국 상하이 푸단대학(复旦大学)의 석원화, 영국 요크 세인트 존 대학(York St John Collage)의 김창환, 미국 남가주대학(California LA University)의 옥성득 등도 "20세기 초반의 중국", "인도, 1906-1909년 아주사(LA) 부흥운동" 등에 대해 발표했다.[27]

2006년 6월 1일, 통합 총회는 명성교회 치악산 수양관에서 3,000여 명이 참여하는, '1907년 대부흥운동 100주년 기념대회 준비 대성회'를 개최했다. 그것은 100주년 기념대회를 위한 진군식이나 다름없었다. 62개 전국 노회 임원, 총회 산하의 기관, 신학교, 교단소속 대학교와 각급 교육기관 대표들, 전국 남선교회연합회 임역원, 전국여전도회연합회 임역원, 총회와 노회 직원들이 참석했다. 림인식과 곽선희, 김삼환, 박종순 등 통합측 최고 원로급 지도자도 함께 했다.[28]

이 자리에서 대부흥 운동 100주년 기념사업 개요가 설명되었다. "1907년 대부흥운동의 역사적 배경과 영향 그리고 그 현재적 의의"를 제목으로 한 주제 강연이 있었고, "교회사(세계와 한국교회)에 나타난 부흥운동의 역사적 고찰", "1907년 대부흥운동의 민족사적 의의- 한국역사 속의 기독교 측면에서", "1907年 대부흥운동의 영성과 지도력"을 제목으로 한 세미

26) D. Kerr 교수의 발표에 대해 총신대 신약학교수 유상섭은 웨일즈 부흥운동과 한국부흥운동의 차이점, 한국 평양대부흥운동의 집단적 · 목회자 중심의 연합운동, 사경회적 성격 등에 대해 논찬했다.

27) 「뉴스 우리」, 2005년 5월 27일자 ; 장로회신학대학교 제5회 국제학술대회 준비위원회 편, 『20세기 개신교 신앙 부흥과 평양대각성 운동』(서울: 장로회신학대학교 출판부, 2006) 참조.

28) 탁월한 설교가로 정평이 나있던 곽선희가 부흥대사경회를 이끌었고 김삼환이 특별새벽예배를 인도했다. 박종순은 결단의 헌신예배에서 설교했다.

나가 있었다. 통합 교단 학자들뿐만 아니라 한신대 총장 윤경로, 총신대의 박용규, 감신대학의 이덕주 등이 나섰고 영남신학대 총장 진희성, 호남신학대학 총장 차종순, 한일장신대 총장 정장복이 논찬을 했다. 세미나 후, 노회와 각 영역별 준비위원회 조직과 실천 방안에 대한 토의가 있었다.[29)]

이날 총회장 안영로는 "2007년은 한국교회뿐만 아니라 교단 측면에서도 독노회 창립과 이기풍 선교사의 제주 파송 등 기억하고 기념해야 할 중요한 해"라고 밝혔다. 교단 내 모든 교회의 인적, 물적 자원을 총동원해서 100주년 기념대회를 "생명의 대잔치로 승화"시키겠다는 의지도 내놓았다. 100주년 기념대회를 21세기 한국 교회 부흥을 선도하는 획기적인 계기로 삼을 것이라는 포부도 밝혔다.[30)]

총회는 기념대회의 주제를 '회개와 갱신', '교회 부흥과 성장', '세계선교와 개척 선교', '화해 일치 및 치유와 회복', '나눔과 섬김'으로 정했다. 대형 이벤트로 끝나지 않기를 원했고, 부흥의 불길이 전국적으로 퍼지길 기대했다. 교단이 파송한 113명의 해외 선교사가 참가하는 '선교사 파송 100주년 기념 세계 선교대회'를 계획했고, 총대들과 함께 총회 때에 '1907년 대부흥운동 100주년 기념대회 비전 선포식'을 갖기로 했다.

총회 신학분과와 실천분과는 기념사업에 대한 초안을 다시 확인했다. 노영상, 탁지일, 이상진 등이 발표한 기념사업 제안서에는 교회의 과제를 해결하고, 모든 것들을 새롭게 하겠다는 목적이 담겨 있었다. 총회와 노회 그리고 산하 교회들의 동참도 요구했다.[31)] 그것은 평양대각성운동이 재현되면, 교단의 과제와 난제들이 모두 해결될 수 있다는 기대가 있었

29) 「기독교 뉴스」, 2006년 5월 22일자.

30) Loc.cit.

31) 「기독공보」, 2006년 4월 25일자.

다. 이를 위해 총회는 2007년 1월 2일부터 20일까지의 3주 동안, 전국 교회가 공동 주제로, '특별새벽기도회'를 드리며 부흥에 대한 열망을 고조시키려 했다. 4월에는 평양에서 남북한 교회 부활절 연합예배를 갖고, 평양 봉수교회 준공식도 완료하기로 했다.

1907년 백주년기념사업 준비는 '생명 살리기 운동 10년 및 총회 창립 1백주년 기념사업 준비위원회(위원장: 이광선)' 산하의 '1907 대부흥운동 1백주년 기념사업 기획위원회'가 맡았다. 2006년 12월에 열린 제1차 회의에서 총회기념사업과 신학, 실천 등 3개 산하 분과를 조직했고, 다음 해 1월에 열린 제2차 회의에서 분과별 계획서들을 발표했다. 제91회 총회를 마친 2006년 10월부터 2007년 9월까지 제안된 다양한 방안들을 실천하고, 이러한 결과들을 결집해서 2007년 9월, 제92회 총회에서 실천 보고대회와 기념 축제를 개최한다는 계획이었다.[32]

통합측도 남선교회 전국연합회를 통해 2005년 말부터 평양 봉수교회 재건축을 지원하고 있었다.[33] 합동측과 마찬가지로 북한에 교회를 세우거나 지원을 통해, 복음이 한반도 전체로 퍼질 것을 기대했다. 그것은 한경직 등 설립 주도자들의 입장을 극복하는 행동일 수 있었다. 신앙 전파를 위해, 그 가능성을 위해 그런 판단을 한 것이다.

---

32) Loc.cit.

33) 2007년 12월에 예장통합 총회와 남선교회 전국연합회 임원진 등 남측 교회 대표 30명과 북한의 조선그리스도교연맹 위원장 강영섭 등 북측 기독교인 400여명이 재건축된 봉수교회의 준공식 격인 입당예배를 드렸다. 2008년 7월 16일에는 남측 목회자와 후원자, 북측 교인 300여명 등 모두 500여명이 참석한 가운데 봉헌예배를 드렸다. 예장통합과 남선교회 전국연합회는 봉수교회 재건축을 위해 33억 원을 지원했다.

3. 결과

합동과 통합 두 교단 모두 1907년이라는, 역사적 본래성(本來性)을 기대했다. 그런 이유로 기념사업 준비에는 역사에 대한 해석과 신학적 당위성, 교회의 조직, 부흥회가 동원했다. 교단이 가진 모든 역량을 모아 교회 부흥의 동력으로 연결하겠다는 의지였다. 그런데, 장로교회 신학자들의 해석에 따라, 성서적 전통과 윤리성은 강조되었지만, 1907년에 일어났던, 통성기도와 같은 역동적 행위는 크게 드러나지 않았다. 그만큼 장로교 신학이 평양 영적대각성의 현장과 거리가 벌어져 있었다.

한편, 두 교단의 100주년 준비에는 장로교회의 생리, 곧 피동적(被動的) 피동(被動)의 구조가 극명히 나타난다. 합동의 경우, 그 신학과 의식이 구령을 통해, 곧 구령의 확장을 통해 민족복음화를 기대했다. 구령 그 자체가 한국을 구원한다는 구조였다. 내연(內燃)이 이루어지면 자동적으로 외연(外延)의 역사가 진행된다는 도식(圖式)이었다.

본래 통합은 구령의 바탕 아래 교회가 한국의 모든 영역을 기독교의 복음적 가치로 견인하겠다는 의지 아래 설립되었다. 개인구원의 신학, 곧 복음주의를 확장해 국가구원의 영역까지 견인하겠다는 의도였다. 그런데 100주년을 맞이할 때, 통합은 설립의 이념과 신학을 드러내지 못했다. 합동의 신학과 다름없이, 개인구원의 영역과 그 역사성만 강조했다. 한국구원을 위해 능동적으로 뛰어들던, 그 신념과 결기가 나타나지 않았던 것이다.

제 3 장

감리교회의 1907년 100주년 기념사업

1. 'Beyond 1907' - 피동적(被動的) 능동(能動), 본질로의 회귀

선교 초기부터 최소한 제1공화국까지 한국감리교회는 개인구원의 문제와 국가구원의 영역을 합치하려 했다. 그것은 서울이나 충청도를 중심으로 했던 교회들의 전형적인 모습이기도 했다. 그런데 70년대 이후 '민족' 혹은 소외된 계층을 견인하는 '사회구원' 문제에 집중한다는 인상을 주었다. 감리교 신학자들이 '민족'을 주제로 해서 토착화신학을 만들어 내거나, 민중신학에 집중했기 때문이다. 학자들은 감신대의 신학을 한국감리교회의 신학이요 역사로 해석했다. 이후 한국감리교회는 개인구원의 영역이 약한 교회로 비추어졌다. 그런데 가장 조직적이고 적극적으로 1907년 100주년을 준비한 곳이 감리교회였다.

전통적으로 부흥회적 경건이 강조되고 부흥사들이 가장 많이 포진하고 있는 곳이 중부연회이다. 하디(Robert A. Hardie)와 존스(George H. Jones), 그리고 19세기 영미 복음주의를 한국감리교회의 신학적 전통과 역사적 정체성[34]으로 생각하는 목회자들이 가장 많은 곳이다. 중부연회는 'Beyond 1907'의 이름으로 감리교 전체를 움직였다.

2004년 12월 1일 감리교 중부연회 감독 이규학은, 양평에서 열린 중부연회 정책협의회에서, '영적 대각성 운동'을 주창했다. 그리고 다음 해 3월 14일 유성에서 열린 감독회의에서 '영적 대각성 운동'을 전개할 것을 강력히 제안했다. 그의 주장에 감독 회장 신경하를 비롯한 10개 연회 감독들이[35] 이에 응했다. 2005년 3월 25일 감리교 본부 회의실에서 '영적 각성 선언문'을 발표할 수 있었던 이유이다. 감독들은 영적 대각성 운동을 위한 구체적 일정을 확정했다. '감독회의 영적각성 선언문' 전문을 보면 다음과 같다.

> 기독교대한감리회는 올해로 선교 120주년을 맞이하게 되었습니다. 이 땅에 전해진 복음은 어둠 속에 빠져 있던 이 민족을 밝혀 주는 참 빛이었습니다. 이 복음을 앞세워 한국의 초대교인들은 전도와 기도에 힘썼으며 민족계몽과 나라의 주권을 보존하기 위해 헌신하였습니다. 교회는 나라를 빼앗기고 절망과 고통 속에 있는 백성들에게 희망과 용기를 주었고 어려운 이웃들에게 사랑의 손길을 펼쳤습니다. 그리하여 한국 감리교회는 한국 사회 속에 뿌리를 내리며 성장하여 오늘에 이르렀습니다. 이 모든 것은 전적으로 하나님의 도우심이요 축복으로 믿고 감사와 영광을 돌립니다.

---

34) 김명구, 『복음, 성령, 교회-재한 선교사들 연구』의 하디와 존스 부분 pp.264-332 참조.

35) 당시 감독들을 보면 다음과 같다. 감독회장 신경하, 서울연회 윤연수, 서울남연회 김충식, 중부연회, 이규학, 경기연회 최호순, 중앙연회, 권혁구, 동부연회 박거종, 충북연회, 이돈하, 남부연회 곽성영, 충청연회 현상규, 삼남연회 장동주.

그러나 지나온 역사의 그늘 속에서 교회가 하나님과 민족 앞에 잘못하였던 일들을 우리는 회개합니다. 감리회가 자립 60주년 선언문에서 고백한 바와 같이 일제의 압제 속에서 신사참배에 굴복하였습니다. 해방 이후에는 정권의 불의와 강압에 항변하지 못했고, 교회가 분열과 다툼으로 본이 되지 못하였습니다. 교회는 물질주의와 세속주의에 빠져 사회의 소금과 빛이 되지 못하였습니다. 하나님의 음성을 듣기보다는 사람의 말에 귀를 기울였습니다. 이러한 모든 일들에 대해 하나님 앞에서 통회하고 자복하며 민족과 사회 앞에 머리를 숙이는 바입니다.

(중략)

"너희는 하나님께로 돌아오라. 사랑과 정의를 지키며, 너희 하나님에게만 희망을 두고 살아라"(호세아 12:6). 오직 하나님께로 돌아갈 때, 우리의 참 소망이신 예수 그리스도를 진실로 따를 때, 우리에게는 새로운 희망이 솟아오르고 감리교회는 갱신될 수 있습니다. 그러므로 성령의 도우심을 구하는 가운데, 그리고 지난 역사 속에서 감리교회가 영적 각성운동에 앞장서온 것을 기억하면서, 이제 기독교대한감리회 감독회장과 10개 연회 감독된 우리는 다시 한번 영적 대각성 운동에 나서고자 합니다.[36]

선언문은 교회의 세속화에 대한 회개를 담았다. 감리교회가 구원의 영적영역에서 출발했다는 고백도 담겼다. 나라 구원에 헌신한 역사도 확인했다. 평양 영적대각성운동과 이후의 '백만인 구령운동'을 모범으로 삼겠

---

36) "감독회의 영적각성 선언문", 기독교대한감리회 홈페이지 통합자료실(https://kmc.or.kr/combination-resources/resources-of-kmc?pageid=10&mod=document&uid=4654).

지만 1907년의 사명에만 머물지 않겠다는 각오도 피력했다. 회심을 강조했던 영적대각성운동의 재현과 교회의 한국 구원 사명의 회복을 다짐한 것이다.

이 선언은 감리교회가 신사참배의 문제를 친일의 문제가 아닌, 영적 과오로 거론한 최초의 기록이기도 했다. 영적 각성이 일어나는 것이 모든 문제 해결의 단초이며, 역사의 주재자에게 모든 문제를 일순에 바꿀 수 있는 능력과 권한이 있다는 고백이었다. 그간 비춰진 감리교회의 모습과 일정한 거리가 있었다.

감독들은 금식기도회를 먼저 가졌다. 그리고 각 연회로 돌아가 '영적대각성운동'에 대한 지지와 실천을 결의하도록 했다. 서울연회, 동부연회, 남부연회 등을 비롯한 각 연회가 이 운동에 동참하기로 했다. 1930년의 일명 '자치 시대' 이후 처음으로, 한국감리교회가 영적각성운동의 각오를 다짐한 것이다. 그것은 한국감리교회의 출발점이 영적각성이었음을 확인하는 일이기도 했다. 1903년 하디로부터 시작되어 1907년 평양의 대각성운동을 일으켰던, 이후 폭발적 부흥으로 연결되었던 영적대각성운동을 그렇게 기대한 것이다.

'한반도 대각성 100주년 기념 성회'를 개회하기로 했고 감동 있는 찬양과 열정적인 기도를 다짐했다. 교단분열, 군부독재에 대한 침묵과 동조 등에 대한 고백과 회개도 있었다. 감리교의 본래 정체성을 회복하겠다는 결의도 있었다. 영적대각성 운동을 위한 각오가 표명되었고 구체적 내용이 결정되었다. 2005년 5월 20일부터 7주간 연속 권역별 기도회와 특별 집회를 하기로 했고 이에 대한 실천계획서가 만들어졌다.[37]

---

37) 위의 결정에 참여한 위원은 박상복, 신기식, 이하일, 이진선, 김광후, 이해주, 박기현, 최헌, 배익환, 하관철이었고, 배석자로 조경열이 참여했다.

평양대부흥을 넘어서자는 주장이 제기되었다. 단순한 재현이 아니라, 구원의 영역을 나라 구원까지 확장하자는 의견이 나왔다. 'Beyond 1907년 영적대각성운동'으로 표어를 정하며 'Beyond 1907 영적대각성운동본부'가 만들어질 수 있었던 이유이다.[38)]

2006년 4월 17일 인천 문학경기장에서, '하디선교사 원산 평양 부흥운동 100주년 기념 성회'와 '영적대각성운동 실천계획서 발간 및 선포'가 있었다. 약 2만 명이 운집한 이 자리에서 감신대 총장 김외식은 "감리교회가 사회와 역사 앞에서 책임을 다해 왔는지 하나님과 역사 앞에서 지은 죄는 없는지"를 물어봐야 한다고 소리를 높였다.[39)] 전 · 현직 감독들, 21개 지방 감리사들, 대회 지도부를 비롯한 목사와 장로들이 십자가형으로 땅에 엎드렸다. 감리교회가 영적 사명을 다하지 못하고 한국 구원의 책임도 회피했다며, 참회의 모습을 보였다.

한편, 감리교회도 영적운동의 학문적 토대를 마련하려 했다. 중부연회의 주도아래, 교단 내부의 학자들에게 평양대각성운동을 주제로 연구하게 했고 학술 발표를 가졌다. 2006년 10월 9일, 감리교신학대학교 웨슬리채플에서 영적각성 100주년 기념 학술대회와 영성집회는 그 결과를 알리는 날이었다. 감신대, 목원대, 협성대 등 3개 신학대학교 교수 11명, 곧 이덕주, 이후정, 왕대일, 박종천, 심광섭, 유경동, 양재훈, 조은하, 장성배, 남호, 안석모가 자신의 전공 분야인 한국교회사, 서양교회사, 구약, 현대신학, 조직신학, 신약, 기독교교육, 선교학, 예배학, 상담학을 통해 대부흥

38) 2005년도 『중부연회 정책 및 사업 협의회 회의록』 참조.

39) 이날 감독회장 신경하의 설교와 이 대회를 주도한 중부연회감독 이규학의 인사가 있었다.

운동이 한국교회에 미친 영향을 진단했다. 그리고 한국교회가 준비해야 할 미래 과제를 제시했다.[40)]

학술발표 후, 도봉교회 김진호가 인도하는 영성 집회에서, 11명의 교수들은 강단에 올라와서 자복하고 회개하는 모습으로, 무릎을 꿇고 회개 고백문을 낭독했다.[41)] 존스(George H. Jones)로 시작된, 감리교신학교의 처음 모습을 보여주는 상징적 사건이었다

2007년 3월에 KNCC와 한기총 그리고 교단장협의회가 공동으로 평양대부흥운동 100주년 기념행사를 갖기로 결의했을 때, 감리교회는 이와 별도로 '영적대각성운동'을 계속 진행하기로 했다. 2007년 12월, 은평교회에서의 서울대회까지 전국 교회를 순회하는 집회를 계속하기로 한 것이다.

은평교회에서의 서울대회가 열렸을 때, 김인환은 "모든 가식과 체면을 내려놓고 진실로 회개"해야 한국교회는 다시 드약하게 될 것이라고 소리를 높였다. 나원용과 김진호 전 감독회장은 "회개운동과 영적각성운동은 우리 모두가 해야 할 일이자 한국교회 모두가 해야 할 일"이라며 "영적대각성대회가 시작점이 되어 한국교회가 다시 회복되길" 간절히 소망했다. 유병용은 '본질로 돌아가자'는 제목의 설교를 통해 "영적대각성운동을 통해 교회가 교회 되고 예배가 예배 되는 신앙의 본질을 찾아야 할 것"이라고 호소했다.[42)] 서울대회를 끝으로 감리교회의 'Beyond 1907 영적대각성'의 행사는 끝이 났다.

---

40) 『각성 · 갱신 · 부흥- Beyond 1907 논찬 및 선교사 보고 자료집』(영적대각성 100주년 기념 학술대회와 영성집회 자료집, 2006), 참조.

41) 감리교 학자들의 논문 11편은 2007년 영적각성 100주년 기념대회에 맞추어 『각성 갱신 부흥-영적대각성 100주년기념학술연구』(서울: 감리교신학대학교, 2006)로 출간되었다.

42) 『영적대각성운동 자료집』 참조.

2. 철원제일감리교회의 복원 - 복음주의 역사성의 확인

2008년 10월 24일 오후 2시, 철원군 철원읍 관전리 102번지 철원읍교회 유적지에서, 복원기공 예배가 열렸다. 동부연회 감독 김남철이 사회를 보았고, 감독회장 신경하가 "눈물로 다시 세워야 할 교회"라는 제목의 설교를 했다. 복원건축위원장 이규학은 복원공사계획을 설명하면서, "북한 선교의 문이 열리고 평화통일의 교육장으로 활용되길" 바란다는 당부를 했다.[43] 장로교회가 평양에 교회를 복원하려 할 때, 감리교회는 하디 회심의 터전이었던 철원을 선택한 것이다.

철원 노동당사가 바로 옆에 자리하고 있던 철원읍교회는 연면적 1,322㎡ 예배당 495.8㎡(300석 기준), 역사자료실 및 세미나실 식당 및 부대시설, 목사관을 갖춘 새 예배당으로 복원하게 되었다. 총공사비는 30억 원이 책정되었다. 총회와 각 연회가 중심이 되고 문화재청, 강원도청, 철원군청 지원 및 기타지원 등으로 재원을 마련하려 했다. 미 연합감리교회 북일리노이주 연회 감독 정희수도 참여했다. 그는 9명으로 구성된 방문단과 함께 서울남연회와 자매결연을 맺기 위해 내한했다가 현장을 찾게 되었고, "복원을 위해 일정의 역할을 하고 싶다"는 뜻을 전한 바 있었다.

철원읍교회, 곧 철원제일감리교회는 1905년 북장로교 선교사 웰본(Arthur G. Welbon)에 의해 시작되었다. 1909년, 감리교와 장로교가 선교예양을 하면서 북장로교 선교사들은 안동으로 내려갔다. 이후 철원은 남감리회 선교지역으로 콜리어(Charles T. Collyer)가 담임자로 시무하게 되었다.

43) 이규학과 인천제일교회는 공사비의 1/3에 해당하는 10억 원을 헌금했다.

1933년 들어서 철원읍교회에는 새신자가 50명이 늘었고 주일학교는 매 주일 300여 명이 모였다. 교인이 불어나면서, 철원읍교회는 1936년에 예배당을 신축해야 했다. 그 설계는 협성여자신학교와 공주영명학교, 평양여학교와 송도(개성)학교, 이화여대 본관과 체육관, 음악관 등을 설계하고 건축한 보리스(William M. Voris)가 맡았다.[44] 총공사비는 27,200원이었다. 예배당의 대지면적은 1,200평, 건평은 198평으로 3층 석조건물이었고, 공사기간은 만 1년이 걸렸다. 그러나 1937년 9월 30일 봉헌예배를 가지며 철원의 중심교회로 자처했지만, 6.25 당시 폭격으로 인해 파괴되었다. 북한군이 병영으로 사용하고 있었기 때문이다.

감리교회가 이 교회를 복원하려 했던 가장 큰 이유는 철원이 원산 영적각성운동과 평양 영적대각성운동의 모티브가 되는 곳이었기 때문이다. 철원제일교회를 통해 영적 역사성을 복원하고 싶었던 것이다.

한편, 장홍감리교회 장로 이금성은 일본 오사카예술대학 박물관에서 보리스의 설계도면을 찾았다. 그 도면에 의해 철원제일교회는 1930년대의 모습으로 복원되었다. 헌당 예배를 위해, 북일리노이주 연회의 로버트 캠벨(Robert B. Campbell)가 왔다. 그는 "파괴된 이곳의 회복은 부활의 상징과 같은 것이다"고 피력했다. 미국인 목사도 하디의 영성이 회복되고 부활되기를 바랐다. 한국 감리교회의 신학적 출발점과 역사성을 확인한 것이다.

---

44) 보리스는 태화사회복지관, 평양요한학교 등도 설계하고 건축했다.

제 4 장

1907년 평양대부흥운동 백주년 기념식

2007년, 연초부터 뜨거운 열기가 감지되었다. 각종 집회와 기도회가 열렸고 전국 교회에는 흥분과 기대가 넘쳤다. 그 절정은 7월 28일 상암경기장에서 열린 '한국교회 대부흥 백주년 기념대회'였다. 감리교회와 장로교회가 주축이 되었다. KNCC와 한기총 소속의 교회들도 함께 했다. 감리교와 장로교를 비롯해 성결교, 침례교, 구세군 등 국내 25개 교단이 참여했던 것이다. 한국교회의 위상을 드러내는 일이기도 했지만, 닥치고 있는 위기를 타개해야 한다는 간절한 바람도 있었다.

2007년 1월, 제주도에서 열린 한국교회 교단장 협의회 컨퍼런스에서 평양 대부흥 100주년 기념대회를 함께 하자는 결의가 나왔다. 이후 두 차례의 각 교단 총무 회의 논의를 거쳐 '2007 한국교회 대부흥 100주년 준비위원회'가 구성되었다. 각 교단은 적극적으로 참여하기로 했고 지원을 확인했다.[45] 누구도 한국교회 신학의 뿌리가 1907년이라는 것과 한국

45) 조성기, "2007 한국교회 대부흥운동 100주년 기념대회", 『기독교사상』 통권538호, 2007년 7월, pp.194-195.

교회의 부흥이 평양 영적대각성 운동에서 기언되었다는 것에 이의를 달지 않았다.

7월 8일, 상암 월드컵경기장에서 한국기독고교회협의회(KNCC), 한국기독교총연합회(한기총), 한국교회 연합을 위한 교단장 협의회(교단장협)가 공동으로 개최하는 '2007 한국교회 대부흥 100주년 기념대회'가 열렸다. 인권과 민중신학을 부르짖던 교회들의 주장에 따라, 외국인노동자들과 장애인 등 사회 소외 계층도 함께 했다. 한국교회 전체가 1907년 100주년을 기념한 것이다.

약 10만에 가까운 한국 기독교인들이 상암경기장에 모였을 때, 참회 열기로 가득한 가운데, 예장 합동측의 옥한흠이 "주여 살려 주시옵소서(요한계시록 3:1-3)" 라는 제목의 설교를 하고 기도했다. 그 내용을 발췌하면 다음과 같다.[46]

> 원산에서 타오르기 시작한 성령의 불길은 평양에서 그 절정을 이루었고, 그 후에 연이어 한반도 곳곳으로 퍼져 나갔습니다. 그러자 수 년 사이에 수 십 만 명이 예수를 믿고 교회로 들어오는 놀라운 부흥이 일어났습니다. 그 후 나라가 기울자 교회는 사경회, 항일운동, 사회계몽에 앞장서면서 절망에 빠진 백성을 끌어안아 줄 수 있었습니다. 교회가 핍박을 받을 때에는 순교의 피를 흘려 한국교회의 등불이 꺼지지 않도록 하였습니다. 어디 그뿐입니까? 세계가 주목하는 오늘의 한국교회를 가능케 한 뿌리가 어디에 있다고 생각합니까? 저는 평양대부흥이라고 확신합니다. 이런 전무후무한 은혜를 백 년 전에 이 땅에 허락하신 하나님을 우리가 어찌 찬양하며 경배

46) 옥한흠 목사의 설교에 대해서는 다음 영상에서 확인할 수 있다. https://youtu.be/hJgroRYdjno

하며 영광을 돌리지 않겠습니까?

(중략)

우리가 왜 백 년 전의 부흥을 다시 사모하고 기다리는 것입니까? 가장 절박한 이유는 한국교회, 다시 살아나야 하기 때문입니다. 한국교회, 다시 살아나야 하기 때문입니다. 한국교회가 사는 길은 백 년 전과 같이 성령의 기름 부음을 받고 교회 안에 있는 악한 것들, 우리 안에 있는 더러운 것들을 다 쓸어 내는 회개밖에 없다고 저는 믿습니다. 우리는 "한국교회 이래서는 안 된다"는 탄식을 오래 전부터 들어 왔습니다. 오늘 이 시간 백 년 전과 같이 다시 한번 하나님이 하늘을 가르시고 우리 중에 임하셔서 성령의 불, 통회하고 자복하게 하시는 회개의 영을 한국 교회 위에 부어주시기를 간절히 사모하고 소망하는 시간이 되기를 바랍니다.

(중략)

이 사회가 한국교회를 너무 불신하고 있다는 것입니다. 교회를 신뢰하지 않는 것 같습니다. 목사의 신뢰도는 오래전부터 하위권입니다. 교회 들어왔다가 실망하고 등을 돌리는 젊은이들이 적지 않습니다. 전도를 해도 잘 받아들이지 않습니다. 무종교자들에게 기독교는 제일 인기가 없습니다.

(중략)

솔직히 말해서 예수 믿는 우리들의 도덕성, 가치관, 처세관을 놓고 보면 세상 돌아가는 쪽으로 더 많이 기울고 있다는 것을 숨길수가 없습니다. 우리도 모르게 우리는 세속주의의 늪에 빠져 허우적거리고 있는 모습을 세상 앞에 그대로 보여주고 있는 것입니다.

거룩하신 주여!

이놈이 죄인입니다. 이놈이 한국교회, 입만 살았다고 떠들고 행위가 죽어버린 한국교회를 만드는 장본인입니다. 주여 이것이 감히 설교할 자격이 없는데도 주님이 말씀을 전하라고 비천한 것을 몰아붙였습니다. 아버지, 아버지 겉모양은 요란하지만 내면은 죄악이 쌓여있는 이 한국교회를 주여 불쌍히 여기시고, 성령을 부어주시되, 통회하고 자복하는 영을 부어주셔서 한국교회를 깨끗하게 해 주옵소서. 깨끗하게 하옵소서. 깨끗하게 하옵소서. 그리하여 이 민족에게 소망을 주게 하시고, 이 나라를 바른 길로 인도하게 하시고, 주의 거룩한 영광이 이 땅에서 경배를 받으시도록 축복하여 주시옵소서. 예수님

옥한흠은 원산에서 시작된 영적각성운동이 1907년의 평양 대부흥운동으로 이어졌고, 성령의 역사가 개인구령과 교회 부흥에서 멈추지 않고 한국구원의 영역으로 확장되었음을 확인했다. 그리고 교회의 사유화, 위선과 자만 등 잘못된 리더십을 회개했다. 한국교회 목회자들과 지도자들, 그리고 교인들에게 갱신과 각성도 촉구했다. "행함이 따르지 않는 믿음은 거짓 믿음이요, 구원도 확신할 수 없다"고 외치기도 했다.[47] 교회의 영향력이 줄고 있고, 한국 사회가 이기심과 위선적이라며 한국교회를 냉소로

47) "'한국교회 대부흥 대회'서 설교한 옥한흠 목사", 「중앙일보」, 2007년 7월 12일자.

대하고 있다는 것도 고백했다. 목회자와 성도들의 진심 어린 회개와 성령의 요청에 따를 것을 거듭 호소했다.

일선에서 은퇴한 노(老) 목회자는 자책과 동시에 한국교회가 회복 되어야 한다고 소리를 높였다. 교회를 향해 생생한 주님의 옛 모습, 그 원형을 그대로 드러내야 한다고 호소했다. 복음의 참신한 도덕적 계율과 본받아야 할 태도를 간청했고 역사의 주관자의 적극적 개입과 허락을 간구했다. 한국교회에 자정 능력이 없다는 것을 그렇게 시인한 것이다. 옥한흠 뿐만 아니라 한국교회 일원 누구도 여기에 동의를 표하지 않은 사람은 없었다.

옥한흠의 설교 이후, 예장 통합측의 김삼환이 비전 메시지를 선포했다. 감리교회의 'Beyond 1907 영적 대각성 운동본부'가 만든 '영적 대각성 95개 회개기도문'이 범 교단적 기도문으로 채택되었다. 예장 합동 총회장 장차남이 '용서의 선언문'을 낭독했고 죄를 씻기는 의식이 거행되었다. 제2의 부흥을 위한 실천운동 선포식이 열렸고 10만의 선교사 파송과 1,000만 전도 운동, 생명의 쌀 나눔 운동 등을 다짐했다.[48] '2007 한국교회 대부흥 서울 선언'이 발표되었고, 참석자들은 민족의 분열과 한국 사회 갈등 해결을 위해 책임을 통감하고 회개할 것과 환경 보호 실천, 한반도의 전쟁 종식과 평화체제 구축을 위해 노력할 것 등을 다짐했다.[49] 100년 전의 대부흥을 회고했고 단순히 기념하는 것으로 그치지 않고, 복음의 본질을 회복하고 영적 구원과 한국구원의 사명을 함께 하기를 기대했다.

성찬 성례전이 이정익(상임대회장, 기성 증경총회장)의 집례로 거행되었고 '100 연합무용단'의 '코리아 판타지아-일어나 빛을 발하라' 등의 공연이 있었다. '부흥의 불꽃과 화합의 십자가 축제'가 열렸고 대부흥 1백주년

48) 「크리스천투데이」, 2007년 7월 9일자.

49) 「뉴스파워」, 2007년 7월 9일자.

기념교회들을 대상으로 동판 전달식이 열렸다. 3시간 넘게 이어진 대회는 대부흥 100주년을 축하하는 레이저 쇼와 화려한 불꽃 축제로 막을 내렸다.[50] 영적 대각성을 고대하는 자리는 그렇게 끝이 났다.

한국교회가 이룩한 업적은 기적에 가까웠다. 전체 인구의 1/4이 기독교인이라 고무되었고 교회가 없는 곳이 없다며 자랑스러워했다. 수십만의 교인을 가진 교회도 있고 세계에서 선교사를 두 번째로 많이 파송하는 나라라는 영예도 가졌다. 회심과 자책을 구하는 자리였지만, 100년 동안의 한국교회의 업적과 파워(power)를 과시하는 자리이기도 했다. 옥한흠은 역사의 주재자에게 한국교회를 살려달라고 애원했지만 기념식은 거대했고 화려했다.

과거 한국에서 목회자가 되는 것은 죽음과 굶주림을 각오해야 하는 일이었다. 그러나 복음을 전파해야 한다는 사명감과 한국을 구원시켜야 한다는 의식에, 긴장했지만 당당했다. 믿는 이들이 어떻게 살아가야 할지를 보여주었고, 그래서 교회의 위상을 높였다. 그러나 교회의 맑은 생활은 옛이야기라는 비아냥거림이 폭넓게 퍼져 나갔고, 세속화되었다는 비판이 여기저기에서 들려왔다. 1907년 100주년에 이르러 한국교회는 이것을 시인했다.

한국교회의 처음 신학, 곧 복음주의 신학은, 단독자로서 하나님을 만날 수 있다는 고백에서 출발한다. 영적 각성을 이루어 내야 한국교회와 한국이 살아날 수 있다는 역사도 간직하고 있다. 영적 변화가 교회 부흥에 그치지 않고 사회와 국가 공동체 모두의 변화로 이어지고, 한국 전체의

---

50) 「국민일보」, 2007년 7월 9일자.

구원으로 확장된다는 것을 새겨 넣었다. 100주년이 다가오면서 크고 작은 집회가 있을 때마다 예외 없이 목회자들은 그렇게 외쳤다. 회개를 외쳤고 각오를 다짐했다. 감리교회 영남선교대회에서 감리교 감독회장 신경하도 감독선거의 부정에서 결코 자유롭지 못하다고 고백한 바 있다. 영적 대각성 95개 회개문도 만들어 발표했다.

평양대부흥 100주년을 전후해 한국교회가 확연히 달라졌다는 증거는 없다. 선언은 있으나 구체적 실천으로 계속 이어지지 않았고 기대만큼 에너지도 나타나지 않았다. 죄를 고백하고 회개를 다짐했지만, 영적 각성의 증거가 뚜렷이 나타나지 않았다. 교회 내부의 정치적 갈등도 여전했다. 국가구원을 외치며 한국사회를 이끌었던 동력도 나타나지 않았다. 현상학적 시각에서 보면, 내적 각성이 이루어지지 않았다는 증거가 될 수 있다. '자유'와 '평등', '정의'로 대변되는 기독교의 이데올로기적 전통이 쇠락한 것으로 여겨질 수도 있다. 옥한흠의 말대로"거짓 회개 탓"일 수도 있다.[51] 그러나, 때(kairos)가 이르지 않았을 수도 있다.

영적 각성은 아집과 억지, 오만과 허세, 욕심과 망상이 빚어내는 집착의 산물이 아니다. 인간의 간절한 바람이나 열정으로 이루어지지 않는다. 인간의 영역이 아니라 역사 주관자의 영역이기 때문이다.

인간의 눈은 가까운 것에 몰려있다. 인간은 쉽게 바뀌지도 않는다. 그러나, 모두가 역사의 과정일 수 있다. 우리는 우려하지만 분명한 것은, 사람의 뜻이 반영되고 구현되는 것으로 알고 있지만, 역사는 절대 주관자의 뜻이 작용하고 이루어져 나가게 되어있다.[52] 우리가 비관에 빠질 때

51) "'한국교회 대부흥 대회'서 설교한 옥한흠 목사", 「중앙일보」, 2007년 7월 12일자.

52) R. G. Collingwood, *The Idea of History*, (London: Oxford University Press,

역사는 희망의 기록을 남겼다. 언제나 역사에는 역설이 있어왔다.

여전히 한국교회는 시대적 사명, 하나님이 파송했다는 인식과 사명감이 있다는 것을 뜨겁게 고백했다. 섭리 구현과 함께 역사 주관자의 뜻을 수행한다는 다짐을 굳게 했다. 역사는 이중구조로 해석된다. 신앙의 눈을 통해 보면 그 깊은 경지가 제대로 보인다. 영적각성 100주년 기념대회는 그것을 확인한 자리였다. 100주년의 염원은 시간의 거리를 지나야 나타난다. 그것을 기대하는 자리였다.

1961), p.48.

맺는말

1876년 일본과의 강화도 조약이후, 한국은 서구제국에게도 차례로 문호를 개방해야 했다. 공식적으로 기독교는 이 통로로 들어왔다. 선교사들이 세운 근대학교와 병원은 근대문명으로 각인되었다. 그렇지만 복음전파의 중요한 교두보가 되었고 선교의 안전한 통로가 되었다. 이를 통해 미국 문명과 미국인들에 대해 신뢰감과 기대감도 높아졌다. 그러나 선교사들의 최종 목표는 복음전파였다.

의료선교와 근대교육을 통해 한국인들은 '인간평등 의식'과 타인에 대한 존엄성을 배웠다. 한국의 '민주주의'는 여기에서 비롯된 것이다. 한국의 기독교 민족주의도 이렇게 시작되었다. '자유'와 '평등', '정의'가 신념으로 새겨졌고 이런 의식 아래 2.8 독립선언과 3.1운동의 선도적 역할을 했다. 상해임시정부와 대한민국이 '민주공화제'를 채택하는 데도 공헌을 남겼다. 기독교 이데올로기로 의식화되었던 신진 엘리트들은 민주주의를 경제적 영역까지 확대했다. 이들의 사상은 기독교 민족주의계의 주장이 되었고 일본의 황도정신(皇道精神)과 억압적 체제에 대한 저항 이론이 되었다.

기독교의 이데올로기는 복음전파의 과정에서 자연스러운 결과이지 선교사들이 그것을 목표로 전파하려 했던 것은 아니다. 그런 이유로 선교사회 내부에서는 "세속적 수단을 위해 영적 수단을 포기하는 것"이라는 비판이 나왔다. 그러나 수용층인 한국인들은 전달층인 선교사들의 의도를 일방적으로 좇지 않았다. 한국 기독교가 구령의 영적 영역의 지향과 근대 이데올로기 지향의 기독교로 분리되게 된 이유이다. 이러한 분리 의식은 1907년을 기점으로 확연해졌다.

1907년 영적대각성의 결과는 예상을 뛰어 넘었다. 미국 정부가 한국에 관심을 갖게 되는 계기가 됐고, 미일 관계에 금이 가는 단초가 되었다. 1940년대까지 시간이 지나야 했지만, 카이로선언과 연결되는, 한국 독립의 동기가 된 것이다. 1907년의 신학은 교회의 비정치화를 의미했지만, 구령 지향의 교회가 한국 독립으로 연결되었다. 개인구원 그 자체가 국가구원으로 연결된 것이다. 이후 한국교회 내부에 구령, 그 자체를 한국구원으로 여기는 의식이 강하게 자리 잡았다.

해방 이후, 남북이 체제 경쟁을 해야 하는 상황에서 한국의 주제는 '독립'에서 '국가건설'로 바뀌었다. 지향점도 '민족'에서 '국가'로 전환되었다. 이런 상황에서 기독교계의 목표도 '새로운 국가건설'로 바뀌었고 '기독교 국가건설론'으로 이어졌다. 근대화의 지향점이 되었던 기독교 이데올로기는 국가건설의 토대가 되었다.

해방의 공간에서, '구령'과 '구국'은 따로 분리된 것이 아니라는 주장이 대두되었다. 교회의 사명은 개인 구원에 머므르지 않고 나라를 구하는 데까지 나아가야 한다는 주장이었다. 그런 당위성 아래 많은 목사와 기독교인들이 정치에 참여했다. 그러나 개인자격이었지 교회의 이름으로 국가건설에 직접 개입하지는 못했다. 여전히 1907년 이후 각인된 의식이 강했기 때문이다.

6.25전쟁을 거치면서 양자를 취합하려는 교회 내부의 움직임이 강하게 대두되었다. 개인구원을 바탕으로 하지만 교회의 활동을 국가구원의 영역으로 확장하려는 움직임이 표출된 것이다. 교회의 활동이 구령의 영역을 넘어 한국구원의 영역으로 확대되기 시작한 것이다. 그것은 교회를 영혼 구원의 기관인 동시에 국가구원의 도구로 여겼다는 것을 말한다. 복음주의의 영역이 확장된 것이다.

한편, 제3공화국이 탄생했다는 것은 이승만으로부터 시작되어 제2공화국까지 연결되었던, 기독교 국가건설의 염원이 폐기되었다는 것을 말한다. 이후, 한국교회 내부에서 '민족'의 주체성을 중심 개념으로 하는 발상들이 대두되었다. 선교 모교회의 영향력으로부터 완전히 벗어나려 했고 자신들의 신학적 정체성을 민족과 연관시키는 교파도 등장했다. 영미 복음주의 전통을 이탈해 한국신학, 토착화 신학 등 민족 주체의 신학을 창출하려는 시도들도 잇달았다. 이러한 움직임은 민족지상주의로 확대되었고 종국에는 통일신학으로 연결되었다. 그리고 1980년대의 민주화운동의 단초가 되었다. 박정희가 등장하면서 국수주의적 민족주의가 한국교회 내부의 진보적 정치운동과 사회운동의 근거가 된 것이다.

박정희는 경제를 민족중흥의 최고의 가치로 삼았다. 민족주의를 경제 이데올로기와 등식화시킨 것이다. 박정희가 주창한 '조국의 근대화'는 사회진화론적 근대주의를 의미했고, 이런 환경에 따라 생존경쟁의 의식이 만연하게 되었다. 이에 대한 반발로, 한국교회 일각에서 인권과 경제적 불평등에 저항하는 움직임들이 강하게 나왔다. 산업화의 뒷면에서 인간소외의 상황에 문제를 제기한 것이다.

이에 교회는, 특히 에큐메니칼 운동을 주도했던 교회는 윤보선을 비롯한 기독교 민족주의계, 정일형을 비롯한 야당의 기독교계 인사들과 연대해 저항운동에 나섰다. 이 연대는 1972년에 유신이 선포되면서 더욱 확고해졌다. 특별히 자유민주주의 체제를 국가구원의 한 영역으로 믿고 있던 KNCC계 교회들은 민주화회복을 주장하며 정권에 거세게 저항했다. 이 저항의 결과로 유신정권은 붕괴되고 말았다.

그때, 1907년의 전통을 주장했던 반 에큐메니칼계는 박정희 정권을 지지하는 태도를 보였다. 그것은 한국교회가 급격한 부흥과 성장을 하고 있었기 때문이다. 여기에 국가구원 방식의 차이가 나타난다. KNCC계가 자유민주주의 체제의 회복을 한국구원의 한 조건으로 보았다면 반 에큐메니칼계는 구령 그 자체를 국가구원으로 보았다. 민족이 복음화가 되면 나라가 구원된다는 의식이었다. 구령 그 자체가 국가구원이라는 도식이었다.

1980년대 중반에 이르러 한경직 등 반공주의자들이 물러간 후, KNCC를 주도했던 진보 신학계는 민족 지상을 앞세우며 일방적 통일론을 설정했다. '88 선언문' 이 나왔고 통일신학이 만들어졌다. 그런데 이들은 한국기독교계가 해방 이후부터 몰두했던 '국가건설'의 과제를 외면했다. '민족'이라는 거대 담론은 강했지만 구원이나 복음전파도 거론되지 않았다. 구조상 체제에 대한 문제는 '국가'와 연결되어 있기 때문이다. 통일신학에는 '민족'만 있었지 '국가'의 개념이 없었던 이유이다. 따라서 국가구원을 내세운 기독교나 복음주의 전통아래 있던 한국교회는 이를 받아들일 수 없었다.

1988년, 새로운 지도력으로 교체된 KNCC의 지도력이 한국교회가 전두환이나 제5공화국을 동조하거나 지지했다고 주장하며, 이를 공격한 것이다. 진보 신학과 국수주의가 조우하며 생긴 결과이다. 이들은 반미성을 드러냈고 반공주의의 철폐를 다짐하며 민족 통일운동에 매진했다. 이들의 운동력이 확장될 수 있었던 가장 큰 빌미는 광주민주화사건이었다. 미국에 대한 재평가가 일어나면서 일부 지식인들이나 대학생들이 반미주의로 돌아섰다. 이런 와중에 한경직, 조향록 등 KNCC 당시 주도자들은 안보를 위해 민주주의 체제를 잠시 유보할 수 있다고 피력했다.

이것은 반미주의 의식과 맞물려 한국교회의 위상이 크게 실추된 이유가 되었다. 이후, 개인구원과 국가구원을 함께 외치던 인물들과 그 교회의 동력은 현저히 약화되었다. 양 영역을 함께 견인하려 했던, 교회의 정치 · 사회적 영향력과 권위도 실추되었다. 복음을 개인의 영역으로, 교회의 사명을 교회 내부에 다시 가두게 되었다.

새천년의 시대가 도래하고 있을 때, 교회의 동력은 현저히 떨어져 있었다. 세계 구원의 영역에 전대미문의 기록을 남겼지만 세속화되었다는 비판을 받았다. 신학적 갈등 이외에 정치체제에 대한 교회 갈등도 대두되었다. 여기에 IMF라는 국가적 위기를 넘어서면서 영성의 문제도 한국교회를 혼란스럽게 했다. 이런 상황에서 한국교회는 1907년 100주년을 준비했다.

1907년 100주년에는 부흥의 여망이 담겨 있었다. 영적 각성을 이루어내야 한국교회와 한국이 살아날 수 있다는 역사도 간직하고 있다. 시대의 난제를 절대자에게 의뢰하는 행위는 한국교회의 전통적 접근 방식이다. 영적 변화가 사회와 국가 공동체 모두의 변화로 이어지고, 한국 전체의 구원으로 확장되기를 기대했다. 100주년이 다가오면서 크고 작은 집회가 있을 때마다 예외 없이 목회자들은 그렇게 외쳤다. 그것을 위해 회개를 외쳤고 각오를 다짐했다. 100주년 기념대회는 그런 한국교회의 염원을 담은 거대한 한마당이었다.

한국교회는 영국과 미국을 풍미했던, 복음주의 전통아래 시작되었다. 선교사들은 그리스도의 복음을 전하기 위해 이 땅에 왔다. 전도자의 사명을 다하기 위해서였다. 기독교의 복음이 이 땅에 처음 자리를 내리기 시작했을 때, 복음은 한국 속에 수용되어 영혼을 구해내고 삶의 자리를 변화시켰다. 이질적 문화로서의 서양종교가 우리 안에서 복음의 본래성을 회복하고 우리 것으로 체질화 되었다. 높은 지식이 되었고 순결한 생활이 되었다. 고귀하고 소박한 자세를 이루었다. 근대화를 이끌며 나라 구원에 나섰고 소외된 사람들에게 눈을 떼지 않는 전통을 뿌리내렸다.

구령과 구국의 문제는 한국교회 역사의 두 축이 되었다. 교회는 영혼구원의 기관이고 국가구원의 통로로 새겨졌다. 개개인이 회개 자복하는 도덕적 예민성, 영적 승화, 기도의 생활, 헌금의 정성, 불타는 전도열이 심겨졌다. 복음의 내재된 가치는 인권, 평등, 정의로 표출되었다. 한국교회와 기독교인들은 두 영역 모두를 사명으로 여겼다.

초대 기독교 선진들은 장차 다가올 미래의 한국을 기대했다. 그 나라는 발전과 개선을 거듭해, 완전히 새로운 나라였다. 그 나라는 예속에서 해방되어 마음껏 자유를 누리는 나라였다. 변화된 사람들이 사는 변모된 나라였다. 기독교가 그것을 이루게 할 것이라는데 의심하지 않았다. 교회는 그런 사명의 터전이었다.

복음은 인간의 구원이라는 가장 근원적 고민에 대한 응답에서 시작된다. 한 사람의 영혼을 고귀하게 여기고, 그 생명을 구해내야 한다는 사명감의 발로이다. 구원은 복음의 과제이다. 그것은 "그의 나라와 의"로 연결된다. 구원의 사명을 땅과 나라로 확장해야 하는 것이다.

우리는 선교의 다음 세기를 산다. 여전히 우리는 복음으로, 줄기찬 미래가 뻗어가는 것을 보려한다. 복음은 우리에게 조건을 달았다. 세대가 당하는 시대의 고통을 가슴 저미게 도고(禱告, Intercession)하는, 꺼지지 않는 횃불을 드는 사명이다. 그것을 위해 역사는 신앙의 높은 경지를 요구한다. 시대가 바뀌어도 변하지 않는, 한국기독교에 맡겨진 책무이다.

맑은 샘 줄기 용솟아 거치른 땅을 흘러 적실 때,
기름진 푸른 벌판이 눈앞에 활짝 트인다.
고요한 아침의 나라 새 하늘 새 땅아
길이 꺼지지 않는 인류의 횃불되어 타거라

참고문헌

■ 국내단행본

강원용, 『역사의 언덕에서』 2, 전쟁의 땅 혁명의 땅, 파주: 한길사, 2003.

______, 『역사의 언덕에서』 3, Between and Beyond, 파주: 한길사, 2003.

______, 『역사의 언덕에서』 4, 미완성의 민주화, 파주: 한길사, 2003.

______, 『강원용전집』 1, 폐허에서의 호소, 서울: 동서문화사, 1995.

______, 『강원용전집』 7, 역사의 증언자들, 서울: 동서문화사, 1995.

______, 『빈들에서: 나의 삶, 한국현대사의 소용돌이』 1: 선구자의 땅에서 해방의 혼돈까지, 서울: 열린문화, 1993.

______, 『빈들에서: 나의 삶, 한국현대사의 소용돌이』 2: 혁명, 그 모순의 회오리, 서울: 열린문화, 1993.

강인철, 『한국의 개신교와 반공주의-보수 개신교의 정치적 행동주의 탐구』, 서울: 중심, 2007.

강정규, 『한국의 7대교회』, 서울: 종로서적, 1933.

고정휴, 『이승만과 한국독립운동』, 서울: 연세대학교출판부, 2004.

공군본부, 『6.25전쟁 항공전사』, 서울: 공군본부, 2002.

공덕귀, 『나, 그들과 함께 있었네』, 서울: 여성신문사, 1994.

공보실 편, 『우리 대통령 리승만 박사』, 서울: 공보실, 1959.

곽선희, 『자유를 버린 자유인』, 서울: 엠마오, 1993.

______, 『최종승리의 비결』, 서울: 계몽사, 1989.

______, 『현대인을 위한 신앙고백』, 서울: 종로서적, 1985.

국가보위비상대책위원회 편, 『國保委白書』, 서울: 국가보위비상대책위원회, 1980.

국가보훈처 편, 『재미한인자료 : OSS(Office of Strategic Service)』, 서울: 국가보훈처, 2005.

국방부 전사편찬위원회, 『한국전쟁사』 제1권, 서울: 국방부, 1977.

국사편찬위원회 편, 『한국현대사 자료 총서 2: 주한미군사』 1, 과천: 국사편찬위원회, 2014.

______, 『대한민국임시정부자료집』 20, 과천: 국사편찬위원회, 2007.

______, 『대한민국사 자료집: 주한미군정치고문 문서 1』 18, 과천: 국사편찬위원회, 1994.

국제신학연구원, 『여의도의 목회자』, 서울: 서울말씀사, 2008.

______, 『하나님의 성회 교회사』, 서울: 서울말씀사, 1998.

기독교대한성결교회 총회법제부 편, 『기독교대한성결교회 헌법』, 서울: 총회본부, 1955.

김관석목사 고희기념문집출판위원회 편, 『이 땅에 평화를: 70년대의 인권운동』, 서울: 김관석 목사고희기념문집출판위원회, 1991.

김광우, 『빛으로 와서』, 서울: 도서출판 탁사, 2002.

______, 『김광우목사 회고록, 나의 목회 반세기』, 서울: 바울서신사, 1984.

김경재, 『아레오바고법정에서 들려오는 저 소리』, 서울: 삼인, 2007.

______, 『김재준 평전-성육신 신앙과 대승 기독교』, 서울: 삼인, 2001.

______, 『영과 진리안에서』, 서울: 대한기독교서회, 1999.

김대중, 『김대중 자서전』 2, 서울: 삼인출판사, 2010.

김동수, 류동희, 『영산 조용기 목사의 삶과 사상』, 용인: 킹덤북스, 2010.

김동호, 『대통령 경제사 1945-2012』, 서울: 책밭, 2012.

김명구, 『한국기독교사』1, 서울: 예영커뮤니케이션, 2018.

______, 『복음, 성령, 교회-재한선교사들 연구』, 서울: 예영커뮤니케이션, 2017.

______ 외, 『연세대학교 신과대학 백년사』, 서울: 동연, 2015.

______, 『서울YMCA운동사 100-110』, 서울: 서울YMCA, 2014.

______, 『해위 윤보선-생애와 사상』, 서울: 고려대학교출판부, 2011.
______, 『소죽 강신명목사』, 광주: 서울장신대학고출판부, 2009.
______ 외, 『창천교회 100년사』, 서울: 기독교대한감리회 창천교회, 2006.
______, 『서울장신대학교 50년사』, 광주: 서울장신대학교, 2004.
______, 『월남 이상재의 기독교사회운동과 사상』, 서울: 도서출판 시민문화, 2003.
______, 『이규학 감독의 삶과 목회, 그리고 신학』, 미간행 저서.
김병희 편, 『한경직 목사』, 서울: 규장문화사, 1982.
김선도, 『김선도목사전집』 12, 서울: 도서출판 광림, 2003.
김성호, 『한국성결교회사』, 서울: 기독교대한성결교회 출판부, 1992.
김세한, 『기독교대한감리회 여선교사 60년사』, 서울: 대한감리회 총리원 부녀국, 1966.
김순일, 『한국선교사의 가는 길』, 서울: 성광문화사, 1980.
김승태, 『한국기독교의 역사적 반성』, 서울: 다산글방, 1994.
김안신, 『돈키호테와 산초들』, 서울: 순출판사, 2000.
김양선, 『한국기독교사연구』, 서울: 기독교문사, 1971.
______, 『한국기독교해방십년사』, 서울: 대한예수교장로회총회 종교교육부, 1956.
김영재, 『한국교회사』, 서울: 개혁주의신행협회, 1992.
김영훈, 『분단과 전쟁』, 서울: 도서출판 다나, 1994.
김용삼, 『이승만의 네이션빌딩』, 서울: 북앤피플, 2014.
김용해, 『대한기독교침례회사』, 서울: 대한기독고침례회 총회, 1964.
김응호, 『한국장로교 100년』, 서울: 목양사, 1984.
김인서, 『망명노인 이승만박사를 변호함』, 서울: 독학협회출판사, 1963.
김일성, 『김일성저작선집』 1, 평양: 조선로동당출판사, 1967.
김정남, 『진실, 광장에 서다』, 서울: 창비, 2005.
김정준, 『만수 김정준 전집』 3, 서울: 한국신학연구소, 1988.
______, 『만수 김정준 전집』 7, 서울: 한국신학연구소, 1990.
______, 『만수 김정준 전집』 8, 서울: 한국신학연구소, 1991.

______, KIATS 편, 『김정준』, 서울: 홍성사, 2009.
김정회, 『한국기독교의 민주주의 이행 연구-해위 윤보선을 중심으로』, 서울: 해위윤보선대통령기념사업회/윤보선민주주의연구원, 2017.
______, 『송암 함태영 평전』, 미간행 저서.
김재준, 『(범용기속편) 귀국 직후』, 서울: 선경, 1985.
김종범, 김동운, 『해방 전후의 조선 진상』 현대사 자료집 1, 서울: 돌베개, 1984.
김준곤, 『C.C.C.와 민족복음화운동』, 서울: 순출판사, 2005.
김준하, 『대통령과 장군- 숙명의 대결, 쿠데타에서 사상논쟁까지』,서울: 나남출판, 2002.
김춘수, 『민족지도자의 사상』, 서울: 웅비사, 1990.
김재준, 『凡庸記, 長空, 金在俊 自敍傳』, 서울: 長空 金在俊 自敍傳 出版委員會: 1983.
.... 『長空著作全集』, 卷1-2, 韓國神學大學出版部, 1971.
金憲, 『議院內閣制』, 서울: 은하출판사, 1994.
金學俊, 『반외세의 통일 논리』, 서울: 形成社, 1983.
김진환, 『한국교회 부흥운동사』, 서울: 크리스찬비전사, 1976.
김창근, 『불붙는 가시덤불』, 서울: 성광문화사, 1977.
김학준, 『북한의 역사-강대국 권력 정치 아래서의 한반도 분할과 소련의 북한 군정 개시: 1863년~1946년 1월』 제1권, 서울: 서울대학교출판부, 2008.
김해연, 『한국교회사』, 서울: 성광문화사, 1993.
김형수, 『문익환 평전』, 서울: 실천문학, 2004.
김활란, 『그 빛 속에 작은 생명』, 서울: 여원사, 1965.
______ 편, 『해방후 북한교회사』, 서울: 다산글방, 1992.
김흥수 편, 『WCC 도서관 소장 한국교회사 자료집: 한국전쟁 편』, 서울: 한국기독교역사연구소, 2003.
______, 『한국전쟁과 기복신앙 확산 연구』, 서울: 한국기독교역사연구소, 1999.
______, 『해방 후 북한교회사』, 서울: 다산글방, 1992.
나일선 편, 『(1989) 한국교회 선교단체, 선교 훈련원 및 선교사 일람』, 서울:

바실래, 1989.
남시욱, 『한국진보세력 연구』, 서울: 청미디어, 2018.
남호, 박종천, 심광섭 외, 『각성 갱신 부흥-영적대각성 100주년기념학술연구』, 서울: 감리교신학대학교, 2006.
노기남, 『명동성당』, 서울: 중앙일보사, 1984.
______, 『당신의 뜻대로: 나의 인생관』, 서울: 휘문출판사, 1978.
______, 『나의 회상록』, 서울: 가톨릭출판사, 1969.
노중선 엮음, 『남북한 통일정책과 통일운동 50년』, 서울: 사계절, 1996.
다카사키 소우지 저. 김영진 역, 『검증 한일 회담』, 서울: 청수서원, 1983.
대한민국공보처, 『大統領 李承晩博士談話集』제 1집, 1953.
대한상공회의소, 『한국자본주의: 현황과 과제』, 서울: 대한상공회의소, 1990.
대한YMCA연맹(편), 『한국YMCA운동사』1895-1985, 서울: 로출판,1986.
데이비드 벨 외 지음, 정규호 옮김, 『정치생태학』, 서울: 당대, 2005.
도산기념사업회, 『續編 島山 安昌浩』, 서울: 도산기념사업회 1954.
『독립운동사자료집』, 서울: 독립운동사편찬위원회, 1977.
동아일보사. 『동아일보史』1, 서울: 동아일보사, 1975.
『문교사 1945-1973』, 중앙 대학교 부설 한국 교육문제 연구소, 1974
문일평, 『韓美五十年史』, 서울: 朝光社, 단기 4278
대통령공보비서관실 편, 『朴正熙大統領演說文集』第1輯, 서울: 대통령공보비서관실, 1965.
대한예수교장로회 영락교회, 『永樂敎會 三十五年史』, 서울: 영락교회, 1983.
대한예수교장로회총회교육부 편, 『韓國敎會宣敎百年秘話-安光國牧使遺稿集』, 서울: 대한예수교장로회총회교육부, 1979.
돈암교회 역사편찬위원회, 『돈암교회 80년사』, 서울: 베드로서원, 1988.
만우 송창근목사 기념사업회, 『만우 송창근 전집』 I, 서울: 만우송창근목사 기념사업회, 1991.
만우 송창근선생 기념사업회 편, 『만우 송창근』, 서울: 선경도서출판사, 1978.
문재린 · 김신묵 저, 문영근 · 문영미 편, 『기린갑이와 고만네의 꿈』, 서울: 삼인,

2006.
미야다 세즈코(宮田節子), 『朝鮮民衆과 皇民化政策』, 서울: 일조각, 1997.
민경배, 『한국기독교회사』 증보판, 서울: 연세대학교 대학출판문화원, 2017.
______, 『한국 민족교회형성사론』, 서울: 연세대학교출판부, 2008.
______, 『한국기독교회사: 한국 민족교회 형성과정사』, 서울: 연세대학교 출판부, 2007.
______, 『월드비전 한국50년사』, 서울: 월드비전, 2001.
______, 『역사와 신앙』, 서울: 연세대학교출판부, 1998.
______, 『한국기독교회사』 신개정판, 서울: 연세대학교출판부, 1993.
______, 『日帝下의 韓國基督教 民族信仰運動史』, 서울 : 대한기독교서회,1991.
______, 『한국기독교회사』 개정판, 서울: 대한기독교출판사, 1982.
민주공화당 총무부편, 『민주공화당사』, 서울:공화출판사, 1973.
민주화운동기념사업회 한국민주주의연구소 편, 『한국민주화운동사』 2, 파주: 돌베개, 2009.
박경수, 『장준하-민족주의자의 길』, 서울: 돌베개, 2003.
박기호, 『(한국교회) 선교운동사』, 서울: 아시아선교연구소, 1999.
박명림, 『한국전쟁의 발발과 기원』 II, 기원과 원인, 서울: 나남, 1996.
박명림, 장훈각, 『강원용 인간화의 길 평화의 길』, 서울: 한길사, 2017.
박명수.안교성.김권정 외 엮음, 『대한민국 건국과 기독교』, 서울: 북코리아, 2014.
박원순, 『국가 보안법 연구』, 서울: 역사비평사, 1989.
박용규, 『한국기독교회사』 2, 서울: 생명의말씀사, 2008.
______, 『한국기독교회사』 III, 서울: 한국기독사연구소, 2018.
______, 『한국교회를 깨운 복음주의 운동』, 서울: 두란노, 1998.
______, 『20세기 까마귀-김윤찬 목사 수난사』, 서울: 혜성문화사, 1971.
박윤선, 『성경과 나의 생애』, 서울: 영음사, 1992.
______, 『우리의 신앙노선』, 부산: 파수군사, 1954.
박정희, 『나라가 위급할 때 어찌 목숨을 아끼리』, 서울: 동서문화사, 2005.

______, 『국가와 혁명과 나』, 서울: 지구촌, 1997.
______, 『민족의 저력』, 서울: 광명출판사, 1971.
______, 『우리 민족의 나아갈 길』, 서울: 동아출판사, 1962.
박찬용 편, 『박설봉 감독 회고록: 하나님께 솔직하게 자신에게 정직하게』, 화성: 협성대학교경영대학, 2007.
박형룡, 『신복음주의 비평』, 서울: 보수신학서적간행회, 1971.
박유봉. 『민중의 아버지 이상재』, 인물한국사 5, 서울: 박우사, 1956.
박종성, 『인맥으로 본 한국 정치』, 서울: 한울, 1997.
반민족문제연구소, 『친일파 99인』, 서울: 돌베게, 1993.
배민수, 박노원 역, 『배민수 자서전-누가 그의 왕국에 들어갈 수 있는가』, 서울: 연세대학교출판부, 1999.
______, *Who Shall Enter the Kingdom of Heaven?*, 서울: 대한예수교장로회총회 농어촌부, 1993.
백기복, 김성국, 최연, 『CEO 조용기』, 서울: ICG 출판사, 2007.
백낙청, 1994, 『분단체제변혁의 공부길』, 창작과 비평사.
______, 『흔들리는 분단체제』, 서울: 창작과 비평사, 1998.
백남훈, 『나의 일생』, 서울: 新現實社, 1973.
백영흠, 『제2공화국과 한국민주주의』, 서울: 나남출판사, 1996.
碧初, "눈물 섞인 노래" 제2연, 『解放記念詩集』, 중앙문화협회편, 1945.
변종호, 『이용도 목사 일기』, 서울: 장안문화사 1986.
______, 『한국 오순절신앙운동사』, 서울: 신생관, 1972.
보건사회부, 『보건사회통계연보(1954)』, 서울: 보건사회부, 1955.
부산일보 편, 『임시수도 千日, 부산피난시절 진상을 파헤친 다큐멘터리 대하실록』 상, 부산: 부산일보, 1984.
북한연구소 편, 『북한민주통일운동사: 평안남도편』, 서울: 북한연구소, 1990.
사회과학원 역사연구소, 『조선통사』 하, 서울: 오월, 1989.
30년사 편찬위원회, 『기독교대한하나님의성회사』, 서울: 종려문화사, 1981.
새문안85년 편찬위원회, 『새문안 85년사』, 서울: 새문안교회, 1973.

서광선 외, 『한국교회 성령운동의 현상과 구조 : 순복음 중앙교회를 중심으로』, 서울: 대화출판사, 1982.

서남동, 『민중신학의 탐구』, 서울: 한길사, 1983.

서병조, 『정치사의 현장: 증언 제2 공화국』, 서울: 중화출판사, 1981.

서중석, 『한국현대민족운동연구2』, 서울: 역사비평사, 1996.

______, "일민주의와 파시즘", 『이승만의 정치이데올로기』, 서울 : 역사비평사, 2005.

선우종원, 『망명의 계절』, 서울: 신구문화사, 1965.

______, 『(선우종원 회고록) 격랑 80년』, 서울: 인물연구소, 1998.

서울신학대학교 성결교회역사연구소, 『한국성결교회100년사』, 서울: 기독교대한성결교회출판부, 2007.

서울특별시 강남구 편, 『江南區誌』, 서울: 서울특별시 강남구, 1993.

서울특별시 서초구청 문화공보실 편, 『瑞草區誌』, 서울: 서울특별시 서초구청, 1991.

성풍회 20주년기념 문집출판위원회/조규향 편, 『성풍회 20주년 기념문집』, 서울: 성풍회 20주년기념 문집출판위원회, 1993.

世界基督教統一神靈協會, 『原理解說』 第4版, 서울: 성화사, 1962.

손정목, 『한국도시 60년의 이야기』 1, 서울: 한울, 2001.

숭실대학교100년사 편찬위원회, 『숭실대학교 100년사』, 서울: 숭실대학교, 1997.

신복룡 편, 『한국분단사 자료집』 6, 서울: 원주문화사, 1993.

신풍운동편집위원회 엮음, 『한국기독교의 신풍운동』, 서울: 대한기독교서회, 2016.

심지연, 『한국민주당 연구』 I, 서울: 풀빛, 1982.

안병무, 『민중신학이야기』, 서울: 한국신학연구소, 1987.

안호상, 『인생과 철학과 교육』, 서울: 어문각, 1964.

______, 『세계 신사조론』, 서울: 일민주의보급회, 1952.

______ 편술, 『일민주의의 본바탕』, 서울: 일민주의연구원, 1950.

양동안, 『대한민국건국사- 해방 3년의 정치사』, 서울: 현음사, 2001.

양재철, 『한국 오순절 교회의 신앙과 신학』, 서울: 하늘목장, 2005.

여의도순복음교회 편, 『여의도순복음교회 50년사: 의대한 소명, 희망목회 50년』, 서울: 여의도순복음교회, 2008)

연동교회, 『연동교회100년사』, 서울: 대한예수교장로회 연동교회, 1995.

연세대학교 대학원 북한현대사연구회 편, 『북한현대사-연구와 자료』1, 서울: 공동체, 1989.

연세대학교 연합신학대학원, 『연세대학교 연합신학대학원 50년사』, 서울: 연세대학교 대학출판문화원, 2014.

영명100년사 편찬위원회, 『영명100년사』, 공주: 영명중.고등학교, 2007.

오영필, 『성결교회 수난기』, 서울: 기독교대한성결교회 출판부, 1971.

오윤태, 『在日大韓基督教 東京教會七十二年史』, 東京: 혜선문화사, 1980.

우남실록편찬위 편, 『우남실록: 1945-1948』, 서울: 열화당, 1976.

유동식, 『재일본 한국기독교청년회사: 1906-1990』, 東京: 재일본한국기독교청년회, 1990.

______, 『하와이의 한인과 교회-그리스도연합감리교회 85년사』, 하와이: 그리스도연합감리교회, 1988.

______, 『한국신학의 광맥』, 서울: 전망사, 1982.

유영익, 『건국 대통령 이승만』, 서울: 일조각, 2015.

유호준, 『역사와 교회-유호준 목사 회고록』, 서울: 대한기독교서회, 1993.

윤보선, 『救國의 가시밭길 - 나의 回顧錄』, 서울: 한국정경사, 1967.

______, 『외로운 선택의 나날』 서울: 동아일보사, 1991.

윤춘병, 『한국감리교회 부흥운동사』, 원주: 기독교대한감리회 전국 부흥단, 2001.

______, 『한국감리교 교회성장사』, 서울: 감리교출판부, 1997.

______, 『8.15 이후 감리교서부연회 수난사』, 서울: 기독교대한감리회 원로목사회, 1987.

윤치영, 『윤치영의 20세기: 동산회고록』, 서울: 삼성출판사, 1991.

이덕주, 『신석구- 민족의 독립을 위해 십자가를 지다』, 서울: 신앙과 지성사, 2012.

이만규, 『조선교육사』, 서울: 거름, 1991.

______, 『여운형선생쟁투사』, 서울: 민주문화사, 1946.
이만섭, 『나의 정치인생 반세기』, 서울: 문학사상사, 2004.
이만열, 『한국기독교와 민족운동』, 서울: 보성, 1986.
______, 『한국기독교문화운동사』, 서울: 대한기독교출판사, 1987.
이상돈, 『이상돈 정치 평론집: 회상 반세기』, 서울: 통문관, 1982.
李相舜, 『政權을 포기하십시오』, 서울: 冠岳出版社, 1990.
이상우, 『비록 박정희시대(3): 반체제민권운동사』, 서울: 중원문화, 1985.
이승만, 『一民主義 概述』, 일민주의보급회, 1949,
이성봉, 『말로 못하면 죽음으로』, 서울: 생명의말씀사, 1993.
이성삼, 『감리교와 신학대학사』, 서울: 한국교육도서출판사, 1977.
이승구, 『21세기 개혁신학의 방향: 한국 신학의 개혁신학적 정향을 위하여』, 서울: SFC출판부, 2005.
이승만 지음, 박기봉 교주, 『독립정신』, 서울: 대한민국사랑회, 2017.
______, 『일민주의 개술』, 서울: 일민주의보급회, 1954.
이윤영, 『白史 李允榮 回顧錄』, 서울: 史草社, 1984.
이일선 편, 『이상촌』, 서울: 농촌문화사, 1947.
이정식, 『대한민국의 기원』, 서울: 일조각, 2006.
______, 『김규식의 생애』, 서울: 신구문화사, 1974.
李澤徽, 『한국 외교사 II』, 서울: 집문당, 1995.
이현숙, 『한국교회여성연합회 25년사』, 서울: 한국교회여성연합회, 1992.
이호문, 『한국기독교부흥인물사』, 서울: 초석출판사, 1978.
이홍환 편저, 『미국 비밀문서로 본 한국 현대사 35장면』, 서울: 삼인, 2008.
인촌기념회, 『인촌 김성수전』서울: 재단법인 인촌기념회, 1976.
임종국, 『일제하의 사상탄압』, 서울:평화출판사, 1985.
운석기념회 편, 『한 알의 밀이 죽지 않고는: 장면박사회고록』서울: 가톨릭출판사, 1967.
장공 김재준목사 기념사업회, 『김재준전집』 1, 오산: 한신대학출판부, 1992.
______, 『김재준전집』 2, 오산: 한신대학출판부, 1992.

______, 『김재준전집』 18, 오산: 한신대학출판부, 1992.
장로회신학대학교 제5회 국제학술대회 준비위원회 편, 『20세기 개신교 신앙 부흥과 평양대각성 운동』, 서울: 장로회신학대학교출판부, 2006.
장병혜.장병초 편, 『대한민국 건국과 나』, 서울: 창랑기념사업회, 1992년.
전복희, 『사회진화론과 국가사상』, 서울: 한울, 1980.
전택부, 『인간 신흥우』, 서울: 대한기독교서회, 1971.
임윤택, 『소망교회 이야기』, 서울: 베드로서원, 2001.
장세훈, 『냉전, 분단 그리고 도시화』, 서울: 알트, 2017.
장시화 편, 『建國訓話』, 漢城: 敬天愛人社, 檀紀4278(1945).
장하구, 『마전에서 역삼까지』, 서울: 종로서적, 1978.
전복희, 『사회진화론과 국가사상』, 서울: 한울, 1996.
전태일, 『내 죽음을 헛되이 말라』, 서울: 돌베개, 1983.
전택부, 『한국교회발전사』, 서울: 대한기독교출판사, 1987.
정규오, 『신학적 입장에서 본 한국장로교교회사』 上, 광주: 한국복음문서협회, 1983.
정규태, 『충남노회사』, 서울: 예루살렘, 1992.
정성한, 『한국기독교통일운동사』, 서울: 그리심, 2003.
정용욱, 『해방전후 미군의 대한정책』, 서울: 서울대학교출판부, 2003.
정일화, 『대한민국 독립의 문, 카이로선언』, 서울: 선한약속, 2010.
정진경 구술, 이유진 글, 『목적이 분명하면 길이 열린다』, 서울: 홍성사, 2008.
정해영, 『해석 정해영 회고록』, 서울: 오름, 2001.
조광, 『한국천주교 200년』, 서울: 햇빛출판사, 1989.
조병옥, 『民族運命의 岐路』, 서울: 남조선과도정부 경무부 경찰공보실, 1948.
조승혁, 『한국교회와 민중선교의 인식』, 서울: 정암사, 1986.
조용기, 『3차원 인생을 지배하는 4차원 영성』, 서울: 교회성장연구소, 2005.
철원군지 증보편찬위원회 편, 『鐵原郡誌』 下, 철원: 철원군, 1992.
최신덕, 『신흥종교집단에 관한 비교연구』, 서울: 참빛사, 1965.
최자실, 『나는 할렐루야 아줌마였다』, 서울: 서울말씀사, 2011.

최종고, 『영락교회의 부흥』, 서울: 한국문학사, 1974.
KIATS 편, 『한국기독교 지도자 강단설교: 김치선』, 서울: 홍성사, 2011.
탁명환, 『기독교이단 연구』, 서울: 국제종교문제연구소, 1987.
통일신학동지회 편, 『남북통일과 기독교』, 서울: 통일신학동지회, 1989.
평양노회사 편집위원회, 『平壤老會史』, 서울: 대한예수교장로회 평양노회, 1990.
한국가톨릭대사전편찬위원회, 『한국가톨릭대사전』, 서울: 한국교회사연구소, 1992.
한국기독교교회협의회, 『기독교 연감, 1972년』, 서울: 한국기독교교회협의회, 1972.
한국기독교교회협의회 인권위원회 편, 『1970년대 민주화운동-기독교인권운동을 중심으로』 I, 서울: 한국기독교교회협의회, 1987.
______, 『1970년 대민주화운동-기독교인권운동을 중심으로』 V, 서울: 한국기독교교회협의회, 1987.
______, 『1980년대 민주화운동: 광주 민중항쟁 자료집 및 상반기 일지』 I, 서울: 한국기독교교회협의회, 1987.
______, 『1980년대 민주화운동: 광주 민중항쟁 자료집 및 상반기 일지』 VIII, 서울: 동광출판사, 1987.
______, 『한국교회 인권선교 20년사』, 서울: 한국기독교교회협의회, 1994.
한국기독교교회협의회 통일위원회 편, 『(1980-2000)한국교회 평화통일운동 자료집』, 서울: 한국기독교교회협의회, 2000.
______, 『남북교회의 만남과 평화통일신학: 기독교통일운동 자료 및 신학논문 모음집』, 서울: 한국기독교사회문제연구원, 1990.
한국기독교사회문제연구원 편, 『한국교회 100년 종합조사연구: 보고서』, 서울: 한국기독교사회문제연구원, 1982.
한국기독교역사연구소 북한교회사집필위원회, 『북한교회사』, 서울: 한국기독교역사연구소, 1996.
한국기독교장로회총회, 『새 역사 희년 기념문집』 1. 희년문서: 은총, 생명, 섬김의 희년, 서울: 한국기독교장로회, 2003.
한국기독교장로회 역사편찬위원회, 『한국기독교 100년사』, 서울: 한국기독교장로회출판사, 1992.

한국민중교회운동연합 민중찬송가 편찬위원회 편, 『민중복음성가』, 서울: 사계절, 1990.
한국언론보도인클럽 편, 『신문사설로 엮은 역사의 증언』 제3집(1945-1961), 서울: 언론보도인클럽출판부, 1988.
한국종교사회연구소 편, 『한국종교연감』, 제1권, 서울: 고려한림원, 1993년.
한경직, 『나의 감사: 한경직 구술자서전』, 서울: 두란노, 2010.
한경직 목사 기념사업회, 『한경직 목사 성역 50년』, 서울: 영락교회, 1986.
한승주, 『제2공화국과 한국의 민주주의』, 서울: 종로서적, 1983.
한신대학50년사편찬위원회, 『한신대학 50년사: 1940-1990』, 오산: 한신대학출판부, 1990.
함경도천주교회사 간행사업회, 『함경도천주교회사 자료집』 제3집: 한국어 자료집, 서울: 한국교회사연구소, 1989.
합동참모본부 군사연구실 편, 『한국전사』, 서울: 합동참모본부, 1984.
해위윤보선대통령기념사업회 편, 『윤보선 회고록: 외로운 선택의 나날』, 서울: 해위윤보선대통령기념사업회, 2012.
허긴, 『한국침례교회사』, 대전: 침례대학교출판부, 2000.
허동현, 『건국.외교.민주의 선구자: 장면』, 칠곡: 분도출판사, 1999.
허명섭, 『해방 이후 한국교회의 재형성 1945-1960』, 부천: 서울신학대학교 출판부/현대기독교역사연구소, 2009.
허영, 『한국헌법론』 전정8판, 서울: 박영사, 2012.
허정, 『내일을 위한 증언』. 서울: 샘터, 1979.
홍근수, 『기독교와 정치』, 서울: 한울, 1988.

■ 국외단행본

George Marsden, Frank Roberts ed., 홍치모 역, 『기독교의 역사이해』, 서울: 총신대학출판부, 1981.
George F. Vicedom, 박근원 역, 『하나님의 宣敎』, 서울: 대한기독교출판사, 1980.

Harry S. Truman, 박관숙 역, 『트루만 회고록』, 서울: 한림출판사, 1971.
Thom S. Rainer, 홍용표 역, 『교회성장 교과서: 교회성장 역사 · 신학 · 원리』, 서울: 예찬사, 1995.
그레고리 핸더슨, 박행웅, 이종삼 옮김, 『소용돌이의 한국정치』, 서울: 한울아카데미, 2000.
그렉 브라진스키 지음, 나종남 옮김, 『대한민국 만들기 1945~1987』, 서울: 책과함께, 2012.
로버트 올리버, 황정일 역, 『신화에 가린 인물 이승만』, 서울: 건국대학교출판부, 2002.
브루스 커밍스, 김자동 옮김, 『한국전쟁의 기원』, 서울: 일월서각, 1986.
빌리 그래함 전도협회 편, 김장환 편역, 『길이요 진리요 생명이니-1973년 빌리 그래함 한국전도대회, 발단에서 결과까지』, 서울: 한국방송선교센터, 1983.
시모토마이 노부어, 이혁재 역, 『북한정권 탄생의 진실』, 서울: 기파랑, 2006.
존 A. 매카이, 민경배 편역, 『에큐메닉스』, 서울: 대한기독교서회, 1973.
프란체스카 도너 리, 조혜자 옮김, 『6.25와 이승만-프란체스카의 난중일기』, 서울: 기파랑, 2010.
호춘혜 지음, 신승하 옮김, 『중국안의 한국독립운동』, 서울: 단국대학교출판부, 1978.

■ 논문, 논설, 기고문

강신명, "건국과 기독교", 『강신명신앙저작집』 II, 서울: 기독교문사, 1987.
______, "교회", 『강신명신앙저작집』 II, 서울: 기독교문사, 1987.
______, "좌우익의 싸움", 『강신명신앙저작집』 II, 서울: 기독교문사, 1987.
______, "6 · 25의 비극", 『 강신명신앙저작집』 II, 서울: 기독교문사, 1987.
강신명, "교회", 『강신명신앙저작집』 II, 서울: 기독교문사, 1987.
______, "나는 삼선개헌을 이렇게 본다", 『기독교사상』 13권 8호, 1969년 8월.
강원용, "대화정신과 민주사회", 한승헌 엮음, 『한국아카데미총서 8: 역사발전과 민주문화의 좌표』, 서울: 문학예술사, 1985.
______, "나의 삶, 나의 목회: 사랑으로 감싸 안는 목회", 『기독교사상』 29권

11호, 1984년 11월.
______, "애증의 갈등 속에서 자란 정", 『만우 송창근』, 서울: 선경도서출판사, 1978.
______, "혁신을 요하는 한국의 에큐메니칼 운동", 『기독교사상』 4권 10호, 1960년 11월.
강인철, "남한사회와 월남기독교인-극우반공체제하의 교회활동과 반공투쟁", 『역사비평』 23호, 1993년 여름.
고지수, "해방 후 장공 김재준의 '기독교적 건국론' 이해-사료 『기독교의 건국이념』을 중심으로", 『인문과학』 제54집, 2014년 8월.
공덕귀, "기생관광실태 조사보고서", 『새가정』 332호, 1984년 1월.
공덕귀, "기생관광실태 조사보고서를 내면서", 『새가정』 330호, 1983년 11월.
곽선희, "현대설교의 특징과 고려해야 할 사항들" 『연세대학교 연신원 목회자하기 신학세미나』 6집, 1986년.
권혜영, "유신헌법상 긴급조치권과 그에 근거한 긴급조치의 불법성", 『법학논집』 14권 2호, 2009년.
김경일, "일제하 도시빈곤층의 형성", 『한국의 사회신분과 사회계층』, 서울: 문학과 지성사, 1986.
김경호, "민중신학에 토대한 교회", 『시대와 민중신학』 제2집, 1995년 5월.
김관석, "인권과 교회의 사명", 1973년 12월 16일, 한국기독교교회협의회 인권위원회 편, 『1970년대 민주화운동-기독교인권운동을 중심으로』 V, 서울: 한국기독교교회협의회, 1987.
______, "60년대의 에큐메니칼운동", 『기독교사상』 13권 12호, 1969년 12월.
김광수, "기도원 가는 길", 『法曹』 49권 3호, 2000년 2월.
김구, "磐石 우에 새 나라를 세우겠다", 백범김구선생전집편찬위원회 편, 『白凡金九全集』 제8권, 서울: 대한매일신보사, 1999.
______, "강한나라를 세우자", 『활천』 229호, 1946년.
______, "地上天國을 建設하자", 장시화 편, 『建國訓話』, 漢城: 敬天愛人社, 檀紀 4278(1945).
김규식, "자기를 정복하자", 『활천』 229호, 1946년.

김권정, “해방 후 기독교세력의 동향과 대한민국 건국운동”, 『성결교회와 신학』 제31호, 2014년 봄.

김대환, “전통과 변혁의 대립”, 크리스챤 아카데미 편, 『근대화와 인간화』, 서울: 삼성출판사, 1975.

김동선, “미군정기 미국선교사 2세와 한국정치세력의 형성-윌리엄스(George Zur Williams)와 윔스(Clarence N. Weems Jr.)를 중심으로”, 『한국민족운동사연구』 제91호, 2017년 6월.

김명구, “한국의 경제민주화의 역사적 기원 – 기독교사적 접근”, 해위민주주의연구원 학술대회 ‘한국 경제민주화의 현재와 미래’, 2018년 5월 2일.

______, “한민당과 기독교”, 서울신학대학교 현대기독교역사연구소 엮음, 『해방공간과 기독교』 I, 서울: 도서출판 선인, 2017.

______, “광복전후 종교계의 역할과 대한민국”, 해위학술연구원.정치외교학회 공동 학술대회 발표논문(2015년 4월 23일).

______, “왜 감리교인가?”, 「기독교타임즈」, 2005년 03월 17일자.

김명배, “연구동향으로 본 한국기독교 사회운동 인식”, 한국기독교교회협의회 편, 『제1차 한국기독교 사회운동사 심포지엄-기독교 사회운동의 정체성』, 2019.

김명섭, “1970년대 후반기 국제환경 변화와 한미관계: 카터행정부의 외교정책을 중심으로”, 한국정신문화연구원 편, 『1970년대 후반기의 정치사회변동』, 서울: 백산서당, 1999.

김명혁, “한국교회 기도의 습관”, 『월간 기도』 28권 2호, 1987년 2월.

김상근, “한국교회의 해외선교, 어디로 갈 것인가?”, 『대학과 선교』 제13집, 2007년.

김성준, “6.25와 대한기독교 구국회,” 「한국기독공보」, 1984년 6월 30일자.

김성호, “한국토지제도의 연속성과 단절성” (하), 『농촌경제』 8권 4호, 1985년 12월.

김세광, “한국교회 설교를 말한다: 삼박자 구원 오중복음에 묻혀버린 ‘역사’(조용기 목사)”, 『기독교사상』, 통권550권, 2004년 10월.

______, “무엇을 위한 긍정적 사고와 적극적 신앙인가(김선도 목사)”, 『기독교사상』 통권550권, 2004년 10월.

김수자, "해방정국 이승만의 대동단결론과 단체통합 운동", 최상오, 홍선표 외, 『이승만과 대한민국 건국』, 서울: 연세대학교 출판부, 2010.

______, "미군정기 통치기구와 관료임용정책-중앙행정기구 개편과 행정관료의 사회적 배경을 중심으로", 『한국근현대사연구』 제5집, 1996년 여름.

김수진, "6.25전쟁과 좌익의 득세", 「한국기독공보」, 2001년 6월 23일자.

김수환, "통일로 가는 길" 강연문(1994년 11월 24일), 천주교서울대교구 민족화해위원회, 『민족의 화해와 일치를 위한 기도의 날 자료집』, 2011.

김승태, "1930 · 40년대 일제의 선교사에 대한 정책과 선교사의 철수 · 송환에 대한 소고", 『한국기독교역사연구소소식』 제75호, 2006년 7월.

김은섭, "한경직과 김재준, 그들의 삶과 사상", 『신학논단』 81, 2015년 9월.

김인서 "한국 최초의 신학교수 남궁혁 박사", 정인영 편, 『김인서 저작전집』 제5권, 서울: 신망애사, 1974.

김일성, "20개조 정강", 『김일성 저작집』 2, 평양: 조선로동당출판사, 1979.

______, "8.15해방 1주년 평양시경축대회에서 한 보고", 『김일성 저작집』 2, 평양: 조선로동당출판사, 1979.

______, "민족문화유산을 잘 보존하여야 한다", 『김일성 저작집』 5, 평양: 조선로동당출판사, 1979.

김장환, "40년 前 여의도 전도집회가 기독교 성장 원동력", 「한국경제」, 2013년 5월 30일자.

김재준, "대전(大戰) 전후 신학사조의 변천", 『김재준전집』 1, 오산: 한신대학출판부, 1992.

______, "건국과 기독교", 「새사람」 1945년, 『김재준전집』 1, 오산: 한신대학출판부, 1992.

______, "기독교의 건국이념", 한국신학대학출판브 편, 『장공김재준저작전집』 2, 서울 : 장공전집출판위원회, 1971.

______, "4.19 회고와 전망", 『기독교사상』 6권 2호, 1962년 2월.

______, "한국교회의 민주참여와 사명", 『기독고사상』 1960년 6월.

______, "한국교회 무엇을 할 것인가?", 『落穗以後』, 서울: 종로서관, 1954.

김정준, “국가의 이상”, 『만수 김정준 전집』 3, 서울: 한국신학연구소, 1988.
______, “번역신학”, 『만수 김정준 전집』 7, 서울: 한국신학연구소, 1990.
______, “신학논단, 신학수상”, 『만수 김정준 전집』 8, 서울: 한국신학연구소, 1991.
______, “출애굽기 설교 I”, 『기독교사상』 24권 12호, 1980년 12월.
______, “되도록 웃으며 살고 싶은데”, 「동아일보」, 1979년 4월 26일자.
______, “성빈(聖貧)’으로 가르쳐 주신 선생님”, 만우 송창근선생 기념사업회 편, 『만우 송창근』, 서울: 선경도서출판사, 1978.
______, “새 역사 25주년과 한신의 신학교육”, 『세계와 선교』 제55호, 1978년 4월.
______, “하늘 무서운 줄 알라”, 「조선일보」, 1975년 3월 22일자.
______, “세계 신학교육 동향과 그 과제”, 『현대와 신학』 제4집, 1967년.
______, “조인직전 한일회담 이대로 갈 것인가(3)”, 「동아일보」, 1965월 6월 21일자.
______, “에큐메니칼 운동의 회고와 전망”, 『기독교사상』 9권 4호, 1965년 4월.
______, “연합신학대학원의 발자취”, 『현대와 신학』 창간호, 1964년 12월.
______, “민주주의에의 역행”, 「경향신문」, 1964년 8월 7일자.
김정회, “함태영의 건국운동 참여의 사상적 배경”, 서울신학대학교 현대기독교역사연구소 엮음, 『해방공간과 기독교』 I, 서울: 도서출판 선인, 2017.
김종대, “나의 인생행로(36)”, 「크리스챤신문」, 1984년 7월 28일자.
김종희, “유신시대와 신풍운동”, 『한국기독교의 신풍운동』, 서울: 대한기독교서회, 2016.
김준곤, “역사속의 설교: 김준곤 목사의 제6회 대통령조찬기도회 설교문”, 『기독교사상』 통권 713호, 2018년 5월.
______, “나와 8 · 15”, 『C.C.C.와 민족복음화운동』, 서울: 순출판사, 2005.
______, “민족복음화의 환상과 기도”, 『C.C.C.와 민족복음화운동』, 서울: 순출판사, 2005.
______, “한국의 완전 기독화 운동”, 『C.C.C.와 민족복음화운동』, 서울: 순출판사, 2005.
김지호, “교회성장운동의 역사와 전략연구”, 『개혁주의교회성장』 제6호, 2011년 3월.
김찬국, “비극은 다시없어야한다”, 「동아일보」, 1987년 5월 28일자.

______, "용문산기도원 운동의 진단", 『현대와 신학』 6집, 1970년.

김창제, "民衆의 宗教", 『청년』 1926년 2월호.

김창준, "맑스주의와 기독교", 『감리교와 역사』 한국감리교회사학회, 1990.

김철손, "교회일치의 성서적 근거", 『기독교사상』 10권 2호, 1966년 2월.

김충렬. "해방정국에서의 건국준비위원회의 정치적 의미". 『한국동북아논총』 37집, 2005년 12월.

김치묵, "YMCA 운동의전망", 『기독교청년』 창간호, 서울: 조선기득교청년연합회, 1948.

김형도, "기독교의세계관", 『기독교청년』 창간호, 서울: 조선기독교청년연합회, 1948.

김흥수, "대한민국 건국과 기독학생.청년운동", 박명수.안교성.김권정 외 엮음, 『대한민국 건국과 기독교』, 서울: 북코리아, 2014.

______, "한국전쟁 시기 기독교 외원단체의 구호활동", 『한국기독교와 역사』 제23호, 2005년 9월.

______, "'1973년 한국 그리스도인 선언'의 작성과 배포 과정", 『한국기독교역사연구소소식』 제31호, 1998년 4월.

나일즈, D. T. "성서 연구와 토착화 문제", 『기독고사상』 6권 9호, 1962년 10월.

라사행, "한국감리교 교회성장사(광복후 편)", 안재정, 윤춘병, 이봉구, 임의선, 『한국감리교회성장백년사』, 감리교본부 교육국, 1987.

류대영, "베트남 전쟁에 대한 한국 개신교의 태도", 『한국기독교와 역사』 21호, 2004년 9월.

문공부, "종교단체현황", 「경향신문」, 1982년 1월 1일자.

문동환, "교수님들, 국가원수의 체면 좀…" 「한겨레신문」, 2008년 10월 9일자.

문상희, "신흥종교의 도전", 『기독교사상』 20권 7호, 1976년 6월.

문인숙, "6.25 동란과 구제활동에 대한 고찰", 『인석 장인협 박사 정년퇴임 기념논문집』, 인석장인협 박사 정년퇴임 기념논문집간행위원회, 1990.

민경배, "한국기독교신풍운동과 한국교회사", 『한국기독교의 신풍운동』, 서울: 대한기독교서회, 2016.

______, “교회가 대한민국을 버티는 중추가 되게 하시옵소서”, 『신앙계』 2016년 1월호.

______, “월남 이상재 선생과 YMCA”, 월남 선생 정신 고양을 위한 학술세미나, 2006년 11월 7일, 충남 서천문화회관, 서울YMCA 발행, 「한민족의 등불 월남 이상재」.

______, “解放直後의 朝鮮總督府의 政治的 問題”, 竹堂李炫熙教授華甲紀念 韓國史學論叢刊行委員會 編, 「竹堂 李炫熙教授華甲紀念, 韓國史學論叢」, 서울: 동방도서, 1997.

박대선, “동양의 빛”, 「한국복음신문」, 1980년 3월 23일자.

______, “내가 겪은 6.25”, 「크리스챤신문」, 1969년 6월 21일자.

박명수, “해방 후 건국준비위원회와 기독교의 역할”, 『성결교회와 신학』 31권, 2014년 봄.

______, “조용기 목사와 여의도순복음교회의 성장에 관한 연구”, 『카리스&카리스마』, 서울: 교회성장연구소, 2003.

______, “해방 이후 한국성결교회의 사회인식”, 『한국기독교와 역사』 제15호, 2001년 8월.

박보경, “1950년 한국 전쟁 당시 한국교회의 역할”, 『선교와 신학』 26집, 2010년 8월.

박봉랑, “기독교 토착화와 단군 신화”, 『사상계』 1963년, 7월.

박아론, “교회성장운동과 최근의 신학적 토론”, 『목사 계속교육 강의집』, 서울: 유니온 학술자료원, 1990.

박정희, “박정희 대통령 친필 회고문: 어머니 생각”, 『한국논단』 통권96권, 1997년 8월.

박종현, “한국교회 성장과 정치 · 경제 이념-여의도순복음교회(1960-1990)”, 『문화와 신학』 제5집, 2009년.

박종홍, “기업 정신의 바탕”, 『박종홍 전집』 6권, 서울: 형설출판사, 1986.

______, “민족적 주체성-그것은 살아서 움직이는 혼이요 힘이다”, 『박종홍 전집』 6권, 서울: 형설출판사, 1986.

______, “발간사”, 한국사상연구회 편, 『崔水雲研究』, 서울: 한국사상연구회, 1973.
박준규, “굴욕의 외교를 이어가려는가?”, 『思想界』 1965년 4월.
박진희, “미군정 노동정책의 전개과정과 성격변화” 『梨大史苑』 제29집, 1996년.
박춘화, “한국기독교의 신풍운동”, 『한국기독교의 신풍운동』, 서울: 대한기독교서회, 2016.
______, “한국교회의 지상과제-미 지상군 완전 철군 반대”, 「교회연합신보」, 1977년 5월 29일자.
______, “한국교회의 새로운 방향 모색”(下), 「크리스찬신문」, 1976년 12월 8일자.
박태균, “미국의 관점에서 본 한국의 8.15”, 『軍史』 제96호, 2015년 9월.
______, “해방 직후 한국민주당 구성원의 성격과 조직개편”, 『國史館論叢』, 제58집, 1994년.
박학전, “복음을 들고 나가자, 싸우자”, 「농촌통신」, 제4호, 1935년 6월 1일자.
박헌영, “역사상으로 본 기독교의 내면”, 『개벽』 1925년 11월호.
배성룡, “반종교운동의 의의”, 『개벽』 1925년 11월호.
白菱, “東亞日報社長 宋鎭禹氏 面影”, 『彗星』 1931년 3월.
백낙준, “3.1절 기념 연합예배-소망의 이유”, 「중향신문」, 1981년 3월 3일자.
碧初, “눈물 섞인 노래”, 『解放記念詩集』, 한성: 중앙문화협회편, 1945.
변홍규, “감독의 말씀”, 『기독교대한감리회 연회회의록 부록』. 1969.
사공환, “권두언-갱생의 길”, 『조선교육』 1947년 11월호.
사설, “성결교회의 진로”, 『활천』 1962년 4월호.
______, “우리의 사명”, 『활천』 1953년 11월호.
서광선, “눈 속의 눈물-6.25 체험기”, 『씨올의 소리』, 1990년 6월호.
서남동, “예수, 교회사, 한국교회”, 『기독교사상』 통권 제201호, 1975년 2월.
______, “민담의 신학-反神學”, 『민중신학 탐구』, 서울: 한길사, 1983.
서중석, “이승만 정부 초기의 일민주의”, 『진단학보』 83, 1997년.
소재웅, “공덕귀 여사의 삶과 신앙과 신학-‘거인’ 공덕귀를 만나다(1)”, 『새가정』 717호, 2019년 1월.

______, “공덕귀 여사의 삶과 신앙과 신학-‘거인’ 공덕귀를 만나다(2)”, 『새가정』 718호, 2019년 2월.

______, “공덕귀 여사의 삶과 신앙과 신학-‘거인’ 공덕귀를 만나다(3)”, 『새가정』 719호, 2019년 3월.

손승호, “유신체제하 한국기독교교회협의회의 인권 이해: 인권위원회를 중심으로”, 『기독교와 역사』 43호, 2015년 9월.

송기득, “민중신학을 말한다-서남동과의 대담”, 『신학비평』 통권 제28호, 2008년 봄.

송진우, “연두소감”, 『선봉』 제2권 1호, 1946년.

______, “전민족의 균등한 발전”, 『革進』, 創刊號, 1946년 1월.

송창근, “조선 기독교의 위기”, 만우 송창근선생기념사업회 편, 『만우 송창근』, 서울: 선경도서출판사, 1978.

______, “조선인의 신앙을 논하야 성서적 신앙에 급함”, 『신학지남』 제16권 제2호, 1934년 3월.

______, “오늘 조선교회의 사명”, 『신학지남』 제15권 제6호, 1933년 10월.

______, “진리를 말하는 사도”, 『신학지남』 제15권 제3호, 1933년 5월.

______, “교회를 발전시키려면 우리는 어떻게 해야 할 것인가?”, 『청년』 1921년 5월.

신복윤, “한국개혁주의 신학의 어제와 오늘과 내일”, 『신학정론』 제10권 1호, 1992년 3월.

신홍식, “한국교회 태국선교 역사”, 태국한인선교사회 편, 『태국선교 50주년 기념 세미나 자료집』, 2006년 9월.

심지연, “우익정당의 정치체제 구상과 실현과정”, 『아시아문화』 제3호, 1987년.

안소영, “태평양전쟁기 미국의 전후 대일 대한정책 및 점령통치 구상: 이중적 대립축과 그 전환”, 『한국정치외교사논총』 31집 2호, 2010년.

梁又正, “개전하면 포옹 동진-공산주의자의 맹성을 촉진”, 『이승만대통령 독립노선의 승리』, 서울: 獨立精神普及會, 1948.

연규홍, “교회의 전통과 해석: 1953년 기장 분열을 중심으로”, 『장로교회와 신학』 제8호, 2011년.

오기영, “민족의 指向을 찾자”, 「경향신문」, 1947년 1월 1일자.
______, “五原則과 八原則”, 『신천지』 1946년 9월.
오천석, “민주주의교육의 건설”, 국제문화공회, 1947, 『오천석교육사상 문집』 1, 서울: 광명출판사, 1975.
유경재, “구국참회금식기도회”, 『한국기독교의 신풍운동』, 서울: 대한기독교서회, 2016.
유기홍, “1980년대 민족민주운동”, 『한국사』 20, 서울: 한길사, 1994.
유동식, “한국신학의 광맥- 김정준편”, 『기독교사상』 1968년 9월호.
______, “기독교의 토착화에 대한 이해”, 『기독교사상』 7권 4호, 1963년 4월.
______, “복음의 토착화와 한국에 있어서의 선교적 과제”, 『감신학보』 1962년 2월호.
유영익, “이승만 대통령의 업적 - 거시적 재평가” 『이승만 대통령 재평가』, 서울: 연세대학교출판부, 2006.
유지윤, “프레데릭 B. 해리스의 한국 관련 활동”, 한국교회사학회, 현대기독교역사연구회 외 공동주관 2018. 3월 ‘제136차 한국교회사학회 정기학술대회’ 논문집.
유진산, “경무대 회담의 전모”, 『眞相』 1960년 10월호.
윤덕영, “1945년 한국민주당 초기 조직의 성격과 주한 미군정 활용”, 『역사와 현실』 80, 2011년 6월.
윤보선, “3.1절에 고함”, 1980년 3월 1일에 발표한 3.1절 기념 성명서.
윤선자, “한국천주교회의 5 · 18 광주민중항쟁 기억 · 증언 · 기념”, 『민주주의와 인권』 12권 2호, 2012년 8월.
윤성범, “단군신화는 Vestigium Trinitatis 이다”, 『기독교사상』 7권 8호, 1963년 9월.
______, “환인 환웅 환검은 곧 하나님이다”, 『사상계』 1963년 5월호.
______, “한국재발견에 대한 단상”, 『기독교사상』 7권 3호, 1963년 3월.
윤판석, “한국기독교청년운동사”, 『천성을 듣는 사람』, 서울: 보이스사, 1977.
이덕주, “남부대회의 조직과 소멸”, 『한국기독교사연구』 30호, 1990년.
______, “3.1운동에 대한 신앙운동사적 이해”, 『기독교사상』 34권 3호, 1990년

3월.

이대위, "민주주의 노동정책", 『東光』 41, 1947년 8월호.

______, "社會革命의 예수", 『청년』 1928년 6월호.

______, "社會主義와 基督敎의 歸着点이 엇더한가?", 『청년』 1928년 6월호.

이명직, "하나가 되어라", 『활천』 1960년 3월호.

______, "한국기독교연합회 성명서를 읽고", 『활천』 1959년 12월호.

______, "대한기독교 복음신앙동지회원의 신앙고백에 대하여", 『활천』 1955년 7월호.

이병수, "열암 박종홍의 정치참여의 동기와 문제점", 『시대와 철학』 15권 1호, 2004년 6월.

이상규, "한국장로교 100주년, 신학적 고찰", 『개혁논총』 제22권, 2012년.

이상재, "청년이여", 『청년』 6권 2호, 1926년 2월.

이승만, "하나이 되자", 『활천』 229호, 1946년.

______, "공산당의 당 부당", 『태평양잡지』 제31호, 1923년 3월.

______, 「제국신문」, 1903년 4월 3일자.

이승준, "한경직 목사와 한국전쟁," 『한국기독교와 역사』 15호, 2001년 8월.

이영란, 김승범, "남북평화재단 이사장 박형규 목사-예언자적 사명에 부름 받고자", 『기독교사상』 통권 600호, 2008년 12월.

이우정, "기생관광이 애국이면 선생 딸부터 관광기생 만드시오", 여성신문사 편집부 편, 『이야기 여성사: 한국 여성의 삶과 역사』 1, 서울: 여성신문사, 1990.

이종진, "과학기술시대의 비인간화", 크리스챤 아카데미 편, 『근대화와 인간화』, 서울: 삼성출판사, 1975.

이주천, "건국 초기 미국의 대한정책과 이승만의 대응책(1948-1950)", 『서양사학연구』 19권, 2008년12월.

이주철, "북한의 토지개혁", 『내일을 여는 역사』 1권, 서울: 내일을 여는 역사, 2000.

이태웅, "한국교회 선교 25년에 대한 평가와 미래에 대한 전망(한국해외선교회)", CBS 창사50주년 기념 심포지엄 발표.

이호문, "꿈에서 뵈온 아버지를 통해 목회의 길로 부르신 하나님", 「기독타임즈」,

2004년 9월 23일자.
이환신, “연세 신과대학의 회고와 전망”, 『신학논단』 제12집, 1974년 1월호.
임현진, “비교 발전 경험에서 본 박정희의 유신체제(2)-중남미 경험에 비춘 역학과 모순”, 『세계지역연구논총』 25권 1호, 2007년.
장규식, “미군정하 흥사단 계열 지식인의 냉전 인식과 국가건설 구상”, 『한국사상사학』 38집, 2011년 8월.
장금현, “해방 정국에서 김창근 목사와 충남과 대전지역 정치”, 서울신학대학교 현대기독교역사연구소, 『해방 후 한국정치와 기독교인』, ‘종교개혁 500주년 기념 특별 심포지엄’ 논문집.
______, “독립촉성중앙협의회와 조선기독교단 남부대회와의 관계”, 서울신학대학교 현대기독교역사연구소 엮음, 『해방공간과 기독교』 II, 서울: 도서출판 선인, 2017.
장병욱, “한준명의 증언”, 『6.25 공산남침과 교회』, 서울: 한국교육공사, 1983.
장병일, “단군신화에 대한 신학적 이해-창조설화의 토착화 소고”, 『기독교사상』 5권 11호, 1961년 12월.
장수한, “한국 개신교의 ‘친일청산’”, 『복음과 실천』 제49집, 2012년 봄.
장주호, “평화적 민주통일 염원을 꼭 실현시켰으면”, 「경향신문」, 1981년 3월 3일자.
장준하, “권두언: 작금의 추세에 붙이는 몇 마디”, 『사상계』 1961년 9월호.
______, “권두언: 5.16혁명과 민족의 진로”, 『사상계』 1961년 6월호.
전경연, “그리스도교 문화는 토착할 수 있는가?”, 『기독교사상 강좌』 제3권, 서울: 대한기독교출판사, 1965.
정병준, “박정희 군사정권에 저항한 한국교회 인물분석”, 『기독교사상』 통권713호, 2018년 5월호.
정병준, “카이로회담의 한국문제 논의와 카이로선언 한국조항의 작성 과정”, 『역사비평』 107호, 2014년 여름.
정용욱, “자료해설: 미군정의 임정 관계 보고서”, 『역사비평』 22호, 1993년 가을.
정일웅, “한국개신교의 선교와 교회성장”, 『신학과 교회』 창간호, 2014년 여름.

정일형, “사회발달의 제요소: 민주주의기본원칙론”, 『東光』 1947년 5월호.
조규향, “기독교장로회와 성령운동 고찰”, 『세계와 선교』 1978년 4월호.
조동진, “역경의 열매”, 「국민일보」, 2019년 5월 29일자.
조병옥, “民主主義와 政黨政治의 意義”, 『自由世界』 2-2, 1953년, 4월.
조봉암, “박헌영동무에게”, 「조선일보」, 1946년 5월 7일자.
조선총독부 사정국, “영미인의 철수 상황 및 그 영향”, 『제79회 제국의회 설명자료』, 1941년 12월.
조선혜, “십자가의 사람 서기훈 목사”, 『동부연회 순교자 열전』, 서울: 한국기독교역사연구소, 2014.
조성기, “2007 한국교회 대부흥운동 100주년 기념대회”, 『기독교사상』 통권538호, 2007년 7월.
존 캅, “웨슬리 신학의 4대 원리”, 심광섭 역, 『은총과 책임』, 서울: 기독교대한감리회 홍보출판국, 1997.
주재용, “만우 송창근의 삶과 사상”, 『신학연구』 제40집, 1999년 7월.
지동식, “하나인 교회의 성서적 근거”, 『기독교사상』 2권 1호, 1958년 1월.
지명관, “기계와 통합술이 만드는 인간”, 크리스찬 아카데미 편, 『근대화와 인간화』, 서울: 삼성출판사, 1975.
차기진, “6.25 사변과 천주교회의 순교자들”, 『사목』 1994년 10월호.
최하영, ‘정무총감, 한인 과장 호출하다’, 『월간중앙』 1968년 8월호.
최형근, “한국 복음주의와 세계선교”, 『성결교회와 신학』 제14호, 2005년 가을.
편집실인, “교계단상”, 『활천』 1954년 8/9월호.
한경직, “기독교와 정치”, 1946년 월일 미상, 『한경직목사 설교전집』 1, 서울: 한경직목사기념사업회 , 2009.
______, “건국과 기독교”, 『한경직목사 설교전집』 1, 서울: 한경직목사기념사업회, 2009.
______, “기독교와 공산주의”, 『한경직목사 설교전집』 1, 서울: 한경직목사기념사업회, 2009.
______, “성경은 어떠한 책인가”, 『한경직목사 설교전집』 6, 서울: 한경직목사기

념사업회, 2009.

______, "그리스도의 몸", 『한경직목사 설교전집』 11, 서울: 한경직목사기념사업회, 2009.

______, "삶과 그 목표", 『한경직목사 설교전집』 12, 서울: 한경직목사기념사업회, 2009.

______, "교회성장과 나의 회고록", 『월간목회』 통권28호, 1978년 12월.

______, "첫 8 · 15의 회상", 『만남』 1973년 8월 21일자.

______, "기독교와 건국", 『기독교와 건국』, 서울: 기문사, 1956.

한국개신교단협의회, "KNCC 선언에 대한 개신교 교단들의 입장", 1988년 3월 23일.

한국교회장로협의회, "KNCC의 통일과 평화에 대한 선언에 대한 소견 성명서", 1988년 3월 26일.

한국기독교교회협의회, "민족의 통일과 평화에 대한 한국기독교회 선언", 한국기독교교회협의회 통일위원회 편, 『남북교회의 만남과 평화통일신학: 기독교통일운동 자료 및 신학논문 모음집』, 서울: 한국기독교사회문제연구원, 1990.

한국기독교교회협의회 인권위원회, "한국 그리스도인의 신학적 성명", 1974년 11월 18일, 『1970년대 민주화운동-기독교인권운동을 중심으로』 I , 서울: 한국기독교교회협의회, 1987.

한국기독교장로회, "교역자구속사건과 우리의 견해", 『정의 평화 통일자료집』, 서울: 한국기독교장로회총회, 2003.

한국복음주의협의회, "KNCC 통일론에 대한 복음주의의 입장", 1988년 3월 30일.

한정열, "한국 최초의 오순절 선교사 마리 럼시(Mary C. Rumcy)", 한국교회사학연구원 편, 『내한 선교사 연구』, 서울: 대한기독교서회, 2011.

함상훈, "韓國民主黨의 政見", 『大潮』 1권 2호, 1946년 7월.

______, "我黨의 主義政策", 『開闢』 제8권 1호, 1946년 1월.

허명섭, "한국전쟁과 한국 교회 구조의 변화", 『한국기독교신학논총』 35집, 2014년 10월.

______, "미군정기 재한 선교사와 한국교회", 『한국교회사학회지』 제16집, 2005년.

허호익, “한국기독교의 통일논의의 역사와 통일의 실천적 과제”, 『한국기독교신학논총』 61집, 2009년 1월.

현영학, “민중 속에 성육신해야”, NCC 신학연구위원회 편, 『민중과 한국신학』, 서울: 한국신학연구소, 1982.

______, “5.16혁명과 한국교회의 과제”, 『기독교사상』 5권 7호, 1961년 7월.

홍석률, “최루탄과 화염병, 1980년대 학생운동”, 『내일을 여는 역사』 28, 2007년 여름.

홍선표, “한국독립운동을 도운 미국인”, 『한국독립운동사연구』 43집, 2012년 12월.

홍승한, “중국 산동성 래양 선교소식”, 『신학지남』 제3권 제2호, 1920년.

황은균, “삼팔선과기독교청년”, 『復興』 8호, 1948년 3월.

황홍렬, “민중교회의 선교역사(1983-2005)와 새로운 과제”, 『선교신학』 제17집, 2008년.

■ 학위논문

강찬기, “한국 기도원 사역의 평가와 개선방안”, 침례신학대학교 석사학위논문, 1998.

김일환, “한국장로교회 헌법의 변천과 제도적 변화연구-해방 이후부터 1970년대까지 예장 통합을 중심으로”, 서울장신대학교 박사학위논문, 2018.

서연미, “서울시 창업의 업종별 변화와 공간구조에 관한 연구”, 서울대학교 석사학위논문, 2000.

안종철, “미국 북장로교 선교사들의 활동과 한미관계, 1931-1948”, 서울대학교 박사학위논문, 2008.

이정연, “도시근대화와 종교: 1970~80년대 서울 신도심의 창출과 초대형교회의 형성”, 서울대학교 박사학위논문, 2018.

최태육, “남북분단과 6.25전쟁 시기(1945-1953) 민간인집단희생과 한국기독교의 관계연구”, 목원대학교 박사학위논문, 2014.

허명섭, “해방 이후 한국교회의 재형성(1945-1960)”, 서울신학대학교 박사학위논문, 2004.

■신문 및 회의록

1. 신문, 잡지

「가톨릭신문」, 2020년 3월 8일자.

「가톨릭평화신문」, 2013년 7월 21일, 2013년 8월 5일자.

「경향신문」, 1986년 2월 7일, 5월 26일자.

「경향신문」, 1981년 3월 3일, 7월 22일, 1982년 12월 13일, 1983년 2월 9일자.

「경향신문」, 1980년 5월 19일, 5월 22일, 5월 23일자.

「경향신문」, 1975년 1월 20일, 4월 28일, 5월 1일, 1979년 4월 23일자.

「경향신문」, 1974년 4월 3일, 4월 4일, 11월 9일, 12월 23일자.

「경향신문」, 1971년 9월 15일, 1972년 7월 22일, 12월 9일, 1973년 5월 1일, 12월 20일자.

「경향신문」, 1965년 7월 12일, 8월 9일, 1966년 3월 12일, 1969년 2월 1일자.

「경향신문」, 1961년 7월 2일, 1963년 10월 11일자.

「경향신문」, 1949년 5월 25일, 6월 18일, 7월 12일, 7월 15일자.

「경향신문」, 1948년 1월 28일, 1월 30일, 1월 29일, 3월 6일, 4월 17일, 7월 20일자.

「경향신문」, 1946년 11월 2일자.

「국민일보」, 2018년 5월 8일, 10월 20일, 2019년 5월 29일자.

「국민일보」, 2004년 4월 9일, 2006년 2월 5일, 6월 12일, 12월 26일, 2007년 7월 9일자.

「교회연합신보」, 1973년 5월 5일, 1977년 8월 7일, 1980년 8월 17일자.

「교회연합신보」, 1969년 8월 10일, 9월 14일자.

「기독교공보」, 1946년 1월 17일자.

「기독교 뉴스」, 2006년 5월 22일자.

「기독신보」, 1969년 10월 11일, 1974년 11월 16일, 11월 23일, 11월 30일, 12월 7일자.

「노동신문」, 1950년 8월 7일자.

「뉴스우리」, 2005년 5월 27일자.

「뉴스파워」, 2007년 7월 9일자.

「데일리안」, 2005년 4월 15일자.
「독립신보」, 1947년 2월 5일, 3월 18일, 1949년 2월 22일자.
「동아일보」, 1996년 11월 30일, 1997년 5월 27일, 6월 18일자.
「동아일보」, 1992년 5월 22일, 10월 10일자.
「동아일보」, 1988년 2월 25일자. 6월 24일, 8월 11일, 12월 24일자.
「동아일보」, 1984년 3월 29일, 1986년 4월 28일자. 5월 1일, 5월 21일, 5월 24일자.
「동아일보」, 1982년 4월 1일, 4월 2일, 4월 12일, 4월 26일, 8월 21일자.
「동아일보」, 1979년 4월 23일, 1980년 2월 29일, 5월 24일, 1981년 2월 21자.
「동아일보」, 1975년 3월 28일, 4월 30일, 5월 1일자.
「동아일보」, 1974년 1월 7일, 4월 3일, 4월 4일, 11월 11일, 12월 25일자.
「동아일보」, 1972년 7월 4일, 10월 18일, 12월 23일, 1973년 6월 6일, 12월 14일자.
「동아일보」, 1971년 5월 27일, 6월 1일, 10월 4일, 11월 30일자.
「동아일보」, 1970년 6월 7일, 8월 6일, 8월 28일, 8월 31일, 11월 30일자.
「동아일보」, 1969년 2월 13일, 6월 28일, 7월 25일, 9월 9일, 10월 23일자.
「동아일보」, 1968년 5월 16일, 5월 23일, 7월 25일자.
「동아일보」, 1967년 2월 2일, 4월 11일, 5월 27일, 10월 5일자.
「동아일보」, 1966년 11월 5일, 11월 12일, 11월 15일, 12월 8일자.
「동아일보」, 1965년 7월 7일, 8월 1일, 8월 9일, 10월 21일, 11월 1일, 11월 5일자.
「동아일보」, 1961년 6월 17일, 6월 22일, 6월 28일, 6월 29일, 7월 1일자.
「동아일보」, 1955년 5월 27일, 1957년 5월 11일, 6월 20일, 1960년 8월 24일자.
「동아일보」, 1947년 1월 11일, 6월 8일, 1948년 7월 25일, 1949년 8월 25일, 8월 31일자.
「동아일보」, 1946년 3월 2일, 5월 10일, 7월 23일, 9월 3일, 10월 8일, 10월 9일, 10월 18일, 11월 20일자.
「동아일보」, 1925년 10월 25일, 1945년 12월 22일, 12월 23일자.
「매일경제신문」, 1972년 10월 18일자.
「매일신보」, 1945년 8월 17일, 9월 3일자.
「문화일보」, 2005년 4월 15일자.

「서울신문」, 1948년 6월 1일, 12월 7일, 1949년 4월 17일자.

「순복음가족신문」, 2006년 2월 3일자.

「연합뉴스」, 2006년 5월 8일자.

「연합신문」, 1949년 1월 29일자.

「자유신문」, 1945년 10월 15일, 11월 15일, 11월 20일, 12월 15일자.

「자유신문」, 1949년 12월 21일, 1950년 1월 29일자.

「조선일보」, 1980년 10월 29일, 1988년 4월 9일자.

「조선일보」, 1947년 6월 8일, 1948년 4월 6일, 5월 1일자.

「중앙신문」, 1945년 11월 10일자.

「중앙일보」, 2007년 7월 12일, 2011년 8월 15일, 2012년 10월 26일, 2019년 2월 6일자.

「중앙일보」, 1975년 1월 7일자.

「크리스챤 신문」, 1975년 5월 10일, 8월 2일, 1988년 3월 19일자.

「크리스챤 신문」, 1964년 12월 12일, 1965년 7월 16일, 1974년 11월 23일자.

「CDN, 크리스천 데일리뉴스」, 2007년 5월 5일자.

「크리스천투데이」, 2006년 4월 27일, 2007년 1월 12일, 7월 9일자.

「통일뉴스」, 2020년 2월 18일자.

「평양신문」, 1987년 6월 24일자.

「한겨레신문」, 1988년 11월 27일, 1989년 3월 19일, 5월 14일, 2013년 3월 22일자.

「한국기독공보」, 2006년 4월 25일자.

「한국기독공보」, 1966년, 4월 9일, 1973년 12월 1일, 1975년 2월 22일자.

「한국기독공보」, 1965년 5월 8일, 5월 15일, 6월 19일, 7월 17일자.

「한국기독공보」, 1960년 2월 1일, 1964년 10월 24일, 12월 12일자.

「한국기독공보」, 1958년 12월 22일, 12월 29일, 1959년 4월 17일, 11월 23일자.

「한국기독공보」, 1954년 1월 11일, 1월 25일, 6월 5일, 9월 13일, 12월 27일자.

「한국기독공보」, 1952년 6월 30일, 7월 14일, 1953년 6월 22일, 6월 29일자.

「한국기독교회관 회관뉴스」, 1973년 8월 13일자.

「한국일보」, 1974년 4월 3일, 4월 4일, 8월 14일, 1980년 4월 28일, 2007년 11월

7일자.
「해방일보」, 1945년 9월 19일, 12월 9일자.
『경향잡지』 1948년 5월호, 1947년 2월호, 1946년 8월호, 9월호, 10월호.
『기독교세계』 1965년 1월 9일자.
『신동아』 통권 534호, 2004년 3월호.
『신앙생활』, 1936년 11월호.
「週刊韓國」, 1970년 10월 25일자.
『활천』 1947년 10월호.

2. 회의록

『기독교대한감리회 제21회 총회 회의 자료집』.
『중부연회 정책 및 사업 협의회 회의록』(2005).
『기독교조선감리회 제9회 중부.동부 연회회록』(1946).
『기독교조선감리회 특별총회 회록』(1946. 9. 6-8).
『대한예수교장로회(합동) 제89회 총회 회의록』(2004).
『대한예수교장로회(합동) 제68회 총회 회의록』(1983).
『대한예수교장로회(통합) 제44회 총회 회의록』(1960).
『대한예수교장로회 제44회 총회 회의록』(1959).
『대한예수교장로회총회 제41회 회의록』(1956).
『대한예수교장로회총회 제40회 회의록』(1955).
『대한예수교장로회총회 제38회 회록』(1953).
『대한예수교장로회총회 제36회 계속회 회록』(1951).
『대한예수교장로회 총회 제35회 회록』(1949).
『조선예수교장로회총회 제34회 회록』(1948).
『조선예수교장로회총회 제33회 회의록』(1947).
『조선예수교장로회총회 제29회 회록』(1940).
『조선예수교장로회총회 제26회 회록』(1937).
『조선예수교장로회총회 제11회 회록』(1922).

『조선예수교장로회총회 제7회 회록』(1918).
『조선예수교장로회총회 제6회 회록』(1917).
『예수교장로회 조선노회 제5회 회록』(1911).
『예수교장로회 조선노회 제4회 회록』(1910).
『예수교장로회 대한노회 제3회 회록』(1909).
『대한예수교장로회 총로회 제1회 회록』(1952).
『제14회 총회의사록』(1959).
『기독교대한성결교회 제13회 총회록』(1958).
『기독교조선성결교회 제2회 총회록』(1947).
『재흥 제2총회회의록』(1947).
『대한예수교장로회(고신) 경남노회 제38회 임시회록』(1968).
『새문안교회 당회록』, 1974년 5월 26일, 1975년 10월 26일.
『한인자유대회회의록』, 1942년 3월 1일, 국사편찬위원회 편, 『대한민국임시정부자료집』 20, 과천: 국사편찬위원회, 2007.
「감리회보」, 1949년 4월 15일, 1958년 11월 7일, 1953년 2월, 1954년 6월 1일자.
「서울장신학보」, 1989년 6월 19일, 1988년 9월 16일자.
『연세』 9호.
『한국기독교장로회회보』 141호, 1973년 9월.

■ 통계, 연감 및 자료집

『각계 통일논의자료』, 국토통일원 조사연구실.
『각성 · 갱신 · 부흥- Beyond 1907 논찬 및 선교사 보고 자료집』, 영적대각성 100주년 기념 학술대회와 영성집회 자료집, 2006.
『기독교대한감리회 자치 60주년 기념사업위원회 자료집』.
『基督教年鑑 1957』, 서울: 대한기독교서회, 1957.
『기독교연감』, 한국기독교교회협의회.
『민족의 화해와 일치를 위한 기도의 날 자료집』 천주교서울대교구 민족화해위원회, 2011.

『서울통계연보』, 서울특별시, 1971(제11회), 1976(제16회), 1981(제21회), 1986(제26회), 1991(제31회), 1996(제36회), 1998(제38회).
"시위 및 집회에 관한 통계"(미공개자료), 경찰청, 1992.
『연합연감』 통권1호, 연합통신, 1981년.
『영적대각성운동 자료집』, 인천 제일감리교회 보관.
"종교단체 제출자료 집계", 기독교문사, 1989년 6월 30일자.
『해방 후 한국정치와 기독교인』, 서울신학대학교 현대기독교역사연구소, 종교개혁 500주년기념 특별 심포지엄 논문집.

■ **선언서, 연설문, 기도문**

공덕귀, "1969년 9월 28일에 쓴 기도문".
문익환, "민족통일에 관한 구체적 제안", 연세대 국민 대토론회, 1988년 4월 16일.
"민족의 통일과 평화에 대한 한국기독교회 선언"(88선언), 한국기독교교회협의회.
'민주주의국민연합', '한국인권운동협의회'의 "제9대 대통령 취임에 대한 우리의 견해", 국가기록원 소장.
박태선장로 1956년 3월 5일-12일 마산집회중의 발언.
"보수동지회 결의문 및 성명서", 1961년 5월 1일자.
"삼천오백만동포에게 호소함", 정의구현전국사제단 문서 1975년 3월.
"현하 시국에 대한 우리의 견해", 1977년 1월.
"현 시국에 즈음하여 국민에게 보내는 메시지", 1987년 11월.
민주주의 국민연합, 한국인권운동협의회, "제9대 대통령 취임에 대한 우리의 견해" 1978년 12월 28일.
"신민당 당원 동지에게 고함", 1979년 9월 11일.
"부마항쟁 관련 담화문", 1979년 10월 23일.
"민주구국선언", 1976년 3월 1일.
"민주구국헌장", 1977년 3월.
"민주구국선언", 1978년 7월.
"3.1운동 60주년에 즈음한 민주구국선언", 1979년 3월 1일.

"10.26 사태 관련 성명서", 1979년 11월.
"김영삼 총재 징계에 대한 우리의 주장", 1979년 10월 11일.
"민주주의와 민족통일을 위한 국민연합 규약", 1979년 3월 1일.
"3.1운동 선언", 1978년 3월 1일.
"서울 올림픽에 즈음한 평화호소문", 1988년 7월 26일.
윤보선, "3.1절에 고함", 1980년 3월 1일에 발표한 3.1절 기념 성명서.
"청년학생 조국통일 투쟁선언", 서총련, 1988년 4월 16일.
"한국 그리스도인의 신학적 성명", 「기독신보」, 1974년 11월 23일자.
"1973년 한국 그리스도인 선언", 민주화운동기념사업회가 보관.
"12대 전두환 대통령의 취임사", 「경향신문」, 1981년 3월 3일자.

윤보선 문서:

최규하씨에게 보내는 서한 1979년 12월 21일자.
최규하 대통령에게 보낸 민주화에 관한 서신 1980년 2월 17일자.
지미 카터에게 보내는 서신 1978년 7월 29일자
전두환과의 만남을 위한 메모.
국회 본회의 정책 기조 연설문-민정당 대표최고위원 1964년 1월 14일.
시국수습에 관한 각 정당의 기조연설- 민정당 기조연설 1964년 7월 8일.
안보와 통이레 관한 견해.
반독재 민주구국 투쟁의 길, 1977년 일본 월간지 『세계』에 기재된 인터뷰.
박정희에게 보내는 서신 1977년 3월 1일자.

증언

김영삼 대통령 시절 청와대 문교 수석비서관 김정남의 증언.
선교전략연구소 초대 간사였던 심석윤의 증언.
유동식 박사의 증언, 2020년 1월.

■기타 자료

김석찬목사의 경남노회에서의 보고, 『신앙생활』, 1956년 4월호.
"민중교회 프로그램 소개", 『노동선교』, 제7호, 1987년 7월.
"사라왁 선교현황과 전략", 『기독교세계』 1972년 6월호.
"사라왁 선교의 꿈", 『기독교세계』 1964년 7월호.
"월남사태와 우리의 관심", 『기독교 사상』, 10권 5호, 1966년 5월.
"전국청년신앙동지들께 檄함- 우리들의鬪爭對象", 『기독교청년』, 창간호, 서울: 조선기독교청년 연합회, 1948.
"정의사회구현을 위한 의식개혁 실천요목", 『지방행정』 31권 342호, 1982년 4월.
"종교의 자유에 대하여", 「민주조선」, 1946년 10월 10일자.
1946년 7월 23일 공포된 군정 법령 97호 "노동문제에 관한 공공정책".
"8 · 15 이후 우리가 못했던 일", 『새가정』, 통권 371호, 1987년 7 · 8월.

■영문 단행본

Bob Pierce, *Going with God*, World Vision Inc., 1954.
Charles August Sauer, *Methodist in Korea 1930-1960*, Seoul: The Christian Literature Society, 1974.
Donald A. McGavran and George G. Hunter III, *Church Growth*, Nashville: Abingdon Press, 1980.
Donald A. McGavran and Winfred C. Arn, *Ten Steps for Church Growth*, New York: Harper & Row Publishers, 1977.
Duck Soo, Chang *British Methods of Industrial Peace*, New York: Columbia University Press, 1936.
Frederick A. McKenzie, *Korea's Fight for Freedom*, London : Fleming H. Revell Co., 1920.
G. T. Brown, *Mission to Korea*, Seoul: The Presbyterian Church of Korea Department of Education, 1984.
George M. Marsden, *Reforming Fundamentalism: Fuller Seminary and the*

New Evangelicalism, Grand Rapids, Mich. : W. B. Eerdmans, 1987.
George W. Peter, *A Theology of Church Growth*, Grand Rapids, Michgan: Zonervan Publishing House, 1981.
Harry A. Rhodes, and Archibald Campbell, *History of The Korean Mission Presbyterian Chutch in the U.S.A. Vol. II. 1935-1959*, New York: Commision on Ecumenical Mission and Relations, The United Presbyterian Church in the U.S.A., 1965.
H. Butterfield, *Christianity and History*, New York: Oxford University Press, 1979.
H. H. Underwood, *Tragedy and Faith in Korea* New York: Friendship Press, 1951.
H. Richard Niebuhr, *The Social Sources of denominatiopnalism*, New York: Meridian books, 1957, c1929.
Horoyuk, Katoi, *Der Kampf ums Recht des Starkeren und seine Entwickelung*, Berlin, 1894.
James Earnest. Fisher, *Democracy and Mission Education in Korea*, New York: Teachers College, Columbia University, 1928.
John Corrigan and Winthrop S. Hudson, *Religion in America: an historical account of the development of American religious life*, Upper Saddle River, N.J.: Pearson/Prentice Hall, 2004.
John Corrigan and Winthrop S. Hudson, *Religion in America*, Upper Saddle River, NJ.: Pearson, 2004.
John Rawls, *A Theory of Justice*, Cambridge: Harvard University Press, 1971.
Orando E. Costas, *The church and its mission: a shattering critique from the third world*, Wheaton: Tyndale, 1974.
R. G. Collingwood, *The Idea of History*, London: Oxford University Press, 1961.
Robert T. Oliver, *Verdict in Korea State College*, PA: Bald Eagle Press, 1952.

Samuel Roseman ed., *The Public Paper and Address of Franklin D. Roosevelt*, New York, N.Y.: Harper & Brothers, 1950.

Se-Jin, Kim. Suk-Ryul, Yu ed., *Documents on Korea-American Relations*, 1943-1976, Seoul: Research Center for Peace and Unification, 1976.

Se-Jin, Kim, T*he Politics of Military Revolution in Korea*, Chapel Hill: University of North Carolina Press, 1971.

Spencer Palmer, *Korea and Christianity*, Seoul: Hollym Corporation, 1967.

Syngman, Rhee, Japan Inside Out The Challenge of Today, New York, Fleming H. Revell Company, 1941.

______, *Neutrality As Influenced by the United States*, Princeton University Press, 1912.

■ 영문 정기간행물, 기고문, 보고서, 서신

A. F. DeCamp, "Foreing Mission Work of the Korean Presbyterian Church", *Korea Mission Field*, Apr., 1923.

B. Bernstein. "Social Class, linguistic code, and grammatical elements", *Language and Speech*, 5, New York: The Free Press of Glencoe, 1962.

Bong Rin Ro, "The Korean Church: God's Chosen People for Evangelism", Bong Rin Ro & Marlin L. Nelson eds, *Korean Church Growht Explosion*, Seoul: World of Life Press, 1995.

Charles A. Sauer, "The Situation in Korea", *Korea Mission Field*, May, 1941.

______, "A Year of Withdrawal", *Korea Mission Field*, Sept.—Oct, 1941.

Grant Wacker, "Billy Graham's America," *Church History* 78:3, September, 2009.

H. G. Underwood, "Prayer Cure", *Korea Mission Field*, 제3권, 1907년 5월호.

H. Merrell Benninghoff to the Secretary of State, "Soviet Activity in Northern Korea", 국사편찬위원회 편, 『대한민국사자료집: 주한미군정치고문 문서 1』 18, 과천: 국사편찬위원회, 1994.

Harry S. Truman, address at New York Avenue Presbyterian Church April 3, 1951, *Public Papers of the Presidents: Harry Truman, 1951*, Washington: United States Overment Printing Office, 1965.

Ha Young Youn and Kyungchik Han to the HQ of Allied Forces, Sept. 26, 1945. *National Archives and Record Administration*, RG 59, 1. 1. 4. Box 3816. 미국무부 문서번호 740.00119 Control (Korea)/10-145.

J. Christy Wilson, The Church That Grew, *World Vision Magazine*, October-November, 1957.

J. Z. Moore, "The Great Revival Year", *Korea Mission Field*, Aug., 1907.

Kwan Sik Kim, "The Christian in Korea", *International Review of Missions*, April, 1974.

Kai Yin Allison Haga. "An overlooked dimension of the Korean War: The Role of Christianity and American Missionaries in the Rise of Korean Nationalism, Anti-Colonialism and eventual civil war, 1884-1953", Ph.D., Virginia: College of William & Mary, 2007.

M. B. Stokes, Some thought about Revivals, *Korea Mission Field*, vol. XII No. 3.

Michael, C. Sandusky, *America's Parsllel*, Alexandria: VA, 1983.

M. Hannermann, 1975, *The diffusion of the reformation in South-western Germany, 1518-1534*, The University of Chicago Department of Geography Research Paper No.167.

R. A. Hardie, "God's Touch in the Great Revival", *Korea Mission Field*, 1914.

______, "R. A. Hardie's Report", *Minutes of the Korean Mission of the Methodist Episcopal Church*, South, 1904.

Rob Moll, "Mission Incredible", *Christianity Today*, March, 2006.

Rover M. Slusser, "Soviet Far Eastern Policy, 1945-50: Stalin's Goals in Korea", *The Origins of the Cold War in Asia*, Tokyo: The University of Tokyo Press, 1977.

Sung Soo Kim, "Letter to General Dwight D. Eisenhower," 1946년 5월 16일자.
W. D. Reynolds, "The Presbytery of Korea", *Korea Mission Field*, Nov, 1907.
W. M. Baird, "The Spirit among Pyeng Yang Students", *Korea Mission Field*, May, 1907.
William Scott, "Canadians in Korea: Brief Historical Sketch of Canadians Mission Work in Korea," 1975.
Xiaoyuan Liu, "Sino-American Diplomacy over Korea during World War II" *The Journal of American-East Asian Relations*, Summer 1992, vol.1, no.2.
Young-gi Hong, "The Backgrounds and Characters of Charismatic Mega-Churches in Korea", *Asian Journal of Pentecostal studies*, 2007. 3.

Appendix to the Congressional Record, 72th Congress 2nd Session, 1942.
Frederick Brown Harris가 Franklin D. Roosevelt에게 보내는 편지, 1942년 3월 6일자.
From American Embassy in Seoul to Secretary of State, 15084z, Dec, 1979.
From American Embassy in Seoul to Secretary of State, "Need for Care in Characterizing December 12 Incident". 141039z, Dec, 1979.
FRUS, The Ambassador in Korea(Muccio) to the Secretary of State, 1950, Vol. VII.
FRUS, "Proposed Message to General of the Army Douglas MacArthur Drafted in the Department of State", 1946. 2. 18, Vol. VIII.
FRUS, "Policy for Korea", Attached Paper in Memorandum by the Assistant Secretary of State for Occupied Areas(Hilldring) to the Operations Division, War Department, Washington(1946. 6. 6), 1946, Vol. VIII.
FRUS, "Editorial Note", Conferences at Cairo and Teheran, 1943.
FRUS, The Conference at Cairo and Teheran, 1943.
FRUS, "America Draft of the Communique with Amendments by the President's

Special Assistant(Hopkins)", The Conference at Cairo and Teheran, 1943.
FRUS, "Memorandum of Conversation by the Secretary of State", March 27, 1943, 1943, The British Commonwealth, Eastern Europe, the Far East, 1943, vol. III.
FRUS, "Meeting of the Combined Chiefs of Staff with Roosevelt and Churchill", November 24, 1943, 11a.m, Roosevelt's Villa, The Conference at Cairo and Teheran, 1943.
FRUS, "Memorandum by the Chinese Government", Cairo, November 24, 1943, The Conference at Cairo and Teheran, 1943.
FRUS, 1945, vol. VI, 1946, vol. VIII.
FRUS, Diplomatic papers 1945, vol. VI, Washington D.C.: United States Government Printing Office, 1945.
FRUS, 1943: China, Washington, D.C: United States Government Printing Office, 1957.
Intelligence Summary Northern Korea # 8, March 20, 1945.
"Korea and the provision government", September 28, 1945, 국가보훈처 편, 『재미한인자료: OSS(Office of Strategic Service)』, 서울: 국가보훈처, 2005.
Korea Mission Field, Vol. VIII, 1912년 11월.
Korea Mission Field, Vol. VI, 1910년 7월.
"More Light from Korea", The Literary Digest 1919년 5월 31일자.
Official Minutes of the Korea Mission Conference of the methodist Episcopal Church, 1904.
Relief and Reconstruction in Korea. Church World Service 1953월 11월 1일자.
"Roosevelt-Ching Dinner Meeting, November 23, 1943, 8 p.m, Roosevelt's Villa".
Servey- Korea International Review of Missions, Edinburgh, 1954.
"Type and Structure of a Future Korean Government", RG407 Box, 2074.
XXIV Corps G-2 Periodic Report, No. 14, 24 September 1945.

"XXIV Corps Journal", 1945월 10월 13일자.

■ 일본 논저

加藤弘之, "人勸新說", 『日本の名著』, 東京: 中央公論社, 1972.
一又正雄, "日本の国際法学を築いた人々", 『国際問題新書』 37, 日本国際問題研究所, 1973년.
日本 大藏省管理局, 『日本人の海外活動に關する歷史的調査』, 通卷 第4册, 朝鮮篇 第三分册, 1947.
坪江汕二, 『朝鮮民族獨立運動秘史』, 東京: 日刊勞動通信社, 1959.

■ 웹페이지

국사편찬위원회 한국사 데이터베이스(http://db.history.go.kr/item/level.do?levelId=husa_001r).
기독교대한감리회 홈페이지 통합자료실(https://kmc.or.kr/combination-resources).
서경석의 홈페이지 자료실(http://www.suhkyungsuk.pe.kr/zbbs/view.php?id=pds).
세계복음화 신문사가 2006년 12월 22일 주최한, 편집국장 장일영 목사의 진행으로 이뤄진 김준곤, 김남식 목사와의 대담(http://ihanachurch.net/7000/community09_view.html?no=6).
윤보선전대통령비서실, "윤보선 전 대통령 육성 1", 1974년, 관리번호 CEB0001624, 국가기록원 홈페이지(http://www.archives.go.kr/next/viewMain.do).
정진석, "새로 밝혀진 공산당의 6.25전쟁 당시 기독교 성직자 학살·납치 진상", 『daily 월간조선』 2003년 10월(http://monthly.chosun.com/client/news/viw.asp?nNewsNumb=200310100056).
중앙일보 JOINS 인물 정보(https://people.joins.com/).
'2007 한국교회 대부흥 100주년 기념대회' 옥한흠 목사 설교영상(https://youtu.be/hJgroRYdjno).

찾아보기

(ㅇ)

■ 저자

김명구 교수는 2003년, 연세대학교에서 신학박사(Ph.D) 학위를 취득했다. 서울장신대와 연세대학교 교수, 해위 민주주의연구원과 종로목요서평 운영위원을 거쳤고 활동하고 있다. 현재 서울YMCA병설 월남시민문화연구소 소장과 한국감리교회 산하의 한국선교전략연구소 부소장이기도 하다.

『월남 이상재의 기독교 사회운동과 사상』을 시작으로, 『서울장신50년사』, 『소죽 강신명 목사』, 『해위 윤보선-생애와 사상』, 『서울YMCA운동사 100-110』, 『연세대학교 신과대학 100년사』(공저), 『해방공간과 기독교』(공저), 『윤보선과 1960년대 한국정치』(공저), 『복음, 성령, 교회-재한선교사들 연구』, 『한국기독교사 1』 등 공저와 번역서를 포함해 그가 집필한 책은 20편이 넘는다.

영국 에딘버러 대학(University of Edinburgh)은 2013년 그의 영어 논문 *Nationalism, Religion and Democracy*을 책으로 발간했다. 2019년 6월에는 저널(University of Edinburgh Journal, No.1 Vol.49- Summer 2019)에 그의 논문 *The Relationship Between Korea and Edinburgh with a focus on Yun Posun*을 등재했다.

한국 기독교사 2

저 자 김명구

발 행 연세대학교 대학출판문화원

주 소 서울특별시 서대문구 연세로 50
http://www.yonsei.ac.kr/press
ysup@yonsei.ac.kr

전 화 02)2123-3380~2

팩 스 02)2123-8673

등 록 1955년 10월 13일 제9-60호

인 쇄 (주)태화북스

2020년 8월 30일 1판 1쇄

ISBN 978-89-6850-426-6 (93230)

값 32,000원

이 도서의 국립중앙도서관 출판예정도서목록(CIP)은 서지정보유통지원시스템 홈페이지(http://seoji.nl.go.kr)와 국가자료종합목록 구축시스템(http://kolis-net.nl.go.kr)에서 이용하실 수 있습니다. (CIP제어번호 : CIP2020033505)